NJW Praxis

Im Einvernehmen mit den Herausgebern der NJW
herausgegeben von
Rechtsanwalt Felix Busse

Band 19

Wohnraummietrecht

von

Dr. Eric Lindner
Rechtsanwalt und Syndikusrechtsanwalt in Leipzig

3. Auflage 2019

*Das Werk ist bis zur 2. Auflage unter dem Titel
„Praxis des Mietrechts" erschienen*

C.H.BECK

Zitierweise:
Lindner WohnraumMietR Rn. …

www.beck.de

ISBN 978 3 406 62369 1

© 2019 Verlag C. H. Beck oHG
Wilhelmstraße 9, 80801 München
Druck: Druckhaus Nomos
In den Lissen 12, 76547 Sinzheim
Satz und Umschlaggestaltung: Druckerei C. H. Beck Nördlingen
(Adresse wie Verlag)
Gedruckt auf säurefreiem, alterungsbeständigem Papier
(hergestellt aus chlorfrei gebleichtem Zellstoff)

Vorwort der 3. Auflage

Nach zehn Jahren Abstand zur Vorauflage war eine umfassende Neubearbeitung des ursprünglich von Rechtsanwalt Dr. Hans Reinold Horst stammenden Werks dringend erforderlich.

Die Neuauflage berücksichtigt insbesondere die Mietrechtsänderungen aus den Jahren 2013 bis 2018, die Verbraucherrechtsreform 2014 sowie die enorme Anzahl der Judikate des Bundesgerichtshofs, insbesondere des u.a. für das Wohnraummietrecht zuständigen VIII. Zivilsenats. Der bewährte Aufbau, die Zielsetzung und Gliederung wurden in den wesentlichen Strukturen beibehalten. Im Gegensatz zur Vorauflage konzentriert sich die Neuauflage auf das Wohnraummietrecht.

Seiner Zielrichtung als Anwaltsratgeber folgend, legt das Werk sein Schwergewicht insbesondere auf die möglichst vollständige, jedoch an den Platzkapazitäten orientierten Aufarbeitung der höchstrichterlichen Rechtsprechung. Literatur und Rechtsprechung sind bis Mai 2019 berücksichtigt, nicht jedoch das kurz vor Redaktionsschluss neu erschienene Handbuch der Wohn- und Geschäftsraummiete von Bub/Treier.

Darüber hinaus ist auch das Mietrecht mehr und mehr von Nebengebieten und Querschnittmaterien durchdrungen, an denen der Praktiker nicht vorbeikommt. Einigen ausgewählten Themen widmet sich die Neuauflage ebenfalls in den Grundzügen. Nach wie vor erhebt auch die Neuauflage als Praxisleitfaden schon aus Raumgründen nicht den Anspruch einer vertieften wissenschaftlichen Auseinandersetzung mit dem Mietrecht. Dennoch soll es nach wie vor eine taugliche Hilfestellung für Rechtsanwälte und andere Praktiker für ihren Arbeitsalltag bieten.

Hans Reinold Horst, einem der profiliertesten Rechtsanwälte im Miet- und Immobilienrecht, kommt das bleibende Verdienst zu, das von ihm begründete Werk in der Leserschaft bekannt gemacht und etabliert zu haben. Mit Dank und Anerkennung dafür will diese Neuauflage daran anknüpfen. Dem Lektorat, insbesondere Herrn Rechtsanwalt Dr. Christian Rosner, danke ich für die gelungene Zusammenarbeit. Anregungen und Kritik jedweder Art sind ausdrücklich willkommen.

Leipzig, im Juni 2019 *Eric Lindner*

Inhaltsübersicht

Vorwort der 3. Auflage	V
Inhaltsverzeichnis	IX
Abkürzungsverzeichnis	XXI
Literaturverzeichnis	XXV
1. Teil. Anbahnung des Mietverhältnisses	1
2. Teil. Vertragsabschluss	19
3. Teil. Vollzug des Mietverhältnisses	95
4. Teil. Beendigung des Mietverhältnisses	221
5. Teil. Abwicklung des Mietverhältnisses	283
6. Teil. Verjährung und Verwirkung	327
7. Teil. Schlichtungsverfahren	335
8. Teil. Mietprozess	339
9. Teil. Zwangsvollstreckung und Insolvenz	359
10. Teil. Mietrechtliche Sonderformen	375
11. Teil. Querschnittsmaterien im Mietrecht	385
Sachverzeichnis	399

Inhaltsverzeichnis

1. Teil. Anbahnung des Mietverhältnisses 1
   § 1 Abschlussfreiheit 1
      I. Zweckentfremdungsverbot und Wohnnutzungsgebot 1
      II. Mieterschutz durch das BGB 2
      III. Hoheitliche Eingriffe 2
   § 2 Auswahl des Vertragspartners 2
      I. Selbstauskunft 3
      II. Auskunfteien und Schufa-Eigenauskünfte 5
      III. Sonstige Erkenntnismöglichkeiten 6
      IV. Einbezug und Aufnahme Dritter 6
         1. Ehepaare, Kinder 6
         2. Eingetragene Lebenspartner 7
         3. Eheähnliche oder nichteheliche Lebensgemeinschaften 7
         4. Haushaltsgemeinschaften 7
         5. Wohngemeinschaften 7
   § 3 Vorlage des Energieausweises 8
   § 4 Vorvertrag 8
   § 5 Vormiete 10
   § 6 Mietoption 11
      I. Begründungsoption 11
      II. Verlängerungsoptionen 11
      III. Anmietrecht 11
   § 7 Vorzeitiger unentgeltlicher Einzug des Mieters 12
   § 8 Abredewidrige Vermietung an Dritte 13
   § 9 Schadensersatz aus der Verletzung vorvertraglicher Aufklärungs-, Fürsorge-
       und Obhutspflichten (culpa in contrahendo) 14
      I. Abbruch von Vertragsverhandlungen 14
      II. Verletzung von Aufklärungspflichten 15
      III. Haftung des Vermieters aus falschen Angaben im Energieausweis . 16
      IV. Verletzung der Verkehrssicherungspflicht 17
      V. Umfang des Schadensersatzes 17
      VI. Prozessuales 18

2. Teil. Vertragsabschluss 19
   § 10 Abgrenzung zu anderen Vertragstypen und -formen der
        Nutzungsüberlassung 19
      I. Leihe 19
      II. Pacht 19
      III. Verwahrung 19
      IV. Gestattung 19
      V. Schenkung von Gebrauchsrechten 20
      VI. Familienrechtliche Verhältnisse 20
      VII. Wohnrecht 20
         1. Schuldrechtliche Wohnrechte 21
         2. Dingliche Wohnrechte 21
         3. Nießbrauch 22

§ 11 Zustandekommen von Mietverträgen ... 22
  I. Wirksames Zustandekommen des Mietvertrags ... 22
    1. Allgemeine Vertragsregeln ... 22
    2. Form des Mietvertrags ... 26
  II. Wirksam gebliebener Mietvertrag ... 29
    1. Verhältnis zu Rücktrittsvorschriften ... 29
    2. Widerrufsrechte in der Wohnraummiete (§§ 312 ff. BGB) ... 30

§ 12 Grenzen inhaltlicher Vertragsfreiheit ... 30
  I. Gesetzliche Verbote ... 30
  II. Zwingende wohnraummietrechtliche Vorschriften ... 31
  III. Inhaltskontrolle nach dem AGB-Recht ... 31
    1. Geltungsumfang des AGB-Rechts im Mietrecht ... 31
    2. Allgemeine Geschäftsbedingungen ... 32
    3. Form Allgemeiner Geschäftsbedingungen ... 33
    4. Abgrenzung zu Individualabreden ... 33
    5. Einbezug in den Mietvertrag ... 34
    6. Auslegung der Klauseln ... 34
    7. Inhaltskontrolle ... 34
    8. Rechtsfolgen der Unwirksamkeit ... 35
    9. Umgehungsverbot ... 35
    10. Verfahrensrechtliche Durchführungen und Umsetzung der Prüfung von Allgemeinen Geschäftsbedingungen ... 36
  IV. Verfassungsrechtliche Kontrolle ... 36

§ 13 Regelungsmöglichkeiten und Notwendigkeiten ... 37
  I. Mietgegenstand ... 38
  II. Mietzweck ... 40
    1. Wohnraum ... 40
    2. Wohnung und Garage ... 40
    3. Gewerbliche Weitervermietung ... 41
    4. Mischmietverhältnisse ... 42
  III. Parteien des Mietvertrags ... 43
    1. Vermieter ... 43
    2. Mieter ... 45
    3. Vermieterwechsel und Rechtsfolgen ... 45
    4. Mieterwechsel ... 50
  IV. Übergabe der Mietsache ... 54
  V. Laufzeit des Vertrags ... 54
    1. Unbefristete Mietverträge ... 54
    2. Zeitmietverträge ... 54
    3. Sonstige Vereinbarungen ... 56
    4. Umwandlung der Vertragslaufzeiten ... 59
  VI. Mietvereinbarungen ... 59
    1. Gesetzliche Grenzen ... 59
    2. Fälligkeit der Mietzahlung ... 62
    3. Mietzahlung unter Einschaltung der Sozialbehörden ... 63
    4. Aufrechnungs- und Zurückbehaltungsrechte ... 64
    5. Abtretung ... 65
    6. Staffelmietvereinbarung ... 65
    7. Mietanpassungsklauseln (Indexmiete) ... 65
  VII. Mieterhöhungen ... 66
    1. Unbefristete Mietverträge ... 66
    2. Zeitmietverträge ... 66
  VIII. Abwälzung von Betriebskosten ... 67
    1. Betriebskostenarten ... 67
    2. Verteilungsschlüssel ... 68
    3. Betriebskostenvorauszahlungen ... 69
    4. Einzelabrechnungen ... 70
    5. Pauschale ... 70

IX. Überwälzung kleinerer Instandhaltungen und Instandsetzungen	70
1. Kleinreparaturen	70
2. Wartung von Thermen	70
X. Kaution	71
1. Kautionsarten	71
2. Sicherungsumfang	72
3. Kautionshöhe	73
4. Sonstige Sicherheitsleistungen	73
XI. Vereinbarung anlässlich baulicher Veränderungen, Verbesserungen und Modernisierungen	74
1. Mieterseite	74
2. Vermieterseite	74
XII. Überwälzung von Schönheitsreparaturen	75
XIII. Gebrauchsrechte und Pflichten des Mieters	76
XIV. Hausrecht des Mieters und Besichtigungsrecht des Vermieters	77
XV. Vereinbarungen zur Gewährleistung bei Sach- und Rechtsmängeln	78
XVI. Beendigung des Vertrags	78
XVII. Vorkaufsrechte des Mieters	78
1. Rechtsgeschäftliche Vorkaufsrechte	78
2. Gesetzliche Vorkaufsrechte	78
XVIII. Vertragsstrafe	79
XIX. Übergabeprotokoll	79
XX. Bearbeitungsgebühren, Kosten des Vertrags	80

§ 14 Leistungsstörungen vor Übergabe der Mietsache nach Vertragsabschluss ... 80

I. Anspruchsschema	80
1. Mangel der Mietsache	80
2. Unmöglichkeit	80
3. Verzug	83
4. Positive Vertragsverletzung	84
5. Culpa in Contrahendo	85
6. Wegfall der Geschäftsgrundlage	86
II. Leistungsstörungen beim Vermieter	87
1. Verweigerung der Übergabe	87
2. Mangelnde Fertigstellung	87
3. Mangelnde Räumung des Vormieters	88
4. Nicht ordnungsgemäßer Zustand	89
5. Auswirkungen des Energiepasses auf die Soll-Beschaffenheit der Mietsache	89
6. Behördliche Nutzungshindernisse	90
III. Leistungsstörungen beim Mieter	91
1. Verweigerte Übernahme	91
2. Zahlungsunfähigkeit oder Zahlungsunwilligkeit	92

3. Teil. Vollzug des Mietverhältnisses ... 95

§ 15 Mietpreisrecht und Mieterhöhung ... 95

I. Mietpreisbildung	95
1. Freifinanzierter Wohnungsbau	95
2. Mietstrukturen	95
3. Zuschläge	96
II. Umsatzsteuer	97
III. Mieterhöhung	97
1. Schriftform und Textform	97
2. Preisfreier Wohnraum	97
IV. Reaktionen des Mieters im Zusammenhang mit Mieterhöhungen	107
1. Mietminderungen als Reaktion nach Erhöhung der Miete	107
2. Rückforderungsansprüche wegen überhöht gezahlter Miete	107
3. Sonderkündigung	108

§ 16 Betriebskosten ... 108

I. Schriftform und Textform	108

Inhaltsverzeichnis

II. Änderungen der Mietstruktur	108
III. Umlage von Betriebskosten	108
1. Neu entstandene Betriebskosten	109
2. Änderungen des Umlage-/Verteilungsschlüssels	111
3. Änderungen von Pauschalvereinbarungen in Einzelabrechnungen	112
4. Betriebskosten bei Leerstand	112
5. Anforderungen an die Betriebskostenabrechnung	113
6. Nachbesserungsmöglichkeiten unvollständiger oder fehlerhafter Abrechnungen	117
7. Erhöhung der Vorauszahlungen	118
8. Rückerstattungen	118
9. Ermäßigung der Vorauszahlungen	119
10. Unterlassene oder verspätete Abrechnung	119
11. Reaktionsmöglichkeiten des Mieters	120

§ 17 Mietkaution ... 123

I. Zahlungsanspruch	123
II. Rechtsfolgen unterlassener oder nur teilweiser Zahlung	124
III. Rechtsstellung des Mieters	125
1. Kautionsleistung	125
2. Anlageform	125
3. Zinsen	126
4. Kapitalertragsteuer	126
IV. Aufrechnung und Befriedigungsrecht des Vermieters	126
V. Wiederauffüllungsanspruch des Vermieters	128
VI. Aufstockungsanspruch des Vermieters	128
VII. Veruntreuung der Kaution	128
VIII. Grundstücksveräußerung	128

§ 18 Schönheitsreparaturen ... 130

I. Begriff der Schönheitsreparaturen	130
II. Gestaltungsspielraum bei der Ausführung von Schönheitsreparaturen	131
III. Vertragliche Überwälzung	132
1. Renovierung zu Beginn des Mietverhältnisses	133
2. Renovierung während des Mietverhältnisses	133
3. Renovierung bei Auszug	134
4. Freizeichnungsklauseln	136
IV. Altverträge	136
V. Fälligkeit der Schönheitsreparaturen	137
VI. Umfang der Schönheitsreparaturen	137
VII. Durchsetzung des Anspruchs auf Vornahme der Schönheitsreparaturen	138
1. Vornahmeanspruch	138
2. Vorschussanspruch	138
3. Kein Schadensersatzanspruch in laufenden Mietverhältnissen	139
VIII. Umbauarbeiten und Schönheitsreparaturpflicht	139
IX. Schönheitsreparaturen als Sozialhilfe und Arbeitslosengeld II	139
X. Folgen unwirksamer Klauseln	140

§ 19 Instandhaltung und Instandsetzung ... 141

I. Allgemeine Instandsetzungs- und Instandhaltungspflicht	141
II. Überwälzung von Kleinreparaturen	143
1. Begriff der Kleinreparatur	143
2. Gegenständliche Beschränkung	143
3. Vertragliche Überwälzung	144
4. Wartungspflicht bei Thermen	144
III. Anteilige Haftung bei Rohrverstopfungen	145

§ 20 Verbesserungsmaßnahmen und Sanierungen ... 145

I. Begriff der Modernisierung und Sanierung	145
II. Duldungspflicht des Mieters	146

III.	Reaktionsmöglichkeiten des Mieters	147
	1. Vereitelung der Modernisierungsmaßnahme bei fehlender Duldungspflicht	147
	2. Mietminderung	147
	3. Aufwendungsersatz	148
	4. Anspruch auf Wiederherstellung und Schadensersatz	149
	5. Sonderkündigungsrecht	149
	6. Abweichende Vereinbarungen	149
IV.	Reaktionsmöglichkeiten des Vermieters	149
	1. Einstweilige Verfügung	149
	2. Klage auf Duldung der Modernisierung	150
	3. Mietminderung bei Duldungspflicht	150
V.	Mietermodernisierungen	150
VI.	Energetische Sanierung und Modernisierung	151
	1. Anspruch des Mieters auf Modernisierung?	152
	2. Einschränkung des Handlungsermessens über das Gebot der Wirtschaftlichkeit?	152
	3. Anspruch des Mieters auf Durchführung gesetzlich vorgeschriebener energetischer Sanierungen?	153
	4. Durchführung energetischer Modernisierungen vom Vermieter	153

§ 21 Gebrauch der Mietsache 155

I.	Umfang der Gebrauchsrechte	155
II.	Einzelfälle	156
	1. Nutzung der Wohnung	156
	2. Nutzung der Nebenräume	171
	3. Nutzung des Treppenhauses und des Hausflurs	172
	4. Nutzung von Balkonen und Terrassen	173
	5. Nutzung der Außenanlagen	174
	6. Meinungsäußerungen, Beleidigungen, Verletzung des Persönlichkeitsrechts	178
	7. Bedrohung, Gefährdung und tätlicher Angriff unter Mitbewohnern	179
III.	Sanktionsmöglichkeiten des Vermieters bei vertragswidrigem Gebrauch	180
	1. Übersicht	180
	2. Erfordernis der Abmahnung bei Unterlassung und Kündigung	181
	3. Unterlassungsklage auch bei Verpflichtung zu aktivem Handeln?	182
	4. Verhältnisse der Ansprüche auf Unterlassung, Kündigung und Schadensersatz	183
IV.	Ansprüche des beeinträchtigten Mieters gegen den Vermieter	183

§ 22 Leistungsstörungen nach Übergabe der Mietsache 183

I.	Anspruchsschema	183
	1. Nachträgliche Unmöglichkeit	183
	2. Verzug	185
	3. Positive Vertragsverletzung	186
	4. Anfechtung ex nunc	187
	5. Kündigung	187
	6. Verschulden bei Vertragsschluss	187
	7. Wegfall der Geschäftsgrundlage	187
	8. Gewährleistungsrecht	188
II.	Mietminderung	190
	1. Abgrenzungsfragen	190
	2. Eintritt der Minderung	191
	3. Verschulden des Vermieters	191
	4. Berechnung der Minderung	191
	5. Minderung nach beendetem Mietverhältnis	192
	6. Ausschluss der Minderung	192
III.	Erfüllungsanspruch	193
IV.	Zurückbehaltungsrecht	193
V.	Beseitigungsanspruch	195
VI.	Selbstbeseitigungsrecht – Aufwendungsersatz	195
VII.	Vorschussanspruch	197

VIII.	Schadensersatz wegen Nichterfüllung	197
IX.	Kündigung	198
X.	Reaktionsmöglichkeiten des Vermieters	199
	1. Besichtigungstermin	199
	2. Mangel der Mietsache	200
	3. Verwirkung	205
	4. Verjährung	206
	5. Rechtsfolgen unberechtigter Minderung	206
	6. Zurückbehaltungsrecht	207
	7. Genossenschaft	208
	8. Eigentumswohnung	208
	9. Darlegungs- und Beweislast	208
XI.	Leistungsstörungen beim Vermieter	210
	1. Gebrauchsbeschränkungen	210
	2. Gebrauchsentziehung	210
	3. Schadensersatz wegen Verletzung von Verkehrssicherungspflichten	210
	4. Schadensersatz aus der Verletzung der Instandhaltungspflicht	213
	5. Unterbrechung der Energieversorgung	214
XII.	Leistungsstörungen beim Mieter	215
	1. Schäden durch Veränderungen und Verschlechterungen der Mietsache	215
	2. Falsches Wohnverhalten	216
	3. Verletzung der Mängelanzeigepflicht	217
	4. Verletzung der Verkehrssicherungspflicht	217
	5. Schäden durch Tiere des Mieters	218
	6. Beweislast	218
	7. Unberechtigte Untervermietung	219
XIII.	Überleitungsrecht	220

4. Teil. Beendigung des Mietverhältnisses … 221

§ 23 Mietaufhebungsvertrag … 221

I.	Vorzeitige Beendigung des Mietvertrags	221
II.	Vorzeitiges Entlassen aus dem Mietvertrag	222
III.	Ersatzmieterklauseln	224
	1. Echte Ersatzmieterklausel	224
	2. Unechte Ersatzmieterklausel	224

§ 24 Kündigung … 224

I.	Kündigungsgründe des Vermieters	224
	1. Ordentliche befristete Kündigung	224
	2. Wegfall des Kündigungsschutzes	240
	3. Teilkündigungen	242
	4. Außerordentliche Kündigung mit gesetzlicher Frist	243
	5. Außerordentliche fristlose Kündigung	246
II.	Kündigungsfristen	253
	1. Ordentliche fristgemäße Kündigung	253
	2. Außerordentliche befristete Kündigung	254
	3. Fristlose Kündigung (Geh- und Ziehzeit, Räumungsfrist)	254
	4. Kündigungssperrfrist bei Veräußerungen (§ 577a BGB)	254
	5. Übergangsrecht	255
III.	Kündigungserklärung	256
	1. Schriftform und Textform	256
	2. Erklärender	256
	3. Erklärungsinhalt	256
	4. Erklärungsempfänger	258
	5. Zugang	258
	6. Kündigung im Rechtsstreit	260
	7. Dispositives Recht	261
IV.	Wegfall der Kündigungsfolgen	261
	1. Widerruf und Rücknahme der Kündigung	261

    2. Aufrechnung und Zahlung 261
    3. Stillschweigende Verlängerung des Mietverhältnisses 261
  V. Reaktionsmöglichkeiten des Mieters 262
    1. Unterbleibender Auszug des Mieters 262
    2. Bestreiten des Kündigungszugangs 262
    3. Bestreiten der Kündigungsgründe 262
    4. Geltendmachung formeller Kündigungsmängel 262
    5. Widerspruch (Sozialklausel) 263
  VI. Kündigungsgründe des Mieters 266
    1. Ordentliche befristete Kündigung 266
    2. Außerordentliche befristete Kündigung 266
    3. Außerordentliche fristlose Kündigung 268
    4. Übergangsrecht 274
  VII. Reaktionsmöglichkeiten des Vermieters 274
    1. Akzeptanz der Kündigung 274
    2. Nichtakzeptanz der Kündigung 278
    3. Sicherung offener Forderungen 278

§ 25 Beendigung durch Zeitablauf, auflösende Bedingung 280
  I. Zeitmietverträge 280
  II. Auflösende Bedingung 281
  III. Dispositives Recht 281

§ 26 Beendigung durch öffentliche Maßnahmen 281

5. Teil. Abwicklung des Mietverhältnisses 283

§ 27 Räumung und Herausgabe der Mietsache 283
  I. Wegnahmepflicht bei Räumung 283
  II. Herausgabe 283

§ 28 Fortgesetzter Gebrauch der Mietsache 284
  I. Benutzungsrechte des Mieters 284
  II. Räumungsfrist 284
  III. Fortsetzung des Mietverhältnisses 285
  IV. Nutzungsentgelt 285
    1. Mietausfall bei verzögerter Räumung 285
    2. Nutzungsentschädigung bei Vorenthaltung der Mietsache (§ 546a BGB) .. 285

§ 29 Vorzeitiger Auszug des Mieters 287
  I. Vorzeitiges Rückgaberecht 287
  II. Mietzahlungspflicht bei vorzeitiger Rückgabe 288
  III. Nachmieter (Ersatzmieter) 288
  IV. Betretungsrecht des Vermieters 289
  V. Verwahrung, Verwertung und Aneignung von zurückgelassenem
    Räumungsgut 289

§ 30 Wohnungsrenovierung bei Beendigung des Mietverhältnisses 290
  I. Renovierungspflicht 290
    1. Einzelne Klauseln 290
    2. Ausgestaltung und Umfang der Renovierungspflicht 291
    3. Reinigungspflichten 292
  II. Quotenhaftungsklausel und Zahlungsanspruch 292
  III. Schadensersatz wegen Nichterfüllung 293
  IV. Anspruch auf Schadensersatz wegen schlecht durchgeführter
    Schönheitsreparaturen 295
  V. Darlegungs- und Beweislast 296
  VI. Mietaufhebungsvertrag und Anspruchsausschluss 296
  VII. Umbau und Abriss 296

§ 31 Mieterinvestitionen 297
  I. Wegnahme von Einrichtungen 297
    1. Einrichtungen 297

2. Inhalt des Wegnahmerechts	297
3. Abweichende Vereinbarungen	298
4. Verjährung des Wegnahmerechts	298
II. Vermieterpfandrecht	298
III. Vornahme von Notreparaturen	299
IV. Bauliche Veränderungen vom Mieter	299

§ 32 Schadensersatzansprüche des Vermieters anlässlich der Beendigung des Mietverhältnisses ... 300

I. Schadensersatz wegen Beschädigung der Mietsache	300
II. Schadensersatz wegen unterlassenen Rückbaus	303
III. Schadensersatz bei Wegnahme von Mietereinbauten und Einrichtungen	303
IV. Schadensersatz wegen unterlassener Rückgabe der Mietsache	303
V. Schadensersatz wegen verspäteter Rückgabe der Mietsache	304
VI. Schadensersatz bei fristloser Kündigung	304
VII. Schadensersatz bei Einweisungen von der Ordnungsbehörde	305
VIII. Aufrechnung	305

§ 33 Zahlungsansprüche des Mieters ... 305

I. Zwischenabrechnung der Betriebskosten	305
II. Abrechnung und Rückzahlung der Kaution	306
1. Abrechnungsbasis	306
2. Gesicherte Forderungsarten	307
3. Aufrechnung	307
4. Zurückbehaltungsrecht des Vermieters	308
5. Abrechnungsfrist	309
6. Realisierung des Kautionssaldos	310
7. Streitwert	311
8. Kautionsklage nach Vertragsbeendigung	311
9. Rechtsverlust	312
III. Aufwendungs- und Verwendungsersatz für Einbauten und Investitionen des Mieters	313
1. Mietrechtliche Regelungen	313
2. Ersatzansprüche aus ungerechtfertigter Bereicherung	317
IV. Rückerstattung von Mietvorauszahlungen, Baukostenzuschüssen, Mieterdarlehen und überzahlter Miete	318
V. Schadensersatzansprüche des Mieters bei Ende des Mietverhältnisses	319
1. Schadensersatz bei ungerechtfertigter Kündigung des Vermieters	319
2. Schadensersatz bei Kündigung des Mieters	321
3. Schadensersatz nach § 536a Abs. 1 BGB	321
4. Schadensersatz für Einrichtungen und Einbauten des Mieters	322
5. Aufrechnungs- und Zurückbehaltungsrecht	322

§ 34 Anspruchsbeziehungen zwischen Vermieter – Vormieter und Nachmieter ... 322

§ 35 Der verschwundene Mieter ... 324

§ 36 Abwicklung nach dem Tod des Mieters ... 324

6. Teil. Verjährung und Verwirkung ... 327

§ 37 Verjährung ... 327

I. Begriff der Verjährung	327
II. Verjährung als Einrede	327
III. Verzicht auf Verjährungseinrede	327
IV. Abdingbarkeit kurzer Verjährungsfristen	328
V. Aufrechnung mit verjährten Ansprüchen	328
VI. Sechsmonatige Verjährungsfrist	328
1. Anspruchsinhalte	328
2. Fristbeginn	329
VII. Dreijährige Verjährungsfrist	330
VIII. Zehnjährige Verjährungsfrist	331

IX. Dreißigjährige Verjährungsfrist	331
X. Fristberechnung	331
1. Beginn	331
2. Hemmung	331
3. Unterbrechung	332
§ 38 Verwirkung	332
I. Voraussetzungen der Verwirkung	332
II. Einzelfälle	333
7. Teil. Schlichtungsverfahren	335
I. Obligatorische außergerichtliche Streitschlichtung	335
II. Formen der Streitschlichtung	336
III. Bedeutung für das Mietrecht	337
1. Anwendungsbereich	337
2. Tauglichkeit als Lösungsmodell	337
8. Teil. Mietprozess	339
§ 39 Alternativen	339
I. Leistungen von der Sozialbehörde statt Zahlungsklage	339
II. Notarielle Urkunde als Räumungstitel	339
§ 40 Einstweilige Verfügung	340
I. Zuständigkeit	340
II. Verfügungsanspruch	340
III. Verfügungsgrund	340
IV. Glaubhaftmachung	340
V. Keine Vorwegnahme der Hauptsache	341
VI. Räumung der Mietsache	341
1. Verbotene Eigenmacht oder Gefahr für Leib oder Leben	341
2. Räumungsverfügung gegen besitzende Dritte (§ 940a Abs. 2 ZPO)	343
3. Räumungsverfügung nach Sicherungsanordnung (§ 940a Abs. 3 ZPO)	343
§ 41 Mahnverfahren	343
§ 42 Sachurteilsvoraussetzungen	344
I. Partei und Parteienwechsel	344
II. Sachliche Zuständigkeit	345
1. Ausschließliche Zuständigkeit in Wohnraummietsachen	345
2. Klagehäufung	345
III. Örtliche Zuständigkeit	346
IV. Obligatorische Streitschlichtung	346
§ 43 Instanzenzug	346
I. Erste Instanz	346
1. Gerichtliche Güteverhandlung	346
2. Sachvortrag	347
3. Beweisantritt	347
4. Erweiterte Hinweis- und Dokumentationspflicht	347
II. Rechtsmittel	348
1. Berufung	348
2. Revision	349
3. Sofortige Beschwerde	350
III. Abhilfeverfahren (Gehörsrüge)	350
§ 44 Klage- und Verfahrensarten	350
I. Räumungsklage	350
II. Zahlungsklage	351
III. Klage auf zukünftige Leistung	352
IV. Mängelbeseitigungsklage	352
V. Unterlassungsklage	353
VI. Duldungsklage	353
VII. Feststellungsklage	354

	VIII. Negative Feststellungsklage	354
	IX. Zwischenfeststellungsklage	354
	X. Mieterhöhung	354
	XI. Fortsetzung des Mietverhältnisses	355
	XII. Räumungsfrist	355
	XIII. Urkundenprozess	355
	XIV. Selbständiges Beweisverfahren	356

9. Teil. Zwangsvollstreckung und Insolvenz ... 359

§ 45 Vollstreckungsgrundlagen ... 359

§ 46 Räumungsvollstreckung ... 359
    I. Ablauf einer Räumungsvollstreckung ... 359
        1. Besitzentzug und Besitzeinweisung ... 360
        2. Entfernung des Räumungsgutes ... 360
        3. Beschränkter Vollstreckungsauftrag (§ 885a ZPO) ... 361
    II. Vollstreckungsschuldner ... 361
    III. Vollstreckungsorgan ... 363
    IV. Verwirkung ... 363
    V. Räumungskosten ... 363
    VI. Rechtsbehelfe gegen ablehnende Entscheidungen des Gerichtsvollziehers ... 364
        1. Erinnerung ... 364
        2. Klage gegen den Justizfiskus ... 364
    VII. Beitreibung von Kostenvorschüssen ... 365
    VIII. Räumungsfrist ... 365
    IX. Vollstreckungsschutz ... 366
    X. Vollstreckungsgegenklage und negative Feststellungsklage ... 367

§ 47 Zwangsvollstreckung wegen Handlungen und Unterlassungen ... 367
    I. Handlung ... 367
    II. Unterlassung und Duldung ... 369

§ 48 Vollstreckungsabwehr und einstweilige Einstellung bei vorläufig vollstreckbaren Urteilen ... 369

§ 49 Insolvenzverfahren ... 370
    I. Eröffnung und allgemeine Rechtswirkungen ... 370
    II. Mieterinsolvenz ... 370
        1. Grundlegende Auswirkungen ... 370
        2. Anfechtung von Mieterleistungen ... 372
    III. Vermieterinsolvenz ... 372

10. Teil. Mietrechtliche Sonderformen ... 375

§ 50 Dauernutzungsverhältnisse in Wohnbaugenossenschaften ... 375

§ 51 Betreutes Wohnen und Heimvertrag ... 378

§ 52 bleibt einstweilen frei ... 379

§ 53 Vermietung von Wohnungseigentum ... 379

§ 54 Jugend- und Studentenwohnheim ... 382

§ 55 Möblierte Vermietung ... 382

§ 56 Vorübergehender Gebrauch ... 383

§ 57 Werkwohnungen ... 383

11. Teil. Querschnittsmaterien im Mietrecht ... 385

§ 58 Verbraucherschutz ... 385
    I. Grundlagen ... 385
    II. Informationspflichten ... 386
    III. Abschluss des Mietverhältnisses ... 386

	IV. Vertragsänderungen im laufenden Mietverhältnis	387
	V. Rechtsfolgen eines Widerrufs	387
	1. Grundlegende Widerrufsfolgen	387
	2. Fortsetzung des Mietgebrauchs nach erklärtem Widerruf	388
	VI. Vertragsgestaltung	388
§ 59	Datenschutz	389
	I. Grundlegende Pflichten	389
	II. Vorvertragliche Phase (Vertragsanbahnung)	390
	III. Laufendes Mietverhältnis (Vertragsdurchführung)	391
	IV. Beendigung und Abwicklung von Mietverhältnissen	392
§ 60	Ausgewählte Fragen zu Digitalisierung, Mieterportalen und teilautomatisierten Verträgen – „Smart Contracts"	392
	I. Begriffe und Einsatzbereiche	392
	II. Ausgewählte Fallgestaltungen im Mietrecht	393
	1. Vertragsanbahnung und -abschluss	394
	2. Laufendes Mietverhältnis (Vertragsdurchführung)	395

Sachverzeichnis 399

Abkürzungsverzeichnis

aA	anderer Ansicht
aaO	am angegebenen Ort
aF	alte Fassung
AFWoG	Gesetz über den Abbau der Fehlsubventionierung im Wohnungswesen
AG	Amtsgericht
AGG	Allgemeines Gleichbehandlungsgesetz
Anm.	Anmerkung
AnwZert	AnwaltZertifikatOnline
AO	Abgabenordnung
ArbGG	Arbeitsgerichtsgesetz
Bärmann/Seuß WE-Praxis	Bärmann/Seuß, Praxis des Wohnungseigentums
BB	Betriebs-Berater (Zeitschrift)
BDSG	Bundesdatenschutzgesetz
BeckOK BGB	Beck'scher Online-Kommentar BGB
BeckOK ZPO	Beck'scher Online-Kommentar ZPO
BGBl.	Bundesgesetzblatt
Börstinghaus Miethöhe-HdB	Börstinghaus, Miethöhe-Handbuch
BRAK-Mitt	Mitteilungen der Bundesrechtsanwaltskammer (Zeitschrift)
BSHG	Bundessozialhilfegesetz
Bub/Treier MietR-HdB	Bub/Treier, Handbuch der Geschäfts- und Wohnraummiete
dh	das heißt
DB	Der Betriebsberater (Zeitschrift)
Dickmann	Dickmann, Heimrecht
DS-GVO	Datenschutzgrundverordnung
DVBl	Deutsches Verwaltungsblatt (Zeitschrift)
DWW	Deutsche Wohnungswirtschaft (Zeitschrift)
f (f.)	folgende(r)
FA-MietRWEG	Handbuch des Fachanwalts Miet- und Wohnungseigentumsrecht
GbR	Gesellschaft bürgerlichen Rechts
GenG	Genossenschaftsgesetz
GewSchG	Gewaltschutzgesetz
GrdE Bln, GE	Grundeigentum Berlin (Zeitschrift)
Greger/Unberath/Steffek	Greger/Unberath/Steffek, Recht der alternativen Konfliktlösung
GVBl	Gesetz- und Verordnungsblatt
hM	herrschende Meinung
HeizkV	Heizkostenverordnung
idF	in der Fassung
iS d	im Sinne der/des
iV m.	in Verbindung mit
II. BV	II. Berechnungsverordnung
JZ	Juristenzeitung (Zeitschrift)
KG	Kammergericht
Kossmann/Meyer-Abich Wohnraummiete-HdB	Kossmann/Meyer-Abich, Handbuch Wohnraummiete
Kühling/Buchner	Kühling/Buchner, DS-GVO BDSG, Kommentar
Langenberg/Zehelein BetrKostR	Langenberg/Zehelein, Betriebskosten und Heizkostenrecht

Langenberg/Zehelein Schönheitsreparaturen	Langenberg/Zehelein, Schönheitsreparaturen, Instandsetzung und Rückgabe
LG	Landgericht
LM	Lindenmaier – Möhring, Entscheidungssammlung des Bundesgerichtshofs
MAH MietR	Hannemann/Wiegner, Münchener Anwaltshandbuch Mietrecht
MDR	Monatszeitschrift für deutsches Recht (Zeitschrift)
MHG	Gesetz zur Regelung der Miethöhe
MietR	Mietrecht
MietRVerbessG	Mietrechtsverbesserungsgesetz
MM	Mietermagazin (Zeitschrift)
MRRefG	Mietrechtsreformgesetz
MüKoBGB	Münchener Kommentar zum BGB
MüKoZPO	Münchener Kommentar zur ZPO
mwN	mit weiteren Nachweisen
nF	neue Fassung
nv	nicht veröffentlicht
NJW	Neue Juristische Wochenschrift (Zeitschrift)
NJWE-MietR	Neue Juristische Wochenschrift – Entscheidungen im Mietrecht
NJW-RR	Neue Juristische Wochenschrift – Rechtsprechungs-Report (Zeitschrift)
NJW-Spezial	NJW-Spezial (Beilage der NJW)
NMV	Neubaumietenverordnung
Nr.	Nummer
NVwZ	Neue Zeitschrift für Verwaltungsrecht (Zeitschrift)
NWB	Neue Wirtschaftsbriefe, Loseblattsammlung, zitiert nach Fach, Jahrgang und Seite
NZM	Neue Zeitschrift für Mietrecht (Zeitschrift)
OBG NW	Ordnungsbehördengesetz Nordrhein-Westfalen
OLG	Oberlandesgericht
OVG	Oberverwaltungsgericht
PiG	Partner im Gespräch (Zeitschrift)
Rn.	Randnummer(n)
RPflG	Rechtspflegergesetz
Rspr.	Rechtsprechung
S./s.	siehe/Satz, Seite
ua	und andere
UStG	Umsatzsteuergesetz
UStR	Umsatzsteuerrichtlinien
VerfGH	Verfassungsgerichtshof
VermG	Gesetz zur Regelung offener Vermögensfragen
VersR	Versicherungsrecht, Zeitschrift (Zeitschrift)
VGH	Verwaltungsgerichtshof
vgl.	vergleiche
VuR	Verbraucher und Recht (Zeitschrift)
VVG	Versicherungsvertragsgesetz
WährG	Währungsgesetz
WBS	Wohnberechtigungsschein
WEG	Wohnungseigentumsgesetz
WiStG	Wirtschaftsstrafgesetz
WM	Wohnungswirtschaft und Mietrecht (Zeitschrift)
WoBauG	Wohnungsbaugesetz
WoBindG	Wohnungsbindungsgesetz
WoFG	Wohnraumförderungsgesetz
WoVermittlG	Wohnungsvermittlungsgesetz
ZAP	Zeitschrift für Anwaltspraxis, Loseblattsammlung, zitiert nach Fach und Seite
zB	zum Beispiel
ZdW Bay	Zeitschrift für die Wohnungswirtschaft in Bayern
ZfIR	Zeitschrift für Immobilienrecht
ZGS	Zeitschrift für das gesamte Schuldrecht

ZMR	Zeitschrift für Miet- und Raumrecht
ZPO	Zivilprozessordnung
ZVG	Zwangsversteigerungsgesetz

Literaturverzeichnis

Bärmann, Wohnungseigentumsgesetz, 14. Auflage 2018, München
Bärmann/Seuß, Praxis des Wohnungseigentums, 7. Auflage 2017, München
Bamberger/Roth/Hau/Poseck, BeckOK BGB, 48. Edition, Stand: 1.11.2018
Bärmann/Seuß, Praxis des Wohnungseigentums, 7. Auflage 2017, München
Beuermann/Blümmel, Das neue Mietrecht 2001, 1. Auflage 2001, Berlin
Beuthien, Genossenschaftsgesetz, 16. Auflage 2018, München
Blank/Börstinghaus, Miete, 5. Auflage 2017, Kommentar München
Blank/Börstinghaus, Neues Mietrecht, Kommentar, 2002, München
Bork/Gehrlein, Aktuelle Probleme der Insolvenzanfechtung, Köln 2017
Börstinghaus, Flächenabweichungen in der Wohnraummiete, 2012, München
Börstinghaus, Mietminderungstabelle, 4. Auflage 2017, München
Börstinghaus, Miethöhe-Handbuch, 2. Auflage 2016, München
Börstinghaus/Eisenschmid, Arbeitskommentar Neues Mietrecht, 2001, Herne/Recklinghausen
Brink/Wolff, BeckOK Datenschutzrecht, 27. Edition, Stand: 1.2.2019
Bub/Treier, Handbuch der Geschäfts- und Wohnraummiete, 4. Auflage 2014, München
Burhoff, Die nichteheliche Lebensgemeinschaft von A bis Z, 1994, Herne/Berlin
Cymutta, Der Mietvertrag im Insolvenzverfahren, Köln, Nürnberg 2016
Dickmann, Heimrecht, 11. Auflage 2014, München
Emmerich/Sonnenschein, Miete, 10. Auflage 2011
Erman (Hrsg.), Bürgerliches Gesetzbuch – Handkommentar, 15. Auflage 2017, Köln
Fleindl/Haumer, Der Prozessvergleich, 2016
Fries/Paal, Smart Contracts, Tübingen 2019
Fritz, Gewerberaummietrecht, 4. Auflage 2005, München
Ghassemi-Tabar/Guhling/Weitemeyer, Gewerberaummiete, 2015, München
Götz/Brudermüller/Giers, Die Wohnung in der familienrechtlichen Praxis, 2. Aufl. 2018
Graff/Zscherp/Stoiber, Plattformsicherheit, Smart Contracts und TPM, 2015
Gramlich, Mietrecht, 14. Auflage 2018, München
Greger/Unberath/Steffek, Recht der alternativen Konfliktlösung, 2. Auflage 2016, München
Hannemann/Wiegner, Münchener Anwaltshandbuch Mietrecht, 4. Auflage, 2014, München
Hartung/Bues/Halbleib, Legal Tech, München 2018
Harz/Ormanschick, Vertragsstörungen im Wohnraummietrecht, 2. Auflage 2018, Bonn
Harz/Riecke/Schmid, Handbuch des Fachanwalts Miet- und Wohnungseigentumsrecht, 6. Auflage 2018, Köln
Harz/Schmid, Die Allgemeinen Geschäftsbedingungen im Mietrecht, 1997, Berlin
Herrlein-Kandelhard, Praxiskommentar-Mietrecht, 4. Auflage 2010, Berlin
Horst, Abkopplungsklauseln im Gewerbemietrecht, 2006, Baden-Baden
Horst, Rechtshandbuch Nachbarrecht, 2. Auflage 2006, Herne/Berlin
Horst/Fritsch, Forderungsmanagement Miete und Wohnungseigentum, 2005, Köln
Huttner, Die Unterbringung Obdachloser durch die Polizei- und Ordnungsbehörden, 2. Auflage 2017, Wiesbaden
Jendrek (Hrsg.), Münchener Prozessformularbuch Mietrecht, 2. Auflage 2003, München
Kindl/Meller-Hanich/Wolf (Hrsg.), Gesamtes Recht der Zwangsvollstreckung, 3. Auflage 2015, Baden-Baden
Kinne/Schach, Miet- und Mietprozessrecht, 3. Auflage 2002, Freiburg/Berlin
Klein-Blenkers/Heinemann/Ring, Miete – WEG – Nachbarschaft, Spezialkommentar zu den §§ 535 ff BGB, dem gesamten WEG, den §§ 903 ff BGB, Baden-Baden, 2016
Kossmann/Meyer-Abich, Handbuch der Wohnraummiete, 7. Aufl. 2014, München
Kühling/Buchner, Datenschutz-Grundverordnung, Bundesdatenschutzgesetz: DS-GVO/BDSG, 2. Auflage 2018, München
Lammel, Kommentar zum Wohnraummietrecht, 3. Auflage 2007, Heidelberg
Lang/Weitmüller, Kommentar zum Genossenschaftsgesetz, 32. Auflage 1979, Berlin/New-York
Langenberg/Zehelein, Schönheitsreparaturen, Instandsetzung und Rückgabe, 5. Auflage 2015

Langenberg/Zehelein, Betriebskosten- und Heizkostenrecht, 9. Auflage 2019
Lindner, Die datenschutzrechtliche Einwilligung nach §§ 4 Abs. 1, 4a BDSG – ein zukunftsfähiges Institut?, Hamburg, 2013
Lindner-Figura/Oprée/Stellmann, Geschäftsraummiete, 4. Auflage 2017, München
Lützenkirchen, Neue Mietrechtspraxis, 2001, Köln
Lützenkirchen (Hrsg.), Anwalts-Handbuch Mietrecht, 6. Auflage 2018, Köln
Meyer-Abich, Handbuch der Wohnraummiete, 7. Auflage 2014, München
Müller, Kommentar zum Gesetz betreffend die Erwerbs- und Wirtschaftsgenossenschaften 1991, Bielefeld
Müller, Beck'sches Formularbuch Wohnungseigentumsrecht, 3. Auflage 2016, München
Murfeld, Spezielle Betriebswirtschaftslehre der Grundstücks- und Wohnungswirtschaft, 3. Auflage 2000, Hamburg
Musielak/Voit (Hrsg.), Kommentar zur ZPO, 15. Auflage 2018, München
Ott/Lüer/Heussen (Hrsg.), Anwalt-Checkbuch aktuell Schuldrechtsreform, 2002, Köln
Paal/Pauly, Datenschutz-Grundverordnung Bundesdatenschutzgesetz, 2. Auflage 2018, München
Palandt (Hrsg.), Kurzkommentar zum BGB, 78. Auflage 2019, München
Pfeifer, Das neue Mietrecht 2001, 2. Auflage 2001
Rauscher, Münchener Kommentar zum FamFG, 2. Auflage, 2013, München
Rauscher/Krüger (Hrsg.), Münchener Kommentar zur Zivilprozessordnung mit Gerichtsverfassungsgesetz und Nebengesetzen, Band 1, 5. Auflage, 2016, München
Rauscher/Krüger (Hrsg.), Münchener Kommentar zur Zivilprozessordnung mit Gerichtsverfassungsgesetz und Nebengesetzen, Band 2, 5. Auflage, 2016, München
Rauscher/Krüger (Hrsg.), Münchener Kommentar zur Zivilprozessordnung mit Gerichtsverfassungsgesetz und Nebengesetzen, Band 3, 5. Auflage, 2017, München
Rips/Eisenschmid, Neues Mietrecht, 1. Auflage 2001, Berlin
Säcker/Rixecker/Oetker/Limperg (Hrsg.), Münchener Kommentar zum Bürgerlichen Gesetzbuch, Band 1, 8. Auflage 2018, München
Säcker/Rixecker/Oetker/Limperg (Hrsg.), Münchener Kommentar zum Bürgerlichen Gesetzbuch, Band 2, 8. Auflage 2019, München
Säcker/Rixecker/Oetker/Limperg (Hrsg.), Münchener Kommentar zum Bürgerlichen Gesetzbuch, Band 3, 8. Auflage 2019, München
Säcker/Rixecker/Oetker/Limperg (Hrsg.), Münchener Kommentar zum Bürgerlichen Gesetzbuch, Band 4, 7. Auflage 2016, München
Säcker/Rixecker/Oetker/Limperg (Hrsg.), Münchener Kommentar zum Bürgerlichen Gesetzbuch, Band 6, 7. Auflage 2017, München
Säcker/Rixecker/Oetker/Limperg (Hrsg.), Münchener Kommentar zum Bürgerlichen Gesetzbuch, Band 8, 7. Auflage 2017, München
Säcker/Rixecker/Oetker/Limperg (Hrsg.), Münchener Kommentar zum Bürgerlichen Gesetzbuch, Band 9, 7. Auflage 2017, München
Säcker/Rixecker/Oetker/Limperg (Hrsg.), Münchener Kommentar zum Bürgerlichen Gesetzbuch, Band 10, 7. Auflage 2017, München
Schach/Schlutz/Schüller, BeckOK Mietrecht, 15. Edition, Stand: 1.3.2019
Schantz/Wolff, Das neue Datenschutzrecht, München 2017.
Schmid, Handbuch der Mietnebenkosten, 16. Auflage 2019
Schmidt, Miete und Mietprozess – Handbuch für die anwaltliche und gerichtliche Praxis, 3. Auflage 2002, Neuwied
Schmidt-Futterer, Kommentar zum Mietrecht, 13. Auflage 2017, München
Simitis/Hornung/Spiecker, Datenschutzrecht, DSGVO mit BDSG, Baden-Baden, 2019
Staudinger/Emmerich, BGB, Neubearbeitung 2003, Berlin /New York
Sternel, Mietrecht aktuell, 4. Auflage 2009, Köln
Timme, BeckOK WEG, 36. Edition, Stand: 1.2.2019
Uffmann, Das Verbot der geltungserhaltenden Reduktion, Tübingen, 2010
Vorwerk/Wolf (Hrsg.), BeckOK ZPO, 31. Edition, Stand: 1.12.2018
Wolf/Eckert, Handbuch des gewerblichen Miet-, Pacht- und Leasingrechts, 9. Auflage 2004, Köln
Wolf/Neuner, Allgemeiner Teil des Bürgerlichen Rechts, 11. Auflage 2016, München

1. Teil. Anbahnung des Mietverhältnisses

§ 1 Abschlussfreiheit

„Die Wohnung ist ein besonderes Gut."[1] Dem trägt das geltende Wohnraummietrecht wie auch die Rechtsprechung in vielfältiger Weise Rechnung.[2] Grundsätzlich sind Vermieter und Mieter bis zum Abschluss des angestrebten Mietvertrags in ihrem Entscheidungsspielraum nicht eingeschränkt. Auch hier gilt das Prinzip der Vertragsfreiheit (Art. 2 Abs. 1 GG, § 311 Abs. 1 BGB).[3] Sie können also im Grundsatz Vereinbarungen des Mietvertrags frei aushandeln und sind vorbehaltlich von Belegungsbindungen bei Teilen öffentlich geförderten Wohnraums sowie des allgemeinen Diskriminierungsverbots beim Abschluss zivilrechtlicher Verträge nach dem AGG[4] ebenso in der Auswahl ihrer Vertragspartner nicht gebunden. Daran ändert sich ebenso nichts, wenn einer der Verhandlungspartner in Erwartung des Vertragsabschlusses bereits Aufwendungen gemacht hat, die sich im Falle des Scheiterns der Verhandlungen als nutzlos erweisen.[5] Aufwendungs- oder Schadensersatzansprüche aus culpa in contrahendo (§§ 311 Abs. 2, 241 Abs. 2 BGB) folgen daraus in der Regel nicht. Derartige Schadensersatzansprüche aus der Verletzung vorvertraglicher Ausklärungs-, Fürsorge- und Obhutspflichten bilden die Ausnahme.[6]

Der Grundsatz der Vertrags- und Abschlussfreiheit ist im Mietrecht vielfach durch soziale Schutzvorschriften, Zweckentfremdungsverbote oder Wohnnutzungsgebote eingeengt. Darüber hinaus können Eingriffe durch hoheitliche Maßnahmen zum Tragen kommen.

I. Zweckentfremdungsverbot und Wohnnutzungsgebot

Grenzen bei der Gestaltung von Mietverträgen über Wohnraum finden sich in landeseigenen Verordnungen für Zweckentfremdung von Wohnraum. Danach können der Leerstand, die Vermietung an Touristen und die zweckwidrige Nutzung von Wohnraum bußgeldbewehrt sein. Wird ohne Zweckentfremdungsgenehmigung vermietet, ist ein Mietvertrag nicht nichtig,[7] es kommt aber eine Minderung[8] ab dem Zeitpunkt in Betracht, ab dem die Behörde wegen der Zweckentfremdung einschreitet.[9]

Steht Wohnraum leer, kann es zu einer Einsetzung eines Treuhänders kommen, dem u. a. die Aufgabe zukommt, die Zweckentfremdung beispielsweise durch Vermietung zu

---

[1] Börstinghaus WuM 2018, 610.
[2] Einen historischen Abriss zum Mietrecht bietet Herrlein NJW 2017, 711.
[3] OLG Düsseldorf DWW 1991, 240.
[4] Hierzu Horst MDR 2006, 1266; Derleder NZM 2007, 625; Schmidt-Räntsch NZM 2007, 6.
[5] BGH NJW-RR 1980, 627; OLG Düsseldorf DWW 1991, 240; vgl. auch BGH NZM 2018, 295.
[6] Dazu → Rn. 65.
[7] BGH NJW 1994, 320; vgl. auch BGH NZM 2014, 165 = NJW-RR 2014, 264; BGH NJW 2009, 3421.
[8] OLG Hamm NJWE-MietR 1997, 201; KG NJW-RR 1996, 1224.
[9] Vgl. hierzu BGH NZM 2014, 165 = NJW-RR 2014, 264; BGH NJW 2009, 3421 = NZM 2009, 814; ferner Günter NZM 2016, 569 (571 u. 574).

beseitigen.¹⁰ Grundlage ist der Erlass eines Wohnnutzungsgebots, um leerstehenden Wohnraum wieder Wohnzwecken zuzuführen.¹¹

II. Mieterschutz durch das BGB

5   Wegen der überragenden Bedeutung der Wohnung als Lebensmittelpunkt menschlicher Existenz enthält das soziale Wohnraummietrecht im Bürgerlichen Gesetzbuch eine Anzahl zwingender mietrechtlicher Vorschriften. Seit der Mietrechtsreform 2001 haben zahlreiche Vorschriften einen halbzwingenden Charakter, eine Abweichung zu Ungunsten des Mieters ist dann unzulässig.¹² Dabei bleibt es unerheblich, ob der Mieter mit dieser Abweichung einverstanden ist.¹³ Der gesetzliche Mieterschutz steht nicht zur Disposition. Der Grundsatz der Vertragsfreiheit im Mietrecht ist also durchbrochen.

III. Hoheitliche Eingriffe

6   Wohnraummietverhältnisse können durch gerichtliche Eingriffe begründet oder verändert werden. Angesprochen ist hier insbesondere der familienrechtliche Bereich.
Zu einem nicht vom Willen des Vermieters abhängigen Mieterwechsel kann es anlässlich der Scheidung einer Ehe kommen. § 1568a Abs. 3 u. Abs. 5 BGB sehen hier die Möglichkeit vor, den Mietvertrag zu verändern oder ein neues Mietverhältnis zu begründen.¹⁴ Dies ist an den Zugang einer Erklärung der Ehegatten gegenüber dem Vermieter oder die Rechtskraft der gerichtlichen Überlassungsentscheidung nach § 1568a Abs. 1 BGB geknüpft.

7   Die unter Geltung der damaligen HausratsVO eröffnete Möglichkeit für den Vermieter, auf Sicherungsmöglichkeiten wie die zeitweilige Mithaftung des ausziehenden Ehegatten hinzuwirken, ist entfallen.¹⁵ Wird die Wohnung einem Ehegatten gerichtlich zugewiesen, kann der Vermieter nach § 1568a Abs. 3 S. 2 iVm § 563 Abs. 4 BGB außerordentlich mit der gesetzlichen Frist kündigen, wenn in der Person des Eintretenden ein wichtiger Grund vorliegt.

8   Für die Behandlung der gemeinsamen Wohnung und der Haushaltsgegenstände anlässlich der Aufhebung einer Lebenspartnerschaft bei gleichgeschlechtlichen Lebenspartnern gelten über § 17 LPartG die Grundsätze von §§ 1568a und 1568b BGB. Dies gilt auch für die vorläufige Zuweisung der Wohnung bei Getrenntleben (§ 14 LPartG).

§ 2 Auswahl des Vertragspartners

9   Dass man sich einen Mieter frei auswählen kann, ist in manchen Bereichen reglementiert. So sieht das Allgemeine Gleichbehandlungsgesetz (AGG)¹⁶ ein umfassendes

---

¹⁰ Hinrichs NZM 2018, 185 (190).
¹¹ Hinrichs NZM 2018, 185 (186) am Beispiel Hamburgs.
¹² Der Gesetzeswortlaut ist dann durchgängig: „Eine zum Nachteil des Mieters abweichende Vereinbarung ist unwirksam."
¹³ Lindner PiG 105 (2017), 129 (135).
¹⁴ Hierzu Götz/Brudermüller in dies./Giers, Die Wohnung in der familienrechtlichen Praxis, Teil 2, G Rn. 555 u. 588.
¹⁵ Götz/Brudermüller in dies./Giers, Die Wohnung in der familienrechtlichen Praxis, Teil 2, G Rn. 586.
¹⁶ Hierzu Horst MDR 2006, 1266; Schmidt-Räntsch NZM 2007, 6; Derleder NZM 2007, 625.

Diskriminierungsverbot beim Abschluss,[17] beim Vollzug, bei der Beendigung und der Abwicklung zivilrechtlicher Verträge vor, und gilt gemäß § 2 Abs. 1 Ziff. 8 AGG durch die Gesetzesformulierung „*Dienstleistungen, die der Öffentlichkeit zur Verfügung stehen, einschließlich von Wohnraum*", nicht nur für die Wohnungsmiete, sondern auch für die Vermietung von Gewerberaum. Denn die Miete fällt nach EU-rechtlichem Sprachgebrauch unter den Begriff der „Dienstleistung".

Seine mietrechtlichen Auswirkungen lassen sich mit einer stark reduzierten Vertragsfreiheit, vor allem aber mit einem ganz erheblichen wirtschaftlichen Risiko bei der Vermietung kennzeichnen. Das Gesetz lässt vorgetragene Indizien für eine Diskriminierung genügen, verlangt aber dem angegangenen Verhandlungs- oder Vertragspartner den vollen Beweis des Gegenteils ab (§§ 21, 22 AGG).[18] Kann dieser Vollbeweis zur Überzeugung des Gerichts nicht geführt werden, kommen materiell umfangreiche Folgenbeseitigungs-, Schadensersatz- und Schmerzensgeldansprüche zum Tragen.[19]

Abgesehen von rechtlichen Einschränkungen kommt es für die Möglichkeit der Mieterauswahl in tatsächlicher Hinsicht auf die jeweilige Marktlage an. So liegt es auf der Hand, dass der Vermieter bei einer Verknappung des Wohnungsangebotes zwischen vielen Mietinteressenten auswählen kann, was seine Stellung auch im Hinblick auf die Auswahlkriterien stärkt. Umgekehrt ist seine Stellung bei einem Angebotsüberhang von Mieträumen schwächer.

Unabhängig von der Marktlage muss den Vermieter im Hinblick auf ein störungsfrei verlaufendes Mietverhältnis interessieren,

- ob der Mieter ausreichend wirtschaftlich leistungsfähig ist (Bonität), und
- ob der Mieter von seiner sozialen Grundstruktur her in das Mietverhältnis hineinpasst.

Um dies herauszufinden, stehen insbesondere folgende Möglichkeiten zur Verfügung:

- Beurteilung des Erscheinungsbildes des Mieters,
- Beurteilung des Mieters im Gespräch und nach der Vorlage einschlägiger Dokumente,
- Mieterselbstauskunft,
- Schufa-Selbstauskunft des Mieters,
- Sonstige Auskunfteien,

Nach welchen Kriterien sich der einzelne Vermieter seinen Vertragspartner aussucht, unterliegt letztlich nicht nur seiner eigenen Entscheidung, sondern auch dem jeweils herrschenden Marktgefüge.

I. Selbstauskunft

Wohnungen sind bedeutende Vermögensgüter, die gleichzeitig ständig Geld kosten. Deshalb dürfte dem Vermieter daran gelegen sein, dass die soziale Struktur und die Bonität seines Mieters gesund sind. In Rechtsprechung und Literatur ist heute grundsätzlich das Interesse des Vermieters anerkannt, durch eine mündlich oder schriftlich abgegebene Selbstauskunft des Mieters Einzelheiten über seine Person zu erfahren, soweit

---

[17] Das zivilrechtliche Benachteiligungsverbot greift bereits vor der Vermietung, hierzu AG Hamburg-Barmbek WuM 2017, 393.
[18] MüKoBGB/Thüsing AGG § 22 Rn. 1.
[19] OLG Köln NJW 2010, 1676 (Schmerzensgeldhaftung von 2500 Euro wegen Verletzung des allgemeinen Persönlichkeitsrechts eines jeden Diskriminierten; LG Köln NJW 2016, 510 (Entschädigung von 850 Euro pro Person für abgelehnte Vermietung an homosexuelles Paar); AG Hamburg-Barmbek WuM 2017, 393; vgl. auch BGH NJW 2012, 1725 (Erteilung eines Hausverbots für NPD-Vorsitzenden von einem Hotelier).

16 Gleichzeitig ist aber auch der Schutz der Persönlichkeit des Mieters zu beachten. Insbesondere dienen hierzu sein Persönlichkeitsrecht sowie sein Grundrecht auf informationelle Selbstbestimmung. Auch der Mieter hat also ein berechtigtes Interesse daran, nicht mehr zu persönlichen und privaten Angelegenheiten anzugeben, als er unbedingt muss.

17 Der Mieter ist nicht verpflichtet, eine Selbstauskunft in mündlicher oder in schriftlicher Form abzugeben. Dem Vermieter bleibt es dann allerdings unbenommen, aus der unterlassenen Abgabe eigene Schlüsse zu ziehen und den Kreis der Mietinteressenten neu zu definieren.

18 Literatur und Rechtsprechung unterscheiden bei der mündlichen und schriftlichen Mieterselbstauskunft zwischen zulässigen und zwischen unzulässigen Fragen.[20] Die Unterscheidung hat folgende Bedeutung:

19 Zulässige Fragen muss der Mieter wahrheitsgemäß beantworten. Tut er dies nicht und war seine falsche Antwort für den Abschluss des Mietvertrags ursächlich, so kann der Vermieter vor Einzug des Mieters den Mietvertrag wegen arglistiger Täuschung anfechten. Daraus folgt, dass der Mietvertrag nichtig ist. Der Vermieter kann die Mietinteressenten am Einzug hindern. Die Anfechtung eines Mietvertrags über Geschäftsräume wegen arglistiger Täuschung wird vom BGH auch nach Überlassung der Miträume und Beendigung des Mietvertrags neben der Kündigung als zulässig angesehen, wobei die Anfechtung auf den Abschluss des Vertragsabschlusses zurückwirkt (§ 142 Abs. 1 BGB).[21]

20 In folgenden Fällen hat die Rechtsprechung eine Anfechtung des Mietvertrags vor Einzug des Mieters für begründet gehalten:

21 Befragt der Vermieter den Mietinteressenten nach seiner Solvenz, so rechtfertigt eine Falschauskunft die Anfechtung eines Mietvertrags.[22] Darüber hinaus macht der Mieter sich wegen Mietbetrugs strafbar, wenn er wahrheitswidrig vor Beginn eines Mietverhältnisses gegenüber dem Vermieter erklärt, dass er keine Schulden aus einem alten Mietverhältnis hat und nach dem Einzug keinerlei Miete zahlt.[23] Erklärt eine Mietinteressentin auf ausdrückliche Frage des Vermieters wahrheitswidrig, Designerin zu sein und gut zu verdienen, so kann der Vermieter den Mietvertrag anfechten.[24] Der Vermieter kann den Mietvertrag wirksam wegen arglistiger Täuschung und wegen Irrtums anfechten, wenn der Mietinteressent in der Selbstauskunft wissentlich falsche Angaben zu seinem Arbeitsverhältnis und zu seinem Einkommen macht.[25]

22 Ebenso kann der Vermieter den Mietvertrag wegen arglistiger Täuschung anfechten, wenn der Mieter verschweigt, dass ihn die Miete bei einem sehr geringen Einkommen finanziell geradezu unerträglich belastet.[26]

23 Die Frage des Vermieters an den Mietinteressenten nach früheren Mietschulden muss in der geforderten Selbstauskunft wahrheitsgemäß nur auf berechtigte und offene Mietzahlungsverpflichtungen beantwortet werden.[27] Bisweilen verlangen Vermieter eine Bescheinigung über die Mietschuldenfreiheit. Der BGH sieht einen Vermieter als nicht verpflichtet an, seinem bisherigen Mieter bei Beendigung des Mietverhältnisses über die

---

[20] Polenz VuR 2014, 99 (100); siehe hierzu auch → Rn. 1911.
[21] BGH NJW 2009, 1266.
[22] LG Wuppertal WuM 1999, 39; AG Miesbach WuM 1987, 379.
[23] AG Berlin-Tiergarten GE 2005, 1257.
[24] AG Saarlouis NZM 2000, 459.
[25] AG Bonn WuM 1992, 597.
[26] AG Bonn NJW-RR 1988, 784.
[27] LG Itzehoe WuM 2008, 281.

Erteilung einer Quittung über die vom Mieter empfangenen Mietzahlungen hinaus eine Mietschuldenfreiheitsbescheinigung zu erteilen.[28]

Schon aus dieser kurzen Zusammenstellung von Gerichtsentscheidungen zeigt sich, dass Fragen nach dem Netto-Einkommen, dem Arbeitsverhältnis einschließlich des Arbeitgebers sowie insgesamt nach der Zahlungsfähigkeit des Mietinteressenten gestellt werden können.[29] Dabei kann der Mieter seine Angaben durch die Vorlage einer aktuellen Gehaltsabrechnung untermauern.

Bedenklich ist allerdings die Frage nach Teilzahlungskrediten des Mietinteressenten. Die Antwort gibt weder Aufschluss über die Zahlungsmoral noch über die Zahlungsfähigkeit. Das Konsumverhalten des Mietinteressenten ist aber für den Abschluss eines Mietvertrags nicht bedeutsam und geht daher den Vermieter nichts an.

Differenzierter sind auch Fragen zu persönlichen Angaben zu bewerten:

Nach Name und Geburtsdatum sollte gefragt werden. Denn das Geburtsdatum ist wichtig, um zu prüfen, ob der Mietinteressent noch minderjährig ist. Auch sind Fragen nach dem Familienstand zulässig.[30] Unzulässig sind dagegen Fragen nach einer Entmündigung, einer Geistesschwäche, einer sonstigen Behinderung oder der Anordnung einer Betreuung.[31] Unzulässig sind ebenfalls Fragen nach bestehender Schwangerschaft, nach Familienplanung sowie der Ausländereigenschaft von Ehepartnern oder sonstiger Personen, die mit in die Wohnung einziehen sollen.[32] Auch Fragen nach laufenden oder abgeschlossenen Strafverfahren oder Ermittlungsverfahren,[33] nach Konfession und Staatsangehörigkeit sowie nach Mitgliedschaft in Parteien oder Verbandszugehörigkeiten wie den Mieterverein[34] oder nach einem früheren Mietverhältnis und dem Grund seiner Beendigung[35] dürfen vom Mieter auch falsch beantwortet werden, da sie unzulässig sind.

Erlaubt sind Fragen danach, ob in den letzten fünf Jahren Pfändungen ausgebracht wurden oder ein Antrag auf Abgabe der eidesstattlichen Versicherung gegen den Mietinteressenten. Die Frage nach einem eröffneten Verbraucherinsolvenzverfahren ist zulässig, den Mieter trifft insoweit eine Offenbarungspflicht.[36]

Unabhängig von einer konkreten Frage und einer Aufforderung des Vermieters zur Mieterselbstauskunft hat ein Mietinteressent von sich aus ungefragt Auskunft darüber zu erteilen, ob er bei Vertragsabschluss überhaupt zahlungsfähig ist,[37] ob die Miete für die in Aussicht genommene Wohnung 75 % des Nettoeinkommens oder mehr beträgt,[38] und darüber, ob eine eidesstattliche Versicherung abgegeben wurde.[39]

II. Auskunfteien und Schufa-Eigenauskünfte

Sowohl im gewerblichen als auch im privaten Vermietungsbereich ist es im Gegensatz zur Bankauskunft heute nicht mehr möglich, als Vermieter die Schufa (Schutzgemeinschaft für allgemeine Kreditsicherung als Gemeinschaftseinrichtung von Wirtschafts-

---

[28] BGH NJW 2010, 1135.
[29] LG Köln WM 1984, 297; AG Miesbach WuM 1987, 379; AG Kaiserslautern WuM 1987, 378; AG Hagen WuM 1984, 286; LG Essen WuM 1984, 299; AG Bonn WuM 1992, 597.
[30] LG Landau WuM 1986, 133; siehe hierzu auch → Rn. 1911.
[31] BVerfG ZMR 1991, 366; zustimmend Derleder NZM 1998, 550 (552).
[32] AG Nürnberg WuM 1984, 295.
[33] AG Rendsburg WuM 1990, 507; AG Hamburg WuM 1992, 598.
[34] Sternel, Mietrecht, 3. Auflage 1988, Teil I Rn. 262; AG Wiesbaden WuM 1992, 593.
[35] LG Braunschweig WuM 1984, 297.
[36] Polenz VuR 2014, 99 (100).
[37] AG Stuttgart-Bad Cannstatt WuM 1986, 331.
[38] AG Frankfurt/Main WuM 1989, 620.
[39] AG Hagen WuM 1984, 296.

unternehmen, die ihren Kunden Geld- oder Warenkredite einräumen) direkt anzurufen; entscheidend ist, wer direkter Vertragspartner der Schufa ist.[40] Darüber hinaus ist nach wie vor umstritten, in welchem Umfang Vermieter vor Vertragsabschluss Daten über die Bonität eines Mietinteressenten einholen dürfen. Als Faustformel gilt hier, dass eine Bonitätsabfrage dann nach Art. 6 Abs. 1 lit. b DS-GVO als zulässig angesehen wird, wenn die Vertragsverhandlungen weit fortgeschritten sind und der Abschluss des Mietvertrages nur noch von der Bonitätsprüfung abhängt.[41]

Demgegenüber kann das Recht zur Eigenauskunft eines jeden Betroffenen weiterführen. Der Mietinteressent hat beispielsweise gegenüber der Schufa Anspruch darauf, mündliche oder schriftliche Eigenauskünfte zu erhalten.[42]

III. Sonstige Erkenntnismöglichkeiten

29 Zu erwähnen sind hier insbesondere die Schuldnerverzeichnisse beim Amtsgericht, sowie die Informationsbeschaffungsmöglichkeiten über sonstige Auskunfteien.

Der „Überraschungsbesuch" des Vermieters beim Mietinteressenten in dessen Wohnung ist letztlich eine Frage des persönlichen Geschmacks. Hierbei sollte aber unbedingt beachtet werden, dass der Mietvertrag nicht bei einer solchen Gelegenheit in der bisherigen Wohnung des Mietinteressenten abgeschlossen werden sollte. Denn auf einen solchen Mietvertrag sind die Vorschriften über den Verbraucherwiderruf bei Außergeschäftsraumverträgen (§§ 312 Abs. 1, Abs. 4 S. 1, Abs. 3 Nr. 1 u. 7, 312b Abs. 1, 312g Abs. 1, 355 Abs. 1 BGB) anzuwenden, die dem Mietinteressenten gestatteten, den Mietvertrag binnen 14 Tagen zu widerrufen (§ 355 Abs. 2 BGB) zu widerrufen.[43] Wurde die Wohnung vor Vertragsschluss besichtigt, ist das Widerrufsrecht des Wohnraummieters allerdings ausgeschlossen (§ 312 Abs. 4 S. 2 BGB).

IV. Einbezug und Aufnahme Dritter

30 Die Freiheit des Vermieters, sich seinen Mieter frei auszusuchen, ist insbesondere in Fällen eingeschränkt, in denen der Mieter gesetzlich oder durch die Rechtsprechung Anspruch darauf hat, Dritte in das Mietverhältnis mit aufzunehmen oder sonst mit einzubeziehen. Insbesondere sind folgende Konstellationen anzusprechen:

1. Ehepaare, Kinder

31 Es ist allgemein anerkannt, dass der Mieter seinen Ehepartner und seine Kinder in die Wohnung aufnehmen kann. Bis zur Grenze der Überbelegung gehört die Aufnahme dieses Personenkreises zum vertragsgemäßen Mietgebrauch. Eine Genehmigung des Vermieters hierzu ist nicht erforderlich. Es besteht lediglich eine Anzeigepflicht. Teilweise werden auch die Enkelkinder zu dem privilegierten Personenkreis gerechnet. Bei der Aufnahme von Eltern kommt es auf die Umstände des Einzelfalles wie der Größe der Wohnung und der Eignung der Wohnung an.[44] Bei dieser Rechtslage empfiehlt es sich wirtschaftlich, stets beide Partner als Mieter mit in den Mietvertrag aufzunehmen und

---

[40] BGH NJW 1986, 49.
[41] Buchner/Petri in Kühling/Buchner DS-GVO Art. 6 Rn. 57; Lindner AnwZert MietR 5/2018 Anm. 1; siehe hierzu → Rn. 1913.
[42] Mündliche Eigenauskünfte sind kostenlos, für schriftliche Eigenauskünfte kann ein angemessenes Entgelt verlangt werden. Infos ansteuerbar unter www.schufa.de
[43] Lindner ZMR 2015, 261 (262); ders. ZMR 2016, 356; hierzu → Rn. 1890.
[44] Näher Blank/Börstinghaus/Blank BGB § 540 Rn. 29.

dadurch deren gesamtschuldnerische Haftung für alle Forderungen aus dem Mietverhältnis zu begründen.

2. Eingetragene Lebenspartner

Durch das Lebenspartnerschaftsgesetz sind „eingetragene Lebenspartner" einer gleichgeschlechtlichen Lebensgemeinschaft auch mietrechtlich den Ehegatten gleichgestellt. § 563 Abs. 1 BGB gewährt eingetragenen Lebenspartnern eines Mieters ein Eintrittsrecht bei dessen Tod in den Mietvertrag, wenn sie mit dem verstorbenen Mieter in einem gemeinsamen Haushalt zusammengelebt haben. Dies setzt logisch voraus, dass der Mieter zu Lebzeiten auch gegen den Willen des Vermieters seinen eingetragenen Lebenspartner mit in die Wohnung aufnehmen kann. Mit der Ende 2017 eingeführten „Ehe für alle" ist eine völlige Gleichstellung vollzogen. Nach dem geänderten § 1353 Abs. 1 S. 1 BGB wird die Ehe zwischen zwei Personen gleichen oder verschiedenen Geschlechts eingegangen. Lebenspartnerschaften können seitdem nicht mehr begründet, bestehende aber in eine Ehe umgewandelt werden (§ 20a LPartG).[45]

32

3. Eheähnliche oder nichteheliche Lebensgemeinschaften

Der Partner oder die Partnerin einer eheähnlichen oder nichtehelichen Lebensgemeinschaft ist dem Ehepartner nicht gleichgestellt. Für die Aufnahme eines Lebensgefährten in eine gemietete Wohnung bedarf es der Erlaubnis des Vermieters.[46] Auf die Erteilung dieser Erlaubnis hat der Mieter im Regelfall einen Anspruch.[47] Dies gilt unabhängig davon, ob es sich bei dem Dritten um eine Person gleichen[48] oder anderen Geschlechts handelt.[49] Der BGH hat dem überlebenden Partner in einer eheähnlichen Gemeinschaft in entsprechender Anwendung des damaligen § 569a Abs. 2 S. 1 BGB (§ 563 Abs. 2 S. 3 BGB) ein Eintrittsrecht in den Mietvertrag des verstorbenen Mieters eingeräumt.[50]

33

4. Haushaltsgemeinschaften

Der oben genannte Grundsatz für die eingetragene Lebenspartnerschaft gilt auch für Personen, die mit dem Mieter in einem auf Dauer angelegten Haushalt leben (§ 563 Abs. 2 S. 3 BGB). Gemeint ist damit eine Haushaltsgemeinschaft, die über eine bloße Wirtschafts- und Wohngemeinschaft hinausgeht und in der jemand mit dem Mieter dauerhaft besonders eng verbunden ist.[51] Wenn § 563 Abs. 2 S. 3 BGB auf diesen Personenkreis ein Eintrittsrecht in den Mietvertrag bei Tod des Mieters gibt, so setzt dies ebenfalls sachlogisch voraus, dass der Mieter zu Lebzeiten das Recht hat, Personen aufzunehmen, mit denen er eine auf Dauer angelegte Haushaltsgemeinschaft begründen will.

34

5. Wohngemeinschaften

Abgesehen von der Möglichkeit, mit der Wohngemeinschaft als BGB-Gesellschaft einen Mietvertrag abzuschließen, ist es auch denkbar, dass ein einzelnes Mitglied dieser Wohngemeinschaft Mieter ist. Zu den übrigen Mitgliedern besteht dann ein Untermiet-

35

---

[45] Knopp NJW-Spezial 2017, 580.
[46] BGH NJW 2004, 56 = NZM 2004, 22.
[47] Näher Heilmann NZM 2016, 74 (76).
[48] Eine nicht nach dem Lebenspartnerschaftsgesetz eingetragene homosexuelle Lebensgemeinschaft.
[49] BGH NJW 2004, 56 = NZM 2004, 22; MüKoBGB/Wellenhofer, Anh. § 1302 Rn. 50.
[50] BGH NJW 1993, 999; vgl. auch BVerfG NJW 1990, 1593.
[51] Näher LG Heidelberg NZM 2014, 468 (469); Schmidt-Futterer/Streyl BGB § 563 Rn. 39.

verhältnis. Dieses Untermietverhältnis kann sich auf Grund einer ausdrücklichen Untervermietungsabrede im Mietvertrag, aber auch konkludent aus dem Vertragszweck – der Überlassung des Wohnraums an eine Wohngemeinschaft – ergeben. Bei diesem Ansatz sieht sich der Vermieter bei einem Wechsel einzelner Mitglieder der Wohngemeinschaft jeweils neuen (ggf. unerwünschten) Vertragspartnern gegenüber.[52]

36 Das Bundesverfassungsgericht hat die Auffassung einzelner Gerichte, wonach der Vermieter bei Vermietung an eine Wohngemeinschaft aus diesem Vertragszweck heraus konkludent einen Wechsel einzelner Mitglieder hinzunehmen habe, bestätigt.[53] Sie hat zur Folge, dass der Vermieter das Recht zum Mieterwechsel vertraglich ausschließen muss, wenn er die für ihn möglicherweise ungünstige Rechtsfolge des Austritts des ursprünglichen und des Eintritts neuer Vertragspartner vermeiden will.[54]

37 Näherliegender wäre es, den Mietvertrag mit der Wohngemeinschaft als Gesellschaft bürgerlichen Rechts, die nach der Rechtsprechung des BGH eigene Rechtspersönlichkeit im Außenverhältnis hat, abzuschließen, wenn diese mit einem bestimmten Namen nach außen in Erscheinung tritt.[55] Ansonsten ist mit der Annahme einer BGB-Außengesellschaft bei Wohngemeinschaften eher zurückhaltend zu verfahren.[56]

§ 3 Vorlage des Energieausweises

38 Zunächst darf als gesicherte Erkenntnis gelten, dass die in § 16 Abs. 2 EnEV enthaltene Pflicht, einen Energieausweis vorzulegen, für alle[57] Vertragsverhandlungen sowohl im Bereich der Wohnraummiete wie der Geschäftsraummiete gilt, folglich nur für Vertragsneuabschlüsse, nicht für Bestandsmietverhältnisse.[58]

§ 16 Abs. 2 S. 1 u. 4 EnEV gebietet dem Vermieter die Vorlage des Energieausweises spätestens bei der Besichtigung einer Wohnung oder anderen Nutzungseinheit. Findet keine Besichtigung statt, hat der Vermieter den Energieausweis oder Kopie hiervon unverzüglich vorzulegen; spätestens jedoch immer dann, wenn er hierzu aufgefordert wird (§ 16 Abs. 2 S. 2 u. 4 EnEV). Da es sich um eine rein öffentlich-rechtliche Pflicht des Vermieters handelt, kann sich aus § 16 Abs. 2 EnEV kein eigener zivilrechtlicher Anspruch des Mietinteressenten ergeben.[59]

§ 4 Vorvertrag

39 Mit einem Mietvorvertrag verpflichten sich die Parteien, einen Hauptvertrag über das Mietobjekt abzuschließen. Einschlägig für diesen Vertragstyp, der im Gesetz nicht besonders geregelt ist, sind die allgemeinen Vorschriften des Vertragsrechts. Notwendig ist ein besonderer Rechtsbindungswille der Parteien, für den im Falle des Vorvertrags besondere Umstände sprechen müssen. Es muss erkennbar sein, dass sich beide Parteien

---

[52] Eingehend Horst MDR 1999, 266 (268).
[53] BVerfG WuM 1992, 45 = ZMR 1993, 210.
[54] LG Berlin GE 2013, 1338; FA-MietR/Harsch/Ormanschick Kap. 3 Rn. 296c.
[55] Vgl. dazu näher: → Rn. 200; Blank/Börstinghaus/Blank BGB § 535 Rn. 153.
[56] LG Frankfurt WuM 2012, 192; FA-MietR/Harsch/Ormanschick Kap. 3 Rn. 293a.
[57] Zu den Ausnahmen der Energieausweispflicht vgl. § 1 EnEV.
[58] Flatow NJW 2008, 2886 (2889); Schmidt-Futterer/Eisenschmid BGB § 535 Rn. 183.
[59] Näher Flatow NJW 2008, 2886 (2889); Friers WuM 2008, 255 (258); zum Kaufrecht Lienhard, NZM 2014, 177; vgl. BGH NZM 2018, 407 = NJW-RR 2018, 424 (Maklers Pflichten in Immobilienanzeigen).

ausnahmsweise bereits im Vorfeld des eigentlichen Mietvertrags rechtlich binden wollen. Für einen solchen Rechtsbindungswillen können die schriftliche Fixierung und erst recht die notarielle Beurkundung eines Vorvertrags sprechen.[60]

Der Mietvorvertrag unterliegt nicht der Schriftform des § 550 BGB,[61] und zwar selbst dann nicht, wenn er einen vom Schriftformgebot von § 550 S. 1 BGB erfassten (in der Regel langfristigen) Mietvertrag zum Gegenstand hat.[62] Beweissicherungsfunktion und auch Warnfunktion des Schriftformgebotes sprechen aber entscheidend dafür, den Mietvorvertrag schriftlich abzuschließen. Entscheidend ist, dass der Vorvertrag Bindungswirkung hat und damit einen Anspruch auf Abschluss des Hauptmietvertrags gibt, die Vertragsparteien also in dieselbe Rolle versetzt, die sie bei Abschluss des Hauptmietvertrags selbst bereits haben würden. Entscheidend ist weiter, dass ein besonderer Grund für eine Loslösung vom Vorvertrag gegeben sein muss, wenn die Parteien diesen Vertrag nicht unter eine Bedingung gestellt oder ihn befristet haben oder sich den Rücktritt vorbehalten haben.[63]

Neben der Bindungswirkung des Vorvertrags – den vertraglichen Kontrahierungszwang im Hinblick auf das Hauptmietverhältnis – ergeben sich auch Schutzpflichten unter den Vertragsparteien. So entstehen Schadensersatzansprüche, wenn abredewidrig mit einem Dritten der Hauptvertrag zustande kommt, der nicht Vertragspartner des Vorvertrages ist.[64]

Abgesehen von den bereits angesprochenen Befristungen und vorbehaltenen Rücktrittsrechten kommt ein gesetzliches Rücktrittsrecht vom Mietvorvertrag nur in Frage, wenn ein besonderer Grund für eine Loslösung von diesem Vertrag vorliegt.[65] Eine Anfechtung ist nach allgemeinen Regeln möglich. Auch Ansprüche wegen Wegfalls und der Änderung der Geschäftsgrundlage sind beachtlich. Schließlich kann der Vorvertrag einverständlich aufgehoben werden.[66]

Bei der Frage, ob aus einem Mietvorvertrag bereits ein Recht des künftigen Mieters zum Besitz des Objektes erfolgt, ist zu unterscheiden:

Wurde der Besitz noch nicht vom künftigen Vermieter an den künftigen Mieter überlassen, so kann der Berechtigte nicht verlangen, den Besitz eingeräumt zu bekommen.[67] Ergreift er eigenmächtig den Besitz, begeht er verbotene Eigenmacht (§ 858 BGB). Dagegen stehen dem künftigen Vermieter die possessorischen Besitzschutzansprüche zu.

Hat aber der künftige Vermieter dem Berechtigten den Besitz im Hinblick auf das künftige Mietverhältnis bereits eingeräumt, bleibt er zum Besitz befugt, solange er die Erfüllung des Vorvertrages verlangen kann. Eine Rückforderung der Sache würde als unzulässige Rechtsausübung gegen § 242 BGB verstoßen.[68]

Soll der Hauptmietvertrag von einem Makler vermittelt werden, so wird die Courtage erst bei Abschluss des Hauptvertrages, nicht bereits bei Abschluss des Vorvertrages fällig.[69]

---

[60] Näher Michalski ZMR 1999, 141 (142 f.); Derleder/Pellegrino NZM 1998, 550 (552 f.), jeweils mwN zur Rechtsprechung.
[61] BGH NJW 2007, 1817; Fleischmann NZM 2012, 625 (626).
[62] Fleischmann NZM 2012, 625 (629).
[63] OLG Düsseldorf BB 1989, 1463.
[64] Michallski ZMR 1999, 141 (142) mit weiteren Nachweisen zur Rechtsprechung.
[65] Michallski ZMR 1999, 141 (144).
[66] Michallski ZMR 1999, 141 (144).
[67] Michallski ZMR 1999, 141 (144); aA AG Schöneberg ZMR 2000, 132.
[68] Michallski ZMR 1999, 141 (144).
[69] LG Gießen NJW-RR 1995, 524; LG Hamburg WuM 1989, 492 (493).

45 Aus der vertraglichen Bindung des Vorvertrags und dem daraus sich ebenfalls ergebenden Kontrahierungszwang folgt, dass Ansprüche aus dem Mietvorvertrag gerichtlich durchgesetzt werden können.
Dabei ergibt sich die sachliche und örtliche Gerichtszuständigkeit aus §§ 23 Nr. 2a GVG, 29a ZPO.[70] Ist Klageziel der Abschluss des Hauptvertrags, so ist eine Leistungsklage zu erheben.[71]

46 Seine Klage auf den Abschluss des Hauptvertrages kann der Kläger auf eine Klage auf Schadensersatz umstellen (§ 264 Nr. 3 ZBO).[72]

47 Vorläufiger Rechtsschutz in Gestalt der einstweiligen Verfügung, gerichtet auf Abgabe der Willenserklärung zum Abschluss des Hauptmietvertrags, steht nicht zur Verfügung (§ 935, 945 ZPO).[73] Der Eilrechtsschutz hat nur vorläufigen Charakter und darf als Sicherungsverfügung die Hauptsache nicht vorwegnehmen.

48 Der Mietvorvertrag ist zu unterscheiden von einem Gentleman's Agreement oder auch einer Absichtserklärung („Letter of Intent").[74] Dabei handelt es sich um eine lose Übereinkunft, bei der die Partner für ausreichend erachten, eine allgemeine Einigung zu erzielen, deren Ausgestaltung dem geschäftlichen Anstand überlassen wird, ohne dass damit ein klagbarer Anspruch verbunden sein muss. Deshalb kann aus einem Gentleman's Agreement kein Anspruch auf Abschluss eines Hauptmietvertrags folgen. Es kann jedoch als Geschäftsgrundlage rechtliche Bedeutung erlangen.[75]

§ 5 Vormiete

49 Unter dem Begriff „Vormiete" versteht man eine Vereinbarung, nach der der Begünstigte durch einseitige Erklärung berechtigt ist, in den Vertrag einzutreten, den der Vermieter mit einem Dritten schließt.[76] Sinn und Zweck dieser Vereinbarung ist, einem Mietinteressenten die Anmietung eines bestimmten Objekts zu sichern. Andererseits hat der Vermieter durch Suche weiterer Interessenten die Möglichkeit, sich einen für ihn günstigen Vertragsinhalt auszubedingen. Da es dem nach dem Vormietvertrag Berechtigten freisteht, in den Mietvertrag einzutreten, also nur eine Verpflichtung des Vermieters begründet wird, fügt sich eine solche Vereinbarung oftmals in einem abzuschließenden Mietvertrag ein.[77]

50 Für den Vermieter bedingt die Einräumung eines Vormietrechts ein Haftungsrisiko im Verhältnis zu eventuellen weiteren Mietern. Denn wenn der Vermieter mit weiteren Mietern einen günstigeren Mietvertrag aushandelt und abschließt, ohne auf das Vormietrecht hinzuweisen, entstehen gegen ihn Schadensersatzansprüche des neuen Mieters, wenn der Vormietberechtigte dieses Recht ausübt, statt des neuen Mieters in den Vertrag eintritt und dem Vermieter dadurch der Vollzug des Mietvertrags mit dem neuen Mieter unmöglich wird.[78] Deshalb tut der Vermieter gut daran, bei abzuschließenden neuen

---

[70] AG Schöneberg ZMR 2000, 132.
[71] Fleischmann NZM 2012, 625 (627); Michallski ZMR 1999, 141 (146).
[72] BGH NJW-RR 1993, 139 (141).
[73] AG Schöneberg ZMR 1999, 643.
[74] BGH NJW 1980, 1577; Fleischmann NZM 2012, 625 (626); Wolf/Neuner, Allgemeiner Teil des BGB, § 36 Rn. 12.
[75] OLG Nürnberg NJW-RR 2001, 636 (637).
[76] BGH NJW 2002, 3016 (3019); Derleder/Pellegrino NZM 1998, 550 (554).
[77] Derleder/Pellegrino NZM 1998, 550 (554).
[78] OLG Düsseldorf MDR 1984, 756; eindringlich warnend Leo/Kappus NZM 2013, 665 (666).

Mietverträgen mit Drittinteressenten über das Vorliegen einer entsprechenden Vormietregelung hinzuweisen und seine Haftung daraus auszuschließen.

Für die Vormiete gelten die Regeln über den Vorkauf analog.[79] 51

Während relative Einhelligkeit darüber besteht, dass die Ausübung des Vormietrechts 52
nicht an die Form des § 550 BGB gebunden ist, sind die Auffassungen hingegen im Hinblick auf die Begründung des Vormietrechts geteilt.[80]

§ 6 Mietoption

I. Begründungsoption

Eine Begründungsoption liegt vor, wenn sich der Mieter oder der Vermieter vorbehält, 53
den Mietvertrag durch eine einseitige Erklärung zustande zu bringen. Sie unterscheidet sich vom Vorvertrag dadurch, dass ein im Einzelnen ausgehandelter Hauptvertrag schon vorliegt und es allein im Ermessen des Mieters steht, ob es zur Durchführung des Mietvertrags kommen soll.[81] Von der Vormiete unterscheidet sich die Begründungsoption dadurch, dass nicht der Vermieter durch Verhandlungen mit einem Dritten noch den Vertragsinhalt gestalten kann, sondern es allein dem Mieter obliegt, sein Optionsrecht auszuüben und dadurch einen schon feststehenden Vertragsinhalt rechtswirksam zustande zu bringen.[82] Von großer praktischer Relevanz ist die Begründungsoption indessen nicht.

II. Verlängerungsoptionen

Soweit Verlängerungsoptionen auch im Bereich der Wohnraumvermietung anzutreffen 54
sind, sollten diese schon wegen § 550 S. 1 BGB schriftlich iSv § 126 BGB abgeschlossen werden.

Während die Option durch den Mieter ausgeübt werden muss, ergibt sich eine Ver- 55
längerung der Vertragslaufzeit bei einer Verlängerungsklausel automatisch, wenn der Vertrag nicht in der vorgesehenen Frist gekündigt wird.

III. Anmietrecht

Beim Anmietrecht kann sich der Vermieter die Entscheidung vorbehalten, ob er das 56
Mietobjekt vermieten will oder nicht. Auch dem Mietinteressenten ist es freigestellt, ob er das Mietobjekt anmieten will. Diese Konstellation ist aus dem Kaufrecht als sogenannte „Vorhand" bekannt.[83] Sinn und Zweck eines solchen Anbahnungsverhältnisses liegen darin, den Mietinteressenten, sobald der Vermieter sich zur Vermietung entscheidet, davon zu unterrichten und zu Vertragsverhandlungen aufzufordern.[84]

---

[79] BGH NJW 1971, 422; BGH NJW 1988, 703; BGH NJW 2002, 3016; MüKoBGB/Häublein BGB § 535 Rn. 20; Leo/Kappus NZM 2013, 665 (666).
[80] Nachweise zum Stand in der Literatur MüKoBGB/Häublein BGB § 535 Rn. 21; für eine Formbedürftigkeit Derleder/Pellegrino NZM 1998, 550 (555).
[81] Derleder/Pellegrino NZM 1998, 550 (555).
[82] Näher dazu Derleder/Pellegrino NZM 1998, 550 (555).
[83] FA-MietRWEG/Harz Kap. 1 Rn. 88; Derleder/Pellegrino NZM 1998, 555.
[84] Derleder/Pellegrino NZM 1998, 555.

§ 7 Vorzeitiger unentgeltlicher Einzug des Mieters

57   Dem Vermieter ist unbedingt zu raten, zunächst einen schriftlich vorbereiteten Mietvertrag vom Mieter unterzeichnen zu lassen und erst dann die Wohnungsschlüssel zu übergeben. Die eingeräumte Möglichkeit eines vorzeitigen Einzugs des Mieters vor Unterzeichnung eines schriftlichen Mietvertrags birgt für den Vermieter große Gefahren. Wurde in diesem Stadium grundsätzlich Einigung über das Mietobjekt und über die zu zahlende Miete als Gegenleistung erzielt, kann ein Mietvertrag entgegen § 550 BGB durch schlüssiges Handeln – konkludent – zustande kommen.[85] Daraus folgt, dass für ein solches Mietverhältnis die Vorschriften des Bürgerlichen Gesetzbuchs unmittelbar gelten. Diese sind aber in vielen Fällen für den Vermieter nachteilig. So ist entgegen verbreiteter Vorstellung der Vermieter an Stelle des Mieters zur Zahlung der Betriebskosten aus § 535 Abs. 1 S. 2 u. 3 BGB verpflichtet, wenn die Betriebskosten nicht durch einen schriftlichen Mietvertrag auf den Mieter überwälzt werden (§ 556 Abs. 1 S. 1 BGB). Das Gesetz unterscheidet dabei nicht, ob es sich um verbrauchsunabhängige Betriebskosten handelt oder um verbrauchsabhängige Betriebskosten, die ausschließlich vom Mieter selbst verursacht worden sind.

Nachteile birgt das Gesetz in § 535 Abs. 1 S. 2 BGB für den Vermieter auch für die Behandlung der Schönheitsreparaturen. Danach ist der Vermieter verpflichtet, im Rahmen seiner Gebrauchserhaltungspflicht für den Mieter zu renovieren. Deshalb sollte nie versäumt werden, einen schriftlichen Mietvertrag abzuschließen, der die Interessen des Vermieters angemessen wahrt, bevor die Wohnungsschlüssel übergeben und damit ein Einzug des Mieters ermöglicht wird.

58   Grundsätzlich gilt dies auch im Falle des vorzeitigen unentgeltlichen Einzugs des Mieters, der sich aus rein tatsächlichen oder aus wirtschaftlichen Gründen im Einzelfall einmal anbieten kann.[86]

Sofern die Parteien mit Rechtsbindungswillen handeln, ist auch hier ein vertragliches Verhältnis zu unterstellen.[87] Davon wird in aller Regel auszugehen sein. Die Überlassung von Wohnraum erfolgt in der Praxis typischerweise nicht nur gefälligkeitshalber. Ein jederzeit widerrufliches reines Gestattungsverhältnis scheidet daher in aller Regel aus.

Sofern die vorzeitige unentgeltliche Nutzung der Wohnung nicht im Hinblick auf ein späteres Mietverhältnis befristet oder auflösend bedingt ist, wird man auf Grund der Unentgeltlichkeit der Überlassung von einer Leihe iSd §§ 598 ff. BGB auszugehen haben.[88] Ist ein Mietvertrag bereits abgeschlossen, hat das Mietverhältnis aber noch nicht begonnen, so ist auch bei vorzeitigem unentgeltlichen Einzug insgesamt ein Mietverhältnis anzunehmen, wenn der Mieter für einen bestimmten Zeitraum auf Grund eigener Investitionen oder auf Grund eigener Arbeiten in der Wohnung keine Miete zahlen muss. Gleiches gilt, wenn der Mieter vor Vertragsschluss einzieht, weil die Parteien über den endgültigen Vertrag noch verhandeln wollen.[89]

59   Kommt es in dieser Phase zu Leistungsstörungen, so richten sich die Rechtsfolgen je nach dem anzunehmenden Vertragstyp.

---

[85] OLG Hamburg BeckRS 2017, 119469.
[86] Dazu Eisele WuM 1997, 533.
[87] Ähnlich Sternel, Mietrecht, Rn. I 36 u. 155.
[88] AA Eisele WuM 1997, 533 (534), der für die Zeit zwischen vorzeitigem Einzug und vertraglich vereinbarten Mietbeginn ein vorvertragliches Rechtsverhältnis annimmt, auf das mietrechtliche Vorschriften im Einzelfall angewandt werden können.
[89] OLG Hamburg ZMR 2003, 179; OLG Karlsruhe WuM 2012, 666; aA OLG Hamburg ZMR 2015, 293; Schmidt-Futterer/Blank BGB Vor § 535 Rn. 15.

§ 8 Abredewidrige Vermietung an Dritte

Im Rahmen der Anbahnung von Vertragsverhältnissen kann es passieren, dass der Vermieter auch nach eingehenden Vertragsverhandlungen mit einem Mietinteressenten einen Bewerber findet, der seinen Wunschvorstellungen eher entspricht. Bricht er dann die Verhandlungen mit den bisherigen Bewerbern ab, und schließt mit dem Wunschkandidaten den Mietvertrag ab, so ergeben sich in aller Regel keine Schadensersatzansprüche aus dem Abbruch der Vertragsverhandlungen.[90] Hat der Vermieter aber bereits kontrahiert und schließt er danach über dieselbe Mietsache noch mal einen Mietvertrag ab, so liegt der klassische Fall der Doppelvermietung[91] vor. Diese Konstellation kann sich sowohl aus einem Verwaltungsfehler als auch daraus ergeben, dass der Vermieter bewusst ein zweites Mal vermietet, um seinen Wunschkandidaten zu binden oder zu günstigeren Konditionen zu vermieten.

Hier sind beide Mietverträge als bloße Verpflichtungsgeschäfte zustande gekommen. Jeder Mieter kann also vom Vermieter die Erfüllung seines Vertrages verlangen. Grundsätze der Priorität gelten nicht.[92] Der Vermieter kann sich also aussuchen, welchem Erfüllungsanspruch seiner Mieter er genügt. Deshalb kann er auch ohne weiteres dem zeitlich nachfolgenden Mieter, der ihm die höchste Miete zu zahlen versprochen hat, die Mietsache überlassen. Zieht dieser Mieter ein, so ist er berechtigter Besitzer der Mietsache. Er hat alle mietvertraglichen Rechte gegenüber dem Vermieter.

Aus dem Gesagten wird bereits deutlich, dass auch der Mieter einen Erfüllungsanspruch auf Überlassung des Besitzes an der Mietsache hat, der nach der Wahl des Vermieters leer ausgeht. Dieser Erfüllungsanspruch kann zunächst auch gerichtlich geltend gemacht werden. So kann der Vermieter verpflichtet sein zu versuchen, sich aus dem Rechtsverhältnis mit dem Dritten durch Zahlung einer Abfindung zu lösen.[93] Der Erfüllungsanspruch entfällt jedoch, wenn der Vermieter die Mietsache dem anderen Mieter bereits überlassen hat, und dieser zu einer Herausgabe definitiv nicht bereit ist. In diesem Fall schuldet der Vermieter dem leer ausgehenden Mieter Schadensersatz wegen Unmöglichkeit in Folge eines Rechtsmangels nach §§ 536 Abs. 3, 536a Abs. 1 BGB.[94] Im Rahmen dieses Schadensersatzanspruchs schuldet der Vermieter dem leer ausgehenden Mieter eine Mietdifferenz, wenn der Mieter in Folge der Unmöglichkeit eine gleichartige Wohnung nur zu einem höheren Preis erlangen kann.[95] Soweit der Vermieter dazu tatsächlich in der Lage ist, kann der Schadensersatzanspruch auch zum Inhalt haben, eine gleich große Ersatzwohnung zu einem annähernd gleichen Mietpreis zur Verfügung zu stellen.[96] Hinzukommen können Umzugskosten und Prozesskosten.

Aus Sicht des leer ausgehenden Mieters gilt prozessual Folgendes:

Der Mieter kann mit einem Hauptantrag die Überlassung der Mietsache einklagen und im gleichen Prozess mit einem Hilfsantrag bereits seinen Schadensersatzanspruch geltend machen. Der Hilfsantrag wird in dem Falle bedeutsam, in dem der Mieter bei Beginn der Zwangsvollstreckung aus einem von ihm erstrittenen Titel auf den vorgezogenen anderen

---

[90] Vgl. dazu → Rn. 66.
[91] Grundlegend BGH NJW 2006, 2323; zum Rechtsschutz bei Doppelvermietung KG NZM 2018, 398; OLG Hamm NJW-RR 2004, 521= NZM 2004, 192; Kluth/Grün NZM 2002, 473.
[92] BGH MDR 1962, 398 = BB 1962, 157; BGH NJW 2006, 2323; KG NZM 2008, 889; KG NJW-RR 2018, 139.
[93] LG Berlin GE 1995, 111 = WuM 1995, 123.
[94] BGH MDR 1962, 389 = BB 1962, 157; BGH NJW 2006, 2323; LG Berlin NJW-RR 2014, 14.
[95] Derleder/Pellegrino NZM 1998, 550 (556); LG Berlin NJW-RR 2014, 14.
[96] LG Mannheim WuM 1962, 39.

Bewerber in der Mietwohnung stößt, sich die Vollstreckung also als unmöglich erweist.[97] Dabei ermöglicht § 255 ZPO, das dem beklagten Vermieter im Urteil eine Frist zur Überlassung der Mietsache gesetzt werden kann, nach deren Ablauf dem Kläger ohne weiteres ein Rückgriff auf den bereits gleichzeitig titulierten Schadensersatzanspruch möglich ist. Dadurch kann einer unklaren späteren Vollstreckungssituation bereits durch eine vorsorgliche Kombination von Haupt- und Hilfsantrag Rechnung getragen werden.[98]

64 Für den Fall der Doppelvermietung ist es typisch, dass beide Mieter bestrebt sein werden, sich durch einstweiligen Rechtsschutz die Mietsache möglichst unter Ausschluss des anderen Bewerbers zu sichern. Allerdings kann dem Vermieter im Wege der einstweiligen Verfügung grundsätzlich nicht untersagt werden, dass bereits vermietete Objekt erneut zu vermieten und an den Vertragspartner des späteren Mietvertrags zu übergeben.[99] Eine einstweilige Verfügung dieses Inhaltes würde die Hauptsache vorwegnehmen und einen Anspruch auf vorzeitige Befriedigung umsetzen.[100]

§ 9 Schadensersatz aus der Verletzung vorvertraglicher Aufklärungs-, Fürsorge- und Obhutspflichten (culpa in contrahendo)

65 Eine Haftung aus c. i. c. kann sich aus einem vertragsähnlichen Vertrauensverhältnis im Vorstadium eines Vertragsabschlusses ergeben. Anspruchsgrundlage ist § 280 Abs. 1 BGB iVm §§ 311 Abs. 2, 241 Abs. 2 BGB. Ihr Anwendungsbereich ist auf Fälle beschränkt, in denen eine vertragliche Haftungsgrundlage noch nicht besteht.

Anders als beim Mietvorvertrag kann sich aus c. i. c. ein Anspruch auf Vertragsschluss nicht ergeben. Es kommt ein Schadensersatzanspruch allenfalls auf Ersatz des positiven Interesses in Betracht.[101]

I. Abbruch von Vertragsverhandlungen

66 Kommt ein Mietinteressent nach den Recherchen des Vermieters als Vertragspartner nicht in Betracht, so wird er von weiteren Vertragsverhandlungen Abstand nehmen. Das dies in aller Regel ohne rechtliche Konsequenzen bleibt, ist im Grunde selbstverständlich. Denn grundsätzlich sind die Beteiligten bis zum Abschluss des angestrebten Mietvertrags wegen des Prinzips der Vertragsfreiheit (Art. 2 Abs. 1 GG, § 311 Abs. 1 BGB) in ihrem Entscheidungsspielraum in keiner Weise eingeschränkt. Dies gilt selbst dann, wenn einer der Vertragspartner in Erwartung des Vertragsabschlusses bereits Aufwendungen gemacht hat, die sich im Falle des Scheiterns der Verhandlungen als nutzlos erweisen.[102]

---

[97] Derleder/Pellegrino NZM 1998, 550 (556); BGH NJW 1971, 2065; OLG Düsseldorf NJW-RR 1991, 138.
[98] Derleder/Pellegrino NZM 1998, 550 (556).
[99] KG NZM 2018, 398; KG NZM 2007, 518; OLG Hamm NZM 2004, 192; OLG Schleswig MDR 2000, 1428; OLG Brandenburg MDR 1998, 98; OLG Frankfurt NJW-RR 1997, 77; aA OLG Düsseldorf NJW-RR 1991, 137 (138); Kohler NZM 2008, 545 (552).
[100] Ähnlich Hinz NZM 2005, 841 (844).
[101] Zur Abgrenzung Michallski ZMR 1999, 141 (147) mwN zur Rechtsprechung.
[102] BGH NJW-RR 1980, 627; OLG Düsseldorf DWW 1991, 240; AG Besigheim NJW-RR 2004, 661 = NZM 2005, 302; vgl. auch BGH NZM 2018, 295 (Preistreiberei kurz vorm Beurkundungstermin).

Eine Ersatzpflicht besteht auf Grund der Verpflichtung zur Rücksichtnahme auf die Belange des Partners allerdings dann, wenn eine der Parteien die Verhandlungen ohne triftigen Grund abbricht, nachdem sie in zurechenbarer Weise beim anderen Teil Vertrauen auf das Zustandekommen des Vertrags geweckt hat, wenn der Mieter zB nach seinen Vorstellungen mit Sicherheit vom Abschluss des Vertrages ausgehen konnte.[103] Allerdings ist ein Anspruch auf den Schaden begrenzt, der durch die irrige Vorstellung entstanden ist, der Vertrag werde zustande kommen. Dazu zählen Fahrt-, Umzugs- und Maklerkosten, nicht aber Kosten, die nach Abbruch der Vertragsverhandlungen entstanden sind, wie etwa der Verdienstausfall und Fahrtkosten, die im Rahmen der nachträglichen Suche anfallen.[104] Erst wenn ein Mietvertrag zustande gekommen ist, können solche Aufwendungen eventuell auf Grund eines Anspruchs aus positiver Vertragsverletzung als Schaden geltend gemacht werden.

67

II. Verletzung von Aufklärungspflichten

Unerfüllte Erwartungen eines Vertragspartners, der dem Gegner bei den Verhandlungen vertraut hat, führen nicht ohne weiteres zu Schadensersatzansprüchen. Jeder hat zunächst in den Vertragsverhandlungen seine Interessen selbst zu wahren und muss im Zweifel bei klärungsbedürftigen Punkten selbst fragen.[105] So wird auch keine Verpflichtung des Vermieters gesehen, ungefragt ihm bekannte Mängel zu offenbaren.[106] Auf keinen Fall besteht eine Aufklärungspflicht bei weniger bedeutsamen Mängeln. Unzutreffende Informationen können aber eine Haftung aus Verschulden bei Vertragsverhandlungen (c. i. c.) auslösen.[107]

68

Eine besondere vorvertragliche Aufklärungspflicht des Vermieters stellt daher nicht die Grundregel, sondern die Ausnahme dar.[108] Sie ergibt sich aus der Verkehrsauffassung oder aus Treu und Glauben. Kann ein Vertragspartner davon ausgehen, der andere werde ihn fragen, wenn er eine Angelegenheit für sich als wichtig bezeichnet, besteht ebenso keine Hinweispflicht.[109] Schließlich braucht der Vermieter den Mieter auch nicht ungefragt über Umstände aufzuklären, die in dessen eigenem Risikobereich liegen, wie zB die Konkurrenzlage in der Umgebung oder die Wohnlage u. ä.[110]

Eine Aufklärungspflicht besteht aber, wenn Umstände vorliegen, die den Vertragszweck gefährden und für die Entschließung des Partners von wesentlicher Bedeutung sein können.[111] Davon wird insbesondere bei solchen Tatsachen ausgegangen, die den Vertragszweck vereiteln oder erheblich gefährden können oder dem Vertragspartner erheblichen wirtschaftlichen Schaden zufügen können.[112] Ferner sind dies auch vertragswidrige Tatsachen und Risiken, über die aufgeklärt werden muss. Als Beispiel lassen sich

69

---

[103] OLG Düsseldorf DWW 1991, 240 zur Aufgabe von Verhandlungen wegen eines günstigeren Angebotes; OLG Celle ZMR 2000, 168; vgl. ebenso Derleder/Pellegrino NZM 1998, 550 (551).
[104] Zutreffend Derleder/Pellegrino NZM 1998, 550 (551) mwN.
[105] BGH NJW 1987, 909 (keine Aufklärungspflicht des Verkäufers gegenüber dem Käufer, dass der Ehegatte des Verkäufers ein Konkurrenzunternehmen eröffnen wird); MüKoBGB/Emmerich BGB § 311 Rn. 90; grundlegend Franke ZMR 2000, 733 (736); Gsell DWW 2010, 122.
[106] Franke ZMR 2000, 733; aA Schmidt-Futterer/Eisenschmid BGB § 536 Rn. 607.
[107] BGH NJW 2000, 1714 (1718) Vollvermietung eines Einkaufszentrums.
[108] BGH NJW 2010, 3362; zum Kaufrecht BGH NJW 2001, 3331; BGH NZM 2018, 295 (Preistreiberei kurz vorm Beurkundungstermin).
[109] BGH NJW 1982, 376 = ZMR 1982, 11.
[110] BGH ZMR 1979, 171 (174).
[111] BGH NJW 1987, 909; BGH NJW 2000, 1714; BGH NJW 2010, 3362; Sternel, Mietrecht, Rn. I 291.
[112] BGH NJW 2010, 3362.

ganz gravierende Mängel anführen. Wer einen Fehler für möglich hält und damit rechnet, dass der Vertragspartner ihn nicht kennt und bei Offenbarung den Vertrag nicht oder nicht so abgeschlossen hätte, täuscht nach Auffassung des BGH sogar arglistig.[113] Notwendig sind aber immer besondere Umstände, die erkennbar und für den anderen Vertragspartner so wichtig sind, dass ihre Offenbarung für den Verhandlungspartner zwingend erscheint.[114]

70 Gesteigerte Aufklärungspflichten resultieren aus einer bewussten Nachfrage des Vertragspartners.[115] So ist beispielsweise der Mieter bis zur Grenze seines Persönlichkeitsrechtes (Art. 2 GG) oder seiner Menschenwürde (Art. 1 GG) oder schließlich des Datenschutzes dazu verpflichtet, im Rahmen seiner Selbstauskunft wahrheitsgemäß auf Fragen zu antworten und bedeutsame Tatsachen hierzu zu offenbaren.[116]

Auch die Verpflichtungen des Vermieters werden durch den fragenden Mieter erweitert. Erkundigt sich der Mieter nach bestimmten Verhältnissen, so muss der Vermieter wahrheitsgemäß antworten.[117] Hier gilt nur die Grenze der Unredlichkeit.[118]

71 Grob gesagt haftet derjenige nach den Grundsätzen der c.i.c. auf Schadensersatz, der durch die unrichtige Angabe einen anderen zum Abschluss eines Vertrages veranlasst hat, den er in Kenntnis des wahren Sachverhaltes so nicht abgeschlossen hätte.[119] Erst recht haftet derjenige, der den Vertrag in sittenwidriger Weise (§ 138 BGB) herbeigeführt hat; der Gegner ist zum Ersatz der Aufwendungen verpflichtet, die im Vertrauen auf die Wirksamkeit des Vertrags gemacht wurden.[120]

72 Auf Grund des subsidiären Charakters der c.i.c. ist immer zu prüfen, ob nicht die mietrechtlichen Gewährleistungsvorschriften als leges speciales eingreifen.[121] Hat der Vermieter bei den Vertragsverhandlungen unrichtige Angaben über die Beschaffenheit der Mietsache gemacht, schließen die Gewährleistungsregeln des Mietrechts Schadensersatzansprüche des Mieters aus culpa in contrahendo aus, wenn der Vermieter lediglich fahrlässig gehandelt hat.[122] Greifen mietrechtliche Gewährleistungsvorschriften und auch die Grundsätze über den Wegfall der Geschäftsgrundlage nicht ein, kommt eine Haftung aus culpa in contrahendo dagegen in Betracht.[123]

III. Haftung des Vermieters aus falschen Angaben im Energieausweis

73 Blank[124] erkennt in der Vorlagepflicht in § 16 Abs. 2 EnEV eine zivilrechtliche vorvertragliche Nebenpflicht und kommt mit diesem Ansatz dem Rechtsgrunde nach zu einem Schadensersatzanspruch aus § 280 BGB im Falle einer begangenen Pflichtverletzung. Dieser Ansicht ist nicht zu folgen. Es handelt auch nach dem 2013 geänderten § 5a S. 3 EnEG um eine rein öffentlich-rechtliche Pflicht, die keine zivilrechtlichen Auswir-

---

[113] BGH GE 1994, 45.
[114] Franke ZMR 2000, 733 (736 f.) mit Beispielen aus der Rechtsprechung.
[115] Sternel, Mietrecht, Rn. I 284.
[116] Vgl. dazu näher → Rn. 1911 (Auskunfteien und Schufa-Eigenauskünfte).
[117] Sternel, Mietrecht, Rn. I 291.
[118] Dazu im Einzelnen Franke ZMR 2000, 731 (737).
[119] BGH NJW 1994, 663; BGH NJW 2013, 450; MüKoBGB/Emmerich BGB § 311 Rn. 200 ff.
[120] BGH NJW 1987, 639; Einzelbeispiele bei Franke ZMR 2000, 733 (737) mwN zur Rechtsprechung.
[121] BGH NJW 1980, 777; ausführlich zum Konkurrenzschutzverhältnis zwischen allgemeinem Leistungsstörungsrecht und Mietrecht Horst DWW 2002, 6.
[122] BGH NJW 1997, 2813; BGH NJW 1980, 777.
[123] BGH NJW 2000, 1714 (1718) – Vollvermietung eines Einkaufszentrums.
[124] Blank WuM 2008, 311 (316).

kungen hat.¹²⁵ Gleichwohl soll der Energieausweis auch der Information des Verbrauchers – also des potenziellen Käufers¹²⁶ oder des potenziellen Mieters – dienen, was zumindest einen auch zivilrechtlichen Rechtsreflex für den Mietvertrag erwägenswert werden lässt. Die Frage einer Schadensersatzverpflichtung des Vermieters für fehlerhafte Energieausweise kann aber letztlich offenbleiben. Denn in der Regel wird dem Mietinteressenten durch eine vorenthaltene Information kein Schaden entstehen. Denkbar ist ein Schaden allerdings im Falle einer unzutreffenden Information über die Verbrauchswerte im Energieausweis, aufgrund derer sich der Mietinteressent dann zum Abschluss eines Mietvertrags verpflichtet. In der Regel wird der Vermieter im Hinblick auf den unrichtigen Energieausweis gutgläubig sein, so dass ein Schadensersatzanspruch aus § 280 BGB schon am fehlenden Verschulden scheitert. Einem Schadensersatzanspruch aus § 536a Abs. 1 BGB wegen Fehlens einer zugesicherten Eigenschaft steht die Annahme entgegen, dass im bloßen Zugänglichmachen des Energieausweises keine zugesicherte Eigenschaft der Mietsache gesehen werden kann. Entscheidend hierfür ist der rein informatorische Charakter des Energieausweises (§ 5a S. 3 EnEG). Auch wenn man das Wirtschaftlichkeitsgebot bei der Verursachung von Heizkosten mit in den Blick nimmt, lässt sich ein Schadensersatzanspruch des Mieters gegen den Vermieter in aller Regel nicht begründen.¹²⁷ Denkbar ist immerhin, aufgrund der höheren Heizkosten im Vergleich zu den falschen ausgewiesenen Werten im Energieausweis einen Verstoß gegen das Wirtschaftlichkeitsgebot anzunehmen.¹²⁸ Allerdings setzt dies ebenfalls ein diesbezügliches Verschulden voraus. Daran fehlt es, wenn der Vermieter selbst von der Richtigkeit des Energieausweises ausging und ausgehen durfte.¹²⁹

IV. Verletzung der Verkehrssicherungspflicht

Die allgemeine Verkehrssicherungspflicht des Vermieters beginnt bereits im vorvertraglichen Bereich der Verhandlungen der Parteien. Auch dies ist ein Anwendungsfall der c. i. c.¹³⁰ Der Vermieter hat beispielsweise eine vorvertragliche Obhutspflicht, aber auch eine Schutzpflicht gegenüber dem möglichen späteren Vertragspartner und muss verhindern, dass dieser zu Schaden kommt. Wird diese Pflicht verletzt und kommt er zu Schaden, so gewinnt er Ansprüche gegen den eventuellen Vermieter und Verhandlungspartner.¹³¹ Bei bestehendem Mietvertrag folgen diese Schadensersatzhaftungen aus positiver Vertragsverletzung (§§ 280 Abs. 1, 282, 241 Abs. 2 BGB).

74

V. Umfang des Schadensersatzes

Meistens ist das negative Interesse zu ersetzen,¹³² in Betracht kommt aber auch das positive Interesse.¹³³ Der Geschädigte kann verlangen, so gestellt zu werden, als ob die

75

---

¹²⁵ BR-Drs. 282/07, 118; vgl. auch BGH NZM 2018, 407 = NJW-RR 2018, 424 (Maklers Pflicht zu Energieeffizienz-Angaben in Immobilienanzeigen – Energieausweis).
¹²⁶ Zum Kaufrecht Lienhard NZM 2014, 177.
¹²⁷ Hierzu BGH NJW 2014, 685; BGH NJW 2008, 142.
¹²⁸ Zum Wirtschaftlichkeitsgebot BGH NJW 2015, 855 = NZM 2015, 132 (Wirtschaftlichkeitsgebot bei Vergabe von Verwalterleistungen – Darlegungslastverteilung); BGH NJW 2011, 3028 = NZM 2011, 705 (Darlegungslast des Mieters für Verstoß); BGH NJW 2010, 3647 = NZM 2010, 864.
¹²⁹ Ebenso Blank WuM 2008, 311 (317).
¹³⁰ Eingehend Franke ZMR 2000, 731 (737).
¹³¹ OLG Düsseldorf VersR 1995, 1321; Einzelbeispiele bei Franke ZMR 2000, 731 (738).
¹³² BGH NJW 2006, 3139.
¹³³ BGH NJW 2006, 3139; BGH NJW 2012, 2427.

schädigende Handlung nicht vorgelegen hätte.[134] Der Anspruch ist nicht auf das Erfüllungsinteresse begrenzt. Nach der Differenztheorie ist das gesamte Vermögen des Geschädigten bei und nach Vertragsabschluss zu vergleichen. Neben der Haftung aus c. i. c. kann der Geschädigte Schadensersatz nach den Vorschriften der Täuschungsanfechtung nach § 123 BGB verlangen.[135]

76 Statt eines Schadens sind nutzlose Aufwendungen dem Mieter nur zu ersetzen, wenn sie eingesetzt wurden, weil der Mieter sie im Hinblick auf den vom Vermieter erklärten Vertragsabschluss investiert hat (§ 284 BGB).[136] Dies gilt insbesondere bei Renovierungskosten, An- und Aufbauten u. a. Dabei werden nur die Vermögensnachteile ersetzt, die aus Anlass des irrigen Vertrauens in den Vertragsabschluss angefallen sind, nicht aber die Kosten der Suche nach einer anderen Wohnung oder das Honorar eines Maklers.[137] Wie allgemein im Schadensersatzrecht wird der Haftungsumfang auch durch den sog. Schutzzweck der verletzten Pflicht begrenzt. Hier sind insbesondere Beratungs- und Auskunftspflichten einschlägig.[138]

77 Ganz ausnahmsweise kommt eine Aufhebung des Vertragsverhältnisses auf der Grundlage der c. i. c. in Betracht, wenn der Vertrag unter günstigeren Bedingungen geschlossen worden wäre. Der BGH hält indessen eine Verpflichtung zur Rückgängigmachung ohne eine konkrete Feststellung eines Vermögensschadens für unzulässig.[139] Demgegenüber weist Franke[140] darauf hin, dass der Mieter im Wege des Schadensausgleichs verlangen könne, dass er so gestellt werde, als ob es die schuldhafte Handlung des Vertragspartners nie gegeben hätte, wenn er trotz des Verschuldens bei Vertragsabschluss gleichwohl am Vertrag festhalten wolle. Dies führe letztlich dazu, dass er eine Vertragsanpassung zu den Bedingungen verlangen könne, die bei korrekter Handhabung ohne die c. i. c. zustande gekommen wären.[141]

VI. Prozessuales

78 Die ausschließliche örtliche Zuständigkeit richtet sich auch im vorvertraglichen Bereich nach § 29a ZPO.[142]

79 Bei Verletzung der Aufklärungspflicht ist die Beweislast nach Organisations- und Gefahrenbereichen verteilt.[143] Der BGH arbeitet hier mit einer Beweiserleichterung, ohne die Beweislastverteilung des § 282 BGB umzukehren.

---

[134] BGH NJW 1997, 2813; BGH NJW 2001, 2875; BGH NJW 2006, 3139.
[135] Zum Ganzen Franke ZMR 2000, 731 (738) mwN zur Rechtsprechung.
[136] BGH NJW 1997, 2813; BGH NJW 2012, 2427; OLG Saarbrücken NJW-RR 1998, 341.
[137] LG Mannheim MDR 1971, 49; LG Mannheim ZMR 1976, 243; Franke ZMR 2000, 731 (738).
[138] BGH NJW 1992, 555.
[139] BGH NJW 1998, 302 (304).
[140] Franke ZMR 2000, 731 (739).
[141] Franke ZMR 2000, 731 (739).
[142] Eingehend Franke ZMR 2000, 731 (740).
[143] BGH NJW 1987, 639.

2. Teil. Vertragsabschluss

§ 10 Abgrenzung zu anderen Vertragstypen und -formen der Nutzungsüberlassung

Miete ist die (zeitweilige) Überlassung einer Sache zum Gebrauch gegen Entgelt. Dieser Vertragstyp ist von anderen verwandten oder ähnlichen Formen wie folgt abzugrenzen: 80

I. Leihe

Unter einer Leihe (§§ 598 ff. BGB) versteht man die Überlassung einer Sache zum unentgeltlichen Gebrauch. Die Entgeltlichkeit der Gegenleistung, wie sie bei der Miete anzutreffen ist, fehlt hier also. Zur Annahme eines Leihvertrags bedarf es besonderer tatsächlicher Anhaltspunkte,[1] die erkennen lassen, dass die Partner eine unentgeltliche Gebrauchsüberlassung rechtlich bindend regeln wollen. Die unentgeltliche Gebrauchsüberlassung von Wohn- oder Geschäftsräumen ist regelmäßig auch bei langer Vertragslaufzeit Leihe und selbst dann nicht formbedürftig, wenn das Recht des Verleihers zur Eigenbedarfskündigung vertraglich ausgeschlossen ist.[2] Ein Mietvertrag liegt schon dann vor, wenn der Nutzer nur die Betriebskosten zu tragen hat.[3] 81

II. Pacht

Ein Pachtverhältnis (§§ 581 ff. BGB) unterscheidet sich als ebenfalls entgeltliches Nutzungsverhältnis an einer Sache von der Miete dadurch, dass dem Pächter zusätzlich zur Nutzung der Sache ein Fruchtziehungsrecht (§§ 99 Abs. 1, 100 BGB) eingeräumt wird (§ 581 Abs. 1 S. 1 BGB). 82

III. Verwahrung

Die Verwahrung (§§ 688 ff. BGB) unterscheidet sich von der Miete gleich in mehreren Punkten. Wie bei der Miete erhält der Verwahrer zwar die tatsächliche Sachherrschaft über eine Sache, doch darf er sie nur aufbewahren, also nicht aktiv nutzten. Im Gegensatz zur Miete erstreckt sich die Verwahrung auch nur auf bewegliche Sachen (§ 688 BGB). 83

IV. Gestattung

Bei der Gestattung, eine Sache – zB ein fremdes Grundstück – zu benutzen, ist zunächst zwischen einer unverbindlichen und jederzeit frei widerrufbaren Gebrauchs- 84

---

[1] BGH NZM 2017, 729 = NJW-RR 2017, 1479 (auch zur Abgrenzung eines Mietvertrags von anderen Gebrauchsüberlassungsverhältnissen bei Wohnräumen); BGH NJW 2003, 1317 = NZM 2003, 314.
[2] BGH NJW 2016, 2652 = NZM 2016, 484.
[3] OLG Stuttgart NZM 2010, 579.

überlassung aus Gefälligkeit (precarium) und einem Gestattungsvertrag mit Rechtsbindungswillen zu unterscheiden. Überlässt eine Miteigentümergemeinschaft gemeinschaftliche Räume einem ihrer Mitglieder vertraglich gegen Entgelt zur alleinigen Nutzung, kommt hierdurch regelmäßig ein (Wohnraum-)Mietverhältnis zustande.[4]

85 Nach der Rechtsprechung des Bundesgerichtshofs hat eine erwiesene Gefälligkeit nur dann rechtsgeschäftlichen Charakter, wenn der Leistende den Willen hat, seinem Handeln solle rechtliche Geltung zukommen und der Empfänger die Leistung in diesem Sinne entgegengenommen hat.[5]

V. Schenkung von Gebrauchsrechten

86 Der BGH[6] sah in der langfristigen unentgeltlichen Überlassung eines Grundstücks zum Gebrauch einen Tatbestand, der wirtschaftlich einer endgültigen Wegnahme der Substanz nahekommt. Gleichwohl nahm der BGH keine Schenkung des Gebrauchsrechts am Grundstück an.[7] Grund hierfür ist, dass die Gebrauchsüberlassung trotz langjähriger Dauer nur vorübergehender Natur ist. Darin liegt in der Regel keine das Vermögen mindernde Zuwendung, die für eine Schenkung gem. § 516 Abs. 1 BGB erforderlich wäre. Auch bei langjährigem unentgeltlichen Überlassen von Grundstücken kann daher nicht von einer Schenkung ausgegangen werden.

Was bei der Miete selbstverständlich ist, zeigt sich auch hier: Der überlassene Gegenstand bleibt im Vermögen des Überlassenden integriert. Der entscheidende Unterschied bei der diskutierten Schenkung von Gebrauchsrechten zur Miete liegt ebenfalls bei der Unentgeltlichkeit des Rechtsverhältnisses.

VI. Familienrechtliche Verhältnisse

87 Vereinzelt hatte die Rechtsprechung angenommen, dass Überlassungen von Wohnraum in Erfüllung einer Ehegatten-Unterhaltspflicht (§§ 1360 ff. BGB) oder in Erfüllung einer Unterhaltspflicht unter Verwandten in gerader Linie (§ 1601 ff. BGB) erfolgen können.[8]

Entscheidendes Abgrenzungskriterium zur Miete ist auch hier die Unentgeltlichkeit der Überlassung.

VII. Wohnrecht

88 Soll dem Nutzer einer Wohnung eine stärkere Rechtsstellung verschafft werden, als es beim Abschluss eines Mietvertrags der Fall ist, kommt die Vereinbarung eines Wohnungsrechts in Betracht.[9] Dies geschieht in der Praxis vor allem dann, wenn beispielsweise ein Grundstück an die Kinder im Rahmen einer vorweggenommenen Erbfolge überlassen

---

[4] BGH NJW 2018, 2472 = NZM 2018, 558.
[5] BGH NJW 1985, 313; BGH NJW 2016, 2652 = NZM 2016, 484; BGH NZM 2017, 729 = NJW-RR 2017, 1479 (auch zur Abgrenzung eines Mietvertrags von anderen Gebrauchsüberlassungsverhältnissen bei Wohnräumen).
[6] BGH NJW 1985, 1553; BGH NJW 2016, 2652 = NZM 2016, 484.
[7] Vgl. ferner BGH NJW 1982, 820; BGH NJW 2016, 2652 = NZM 2016, 484; BGH NZM 2017, 729 = NJW-RR 2017, 1479.
[8] BGH NJW 1964, 765; BGH NJW 1985, 313; vgl. ferner BGH NJW 2016, 2652 = NZM 2016, 484; BGH NZM 2017, 729 = NJW-RR 2017, 1479.
[9] Hierzu und anderen Varianten der Absicherung der Wohnraumnutzung Böhringer ZfIR 2018, 650.

wird und sich der Überlassende ein lebenslanges Gebrauchsrecht an einer Wohnung des Gebäudes sichern will.

Soll die bisherige Stellung des Mieters verstärkend in die eines Wohnberechtigten umgewandelt werden, so kommt es zur Kollusion beider Nutzungsrechte. Dieser Fall ist nach §§ 567 S. 1, 566 Abs. 1 BGB abzuwickeln, weil dem Inhaber des Wohnungsrechts durch die Ausübung des Rechts aus dem Mietvertrag der allein ihm zustehende Gebrauch entzogen wird. Der Konflikt zwischen den konkurrierenden Nutzungsrechten führt nicht zur Annahme von Unmöglichkeit, sondern wird so gelöst, dass der Mietvertrag weiterbesteht, während der Inhaber des Wohnrechts nach dem Grundsatz „Kauf bricht nicht Miete"[10] anstelle des Vermieters in den Mietvertrag eintritt, solange dieser Mietvertrag besteht.[11]

1. Schuldrechtliche Wohnrechte

Schuldrechtliche Vereinbarungen der Parteien über die Entstehung und den Inhalt eines Wohnrechts sind als Mietvertrag zu bewerten.[12] Maßgeblich ist nur, dass die Sache gegen ein Entgelt überlassen wird. Von der Einigung auf Verpflichtung zur Bestellung eines Wohnungsrechts ist nur auszugehen, wenn der Wille zur Grundstücksbelastung genügend klar ausgedrückt wird; im Zweifel ist Miete anzunehmen.[13]

2. Dingliche Wohnrechte

Das dingliche Wohnrecht (§ 1093 Abs. 1 BGB) ist eine besondere Form der beschränkten persönlichen Dienstbarkeit (§ 1090 Abs. 1 BGB). Es beinhaltet das Recht, ein Gebäude oder den Teil eines Gebäudes unter Ausschluss des Eigentümers als Wohnung zu benutzen. Dieses Benutzungsrecht umfasst nicht das Recht zur Umgestaltung der Wohnung (§§ 1093 Abs. 1, 1037 Abs. 1 BGB). Der Wohnungsberechtigte muss die üblichen Wartungsarbeiten durchführen (§§ 1093 Abs. 1, 1041 BGB). Schönheitsreparaturen und Instandsetzungen obliegen nach §§ 1093 Abs. 1, 1041, 1050 BGB dem Eigentümer. Vertraglich kann man von diesem Grundschema abweichen und beide Komplexe auf den Mieter überwälzen. Zur Durchführung von Modernisierungsmaßnahmen ist der Eigentümer nicht verpflichtet.

Zwar erlischt das Wohnungsrecht unabhängig vom Tod des Berechtigten (§ 1092 BGB), wenn seine Ausübung aus tatsächlichen oder rechtlichen Gründen dauernd unmöglich wird, doch ist dieser Fall nicht anzunehmen, wenn das Wohnungsrecht nur wegen der Aufnahme des Berechtigten in ein Pflegeheim nicht mehr ausgeübt werden kann. Denn in diesem Fall bleibt dem Berechtigten gemäß § 1092 Abs. 1 S. 2 BGB die Möglichkeit, mit Gestattung des Grundstückseigentümers die Ausübung seines Rechtes einem anderen zu überlassen und dadurch für sich einen Mietzahlungsanspruch zu begründen.[14] Das Wohnungsrecht erlischt also in diesem Falle nicht.

Ist der Heimaufenthalt auf Dauer erforderlich, ist also eine Rückkehr des Berechtigten in die Wohnung gegebenenfalls unter Aufnahme von Pflegepersonen (§ 1093 Abs. 2 BGB) ausgeschlossen, so stehen ihm die Einnahmen aus einer Vermietung der Wohnung an Dritte nicht zu, sofern dies nicht vereinbart ist.[15]

---

[10] Instruktiv Streyl NZM 2010, 343; zur rechtshistorischen Entwicklung Hattenhauer NZM 2003, 666.
[11] BGH NJW 1972, 1416; OLG Frankfurt NZM 2008, 423.
[12] BGH NZM 1998, 105; Schmidt-Futterer/Blank BGB Vor § 535 Rn. 3.
[13] OLG Schleswig NZM 2008, 341.
[14] Hierzu Brückner NJW 2008, 1111.
[15] OLG Hamm NZM 2008, 143 in Abgrenzung zu BGH NJW 2007, 1884 = NZM 2007, 381.

3. Nießbrauch

94 Der Nießbrauch vermittelt das Recht, sämtliche Nutzungen aus dem Grundstück zu ziehen, das Grundstück selbst zu nutzen und zu bewohnen, aber auch zu vermieten und zu verpachten (§§ 1030 ff., 1048 BGB). Der Nießbrauch geht also weiter als das Wohnungsrecht. Auch er besteht als beschränkte persönliche Dienstbarkeit.

Der Nießbraucher muss für die Erhaltung der Sache in ihrem wirtschaftlichen Bestand sorgen. Dazu gehören auch Ausbesserungen und Erneuerungen im Rahmen der gewöhnlichen Unterhaltung (§ 1041 BGB). Darüberhinausgehende Maßnahmen und Investitionen muss der Eigentümer auf seine Kosten vornehmen.

95 In bestehende Mietverhältnisse tritt der Nießbraucher wie der Erwerber eines Grundstückes ein (§ 567 S. 1 BGB). Dies gilt umgekehrt auch für den Grundstückseigentümer bei Beendigung des Nießbrauchsrechts (§§ 1056, 1059c, 1059d BGB).

§ 11 Zustandekommen von Mietverträgen

I. Wirksames Zustandekommen des Mietvertrags

1. Allgemeine Vertragsregeln

96 Nach dem Leitbild des allgemeinen Vertragsrechtes kommt der Mietvertrag durch ein Vertragsangebot und eine damit korrespondierende Annahme dieses Angebots zustande. Es gelten die allgemeinen Vertragsregeln einschließlich der allgemeinen Anfechtungsregeln. Infolge der stark steigenden Energiekosten ist die Frage einer schuldhaften Vertragsverletzung des Vermieters durch unzureichende Aufklärung über anfallende Betriebskosten virulent geworden. Liegen keine besonderen Umstände vor, begeht der Vermieter keine Pflichtverletzung beim Vertragsschluss, wenn er mit dem Mieter Vorauszahlungen für Nebenkosten vereinbart, die die Höhe der später anfallenden tatsächlichen Kosten nicht nur geringfügig, sondern auch deutlich unterschreiten.[16]

97 Es ist einerlei, ob der Mietvertrag bei gleichzeitiger Anwesenheit[17] beider Vertragspartner geschlossen wird oder durch Briefwechsel bei deren Abwesenheit.[18] Selbst ein Vertragsabschluss auf elektronischem Wege übers Internet per E-Mail hat zugenommen,[19] wobei in der Praxis der Schriftwechsel dominiert. Erfolgt die Vertragsanbahnung und der Vertragsschluss über Fernkommunikationsmittel kann ebenfalls ein Widerrufsrecht für den Mieter bestehen (§§ 312 Abs. 1, Abs. 4 S. 1, Abs. 3 Nr. 1 u. 7, 312c Abs. 1, 312g Abs. 1, 355 Abs. 1 BGB). Dies gilt wiederum nicht, wenn die Wohnung vor Vertragsschluss besichtigt wurde, was die Regel sein dürfte (§ 312 Abs. 4 S. 2 BGB).

Im Falle eines Mietvertrags durch Schriftwechsel ist aber darauf zu achten, dass die Annahme des Vertragsangebotes rechtzeitig dem Vertragspartner zugeht. Bei einem Gewerbemietvertrag kann der Antragende regelmäßig jedenfalls binnen zwei bis drei Wochen erwarten, dass sein in Aussicht genommener Vertragspartner die Annahme des

---

[16] BGH NJW 2004, 1102; BGH NJW 2004, 2674; KG ZMR 2007, 963 für Schadensersatz, wenn besondere Umstände vorliegen; AG Göttingen WuM 2007, 574.

[17] Wird der Mietvertrag zwischen dem Mieter als Verbraucher (§ 13 BGB) und dem Vermieter in seiner Eigenschaft als Unternehmer (§ 14 Abs. 1 BGB) beispielsweise in einer Wohnung geschlossen, kann hieraus ein Widerrufsrecht für den Mietinteressent die Folge sein (§§ 312 Abs. 1, Abs. 4 S. 1, Abs. 3 Nr. 1 u. 7, 312b Abs. 1, 312g Abs. 1, 355 Abs. 1 BGB). Siehe ausführlich → Rn. 1890 ff.

[18] BGH NJW 2001, 221 = NJW-RR 2001, 298; KG GE 2001, 418.

[19] Vgl. dazu Stellmann/Süss NZM 2001, 969.

Angebots erklärt (§ 147 Abs. 2 BGB).[20] Für die Wohnraummiete wird man eine deutlich kürzere Frist annehmen müssen, in aller Regel vier bis fünf Tage durch Rücksendung des gegengezeichneten Vertrages.[21]

Nicht nur die verspätete Annahme (§ 150 Abs. 1 BGB), sondern auch die Annahme unter Erweiterung, Einschränkungen oder sonstigen Änderungen gilt als Ablehnung, verbunden mit einem neuen Vertragsangebot (§ 150 Abs. 2 BGB). In diesen Fällen ist bei Zugang der Annahme ebenfalls noch kein Vertrag zustande gekommen. Allerdings liegt eine Annahme eines Vertragsangebotes und keine modifizierende Annahme vor, wenn der Annehmende – für den Vertragspartner erkennbar – zwar Ergänzungen vorschlägt, aber klar zum Ausdruck bringt, dass er bei einem Beharren des Anbieters auf dem ursprünglichen Angebot dieses Angebot in der ursprünglichen Form auf jeden Fall annimmt und nicht auf seinen Änderungsvorschlägen besteht. Dann handelt es sich um eine uneingeschränkte Annahme, verbunden mit einem Ergänzungs- oder Änderungsangebot. Auf den Grad der Änderungsvorschläge kommt es nicht an. Auch geringfügige und unwesentliche Änderungen gegenüber dem ursprünglichen Vertragsangebot führen dazu, dass es für das Zustandekommen des Vertrages einer neuen Erklärung des Vertragspartners bedarf.[22] Ob der Vertrag zustande gekommen ist oder nicht, richtet sich deshalb nach dem inneren Willen dessen, der das Vertragsangebot entweder annimmt oder nach seinem Gusto mit seiner Erklärung ein neues modifizierendes Angebot unterbreitet.

Diese Wertung ist auch vorgreiflich für die Frage, ob die in § 550 S. 1 BGB geforderte Schriftform für Mietverträge, die für längere Zeit als ein Jahr geschlossen werden sollen, gewahrt ist. Wird die Form nicht eingehalten, ist der Vertrag wirksam. Er gilt – unabhängig von etwa in dem Vertrag getroffenen anderen Regelungen – als für unbestimmte Zeit geschlossen.[23]

Für die Fälle der Stellvertretung beim Abschluss des Mietvertrages gelten ebenfalls die allgemeinen Grundsätze. Dies bedeutet zunächst, dass die Stellvertretungsverhältnisse offengelegt werden müssen. Der Wille, in fremdem Namen zu handeln, muss klar zu Tage treten (§ 164 Abs. 1 und 2 BGB). Dies gilt für beide Vertragsseiten.

So muss der Wille erkennbar hervortreten, einen Vermieter beim Abschluss von Mietverträgen zu vertreten und in dessen Namen zu handeln. Dabei muss der Vermieter nicht Eigentümer der Mietsache sein. Seine Beziehungen zur Mietsache, seien es Eigentums-, Besitz- oder sonstige Nutzungsrechte, sind unerheblich. Die Parteien eines Mietvertrages werden allein durch den zwischen ihnen geschlossenen Vertrag bestimmt.[24]

Auch auf Seiten des Mieters müssen Vertretungsverhältnisse klar erkennbar sein, können sich jedoch auch aus den Umständen ergeben. Dies wurde im Falle von Eheleuten angenommen, wenn nur ein Ehepartner die Vertragsverhandlungen bis zur Unterschriftsreife des Mietvertrags allein geführt hat und den Vertrag dann auch nur alleine unterzeichnet hat. In diesem Fall würde sich aus den Umständen ein Vertretungsverhältnis mit der Folge ergeben, dass der Mietvertrag in einem solchen Fall mit den Eheleuten gemeinsam zustande kommt.[25] Minderjährige, die in der Geschäftsfähigkeit beschränkt sind, müssen sich entweder durch ihre Eltern oder durch ihren Vormund gesetzlich vertreten lassen. Auch eine nachträgliche Genehmigung des mit einem Minderjährigen geschlossenen Mietvertrags kommt in Betracht. Der Vertrag ist bis zur Genehmigung durch den gesetzlichen Vertreter schwebend unwirksam (§ 108 Abs. 1 BGB).

---

[20] BGH NJW 2016, 1441 = NZM 2016, 356.
[21] Bub in Bub/Treier MietR-HdB Kap. II Rn. 766.
[22] BGH NJW 2001, 221 (222); vgl. auch BGH NJOZ 2012, 926.
[23] Hierzu BGH NJW 2001, 221.
[24] KG MDR 1998, 529; AG Charlottenburg ZMR 2006, 129; Schmidt-Futterer/Blank BGB Vor § 535 Rn. 413.
[25] OLG Düsseldorf ZMR 2000, 210.

Dabei muss die Einwilligung des gesetzlichen Vertreters nicht schriftlich abgegeben werden. Aus Beweisgründen sollte sie aber dringend schriftlich erfolgen. In Ausnahmefällen ist auch eine stillschweigende Erteilung denkbar, wenn sich aus dem Verhalten der Eltern ergibt, dass sie den Abschluss des Mietvertrags billigen. Hierbei kommt es auf die Umstände des jeweiligen Einzelfalles an. Bloßes Schweigen reicht allerdings zur Annahme einer Einwilligung nicht.

Bis zur Genehmigung kann der Vermieter den Mietvertrag widerrufen. Der Widerruf kann auch gegenüber einem Minderjährigen erklärt werden (§ 109 Abs. 1 S. 2 BGB). Zusätzlich besteht die Möglichkeit, den gesetzlichen Vertreter aufzufordern, sich zur Genehmigung zu äußern. Wird sie nicht innerhalb von zwei Wochen nach Aufforderung erteilt, so gilt sie gem. § 108 Abs. 2 S. 2 BGB als verweigert. Dabei kann die Genehmigung nur gegenüber dem Vermieter erklärt werden (§ 108 Abs. 2 S. 1 BGB).

101 Auch der Vermieter kann in der Geschäftsfähigkeit beschränkt oder geschäftsunfähig sein. In der Praxis häufig sind weniger die Fälle, in denen ein Minderjähriger Vermieter ist, sondern vielmehr Betreuungsverhältnisse iSv §§ 1901, 1907 BGB. In diesen Fällen tritt bei Vertragsschluss der Betreuer mit Wirkung für und gegen den Vermieter als Betreuten auf. Zu beachten ist dabei, dass die Vermietung von Wohnraum über den Betreuer durch das Betreuungsgericht genehmigt werden muss. Der Vollständigkeit halber ist darauf hinzuweisen, dass auch das vertragslose Wohnen lassen, also die schichte tatsächliche Nutzung des Hauses, als genehmigungspflichtig und die Nichteinholung der vormundschaftsgerichtlichen Genehmigung durch den Betreuer hierzu als pflichtwidrig anzusehen ist.[26]

Der unter Betreuung stehende Vermieter hat aber trotz der eigenen beschränkten Geschäftsfähigkeit oder der eigenen Geschäftsunfähigkeit Einfluss auf den Vertragsabschluss. So ist es rechtlich nicht zu beanstanden, wenn das Betreuungsgericht der Vermietung des Wohnhauses eines betreuten Vermieters durch den Betreuer die Genehmigung versagt, wenn der Betreute eine Vermietung nicht wünscht und nach seinen Verhältnissen auf Mieteinnahmen nicht angewiesen ist. Dies gilt auch dann, wenn der Betreute geschäftsunfähig ist und sein Standpunkt objektiv unvernünftig erscheint.[27]

102 Solange die Parteien sich nicht über alle Punkte geeinigt haben, über die nach dem erklärten Willen auch nur einer Partei eine Vereinbarung getroffen werden sollte, ist der Vertrag im Zweifel nicht zustande gekommen (§ 154 Abs. 1 BGB). Dasselbe gilt im Falle einer verabredeten Beurkundung des Vertrages, die noch nicht erfolgt ist (§ 154 Abs. 2 BGB).[28] Neben diesen Fällen eines offenen Einigungsmangels sind auch versteckte Einigungsmängel beim Abschluss des Mietvertrags denkbar. Dabei liegt ein versteckter Einigungsmangel nur dann vor, wenn die Parteien einen bestimmten Punkt für regelungsbedürftig hielten, die Regelung jedoch übersehen oder vergessen haben oder glaubten, sich über alle Punkte geeinigt zu haben, während dies in Wahrheit nicht der Fall ist, so dass sich weder der innere Wille noch der objektive Inhalt der beiderseitigen Erklärungen deckt.[29] Kann der Vertrag durch dispositives Gesetzesrecht ergänzt werden, so besteht kein Anlass, einen verdeckten Einigungsmangel anzunehmen, sofern die Parteien nachträglich feststellen, über regelungsbedürftige Punkte keine Abrede getroffen zu haben.

103 In diesen thematischen Zusammenhang gehört auch im Falle verwendeter Formularverträge das unterlassene Streichen sich widersprechender einzelner vertraglicher Alternativen, unterbliebene handschriftliche Zusätze sowie das unvollständige Ausfüllen von Mietvertragsformularen. Dafür gilt:

---

[26] OLG Schleswig FGPrax 2001, 194 (195).
[27] OLG Schleswig FGPrax 2001, 194 (195).
[28] Näher dazu Sternel, Mietrecht, 3. Auflage 1988, I Rn. 235 ff.
[29] Näher dazu Sternel, Mietrecht, 3. Auflage 1988 I, Rn. 237.

Werden einzelne Vertragsklauseln nicht gestrichen und bleiben mehrere sich widersprechende Alternativen nebeneinanderstehen, dann ist der Vertrag insoweit widersprüchlich und unklar. Unklarheiten gehen aber gem. § 305c Abs. 2 BGB zu Lasten des Vermieters als Verwender des Vertrags. In diesem Fall gilt die dem Mieter günstigere Variante als vereinbart.[30] Im Zweifel gilt an Stelle von vertraglichen Alternativen das Gesetz.[31]

Ebenfalls eine Unklarheit des Vertrags iSv § 305c Abs. 2 BGB liegt vor, wenn eine Vertragsklausel handschriftlich ergänzt wurde, daneben aber im Vertrag eine weitere, nicht ergänzungsbedürftige Klausel ungestrichen verbleibt, die für sich genommen ebenfalls eine sinnvolle Regelung beinhaltet.[32]

Wird eine ausfüllungsbedürftige Klausel nicht vollständig ausgefüllt, so gilt diese Klausel als nicht vereinbart.

Sittenwidrige Verträge und Verträge, die gegen ein gesetzliches Verbot verstoßen, sind nach §§ 134, 138 BGB nichtig. Hier sind vor allen Dingen Fälle zu erwähnen, in denen Mieten gegen gesetzliche Preisvorschriften verstoßen. Allgemein wird Teilnichtigkeit im Hinblick auf den Mietanteil angenommen, der über die gesetzlich höchstzulässige Miete hinausreicht.[33]

Da § 138 Abs. 1 BGB bezweckt, den Schwächeren gegen wirtschaftliche und intellektuelle Übermacht zu schützen, gilt die aus dem Tatbestand hergeleitete Vermutung der verwerflichen Gesinnung nur bei einem benachteiligten Endverbraucher oder bei einem Vertragspartner, dessen berufliche Tätigkeit als solche nicht für eine wirtschaftliche Stärke spricht.[34]

Auch die in einem Mietvertrag liegende sittenwidrige vorsätzliche Schädigung (§ 826 BGB) führt zu dessen Nichtigkeit.

Altmietverträge aus DDR-Zeiten, die vor dem 3. Oktober 1990 abgeschlossen worden sind, richten sich auch heute noch im Hinblick auf ihren wirksamen Abschluss nach dem damals geltenden Recht (Art. 232 § 2 EGBGB). Ab dem Beitritt gilt auch für diese Mietverträge bundesdeutsches Mietrecht, soweit dieses Recht nicht als dispositives Recht durch vertragliche Vereinbarungen vor dem Hintergrund des ehemaligen Rechts der DDR verdrängt wird.

Als Beispiel lässt sich die 14tägige Kündigung für Mieter nach § 120 Abs. 2 DDR-ZGB anführen, die auch heute noch fort gilt und Gesetz geworden ist (Art. 229 § 3 Abs. 10 EGBG).

Außer in Fällen der Minderjährigkeit einer Vertragspartei kann der Mietvertrag auch wegen der Notwendigkeit einer öffentlich-rechtlichen Genehmigung zum Beispiel bei Vermietungen in Entwicklungs- und Sanierungsbereichen (§§ 144 Abs. 1 Nr. 2, 169 Abs. 1 Nr. 3 BauGB) bis zum Vorliegen dieser Genehmigung schwebend unwirksam oder bei versagter Genehmigung endgültig unwirksam sein.[35]

---

[30] BGH NJW 2015, 1594 (1596); BGH NJW 2009, 3716 (Pflicht des Mieters zu „weißen" in der AGB-Kontrolle).
[31] Zu einem solchen Fall in sich widersprüchlicher Vertragsklauseln wegen fehlender Streichung einer Alternative LG Berlin NJW 1999, 1483 (1484).
[32] LG Hanau ZMR 2000, 96.
[33] BGH NJW 2004, 1740; Börstinghaus Miethöhe-HdB Kap. 4 Rn. 163.
[34] KG MDR 2001, 24.
[35] Dazu Strauch/Marré NZM 2016, 537 (538); Keilich/Fronetz NZM 2001, 578 (580).

2. Form des Mietvertrags

a) Notarielle Beurkundung

111 Im Grundsatz ist für den Mietvertrag gesetzlich keine Form vorgegeben.[36] Auch § 550 S. 1 BGB ist keine zwingende Formvorschrift iSv § 125 S. 1 BGB. Insbesondere bei Gewerberaummietverträgen kann sich die notarielle Beurkundung mit Zwangsvollstreckungsunterwerfungsklausel anbieten. In der Wohnraummiete ist dies demgegenüber nur sehr selten anzutreffen.[37]

b) Schriftform

112 **Grundaussagen**
Wird ein Mietvertrag für längere Zeit als ein Jahr nicht in schriftlicher Form geschlossen, so gilt er für unbestimmte Zeit (§§ 550 S. 1, 126 Abs. 1 u. 2 BGB). Andernfalls ist eine ordentliche Kündigung frühestens zum Ablauf eines Jahres nach Überlassung der Mietsache zulässig. Über § 578 Abs. 1 BGB gilt § 550 BGB nicht nur in der Wohnraummiete, sondern auch für Geschäftsräume oder für Grundstücke. Die Jahresfrist wird ab Überlassung der Mietsache berechnet. Wird die Schriftform nicht beachtet, so gilt die im Vertrag fixierte Zeitdauer nicht. Dies hat zur Folge, dass der Vertrag von Mieter und Vermieter mit der gesetzlichen Kündigungsfrist gekündigt werden kann. Gleichwohl ist unbedingt zu einem schriftlichen Mietvertrag zu raten. Grund hierfür ist neben dem Schutz des in den Mietvertrag eintretenden Erwerbers vor allem die Beweisfunktion der Schriftform.[38] Denn andernfalls muss derjenige, der sich auf den abgeschlossenen Vertrag beruft, darlegen und beweisen, dass eine vertragliche Einigung stattgefunden hat und dass die Schriftform entgegen § 154 Abs. 2 BGB nicht konstitutiv für das Zustandekommen des Vertrags sein sollte.[39]

Schriftformverstoß als Ausstiegsszenario aus langfristigen Mietverträgen

113 In den letzten Jahren war die Praxis und Rechtsprechung[40] mit Einzelfragen zur eingehaltenen Schriftform gerade bei langfristigen Gewerbemietverträgen, die einem Vertragspartner zum Beispiel wegen enttäuschter Umsatzerwartung „wirtschaftlich lästig" werden, beschäftigt. § 550 S. 2 BGB gibt über § 578 BGB ein fristgebundenes Sonderkündigungsrecht (§ 580a BGB), wenn bei langfristigen Mietverträgen die Schriftform nicht eingehalten wurde. Motiviert ist dies vor allem mit dem Schutz des Grundstückserwerbers vor langfristigen mietvertraglichen Bindungen, über deren Inhalte und Pflichtenkreise er sich nicht rasch und zuverlässig durch Einsicht in die Vertragsurkunde – vollständig – unterrichten konnte. In der Urkunde sollen deshalb sämtliche wesentlichen Vertragsabreden und -bedingungen wiedergegeben sein (essentialia).[41] Der praktische Hautanwendungsfall liegt in der Geschäftsraummiete,[42] in der Wohnraummiete kommt dies allenfalls bei Zeitmietverträgen nach § 575 Abs. 1 BGB oder Wohnraummietverträgen mit einem zeitlich befristeten Ausschluss der ordentlichen Kündigung in Betracht.

---

[36] Baer AnwZert MietR 16/2017 Anm. 2.
[37] BGH NJW 2018, 551 = NZM 2018, 32 (Zwangsvollstreckungsunterwerfungserklärung des Mieters wegen laufender Mieten).
[38] Aus jüngerer Zeit maßgeblich BGH NJW 2017, 3772; BGH NJW 2017, 1017; BGH NJW 2016, 311; BGH NJW 2014, 2102; BGH NJW 2014, 1087; BGH NJW 2008, 2178; BGH NJW 2008, 365.
[39] Dazu LG Mannheim WuM 1998, 659.
[40] Aus der Fülle ergangener Rechtsprechung BGH NJW 2017, 3772; BGH NJW 2017, 1017; BGH NJW 2016, 311; BGH NJW 2014, 2102; BGH NJW 2014, 1087; BGH NJW 2008, 2178; BGH NJW 2008, 365; Guhling NZM 2014, 529; Lindner-Figura NZM 2007, 705; Hildebrandt ZMR 2007, 588.
[41] OLG Düsseldorf ZM 2007, 643.
[42] Guhling NZM 2014, 529 (530).

Formerfordernis des § 126 BGB

Wichtig für die gesetzliche Schriftform ist auch eine leserliche Unterschrift (§ 126 Abs. 1 iVm Abs. 2 S. 1 BGB). Die Namensunterschrift soll die Person des Ausstellers erkennbar machen, um damit die Echtheit des Inhalts zu sichern (Zuordnungsfunktion der Unterschrift).[43] Die Unterschrift muss nicht unbedingt lesbar, aber andeutungsweise die Identität des Unterzeichnenden erkennen lassen.[44]

114

c) Elektronische Form und Textform

Die elektronische Form nach § 126a BGB kann die gesetzliche Schriftform ersetzen, soweit sich anderes nicht aus dem Gesetz ergibt (§ 126 Abs. 3 BGB). Dadurch soll es möglich sein, elektronisch beweissichere Willenserklärungen abzugeben und der gesetzlichen oder der gewillkürten Schriftform zu genügen. Dazu muss der Aussteller der Erklärung seinen Namen hinzufügen und das Dokument mit einer qualifizierten elektronischen Signatur versehen. Die rechtlichen Einzelheiten zu diesen Signaturen sind nicht mehr im Signaturgesetz, sondern nun einheitlich in den Art. 25 ff. eDIAS-VO[45] geregelt.[46]

115

Die qualifizierte elektronische Signatur soll also für Vertragsabschlüsse im Internet die gesetzlich notwendige oder die gewillkürte Schriftform ersetzen. Damit können auch Mietverträge elektronisch über das Internet per E-Mail geschlossen werden.[47]

Der elektronische Abschluss von Mietverträgen ist ähnlich wie die Verwendung qualifizierter elektronischer Signaturen[48] indessen in der Praxis bislang kaum bedeutsam geworden. Denn der Mieter wird sich das Mietobjekt sowie dessen Umgebung vor Abschluss des Mietvertrages ansehen wollen und schon deshalb persönlich in Kontakt zum Vermieter treten. Der Vermieter wird sich ebenso persönlich Klarheit über die Person des Mieters, seine soziale Struktur und auch über seine wirtschaftliche Bonität verschaffen wollen. Auch dies macht einen persönlichen Kontakt unumgänglich.

Durch die Einführung des **besonderen elektronischen Anwaltspostfachs (beA)** in der Anwaltschaft (§ 31a BRAO) können vom Anwalt (einfach elektronisch) signierte Dokumente (§ 130 Abs. 3 Alt. 2 ZPO) auf einem sog. sicheren Übermittlungsweg nach § 130a Abs. 4 Nr. 2 ZPO bei Gericht eingereicht werden.[49] Der „sichere Übermittlungsweg" ist eine Alternative zur qualifizierten elektronischen Signatur im Anwendungsbereich der verfahrensrechtlichen ZPO-Vorschriften.[50] § 130a ZPO regelt die prozessuale Schriftform, nicht dagegen die materielle Schriftform. Sicherheitshalber wird der Anwalt in prozessualen Schriftsätzen, die über das beA auf einem sicherem Übertragungsweg mit einfacher elektronischer Signatur übermittelt werden, die materiell erforderliche Schriftform (§§ 568 Abs. 1, 126 Abs. 1 BGB) bei Kündigungen beachten müssen.[51] Die Schriftform nach § 126 Abs. 1 BGB kann gem. § 126a BGB nur durch eine qualifizierte elektronische Signatur ersetzt werden.[52]

116

---

[43] MüKoBGB/Einsele BGB § 126 Rn. 16.
[44] BAG NJW 2013, 2219 (2220); BGH NJW-RR 2011, 953 (954).
[45] Verordnung (EU) Nr. 910/2014 vom 23.7.2014 über elektronische Identifizierung und Vertrauensdienste für elektronische Transaktionen im Binnenmarkt und zur Aufhebung der Richtlinie 1999/93/EG, ABl. 2014 L 257, 73; ber. ABl. 2015 L 23, 19.
[46] BeckOK BGB/Wendtland BGB § 126a Rn. 2.
[47] Dazu Stellmann/Süss NZM 2001, 969.
[48] Bacher NJW 2015, 2753 (2758).
[49] BeckOK ZPO/von Selle ZPO § 130a Rn. 19; Bacher NJW 2015, 2753.
[50] Dötsch MietRB 2018, 30 (31).
[51] Dötsch MietRB 2018, 30 (31); Brosch/Sandkühler NJW-Beil. 2016, 94 (96); Meyer-Abich NZM 2019, 156 (158).
[52] MüKoBGB/Häublein BGB § 568 Rn. 5.

117 Gleichzeitig mit der elektronischen Form wurde auch die Textform[53] nach § 126b BGB eingeführt. Folgende Voraussetzungen müssen für eine Erklärung in Textform erfüllt sein:
- Eine lesbare Erklärung, in der die Person des Erklärenden genannt ist, muss auf einem dauerhaften Datenträger abgegeben werden.
- Ein dauerhafter Datenträger[54] ist dabei jedes Medium, das
  - es dem Empfänger ermöglicht, eine auf dem Datenträger befindliche, an ihn persönlich gerichtete Erklärung so aufzubewahren oder zu speichern, dass sie ihm während eines für ihren Zweck angemessenen Zeitraums zugänglich ist, und
  - geeignet ist, die Erklärung unverändert wiederzugeben.

118 Die Textform verzichtet also auf die eigenhändige Unterschrift. Dabei handelt es sich um Schriftstücke, die bisher ohne eigenhändige Unterschrift mit Hilfe automatischer Einrichtungen gefertigt werden. Dasselbe gilt für Erklärungen per Telefax, durch Telegramm oder durch Fotokopie. Auch eine E-Mail[55] oder SMS erfüllen die Textform.[56]

119 Den Anforderungen an eine unveränderliche Wiedergabe der Erklärung genügt es allerdings nicht, wenn die entsprechende Information nur auf einer (inhaltlich durch den Erklärenden jederzeit veränderbaren) Webseite vorgehalten wird.[57] Anders ist es, wenn der Erklärende durch technische Vorkehrungen sicherstellt, dass der Empfänger die Informationen durch Ausdrucken oder Speichern (beispielsweise auf seinem Speichermedium) konservieren kann.[58]

120 Im Mietrecht ist ein begrenzter Katalog von Erklärungen in Textform unter den Vertragsparteien enthalten. Dabei handelt es sich um:
- die Ankündigung von Modernisierungsmaßnahmen (§ 555c Abs. 1 S. 1 BGB)
- Änderungen des Betriebskostenumlageschlüssels (§ 556a Abs. 2 S. 1 BGB)
- die Aufrechnungserklärung oder die Ausübung eines Zurückbehaltungsrechts vom Mieter gem. § 556b Abs. 2 S. 1 BGB
- die Änderungserklärung für die Indexmiete (§ 557b Abs. 3 S. 1 BGB)
- ein Mieterhöhungsverlangen bei ortsüblicher Vergleichsmiete (§ 558a Abs. 1 BGB)
- die Mieterhöhung nach erfolgter Modernisierung (§ 559b Abs. 1 S. 1 BGB)
- die anteilige Umlage erhöhter Betriebskosten bei Betriebskostenpauschalen auf den Mieter, sofern dies im Mietvertrag vereinbart ist (§ 560 Abs. 1 S. 1 BGB).

121 Nicht miteinbezogen sind Kündigungen. Für sie ist weiterhin Schriftform notwendig (§ 568 Abs. 1 BGB). Gemessen am Zweck der Textform ist dies einleuchtend. Denn die Kündigung bezieht sich auf das einzelne Mietverhältnis und kommt als „Massendrucksache" nicht vor.

d) Mündliche Mietverträge

122 Die erläuterte Funktion der Schriftform für Mietverträge in § 550 BGB macht deutlich, dass sie gesetzlich nicht konstitutiv ist. Daher können Mietverträge grundsätzlich auch mündlich wirksam abgeschlossen werden. Aus Beweisgründen ist dies aber grundsätzlich für den Vermieter nachteilig. Denn im Zweifel gilt das gesetzliche Mietrecht, das für den Vermieter insbesondere in Bezug auf die Abwälzbarkeit von Betriebskosten, Kleinre-

---

[53] Dazu Nies NZM 2001, 1071.
[54] Zu den Änderungen durch die Verbraucherrechterichtlinie Wendehorst NJW 2014, 577.
[55] BGH NJW 2014, 2857 (2858).
[56] BeckOK BGB/Wendtland BGB § 126b Rn. 8.
[57] EuGH NJW 2012, 2637 (2639); BGH NJW 2014, 2857 (2858); BeckOK BGB/Wendtland BGB § 126b Rn. 10.
[58] BGH NJW 2014, 2857 (2858).

paraturen und Schönheitsreparaturen im Vergleich zu den geläufigen vertraglichen Konstellationen nachteilig ist. Denn das Gesetz geht davon aus, dass der Vermieter Betriebskosten, Kleinreparaturen und Schönheitsreparaturen für seine Mieter zu tragen hat (§ 535 Abs. 1 BGB).

e) Schlüssiges Handeln

Mietverträge können nicht nur mündlich, sondern auch durch schlüssiges Handeln zustande kommen. Dazu müssen aber ausreichend objektive Anhaltspunkte vorliegen, die Rückschlüsse auf die inhaltliche Bestimmtheit der wesentlichen Vertragskonditionen zulassen.[59] Die Höhe der Miete muss dabei beispielsweise zumindest bestimmbar sein.[60] Das kann beispielsweise der Fall sein, wenn der Vermieter einer Person für längere Zeit Wohnraum überlässt und dafür Mietzahlungen entgegennimmt oder fordert, nachdem der Nutzer sich direkt an den Vermieter gewendet und angekündigt hat, auf dessen Konto leisten zu wollen.[61] Generell gilt aber auch im Mietrecht Schweigen nicht als Zustimmung zu einem Vertragsangebot.[62]

123

Überlässt der Vermieter dem Mieter die Räume vor Beginn des Mietverhältnisses, so tritt eine zeitliche Vorverlagerung des Mietverhältnisses ein, für die der Vermieter mangels gegenteiliger Vereinbarung kein zusätzliches Mietentgelt verlangen kann, da dieses von dem für den ersten Zeitabschnitt zu entrichtendem Mietentgelt abgedeckt wird.[63]

124

Darüber hinaus wurde ein konkludent geschlossenes vorläufiges Mietverhältnis dann angenommen, wenn zwischen den Parteien über die wesentlichen Punkte des bis zum Abschluss des endgültigen Vertrages geltenden vorläufigen Mietvertrages Einigkeit bestand (insbesondere Mietobjekt und Miethöhe).[64]

II. Wirksam gebliebener Mietvertrag

1. Verhältnis zu Rücktrittsvorschriften

Mit Abschluss des Mietvertrags werden die allgemeinen schuldrechtlichen Rücktrittsvorschriften nach §§ 323 ff. BGB durch die dann eingreifenden mietrechtlichen Spezialvorschriften des Kündigungsschutzes ausgeschlossen.[65]

125

Die Anfechtung der eigenen Vertragserklärung wegen Irrtums, Täuschung oder Drohung nach §§ 119, 123 BGB ist dagegen zulässig; dies auch dann, nachdem das Mietverhältnis begonnen hat.[66] Sie wirkt gemäß § 142 Abs. 1 BGB auf den Zeitpunkt des Vertragsabschlusses zurück.[67]

126

Eine Anfechtung nach § 142 BGB kommt zB in Fällen in Betracht, in denen der Mieter arglistig über persönliche Eigenschaften getäuscht und eine zulässig gestellte Frage im Rahmen der Mieterselbstauskunft arglistig falsch beantwortet hat.[68] Hier ist allerdings

---

[59] BGH Urt. v. 2.7.2014 – VIII ZR 298/13, BeckRS 2014, 15567; BGH NJW 2009, 433; zum konkludenten Vertragsschluss ferner BGH NJW 2014, 3148; BGH NJW 2014, 3150; BGH NJW 2014, 1296 (AGB-Einbeziehung bei konkludentem Wärmeliefervertragsabschluss).
[60] BGH NJW 2003, 1317.
[61] LG Berlin ZMR 2001, 32; hierzu auch FA-MietR/Harz Kap. 3 Rn. 7; Sternel, Mietrecht, Rn. I 39 f. u. → Rn. 57.
[62] BGH NJW 1981, 43 (44).
[63] Ehlert/Kraemer in Bub/Treier MietR-HdB Kap. III Rn. 2801.
[64] OLG Hamburg Urt. v. 10.5.2017 – 8 U 46/16, BeckRS 2017, 119469.
[65] BGH NJW 1969, 37; BGH MDR 1976, 834; BGH NJW 1987, 2004.
[66] BGH NJW 2009, 1266.
[67] BGH NJW 2009, 1266 (1268); vertiefend Emmerich NZM 1998, 692.
[68] So AG Saarlouis NZM 2000, 459.

darauf hinzuweisen, dass der Mieter aus dem geschlossenen Mietvertrag heraus einen Anspruch auf Überlassung der Mietsache hat, solange die Anfechtung nicht erfolgreich mit der Rechtsfolge einer Nichtigkeit des Vertrags erklärt wurde. Wird dem Mieter dann der Besitz vorenthalten, so macht sich der Vermieter schadensersatzpflichtig. Neben Fahrt-, Umzugs- und Maklerkosten können auch bei zustande gekommenem Mietvertrag Schadenspositionen wie Verdienstausfall und Fahrtkosten im Rahmen der nachträglichen Wohnungssuche in Betracht kommen. Anspruchsgrundlage ist wegen des schon zustande gekommenen Mietvertrags eine positive Vertragsverletzung.[69]

127 In dem angesprochenen Fall kann auch fristlos gekündigt werden, wenn der Mieter bereits eingezogen ist und dem Vermieter das Mietverhältnis nicht mehr zumutbar ist. Dies ist eine Frage des Einzelfalls.

128 Wegen der mietrechtlichen Sondervorschriften sind die Regeln über den Wegfall der Geschäftsgrundlage nach Abschluss des Mietvertrages grundsätzlich unanwendbar.[70] Vereinzelt wurden die Grundsätze in der Wohnraummiete, sonst eher in Geschäftsraummiet- oder Pachtverhältnissen für anwendbar gehalten.[71]

2. Widerrufsrechte in der Wohnraummiete (§§ 312 ff. BGB)

129 Mietverträge über Wohnraum sind vom Anwendungsbereich der Verbraucherverträge erfasst (§§ 312 Abs. 1, Abs. 4 S. 1, Abs. 3 Nr. 1 – 7 BGB),[72] wodurch sich verbraucherschützende Widerrufsrechte bei Vertragsabschluss und auch während des Mietverhältnisses ergeben können. Die Einzelheiten hierzu sind im 11. Teil erörtert.

§ 12 Grenzen inhaltlicher Vertragsfreiheit

130 Dass ein Vermieter sich seinen Mieter frei auswählen kann, war und ist keineswegs selbstverständlich. Insbesondere in Zeiten großer Wohnungsnot reglementierte der Staat die Wohnraumbewirtschaftung und behielt sich auch das Entscheidungsrecht darüber vor, wer die Wohnung nutzen durfte. Nach heutigem Recht gilt der schuldrechtliche Grundsatz der Vertragsfreiheit (Art. 2 Abs. 1 GG, § 311 Abs. 1 BGB) grundsätzlich auch im Mietrecht.[73]

I. Gesetzliche Verbote

131 Die Vertragsfreiheit des BGB selbst ist begrenzt durch die Sittenwidrigkeit (§ 138 BGB), durch den Verstoß gegen einzelne gesetzliche Verbote (§ 134 BGB) sowie durch den Grundsatz von Treu und Glauben (§ 242 BGB). Im Bereich der Formularverträge ist auf die besonderen Voraussetzungen zum Einbezug von Formularklauseln in einen abzuschließenden Vertrag einerseits, und andererseits auf die besondere Inhaltskontrolle dieser Klauseln nach den §§ 305 ff. BGB hinzuweisen.

---

[69] Derleder NZM 1998, 550 (551).
[70] MüKoBGB/Häublein BGB Vor § 536 Rn. 26.
[71] BGH NZM 2008, 462; NJW 2005, 144; NJW 2002, 3234; NZM 2000, 495; NJW-RR 1992, 267; NJW 1990, 567.
[72] Zum Verbraucherschutz im Mietrecht Horst DWW 2015, 2; Mediger NZM 2015, 185; Lindner ZMR 2015, 261; Streyl NZM 2015, 433; Hau NZM 2015 435; Pisal/Schreiner ZfIR 2015, 505; Artz PiG 99 (2015), 41; Hinz WuM 2016, 76; Lindner ZMR 2016, 356; Rolfs/Möller NJW 2017, 3275.
[73] OLG Düsseldorf DWW 1991, 240; OLG Celle ZMR 2000, 1168; von Brunn, in: Bub/Treier MietR-HdB Kap. II Rn. 1; zu Verfassungsbeschwerden im Mietrecht Gaier PiG 99 (2015), 1.

Vor allem ist Bedacht zu nehmen auf die Straftatbestände des **Mietwuchers** (§ 291 Abs. 1 S. 1 Nr. 1 StGB) sowie auf die Ordnungswidrigkeitstatbestände der Mietpreisüberhöhung in § 5 WiStG.[74] Das Tatbestandsmerkmal der „Ausnutzung eines geringen Angebots" (§ 5 Abs. 2 WiStG) ist nur dann erfüllt, wenn die Mangellage auf dem Wohnungsmarkt für die Vereinbarung der Miete im Einzelfall ursächlich war.[75] Dazu hat der Mieter darzulegen und zu beweisen, welche Bemühungen er bei der Wohnungssuche bisher unternommen hat, weshalb sie erfolglos geblieben sind und dass er mangels einer Ausweichmöglichkeit nunmehr auf den Abschluss des für ihn ungünstigen Mietvertrags angewiesen war. Durch diese Darlegungs- und Beweisanforderungen führt die Vorschrift in der Praxis ein Schattendasein.

132

II. Zwingende wohnraummietrechtliche Vorschriften

Zusätzlich zu den dargelegten allgemeinen Schranken der Vertragsfreiheit reglementiert das Mietrecht die Vertragsfreiheit in vielen Bereichen selbst. Zu nennen sind die halbzwingenden Normen in den wohnraummietrechtlichen Vorschriften selbst. Sie enthalten eine Begrenzung der Vertragsfreiheit einmal durch eine sogenannte Mieter-Begünstigungs-Klausel sowie zum anderen durch ihren unabdingbaren Regelungscharakter selbst.[76] Als Rechte mit unabdingbarem Charakter sind zu nennen das Recht zur fristlosen Kündigung nach § 543 BGB sowie die in § 566 BGB enthaltene Formel „Kauf bricht nicht Miete."

133

III. Inhaltskontrolle nach dem AGB-Recht

Als Formularverträge sowie als Verbraucherverträge unterliegen Wohnraumverträge dem AGB-Recht.[77] Einschlägig sind §§ 305 ff. BGB.

134

1. Geltungsumfang des AGB-Rechts im Mietrecht

§§ 305 ff. BGB sind grundsätzlich auf Mietverträge anwendbar, und zwar sowohl auf Wohnraummietverträge, Geschäftsraummietverträge, Mischmietverträge und auch auf Verbraucherverträge (§ 310 BGB). Es gilt ebenso für Nutzungs- und Dauernutzungsverträge zwischen Wohnungsbaugenossenschaften und deren Genossenschaftsmitgliedern. Denn diese Verträge sind ebenfalls Mietverträge.[78]

135

a) Wohnraummietverhältnisse

Für Wohnraummietverhältnisse gilt das AGB-Recht insbesondere in Bezug auf die Inhaltskontrolle nach §§ 307 bis 309 BGB uneingeschränkt.

136

---

[74] OLG Frankfurt/Main NJW-RR 2001, 586 = NZM 2000, 755.
[75] BGH NJW 2004, 1740.
[76] Instruktiv Lützenkirchen ZMR 2006, 821. Abzustellen ist insbesondere auf §§ 547 Abs. 2, 551 Abs. 4, 552 Abs. 2, 553 Abs. 3, 554a Abs. 3, 556 Abs. 4, 557 Abs. 4, 557a Abs. 4, 557b Abs. 4, 558 Abs. 6, 558a Abs. 5, 558b Abs. 4, 559 Abs. 3, 559a Abs. 5, 559b Abs. 3, 560 Abs. 5, 561 Abs. 2, 563a Abs. 3, 569 Abs. 5, 571 Abs. 3, 572 Abs. 2, 573 Abs. 4, 573a Abs. 4, 573a Abs. 4, 573b Abs. 5, 573c Abs. 4, 573d Abs. 3, 574 Abs. 4, 574a Abs. 4, 574b Abs. 3, 574c Abs. 3, 575 Abs. 4, 575a Abs. 4, 576 Abs. 2, 576a Abs. 3, 576b Abs. 2, 577 Abs. 5, 577a Abs. 3 BGB.
[77] Dazu Sternel NZM 1998, 833; Bub NZM 1998, 789.
[78] OLG Karlsruhe ZMR 1985, 122 = WuM 1985, 77; LG Dresden WuM 1998, 216; Schmidt-Futterer/Blank BGB Vor § 535 Rn. 129; vgl. auch BGH NJW 1960, 2142; BGH NJW 2009, 1820; BGH NJW-RR 2010, 226; BGH NJW-RR 2015, 105.

b) Verbraucherverträge

137 Ein Verbraucher ist gem. §§ 13, 310 Abs. 3 BGB ein natürliche Person, die ein Rechtsgeschäft zu Zwecken abschließt, die überwiegend weder ihrer gewerblichen noch ihrer selbständigen beruflichen Tätigkeit zugerechnet werden können. Bei Verträgen zwischen einem Unternehmer (§ 14 BGB) und einem Verbraucher gilt das AGB-Recht mit dem in § 310 Abs. 3 BGB normierten Maßgaben. Bei einem Wohnraummietvertrag handelt der Mieter in der Regel als Verbraucher.[79]

2. Allgemeine Geschäftsbedingungen

138 Allgemeine Geschäftsbedingungen sind
- alle für eine Vielzahl von Verträgen vorformulierten Vertragsbedingungen,
- die eine Vertragspartei (Verwender) der anderen Vertragspartei bei Abschluss eines Vertrages stellt,
- soweit die Vertragsbedingungen zwischen den Vertragsparteien nicht im Einzelnen ausgehandelt sind.

139 Zu den Vertragsbedingungen zählen auch Vertragsabschlussklauseln und auch Bestimmungen über einseitige Rechtsgeschäfte des Verwenders,[80] etwa die Erteilung von Vollmachten. Unerheblich ist auch, ob es sich um schuldrechtliche oder um dingliche Verträge handelt.

Vorformuliert sind die Vertragsbedingungen, wenn sie für eine mehrfache Verwendung schriftlich aufgezeichnet oder in sonstiger Weise vor dem Vertragsabschluss fixiert sind. Dies kann als Textbaustein eines Computerprogramms erfolgen. Selbst eine Bestimmung, die der Verwender einer Allgemeinen Geschäftsbedingung gedanklich gespeichert hat und mit Wiederholungsabsicht in einen Formulartext einfügt, ist für sich genommen eine AGB.[81]

Es kommt auch nicht darauf an, ob der Verwender des Vertragsformulars selbst oder ein Dritter – etwa ein Verband – die AGB vorformuliert hat. So handelt es sich bei einem Mietvertrag auch dann um die AGB eines Vermieters als Verwender, wenn das Vertragsformular von Haus- und Grundeigentümervereinen entworfen wurde.[82]

140 Klauseln in notariellen Verträgen sind dagegen keine Allgemeinen Geschäftsbedingungen, wenn sie nur von dem Notar selbst auf Grund eines von ihm intern als Vorlage herangezogenen Vertragsmusters aufgenommen worden sind. Denn der Notar ist als Dritter neutral und hat die Vertragsbestimmungen nicht gerade für die vertragsschließende Partei entworfen.[83]

141 Auch wenn die AGB für eine Vielzahl von Verträgen und nicht nur für einen bestimmten Vertrag vorformuliert sein müssen, kommt es auf die tatsächliche Anzahl der Verwendungsfälle nicht an. Es ist lediglich notwendig, dass der Verwender schon bei der ersten Einführung seiner AGB in die Vertragsverhandlungen beabsichtigte, sie auch in weiteren Verträgen aufzunehmen.[84] Eine Ausnahme hierzu macht § 310 Abs. 3 Nr. 2 BGB für Verbraucherverträge. Danach reicht es aus, wenn der Verwender sein Klausel-

---

[79] Lindner ZMR 2015, 261 (262).
[80] BGH NJW 1986, 2428 (2429); BGH NJW 1987, 2011; BGH NJW 1999, 1864; NJW 2000, 2677; NJW 2008, 3055.
[81] BGH NJW 1988, 410.
[82] BGH NJW 2009, 62; BGH NZM 2006, 579; BGH NJW 1998, 3114; OLG Hamm NJW 1981, 1049.
[83] BGH NJW 1992, 2817; BGH NJW 1991, 843; MüKoBGB/Basedow BGB § 305 Rn. 22.
[84] BGH NJW 1997, 135.

werk nur einmal verwenden möchte und soweit der Verbraucher auf Grund der Vorformulierung ihren Inhalt nicht beeinflussen konnte.

Vertragsbedingungen sind beim Abschluss des Vertrages „gestellt", wenn der Verwender eine Vertragsbestimmung der anderen Vertragspartei einseitig auferlegt. Sie ist also nicht ausgehandelt worden, sondern wurde vom Verwender bereits ausgearbeitet in die Vertragsverhandlungen eingebracht.

3. Form Allgemeiner Geschäftsbedingungen

Gemäß § 305 Abs. 1 S. 2 BGB ist es gleichgültig, ob die Bestimmungen einen äußerlich gesonderten Bestandteil bilden oder in die Vertragsurkunde selbst aufgenommen werden, welchen Umfang sie haben, in welcher Schriftart[85] sie verfasst sind und welche Form der Vertrag hat. Deshalb können auch handschriftlich in einen Vertrag eingefügte Klauseln[86] AGB sein, obschon sich in diesen Fällen die Notwendigkeit einer Abgrenzung zu einer Individualvereinbarung ergibt. Entscheidend für die Annahme von AGB ist, dass die Klausel gleichlautend oder sprachlich variierend zumindest mit gleichem Gehalt in einer Vielzahl von Verträgen verwendet wurde oder werden soll.[87]

4. Abgrenzung zu Individualabreden

AGB liegen nicht vor, soweit die Vertragsbedingungen zwischen den Vertragspartnern im Einzelnen ausgehandelt sind (§ 305 Abs. 1 S. 3 BGB).[88] Davon ist auszugehen, wenn die vertraglichen Bestimmungen inhaltlich ernsthaft zur Disposition stehen und dem Verhandlungspartner Gestaltungsfreiheit zur Wahrung eigener Interessen eingeräumt wird, so dass zumindest die reale Möglichkeit besteht, die inhaltliche Ausgestaltung der Vertragsbedingungen mit beeinflussen zu können.[89] Dabei ist ein Aushandeln sowohl bezüglich des gesamten Vertragswerks als auch bezüglich nur einzelner Klauseln möglich.

Denkbar ist sogar, eine AGB durch ein nachträgliches Aushandeln in eine Individualvereinbarung umzuwandeln. Dies kann sich ebenfalls auf den Vertrag als Ganzes sowie auf einzelne Klauseln beziehen. Der Inhalt muss nachträglich – aber vor Unterzeichnung des Vertrags – zumindest teilweise zur Disposition gestellt worden sein.

Das Einfügen nachträglicher Änderungen oder handschriftlicher Zusätze in den vorformulierten Vertragstext ist dabei ein Indiz für ein individuelles Aushandeln.[90] Davon zu unterscheiden sind unselbständige Ergänzungen, die nachträglich in einen Formularvertrag eingefügt werden und eine darin bereits enthaltene Verpflichtung ohne einen darüberhinausgehenden eigenen Regelungsgehalt positiv klarstellen.[91]

Der Verwender eines Vertragsformulars trägt die Beweislast für das Vorliegen einer Individualvereinbarung, wenn feststeht, dass AGB vorliegen.[92]

Beruft sich eine Vertragspartei auf das Vorliegen von AGB, so trägt sie dafür die Beweislast.[93] Ist das Vertragsmuster gedruckt und auf sonstige Weise vervielfältigt, so

---

[85] BGH NJW 2005, 1574.
[86] BGH NZM 2017, 71 = NJW-RR 2017, 137.
[87] LG Frankfurt/Main WuM 1979, 151 (152).
[88] Hierzu Kappus NJW 2016, 33.
[89] BGH NJW-RR 1996, 783 (787); BGH NJW 1992, 1107.
[90] MüKoBGB/Basedow BGB § 305 Rn. 43.
[91] BGH NJW 1992, 2283.
[92] BGH NJW 2014, 2269; BGH NJW 1998, 2600; NJW-RR 1987, 144 (145); MüKoBGB/Basedow BGB § 305 Rn. 49; Erman/Roloff BGB § 305 Rn. 58.
[93] BGH NJW 1992, 2160 (2162); BGH NJW-RR 2002, 13 (14).

spricht eine Vermutung für das Vorliegen von AGB.[94] Der Verwender muss diese Vermutung entkräften.[95] Ihm obliegt der Nachweis der Individualabrede.[96]

5. Einbezug in den Mietvertrag

149   Ist die Formularklausel nicht bereits durch vorrangige Individualabreden verdrängt, so ist zu prüfen, ob sie durch Einbezug in den Mietvertrag zu dessen Bestandteil geworden ist. Dies richtet sich nach §§ 305, 305c Abs. 1 BGB. Dabei bestimmt § 305c Abs. 1 BGB, das sogenannte überraschende Klauseln ohne weiteres nicht Vertragsbestandteil werden, so dass es auf die Prüfung der in § 305 Abs. 2 BGB niedergelegten einzelnen Einbeziehungsvoraussetzungen zumeist unter prozessökonomischen Gesichtspunkten nicht ankommt. Es bietet sich daher an, § 305c Abs. 1 BGB vor § 305 BGB zu prüfen.[97]

6. Auslegung der Klauseln

150   Ist eine Klausel oder ein Formularmuster wirksam in den Vertrag einbezogen, so sind bei vorliegender Auslegungsfähigkeit und Auslegungsbedürftigkeit die AGB auszulegen, bevor sie einer Inhaltskontrolle unterworfen werden. Führt die Auslegung an sich nicht zu einem eindeutigen Ergebnis und bleiben mindestens zwei Auslegungen rechtlich vertretbar, so greift die Unklarheitsregel des § 305c Abs. 2 BGB ein. Danach gehen Unklarheiten zu Lasten des Verwenders.

151   Von einer Auslegungsfähigkeit der Klausel ist auszugehen, wenn sie mehrdeutig ist, und demzufolge mehrere Verständnisvarianten zulässt. Auslegungsbedürftig ist die Klausel allerdings nur, wenn es für die Beantwortung der konkret gestellten Rechtsfrage im Einzelfall entscheidend auf das Verständnis der Klausel ankommt.

152   Für Wohnraummietverträge wurde entschieden, dass eine Klausel nicht auslegungsfähig ist, wenn sie auch bei oberflächlicher Lektüre für jeden durchschnittlich gebildeten Verwendungsgegner eindeutig ist und unmissverständlich ausgelegt werden kann.[98]

153   Als Auslegungskriterium gilt der Grundsatz der objektiven einheitlichen Auslegung.[99] Nur der objektive Klauselgehalt ist daher zu prüfen. Besondere Umstände des Einzelfalls bleiben ebenso wie der Wille der jeweiligen konkreten Vertragspartner außer Betracht.[100] Prüfungsmaßstab ist die Verständnismöglichkeit des rechtsunkundigen Durchschnittskunden.[101] Die objektiven Klauselinhalte sind so auszulegen, wie die an solchen Geschäften typischerweise beteiligten Verkehrskreise sie verstehen können und müssen.[102] Werden Vertragsmuster – wie in der Praxis regelmäßig – vom Vermieter in die Verhandlungen eingebracht, so kommt es für die Auslegung darauf an, wie ein rechtsunkundiger Mieter die ihm vorgelegten Vertragsbedingungen verstehen kann. Wie der Vermieter als Verwender die Klauseln versteht, ist ohne Belang.

7. Inhaltskontrolle

154   Ist nach den Grundsätzen objektiver Auslegung das Auslegungsergebnis definiert, so kann die Inhaltskontrolle der Klausel nach dem AGB-Recht erfolgen. Sie erfolgt nach dem

---

[94] BGH NJW 2000, 1110 (1111); NJW 1992, 2160 (2162); (OLG Stuttgart NJW 1979, 222 (223).
[95] BGH NJW 1982, 1035.
[96] Erman/Roloff BGB § 305 Rn. 58.
[97] In diesem Sinne auch BeckOK BGB/H. Schmidt BGB § 305c Rn. 9.
[98] AG Bad Hersfeld WuM 1996, 706.
[99] BGH NJW 2017, 1461 (1462); BGH NJW-RR 2011, 1350 (1351); BGH NJW 2009, 2671 (2673); OLG Hamburg NZM 1998, 507; BeckOK BGB/H. Schmidt BGB § 305c Rn. 43.
[100] BGH NJW 1981, 816.
[101] BGH NJW 2014, 2269 (2271).
[102] BGH NJW 2017, 1461 (1462); BGH NJW 1981, 867.

§§ 307–309 BGB. Diese Vorschriften gelten nur für Bestimmungen in AGB, durch die von Rechtsvorschriften abweichende oder diese ergänzende Regelungen vereinbart werden. Diese Grenze zieht § 307 Abs. 3 S. 1 BGB. Klauseln, die lediglich den Inhalt einer einschlägigen gesetzlichen Regelung wiedergeben, unterliegen der Inhaltskontrolle nicht.

Bei der Inhaltskontrolle ist zwischen Klauselverboten ohne Wertungsmöglichkeit (§ 309 BGB) und zwischen Klauselverboten mit Wertungsmöglichkeit (§ 308 BGB) zu unterscheiden.[103]

Das für die Praxis wichtige Transparenzgebot folgt aus § 307 Abs. 1 S. 2 BGB. Eine unangemessene Benachteiligung des Mieters kann sich daraus ergeben, dass die Bestimmung nicht klar und verständlich ist. Dies hat besondere Auswirkungen auf folgende mietvertragliche Klauseln:
- Schönheitsreparaturklauseln
- Vereinbarungen zum wechselseitigen Kündigungsverzicht oder Kündigungsausschluss
- Betriebskostenvereinbarungen

Auch preisbestimmende und leistungsbeschreibende Klauseln unterliegen der Transparenzkontrolle (zB Kleinreparatur- und Schönheitsreparaturklauseln). Sie müssen die wirtschaftliche Belastung des Mieters erkennen lassen.[104]

8. Rechtsfolgen der Unwirksamkeit

Formularverträge, Klauseln oder Klauselteile, die der Inhaltskontrolle nicht standhalten, sind unwirksam (§§ 307 Abs. 1 S. 1, 308 S. 1, Hs. 1, 309 S. 1, Hs. 1 BGB). Die Klauseln dürfen nicht auf einen zulässigen Inhalt zurückgeführt oder verändert werden. Es gilt das Verbot der geltungserhaltenden Reduktion.[105]

Die Rechtsfolgen aus dieser Unwirksamkeit bestimmen sich aus § 306 BGB Abs. 1 BGB. Danach bleibt der Vertrag bis auf die wegfallenden unwirksamen Formularklauseln im Übrigen wirksam. Die entstandene „Vertragslücke" ist nach § 306 Abs. 2 BGB durch dispositives Gesetzesrecht auszufüllen. Steht dispositives Gesetzesrecht zur Ausfüllung des Vertrages nicht zur Verfügung, so ist eine ergänzende Vertragsauslegung möglich. Darin liegt kein Verstoß gegen das Verbot geltungserhaltender Reduktion.[106]

Nach § 306 Abs. 3 BGB ist der Vertrag insgesamt unwirksam, wenn ein Festhalten am „Restvertrag" unter Geltung dispositiven Gesetzesrechts für eine Vertragspartei eine unzumutbare Härte darstellen würde. In der Wohnraummiete dürfte das kaum eintreten.

Als Rechtsfolge aus unwirksamen Vertragsklauseln kann sich ebenso eine Schadensersatzpflicht aus culpa in contrahendo (§§ 280 Abs. 1, 311 Abs. 2, 241 BGB) ergeben.[107] Denn die Verwendung unzulässiger Klauseln verstößt gegen die bei Vertragsverhandlungen bestehende Pflicht zur gegenseitigen Rücksichtnahme und Loyalität. Der Anspruch kann auf Ersatz von Rechtsberatungskosten oder auf Rückführung von Leistungen auf Grund unwirksamer Klauseln gerichtet sein. Im letzteren Fall besteht Anspruchskonkurrenz zu § 812 BGB. Die Verwendung von unzulässigen Klauseln zieht schließlich gem. § 1 UKlaG einen Unterlassungsanspruch nach sich.

9. Umgehungsverbot

§ 306a BGB verbietet Gestaltungen, die die Vorschriften des AGB-Rechts umgehen würden.

---
[103] MüKoBGB/Wurmnest BGB Vor § 307 Rn. 5.
[104] BGH NJW 2012, 54 (56); BGH NJW 2010, 671 (673).
[105] Ständige Rechtsprechung BGH NJW 1995, 2219 (2221); BGH NJW 1996, 1407 (1408); BGH NZM 1998, 22 = NJW 1997, 3437 (3438).
[106] BGH NJW 1996, 2092 (2093).
[107] BGH NJW 1984, 2816; BGH NJW 1994, 2754.

10. Verfahrensrechtliche Durchführungen und Umsetzung der Prüfung von Allgemeinen Geschäftsbedingungen

163 Bei den Verfahrensarten ist grundsätzlich zwischen dem Individualprozess und dem Verbandsprozess zu unterscheiden.
Der Individualprozess ist im Unterlassungsklagegesetz nicht geregelt. Dabei handelt es sich um einen Rechtsstreit zwischen den Parteien eines Mietvertrags, für dessen Entscheidung als Vorfrage die Wirksamkeit einer oder mehrerer Klauseln aus dem verwendeten Mietvertragsformular zu beurteilen ist.

164 Im Gegensatz zum Individualprozess ist beim Verbandsprozess eine abstrakte Überprüfung von AGB losgelöst von einem individuellen Vertragsverhältnis Streitgegenstand.[108] Dafür gelten §§ 1 ff. UKlaG.

IV. Verfassungsrechtliche Kontrolle

165 Bei der stets und bisweilen hoch kontrovers ausgetragenen Diskussion um die Ausrichtung des Mietrechts mit sozialer Schutzkomponente und stark betontem Mieterschutz oder als wirtschaftlich attraktive investive Rahmenbedingung für Vermieter verwundert es nicht, dass das Bundesverfassungsgericht in nahezu 100 Entscheidungen mit wohnraummietrechtlichen Fragen befasst wurde. Dabei handelt es sich im Wesentlichen um Entscheidungen, die aufgrund von Verfassungsbeschwerden gegen instanzgerichtliche Urteile ergangen sind. Die Entscheidungsfindung gipfelte in der grundsätzlichen verfassungsrechtlichen Gleichstellung vom Mieter und Vermieter, die in breiten Teilen der Wohnungswirtschaft auf erhebliche Verwirrung stieß. Auch das Besitzrecht des Mieters, so das BVerfG, verkörpere ein „vermögenswertes Recht" und dem Eigentumsrecht iSv Art. 14 Abs. 1 S. 1GG daher gleichzustellen.[109]
Insbesondere wurde erörtert, ob der Mieterschutz als solcher durch Art 14 Abs. 1 GG garantiert und ob der Mietvertrag zwischen dem Vermieter und einem gewerblichen Zwischenvermieter als solcher über Wohnräume anzusehen ist; außerdem wurden die Aufnahme eines Lebensgefährten durch den Mieter[110] und der Wechsel des Vertragspartners (unter anderem bei Vermietung an eine studentische Wohngemeinschaft oder eine nichteheliche Lebensgemeinschaft) problematisiert, Fragen im Zusammenhang mit der Begründung eines Mietverhältnisses (Vertrag mit Entmündigtem, Zuweisung der Wohnung nach der damaligen HausratsVO) und um die vertraglichen Pflichten des Vermieters (unter anderem Tierhaltung, Antenneninstallation) wurden aufgeworfen. Ausführlich behandelte die Rechtsprechung des BVerfG Fragen zu Voraussetzung und Zulässigkeit er Mieterhöhung,[111] vor allem zur Begründung des Mieterhöhungsverlangens[112] oder zur befristet fortgeltenden Mietpreisbindung in den jungen Bundesländern.[113] Aufgrund der fortschreitenden Medientechnik finden sich seit 1992, verstärkt aber in jüngerer Zeit auch Entscheidungen zur Ausstattung der Wohnung mit einer Parabolantenne durch den Mieter.[114] Einen weiteren Schwerpunkt seiner Rechtsprechung bilden Entscheidungen

---

[108] MüKoZPO/Micklitz/Rott UKlaG § 1 Rn. 11.
[109] BVerfG NJW 1993, 2035; dazu Depenheuer NJW 1993, 2561; BVerfG NJW 2000, 2658.
[110] BVerfG NJW 2000, 2658.
[111] BVerfG NJW 1986, 1669; BVerfG NJW 1992, 3031; BVerfG NJW 1989, 969; BVerfG NJW 1987, 313 und NJW 1979, 31.
[112] BVerfG NJW 1989, 969.
[113] BVerfG NZM 2007, 125; BVerfG NJW 1995, 511.
[114] BVerfG NJW 2005, 1709 zuvor bereits BVerfG NJW 1994, 1147; BVerfG NJW 1994, 2143.

zum Kündigungsschutz (Eigenbedarf,[115] Hinderung an angemessener wirtschaftlicher Verwertung,[116] Teilkündigung von Nebenräumen, Kündigungsschutz bei der gewerblichen Zwischenvermietung,[117] Anforderungen an die Begründung,[118] außerordentliche Kündigung). Schließlich wurden Duldungspflichten des Mieters im Zusammenhang mit anstehenden Baumaßnahmen, die Rückgabe der Mietsache (u. a. Vollstreckungsschutz[119]) und Verfahrensfragen (rechtliches Gehör, Vorlagepflicht) thematisiert.[120]

Die Kontroverse[121] setzte sich mit verfassungsrechtlichen Überlegungen zur Mietrechtsreform 2001 in der Literatur fort,[122] insbesondere aufgehängt am dort perpetuierten asymmetrischen Kündigungsschutz im Wohnraummietrecht zugunsten des Mieters. Der BGH war in einer Gewerbemietraumsache dann dagegen der Auffassung, das gesetzliche Leitbild des Mietrechts erfordere gleich lange Kündigungsfristen nicht.[123] Verfassungsrechtliche Bedenken des Vertrauensschutzes für den Klauselverwender in Altfällen im Lichte einer geänderten und zuvor langjährig gefestigten BGH-Rechtsprechung wurden vom BGH als nicht durchgreifend erachtet.[124]

166

In den letzten Jahren waren Rechtsfragen nach Gesetzesinitiativen zu der Nachfragesituation auf dem Mietwohnungsmarkt (angespannte Wohnungsmärkte) Gegenstand von Verfassungsbeschwerden.[125] Generell ist hierbei die hohe verfassungsrechtliche Darlegungslast für Grundrechtsrügen zu beachten, die vielfach bereits zur Unzulässigkeit von Verfassungsbeschwerden führt.[126]

167

§ 13 Regelungsmöglichkeiten und Notwendigkeiten

Beim Abschluss von Mietverträgen ist es von Bedeutung, die rechtlichen Regelungsmöglichkeiten sowie die Punkte zu kennen, die notwendig zu regeln sind. Dies gilt unabhängig davon, ob ein Formularmustervertrag verwendet wird, oder ob ein neuer individueller Mietvertrag entworfen und gestaltet werden soll. Die folgenden Überschriften dieses Paragrafen verstehen sich daher als Checkliste, die einzelnen Ausführungen sollen die rechtlichen Hintergründe zumindest anreißen.

168

---

[115] BVerfG NZM 2015, 161; NJW 2014, 2417; ZMR 2002, 181; WuM 2002, 19; NJW 1994, 435; NJW 1994, 309; NJW 1993, 2035; NJW 1989, 970.
[116] BVerfG NJW 1991, 3270; BVerfG NJW 1998, 2662; BVerfG NJW 1989, 972.
[117] BVerfG NJW 1991, 2272.
[118] BVerfG WuM 2002, 19; BVerfG NJW 1992, 2752; BVerfG NJW 1992, 1877; BVerfG NJW 1992, 1379.
[119] BVerfG NJW 2009, 1259.
[120] Dazu Sonnenschein NJW 1993, 161.
[121] Instruktiv zur Drittwirkung der Grundrechte im Wohnraummietrecht Reismann WuM 2007, 361.
[122] Stumpf ZMR 2002, 494; Jahn NZM 2001, 324; ders. NZM 2000, 9.
[123] BGH NJW 2001, 3480 (3483).
[124] BGH NJW 2008, 1438 (1439); dazu Beyer GE 2007, 122 (130 f.); eingehend für Vertrauensschutz Horst NZM 2007, 185; ebenso Kappes NJW 2006, 3031 (3035).
[125] BVerfG NZM 2016, 685; NJW 2015, 3024; ferner Horst NZM 2015, 393 (Praxisfragen zur „Mietpreisbremse").
[126] Gaier PiG 99 (2015), 1 (7 ff.), insbesondere zu BGH NJW 2014, 2417 (Eigenbedarf für Zweitwohnung).

I. Mietgegenstand

169 Das zu vermietende Objekt sollte nach Adresse und Lage im Haus einschließlich der einzelnen Zimmer/Räume und auch der mitbenutzten Nebenräume möglichst konkret beschrieben werden. So lässt sich ausschließen, dass es hinterher Streit um den Nutzungsumfang gibt. Denn wenn das angemietete Objekt nicht wirklich konkret nach einzelnen Räumlichkeiten definiert ist, besteht die Möglichkeit, dass der Mieter sich stillschweigend „ausdehnt" und weitere nicht vermietete Räumlichkeiten oder Außenbereichsflächen in Besitz nimmt. Zwar bewirkt zB die bloße Inbesitznahme eines Kellerraums über mehrere Jahre hinweg keine Erweiterung des Wohnungsmietvertrags auf diesen Kellerraum,[127] doch können sich entsprechende Duldungspflichten aus einer länger währenden Hinnahme einer Nutzung ergeben, die über die Schranken des Mietvertrags hinausgeht.[128] Im Mietvertrag sind also immer konkrete Angaben zum Mietobjekt notwendig.

170 Ob zur Definition des Mietobjekts auch die „ausgemessene Angabe" oder die „Vereinbarung" der Nutzungsfläche gehört, wird unterschiedlich beurteilt.[129] Dabei darf nicht übersehen werden, dass **Flächenangaben im Mietvertrag** zu Streitigkeiten in Bezug auf den Mietpreis, die Gewährleistung und auch die Belastung mit Betriebskosten führen können, wenn sich hinterher bei Vollzug des Vertragsverhältnisses die zu Grunde gelegten Flächenberechnungen als unzutreffend herausstellen.[130] Dies spricht entscheidend dafür, Flächenangaben aus dem Mietvertrag herauszulassen[131] und ohne Bezug auf Flächenangaben eine feste Nettokaltmiete anzugeben. Wird die Fläche aber angegeben und kommt es dann im Verlauf des Mietverhältnisses zu einem Streit über die anzusetzende Wohnfläche, so gilt:

171 Ursprünglich war umstritten, ob durch die Minderfläche eine Beeinträchtigung des Mieters oder des von ihm ausgeübten Gebrauchs eingetreten sein muss, ob also der Mieter zusätzlich darlegen muss, dass infolge der Flächendifferenz die Tauglichkeit des Mietobjekts zum vertragsgemäßen Gebrauchs gemindert ist.[132] Der BGH[133] hält dies für nicht erforderlich: Bei einem Flächenmangel spricht bereits eine tatsächliche Vermutung für eine Beeinträchtigung der Gebrauchstauglichkeit, die der Mieter nicht gesondert belegen muss. In aller Regel beeinträchtigt nicht jede geringfügige Flächenabweichung den vertragsgemäßen Gebrauch. Allerdings ist ein abweichendes Wohnflächenmaß dann erheblich, wenn die tatsächliche Wohnfläche um mehr als 10 Prozent hinter der vertraglich vereinbarten Größe zurückbleibt.[134] Dann braucht keine zusätzliche Beeinträchtigung mehr vorgetragen und unter Beweis gestellt werden;[135] diese wird vermutet.[136]

---

[127] AG Köln WuM 1979, 254.
[128] BayObLG NJW-RR 1993, 1165 zum Aufstellen eines Schirmständers sowie von Schuh- und Besenschränken im Hausflur.
[129] Dazu Kraemer NZM 1999, 156.
[130] Grundlegend Börstinghaus, Flächenabweichungen in der Wohnraummiete, 2012; ferner Kraemer NZM 1999, 156; Cramer NZM 2017, 457.
[131] Dazu Cramer NZM 2017, 458 (465).
[132] OLG Dresden NZM 1998, 184; verneinend OLG Karlsruhe NZM 2002, 218.
[133] BGH NJW 2004, 1947; BGH NJW 2004, 3115; BGH NJW 2005, 2152.
[134] BGH NJW 2004, 1947; BGH NJW 2004, 3115; BGH NJW 2005, 2152; BGH NJW 2016, 239.
[135] LG Münster ZMR 2008, 630.
[136] BGH NJW 2004, 2230; NJW 2004, 1947; NZM 2004, 456.

§ 13 Regelungsmöglichkeiten und Notwendigkeiten

Übersteigt die tatsächliche Wohnfläche die im Mietvertrag vereinbarte Wohnfläche, so ist einem **Mieterhöhungsverlangen** des Vermieters nunmehr allein die **tatsächliche Wohnfläche** maßgebend.[137]

172

Bei der Abrechnung von Betriebskosten gilt nunmehr Folgendes: Sofern und soweit Betriebskosten nach gesetzlichen Vorgaben (etwa § 556a Abs. 1 BGB, § 7 Abs. 1 HeizkostenV) ganz oder teilweise nach Wohnflächenanteilen umgelegt werden, ist für die Abrechnung im Allgemeinen der jeweilige Anteil der tatsächlichen Wohnfläche der betroffenen Wohnung an der in der Wirtschaftseinheit tatsächlich vorhandenen Gesamtwohnfläche maßgebend.[138]

173

Diese Grundsätze (10 Prozent-Abweichung) können auch für die Kündigung des Mieters gemäß § 543 Abs. 2 Nr. 1 BGB wegen nicht gewährten vertragsgemäßen Gebrauchs der Mietsache herangezogen werden.[139] Sie haben außerdem Bedeutung für Schadensersatzfragen (§§ 280, 283 BGB), wenn das Angebot der Mietsache mit vertragsgemäß vereinbarter, also größerer Fläche nicht möglich ist.

174

Flächenangaben zu Wohn- und Nutzflächen können aber auch lediglich beschreibende Bedeutung haben mit der Folge, dass in Abweichungen dann kein Sachmangel gesehen werden kann.[140] Die Parteien treffen dann eine negative Beschaffenheitsvereinbarung, wonach die Angabe der Wohnfläche nicht den vertragsgemäßen Zustand i. S. v. § 535 Abs. 1 S. 2 BGB festlegt.[141] Einer Flächenangabe kommt beschreibende Bedeutung insbesondere nur dann zu, wenn der Mieter das Objekt nach einer Besichtigung wegen des guten Zuschnitts und der Lage angemietet hat. In einem solchen Fall ist eine Flächenabweichung kein Fehler iSd § 536 Abs. 1 BGB.

175

Schließlich ist der Frage nachzugehen, auf welcher Berechnungsgrundlage die Wohnfläche festzustellen ist. Der BGH hat insoweit ein Stufenverhältnis[142] oder Prüfungsreihenfolge entwickelt:[143] Obgleich für Altverträge aus der Zeit bis zum 31.12.2003 die §§ 42–44 II. BV und für Neuverträge ab dem 1.1.2004 die WoFlV im preisgebundenen Wohnungsbau (§ 1 Abs. 1 WoFlV) gilt, kann auch im frei finanzierten Bereich auf diese Grundlagen zur Wohnflächenberechnung zurückgegriffen werden,[144] soweit andere örtliche Gepflogenheiten oder ein anderer Parteiwille nicht feststellbar sind.[145] Diese festgestellte Ortsüblichkeit kann aber auch dazu führen, dass die zurückgezogene DIN 283[146] weiter zu beachten ist.[147] Die DIN 283 ist also nur noch anwendbar, wenn die Parteien dies vereinbart haben oder sie als Berechnungsmethode ortsüblich oder nach der Art der Wohnung naheliegend ist.[148] Ist davon auszugehen, dass sich Mietparteien stillschweigend auf eine Berechnung der Wohnflächen nach den §§ 42–44 II. BV oder der Wohnflächen-

176

---

[137] BGH NJW 2016, 239 = NZM 2016, 42 (Aufgabe der Rechtsprechung BGH NJW 2009, 2739; NJW 2007, 594).
[138] BGH NJW 2018, 2317 = NZM 2018, 671; anders noch BGH NJW 2004, 1947; NJW 2007, 2626; NJW 2008, 142; hierzu auch Streyl WuM 2011, 450 (451); Hinz ZMR 2018, 1 (3 f.).
[139] BGH NJW 2005, 2152 = NZM 2005, 500.
[140] Hierzu BGH NJW 2011, 220 (221).
[141] Cramer NZM 2017, 457 (465): „Der sicherste Weg zur Vermeidung einer Gewährleistung für eine bestimmte Wohnungsgröße."
[142] Börstinghaus, Flächenabweichungen in der Wohnraummiete, 2012, Rn. 885.
[143] BGH NJW 2007, 2624 = NZM 2007, 595.
[144] BGH NZM 2007, 595 (596).
[145] BGH NJW 2004, 2230 = NZM 2004, 454; Eisenschmid WuM 2004, 3.
[146] Hierzu Langenberg NZM 2003, 177.
[147] LG Münster ZMR 2008, 630.
[148] BGH NJW 2007, 2624 = NZM 2007, 595; BGH Urt. v. 17.4.2019 – VIII ZR 33/18, BeckRS 2019, 9413.

Verordnung geeinigt haben, so scheidet eine Anwendung der DIN 283 auch dann aus, wenn sie bei der Ermittlung im Einzelfall zu einem anderen Ergebnis führt.[149]

Ob und inwieweit die Wohnfläche Gegenstand von Gesetzesvorhaben sein wird, ist offen.[150]

II. Mietzweck

1. Wohnraum

177 Wird Wohnraum vermietet, so sollte unbedingt im Vertrag darauf hingewiesen werden, dass die Miträume nur als Wohnraum benutzt werden dürfen. Ansonsten kann es passieren, dass ein Konflikt mit den landeseigenen Verordnungen zum Verbot der Zweckentfremdung von Wohnraum entsteht. Denn das Zweckentfremdungsverbot untersagt es, Wohnraum zu Gewerbezwecken zu nutzen oder leer stehen zu lassen.[151]

Nutzung zu Gewerbezwecken meint eine berufliche Nutzung mit Gewinnerzielungsabsicht. Deshalb greift das Zweckentfremdungsverbot auch bei freiberuflichen Nutzungen von Wohnraum, obgleich doch häufig keine Gewerbeeigenschaft vorliegt, wie zB bei Rechtsanwälten. Es kommt lediglich auf die tatsächliche Nutzung an.

178 Ein Verstoß gegen das Zweckentfremdungsverbot zieht – wenn es landes- oder ortsrechtlich umgesetzt ist – nach Art. 6 § 2 MietRVerbessG (Gesetzes zur Verbesserung des Mietrechts) eine Geldbuße von bis zu 50.000 Euro nach sich. Diese Geldbuße kann sowohl den Mieter, als auch den Vermieter treffen.

Die Zweckentfremdung ist ein Dauerdelikt.[152] Deshalb liegt es auf der Hand, dass neben der Bußgeldpflicht auch die Pflicht zur Aufgabe der wohnzweckwidrigen Nutzung besteht.

179 Eine Zweckentfremdung von Wohnraum liegt nur vor, wenn die Räume ausschließlich gewerblich genutzt werden, nicht, wenn die gewerbliche Nutzung nur überwiegt.[153] Deshalb verstößt die teilgewerbliche Nutzung von Wohnraum nicht gegen das landesrechtlich geregelte Zweckentfremdungsverbot. Die Wohnungsämter gestatten häufig eine teilgewerbliche Nutzung zu einem Drittel der Gesamtfläche der Wohnung. Allerdings kommt es auf die Nutzung der einzelnen Räume zusätzlich an.[154]

2. Wohnung und Garage

180 Hier ist darauf zu achten, dass Garagen rechtlich und wirtschaftlich selbständig und unabhängig von etwa geschlossenen weiteren Verträgen über andere Mietsachen vermietet werden.[155] Dabei ist insbesondere sicherzustellen, dass keine Garagenvermietung im Zusammenhang mit der Vermietung von Wohnraum erfolgt. Sind Wohnung und Garage Bestandteile eines einheitlichen Mietverhältnisses, so ist eine Teilkündigung des Mietverhältnisses über die Garage unzulässig.[156] Dies führt insbesondere dazu, dass sich der Kündigungsschutz für den Mieter innerhalb des Wohnraummietrechts dann auch auf die

---

[149] BGH NJW 2007, 2624 (2625).
[150] Hinz ZMR 2018, 1; Selk NJW 2019, 329 (330).
[151] Zur Einsetzung eines Treuhänders bei Leerstand Hinrichs NZM 2018, 185 (am Beispiel Hamburg).
[152] Fritz, Gewerberaummietrecht, Rn. 545.
[153] Ghassemi-Tabar/Guhling/Weitemeyer/Hornmann, Gewerberaummiete, Anh. 2 zu § 535 BGB Rn. 108.
[154] Fritz, Gewerberaummietrecht, Rn. 542.
[155] Hierzu BGH NJW 2012, 224; GE 2013, 1454; GE 2013, 1650.
[156] BGH NJW 2012, 224 (225).

Garagenvermietung erstreckt. Liegt neben einem Wohnraummietvertrag eine gesonderte Vertragsurkunde über die Anmietung eines Stellplatzes vor, so ist davon auszugehen, dass es sich um zwei separate und somit auch getrennt kündbare Verträge handelt.[157] Es wird in diesem Fall in tatsächlicher Hinsicht vermutet, dass die beiden Verträge rechtlich selbständig sind. Ansonsten kommt es auf Umstände an, durch die die Vermutung getrennter Vertragsverhältnisse widerlegt werden kann.[158]

Um eine rechtliche Zusammenschau zwischen beiden Mietverhältnissen zu vermeiden, sollte davon Abstand genommen werden, einen vorab geschlossenen Wohnungsmietvertrag im Hinblick auf die Anmietung einer Garage zu ergänzen. Eine Garage oder ein Stellplatz sollte daher durch einen separaten Vertrag vermietet werden, wenn zusätzlich Wohnraum vermietet wird.

Das Problem der rechtlichen Zusammenschau von Garagen- und Wohnungsmietvertrag tritt gar nicht erst auf, wenn Wohnung und Garage auf ein und demselben Grundstück an unterschiedliche Parteien vermietet wird. Dies kann einmal an die Firma des Mieters als eigene Rechtspersönlichkeit geschehen, und ein anderes Mal an den Mieter persönlich als Firmeninhaber. Auch bleibt es unbenommen, die Garage nicht an den eigenen Mieter, sondern an die Mieter eines Nachbarn zu vermieten, der dann umgekehrt mit den eigenen Mietern einen Mietvertrag über dessen Garagen schließt.

3. Gewerbliche Weitervermietung

Bei der in § 565 BGB geregelten gewerblichen Weiter- oder Zwischenvermietung ist zwischen zwei Mietverhältnissen an ein und derselben Mietsache zu unterscheiden: Das zwischen dem Vermieter und dem gewerblichen Zwischenvermieter (Hauptmieter) bestehende Mietverhältnis ist gewerblicher Natur.[159] Es wird als Hauptmietverhältnis bezeichnet. Das Mietverhältnis zwischen dem gewerblichen Zwischenvermieter (Hauptmieter und Untervermieter) und dem eigentlichen Wohnungsnutzer (Dritter) ist dagegen ein Wohnungsmietvertrag. 181

Gewerbliche Weitervermietung ist nach dem ausdrücklichen Wortlaut von § 565 BGB Tastbestandsvoraussetzung. Diese liegt dann vor, wenn der Zwischenmieter – nach dem Zweck des mit dem Eigentümer abgeschlossenen Vertrages – die Weitervermietung zu Wohnzwecken mit der Absicht der Gewinnerzielung oder im eigenen wirtschaftlichen Interesse ausüben soll.[160] Dies liegt etwa vor, wenn ein Mieter, der als Arbeitgeber an seine Arbeitnehmer eine Wohnung vermietet, mit einer derartigen Vermietung jedenfalls auch (eigene) wirtschaftliche Interessen verfolgt.[161] Hieran fehlt es demgegenüber, wenn der Eigentümer mit einer Mieter-Selbsthilfegenossenschaft einen Mietvertrag abschließt, der die Weitervermietung des Wohnraums an deren Mitglieder zu einer besonders günstigen Miete vorsieht.[162] 182

Wird das Hauptmietverhältnis beendet, so tritt der Vermieter kraft Gesetzes in die Rechte und Pflichten aus dem Mietverhältnis zwischen dem gewerblichen Zwischenmieter und dem Wohnungsnutzer (Dritter) ein (§ 565 Abs. 1 S. 1 BGB). Sucht sich der Hauptvermieter einen neuen gewerblichen Zwischenvermieter, so tritt dieser an Stelle des bisherigen gewerblichen Zwischenvermieters in die Rechte und Pflichten aus dem Untermietverhältnis mit dem endgültigen Wohnungsnutzer ein. (§ 565 Abs. 1 S. 2 BGB). Diese 183

---

[157] BGH NJW 2012, 224 = NZM 2012, 78 (79); GE 2013, 1454; GE 2013, 1650.
[158] BGH Beschl. v. 11.3.2014 – VIII ZR 374/13, BeckRS 2014, 7966.
[159] BeckOK MietR/Schüller BGB § 565 Rn. 2
[160] BGH NZM 2018, 281 = NJW-RR 2018, 459; BGH NJW 2016, 1086 = NZM 2016, 256; BGH NJW 1996, 2862.
[161] BGH NZM 2018, 281 = NJW-RR 2018, 459; hierzu Drasdo ZMR 2019, 105.
[162] BGH NJW 2016, 1086 = NZM 2016, 256.

Konstruktion hat unmittelbare Auswirkungen für die Fragen des Kündigungs- und des Räumungsschutzes, für den innerhalb des Untermietverhältnisses entweder in Bezug auf einen neuen gewerblichen Zwischenvermieter oder in Bezug auf den Hauptvermieter selbst stets wohnraummietrechtliche Grundsätze gelten. Diese Aussage erstreckt sich auch auf Fragen der Mieterhöhung. Mit der ausdrücklichen Anordnung einer entsprechenden Geltung von §§ 566a bis 566e BGB in § 565 Abs. 2 BGB wird der stets zu beachtende Wohnraummietcharakter des Untermietverhältnisses mit dem gewerblichen Zwischenvermieter in Bezug auf die in diesen Vorschriften enthaltenen Regelungen noch verstärkt.

184 Der Hauptvermieter oder der neue Zwischenvermieter tritt gem. § 565 Abs. 2 BGB auch in die Rechte und Pflichten aus einer geleisteten Mietsicherheit ein. Der in den Vertrag eintretende Vermieter haftet bei Beendigung des Wohnraummietverhältnisses dem Mieter für die Rückgewähr der Mietsicherheit unabhängig davon, ob sie ihm ausgehändigt wurde.[163] Kann der Mieter die Sicherheit von dem in den Vertrag eintretenden Vermieter nicht erlangen, haftet der bisherige Zwischenvermieter weiter für die Rückgewähr (§ 566a BGB).

Die subsidiäre Haftung des bisherigen Zwischenvermieters für die Rückgewähr der Mietsicherheit ist individualvertraglich abdingbar.[164] Ihr Ausschluss durch Formularvertrag verstößt jedoch gegen § 307 BGB.[165]

185 Auf Verträge über die Anmietung von Räumen durch eine juristische Person des öffentlichen Rechts oder einen anerkannten privaten Träger der Wohlfahrtspflege, die geschlossen werden, um die Räume Personen mit dringendem Wohnungsbedarf zum Wohnen zu überlassen, sind nach § 578 Abs. 3 BGB die Vorschriften von § 578 Abs. 1 u. Abs. 2 BGB sowie eine Reihe des sozialen Wohnraummietrechts entsprechend anzuwenden (§§ 557, 557a Abs. 1 bis 3 u. 5, 557b Abs. 1 bis 3 u. 5, 558 bis 559d, 561, 568 Abs. 1, § 569 Abs. 3 bis 5, 573 bis 573d, 575, 575a Abs. 1, 3 u. 4 sowie 577 und 577a BGB).

4. Mischmietverhältnisse

186 Wird sowohl Wohn- als auch Geschäftsraum in einem einheitlichen Mietvertrag erfasst, so liegt ein Mischmietverhältnis vor. Dieses ist zwingend entweder als Wohnraummietverhältnis oder als Mietverhältnis über andere Räume zu bewerten. Für die rechtliche Einordnung ist entscheidend, welche Nutzungsart nach den getroffenen Vereinbarungen überwiegt. Dabei ist maßgebend auf die Umstände des Einzelfalls abzustellen, wobei der Tatrichter beim Fehlen ausdrücklicher Abreden auf Indizien zurückgreifen kann.[166] Der Umstand, dass die Vermietung nicht nur zu Wohnzwecken, sondern auch zur Ausübung einer gewerblichen/freiberuflichen Tätigkeit vorgenommen wird, durch die der Mieter seinen Lebensunterhalt bestreitet, lässt dabei keine tragfähigen Rückschlüsse auf einen im Bereich der Geschäftsraummiete liegenden Vertragsschwerpunkt zu.

187 Lässt sich bei der gebotenen Einzelfallprüfung ein Überwiegen der gewerblichen Nutzung nicht feststellen, ist im Hinblick auf das Schutzbedürfnis des Mieters von der Geltung der Vorschriften der Wohnraummiete auszugehen.[167] Im Zweifel gilt demnach Wohnraummietrecht. Dies hat vor allem Folgen für den Kündigungsschutz: ein vom

---

[163] MüKoBGB/Häublein BGB § 565 Rn. 20.
[164] BGH NZM 2013, 230 (231) = NJW-RR 2013, 457 (458); MüKoBGB/Häublein BGB § 566a Rn. 19.
[165] Schmidt-Futterer/Streyl BGB § 566a Rn. 49; vgl. auch BGH NZM 2013, 230 (231) = NJW-RR 2013, 457 (458), wo diese Frage offengelassen wurde.
[166] BGH NJW 2014, 2864.
[167] BGH NJW 2015, 2727.

§ 13 Regelungsmöglichkeiten und Notwendigkeiten

Vermieter geltend gemachter Eigenbedarf braucht sich dann beispielsweise nur auf die Wohnräume zu beziehen.[168]

Um die bisweilen nachteiligen Folgen bei Mischmietverhältnissen zu umgehen, wird versucht, getrennte Verträge abzuschließen. Dies ist bei besonderer Gestaltung möglich, wenn jeweils deutlich der Wille zum Ausdruck kommt, dass tatsächlich eigenständige Verträge abgeschlossen werden sollen. Dazu ist es notwendig, die Mietverträge mit getrennten Urkunden, unterschiedlichen Laufzeiten und Kündigungsfristen sowie mit unterschiedlichen Mietpreisen zu vereinbaren.

III. Parteien des Mietvertrags

Schließen mehrere Mieter oder/und Vermieter den Mietvertrag miteinander, so sind rechtserhebliche Erklärungen wie beispielsweise Kündigungen, Mieterhöhungen oder Erhöhungen von Betriebskostenvorauszahlungen nach allgemeinen Rechtsgrundsätzen von allen Vermietern an alle Mieter abzugeben.[169] Dies kann nur dann anders sein, wenn zulässig eine Bevollmächtigungsklausel Vertragsinhalt geworden ist, wonach Erklärungen der jeweils anderen Partei auch von einem mit Wirkung für alle entgegengenommen werden darf. Derartige Klauseln können auch als AGB vereinbart werden und verstoßen nicht gegen §§ 308 Nr. 6, 307 BGB.[170]

Treten auf Seiten des Vermieters Gemeinschaften (meist Eigentümer-Bruchteilsgemeinschaften) auf, so steht der Mietzahlungsanspruch der Gemeinschaft zu (§ 754 S. 2 BGB). Er ist im Rechtssinne unteilbar. Ein Einzelner aus der Vermietergemeinschaft kann also vom Mieter nicht den seinem Anteil entsprechenden Bruchteil der Miete einfordern. Der Teilhaber einer solchen Gemeinschaft ist aber berechtigt, eine gemeinschaftliche Geldforderung gem. § 432 Abs. 1 BGB auch allein zur Leistung an alle gerichtlich geltend zu machen.[171]

1. Vermieter

a) Grundstückseigentümer

Der Grundstückseigentümer kann, muss aber nicht Vermieter sein. Für die Vermieterstellung ist die dingliche Zuordnung zur Mietsache einerlei. In Betracht als Vermieter kommen daher auch Erbbauberechtigte, Nießbrauchsberechtigte und in eng begrenzten Ausnahmefällen (§ 242 BGB) auch Berechtigte[172] aus einem Wohnungsrecht.[173]

b) Besitzberechtigter Grundstücksnutzer

Auch sonstige besitzberechtigte Grundstücksnutzer können Vermieter sein.

c) Erwerber

Der Erwerber tritt an Stelle des Vermieters in bestehende Mietverträge ein (§§ 566 Abs. 1, 578 Abs. 1 BGB). Dies gilt für Wohn- und Gewerberaummietverhältnisse sowie für Mietverhältnisse über Grundstücke und sonstige Räume.[174] Das Gesetz stellt auf den

---

[168] BGH NJW 2015, 2727.
[169] BGH NJW 2000, 3133 (3135); NJW 1986, 918 (919); MüKoBGB/Bieber BGB § 542 Rn. 18.
[170] BGH NJW 1997, 3437 = NZM 1998, 22; siehe hierzu auch BGH NJW 2015, 473 (475).
[171] BGH NJW-RR 2001, 369 = NZM 2001, 45.
[172] BGH NJW 1972, 1416 (1417).
[173] Schmidt-Futterer/Blank BGB Vor § 535 Rn. 281.
[174] Instruktiv Streyl NZM 2010, 343 (346 f.).

vollendeten Erwerb des Grundstücks, das heißt auf die Begründung der Eigentümerposition des Erwerbers mit Ausweis durch Eintragung im Grundbuch ab. Bei Vermietung einer Wohnung von zwei Miteigentümern bleiben indessen beide auch dann Vermieter, wenn der eine seinen Miteigentumsanteil später an den anderen veräußert. Auf einen solchen Eigentumserwerb findet § 566 Abs. 1 BGB weder direkte noch analoge Anwendung.[175]

194 Innerhalb des Interregnums zwischen dem Abschluss des Kaufvertrages und dem Eintrag des Erwerbers im Grundbuch kann der Erwerber jedenfalls durch Ermächtigung des Verkäufers dessen rechtliche Stellung als Vermieter ausüben, insbesondere im Hinblick auf Mieterhöhungen und Kündigungen.[176] In der Regelung über den Nutzen- und Lastenwechsel im Kaufvertrag über ein vermietetes Grundstück liegt zugleich auch die Abtretung der Mietforderungen, die ab dem Übergang der Nutzungen entstehen.[177] Ob allerdings mit dieser Abtretungsklausel auch Gestaltungsrechte wie das Recht zur Mieterhöhung oder Kündigungsrechte auf den Erwerber bereits vor seinem Eintrag ins Grundbuch übergehen, ist streitig.[178]

d) Personenmehrheiten

195 Ehegatten, nichteheliche Lebensgemeinschaften, eingetragene Lebenspartnerschaften,[179] Erbengemeinschaften als Gesamthandgemeinschaft und sonstige Miteigentümergemeinschaften nach Bruchteilen[180] können Vermieter sein. Überlässt eine Miteigentümergemeinschaft gemeinschaftliche Räume einem ihrer Mitglieder vertraglich gegen Entgelt zur alleinigen Nutzung, kommt hierdurch regelmäßig ein (Wohnraum-)Mietverhältnis zustande.[181]

e) BGB-Gesellschaft

196 Auch die BGB-Gesellschaft kann Vermieterin sein. Dabei kann die Gesellschaft als solche auf Grund ihrer eigenen Teilrechtsfähigkeit selbst firmieren. Die einzelnen Gesellschafter „in Gesellschaft bürgerlichen Rechts" müssen daher nicht mehr im Vertrag aufgelistet werden. Bekanntlich hat der BGH[182] entschieden, dass eine (Außen-)GbR eigene Rechtsfähigkeit besitzt, soweit sie durch die Teilnahme am Rechtsverkehr eigene Rechte und Pflichten begründet. Sie kann in der jeweiligen Zusammensetzung der Gesellschafter Vertragspartner werden und ist in diesem Rahmen im Zivilprozess parteifähig, kann also als Gesellschaft klagen und verklagt werden. Wegen der anerkannten eigenen Rechtsfähigkeit der (Außen-)Gesellschaft sind auch Änderungen im Gesellschafterbestand einer Außengesellschaft bürgerlichen Rechts ohne Einfluss auf ihre Stellung als Vermieter.[183]

---

[175] BGH Beschl. v. 9.1.2019 – VIII ZB 26/17, BeckRS 2019, 793; ferner BGH NZM 2017, 847 (849).
[176] BGH NJW 1998, 896 = NZM 1998, 146; KG ZMR 2008, 365; dazu Beuermann GE 1999, 84; Derleder/Bartels JZ 1997, 582; Gather DWW 1992, 37; Gather, in: FS für Bärmann und Weitnauer, 1990, 295.
[177] OLG Düsseldorf ZMR 1993, 15; LG Berlin GE 1998, 617.
[178] Dagegen LG Augsburg NJW-RR 1992, 520; AG Schöneberg NJWE-MietR 1997, 74; dazu auch LG Kassel NJWE-MietR 1996, 222; vgl. den Überblick bei Kinne GE 1993, 880.
[179] Dazu Meyer NZM 2001, 829.
[180] BGH NJW-RR 2001, 369 = NZM 2001, 45, OLG Köln NZM 2001, 994.
[181] BGH NZM 2018, 558; BGH MDR 1969, 658; vgl. ferner BGH NZM 2010, 898 = NJW-RR 2010, 1664; BGH NJW 1998, 372 = NZM 1998, 75.
[182] BGH NJW 2001, 1056 = NZM 2001, 299; NZM 2002, 271; vgl. aus jüngerer Zeit BGH NZM 2007, 565; NZM 2003, 108; NZM 2002, 950 = NJW 2002, 3389.
[183] KG NZM 2001, 520.

f) Unternehmen

Sonstige Unternehmen mit eigener Rechtspersönlichkeit, insbesondere Kapitalgesellschaften und eingetragene Genossenschaften, aber auch eingetragene Vereine können Vermieter sein.

g) Gewerblicher Zwischenvermieter

Der Fall des in § 565 BGB geregelten Zwischenvermieters wurde bereits oben angesprochen, ist aber an dieser Stelle im systematischen Zusammenhang und der Vollständigkeit halber mit zu erwähnen.

2. Mieter

a) Einzelpersonen und Personenmehrheiten

Neben Einzelpersonen kommen als Mieter auch Personenmehrheiten wie Ehegatten,[184] Wohngemeinschaften,[185] nichteheliche Lebensgemeinschaften und eingetragene Lebenspartnerschaften,[186] sowie Erbengemeinschaften als Gesamthandgemeinschaften und Miteigentümergemeinschaften in Betracht.

b) BGB-Gesellschaften

Genau wie auf Seiten des Vermieters können BGB-Gesellschaften auch auf Mieterseite auftreten. Auf Grund ihrer inzwischen anerkannten eigenen Rechtspersönlichkeit als Gesellschaft[187] haben Änderungen im Bestand der Gesellschafter nach außen keinen Einfluss auf das Mietverhältnis.[188]

3. Vermieterwechsel und Rechtsfolgen

a) Veräußerung

Grundsätze

Gem. §§ 566 Abs. 1, 578 Abs. 1 BGB tritt der Erwerber eines Mietobjekts anstelle des Vermieters in den Mietvertrag[189] mit dem Mieter[190] ein. Bei der Vermietung von Immobilien ist als Zeitpunkt des Eigentumserwerbs die Eintragung des Erwerbers im Grundbuch maßgebend. Die Veräußerung muss vom Vermieter „an einen Dritten" erfolgen. Bei Vermietung einer Wohnung von zwei Miteigentümern bleiben beide auch dann Vermieter, wenn der eine seinen Miteigentumsanteil später an den anderen veräußert. Auf einen solchen Eigentumserwerb findet § 566 Abs. 1 BGB weder direkte noch analoge Anwendung.[191] §§ 566a bis 566e BGB regeln Folgefragen dieses gesetzlichen Rechtsübergangs in Bezug auf die Mietsicherheit, auf die Miete und auf ihre Vorausverfügung sowie Aufrechnungsmöglichkeiten des Mieters.

---

[184] BGH NJW 2005, 2620 = NZM 2005, 659.
[185] Dazu Horst MDR 1999, 266.
[186] Meyer NZM 2001, 829.
[187] BGH NJW 2001, 1056.
[188] KG GE 2001, 551.
[189] Der über eine Wohnung und eine Garage geschlossene einheitliche Mietvertrag wird durch die Veräußerung der Wohnung und der Garage an verschiedene Erwerber nicht in mehrere Mietverhältnisse aufgespalten. Die Erwerber treten in den einheitlichen Mietvertrag ein. Ihr Verhältnis bestimmt sich nach den Regelungen über die Bruchteilsgemeinschaft BGH NJW 2005, 3781 = NZM 2005, 941.
[190] Eingehend Derleder NJW 2008, 1189; Streyl NZM 2010, 343.
[191] BGH Beschl. v. 9.1.2019 – VIII ZB 26/17, BeckRS 2019, 793; ferner BGH NZM 2017, 847 (849).

202 Durch den Eigentumsübergang tritt hinsichtlich der vertraglichen Ansprüche eine Zäsur ein. Alle schon vorher entstandenen und fällig gewordenen Ansprüche bleiben bei dem bisherigen Vermieter, und nur die nach dem Zeitpunkt des Eigentumswechsels fällig werdenden Forderungen stehen dem Grundstückserwerber zu. Ebenso richten sich vertragliche Ansprüche des Mieters gegen den Erwerber, falls sie erst nach dem Eigentumswechsel entstehen oder fällig werden.[192]

Betriebskostenabrechnung

203 Nach einem Eigentumswechsel ist nicht der Erwerber, sondern der Veräußerer gegenüber dem Mieter bezüglich der zum Zeitpunkt des Wechsels im Grundstückseigentum abgelaufenen Abrechnungsperiode zur Abrechnung der Betriebskosten verpflichtet und zur Erhebung etwaiger Nachzahlungen berechtigt; es kommt nicht darauf an, wann der Zahlungsanspruch fällig geworden ist.[193]

Erfüllungsanspruch und Gewährleistung

204 Den Erwerber des Grundstücks trifft also mit dem Eigentumsübergang insbesondere die Pflicht zur Gewährung des vertragsgemäßen Gebrauchs (§ 535 Abs. 1 S. 1 BGB) und zur Erhaltung der Mietsache in vertragsgemäßem Zustand während der Mietzeit (§ 535 Abs. 1 S. 2 BGB). Ebenso trifft ihn die Gewährleistungspflicht für Sach- und Rechtsmängel (§§ 536 ff. BGB).[194]

205 Daraus leitet sich ab, dass der Mieter Leistungsverweigerungs- und Zurückbehaltungsrechte aus sachmängelbedingten Gründen gegenüber dem Veräußerer mit Eigentumsübergang auf den Erwerber verliert. Denn nur noch der Erwerber ist ab dem Eigentumsübertragungszeitpunkt aus dem Mietvertrag verpflichtet. Nur ihm gegenüber besteht deshalb noch ein sachmangelbedingtes Zurückbehaltungs- oder Leistungsverweigerungsrecht.[195]

206 Aus der Grundregel des § 566 Abs. 1 BGB leitet sich weiter ab, dass der Vermieter als Veräußerer diejenigen vertraglichen und gesetzlichen Ansprüche gegenüber dem Mieter behält, die bis zum Eigentumsübergang entstanden und fällig geworden sind.

207 Beim Schadensersatz aus § 536a BGB ist deshalb zu unterscheiden, ob der Schaden vor oder nach dem Eigentumsübergang eingetreten ist. Ist der Schaden zum Zeitpunkt eingetreten, als das Objekt noch nicht veräußert war, haftet der ursprüngliche Eigentümer. Ist der Schaden nach Veräußerung eingetreten, so haftet der Erwerber, wenn es sich um einen anfänglichen Mangel gehandelt hatte, weil es dann auf ein Verschulden wegen § 536a Abs. 1 1. Alt. BGB nicht ankommt. Dagegen haftet der bisherige Eigentümer bei einem nachträglichen Mangel nur dann auf Schadensersatz, wenn er den Mangel oder den Verzug zu vertreten hatte.

208 Für die Haftung des Erwerbers kommt es darauf an, ob das Vertretenmüssen des Veräußerers dem Erwerber zugerechnet werden kann. Der BGH nimmt diese Zurechnung vor. Die mieterschützende Funktion des § 566 BGB erfordere, dass der Mieter bei Fälligkeit einer Forderung diese gegenüber der Person geltend machen könne, die zu diesem Zeitpunkt Vermieter ist. Anderenfalls würde das Recht des Mieters verkürzt werden, was dem Zweck des Gesetzes zuwiderliefe.[196] Befindet sich also der Wohnungsvermieter dem Mieter gegenüber mit der Beseitigung eines Mangels im Verzug, so wirkt

---

[192] BGH NJW 2005, 1187 = NZM 2005, 253, dort auch zu der Fragen, ob dem Mieter ein Schadensersatzanspruch aus §§ 536a Abs. 1, 3. Fall, 280 Abs. 1 und 2, 286 BGB gegen den Erwerber zusteht, wenn der Verzug hinsichtlich der Mängelbeseitigung noch vor dem Eigentumsübergang in der Person des Grundstücksveräußerers eingetreten ist – bejaht.
[193] BGH NJW 2004, 851 = NZM 2004, 188; BGH NZM 2005, 17 = NJW-RR 2005, 96; BGH NJW 2007, 1818 = NZM 2007, 441.
[194] Im Einzelnen Schmidt-Futterer/Streyl BGB § 566 Rn. 97; ders. NZM 2010, 343 (348/349).
[195] BGH NZM 2006, 696; aA Gellwitzki WuM 2006, 126.
[196] BGH NJW 2005, 1187 = NZM 2005, 253.

im Fall der Grundstücksübereignung die einmal eingetretene Verzugslage nach dem Eigentumsübergang in der Person des Erwerbers fort. Tritt der Schaden in diesem Fall nach dem Eigentumsübergang ein, so richten sich die Ansprüche des Mieters nicht gegen den Grundstücksveräußerer, sondern gegen den Grundstückserwerber.

Da sich ein Wohnungsbesichtigungsrecht im hier verstandenen Sinne nur für den Vermieter diskutieren lässt, steht dieses Recht ab dem Eigentumsübergang nur noch dem Erwerber, nicht mehr dem Veräußerer zu.[197] Beweissichernde Maßnahmen sollten deshalb vor der Eigentumsumschreibung auf den Erwerber vom Veräußerer noch vorgenommen werden, damit dieser seine Ansprüche weiterverfolgen kann.

Bleibt die Schadensursache dagegen unklar und kann sie deshalb dem Mieter nicht zugerechnet werden, trägt der Veräußerer bis zum Eigentumsübergang die Erhaltungspflicht, also die Pflicht zur Beseitigung der Feuchtigkeitsschäden. Der Erwerber tritt ab dem Eigentumsübergang in diese Pflicht kraft Gesetzes ein (§ 566 Abs. 1 BGB). Der Veräußerer wird frei. Der Mieter verliert dagegen ab dem Eigentumsübergang etwa ausgeübte sachmangelbedingte Zurückbehaltungs- und Leistungsverweigerungsrechte gegenüber dem Veräußerer. Die einbehaltenen Mietanteile muss er also zahlen, ohne Rücksicht auf ein weiteres Bestehen der Mangellage. Einbehaltene Minderungsbeträge sind für den Veräußerer dagegen endgültig verloren, wenn – was hier unstreitig ist – ein Feuchtigkeitsschaden als Sachmangel bestand, der dem Mieter nicht eindeutig zurechenbar ist, und die Minderungsquote angemessen gebildet wurde.

Nach einem Eigentumswechsel ist nicht der Erwerber, sondern der Veräußerer gegenüber dem Mieter bezüglich der zum Zeitpunkt des Wechsels im Grundstückseigentum abgelaufenen Abrechnungsperiode zur Abrechnung der Betriebskosten verpflichtet und zur Erhebung etwaiger Nachzahlungen berechtigt. Dabei kommt es nicht darauf an, wann der Zahlungsanspruch fällig geworden ist. Dies gilt jedoch nur dann, wenn die Abrechnungsperiode vor dem Eigentumswechsel abgeschlossen war. Vor dem Eigentumswechsel entstandene und fällig gewordene Ansprüche verbleiben dem bisherigen Vermieter.[198]

Vertragliche Regelungen

Erst mit Vollzug des Eigentumserwerbs tritt der Erwerber in die gesetzliche und vertragliche Stellung des Veräußerers als Vermieter ein. Diese gesetzliche Rechtsfolge kann dadurch vorweggenommen werden, dass der Verkäufer des Grundstücks den Käufer ermächtigt, einen bestehenden Mietvertrag im eigenen Namen auszugestalten, also Modernisierungsmaßnahmen durchzuführen,[199] die Miete zu erhöhen oder zu kündigen, schon bevor der Käufer mit der Eintragung im Grundbuch in den Mietvertrag gesetzlich eintritt.[200]

Obgleich in der Regelung eines notariellen Kaufvertrages über den Nutzen- und Lastenwechsel bezüglich des vermieteten Grundstücks zugleich eine Abtretung der ab Nutzungsübergang entstehenden Mietforderungen liegt,[201] kann der Erwerber vor seinem Eintrag ins Grundbuch als neuer Eigentümer auf Grund dieser Klausel nicht rechtsgestaltend in das Mietverhältnis eingreifen, insbesondere nicht wirksam Mieterhöhungen, Erhöhungen der Betriebskostenvorauszahlungen oder Kündigungen[202] aussprechen.

---

[197] Lützenkirchen NJW 2007, 2152 (2153).
[198] BGH NJW 2004, 851 = NZM 2004, 188.
[199] Der Mieter ist in diesem Falle duldungspflichtig BGH NJW 2008, 1218.
[200] BGH NJW 1998, 896 = NZM 1998, 146; LG Berlin GE 1999, 777; dazu Derleder/Bartels JZ 1997, 981; Gather, in: FS für Bärmann und Weitnauer, 1990, 296; Kinne GE 1997, 1288.
[201] BGH NJW 2003, 2987 = NZM 2003, 716, wonach der isolierten Abtretung von Mietansprüchen ohne gleichzeitige Übernahme der Pflichten aus einem Mietvertrag weder der Schutzzweck des § 566 BGB, noch die enge Verknüpfung von Rechten und Pflichten aus dem Mietvertrag entgegensteht.
[202] Zu den Voraussetzungen, unter denen vor Eintragung im Grundbuch eine Kündigung des Mietverhältnisses durch den Erwerber möglich ist KG ZMR 2008, 365.

Denn in diesen Fällen handelt es sich um ein unselbständiges Gestaltungsrecht, dessen isolierte Abtretung nach lange vorherrschender Auffassung unwirksam[203] war, wozu für das Mietrecht eine Grundsatzentscheidung aussteht. Nach neuerer Ansicht sind vertragsbezogene Gestaltungsrechte wie Kündigungen dagegen selbständig, also ohne den Hauptanspruch aus dem Vertrag, auf Dritte übertragbar.[204]

214 Veräußerer und Erwerber bleibt es dagegen unbenommen, das Verbot der isolierten Abtretung von unselbständigen Gestaltungsrechten dadurch zu umgehen, dass der Veräußerer den Erwerber ausdrücklich bevollmächtigt, den Mietvertrag zu gestalten.[205] Dabei ist insbesondere darauf zu achten, dass die Vollmachtsurkunde in Urschrift vorgelegt, also der Erklärung über die Ausübung des Gestaltungsrechts (zB Kündigung, Mieterhöhung, Erhöhung der Betriebskostenumlage) in dieser Form beigelegt werden muss.[206] Ansonsten kann die Erklärung nach § 174 S. 1 BGB zurückgewiesen werden. Eine Übermittlung der Vollmachtsurkunde per Telefax reicht beispielsweise nicht aus.[207]

Verjährung

215 Ansprüche des Mieters gegen den früheren Vermieter bei Vermieterwechsel beginnen in ihrer Verjährungsfrist erst mit der Kenntnis des Mieters von der Eintragung des Erwerbers in das Grundbuch. Die allgemeine Kenntnis vom Verkauf des Grundstücks ist ohne Belang.[208]

Ende und Abwicklung des Mietverhältnisses

216 §§ 566, 566a BGB greifen nur, wenn im Zeitpunkt des Eigentumswechsels ein wirksames Mietverhältnis besteht und sich der Mieter noch im Besitz der Wohnung befindet.[209] Sie sind ebenfalls anwendbar, wenn der Mieter im Zeitpunkt des Eigentumswechsels die Wohnung trotz Ablauf des Mietvertrags noch nicht geräumt hat. In diesem Fall tritt der Erwerber analog § 566 BGB in das Abwicklungsverhältnis mit dem Mieter ein.[210] Die Vorschriften über den Vermieterwechsel sind dagegen nicht anwendbar, wenn der Mieter die Wohnung im Zeitpunkt des Eigentumserwerbs bereits geräumt hat. In diesem Fall tritt der Erwerber also nicht in die Rechte und Pflichten des bisherigen Vermieters aus dem beendeten Mietverhältnis ein. Soweit dem Mieter in diesem Fall noch Ansprüche aus der Abwicklung des Mietverhältnisses zustehen wie zB auf die Abrechnung von Betriebskosten über die laufende Abrechnungsperiode oder auf Rückzahlung der Kaution, so kann er diese nur gegen den Verkäufer, also seinen bisherigen Vermieter geltend machen.[211]

b) Tod

217 Stirbt der Vermieter, so tritt sein Erbe in das Mietverhältnis ein. Dabei ist es ohne Belang, ob es sich um den gesetzlichen Erben (§ 1922 BGB) oder um den testamentarischen oder den durch Erbvertrag eingesetzten Erben handelt. Eine Umschreibung des Grundbuchs auf den Erben als neuen Eigentümer des Hauses ist nicht notwendig. Vielmehr erlangt der Erbe mit Eintritt des Erbfalls automatisch die Stellung als Vermieter. Die Vertragsnachfolge gestaltet sich also anders als im Falle einer lebzeitigen Veräußerung

---

[203] Schmidt-Futterer/Blank BGB § 542 Rn. 60.
[204] MüKoBGB/Roth/Kieninger BGB § 413 Rn. 12; BGH NJW 2012, 1510 (1512) (Recht auf abgesonderte Befriedigung trotz vorheriger Sicherungsabtretung).
[205] LG Berlin GE 1998, 245; Bub/Treier/Grapentin MietR-HdB Teil IV Rn. 6.
[206] BGH NJW 2001, 289 (291); NJW 1988, 697.
[207] OLG Hamm NJW 1991, 1185.
[208] BGH NJW 2008, 2256 = NZM 2008, 519.
[209] BGH NZM 2016, 675 = NJW-RR 2016, 982.
[210] BGH NJW 1978, 2148; vgl. auch BGH NZM 2016, 982 = NJW-RR 2016, 93; NJW 2015, 202.
[211] BGH NJW 2007, 1818; NJW 2004, 188.

des Mietobjekts durch den Vermieter. Hier tritt der Erwerber erst mit Umschreibung des Grundbuchs in das Mietverhältnis ein (§ 566 Abs. 1 BGB).

Zahlung der Miete

Ab dem Übergang des Mietverhältnisses auf den Erben des Vermieters kann er die Zahlung der zukünftig fällig werdenden Mieten an sich verlangen. Im Falle des Todes des Vermieters ist seinem Erben dringend zu empfehlen, den Mieter vom Umstand der Rechtsnachfolge, also dem Eintritt des Erbfalls sowie seiner Stellung als Erben, umgehend zu informieren. Wird mit der Verwaltung der Immobilie ein Dritter – zB eine Hausverwaltung – beauftragt, so ist dem Informationsschreiben eine geeignete schriftliche Vollmacht beizufügen. Zum Nachweis der Stellung als forderungsberechtigten Erben empfiehlt es sich ferner, einen vom Nachlassgericht erteilten Erbschein vorzulegen. Wurde das Grundbuch bereits auf den Erben umgeschrieben, so sollte der entsprechende Grundbuchauszug der Anzeige der Änderung der Eigentumsverhältnisse sowie einer erteilten Vollmacht beigefügt werden. Legitimiert sich der Erbe gegenüber dem Mieter nicht oder nicht ausreichend, so läuft er Gefahr, dass der Mieter berechtigt die Miete einbehält oder hinterlegt, solange nicht Klarheit über die Erbenstellung und damit über die Person des Gläubigers der Mietforderung besteht. Denn der Bundesgerichtshof[212] hat betont, es sei nicht Aufgabe des Mieters als Forderungsschuldner, bei einem Gläubigerwechsel aufgrund eines Erbfalls die Erben und neuen Gläubiger zu ermitteln. Mit dieser Begründung verwarf der BGH eine Kündigung wegen Zahlungsverzugs aus §§ 543 Abs. 2 S. 1 Nr. 3a BGB (fristlose Kündigung) sowie aus § 573 Abs. 2 Nr. 1 BGB (hilfsweise erklärte fristgemäße Kündigung), nachdem der Mieter die Miete zunächst einbehalten hatte, weil er sich über die Person des Erben und Vertragsnachfolgers auf Vermieterseite unsicher war. Nach Auffassung des BGH werde diese Unsicherheit des Mieters erst durch den expliziten Hinweis auf Datum und Eintritt der Erbfolge unter Nennung sämtlicher einzelner Erben im Falle einer Erbengemeinschaft beseitigt. Erst dann erhalte der Mieter ausreichende Kenntnis von seinen neuen Gläubigern. Erst dann müsse er die neue Miete an die Erben entrichten, so dass ihm im Falle unterlassener Zahlungen ein für den Eintritt des Zahlungsverzuges notwendiges Verschulden (§ 286 Abs. 4 BGB) vorgeworfen werden könne. Insbesondere bei Erbengemeinschaften folgt daraus für die Praxis, dass sie sich nicht nur als Erbengemeinschaft dem Mieter vorstellen, sondern dem Mieter alle Erben einzeln benennen muss. Denn die Erbengemeinschaft ist als solche nicht rechtfähig und kann daher auch nicht entsprechend als Vermieter auftreten.[213]

Mieterhöhung

Auch Mieterhöhungen sind durch den Erben des verstorbenen Vermieters grundsätzlich ab Eintritt des Erbfalls möglich, soweit die mietrechtlichen Voraussetzungen dazu vorliegen. Bei Erbengemeinschaften ist darauf zu achten, dass die Mieterhöhung durch alle einzelnen Mitglieder der Erbengemeinschaft erklärt wird.

Kündigung des Mietverhältnisses

Entsprechend des empfohlenen Vorgehens bei der Mieterhöhung ist auch die Kündigung von allen Mitgliedern der Erbengemeinschaft persönlich „in Erbengemeinschaft" zu unterzeichnen und an alle Mieter des Mietverhältnisses zu adressieren. Denn bei einer Erbengemeinschaft sind zur Kündigung und ggf. zur Erhebung der Räumungsklage nur alle Miterben gemeinschaftlich berechtigt. Weigern sich einzelne Miterben, zB wegen begründeten Eigenbedarfs zu kündigen, müssen sie von den anderen Miterben auf Abgabe dieser Erklärung verklagt werden (§ 2038 Abs. 1 BGB).

Hat der Verstorbene noch gekündigt, so können sein Erbe oder die Erbengemeinschaft die Kündigung nur dann weiterverfolgen, wenn der Kündigungsgrund auch von ihnen

---

[212] BGH NJW 2006, 51; hierzu Warnecke jurisPR-MietR 1/2006 Anm. 4.
[213] BGH NJW 2002, 3389; NJW 2006, 3715.

geltend gemacht werden kann. Das gilt in aller Regel bei einem Eigenbedarf, den der Verstorbene für sich geltend gemacht hat, nicht.[214] Ausnahmsweise kann die bereits erklärte Kündigung wegen Eigenbedarfs weiterverfolgt werden, wenn der verstorbene Vermieter und sein Rechtsnachfolger die Wohnung zusammen genutzt haben und der Rechtsnachfolger die Wohnung auch in Zukunft weiter nutzen möchte. Dann liegt ein „deckungsgleicher" Kündigungssachverhalt vor. Ein nicht im Haus wohnender Rechtsnachfolger kann dagegen Eigenbedarfsgründe in aller Regel nicht geltend machen. Er ist auf die sonstigen vom Mietrecht gesetzlich anerkannten Kündigungsmöglichkeiten verwiesen (§§ 573 Abs. 1 u. Abs. 2 BGB).[215]

c) Umwandlung und personelle Veränderung von Gesellschaften

222   Die formwechselnde Umwandlung einer Vermieter-Personengesellschaft hat auf den Bestand des Mietverhältnisses keinen Einfluss.[216] Dies gilt auch für Veränderungen in ihrem personellen Bestand, also in der Zusammensetzung ihrer Gesellschafter.[217]

4. Mieterwechsel

a) Ehescheidung

223   Abgesehen von § 1568a BGB kann sich ein Ehegatte, der allein oder gemeinsam mit dem Ehepartner Mieter der Wohnung ist, nicht durch den Auszug aus seinen mietvertraglichen Pflichten befreien. Für das Ausscheiden eines Mitmieters aus dem Mietverhältnis bedarf es also einer dreiseitigen Vereinbarung zwischen ausscheidendem Mieter, verbleibendem Mieter und Vermieter. Zu einem nicht vom Willen des Vermieters abhängigen Mieterwechsel kann es anlässlich der Scheidung einer Ehe kommen. § 1568a Abs. 3 und. Abs. 5 BGB sehen hier die Möglichkeit vor, den Mietvertrag zu verändern oder ein neues Mietverhältnis zu begründen.[218] Dies ist an den Zugang einer Erklärung der Ehegatten gegenüber dem Vermieter oder die Rechtskraft der Überlassungsentscheidung nach § 1568a Abs. 1 BGB geknüpft.

Aus dem Auszug und der jahrelangen Trennung der Eheleute kann kein allseitiges Einvernehmen mit der Entlassung aus den Verpflichtungen des Mietvertrags hergeleitet werden.

224   Aus dieser Rechtslage folgt: bei Mitmietereigenschaft beider Ehegatten haftet auch der ausziehende Ehegatte gesamtschuldnerisch für die Miete. Im Innenverhältnis der Ehegatten zueinander besteht ein quotaler Beteiligungsanspruch als Ausgleichsanspruch gem. § 426 BGB gegen den jeweils anderen Ehepartner. Dieser Anspruch soll nach einer Entscheidung des OLG München nach Ablauf einer Überlegungsfrist von zwei Monaten regelmäßig wegfallen. Eine Ausnahme könne allenfalls dann gelten, wenn besondere Gründe für eine weitere Beteiligung vorlägen.[219]

So wie die Miete von beiden Ehegatten gesamtschuldnerisch aufzubringen ist, so muss auch die Mieterhöhung nicht nur dem weiternutzenden Ehegatten, sondern auch dem ausgezogenen Ehegatten zugestellt werden, um wirksam zu werden. Ein nur an den in

---

[214] OLG Karlsruhe NJW-RR 1994, 80.
[215] Schmidt-Futterer/Blank BGB § 573a Rn. 20.
[216] KG NZM 2001, 520.
[217] Ausdrücklich für die GbR KG NZM 2001, 520; BGH NJW 2001, 2251 für den Eintritt eines Gesellschafters in den Betrieb des Einzelkaufmanns und die Fortführung des Geschäfts durch eine neu gegründete Gesellschaft; vgl. auch BGH NZM 2004, 78 = NJW-RR 2004, 123.
[218] Götz/Brudermüller in dies./Giers, Die Wohnung in der familienrechtlichen Praxis, Teil 2, G Rn. 555 u. 588.
[219] OLG München NJWE-MietR 1997, 6.

der Wohnung verbliebenen Ehegatten gerichtetes Erhöhungsverlangen ist unwirksam.[220]

Dies gilt bei Mitmietereigenschaft auch des ausgezogenen Ehegatten auch für eine Kündigung des Vermieters. Auch sie muss beiden Ehegatten zugestellt werden.[221] Nur bei Vorliegen besonderer Umstände kann es nach Treu und Glauben ausnahmsweise zulässig sein, dass die Auflösung eines mit beiden Ehepartnern geschlossenen Mietvertrags durch Kündigung des Vermieters schon dann wirksam ist, wenn die Kündigung nur dem in der Mietwohnung verbleibenden Ehegatten gegenüber erklärt wurde und diesem zugegangen ist. Die Frage, ob und wann dies der Fall ist, kann nur einzelfallorientiert beantwortet[222] werden. Eine wirksame Kündigung des Mietvertrags gegenüber nur einem Mitmieter wurde in einem Fall angenommen, in dem nach Auszug des anderen Mitmieters der verbleibende Ehegatte die Wohnung über zehn Jahre allein genutzt hat und wirtschaftliche Vorteile der Alleinnutzung genossen hat.[223] Von dem Grundsatz der Zustellung der Kündigung an alle – auch an den ausgezogenen – Mitmieter sollte aber auch vor dem Hintergrund dieser Entscheidung im Zweifel aus Gründen der Rechtssicherheit nicht abgewichen werden.

Im Hinblick auf Räumungsanspruch und Räumungsklage ist dringend zu empfehlen, nach Beendigung des mit mehreren Mietern begründeten Wohnraummietverhältnisses auch gegenüber demjenigen Mieter vorzugehen, der im Gegensatz zum wohnenbleibenden Ehegatten den Besitz an der Wohnung schon endgültig aufgegeben hat. Auch gegen den ausgezogenen Mitmieter sind vertragliche Herausgabe- und Räumungsansprüche begründet.[224] Auch eine Räumungsklage sollte gegen beide Ehegatten erhoben werden, weil der mitbesitzende Ehegatte, der nicht Vertragspartner ist, Mitgewahrsam innehat.[225] Deswegen fehlt einer Klage gegen den Ehepartner auch nicht das erforderliche Rechtsschutzinteresse. Es besteht auch grundsätzlich gegen den bereits ausgezogenen Ehepartner, der den Besitz an der Ehewohnung bereits endgültig aufgegeben hat.[226]

§ 1361b Abs. 2 bis 4 BGB gibt zusätzliche Möglichkeiten einer Zuweisung der Ehewohnung, wenn es zwischen den Ehegatten zu vorsätzlichen und widerrechtlichen Verletzungen von Körper, Gesundheit oder Freiheit einschließlich der Drohung mit solchen Verletzungen oder zu sonstigen unzumutbaren Belästigungen gekommen ist.

b) Eingetragene Lebenspartnerschaften

Das Lebenspartnerschaftsgesetz hatte vor der Novellierung von § 1353 Abs. 1 S. 1 BGB ermöglicht, dass zwei Personen gleichen Geschlechts ihre Partnerschaft amtlich eintragen zu lassen. Nach dem geänderten § 1353 Abs. 1 S. 1 BGB kann die Ehe nun auch zwischen zwei Personen gleichen Geschlechts eingegangen werden. Lebenspartnerschaften können seitdem nicht mehr begründet, bestehende aber in eine Ehe umgewandelt werden (§ 20a LPartG).[227]

Zwar gilt der Lebenspartner gem. § 11 Abs. 1 LPartG als Familienangehöriger eines Mieters, doch wird er allein deshalb noch nicht zum Mitmieter. Allerdings kann der Mieter ohne Erlaubnis des Vermieters seinen Lebenspartner in die Mietwohnung aufneh-

---

[220] BayObLG BayObLGZ 1983, 30; AG München NZM 2003, 394; Schmidt-Futterer/Börstinghaus BGB Vor § 558 Rn. 49.
[221] BGH MDR 1964, 306 (307).
[222] OLG Frankfurt/Main NJW-RR 1991, 459.
[223] LG Frankfurt/Main WuM 1992, 129.
[224] BGH NJW 2015, 473; NJW 2005, 3786 (3787); NJW 1996, 515; LG Freiburg WuM 1997, 334 (335); LG Berlin NJW-RR 1996, 396.
[225] BGH NJW 2004, 3041= NZM 2004, 701; OLG Schleswig NZM 2015, 624 = NJW-RR 2015, 1298.
[226] Vgl. BGH NJW 1996, 515; LG Freiburg WuM 1997, 334 (335); LG Berlin NJW-RR 1996, 396.
[227] Knopp NJW-Spezial 2017, 580.

men. § 540 Abs. 1 S. 1 BGB, der die Überlassung der Wohnung an einen Dritten erlaubnispflichtig macht, ist nicht anwendbar. Gesetzlich kann der eingetragene Lebenspartner allerdings bei Tod des Mieters Vertragspartner werden (§§ 563 Abs. 1 BGB, 1922 BGB iVm § 10 LPartG).

227 Bei Trennung der Lebenspartner kann eine vorläufige Wohnungszuweisung (§ 14 LPartG) erfolgen. Für die Behandlung der gemeinsamen Wohnung und der Haushaltsgegenstände anlässlich der Aufhebung der Lebenspartnerschaft gelten die §§ 1568a und 1568b BGB entsprechend (§ 17 LPartG).

c) Wohngemeinschaften

228 Die Voraussetzungen eines zulässigen Ausscheidens einzelner Mitglieder aus der Wohngemeinschaft oder des Eintritts neuer Mitglieder richten sich in Bezug auf das Mietverhältnis danach, ob der Vermieter mit allen Mitgliedern der Wohngemeinschaft, mit einzelnen Mitgliedern, oder nur mit einem einzelnen Mitglied kontrahiert hat.

229 Nach herrschender Auffassung soll im Falle eines Vertrages mit allen Mitgliedern der Wohngemeinschaft schon bei Abschluss des Vertrags von vorn herein die Möglichkeit des Wechsels der Vertragspartner vereinbart sein.[228] Für den Vermieter sei es bei der Vermietung an eine Wohngemeinschaft schon bei Abschluss des Vertrags ohne weiteres offensichtlich, dass die einzelnen Mieter nur zeitlich begrenzt und jeweils unterschiedlich an der Wohnung interessiert seien und das deshalb bei Abschluss eines unbefristeten Mietvertrags die wirtschaftliche Notwendigkeit des Austauschs der Wohngemeinschaftsmitglieder bestehe. Daher habe der Vermieter grundsätzlich den Mitgliederwechsel hinzunehmen.[229]

Im Falle eines Hauptmietvertrags mit nur einem einzelnen Mieter und gleichzeitig kombinierten Untermietverhältnissen dieses Hauptmieters mit den weiteren Mitgliedern der Wohngemeinschaft stellt sich die Frage nach der Zulässigkeit des Ausscheidens einzelner Untermieter für den Vermieter nicht, sondern nur für den Hauptmieter. Was den Hauptmieter selbst angeht, so gelten im Verhältnis zum Vermieter die allgemeinen Kündigungsregeln. Der Eintritt eines neuen Mitglieds in die Wohngemeinschaft ist in diesem Fall nach den allgemeinen Untervermietungsregeln zu beurteilen. Sowohl bei vorherigem Austritt eines Mitgliedes, erst recht bei drohendem Verfall der Wohngemeinschaft, als auch bei einem erstmaligen Wunsch eines Mieters, eine Wohngemeinschaft zu begründen, besteht ein Anspruch auf Erlaubnis der Untervermietung durch den Vermieter. Er kann nur durch Zumutbarkeitsgesichtspunkte abgewehrt werden. Auf das Geschlecht des neu aufzunehmenden Mitglieds der Wohngemeinschaft kommt es dabei nicht an.[230]

d) Nichteheliche Lebensgemeinschaften

230 Abgesehen von der vertraglichen Möglichkeit, beide Mitglieder einer nichtehelichen Lebensgemeinschaft zu Mitmietern zu machen, erlangt ein nichtehelicher Lebenspartner kraft Gesetzes die Mieterstellung auf gesetzlichem Wege nicht, solange der andere Lebenspartner noch lebt. Es besteht lediglich ein Anspruch gegen den Vermieter, der Aufnahme eines nichtehelichen Lebenspartners in die Mietwohnung zuzustimmen, ohne

---

[228] Dazu BVerfG WuM 1992, 45 = ZMR 1993, 210.
[229] LG Göttingen NJW-RR 1993, 783; LG Trier WuM 1997, 548; LG Köln NJW-RR 1992, 1414; LG Karlsruhe WuM 1997, 429; LG Hamburg NJW-RR 1996, 842; hierzu auch Schopp ZMR 1994, 139; Schmid GE 1998, 882 (883); näher hierzu Horst MDR 1999, 266 (270 f.).
[230] BGH NJW 1985, 130; fortgeführt von BGH NJW 2006, 1200; NJW 2014, 2717; BGH NJW 2018, 2397 = NZM 2018, 325; OLG Hamm NJW 1982, 2876; LG Berlin GE 1996, 1053.

dass dieser dadurch zum Mieter wird.[231] Wie bei eingetragenen Lebenspartnerschaften kann sich auch bei heterogenen nichtehelichen Lebensgemeinschaften die Mieterstellung des zunächst nur in die Wohnung aufgenommenen Lebenspartners aus einem Eintrittsrecht bei Tod des ursprünglichen Mieters ergeben (§ 563 Abs. 1 S. 2 BGB).

e) Tod

Bei Tod des Mieters haben der Ehegatte, ein eingetragener gleichgeschlechtlicher Lebenspartner sowie der Partner einer heterogenen nichtehelichen Lebensgemeinschaft und schließlich das überlebende Mitglied einer auf Dauer angelegten Haushaltsgemeinschaft Eintrittsrechte in den Mietvertrag, soweit sie bei Tod des Mieters mit ihm gemeinsam in einem Haushalt lebten (§ 563 BGB). Gleichrangig mit dem eingetragenen Lebenspartner und nachrangig in den übrig genannten Fällen gewährt § 563 Abs. 2 BGB Kindern des verstorbenen Mieters sowie anderen Familienangehörigen Eintrittsrechte, wenn diese mit dem Verstorbenen in einem gemeinsamen Haushalt lebten. Gegenüber anderen Familienangehörigen, etwa den Eltern des Verstorbenen ist der Lebenspartner privilegiert. Soweit Kinder im Haushalt leben, treten sie neben den Familienangehörigen in den Mietvertrag ein. 231

Bildete der Verstorbene mit den genannten Personen eine Mietergemeinschaft, so wird das Mietverhältnis mit diesen überlebenden Mietern fortgesetzt (§ 563a BGB). Die Haftung der genannten Personengruppen folgt aus § 563b BGB.[232]

Sowohl im Falle eines Eintritts- als auch im Falle eines Fortsetzungsrechts haben Vermieter[233] und Mieter Sonderkündigungsrechte (§§ 563 Abs. 4, 563a Abs. 2 BGB).

Ergeben sich keine Eintritts- und Fortsetzungsrechte nach §§ 563, 563a BGB, so wird das Mietverhältnis mit den Erben des verstorbenen Mieters fortgesetzt (§ 564 S. 1 BGB). 232

Problematisch sind in der Praxis immer wieder die Fortsetzung und die Abwicklung des Mietverhältnisses bei unbekannten Erben. Zur Ermittlung des Erben sind Nachforschungen beim Nachlassgericht, beim Standesamt sowie bei Nachbarn und dem sonstigen Freundeskreis des Verstorbenen anzustellen. Kann der Erbe ermittelt werden, sollte möglichst schnell Klarheit darüber gewonnen werden, ob der Erbe an einer Fortsetzung des Mietverhältnisses interessiert ist. Dies wird zumeist nicht der Fall sein. In diesem Fall kommt eine Kündigung des Mietverhältnisses vom Erben als neuer Mieter, die Kündigung des Vermieters (§ 564 S. 2 BGB) und schließlich ein beiderseitiger Aufhebungsvertrag in Betracht. Solange das vom Erblasser begründete Mietverhältnis noch besteht, schuldet der Erbe die Miete. Der Erbe kann aber das Erbe ausschlagen oder seine Haftung auf das Nachlassvermögen begrenzen (§§ 1967 Abs. 2 BGB, 780 ZPO).[234]

Bleibt der Erbe unbekannt, so muss eine Nachlasspflegschaft beantragt werden (§§ 1960, 1961 BGB; 25 FamFG), damit so ein Adressat für Kündigungen u. a. geschaffen werden kann.[235] Die Nachlasspflegschaft darf nicht allein deswegen abgelehnt werden, weil im Nachlass keine ausreichenden Mittel zur Vergütung des Pflegers vorhanden sind und der Gläubiger eine Vorschussleistung ablehnt.[236] 233

---

[231] Vgl. Schmidt-Futterer/Blank BGB § 540 Rn. 31; BGH NJW 2004, 56 = NZM 2004, 22; BGH NJW 1985, 130.
[232] Zum Ersatzanspruch des Vermieters wegen Verwesungsschäden AG Biedenkopf NJWE-MietR 1997, 196; AG Bad Schwartau NZM 2002, 215 (Leichengeruch).
[233] Hierzu BGH NJW 2018, 2397 = NZM 2018, 325.
[234] KG Berlin NJW 2006, 2561.
[235] Zu den Einzelheiten MüKoBGB/Leipold BGB § 1961 Rn. 12.
[236] OLG Dresden FamRZ 2010, 118 = DWW 2011, 19.

f) Gesellschaftsverhältnisse

234 Gründet ein Einzelkaufmann als Mieter eine Gesellschaft und nimmt er weitere Gesellschafter auf, so führt dies nicht zu einem automatischen Mieterwechsel. Zu einem Vertragsübergang auf eine neu gegründete Gesellschaft ist die Mitwirkung des Vermieters erforderlich. Der neu eintretende Gesellschafter haftet nicht für erst nach seinem Eintritt fällig werdende Ansprüche aus dem Mietvertrag.[237]

IV. Übergabe der Mietsache

235 Die Übergabe der Mietsache in vertragsgemäßem Zustand sowie die Aufrechterhaltung dieses vertragsgemäßen Zustands gehört zu den vertraglichen Hauptpflichten des Vermieters (§ 535 Abs. 1 S. 1 u. 2 BGB). Damit der vertragsgemäße Zustand der Wohnung dokumentiert und beweisbar festgehalten werden kann, sollte bei der Wohnungsbegehung und Wohnungsbesichtigung anlässlich der Wohnungsübergabe ein Übergabeprotokoll gefertigt und von beiden Vertragsparteien zu unterzeichnet werden. Wegen der bereits oben dargelegten Gefahren, die mit einem Einzug des Mieters ohne schriftlichen Mietvertrag für den Vermieter verbunden sind, ist die Wohnung erst dann zu übergeben, wenn der Mietvertrag und alle seine Anlagen unterzeichnet und etwaige vorab zu leistenden Zahlungen erbracht worden sind.

V. Laufzeit des Vertrags

1. Unbefristete Mietverträge

236 § 542 Abs. 1 BGB eröffnet die Möglichkeit, unbefristete Mietverträge abzuschließen. Danach endet das Mietverhältnis durch Kündigung.

2. Zeitmietverträge

237 Das Mietrecht lässt grundsätzlich auch Verträge zu, die auf bestimmte Zeit eingegangen sind. Sie enden mit dem Ablauf der vereinbarten Zeit, sofern sie nicht verlängert werden oder in den gesetzlich zulässigen Fällen außerordentlich gekündigt werden (§ 542 Abs. 2 BGB).

a) Einfache Zeitmietverträge

238 Einfache Zeitmietverträge konnten nur noch bis zum 31.8.2001 abgeschlossen werden. Aus dieser Zeit stammende Verträge werden nach dem bisherigen Recht abgewickelt (Art. 229 § 3 Abs. 3 EGBGB). Dies gilt auch dann, wenn der Vertrag vor dem 1.9.2001 geschlossen wurde, die vereinbarte Mietzeit aber erst nach diesem Stichtag begonnen hat.[238]

239 Seit dem 1.9.2001 können einfache Zeitmietverträge nur noch bei Wohnraummietverhältnissen abgeschlossen werden, die nicht dem besonderen Mieterschutz unterliegen (§§ 549 Abs. 2 u. 3, 575 BGB).[239] Gemeint ist u. a. Wohnraum, der nur zum vorübergehenden Gebrauch vermietet ist, möblierter Wohnraum innerhalb der Wohnung des Vermieters, der nicht einer Familie überlassen ist und schließlich Wohnraum in einem

---

[237] BGH NJW 2001, 2251 = NZM 2001, 2251.
[238] BGH NZM 2006, 927 = NJW-RR 2007, 10; vgl. auch BGH NJW 2010, 3431 (formularmäßige Verlängerungsklausel in einem auf fünf Jahre befristeten Mietvertrag alten Rechts).
[239] Caspers ZAP 2019, 21 (22).

Studenten- oder Jugendwohnheim. Bei allen anderen Wohnraummietverhältnissen mit Mieterschutz ist die Möglichkeit, einfache Zeitmietverträge abzuschließen, dagegen ersatzlos entfallen[240] – auch wenn dies allein dem Interesse und Wunsch des Mieters entsprechen sollte.[241]

Gegen dieses Ergebnis wurde anfangs versucht, die Wirkungen eines einfachen Zeitmietvertrages dadurch herzuleiten, dass die Vertragsparteien für einen festen Zeitraum wechselseitig auf ihr ordentliches Kündigungsrecht verzichten.[242] Dagegen wurde ins Feld geführt, zumindest bei einem längeren zeitlichen Kündigungsausschluss oder in einer längeren Mindestlaufzeit liege eine Umgehung von § 575 BGB vor.[243]

Der BGH akzeptierte dagegen schon früh einen Kündigungsverzicht, der in einer individualvertraglichen Vereinbarung enthalten ist[244] und auf diese Weise für bis zu 13 Jahren,[245] grundsätzlich aber auch dauerhaft zulässig ist.[246]

Die AGB-rechtliche Zulässigkeit eines Kündigungsverzichts in Form eines wechselseitig erklärten und für Mieter und Vermieter geltenden Kündigungsausschluss als Formularklausel wurden ebenfalls bestätigt.[247] Die maximale Dauer eines Kündigungsausschlusses wurde grundsätzlich auf einen Zeitraum von vier Jahren eingegrenzt.[248] Eine Ausnahme gilt für Personen mit besonderem Mobilitäts- und Flexibilitätsinteresse (zB Studenten).[249] Auch eine Kombination des Kündigungsverzichts mit einer Staffelmietvereinbarung ist wirksam.[250] Auch ein einseitig formularvertraglich erklärter Kündigungsverzicht des Mieters zu Gunsten des Vermieters ist wirksam, wenn im Zusammenhang mit einer Staffelmiete vereinbart wird.[251]

Abgesehen von der Zulässigkeit nach dem Recht zur Regelung Allgemeiner Geschäftsbedingungen in §§ 305 ff. BGB ist Schriftform für einen Kündigungsverzicht vorausgesetzt, wenn er mehr als für ein Jahr gelten soll (§ 550 S. 1 BGB).[252]

Übersteigt die Dauer des in einem Staffelmietvertrag formularmäßig vereinbarten Kündigungsverzichts den in § 557a Abs. 3 BGB genannten Zeitraum von vier Jahren, so ist die Klausel wegen unangemessener Benachteiligung des Mieters insgesamt unwirksam (§ 307 Abs. 1 S. 1 BGB).[253] Erweist sich die Vereinbarung eines Zeitmietvertrags als unwirksam, weil die nach § 575 Abs. 1 S. 1 BGB erforderlichen Voraussetzungen nicht erfüllt sind, kann dem bei Vertragsschluss bestehenden Willen der Mietvertragsparteien, das Mietverhältnis nicht vor Ablauf der vorgesehenen Mietzeit durch ordentliche Kündigung nach § 573 BGB zu beenden, im Einzelfall dadurch Rechnung getragen werden, dass im Wege der ergänzenden Vertragsauslegung an die Stelle der unwirksamen Befristung ein beiderseitiger Kündigungsverzicht tritt.[254]

---

[240] Schmidt-Futterer/Blank BGB § 575 Rn. 4.
[241] Caspers ZAP 2019, 21 (22).
[242] Lützenkirchen ZMR 2001, 769; Horst DWW 2004, 140; in diese Richtung auch Derleder NZM 2001, 649; einschränkend Gather DWW 2001, 192 (200); vgl. auch Sternel ZMR 2002, 1.
[243] Sternel ZMR 2002, 1 (3).
[244] BGH NJW 2004, 1448 = NZM 2004, 216.
[245] BGH NJW 2013, 2820 = NZM 2013, 646; ferner BGH NJW 2011, 59 = NZM 2011, 28.
[246] BGH NZM 2018, 556 (557), nach Ablauf von 30 Jahren käme § 544 BGB analog zum Tragen.
[247] BGH NZM 2004, 734 = WuM 2004, 543; NJW 2004, 3117 = NZM 2004, 733.
[248] BGH NJW 2005, 1574; NJW 2006, 1056; NZM 2006, 579 = NJW-RR 2006, 1236; NZM 2011, 150; ZMR 2012, 182; NZM 2017, 71 = NJW-RR 2017, 137.
[249] BGH NJW 2009, 3506.
[250] BGH NJW 2006, 1056; NJW 2009, 353; NJW 2009, 912.
[251] BGH NJW 2006, 1056 = NZM 2006, 356; NJW 2009, 353 = NZM 2009, 80.
[252] BGH NJW 2007, 1742 = NZM 2007, 399.
[253] BGH NJW 2005, 1574 = NZM 2005, 419; NZM 2006, 579 = NJW-RR 2006, 1236; NJW 2006, 1059 = NZM 2006, 254.
[254] BGH NZM 2014, 235 = NJW-RR 2014, 397.

b) Qualifizierte Zeitmietverträge

244 Im Unterschied zum einfachen Zeitmietvertrag nach altem Recht ist beim qualifizierten Zeitmietvertrag gesetzlich sichergestellt, dass er wie vereinbart zeitlich beendet wird. Der Mieter hat also keinen Bestandsschutz. Er kann sich weder auf die Sozialklausel berufen, noch Räumungsschutz in Anspruch nehmen.[255] Ein qualifizierter Zeitmietvertrag kann auch nicht durch ordentliche Kündigung beendet werden.[256]

245 § 575 BGB gestattet den qualifizierten Zeitmietvertrag für alle Wohnraummietverhältnisse. Dabei wurde die nach früherem Recht geltende Begrenzung auf fünf Jahre aufgehoben. Der qualifizierte Zeitmietvertrag kann also für eine längere Zeitdauer abgeschlossen werden. Die aus dem alten Recht bekannten und bereits erwähnten Befristungsgründe sind weiter für diese Vertragsform notwendig (§ 575 Abs. 1 BGB).

246 Der Mieter hat einen Auskunftsanspruch gegen den Vermieter über das Fortbestehen der Verwendungsabsicht. Danach kann er frühestens vier Monate vor Ablauf des Zeitmietvertrags verlangen, dass ihm innerhalb eines Monats mitgeteilt wird, ob die Verwendungsabsicht noch besteht (§ 575 Abs. 2 BGB). Erfolgt die Mitteilung später, kann der Mieter eine Verlängerung des Mietverhältnisses um den Zeitraum der Verspätung verlangen.

247 Entfällt der Befristungsgrund, hat dies nur die Auswirkung, dass der Mieter eine Verlängerung des Mietverhältnisses auf unbestimmte Zeit geltend machen kann.[257] Ausdrücklich ist bestimmt, dass der Vermieter die Beweislast für den Eintritt des Befristungsgrundes und die Dauer der Verzögerung trägt (§ 575 Abs. 3 S. 3 BGB). Eine zum Nachteil des Mieters abweichende Vereinbarung von diesem gesetzlichen Grundschema ist unwirksam (§ 575 Abs. 4 BGB).

3. Sonstige Vereinbarungen

a) Kettenmietverträge

248 Kettenmietverträge sind voneinander unabhängige Zeitmietverträge, die zumeist ausdrücklich für ein Jahr mehrmals hintereinander über dieselbe Mietsache abgeschlossen werden. Sie waren auch im Wohnraumbereich mit den dargelegten gesetzlichen Maßgaben vor dem 1.9.2001 zulässig.[258] Sie konnten auch durch eine Begründungsoption im zeitlich früheren Vertrag entstehen.

249 Eine Begründungsoption liegt vor, wenn sich der Mieter oder der Vermieter vorbehält, den Mietvertrag durch eine einseitige Erklärung zustande zu bringen. Sie unterscheidet sich vom Vorvertrag dadurch, dass ein im Einzelnen ausgehandelter Hauptvertrag schon vorliegt und es allein im Ermessen des Mieters steht, ob es zur Durchführung des Mietvertrags kommen soll. Von der Vormiete unterscheidet sich die Begründungsoption dadurch, dass nicht der Vermieter durch Verhandlungen mit einem Dritten den Vertragsinhalt gestalten kann, sondern es allein der Mieter in der Hand hat, sein Optionsrecht auszuüben und dadurch einen schon feststehenden Vertragsinhalt rechtswirksam zustande zu bringen.[259] Von großer praktischer Relevanz ist die Begründungsoption indessen nicht.

250 Nach heutigem Recht gilt bereits der erste Vertrag der Kette als auf unbestimmte Zeit abgeschlossen. Denn er endet nach seinem Wortlaut durch Zeitablauf, ohne dass er einen

---

[255] BeckOK MietR/Siegmund BGB Vor §§ 574–574c Rn. 2.
[256] BGH WuM 2009, 48; NJW 2007, 2177; Caspers ZAP 2019, 21.
[257] BGH NJW 2007, 2177 (2179); Klein-Blenkers/Heinemann/Ring/Hinz, Miete/WEG/Nachbarschaft, § 575 Rn. 27.
[258] OLG Frankfurt DWW 1992, 46.
[259] Näher dazu Derleder/Pellegrino NZM 1998, 550; hierzu auch → Rn. 49–53.

gesetzlich anerkannten Befristungsgrund ausweist. Alle weiteren geplanten Verträge der Kette werden gegenstandslos.²⁶⁰

Die Kettenmietverträge bleiben aber wirksam, wenn der erste Vertrag der Kette vor dem 1.9.2001 geschlossen worden ist. Für diesen Vertrag und für alle weiteren Verträge der Kette gilt dann das alte Recht (§ 564c BGB a. F.). Der Mieter behält deshalb auch die Möglichkeit, zwei Monate vor Ablauf des ersten Vertrages die Fortsetzung des Mietverhältnisses auf unbestimmte Zeit zu verlangen (§ 564c Abs. 1 BGB a. F.). In diesem Fall wird das Mietverhältnis auf der Grundlage des ersten Vertrages zu den dort fixierten Bedingungen fortgesetzt. Alle Folgeverträge werden gegenstandslos. Übt der Mieter sein Fortsetzungsrecht dagegen nicht aus, so treten die jeweiligen Folgeverträge in Kraft. Der Mieter kann aber die Kette jeweils vom Zeitpunkt des vereinbarten Vertragsablaufs durch eine Fortsetzungserklärung nach § 564c BGB a. F. unterbrechen und so erreichen, dass aus dem Kettenmietverhältnis ein Mietverhältnis auf unbestimmte Zeit wird.²⁶¹

b) Verlängerungsklauseln

Ein Mietvertrag mit Verlängerungsklausel könnte wie folgt aussehen: *„Die Mietzeit beträgt 3 Jahre, das heißt vom [...] bis [...]. Nach Ablauf der 3 Jahre läuft der Vertrag auf unbestimmte Zeit weiter. Die dann geltenden Kündigungsfristen sind im Mietvertrag unter [...] festgehalten."*²⁶²

Solche Klauseln können auch in einen Wohnraummietvertrag als Allgemeine Geschäftsbedingung eingeführt werden.²⁶³ Auch wenn es sich mangels vereinbarten Endtermins dogmatisch nicht um einen Zeitmietvertrag nach § 575 Abs. 1 S. 1 BGB handelt und § 575 Abs. 1 S. 2 BGB nicht anwendbar ist, wirkt diese Vereinbarung de facto wie ein beidseitiger Kündigungsausschluss. Es ist deshalb sachgerecht, diese Klauseln an der dazu ergangenen Rechtsprechung des BGH zu messen.²⁶⁴ Die Dauer der „Befristung" darf in diesen Fällen dann vier Jahre nicht überschreiten.²⁶⁵

In Altverträgen aus der Zeit vor dem 1.9.2001 kann ferner vereinbart sein, dass sich der Vertrag automatisch befristet oder unbefristet verlängert, wenn nicht ein Vertragsteil vor Ablauf der ursprünglich festgesetzten Laufzeit die Fortsetzung unter Einhaltung vertraglicher Fristen ablehnt. Sind diese Fristen noch nach dem alten Kündigungsfristenrecht vor der Mietrechtsreform 2001 bemessen, so gelten sie auch nach dem 1.9.2001 weiter.²⁶⁶

c) Optionsklauseln

Zeitmietverträge können die zusätzliche Vereinbarung beinhalten, dass einer oder beiden Parteien das Recht eingeräumt ist, den Vertrag durch einseitige Erklärung zu verlängern. Dieses Optionsrecht gebietet also zur Vertragsverlängerung ein Tätigwerden, während bei einer Verlängerungsklausel die Verlängerung automatisch eintritt. Daher

---

²⁶⁰ Zutreffend Schmidt-Futterer/Blank BGB § 575 Rn. 75; Klein-Blenkers/Heinemann/Ring/Hinz, Miete/WEG/ Nachbarschaft, § 575 Rn. 57.
²⁶¹ Dazu Schmidt-Futterer/Blank BGB § 575 Rn. 76.
²⁶² Klausel in Anlehnung LG Hildesheim ZMR 2017, 45; zu weiteren Varianten Klein-Blenkers/Heinemann/Ring/Hinz, Miete/WEG/ Nachbarschaft, § 575 Rn. 58.
²⁶³ LG Hildesheim ZMR 2017, 45; LG Halle ZMR 2006, 534 = WuM 2006, 572; aA Gellwitzki WuM 2004, 575 (576); vgl. auch BGH NJW 2008, 1661.
²⁶⁴ Zutreffend Klein-Blenkers/Heinemann/Ring/Hinz, Miete/WEG/ Nachbarschaft, § 575 Rn. 58; Schmidt-Futterer/Blank BGB § 575 Rn. 79; Derleder NZM 2001, 649 (657).
²⁶⁵ Schmidt-Futterer/Blank BGB § 575 Rn. 79 unter Verweis auf BGH NJW 2005, 1574 = NZM 2005, 419.
²⁶⁶ BGH NJW 2008, 1661; hierzu auch BGH NJW 2010, 3431 sowie BGH NJW 2018, 3517 = NZM 2018, 941; BGH NZM 2018, 1017.

endet der Vertrag durch Zeitablauf, wenn das Optionsrecht nicht ausgeübt wird.[267] Ihr Sinn lässt sich in einer Sicherung einer langfristigen Nutzung des Mietobjekts für den Mieter beschreiben, wenn zunächst nur eine mittelfristige vertragliche Bindung gewollt ist.

Anders als in der Geschäftsraummiete sind Verlängerungsoptionen im Bereich der Wohnraumvermietung kaum anzutreffen.[268] Um eine Befristung zu erreichen, steht der Zeitmietvertrag (§ 575 Abs. 1 S. 1 BGB) zur Verfügung. Sollte darin beispielsweise ein Optionsrecht für den Mieter enthalten sein, steht schon die Wirksamkeit der Befristung in Frage. Zumindest aber dürften für den Verlängerungszeitraum mit Ausübung der Option die Voraussetzungen von § 575 Abs. 1 S. 1 BGB fehlen und ein auf unbestimmte Zeit (§ 575 Abs. 1 S. 2 BGB) laufender Mietvertrag die Folge sein. Dies gilt jedenfalls dann, wenn auch ein Auswechseln des Befristungsgrundes nicht weiterführt.[269]

254 Ist der Vertrag vor dem 1.9.2001 zustande gekommen, so kann der Mieter sein nach altem Recht weiter bestehendes Fortsetzungsrecht (§ 564c BGB a. F.) neben der Option geltend machen. Er hat also die Wahl, ob er von der Option Gebrauch macht oder eine Fortsetzungserklärung abgibt.[270]

d) Mietverträge unter auflösender Bedingung

255 Mietverträge unter auflösender Bedingung bleiben auch im Wohnraumbereich unter den gesetzlich einschränkenden Maßgaben des § 572 Abs. 2 BGB zulässig.[271] Dies wird vor allem dann angenommen, wenn sich die auflösende Bedingung (§ 158 Abs. 2 BGB) ausschließlich zu Gunsten des Mieters auswirkt.[272] Ein derartiges Mietverhältnis liegt dann vor, wenn seine Beendigung von einem künftigen Ereignis abhängen soll, dessen Eintritt ungewiss ist.[273] Ob ein unter einer auflösenden Bedingung geschlossener Mietvertrag vor Bedingungseintritt ordentlich gekündigt werden kann, ist für das Wohnraummietrecht nicht abschließend geklärt. Bei einem Pachtverhältnis stellt der BGH auf den bei Vertragsschluss zum Ausdruck kommenden Willen der Parteien ab.[274]

Außerhalb dieser Konstellationen kann sich der Vermieter nicht auf eine Vereinbarung berufen, nach der das Mietverhältnis zum Nachteil des Mieters auflösend bedingt ist. Im Ergebnis wird damit erreicht, dass das Mietverhältnis vom Vermieter einseitig nach § 573 BGB nur beendet werden kann, wenn Kündigungsvoraussetzungen vorliegen.[275]

e) Mietverhältnisse mit Laufzeiten von mehr als 30 Jahren

256 § 544 S. 1 BGB ordnet für Mietverträge von einer Laufzeit von mehr als 30 Jahren an, dass nach 30 Jahren jederzeit das Mietverhältnis unter Einhaltung der gesetzlichen Frist gekündigt werden kann. Ab diesem Zeitpunkt genießen diese Mietverhältnisse also den Bestandsschutz eines unbefristeten Mietverhältnisses.[276] Werden die Miträume während der Vertragslaufzeit veräußert und wird deshalb gemäß § 566 BGB ein Mietverhältnis zwischen dem Erwerber des Mietobjekts und dem Mieter kraft Gesetzes neu begründet,

---

[267] Gather DWW 1991, 69.
[268] Drettmann in Bub/Treier MietR-HdB Kap. II Rn. 444.
[269] Dazu Klein-Blenkers/ Heinemann/Ring/Hinz, Miete/WEG/Nachbarschaft, § 575 Rn. 30.
[270] Schmidt-Futterer/Blank, 11. Aufl. 2011, BGB Nach § 575 Rn. 6.
[271] Schmidt-Futterer/Blank BGB § 575 Rn. 77.
[272] Sternel, Mietrecht aktuell, Rn. X 126.
[273] BGH NJW-RR 2009, 927 (928).
[274] BGH NJW-RR 2009, 927 (928).
[275] Klein-Blenkers/Heinemann/Ring/Hinz, Miete/WEG/Nachbarschaft, § 572 Rn. 2.
[276] Zum Normzweck und Kündigungsfragen BGH NJW 2004, 1523 (1524) = NZM 2004, 190 (191); ferner ausführlich Wiese ZMR 2017, 122.

so hat dies auf die Fristenberechnung keinen Einfluss. Auch in diesem Fall kann nach Ablauf von 30 Jahren seit der Überlassung der Mietsache außerordentlich mit der gesetzlichen Frist gekündigt werden.[277]

f) Mietverträge auf Lebenszeit

§ 544 S. 2 BGB macht für Mietverträge auf Lebenszeit eine Ausnahme von der nach § 544 S. 1 BGB eröffneten Kündigungsmöglichkeit. Bei Mietverträgen auf Lebenszeit bleibt die Kündigung demnach unzulässig, auch wenn nach Vertragsabschluss 30 Jahre verstrichen sind. Ein solcher Vertrag wird als besonderer Zeitmietvertrag angesehen.[278] Mit dem Tode endet das Mietverhältnis; Erben treten nicht in den Vertrag ein.[279] 257

4. Umwandlung der Vertragslaufzeiten

Vertragslaufzeiten können zunächst durch nachträgliche gegenseitige Vereinbarung der Vertragsparteien umgewandelt werden. Die Umwandlung kann sich allerdings auch als gesetzliche Rechtsfolge ergeben. 258

So kann ein ursprünglich befristet abgeschlossener Vertrag durch gegenseitige Vereinbarung nachträglich in ein unbefristetes Mietverhältnis umgewandelt werden. Diese Rechtsfolge kann auch eintreten, wenn ein befristetes Mietverhältnis beendet ist, der Mieter aber die Wohnung weiter nutzt. Ist die in § 545 S. 1 BGB enthaltene Fortsetzungsfiktion vertraglich nicht ausgeschlossen und widerspricht keine der Vertragsparteien binnen zwei Wochen einer Vertragsverlängerung durch Gebrauchsfortsetzung auch nicht, so verlängert sich das Mietverhältnis auf unbestimmte Zeit. Ein Widerspruch nach § 545 S. 1 BGB sollte ausdrücklich und nachweisbar erklärt werden. Der die stillschweigende Verlängerung eines Mietverhältnisses nach Ablauf der Mietzeit hindernde Widerspruch kann aber auch konkludent erklärt werden. Eine solche konkludente Widerspruchserklärung muss den Willen, die Fortsetzung des Vertrags abzulehnen, eindeutig zum Ausdruck bringen.[280] 259

Schließlich kann sich ein zunächst befristetes Mietverhältnis mit Verlängerungsklausel automatisch in ein unbefristetes Mietverhältnis umwandeln, wenn diese Klausel mangels Beendigungserklärung greift. 260

Umgekehrt kann auch ein bisher unbefristetes Mietverhältnis durch einen gegenseitigen Abänderungsvertrag in einen Zeitmietvertrag umgewandelt werden. Bei Wohnraum ist § 575 S. 1 BGB zu beachten. 261

VI. Mietvereinbarungen

1. Gesetzliche Grenzen

a) Allgemeines

Auf die in § 5 WiStG (Mietpreisüberhöhung, § 291 Abs. 1 S. 1 Nr. 1 StGB Mietwucher), §§ 134, 138, 826 BGB enthaltenen allgemeinen gesetzlichen Grenzen für Mietvereinbarungen wurde bereits eingegangen. Im Übrigen sind bei Neuvertragsabschlüssen die 2015 eingeführten Beschränkungen der Wiedervermietungsmiete zu berücksichtigen. 262

---

[277] OLG Karlsruhe Urt. v. 21.12.2007 – 1 U 119/07, BeckRS 2008, 07366 = MDR 2008, 620.
[278] BayObLG NJW-RR 1993, 1164; LG Freiburg Urt. v. 21.3.2013 – 3 S 368/12, BeckRS 2013, 08477; Hinz NZM 2003, 659 (662); aA MüKoBGB/Häublein BGB § 575 Rn. 11.
[279] BeckOK MietR/Klotz-Hörlin BGB § 544 Rn. 16.
[280] BGH NZM 2018, 333.

In Bestandsmietverhältnissen gelten die Regularien des Mietpreissystems der ortsüblichen Vergleichsmiete[281] und anderer gesetzlicher Änderungstatbestände (§§ 558–560 BGB), soweit sich die Parteien nicht auf eine veränderte Miete einigen (§ 557 Abs. 1 BGB).

b) Beschränkung der Wiedervermietungsmiete (Mietpreisbegrenzung oder -bremse)

263   **aa) Ausgangspunkt (§ 556d BGB).** Durch das Mietrechtsnovellierungsgesetz wurden 2015 höchst umstrittene Regelungen eingeführt,[282] durch die die Höhe der zulässigen Miete bei Neuabschluss von Wohnraummietverträgen in Gebieten mit einem angespannten Wohnungsmarkt begrenzt wurde (§ 556d Abs. 1 BGB; sog. Mietpreisbremse).[283] Die Begrenzung der Wiedervermietungsmiete gilt nur für Wohnraummietverträge über eine Wohnung, die in einem durch Rechtsverordnung nach § 556d Abs. 2 BGB bestimmten Gebiet mit einem angespannten Wohnungsmarkt liegt.[284] Insbesondere das Begründungserfordernis gem. § 556d Abs. 2 S. 4 BGB für Mietpreisbegrenzungsverordnungen hat sich als rechtlicher „Stolperstein" erwiesen.[285] Zahlreiche Landesverordnungen wurden inzwischen für unwirksam erklärt.[286] Eine Entscheidung des BVerfG zu der Frage der Verfassungsmäßigkeit von § 556d Abs. 1 und Abs. 2 BGB steht aus.[287]

264   Die Vorschriften zur Beschränkung der Wiedervermietungsmiete gelten ausschließlich für den Abschluss von Wohnraummietverhältnissen. Bei Mischmietverhältnissen ist der Schwerpunkt des Nutzungszweckes zu ermitteln; im Zweifel gelten für Mischmietverhältnisse die Vorschriften der Wohnraummiete.[288]

265   Auf Formen der Mietvertragsverlängerung, -erneuerung, und des schlichten Parteiwechsels sind die §§ 556d ff. BGB nicht anwendbar.[289] Soll ein neuer Mieter an die Stelle eines bisherigen Mieters im Rahmen einer dreiseitigen Vereinbarung treten, ist eher nicht von einem Neuvertragsabschluss (sog. Novation) auszugehen.[290] Anderes gilt nur, wenn die konkrete Vertragsgestaltung oder -auslegung dies nahelegen.

266   Die Vorschriften können nicht dadurch umgangen werden, dass die Wohnung voll möbliert vermietet wird.[291]

267   **bb) Wiedervermietungsmiete.** Liegt die zu vermietende Wohnung in einem Gebiet, in dem die jeweilige Landesregierung eine Verordnung nach § 556d BGB erlassen hat, darf die Miete in diesen Fällen zu Beginn des Mietverhältnisses die ortsübliche Vergleichsmiete höchstens um 10 Prozent übersteigen. Ortsübliche Vergleichsmiete iSv § 556d Abs. 1

---

[281] → Rn. 447.
[282] Zu den historischen Vorläufern Börstinghaus, Miethöhe-HdB, 2. Teil, Kap. 4. Rn. 2; umfassend Herrlein NZM 2016, 1.
[283] Zu den verfassungsrechtlichen Bedenken der „Mietpreisbremse" Leuschner NJW 2014, 1929; Herlitz ZMR 2014, 262; Blankenagel/Schröder/Spoerr NZM 2015, 1.
[284] Börstinghaus, Miethöhe-HdB, 2. Teil, Kap. 4. Rn. 48.
[285] Ausführlich Schuldt NZM 2018, 257; vgl. auch Lehmann-Richter WuM 2015, 204.
[286] LG Frankfurt WuM 2018, 276 = ZMR 2018, 507; LG Hamburg NZM 2018, 745; LG München NJW 2018, 407; LG Stuttgart NZM 2019, 257; AG Potsdam GE 2018, 1464; AG Köln Schlussurteil v. 15.2.2019 – 208 C 188/18, BeckRS 2019, 1919; uneinheitlich im Land Berlin: siehe LG Berlin NZM 2018, 118 einerseits sowie LG Berlin WuM 2018, 414 andererseits; zu den Auswirkungen der Unwirksamkeit Schuldt NZM 2018, 257 (264 f.).
[287] Vorlagebeschluss LG Berlin NZM 2018, 118; siehe hierzu Fleindl, PiG 107 (2018), 135; Börstinghaus NJW 2018, 665 (666 f.); BVerfG – Aktenzeichen: 1 BvL 1/18; 1 BvL 4/18 sowie 1 BvR 1595/18.
[288] → Rn. 186 (Mischmietverhältnisse).
[289] Börstinghaus, Miethöhe-HdB, 2. Teil, Kap. 4. Rn. 43.
[290] Börstinghaus, Miethöhe-HdB, 2. Teil, Kap. 4. Rn. 45; hierzu BGH Versäumnisurteil v. 21.11.2012 – VIII ZR 50/12, BeckRS 2013, 692; BGH Urt. v. 5.6.2013 – VIII ZR 142/12, BeckRS 2013, 11311; BGH NZM 2010, 471 (472); hierzu auch BeckOK MietR/Theesfeld BGB § 556d Rn. 14.
[291] Fleindl WuM 2018, 544 (548).

BGB ist diejenige iSv § 558 Abs. 2 BGB,[292] was gleichzeitig entscheidender Kritikpunkt ist, insbesondere in Gemeinden ohne Mietspiegel. Ausgangspunkt ist der Oberwert der Bandbreite der für die konkrete Wohnung ermittelten ortsüblichen Vergleichsmiete. Das kann durchaus im Einzelfall der obere Spannwert der Mietspanne sein.[293] Bei einer (Teil-) Inklusivmiete werden die 10 Prozent auf die ortsübliche Teilinklusiv-Vergleichsmiete hinzugerechnet. Gleiches gilt für eine Betriebskostenpauschale, soweit diese kostendeckend ist. Überschreitet die Pauschale die tatsächlichen Kosten, wird nur der Betrag einer kostendeckenden Pauschale hinzugerechnet.[294] In beiden Fällen ist die Mietstruktur beizubehalten.[295]

cc) Berücksichtigung von Vormiete und Modernisierungen (§ 556e BGB). Die nach § 556d Abs. 1 BGB zulässige Miete darf entweder überschritten werden, wenn 268
- die Miete, die der vorherige Mieter zuletzt schuldete (Vormiete), höher als die nach § 556d Abs. 1 BGB zulässige Miete ist (§ 556e Abs. 1 BGB);
- der Vermieter in den letzten drei Jahren vor Beginn des Mietverhältnisses Modernisierungsmaßnahmen iSv § 555b BGB durchgeführt hat (§ 556e Abs. 2 BGB).

„Vormiete" meint die rechtliche geschuldete (mithin wirksam vereinbarte) Miete des Vormietverhältnisses.[296] Unberücksichtigt bleiben Mietminderungen sowie solche Mieterhöhungen, die mit dem vorherigen Mieter innerhalb des letzten Jahres vor Beendigung des Mietverhältnisses vereinbart worden sind. Zu den vereinbarten Mieterhöhungen zählen Änderungsvereinbarungen iSv § 557 Abs. 1 BGB sowie Mieterhöhungen auf die ortsübliche Vergleichsmiete (§ 558 BGB), mangels Vereinbarungscharakter dagegen nicht Mieterhöhungen nach § 559 BGB oder nach § 560 BGB.[297] 269

Im Falle von § 556e Abs. 2 BGB ist zuerst die maximal zulässige Miete gem. § 556d Abs. 1 für den unmodernisierten Zustand zu ermitteln, also die ortsübliche Vergleichsmiete zuzüglich 10 Prozent. Sodann wird der Modernisierungszuschlag gem. § 556e Abs. 2 BGB hinzugerechnet.[298] Voraussetzung ist, dass der Vermieter wegen der Modernisierungsmaßnahme eine Mieterhöhung nach § 559 BGB durchgeführt hat oder zumindest hätte durchführen dürfen.[299] Eine unterlassene Modernisierungsmieterhöhung wirkt sich demnach nicht zum Nachteil des Vermieters aus. 270

Hatte der Vermieter dagegen eine Mieterhöhung nach § 559 BGB geltend gemacht, kann er bei der Neuvermietung wählen, ob er nach § 556e Abs. 1 S. 1 BGB insoweit die (schon höhere) Vormiete als Grundlage wählt oder gem. § 556d Abs. 1 BGB die ortsübliche Miete für den modernisierten Wohnraum um 10 Prozent erhöht.[300] 271

dd) Ausgenommener Wohnungsbestand (§ 556f BGB). Bestimmte Wohnungsbestände sind von den Beschränkungen der Wiedervermietungsmiete generell ausgenommen. Ausnahmen gelten für Neubauten und Gebäude nach umfassender Modernisierung (§ 556f S. 1 BGB).[301] Danach ist § 556d nicht anzuwenden auf eine Wohnung, die nach 272

---

[292] Börstinghaus, Miethöhe-HdB, 2. Teil, Kap. 4. Rn. 70; zum Begriff BGH NJW 2010, 149; BGH NJW 2005, 2621.
[293] Börstinghaus, Miethöhe-HdB, 2. Teil, Kap. 4. Rn. 88.
[294] Börstinghaus, Miethöhe-HdB, 2. Teil, Kap. 4. Rn. 90.
[295] BeckOK MietR/Theesfeld BGB § 556d Rn. 24.
[296] Börstinghaus, Miethöhe-HdB, 2. Teil, Kap. 4. Rn. 94.
[297] Börstinghaus, Miethöhe-HdB, 2. Teil, Kap. 4. Rn. 124 f.
[298] Börstinghaus, Miethöhe-HdB, 2. Teil, Kap. 4. Rn. 155.
[299] BeckOK MietR/Theesfeld BGB § 556e Rn. 15.
[300] BeckOK MietR/Theesfeld BGB § 556e Rn. 24; Börstinghaus, Miethöhe-HdB, 2. Teil, Kap. 4. Rn. 156.
[301] Hierzu Lehmann-Richter NZM 2017, 497.

dem 1.10.2014 erstmals genutzt und vermietet wurde. Gleiches gilt für die erste Vermietung nach einer umfassenden Modernisierung (§ 556f S. 2 BGB).

273 ee) **Rechtsfolgen und Auskunftspflicht (§ 556g BGB).** Nach dem bereits bekannten System sind auch diese Vorschriften halbzwingende Normen, bei denen zum Nachteil des Mieters abweichende Vereinbarungen unwirksam sind (§ 556g Abs. 1 S. 1 BGB). Die bei Mietbeginn maßgeblichen Mietpreisabreden sind allenfalls teilunwirksam, nämlich nur insoweit, als diese gegen §§ 556d bis 556f BGB verstoßen (§ 556g Abs. 1 S. 2 BGB).[302] Diese Unwirksamkeit gilt von Gesetzes wegen und setzt nicht etwa eine Rüge des Mieters voraus.[303] Dies ist für den Fall relevant, wenn der Mieter den nicht geschuldeten, unwirksamen Mietpreisanteil nicht zahlt. Hat der Mieter indessen bereits auch den teilunwirksamen Mietbetrag geleistet, kann er diese viel gezahlte Miete nach den Vorschriften über die Herausgabe einer ungerechtfertigten Bereicherung zurückverlangen; §§ 814 und 817 S. 2 BGB sind nicht anzuwenden (§ 556g Abs. 1 S. 3 u. 4 BGB).

274 Nach § 556g Abs. 1a, Abs. 4 BGB ist der Vermieter verpflichtet, dem Mieter vor Abgabe von dessen Vertragserklärung über die Ausnahmetatbestände von § 556e Abs. 1 BGB (Höhe der Vormiete ein Jahr vor Beendigung des Vormietverhältnisses sowie Modernisierungsmaßnahmen drei Jahre vor Beginn des Mietverhältnisses) und § 555f S. 1 u. S. 2 BGB in Textform Auskunft zu geben. Andernfalls soll sich der Vermieter nicht auf eine nach § 556e oder § 556f BGB zulässige Miete berufen können (§ 556g Abs. 1a S. 2 BGB). Wurde die Textform nicht gewahrt, kann sich der Vermieter erst dann auf diese zulässige Miete berufen, wenn er die Auskunft formwirksam nachholt (§ 556g Abs. 1a S. 3).

275 Um etwaige Rückforderungsansprüche geltend machen zu können, ist der Mieter gehalten, einen Verstoß in Textform zu rügen (§§ 556g Abs. 2 S. 1, Abs. 4 BGB). Es genügt eine einfache Beanstandung.[304] Allerdings gilt folgende Ausnahme: Im Falle von § 556g Abs. 1a BGB muss sich die Rüge des Mieters gerade auf dies Auskunft des Vermieters beziehen.[305]

276 Der Vermieter ist auf Verlangen des Mieters gem. § 556g Abs. 3 BGB verpflichtet, Auskunft über diejenigen Tatsachen zu erteilen, die für die Zulässigkeit der vereinbarten Miete nach den §§ 556d ff. BGB maßgeblich sind, soweit diese Tatsachen nicht allgemein zugänglich sind und der Vermieter hierüber unschwer Auskunft geben kann.

2. Fälligkeit der Mietzahlung

277 Im Unterschied zur früheren, lange Zeit bestehenden Rechtslage verlegt § 556b Abs. 1 BGB die Fälligkeit der Mietzahlung auf den Beginn des laufenden Monates, spätestens bis zu dessen dritten Werktag, vor. Das Problem einer formularvertraglichen Kombination zwischen Vorfälligkeitsklauseln und Klauseln zur Beschränkung der Aufrechnungsmöglichkeit[306] gegen Mietforderungen sowie zur Beschränkung von Zurückbehaltungsrechten des Mieters an der Miete[307] ist damit gesetzlich erledigt. Soweit jetzt in einem Mietvertrag eine solche Klauselkombination enthalten ist, gilt gem. § 306 Abs. 2 BGB die gesetzliche Vorfälligkeit des § 556b Abs. 1 BGB.[308] Für die Rechtzeitigkeit der Mietzahlung im Überweisungsverkehr kommt es nicht darauf an, dass die Miete bis zum dritten Werktag

---

[302] Börstinghaus, Miethöhe-HdB, 2. Teil, Kap. 4. Rn. 163.
[303] Schmidt-Futterer/Börstinghaus BGB § 556g Rn. 10; MüKoBGB/Artz BGB § 556g Rn. 4.
[304] Selk NJW 2019, 329 (330).
[305] Selk NJW 2019, 329 (330 u. 331).
[306] Dazu BGH NJW 2011, 2201.
[307] BGH NJW 1995, 254; vgl. auch BGH Urt. v. 14.11.2007 – VIII ZR 337/06, BeckRS 2008, 02631.
[308] Eisenschmid WuM 2001, 215 (218); Schmidt-Futterer/Langenberg BGB § 556b Rn. 14; vgl. aber BGH NJW 2009, 1491 (1492) zu Altmietverträgen.

3. Mietzahlung unter Einschaltung der Sozialbehörden

Wenn der Mieter Grundsicherung nach dem SGB II oder Sozialhilfe nach dem SGB XII bezieht, bietet sich an, Mietzahlungen über Einbeziehung der jeweiligen Sozialbehörden zu realisieren. Neben den Regelbedarfen umfassen die Leistungen auch **Kosten für Unterkunft und Heizung** nach § 22 SGB II oder § 35 SGB XII. Auch einmalige Aufwendungen sind hiervon umfasst (§ 22 Abs. 3, 6 u. 8 SGB II), insbesondere Aufwendungen für Betriebskostennachforderungen, die Wohnungsbeschaffung, für Umzugskosten, für eine Kaution,[310] für den Erwerb von Genossenschaftsanteilen sowie Miet- und Energieschulden und einmalige Aufwendungen für Schönheitsreparaturen.[311]

278

Generell sollte hier versucht werden, dass die Behörde (zB Jobcenter oder Sozialamt) im Auftrag des Mieters und auf dessen Antrag direkt an den Vermieter als Empfangsberechtigten leistet (§ 22 Abs. 7 S. 1 SGB II; § 35 Abs. 1 S. 2 SGB XII).[312] Bei zweckwidriger Verwendung soll ohnehin behördenseits ebenfalls auf diesen Zahlungsweg umgestellt werden, insbesondere bei Mietrückständen und subjektivem Unvermögen, die Mittel zweckentsprechend zu verwenden (§ 22 Abs. 7 S. 2 u. 3 SGB II; § 35 Abs. 1 S. 3 u. 4 SGB XII). Hat das Jobcenter (Sozialamt) für einen hilfebedürftigen Wohnungsmieter die Kosten der Unterkunft in der Weise übernommen, dass es die Miete direkt an den Vermieter des Hilfebedürftigen überweist, ist es nicht Erfüllungsgehilfe des Mieters.[313] Verzögerungen sind dem Mieter damit grundsätzlich nicht zuzurechnen. Kündigt der Vermieter aber gemäß § 543 Abs. 2 S. 1 Nr. 3 BGB aus wichtigem Grund, findet eine Berücksichtigung von persönlichen Umständen und Zumutbarkeitserwägungen grundsätzlich nicht statt, insbesondere steht einem Vertretenmüssen steht nicht entgegen, dass er, um die Miete entrichten zu können, auf Sozialleistungen einer öffentlichen Stelle angewiesen ist und diese Leistungen rechtzeitig beantragt hat.[314] Ein wichtiger Grund für die fristlose Kündigung iSv § 543 Abs. 1 S. 2 BGB kann auch – unabhängig von einem etwaigen Verschulden des Mieters – allein in der objektiven Pflichtverletzung unpünktlicher Mietzahlungen und den für den Vermieter daraus folgenden negativen Auswirkungen liegen, wenn die Gesamtabwägung ergibt, dass eine Fortsetzung des Mietverhältnisses für den Vermieter unzumutbar ist, auch wenn der Mieter auf staatliche Transferleistungen angewiesen ist.[315]

279

Der Vermieter eines Leistungsempfängers erwirbt regelmäßig keinen eigenen Anspruch auf Auszahlung der Leistungen, auch nicht im Falle einer Abtretung von SGB-II-Leistungen.[316] Zahlungen allein und bloße Informationen des Jobcenters an den Vermieter begründen keinen Schuldbeitritt. Eine **Direktzahlung** iSv § 22 Abs. 7 S. 2, Abs. 8 SGB II an den Vermieter führt nur zu einer Empfangsberechtigung, nicht zu einem eigenen

280

---

[309] BGH NJW 2017, 1596 = NZM 2017, 120 mAnm Schüller/Mehle einschl. Klauselvorschlag.
[310] Flatow NZM 2014, 841 (843).
[311] Flatow/Knickrehm WuM 2018, 465 (469).
[312] Hierzu Hahn NZM 2018, 177 (178); Flatow/Knickrehm WuM 2018, 465 (478); Flatow NZM 2014, 841 (844);
[313] BGH NJW 2016, 2805 = NZM 2016, 635; BGH NJW 2015, 1296 (1297) = NZM 2015, 196 (197); BGH NJW 2009, 3781 = NZM 2010, 37.
[314] BGH NJW 2015, 1296 = NZM 2015, 196.
[315] BGH NJW 2016, 2805 = NZM 2016, 635.
[316] BSG NJW 2018, 3740.

Zahlungsanspruch des Vermieters.³¹⁷ Anders ist dies nur, soweit ausnahmsweise zu dem Antrag auf Direktzahlung ihm gegenüber eine öffentlich-rechtliche Übernahmeerklärung mit Rechtsbindungswillen vorliegt.³¹⁸ Für einen darauf gestützten Zahlungsanspruch ist in der Regel der Verwaltungsrechtsweg gegeben.³¹⁹

281 Umgekehrt kann das Jobcenter, das die Kosten für Unterkunft und Heizung versehentlich auch noch nach der Beendigung des Mietverhältnisses im Wege der Direktzahlung nach § 22 Abs. 7 S. 1 SGB II an den bisherigen Vermieter bewirkt hat, unmittelbar die Herausgabe der erfolgten Zuvielzahlung im Wege der Nichtleistungskondiktion vom Vermieter verlangen.³²⁰

4. Aufrechnungs- und Zurückbehaltungsrechte

282 Der Mieter kann entgegen einer vertraglichen Bestimmung gegen eine Mietforderung mit einer Forderung auf Schadens- und Aufwendungsersatz wegen eines Mangels (§ 536a BGB), auf Ersatz sonstiger Aufwendungen oder aus ungerechtfertigter Bereicherung wegen zu viel gezahlter Miete aufrechnen oder wegen einer solchen Forderung ein Zurückbehaltungsrecht ausüben, wenn er seine Absicht dem Vermieter mindestens einen Monat vor der Fälligkeit der Miete in Textform angezeigt hat (§ 556b Abs. 2 BGB). Diese Aufrechnungs- und Zurückbehaltungsrechte können zum Nachteil des Mieters nicht beschränkt oder verändert werden (§ 556b Abs. 2 S. 2 BGB).

Bei Formularmietverträgen³²¹ ist auch § 309 Nr. 3 BGB zu beachten. Danach ist eine Klausel, die die Aufrechnung mit einer unbestrittenen oder rechtskräftig festgestellten Forderung verbietet, unwirksam. Ferner ist § 309 Nr. 2 BGB zu berücksichtigen. Er verbietet eine Einschränkung des Zurückbehaltungsrechts. Scheitert eine Klausel bereits an § 309 Nr. 2 lit. b oder Nr. 3 BGB ist diese insgesamt unwirksam³²² und ein Mieter kann ungehindert aufrechnen.³²³

283 Zu den privilegierten Forderungen, mit denen entgegen einer vertraglichen Abrede aufgerechnet werden kann, gehören der Schadensersatzanspruch wegen eines Mangels der Mietsache, der Aufwendungsersatzanspruch wegen Beseitigung des Mangels (§ 535a BGB) sowie die Ansprüche wegen nützlicher Verwendungen auf die Mietsache (zB wegen Modernisierung oder Instandhaltung) und wegen überbezahlter Miete. Durch § 556b Abs. 2 BGB werden sowohl Aufwendungsersatzansprüche nach § 536a BGB als auch nach § 539 BGB erfasst,³²⁴ um Abgrenzungsschwierigkeiten zu vermeiden.

284 Häufig wird der Mieter wegen zu viel entrichteter Miete aufrechnen wollen, so insbesondere in folgenden Fällen:
- Der Mieter hat die Miete im Voraus gezahlt. Anschließend wird die Mietsache mangelhaft. Er kann mit dem überzahlten Betrag aufrechnen.

---

³¹⁷ LSG Bayern Beschl. v. 5.8.2015 – L 7 AS 263/15, BeckRS 2015, 71348; LSG Schleswig-Holstein Urt. v. 21.9.2012 – L 3 AS 42/10, BeckRS 2013, 68447; Flatow/Knickrehm WuM 2018, 465 (479); LSG Niedersachsen-Bremen NZS 2017, 479; offen gelassen von BSG Urt. v. 19.10.2016 – B 14 AS 33/15 R, BeckRS 2016, 121114 (Rn. 15).
³¹⁸ LSG Niedersachsen-Bremen NZS 2017, 479; Flatow/Knickrehm WuM 2018, 465 (480); grundlegend BVerwG NJW 1994, 2968.
³¹⁹ BVerwG NJW 1994, 2968.
³²⁰ BGH NJW 2018, 1079 = NZM 2018, 195.
³²¹ Hierzu BGH NZM 2012, 22 = NJW-RR 2012, 13; BGH WuM 2011, 676; BGH NJW 2011, 2201 = NZM 2011, 579; BGH NJW 2009, 1491 = NZM 2009, 315; BGH WuM 2008, 152; ferner → Rn. 1906.
³²² MüKoBGB/Artz BGB § 556b Rn. 12; Blank/Börstinghaus/Blank BGB § 556b Rn. 42.
³²³ Schmidt-Futterer/Langenberg BGB § 556b Rn. 30.
³²⁴ Schmidt-Futterer/Langenberg BGB § 556b Rn. 28.

- Die Vereinbarung über die Miete verstößt gegen § 5 WiStG. Hat der Mieter trotzdem die geforderte Miete entrichtet, so steht ihm wegen des zu viel gezahlten Betrags ein Bereicherungsanspruch zu, mit dem er aufrechnen kann.
- Der Mieter hat einen Bereicherungsanspruch wegen zu viel gezahlter Betriebskosten.[325]

Rechnet der Mieter auf, obwohl die Voraussetzungen des von ihm in Anspruch genommenen Minderungsrechts nicht bestehen, entfällt der eine fristlose Kündigung begründende Zahlungsverzug nicht wegen fehlenden Mieterverschuldens, wenn der Mieter dies bei Anwendung der verkehrsüblichen Sorgfalt hätte erkennen können.[326]

5. Abtretung

Für die Abtretbarkeit von Mietforderungen gilt § 566c BGB. Die Vorschrift behandelt nur den Veräußerungsfall und löst die Frage der Wirksamkeit eines Rechtsgeschäftes zwischen dem bisherigen Mieter und dem Vermieter über die Mietforderung in Bezug auf den Erwerber.

6. Staffelmietvereinbarung

Unter einer Staffelmiete (§ 557a BGB) versteht man die Miete, die in vorher festgelegten Zeiträumen in bestimmten Beträgen in unterschiedlicher Höhe schriftlich vereinbart wird. In der Vereinbarung ist die jeweilige Miete oder die jeweilige Mieterhöhung in einem Geldbetrag auszuweisen. Nur prozentuale Steigerungsquoten sind nicht zulässig.

Eine Staffelmiete kann in ab 1.9.2001 geschlossenen Mietverträgen unbefristet vereinbart werden. Die Beschränkung früheren Rechts auf zehn Jahre ist entfallen. Weiterhin muss eine Staffelmiete mindestens ein Jahr unverändert bleiben (§ 557a Abs. 2 S. 1 BGB). Die Regelungen der 2015 eingeführten Wiedervermietungsmiete der §§ 556d-556g BGB gelten über § 557a Abs. 4 für jede einzelne Staffel einer Staffelmietvereinbarung, wenn die Wohnung in einer durch Landesverordnung festgelegten Gemeinde mit angespanntem Wohnungsmarkt liegt. Sowohl die erste vereinbarte Miete wie auch alle folgenden Mieten dürfen grundsätzlich die ortsübliche Vergleichsmiete um nicht mehr als 10 % übersteigen.[327]

Neben der Staffelmiete sind andere Mieterhöhungen, wie zB nach dem Mietspiegel, einer Mietdatenbank oder nach erfolgter Modernisierung nicht möglich (§ 557a Abs. 2 S. 2 BGB). Veränderte Betriebskosten können selbstverständlich berücksichtigt werden.

Das Kündigungsrecht des Mieters, kann für höchstens vier Jahre seit Abschluss der Staffelmietvereinbarungen ausgeschlossen werden. Die Kündigung ist dann frühestens zum Ablauf dieses Zeitraums zulässig (§ 557a Abs. 3 BGB). Dem Vermieter steht dieses Sonderkündigungsrecht nicht zu. Wird der Staffelmietvertrag also über einen längeren Zeitraum vereinbart, so ist der Vermieter daran gebunden. Seine außerordentlichen Kündigungsrechte sowie seine Rechte zur fristlosen Kündigung des Vertrags bleiben unberührt.

7. Mietanpassungsklauseln (Indexmiete)

Unter einer Indexmiete (§ 557b BGB) versteht man die Miete, die durch einen Preisindex in seiner Entwicklung nach oben oder nach unten bestimmt wird. Bezugsindex ist der vom Statistischen Bundesamt ermittelte „Preisindex für die Lebenshaltung aller privaten Haushalte in Deutschland." Neue Verträge sollten nur noch mit diesem Index abgeschlossen werden. Bestehende Verträge insbesondere mit längerer Restlaufzeit sollten

---
[325] BeckOK MietR/Bruns BGB § 556b Rn. 50; vgl. hierzu auch BGH NJW 2016, 3231 (3232).
[326] BGH NJW 2012, 2882; NJW 2007, 428; vgl. auch BGH NZM 2018, 28.
[327] Börstinghaus, Miethöhe-HdB, Kap. 6 Rn. 91.

umgestellt werden. Um darüber hinaus Problem bei der Umstellung auf neue Basisjahre zu vermeiden, ist zu empfehlen, auf „Veränderungen in Prozent, berechnet auf der jeweiligen Jahresbasis" abzustellen. Auf „Veränderungen nach Indexpunkten" sollte verzichtet werden.

292 Auch die Indexmiete muss schriftlich vereinbart werden.

293 Im Gegensatz zum alten Recht kann die Indexmiete ab dem 1. September 2001 unbefristet vereinbart werden. Sie muss, abgesehen von einer Mieterhöhung nach Modernisierung oder einer gestiegenen Umlage wegen erhöhter Betriebskosten, mindestens ein Jahr unverändert bleiben (§ 557b S. 1 BGB).

294 Neben der Indexmiete sind Mieterhöhungen auf Grund anderer Tatbestände nur sehr eingeschränkt zulässig. So kann die Indexmiete wegen erfolgter Modernisierung nur erhöht werden, soweit der Vermieter bauliche Maßnahmen auf Grund von Umständen durchgeführt hat, die er nicht zu vertreten hat (§ 557b Abs. 2 S. 2 BGB). Vor allem kann die Indexmiete nicht unter Bezugnahme auf Mietspiegel, Vergleichswohnungen oder Sachverständigengutachten erhöht werden (§ 557 Abs. 2 S. 3 BGB). Eine Kombination mit dem Vergleichsmietensystem und dem dabei zur Verfügung stehenden gesetzlichen Mieterhöhungstatbeständen ist also nicht möglich. Vielmehr ist die Indexmiete in ihrer Entwicklung ausschließlich an die Entwicklung des genannten Preisindexes angebunden.

295 Die Erhöhungserklärung muss zumindest in Textform erfolgen (§ 557b Abs. 3 S. 1 BGB). Dabei müssen die eingetretene Änderung des Preisindexes sowie die jeweilige Miete oder die Erhöhung in einem Geldbetrag angegeben werden.

296 Die geänderte Miete ist mit Beginn des übernächsten Monats nach dem Zugang der Erklärung zu entrichten (§ 557b Abs. 3 S. 3 BGB). Die Regelungen der Wiedervermietungsmiete der §§ 556d bis 556g sind nur auf die Ausgangsmiete einer Indexmietvereinbarung, nicht jedoch auf die jeweiligen Indexerhöhungen anzuwenden.[328]

297 Von den genannten gesetzlichen Vorgaben für die Staffelmiete und für die Indexmiete darf durch eine Vereinbarung zum Nachteil des Mieters nicht abgewichen werden.

VII. Mieterhöhungen

1. Unbefristete Mietverträge

298 Bei unbefristeten Mietverträgen richten sich die Möglichkeiten der Mieterhöhung nach dem Gesetz und nachrangig nach den vertraglichen Vereinbarungen, also zB danach, ob der Wohnungsmietvertrag auf das Vergleichsmietensystem abhebt, oder eine Staffel- oder eine Indexmiete vorsieht.

Insgesamt ist festzuhalten, dass sich im Falle unbefristeter Mietverträge im Hinblick auf die Vertragsgestaltung keine Besonderheiten bieten. Dies ist in § 557 BGB niedergelegt.

2. Zeitmietverträge

299 § 557 Abs. 3 BGB schließt Mieterhöhungen aus, wenn dies vertraglich entweder ausdrücklich so geregelt ist, oder sich der Ausschluss der Mieterhöhungsmöglichkeit aus den Umständen ergibt. Die Vorschrift gilt auch für Zeitmietverträge,[329] obwohl sich ihr Wortlaut im Gegensatz zu der korrespondierenden Vorschrift des § 1 Satz 3 MHG a. F., die bis zum 31.8.2001 galt, nicht ausdrücklich auf Zeitmietverträge erstreckt. Damit ergeben sich im Verhältnis zum alten Recht keine Unterschiede. Um die Konsequenz eines Aus-

---

[328] Börstinghaus, Miethöhe-HdB, Kap. 6 Rn. 117.
[329] Blank/Börstinghaus/Börstinghaus BGB § 557 Rn. 50.

schlusses von Mieterhöhungen bei Zeitmietverträgen mit fester Miete auszuschließen, enthalten Mietverträge formularmäßige Erhöhungsvorbehalte, nach denen zB eine Mieterhöhung „nach Maßgabe der gesetzlichen Bestimmungen" zulässig sein soll.

Eine derartige Regelung soll nicht möglich sein, da sie eine überraschende (§ 305c Abs. 1 BGB) oder eine mehrdeutige (§ 305c Abs. 2 BGB) Klausel darstellen soll.[330] Eine überwiegende Ansicht in Rechtsprechung und Literatur[331] tritt dem entgegen. So liege allein im Abschluss eines Zeitmietvertrags keine Vereinbarung, die eine Mieterhöhung ausschließt oder bei der ein Ausschluss aus den Umständen folgen soll. Auch sei ein ausdrücklicher Erhöhungsvorbehalt bei Zeitmietverträgen zulässig. Denn insbesondere bei langfristigen Zeitmietverträgen könne kein Mieter damit rechnen, dass die Miete unverändert bleiben würde. Mehrdeutig sei eine Mieterhöhungsabrede ebenfalls nicht. Die Parteien wollten nur zum Ausdruck bringen, dass die Miete nach den jeweils zulässigen gesetzlichen Bestimmungen angehoben werden könne. Die Angabe der einschlägigen Vorschriften sei den Parteien im Hinblick auf eventuelle Gesetzesänderungen während der Laufzeit langfristiger Mietverträge nicht möglich.[332]

300

Diese Begründung erlangt insbesondere vor dem Hintergrund unbefristet möglicher qualifizierter Zeitmietverträge (§ 575 BGB) anhaltende Aktualität. Daher ist festzuhalten, dass ausdrückliche Vereinbarungen in Zeitmietverträgen über Mieterhöhungsmöglichkeiten während der Laufzeit zulässig und auch notwendig sind, wenn der Vermieter für die Dauer des Vertrages nicht auf die bei Vertragsabschluss eingesetzte feste Miete verwiesen bleiben soll.

VIII. Abwälzung von Betriebskosten

1. Betriebskostenarten

In nicht preisgebundenen Wohnraummietverhältnissen gilt Katalog der Betriebskostenarten der Betriebskostenverordnung (bisher Anlage 3 zu § 27 Abs. 1 II. Berechnungsverordnung), worauf § 556 Abs. 1 S. 3 BGB verweist. Der Mieter schuldet die grundsätzlich dem Vermieter zugewiesenen Betriebskosten (§ 535 Abs. 1 S. 3 BGB) nur dann, wenn sie ausdrücklich als umlagefähig vereinbart werden (§ 556 Abs. 1 S. 1 BGB). Für ihre Überwälzung auf den Mieter genügt die – auch formularmäßige – Vereinbarung, dass dieser „die Betriebskosten" zu tragen hat. Auch ohne Beifügung des Betriebskostenkatalogs oder ausdrückliche Bezugnahme auf § 556 Abs. 1 S. 2 BGB und die Betriebskostenverordnung ist damit die Umlage der in § 556 Abs. 1 S. 2 BGB definierten und in der Betriebskostenverordnung erläuterten Betriebskosten vereinbart.[333] Unschädlich soll es auch sein, wenn im Formularmietvertrag versehentlich sowohl die Variante „Betriebskostenpauschale" als auch die Variante „Betriebskostenvorauszahlung" angekreuzt sind und die Betriebskosten nicht näher bezeichnet sind.[334] Für „sonstige Betriebskosten" iSv § 2 Nr. 17 BetrKV sollte vorsorglich auf eine explizite Vereinbarung oder namentliche Benennung[335] nicht verzichtet werden.

301

---

[330] So AG Bonn NJW-RR 1992, 455; AG Offenbach ZMR 1987, 472; AG Tettnang WuM 1993, 406; vermittelnd AG Friedberg (Hessen) WuM 1994, 216.
[331] OLG Stuttgart NJW-RR 1994, 1291 = ZMR 1995, 401; LG Kiel WuM 1992, 622; Gather DWW 1992, 353 (357).
[332] OLG Stuttgart NJW-RR 1994, 1291 = ZMR 1995, 401; Gather DWW 1992, 353 (357).
[333] BGH NJW 2016, 1308; NJW-RR 2016, 1293 = NZM 2016, 720.
[334] BGH NJW-RR 2016, 1293 = NZM 2016 720 mAnm Ludley NZM 2016, 721.
[335] BGH NZM 2004, 417 = NJW-RR 2004, 875.

Zu einzelnen Betriebskostenarten hatte die Rechtsprechung zahlreich Gelegenheit, Stellung zu beziehen:[336]

Kosten der Gartenpflege

302 Der Mieter hat auch dann die vereinbarten Kosten der Gartenpflege (§ 2 Nr. 10 BetrKV) zu tragen, wenn er den Garten nicht nutzen kann, die Gartenfläche das Anwesen aber insgesamt verschönert.[337] Für Garten- oder Parkflächen, die durch bauplanerische Bestimmungen oder durch den Vermieter selbst für die Nutzung der Öffentlichkeit gewidmet sind, gilt dies nicht.[338]

Kosten des Aufzugs

303 Der Mieter kann formularvertraglich auch bei einer Erdgeschosswohnung an den Aufzugskosten beteiligt werden. Das gilt ebenfalls, wenn der Aufzug für ihn ohne Nutzen ist. Eine rechnerisch exakte Abrechnung ist ohnehin kaum möglich, denn bei mehrstöckigen Gebäuden müsste auch zwischen den Mietern im ersten und denen im obersten Stockwerk unterschieden werden.[339] Dies gilt aber nicht, wenn der Mieter mit Kosten für einen Aufzug belastet wird, mit dem seine Wohnung nicht erreicht werden kann, weil sich der Aufzug in einem anderen Gebäudeteil befindet.[340]

Prüfkosten für Elektroanlagen

304 Zu den umlagefähigen Betriebskosten, die gem. § 2 Nr. 17 BetrKV als „sonstige Betriebskosten" auf den Mieter überwälzt werden dürfen, gehören nach Ansicht des BGH[341] wiederkehrende Kosten für die Prüfung der Funktionssicherheit einer Elektroanlage („E-Check"). Nach dem zu beurteilenden Sachverhalt fielen die Kosten in einem Zyklus von vier Jahren an. Der BGH lehnte die Meinung ab, dass eine Umlage nicht möglich sei, da es sich bei der Überprüfung der Elektroanlage um eine vom Vermieter in erster Linie im eigenen Interesse getroffenen Vorsorgemaßnahme – vorbeugende Instandhaltung – handele. Er differenziert zwischen Vorsorgemaßnahmen der Instandhaltung, wenn Erneuerungen schon vor dem Auftreten von Mängeln getätigt werden und solchen, die der bloßen Überprüfung der Funktionsfähigkeit und Betriebssicherheit einer technischen Einrichtung dienen.

Kosten der Dachrinnenreinigung

305 Kosten einer Dachrinnenreinigung können als sonstige Betriebskosten nach § 2 Nr. 17 BetrKV auf den Mieter umgelegt werden. Sonstige Betriebskosten i. S. v. § 2 Nr. 17 BetrKV sind nur dann umlagefähig, wenn die Umlegung der im Einzelnen bestimmten Kosten mit dem Mieter vereinbart worden ist.[342] Darauf sollte vorsorglich trotz der weniger engherzigen Rechtsprechung des BGH zur generellen Betriebskostenumlagevereinbarung[343] geachtet werden.

2. Verteilungsschlüssel

306 Verbrauchs- oder verursachungsabhängige Betriebskosten sind verbrauchsabhängig abzurechnen, wenn nichts anderes vereinbart ist. Anders erfasste Betriebskosten muss der Vermieter nach der Wohnfläche umlegen, soweit der Vertrag hierzu keine anderen Umlageschlüssel vorsieht (§ 556a Abs. 1 BGB).

---

[336] Vgl. zuletzt den Bericht von Gather DWW 2018, 4 u. 44.
[337] BGH NZM 2004, 545; Lützenkirchen MietRB 2004, 255; Langenberg NZM 2005, 51 (53).
[338] BGH NJW 2016, 1439 = NZM 2016, 353
[339] BGH NJW 2006, 3557 = NZM 2006, 895; siehe hierzu auch Timme NZM 2007, 29.
[340] BGH NJW 2009, 2058 = NZM 2009, 478.
[341] BGH NJW 2007, 1356 = NZM 2007, 282.
[342] BGH NJW-RR 2004, 875 = NZM 2004, 417; BGH NJW-RR 2004, 877 = NZM 2004, 418; Pfeifer MietRB 2004, 203; Blank NZM 2004, 651; Langenberg NZM 2005, 51 (53).
[343] BGH NJW 2016, 1308; NJW-RR 2016, 1293 = NZM 2016, 720.

Die vorstehenden Abrechnungsmaßstäbe sind damit dispositiv. 307
Bestehende Mietverhältnisse werden nicht berührt. Der Vermieter muss also zusätzlich vereinbarte Umlageschlüssel nicht ändern. Sie können unabhängig davon weiterhin angewendet werden, ob sie ausdrücklich oder durch schlüssiges Verhalten Vertragsinhalt geworden sind.[344]

Der Vermieter kann aber in diesen Fällen durch Erklärung in Textform bestimmen, 308 dass die Betriebskosten zukünftig abweichend von der getroffenen Vereinbarung nach dem vorgestellten gesetzlichen Modell umgelegt werden dürfen (§ 556a Abs. 2 S. 1 BGB). Die Erklärung ist nur vor Beginn eines Abrechnungszeitraums zulässig (§ 556a Abs. 2 S. 2 BGB).

3. Betriebskostenvorauszahlungen

§ 556 Abs. 2 BGB sieht die Möglichkeit, Betriebskostenvorauszahlungen zu erheben, 309 vor. Vorauszahlungen dürfen nur in angemessener Höhe vereinbart werden (§ 556 Abs. 2 S. 2 BGB). Danach sind Vorauszahlungen in unangemessener Höhe untersagt. Damit ist keine zu niedrige Vereinbarung gemeint, sondern ausschließlich eine unangemessene Überhöhung der Vorauszahlungen. Da es dem Vermieter unbenommen ist, dem Mieter die auf ihn umgelegten Betriebskosten insgesamt zu kreditieren, kann es einem Vermieter nicht zum Nachteil gereichen, wenn er Vorauszahlungen verlangt, die in ihrer Höhe die tatsächlichen Kosten nicht nur geringfügig, sondern auch deutlich unterschreiten. Der Begriff der „Vorauszahlungen" legt keinesfalls die Annahme nahe, dass die Summe der Vorauszahlungen den voraussichtlichen Abrechnungsbetrag auch nur annähernd erreichen wird und begründet für den Mieter keinen Vertrauenstatbestand. Der Vermieter ist demnach nicht grundsätzlich verpflichtet, Vorauszahlungen auf die umlegbaren Betriebskosten so zu kalkulieren, dass sie kostendeckend sind.[345] Aber: Ein Schadensersatzanspruch des Mieters kommt in Betracht, wenn der Vermieter dem Mieter bei Vertragsschluss die Angemessenheit der Betriebskosten ausdrücklich zugesichert oder diese bewusst zu niedrig bemessen hat.[346]

Die Überschreitung der tatsächlich angefallenen Kosten im Vergleich zu der Summe 310 der vereinbarten Vorauszahlungen betrug in einem vom BGH entschiedenen Fall mehr als 100 Prozent.

Der BGH[347] wies darauf hin, dass eine Pflichtverletzung im Zusammenhang mit der 311 Vereinbarung von Vorauszahlungen bei Vertragsschluss deshalb nur dann anzunehmen sei, wenn besondere Umstände vorliegen. Dies sei etwa dann der Fall, wenn der Vermieter dem Mieter bei Vertragsabschluss die Angemessenheit der Betriebskosten ausdrücklich zugesichert oder diese bewusst zu niedrig bemessen habe, um den Mieter über den Umfang der tatsächlichen Mietbelastung zu täuschen und ihn auf diese Weise zur Begründung eines Mietverhältnisses zu veranlassen.

Liegen keine besonderen Umstände vor, begeht der Vermieter keine Pflichtverletzung 312 beim Vertragsschluss, wenn er mit dem Mieter Vorauszahlungen für Nebenkosten vereinbart, die die Höhe der später anfallenden tatsächlichen Kosten nicht nur geringfügig, sondern auch deutlich unterschreiten.[348]

---

[344] Zur stillschweigenden Vereinbarung von Abrechnungsmaßstäben Langenberg/Zehelein, Betriebs- und Heizkostenrecht F III Rn. 14 f.
[345] BGH NJW 2004, 1102 = NZM 2004, 251; BGH WuM 2004, 235.
[346] BGH NJW 2004, 1102 = NZM 2004, 251; KG ZMR 2007, 963; AG Göttingen WuM 2007, 574.
[347] BGH NJW 2004, 1102 = NZM 2004, 251.
[348] BGH NJW 2004, 1102 = NZM 2004, 251; BGH NJW 2004, 2674 = NZM 2004, 619; Langenberg NZM 2005, 51 (54).

313 Bei Inklusiv- und bei Teilinklusivmieten kann ebenfalls auf einen separaten Betriebskostenausweis nach dem Modell des § 556a BGB umgestellt werden, doch sind in diesem Fall diese Mietformen um die Betriebskostenanteile zu bereinigen (§ 556a Abs. 2 S. 3 BGB).[349]

4. Einzelabrechnungen

314 Sind die Betriebskosten am 1.9.2001 bei bestehenden Mietverhältnissen neben der Miete als Pauschale geregelt, so kann nur auf eine separate Betriebskostenabrechnung umgestellt werden (§ 556a BGB).

5. Pauschale

315 Zur Klarstellung sei vorausgeschickt, dass in den bisher behandelten Fällen der Brutto- und Teilinklusivmieten zwar rechnerisch der Betriebskostenanteil in der Miete enthalten ist, jedoch keine gesonderte Pauschale für die Betriebskosten ausgewiesen ist. Unter einer Betriebskostenpauschale versteht man einen festen Betrag, den der Mieter neben der Grundmiete in gleichbleibender Höhe für die Betriebskosten zu bezahlen hat.

IX. Überwälzung kleinerer Instandhaltungen und Instandsetzungen

1. Kleinreparaturen

316 Kleinere Instandhaltungen können durch Formularmietvertrag auf die Miete überwälzt werden. Derartige Kleinreparaturklauseln sind nur wirksam,
- wenn sich die Klausel gegenständlich auf die in § 28 Abs. 3 S. 2 II.BV aufgezählten Gegenstände, die häufig dem Zugriff des Mieters ausgesetzt sind, beschränkt,[350]
- wenn ein Höchstbetrag für die Einzelreparatur (76,69 EUR = DM 150,–; vgl. zur Teuerungsrate seit 1992 auch nach der Einführung des Euro: AG Braunschweig,[351] = 100,– Euro) im Einzelfall, maximal 8 % der Jahresnettomiete bei maximal 300,– Euro pro Kalenderjahr sowie ein Jahresbetrag (6 % der Jahresbruttokaltmiete), mit dem sich der Mieter bei mehreren Kleinreparaturen zu beteiligen hat, angegeben sind[352] und
- wenn der Mieter nur zur Kostenerstattung verpflichtet wird, nicht aber dazu, eine Kleinreparatur selbst vorzunehmen.[353]

2. Wartung von Thermen

317 Grundsätzlich ist auch die Überwälzung von Wartungskosten für Thermen auf den Mieter zulässig. Hier gelten zunächst die für Kleinreparaturklauseln dargelegten Schranken. Allerdings muss die Klausel nach Auffassung des BGH aber keine Obergrenze mehr enthalten, bis zu der der Mieter die jährlich entstehenden Wartungskosten zu tragen hat.[354]

---

[349] Lützenkirchen, Neue Mietrechtspraxis, 2001, Rn. 161, S. 51.
[350] BGH NJW 1989, 2247 = DWW 1989, 195; hierzu → Rn. 686.
[351] AG Braunschweig ZMR 2005, 717 = GE 2005, 677; dagegen AG Bingen WuM 2013, 349 (120 EUR pro Einzelreparatur benachteilige den Mieter unangemessen).
[352] BGH NJW 1992, 1759 = DWW 1992, 207; BGH NJW 1991, 1750.
[353] BGH NJW 1992, 1759 = DWW 1992, 207; zur Wirksamkeit von Kleinreparaturklauseln in alten DDR-Altmietverträgen AG Görlitz WuM 1995, 700.
[354] BGH NJW 2013, 597 (Abgrenzung zu BGH NJW 1991, 1750 = GE 1991, 615).

X. Kaution

Bei der Vertragsgestaltung empfiehlt es sich für den Vermieter, eine Kaution zur Sicherung seiner Ansprüche aus dem Mietverhältnis zu vereinbaren. Ist der Mietvertrag einmal ohne Verpflichtung zur Zahlung einer Kaution abgeschlossen worden, so kann der Vermieter nachträglich einseitig keine Kaution fordern.

318

Grundlegende Vorschriften für die Mietkaution sind §§ 551, 563b Abs. 3, 566a BGB. Danach hat der Mieter die Kaution zu leisten. Bei Eintritt oder Fortsetzung des Mietverhältnisses nach dem Tod des Mieters kann der Vermieter von den Personen, die in den Mietvertrag eingetreten sind oder mit denen das Mietverhältnis fortgesetzt wird, eine Kaution verlangen, wenn der Verstorbene nicht bereits Sicherheit geleistet hat (§ 563b Abs. 3 BGB). Unter den Maßgaben von § 566a BGB bleibt der Veräußerer weiterhin zur Rückgewähr der Kaution an den Mieter bei Ende des Mietverhältnisses verpflichtet, wenn dieser die Sicherheitsleitung vom Erwerber nicht herausverlangen kann (§ 566a S. 2 BGB).

319

Das Gesetz trägt der Ansicht des BGH[355] Rechnung. Die Forthaftung des Veräußerers ist jedoch subsidiär. Der Mieter muss zunächst den Erwerber auf Rückzahlung in Anspruch nehmen.[356] In Veräußerungsfällen besteht grundsätzlich kein Anspruch des Erwerbers gegen den Mieter auf erneute Leistung einer im Mietvertrag vereinbarten Kaution, wenn der Mieter die Kaution bereits an den Voreigentümer als früheren Vermieter geleistet hat.[357]

320

1. Kautionsarten

Das Gesetz unterscheidet zwischen einer Geldsumme (§ 551 Abs. 2 BGB) und anderen Anlageformen (§ 551 Abs. 3 S. 2 BGB). Dabei kann die Geldsumme als Barkaution vom Mieter bereitgestellt werden. Dem Vermieter obliegt die Pflicht, die Kautionssumme treuhänderisch getrennt von seinem Vermögen anzulegen.[358] Wegen der regelmäßigen Verzinsungspflicht mindestens in Höhe des für Spareinlagen gesetzlich geltenden Zinssatzes kommt eine ertraglose „Anlage" wie die bloße Verwahrung von vornherein nicht in Betracht. Die Barkaution kann auch mit höheren Erträgen angelegt werden. Der Mieter kann auch ein auf seinen Namen lautendes Sparbuch an den Vermieter verpfänden.

321

Daneben können die Parteien gem. § 232 BGB alle Sicherheiten als Kaution vereinbaren, also insbesondere die Hinterlegung von Geld, Wertpapieren, die Verpfändung beweglicher Sachen, die Bestellung von Hypotheken sowie die Stellung eines tauglichen Bürgen. Denn § 551 BGB bezieht sich auf alle Formen der Sicherheitsleistung.[359]

322

Nach § 551 Abs. 2 S. 1, Abs. 4 BGB ist die Vereinbarung einer Barkaution nur zulässig, wenn sie das Recht des Mieters zur Zahlung von drei gleichen monatlichen Teilbeträgen umfasst. Andernfalls ist sie nichtig. Die Kautionsvereinbarung ist aber nicht insgesamt nichtig, sondern nur insoweit, als Ratenzahlung ausgeschlossen ist.[360] Denn § 551 Abs. 2 S. 2 BGB bestimmt ausdrücklich, das die erste Teilzahlung zu Beginn des Mietverhältnisses fällig ist. Dies ist für den Mieter von Vorteil, für den Vermieter aber

323

---

[355] BGH NJW 1999, 1857.
[356] BGH NJW-RR 2013, 457 = NZM 2013, 230; dazu auch Gather DWW 2001, 192 (199).
[357] BGH NZM 2012, 303 = NJW-RR 2012, 214.
[358] Zur Vermögensbetreuungspflicht des Vermieters bei Kautionen (Untreue) BGH NJW 2008, 1827.
[359] Schmidt-Futterer/Blank BGB § 551 Rn. 11.
[360] BGH NJW 2003, 2899 = NZM 2003, 754; BGH NJW 2004, 1240 = NZM 2004, 217; BGH NJW 2004, 3045.

nachteilig, da er nach den gesetzlichen Vorstellungen den Mietvertrag abschließen und den Mieter einziehen lassen muss, bevor er die Kautionsleistung in voller Höhe in Händen hält.

324 Dieser Schwäche der Barkaution kann der Vermieter dadurch entgehen, dass er eine Bürgschaft als Kautionsleistung vereinbart. Dies kann auch durch Formularvertrag geschehen.[361] Eine Mietbürgschaft ist nach § 232 Abs. 2 BGB zulässig. Dem Vermieter ist unbedingt eine selbstschuldnerische Bürgschaft auf erstes Anfordern zu empfehlen.

325 Bei dieser Bürgschaftsform braucht der Vermieter als Gläubiger seine materielle Berechtigung zunächst nicht schlüssig nachzuweisen. Glaubt der Bürge, er werde zu Unrecht in Anspruch genommen, so muss er seine Leistung im Wege der ungerechtfertigten Bereicherung zurückfordern.[362] Mit der Bürgschaft auf erstes Anfordern kann die Mietsicherheit schnell realisiert werden. Denn hier verzichtet der Bürge über den Verzicht auf die Einrede der Vorausklage hinaus (§§ 771, 773 Abs. 1 Nr. 1 BGB) auch auf die Einrede der Anfechtbarkeit nach § 770 BGB, der Verwertung vorrangiger Sicherheiten nach § 772 Abs. 2 BGB, insbesondere des Vermieterpfandrechts, sowie auf die Einrede des aufgegebenen Rechts nach § 776 BGB. Sie ist also für den Vermieter günstig, für den Bürgen aber wegen seiner beschriebenen Rechtsverzichte gefährlich. Deshalb wird vereinzelt versucht, die für den Bürgen einschneidenden Rechtsfolgen dieser Bürgschaftsform durch eine sogenannte Hinterlegungsklausel aufzuweichen. Danach behält sich der Bürge vor, sich jederzeit aus der Verpflichtung der Bürgschaft zu befreien, indem er einen Betrag in Höhe der Bürgschaftssumme im Namen und für Rechnung des Mieters hinterlegt (§§ 372 ff. BGB). Der Vermieter ist gut beraten, darauf zu achten, dass bei einer Bürgschaft eine Hinterlegungsklausel weder in die Bürgschaftsurkunde aufgenommen noch sonst vereinbart wird.[363] Auf das Hinterlegungsrecht kann auch formularvertraglich verzichtet werden.[364] Die Schwäche dieser Kautionsform liegt in dem Umstand, dass im Rahmen der Kautionsabrechnung mit Ansprüchen des Vermieters gegen die Bürgschaft als Kautionsleistung nicht aufgerechnet werden kann. Es fehlt an der Gleichartigkeit der Forderungen.[365]

326 Die in § 551 Abs. 3 S. 2 BGB erwähnte andere Anlageform reduziert sich wegen der Verzinsungspflicht der Kaution auf Anlagen, die grundsätzlich auch Erträge in Form von Zinsen oder Dividenden abwerfen können. Deshalb kann zB auch die Anlage in Aktien vereinbart werden.[366] Diese grundsätzlich zulässige Erweiterung der Anlageformen nach § 551 Abs. 3 S. 2 BGB erscheint indessen paradox. Denn sie widerspricht dem Zweck der Kaution, Sicherheit für Ansprüche des Vermieters aus dem Mietverhältnis zu leisten. Ist das Stammkapital dieser Sicherheit angegriffen oder mitverbraucht, so ist der originäre Zweck der Kaution nicht mehr vollziehbar.

2. Sicherungsumfang

327 Im preisfreien Wohnraum ist der Sicherungszweck der Kaution in § 551 Abs. 1 S. 1 BGB definiert. Danach dient die Kaution zur Sicherung aller Forderungen des Vermieters aus dem Mietverhältnis. Die Mietkaution sichert auch noch nicht fällige Ansprüche, die sich aus dem Mietverhältnis und seiner Abwicklung ergeben, und erstreckt sich damit auf Nachforderungen aus einer nach Beendigung des Mietverhältnisses noch vorzunehmen-

---

[361] Bub/Treier MietR-HdBBub in Bub/Treier MietR-HdB Kap. II Rn. 1281.
[362] Pfeifer, Das neue Mietrecht 2001, S. 22.
[363] Bub in Bub/Treier MietR-HdB Kap. II Rn. 1281.
[364] KG Beschl. v. 9.1.2006 – 8 U 86/05, BeckRS 2006, 02232.
[365] KG ZMR 2011, 858; LG Hannover Beschl. v. 22.2.2013 – 14 S 58/12, BeckRS 2013, 09948; LG Kiel WuM 2001, 238.
[366] Schmidt-Futterer/Blank BGB § 551 Rn. 47.

den Abrechnung der vom Mieter zu tragenden Betriebskosten. Deshalb darf der Vermieter einen angemessenen Teil der Mietkaution bis zum Ablauf der ihm zustehenden Abrechnungsfrist einbehalten, wenn eine Nachforderung zu erwarten ist.[367]

3. Kautionshöhe

In der Wohnraummiete ist die Kautionshöhe durch § 551 Abs. 1 BGB begrenzt. Danach darf als Kaution höchstens das Dreifache der auf einen Monat entfallenden Miete ohne die als Pauschale oder als Vorauszahlung ausgewiesenen Betriebskosten verlangt werden. Ausnahmsweise darf diese Höhe überschritten werden, wenn dem Vermieter eine (zusätzliche) Sicherheit zur Abwendung einer Kündigung wegen Zahlungsverzugs gewährt wird.[368] Abgesehen von Altverträgen aus der Zeit vor dem 1.1.1983 mit einem dort enthaltenen Ausschluss der Verzinsung (Art. 229 § 2 Abs. 8 EGBGB) und abgesehen von Vermietungen in einem Studenten- oder Jugendwohnheim (§ 551 Abs. 3 S. 5 BGB) besteht Verzinsungspflicht (§ 551 Abs. 3 S. 1 BGB). Zinsen und Erträge erhöhen die Sicherheit und stehen dem Mieter zu (§ 551 Abs. 3 S. 3 u. 4 BGB).

328

4. Sonstige Sicherheitsleistungen

Zusätzlich zu dem besprochenen Grundmodell der Mietkaution kann der Vermieter in einzelnen Fällen weitere Sicherheitsleistungen fordern.

329

aa) Mietermodernisierungen. In allen Fällen, in denen der Mieter keinen Anspruch darauf hat, die Wohnung durch eigenes Tätigwerden zu modernisieren, kann der Vermieter seine Genehmigung hierzu von der Leistung einer angemessenen Sicherheitsleistung zur Absicherung aller Ansprüche abhängig machen, die sich aus einem unmittelbaren Schaden oder aus einem Folgeschaden aus Mietermodernisierungen ergeben können.

330

bb) Behindertengerechter Umbau der Wohnung (Barrierefreiheit). § 554a Abs. 1 S. 1 BGB räumt dem Mieter gegen den Vermieter einen Anspruch auf Zustimmung zu baulichen Veränderungen oder sonstigen Einrichtungen ein, die für eine behindertengerechte Nutzung der Mietsache oder des Zugangs zu ihr erforderlich sind, soweit der Mieter hieran ein berechtigtes Interesse hat.[369]

331

Abgesehen von den Baukosten muss der Mieter auf Verlangen des Vermieters eine angemessene zusätzliche Sicherheit leisten, die zur Deckung der voraussichtlichen Kosten für die Wiederherstellung des ursprünglichen Zustandes dienen soll (Rückbau). Der Mieter muss also unabhängig von der „Regelkaution" als Sicherheitsleistung die Kosten dafür tragen, dass die Mietsache bei Beendigung der Mietzeit wieder in ihren ursprünglichen Zustand zurückversetzt wird (§ 554a Abs. 2 BGB).

332

cc) Ausbau von Einrichtungen und Einbauten. Für den Bereich der Wohnraummiete ist insbesondere auf das Wegnahmerecht des Mieters bei Abwicklung des beendeten Mietverhältnisses (§ 539 Abs. 2 BGB) hinzuweisen. Der Vermieter kann die Wegnahme solange verweigern, bis ihm für einen daraus entstehenden Schaden durch den Mieter ausreichend Sicherheit geleistet wird (§ 258 S. 2 BGB).

333

---

[367] BGH NJW 2006, 1422 = NZM 2006, 343; BGH NJW 2016, 3231.
[368] BGH NJW 2013, 1876; BGH NJW 1990, 2380; vgl. auch BGH NJW 1989, 1853.
[369] Siehe zum Hintergrund der Norm BVerfG NJW 2000, 2658 = NZM 2000, 539.

XI. Vereinbarung anlässlich baulicher Veränderungen, Verbesserungen und Modernisierungen

1. Mieterseite

334 In der Regel muss der Mieter die Wohnung so akzeptieren, wie er sie angemietet hat. Der Zustand der Wohnung bei Abschluss des Vertrages bedingt ihren vertragsgemäßen Zustand, solange und soweit keine Vereinbarungen getroffen sind, welche Arbeiten noch von welcher Vertragspartei zu erledigen sind. Erst recht darf der Mieter die Mietsache nicht eigenmächtig baulich verändern.

335 Allerdings hat der Mieter in Ausnahmefällen einen Anspruch darauf, dass der Vermieter einer baulichen Veränderung der Wohnung zustimmt. Ein solcher Anspruch besteht, wenn die Wohnung in technischer Hinsicht oder nach sonstigen bedeutsamen Wohnmerkmalen einen deutlich überholten Standard aufweist. Der Vermieter kann seine Zustimmung allerdings verweigern, wenn sich daraus Beeinträchtigungen und die Gefahr einer nachhaltigen Verschlechterung für die Mietsache ergeben können, so insbesondere bei nachhaltigen Eingriffen in die Bausubstanz.

336 In jedem Fall muss der Mieter vorher den Vermieter von seinen Plänen unterrichten und ihn um Zustimmung bitten.

337 Der gesetzliche Tatbestand für einen Anspruch des Mieters auf barrierefreies behindertengerechtes Wohnen in § 554a BGB gehört zu dieser Fallgruppe. Unter den dort genannten Voraussetzungen kann der Mieter vom Vermieter die Zustimmung zu baulichen Veränderungen der Wohnung selbst oder des Hauszugangs verlangen, die ein behindertengerechtes Wohnen ermöglichen.

338 Möchte der Vermieter den geplanten Maßnahmen seines Mieters zustimmen oder ist er gesetzlich dazu verpflichtet, so ist eine vertragliche Vereinbarung zu empfehlen, die Grundlage für seine geplanten baulichen Veränderungen der Mietsache ist. In dieser Vereinbarung sind zwingend folgende Punkte aufzunehmen:
- Umfang der Baumaßnahmen
- Ausführung der Baumaßnahmen
- Bauunterlagen einschließlich behördlicher Genehmigungen und statischer Berechnungen
- Behandlungen von Mietminderungen durch Dritte anlässlich der Baumaßnahmen
- Versicherungen
- Kostenumfang der Baumaßnahme und Kostenübernahme durch den Mieter
- Abschreibung
- Wegnahmerecht des Mieters bei beendetem Mietverhältnis und Entschädigung
- Instandhaltungspflichten des Mieters.

339 Diese Vereinbarung kann einmal in den Mietvertrag selbst aufgenommen werden, was insbesondere bei schon anfänglich geäußertem Umbaubedarf des Mieters und insbesondere bei Gewerbemietverhältnissen nahe liegt. Sie kann aber auch selbständig neben dem Mietvertrag vereinbart werden.

2. Vermieterseite

340 Im Hinblick auf Baumaßnahmen des Vermieters enthalten die §§ 555a – 555f BGB klare Vorgaben. Soweit Wohnraum betroffen ist, sind Vereinbarungen zum Nachteil des Mieters unwirksam, die seine Duldungspflicht aus § 555a Abs. 1 BGB und § 555d Abs. 1 BGB, die Mitteilungspflicht des Vermieters vor Beginn der Baumaßnahmen in § 555a Abs. 2 BGB und § 555c Abs. 1 S. 1 BGB beschränken oder sonst ändern. Gleiches für Aufwendungsersatzansprüche des Mieters aus § 555a Abs. 3 BGB oder § 555d Abs. 6 BGB.

XII. Überwälzung von Schönheitsreparaturen

§ 535 Abs. 1 S. 2 BGB geht davon aus, dass der Vermieter im Zuge seiner Pflicht, dem Mieter auch während der Vertragsdauer die Mietsache in vertragsgemäßen Zustand zu erhalten (Gebrauchserhaltungspflicht), die Renovierungsleistungen (Schönheitsreparaturen) schuldet. Das BGB kennt den Begriff der Schönheitsreparaturen nicht, obgleich innerhalb des Gesetzgebungsverfahrens zum Mietrechtsreformgesetz 2001 diskutiert wurde, die Schönheitsreparaturen im Bürgerlichen Gesetzbuch gesetzlich zu regeln.[370] Zum Begriff der Schönheitsreparaturen ist damit weiterhin auf die in § 28 Abs. 4 II. BV enthaltene Legaldefinition abzustellen. Dabei wird der Umfang der Schönheitsreparaturen weiterhin durch die dazu ergangene Rechtsprechung bestimmt.   **341**

Auch im Lichte der aus dem alten Recht übernommenen gesetzlichen Regelung, nach der der Vermieter für den Mieter schönheitsreparaturpflichtig sein soll, ist es unstreitig, dass Schönheitsreparaturen vertraglich auf den Mieter überwälzt werden können, soweit dem Mieter bei Mietbeginn eine renovierte Wohnung überlassen wurde.[371] Deshalb ist eine entsprechende vertragliche Vereinbarung aufzunehmen, die – grob gesagt – folgende Punkte zu beachten hat: **342**

Sowohl die formularmäßige Übertragung der Anfangsrenovierung für sich als auch die individuelle Abwälzung der Anfangsrenovierung neben der formularmäßigen Abwälzung der laufenden Schönheitsreparaturen in Wohnraummietverhältnissen ist rechtlich unwirksam. Denn die Verpflichtung des Wohnraummieters, die vertragsgemäße Abnutzung des Wohnraums seines Vormieters zu beseitigen, stellt eine zusätzliche Leistung des Mieters dar, der keine Gegenleistung des Vermieters gegenübersteht.[372]

Zulässig ist die Überwälzung der Schönheitsreparaturen und damit die Verpflichtung des Mieters zur Vornahme entsprechender Renovierungsarbeiten, die an einen Fristenplan geknüpft sind, wenn zusätzlich die Wohnung auch konkret renovierungsbedürftig ist. Damit sind die in den Mietverträgen üblichen Fristenpläne zur Durchführung von Schönheitsreparaturen keine absoluten fixen Größen, sondern stellen lediglich zeitliche Regelansätze dar. Denn der Renovierungsbedarf muss hinzukommen.

Zulässig ist es auch, den Mieter zur Renovierung bei Ende des Mietverhältnisses zu verpflichten, soweit   **343**

- dem Mieter nicht der Nachweis abgeschnitten wird, dass die letzten Schönheitsreparaturen innerhalb der vereinbarten „weichen" Fristen[373] – zurückgerechnet zum Zeitpunkt der Beendigung des Mietverhältnisses – durchgeführt worden sind,
- die Wohnung sich in einem der normalen Abnutzung entsprechenden Zustand befindet,
- der Mieter nur zur fachgerechten Renovierung, nicht aber zu einer Renovierung durch Fachhandwerker verpflichtet wird,[374]
- der Mieter auch statt der Vornahme der Renovierungsleistung den dafür erforderlichen Betrag an den Vermieter zahlen darf, wenn als Preisgrundlage hierfür ein Angebot einer anerkannten Fachfirma[375] vereinbart wird, und

---

[370] Eine Anregung an den Gesetzgeber mit konkretem Gesetzesvorschlag hat Streyl NZM 2017, 345 herausgearbeitet.
[371] BGH NJW 2015, 374; NJW 2015, 1594 mAnm Lehmann-Richter NJW 2015, 1598; BGH NJW 2010, 2877 (2878) spricht von „Verkehrssitte"; hierzu ausführlicher → Rn. 625 ff.
[372] Langenberg in Langenberg/Zehelein, Schönheitsreparaturen I. Teil Rn. 160.
[373] BGH NJW 2004, 2586; NJW 2006, 2115; NJW 2007, 3776.
[374] BGH NJW 2010, 2877.
[375] BGH NJW 2013, 573; hierzu ausführlicher → Rn. 643.

- der Mieter umgekehrt eigene Zahlungsverpflichtungen dadurch abwenden darf, dass er Schönheitsreparaturen fachgerecht selbst durchführt.[376]

XIII. Gebrauchsrechte und Pflichten des Mieters

344 Einzelfallregelungen zu den Gebrauchsrechten des Mieters können einmal in einzelnen speziellen Abschnitten, in einer Sammelvereinbarung („sonstige Vereinbarungen") sowie in der Hausordnung vorkommen. Dies ist vertragsgestaltend unter zwei Aspekten bedeutsam:

345 Die Hausordnung regelt nur die formalen Aspekte des Zusammenlebens der Mieter in der Hausgemeinschaft, also die Regeln, die für die Aufrechterhaltung der Ordnung im Hause üblich sind, während die materielle Pflichtenaufteilung zwischen Mieter und Vermieter im Mietvertrag geregelt wird. Deshalb darf die Hausordnung nicht selbst neue vertragliche Pflichten begründen, sondern lediglich schon bestehende vertragliche Pflichten konkretisierend ausfüllen.[377] Wird hiergegen verstoßen, so steht eine derartige Vertragsgestaltung mit § 305 BGB nicht in Einklang.[378] Im Übrigen wird gegen Pflichten begründende Klauseln in einer Hausordnung der Vorwurf der überraschenden Klausel iSv § 305c Abs. 1 BGB erhoben. Die Klausel wird auch dann nicht in den Vertrag mit einbezogen.[379]

346 Ist die Hausordnung nicht Bestandteil der Mietvertragsurkunde, sondern auf einem gesonderten Blatt niedergelegt, so stößt ihr Einbezug in den Mietvertrag nur auf Grund einer Formularklausel auf große rechtliche Bedenken und ist in aller Regel unwirksam.[380]

347 Der Vermieter kann die Hausordnung auch nachträglich aufstellen, soweit damit nicht zusätzliche Vertragspflichten begründet werden. Möglich sind damit Konkretisierungen bereits bestehender Vertragspflichten.

348 Der Vermieter kann die Hausordnung einseitig ändern, soweit dies für eine ordnungsgemäße Verwaltung und Bewirtschaftung der Mietsache unerlässlich ist. Der Vorbehalt des § 315 BGB ist zu beachten. Die Neuregelung muss also nach billigem Ermessen erfolgen. Auch in diesem Fall dürfen dem Mieter keinesfalls neue Pflichten auferlegt oder bestehende Rechte eingeschränkt werden.[381]

349 Die Hausordnung ist am sichersten in einen bestehenden Mietvertrag als gesonderte Urkunde einführbar, wenn beide Klauselwerke ausdrücklich aufeinander Bezug nehmen und die Anforderungen der „Auflockerungsrechtsprechung" des BGH zur Einbeziehung gesonderter Urkunden und Nebenanlagen in Verträge beachtet werden.[382]

350 In Bezug auf Gebrauchsrechte und Gebrauchspflichten des Mieters innerhalb von Sammelvereinbarungen in Mietverträgen („sonstige Vereinbarungen") ist darauf zu achten, dass der selbst entworfene Regelungsinhalt dem Inhalt des übrigen Formularmietvertrags nicht widerspricht. Wird dann im Streitfalle die selbst entworfene Vereinbarung als Individualabrede eingeordnet, so hat sie Vorrang gegenüber den übrigen Musterformularbestimmungen, was zu einem unbeabsichtigten Verdrängungseffekt in Bezug auf die thematisch einschlägigen Allgemeinen Geschäftsbedingungen führt (§ 305b BGB).

---

[376] BGH NJW 1998, 3114 = NZM 1998, 710.
[377] Vgl. statt aller Schmidt-Futterer/Eisenschmid BGB § 535 Rn. 375 ff.
[378] BGH NJW 1991, 1750 = DWW 1991, 212.
[379] Vgl. hierzu Schmid NJW 2013, 2145 (2147).
[380] Hierzu Schmidt-Futterer/Eisenschmid BGB § 535 Rn. 378.
[381] Hierzu Schmidt-Futterer/Eisenschmid BGB § 535 Rn. 379; ferner Schmid NJW 2013, 2145 (2148).
[382] BGH NZM 2005, 584 (585); BGH NZM 2003, 281 (282); BGH NJW 1998, 58 = NZM 1998, 25.

Wird die Vereinbarung dagegen selbst als Allgemeine Geschäftsbedingung klassifiziert, so entsteht die Situation mehrerer sich widersprechender Allgemeiner Geschäftsbedingungen innerhalb eines einzigen Mustervertrages. Dies führt zur Unklarheit. Unklarheiten bei gestellten Allgemeinen Geschäftsbedingungen gehen zu Lasten des Verwenders (§ 305c Abs. 2 BGB). Dies ist in aller Regel im Mietrecht der Vermieter.

Anlässe für eine individuelle Regelung einzelner Gebrauchsrechte und Gebrauchspflichten des Mieters können sich zum Beispiel bei Einfamilienhausvermietungen in Bezug auf die Gestaltung, die Pflege und die Nutzung des Hausgartens sowie des gesamten Grundstücksaußenbereichs ergeben. 351

XIV. Hausrecht des Mieters und Besichtigungsrecht des Vermieters

Ein allgemeines Recht des Vermieters, routinemäßig vermietete Wohnungen zu betreten und zu inspizieren besteht nicht und kann durch Formularklausel im Wohnungsmietvertrag nicht vereinbart werden.[383] Von einer unangemessenen Benachteiligung als Ergebnis der von § 307 BGB aufgegebenen Inhaltskontrolle formularvertraglicher Klauseln ist auszugehen, wenn zum Beispiel eine Besichtigung nicht in angemessenen Abständen und nach vorheriger Anmeldung, sondern jederzeit und ohne Vorankündigung vertraglich vorgesehen ist.[384] Der Mieter hat grundsätzlich das Recht, seine Räume ungestört zu nutzen. Denn aufgrund des Mietvertrags hat er ein Besitzrecht an den von ihm gemieteten Räumen und damit das Hausrecht. Der Vermieter hat ein zwar begrenztes Besichtigungs- und Betretungsrecht, so zum Beispiel dann, wenn er die Wohnung Kaufinteressenten oder Mietinteressenten zeigen möchte, wenn ihm Mängel angezeigt oder bekannt werden oder wenn es Anhaltspunkte dafür gibt, dass die Wohnung vernachlässigt wird. Deshalb muss ein konkreter sachlicher Anlass für seine Besichtigung vorliegen.[385] Er darf aber die Wohnung nicht nach seinem Gutdünken ohne anerkannten Grund und – abgesehen von Notfällen – auch nur nach vorheriger Anmeldung und Terminabsprache betreten. Dies gilt besonders auch dann, wenn der Vermieter – vertragswidrig – noch über einen eigenen Schlüssel zu den vermieteten Räumen verfügt.[386] Nur wenn diese Vorgaben im Text der Klausel beachtet werden, ist sie als AGB im Lichte von § 307 BGB unbedenklich. 352

Ohne vertragliche Vereinbarung wird dem Vermieter ein Besichtigungsrecht zugestanden 353
– zur Feststellung des Zustandes der Mieträume,[387]
– bei Verdacht des vertragswidrigen Gebrauchs oder Vernachlässigung der Obhutspflicht insbesondere aus § 536c BGB,[388]
– vor Verkauf oder Neuvermietung auch in Begleitung von Interessenten,[389] und
– durch Sachverständigen zwecks Begutachtung gemäß § 558a Abs. 2 Nr. 3 BGB im Rahmen streitiger Mieterhöhungen.[390]

---

[383] BGH NJW 2014, 2566 (2567) = NZM 2014, 635 (636); AG Bonn NJW-RR 2006, 1387 = NZM 2006, 698; Lützenkirchen NJW 2007, 2152 (2155).
[384] Hierzu näher Horst NZM 1998, 139; Lützenkirchen NJW 2007, 2152 (2155).
[385] BGH NJW 2014, 2566 (2567).
[386] OLG Celle WuM 2007, 201.
[387] Schlüter NZM 2006, 681; Herrlein ZMR 2007, 247; Lützenkirchen NJW 2007, 2152; aA AG Bonn NJW 2006, 1387.
[388] Lützenkirchen NJW 2007, 2152 (2153).
[389] BVerfG NJW-RR 2004, 440 = NZM 2004, 186 zum Zutrittsrecht in Veräußerungsfällen.
[390] Schmidt-Futterer/Börstinghaus BGB § 558a Rn. 89; ders. DS 2008, 286 (289); Huber DWW 1980, 192.

Die zu beachtende Anmeldefrist richtet sich dabei nach den Umständen des Einzelfalles.[391] Dafür gilt: je dringender der Anlass, desto kürzer die Frist.

XV. Vereinbarungen zur Gewährleistung bei Sach- und Rechtsmängeln

354 § 536d BGB bestimmt, dass sich der Vermieter auf eine Vereinbarung, durch die die Rechte des Mieters wegen eines Mangels der Mietsache ausgeschlossen oder beschränkt werden, nicht berufen kann, wenn er den Mangel arglistig verschwiegen hat. Daraus ist der Grundsatz abzuleiten, dass die Gewährleistungsrechte des Mieters vertraglich ausgeschlossen oder beschränkt werden können. Die Vorschrift gilt sowohl für Sachmängel als auch für Rechtsmängel.[392]

355 Für Wohnraummietverhältnisse macht § 536 Abs. 4 BGB von diesem Grundsatz eine Ausnahme. Danach ist bei Wohnraummietverhältnisses eine zum Nachteil des Mieters abweichende Vereinbarung von dem gesetzlichen Modell der mietrechtlichen Gewährleistung unwirksam.

XVI. Beendigung des Vertrags

356 Ebenfalls nicht zum Nachteil des Mieters abdingbar sind die Kündigungsvorschriften für Wohnraummietverhältnisse (§§ 569 Abs. 5, 573 Abs. 4, 573a Abs. 4, 573b Abs. 5, 573c Abs. 4, 574 Abs. 4, 576 Abs. 2, 576a Abs. 3, 576b Abs. 2 BGB).

XVII. Vorkaufsrechte des Mieters

1. Rechtsgeschäftliche Vorkaufsrechte

357 Vertragsgestaltend kann bei jeder Form des Mietvertrags ein Vorkaufsrecht des Mieters rechtsgeschäftlich vereinbart werden. Grundlage sind §§ 463 ff. BGB. Hierbei ist Formbedürftigkeit eines auf Abschluss eines formbedürftigen Kaufvertrages gerichteten Vorkaufsrecht zu beachten (§ 311b Abs. 1 BGB). Die Verpflichtung zur rechtsgültigen Einräumung eines Vorkaufsrechts bedarf der notariellen Beurkundung.[393]

2. Gesetzliche Vorkaufsrechte

358 Wird preisfreier Wohnraum nach der Begründung eines Mietverhältnisses in eine Eigentumswohnung umgewandelt, oder soll dies geschehen, so hat der Mieter ein gesetzliches Vorkaufsrecht (§ 577 S. 1 BGB). Er kann also im ersten[394] Verkaufsfalle[395] nach der Umwandlung, nicht aber später, an die Stelle des Käufers in den Vertrag eintreten. Dies gilt nicht, wenn der Vermieter an einen Familienangehörigen oder an einen Angehörigen seines Haushaltes verkauft (§ 577 Abs. 1 S. 2 BGB).

---

[391] Lützenkirchen NJW 2007, 2152 (2153).
[392] Schmidt-Futterer/Eisenschmid BGB § 536d Rn. 1.
[393] BGH NJW-RR 1991, 205 (206); Baer AnwZert MietR 16/2017 Anm. 2; MüKoBGB/Westermann BGB § 463 Rn. 11; vgl. auch BGH NJW 2016, 2035 (zum dinglichen Vorkaufsrecht).
[394] BGH NZM 2006, 505; vgl. in diesem Sinne auch BGH NJW 2007, 2699 = NZM 2007, 640.
[395] § 577 BGB gilt analog auch bei der Realteilung eines Grundstücks, das mit vermieteten Einfamilienhäusern bebaut ist, zugunsten der nutzenden Mieter BGH NJW 2008, 2257 = NZM 2008, 569.

§§ 577 Abs. 1 S. 3, Abs. 2, 469 Abs. 1 BGB verpflichten den Vermieter, den Mieter 359
unverzüglich über sein Vorkaufsrecht zu unterrichten und ihm den gesamten Inhalt des
mit dem Dritten geschlossenen Kaufvertrags, insbesondere den Kaufpreis, mitzuteilen.[396]
Der Mieter muss so vollständig informiert werden, dass ihm die Entscheidung über die
Ausübung des Vorkaufsrechts innerhalb der 2-Monatsfrist möglich ist.[397] Verletzt der
Vermieter diese mietvertragliche Nebenpflicht dadurch, dass er nicht, nicht richtig oder
unvollständig informiert, kann ihn der Mieter auf Schadensersatz in Anspruch nehmen.[398]
Das kommt infrage, wenn der Vermieter die Information unterlässt und der Dritterwerber das Mietverhältnis kündigt, wenn der selbst am Kauf interessierte Mieter vom Kauf
der Wohnung abgehalten wird, weil er falsch über die Höhe des Kaufpreises informiert
worden ist, oder schließlich, wenn er selbst mit dem Drittkäufer einen Kaufvertrag zu
höheren Konditionen abschließt.[399] Schadensersatz entfällt, wenn der Mieter sein Vorkaufsrecht trotz verzögerter Information des Vermieters über den Eintritt des Vorkaufsfalls und den Inhalt des Kaufvertrags mit dem Dritterwerber noch ausübt.[400]

Der Mieter übt das Vorkaufsrecht durch schriftliche Erklärung gegenüber dem Ver- 360
käufer aus. Stirbt der Mieter, so geht das Vorkaufsrecht auf den Eintrittsberechtigten über
(§ 563 Abs. 2 u. 3 BGB iVm § 577 Abs. 4 BGB). Im Übrigen finden die Vorschriften
über den rechtsgeschäftlichen Vorkauf (§ 463 ff. BGB) Anwendung.

Eine Vereinbarung zum Nachteil des Mieters ist unwirksam (§ 577 Abs. 5 BGB). Bei 361
Wohnungsumwandlungen können ferner Kündigungsbeschränkungen (Kündigungssperrfristen) zum Tragen kommen.[401]

XVIII. Vertragsstrafe

Für Wohnraumvermietungen schließt § 555 BGB die Möglichkeit aus, eine Vertrags- 362
strafe des Mieters zu Gunsten des Vermieters zu vereinbaren. Diese Vereinbarung ist nach
der genannten Vorschrift unwirksam.

XIX. Übergabeprotokoll

Schon aus Beweisgründen ist der Zustand der Mietsache bei Übergabe durch ein 363
entsprechendes Übergabeprotokoll festzuhalten. Darüber hinaus dient das Übergabeprotokoll dazu, die Einrichtungs- und Inventargegenstände sowie die Ausstattung der Mietsache insgesamt zu beschreiben und noch auszuführende restliche Arbeiten vor Einzug
des Mieters aufzulisten. Daneben sollte auch zum Ausdruck kommen, wie viele und
welche Schlüssel übergeben wurden. Das Übergabeprotokoll sollte auch den Zustand
aller mitvermieteten Nebenräume und des Zubehörs auflisten.

Sofern das Übergabeprotokoll nicht selbst Bestandteil des Mietvertrags ist, sollte es 364
unter Berücksichtigung der beschriebenen „Auflockerungsrechtsprechung" des BGH
ausdrücklich in den Mietvertrag mit einbezogen werden.

---

[396] BGH NJW 2015, 1516 (1517) = NZM 2015, 334 (335).
[397] BGH NZM 2006, 796 = NJW-RR 2006, 1449.
[398] BGH WuM 2003, 281; NZM 2005, 779; NJW 2015, 1516; Schmidt-Futterer/Blank BGB § 577 Rn. 45.
[399] BGH WuM 2003, 281.
[400] OLG Celle ZMR 2008, 119 = WuM 2008, 292.
[401] Dazu → Rn. 1244.

XX. Bearbeitungsgebühren, Kosten des Vertrags

365 Im Wohnraumbereich sind Klauseln, die dem Mieter die Kosten und Abgaben im Zusammenhang mit dem Abschluss des Mietvertrags auferlegen, oder vom Mieter eine Vertragsausfertigungsgebühr als Pauschalbetrag abverlangen, umstritten.[402]

§ 14 Leistungsstörungen vor Übergabe der Mietsache nach Vertragsabschluss

I. Anspruchsschema

1. Mangel der Mietsache

366 Die Mietrechtsreform unterscheidet in ihren einzelnen Vorschriften zur Gewährleistung nicht mehr zwischen Sach- und Rechtsmängeln. Vielmehr gelten die Gewährleitungsvorschriften für beide Arten von Mängeln der Mietsache (§§ 536 – 538 BGB).

Dabei liegt ein Rechtsmangel vor, wenn die Mietsache an sich gebrauchsfähig ist, vom Vermieter aber wegen des Rechtes eines Dritten dem Mieter nicht zur Verfügung gestellt werden kann (§ 536 Abs. 3 BGB). Von einem Sachmangel ist auszugehen, wenn die Mietsache mit einem Mangel behaftet ist, der ihre Tauglichkeit zum vertragsgemäßen Gebrauch aufhebt oder mindert (§ 536 Abs. 1 BGB). Die Gewährleistungsvorschriften gelten auch im Falle fehlender oder später wegfallender zugesicherter Eigenschaften (§ 536 Abs. 2 BGB). Bei Wohnraummietverhältnissen ist das gesetzliche Gewährleistungsmodell zum Nachteil des Mieters nicht dispositiv (§ 536 Abs. 4 BGB).

367 Vor der Überlassung der Mietsache greifen die mietrechtlichen Gewährleistungsvorschriften nicht ein.[403] Denn § 536 Abs. 1 S. 1 BGB stellt ausdrücklich darauf ab, dass der Mangel der Mietsache „zur Zeit der Überlassung an den Mieter" vorliegen muss. Nach Vertragsabschluss und vor Überlassung der Mietsache gelten daher die allgemeinen schuldrechtlichen Regeln der §§ 323 ff. BGB.[404]

2. Unmöglichkeit

368 Unmöglichkeit liegt vor, wenn der Vermieter objektiv oder subjektiv nicht im Stande ist, die geschuldete Leistung zu erbringen. Für den Mieter stellt sich die Frage einer Unmöglichkeit der Leistungserbringung vor allem während des vollzogenen Mietverhältnisses und während seiner Abwicklung, vor allem für die Frage der Erfüllung der Rück-

---

[402] Dafür mit dem Votum die Höhe der zulässig zu vereinbarenden Vertragsausfertigungsgebühr sei mit ca. 50 bis 75 Euro zu beziffern: LG Lüneburg ZMR 2000, 303; LG Hamburg WuM 1990, 62; AG Hamburg ZMR 1999, 343; AG Neuss WuM 1996, 532; AG Wuppertal WuM 1994, 194; ebenso Schmidt-Futterer/Eisenschmid BGB § 535 Rn. 706; gegen die Zulässigkeit einer Vertragsausfertigungsgebühr: LG Hamburg ZMR 2009, 534; AG Hamburg-Altona WuM 2009, 451; AG Hamburg-Altona NZM 2006, 928; AG Hamburg-Wandsbek WuM 2005, 47; OLG Celle WuM 1990, 103 (114); AG Wuppertal WuM 1994, 194; AG Bremerhaven WuM 1994, 94; ablehnend auch Lehmann-Richter AnwZert MietR 2/2011 Anm. 2; AG München WuM 1994, 604 zu der Möglichkeit der Abwälzung von Rechtsanwaltsgebühren für die Gestaltung und Ausarbeitung eines Mietvertrags; hierzu auch Gather DWW 1992, 353 (354).
[403] BGH NJW 1997, 2813; NJW 1983, 446.
[404] So schon zu §§ 537, 538 BGB a. F.: BGH, NZM 1999, 124 = NJW 1999, 635; BGH NJW 1997, 921; BGH NJW 1978, 102.

gabepflicht. Diese Rückgabepflicht kann dem Mieter aus objektiven Gründen unmöglich werden, häufig aber auch aus subjektiven Gründen. In Betracht kommt beispielsweise die Gebrauchsüberlassung an Dritte, so dass der Mieter die Mietsache nicht zurückgeben kann. Dem Vermieter kann seine Pflicht zur Überlassung der Mietsache beispielsweise dadurch unmöglich werden, dass sie durch Brand oder Explosion zerstört ist.

Nach § 275 Abs. 1 BGB führt jede Art der Unmöglichkeit ohne Rücksicht auf ihren objektiven oder subjektiven Charakter, den Zeitpunkt ihres Eintritts oder die Frage des Vertretenmüssens zur Befreiung des Schuldners von der Primärleistungspflicht. Auch die anfängliche objektive Unmöglichkeit führt gem. § 311a Abs. 1 BGB nicht zur Nichtigkeit des Vertrags. Darüber hinaus hat der Gesetzgeber die Fälle der „faktischen" sowie der „moralischen" Unmöglichkeit in § 275 Abs. 2 BGB unter Anknüpfung an das Gebot von Treu und Glauben als Entscheidungskriterium als Einrede normiert. In allen Fällen der Leistungsbefreiung nach § 275 BGB kann der Gläubiger die Herausgabe eines etwaigen Surrogats verlangen (§ 285 BGB). Das Schicksal der Gegenleistungspflicht im synallagmatischen Vertrag ist in § 326 BGB geregelt. 369

Um zu erkennen, ob und inwieweit die zum alten Recht ergangene Rechtsprechung heute noch einschlägig verwendet werden kann, was insbesondere in Detailfragen der Leistungsstörung bedeutsam ist, wird die synoptische Darstellung beider Rechtszustände beibehalten. 370

Wegen der mietrechtlichen Spezialvorschriften zur Gewährleistung sind diese von den allgemeinen Vorschriften zur Leistungsstörung abzugrenzen. Dabei ist zunächst festzuhalten, dass sich die Abgrenzungsfrage nur im Falle eines Sachmangels oder eines Rechtsmangels stellt. Denn nur dann können die mietrechtlichen Gewährleistungsvorschriften überhaupt greifen. Bei sonstigen Leistungsstörungen wie Unmöglichkeit, Verzug und positiver Vertragsverletzung ist daher grundsätzlich auf die Vorschriften des allgemeinen Teils des Schuldrechts zurückzugreifen. Auch im Falle eines Sachmangels sind die mietrechtlichen Gewährleistungsvorschriften erst anwendbar, wenn die Mietsache übergeben worden ist.[405] Dies gilt auch in Fällen anfänglicher Unmöglichkeit.[406] 371

a) Objektive Unmöglichkeit

Die mietrechtlichen Vorschriften zur Gewährleistung beschränken sich in ihrem Regelungsgehalt auf die Haftung für Sach- und Rechtsmängel. Bei sonstigen Leistungsstörungen wie Unmöglichkeit, Verzug und positiver Vertragsverletzung kommt das allgemeine Leistungsstörungsrecht zum Einsatz. 372

Nach § 311a Abs. 1 BGB bleibt der Mietvertrag auch im Falle objektiver anfänglicher Unmöglichkeit wirksam. Ein Anspruch auf die Primärleistung besteht in diesen Fällen gem. §§ 311a Abs. 1, 275 Abs. 1 – 3 BGB nicht. Der Vertrag muss also nicht erfüllt werden. 373

Ist die Überlassung der Mietsache beispielsweise wegen Zerstörung durch einen Brand bereits vor dem Vertragsabschluss objektiv und anfänglich unmöglich, so ist der Vermieter zum Schadensersatz[407] oder zum Ersatz vergeblicher Aufwendungen des Mieters verpflichtet, wenn er bei Vertragsschluss die Unmöglichkeit kannte oder kennen musste (§ 311a Abs. 2 S. 1 BGB iVm § 284 BGB). Mit der Formulierung „Schadensersatz statt der Leistung" stellt § 311a Abs. 2 S. 1 BGB ausdrücklich auf das positive Interesse ab.[408] Alternativ hat der Mieter als Gläubiger der vertraglichen Forderung auf Überlassung der 374

---

[405] BGH NJW 1999, 635; NJW 1997, 2813; NJW 1983, 446.
[406] BGH NJW 1997, 2813.
[407] BGH NJW 1999, 635.
[408] MüKoBGB/Emmerich BGB Vorbemerkung zu § 281 Rn. 1 u. MüKoBGB/Ernst BGB § 311a Rn. 65.

Mietsache in dem gewählten Beispiel einen Anspruch auf Aufwendungsersatz, der sich nach § 284 BGB richtet (§ 311a Abs. 2 S. 1 BGB). Dabei ist der Aufwendungsersatzanspruch in der Höhe auf Aufwendungen begrenzt, die der Mieter im Vertrauen auf den Erhalt der Leistung gemacht hat und billigerweise machen durfte. Schon bei ordnungsgemäßer Erfüllung des Vertrags vergebliche Aufwendungen können nicht ersatzfähig sein. Denn der Gläubiger kann Ersatz seiner Aufwendungen nicht in Situationen verlangen, in denen nach bisheriger Rechtsprechung die Rentabilitätsvermutung als widerlegt anzusehen wäre.

Schadensersatzanspruch und Aufwendungsersatzanspruch bestehen in dem gewählten Beispiel nicht, wenn der Vermieter als Schuldner des objektiv anfänglich unmöglichen Überlassungsanspruchs dieses Leistungshindernis bei Vertragsschluss nicht kannte und er auch seine Unwissenheit nicht zu vertreten hat (§ 311a Abs. 2 S. 2 BGB).

375 Eine vorübergehende anfängliche Unmöglichkeit steht einer dauerhaft anfänglichen objektiven Unmöglichkeit gleich, wenn sie die Erreichung des Geschäftszwecks in Frage stellt und dem anderen Teil ein Festhalten am Vertrag bis zum Wegfall des Leistungshindernisses nicht zuzumuten ist.[409]

Im Einzelfall kann die Abgrenzung der völligen Zerstörung von der Beschädigung der Mietsache mit der Folge eines Instandsetzungsanspruchs gem. § 535 Abs. 1 S. 2 BGB Schwierigkeiten bereiten. Dafür gelten folgende Kriterien:

376 Ist eine erhebliche Beschädigung der völligen Zerstörung der Mietsache gleichzustellen, greifen die Unmöglichkeitsregeln ein. Liegt eine echte Teilunmöglichkeit vor, ist also die Mietsache teilbar und kann der Mieter mit dem verbliebenen Teil der Mietsache noch etwas anfangen, finden auf den zerstörten Teil der Mietsache die Unmöglichkeitsregeln Anwendung (§ 281 Abs. 1 S. 2 BGB). Hinsichtlich der verbliebenen Teile der Mietsache wird der Mietvertrag fortgesetzt, es sei denn, der Mieter als Gläubiger kann Schadensersatz statt der gesamten Leistung verlangen. Dies kann er nur, wenn er an der Teilleistung kein Interesse hat (§ 281 Abs. 1 S. 2 BGB). Wählt der Mieter Schadensersatz statt der gesamten Leistung, so muss er den Vermieter auf dessen Forderung hin die von ihm bereits erbrachte Teilleistung nach den Rücktrittsvorschriften zurückgewähren (§ 281 Abs. 5, §§ 346 – 348 BGB).

377 Wird der Mietvertrag dagegen über den erhalten gebliebenen Teil der Mietsache fortgesetzt, so kann der Mieter die Miete entsprechend und angemessen nach § 536 Abs. 1 S. 2 BGB mindern.

378 Ob die Sache als völlig zerstört oder nur als erheblich beschädigt anzusehen ist, wird im Streitfall durch eine Abwägung nach dem Gebot von Treu und Glauben (§ 242 BGB) entschieden.[410] Kommt man zu dem Ergebnis, die Mietsache nicht als endgültig zerstört, sondern als erheblich beschädigt anzusehen, so ist zusätzlich zu prüfen, ob dem Vermieter die Wiederherstellung der Sache zugemutet werden kann. Diese Frage entscheidet sich danach, ob die aufzuwendenden Kosten noch innerhalb der **Opfergrenze** liegen. Als grobe Leitlinie ist festzuhalten, dass ein Wegfall der Wiederherstellungspflicht in Folge des Erreichens der Opfergrenze auf enge Ausnahmen zu begrenzen ist.[411] Gelangt man nach diesen Kriterien zur Anwendung der allgemeinen Unmöglichkeitsregeln, so ist für den Fall nachträglich objektiver Unmöglichkeit Folgendes festzuhalten:

Nach § 275 Abs. 1 BGB führt ebenso wie in dem bereits besprochenen Fall der anfänglichen Unmöglichkeit auch die nachfolgende Unmöglichkeit zur Befreiung des Schuldners von seiner Primärleistungspflicht (Vertragserfüllung). Der Vermieter wird also von der Leistung frei. Er verliert nach § 326 Abs. 1 S. 1 BGB seinen Anspruch auf die Gegen-

---

[409] v. Martius/Ehlert/Schüller in Bub/Treier MietR-HdB Kap. III Rn. 2726.
[410] MüKoBGB/Häublein BGB § 535 Rn. 104.
[411] BGH NJW 2010, 2050; NJW 2005, 3284; NJW-RR 1991, 204.

leistung, hier auf die Entrichtung der Miete. Nach herrschender Auffassung erlischt das Mietverhältnis nach Vertragsabschluss aber vor Übergabe des Mietobjektes, ohne dass es einer fristlosen Kündigung nach § 543 Abs. 2 Ziff. 1 BGB wegen unterlassener Gebrauchsgewährung bedarf.[412] Allerdings ist aus Gründen der Rechtssicherheit und der Klarstellung eine fristlose Kündigung zu empfehlen. Hat der Vermieter als Schuldner der Überlassungspflicht den Untergang der Mietsache zu vertreten, so kann der Mieter gem. §§ 323 Abs. 1, 325 BGB sowohl Schadensersatz verlangen als auch vom Vertrag zurücktreten. Ist das Mietobjekt bereits überlassen, so wird das Rücktrittsrecht durch das Recht zur fristlosen Kündigung verdrängt.

Es klang bereits an, dass der Vermieter auch dann von der Überlassungspflicht als von ihm vertraglich geschuldeter Leistung frei wird, wenn der Mieter den Untergang der Mietsache zu vertreten hat (§ 275 Abs. 1 BGB). Die Vorschrift unterscheidet nicht danach, wer die Unmöglichkeit zu vertreten hat. Die Rechtsfolgen richten sich in diesem Fall nach § 326 Abs. 2 S. 1 BGB. Als Schuldner der Überlassungspflicht behält der Vermieter in diesem Fall den Anspruch auf die Gegenleistung, also auf die Zahlung der Miete. Er muss sich allerdings dasjenige anrechnen lassen, was er in Folge der Befreiung von der Leistung erspart oder durch anderweitige Verwendung seiner Arbeitskraft erwirbt oder zu erwerben böswillig unterlässt (§ 326 Abs. 2 S. 2 BGB). Diese allgemeinen Regeln werden durch §§ 535, 537 Abs. 1 BGB untermauert. Im Gleichklang zum allgemeinen Leistungsstörungsrecht bleibt der Mieter auch nach diesen mietrechtlichen Spezialvorschriften zur Mietzahlung verpflichtet. 379

Dies gilt auch dann, wenn die Mietsache noch nicht überlassen ist (§ 537 Abs. 1 BGB). Die Vorschrift ist als Ausnahmeregelung zu § 326 Abs. 1, Abs. 2 S. 1 BGB zu sehen.[413] 380

Der Fall der von beiden Mietparteien zu vertretenden Unmöglichkeit der Gebrauchsüberlassung wird, ist über § 254 BGB zu behandeln. In diesem Fall ist nach den Grundsätzen des Mitverschuldens zu entscheiden. Konkret bedeutet das, dass die Mietforderung des Vermieters entsprechend seines eigenen Verschuldensanteils am Erfüllungshindernis zu mindern ist.[414] 381

b) Unvermögen

Nach altem Recht war von der objektiven Unmöglichkeit die subjektive Unmöglichkeit, das Unvermögen, zu unterscheiden. Ein eigenes Unvermögen lag vor, wenn es nur den Leistungsschuldner, nicht aber einem Dritten unmöglich war, die Leistung zu erfüllen. So kann es beispielsweise nur den Vermieter, nicht aber auch einem Dritten, unmöglich sein, die Mietsache zu überlassen. 382

Seit der Schulrechtsreform wird – wie dargelegt – nicht mehr zwischen objektiver und subjektiver Unmöglichkeit unterschieden. Auch die Fälle des subjektiven Unvermögens folgen damit den bereits für die objektive Unmöglichkeit aufgezeigten Regeln. 383

3. Verzug

Verzug tritt ein, wenn der Leistungsschuldner seine Leistung pflichtwidrig über den Zeitpunkt der Fälligkeit hinaus verzögert. Im Einzelfall kann der Leistungsverzug von der Unmöglichkeit zur Leistung abzugrenzen sein. Sind beispielsweise die Leistungszeit und vor allem der Beginn des Mietverhältnisses an einem Fixtermin so wesentlich, dass 384

---

[412] Bub/Treier MietR-HdBGather DWW 1997, 169 (170).
[413] Vgl. OLG Düsseldorf ZMR 1992, 536 für das identisch zu definierende Verhältnis zwischen den entsprechenden Vorschriften nach altem Recht.
[414] Gather DWW 1997, 169 (170).

sie nicht nachgeholt werden kann, so liegt Unmöglichkeit vor.⁴¹⁵ Verschiebt sich die gesamte Mietzeit in einer für den Mieter zumutbaren Weise lediglich nach hinten, so handelt es sich um Verzögerung. So wird von einem Leistungsverzug ausgegangen, wenn sich der Vertragsbeginn sowie die Übergabe der Mietsache bei einem auf 15 Jahre abgeschlossenen Mietvertrag um weniger als ein Jahr verzögert, weil ein bauordnungsrechtlicher Nachbarwiderspruch die Fertigstellung „kurzzeitig" behinderte.⁴¹⁶

385 Kommt man mit diesem Abgrenzungskriterium zur Annahme eines Verzugs, so ist Folgendes festzuhalten:
Vor der Überlassung der Mietsache an den Mieter gelten uneingeschränkt die allgemeinen Vorschriften der §§ 280 Abs. 2, 281, 286 BGB.⁴¹⁷ Schadensersatz statt der Leistung kann nach § 281 Abs. 1 S. 1 BGB verlangt werden, wenn der Forderungsgläubiger dem Schuldner erfolglos eine angemessene Frist zur Leistung oder Nacherfüllung bestimmt hat.

386 Bei Verzug kann ebenso wie beim Fall der Unmöglichkeit gem. § 325 BGB sowohl Schadensersatz verlangt als auch Rücktritt vom Vertrag erklärt werden, wenn der Gläubiger erstmals von der primären Anspruchsebene der Erfüllung auf die sekundäre Ebene der Nichterfüllungsansprüche abgewichen ist. Der Erfüllungsanspruch ist in diesen Fällen ausgeschlossen (§ 281 Abs. 4 BGB).

387 Sofern der Mieter das ihm termingerecht angebotene Mietobjekt nicht annimmt, kommt er gem. § 293 BGB in Annahmeverzug. Der Mieter hat die Miete in voller Höhe zu zahlen (§ 537 Abs. 1 S. 1 BGB). Dem Vermieter steht unter den Voraussetzungen von § 304 BGB ein Anspruch auf Ersatz von Mehraufwendungen zu. Außerdem haftet er während des Annahmeverzugs des Mieters nur für Vorsatz und grobe Fahrlässigkeit (§ 300 Abs. 1 BGB).

4. Positive Vertragsverletzung

388 Unter einer positiven Vertragsverletzung sind alle Pflichtverletzungen einer Mietpartei im Rahmen eines Mietvertrags zu verstehen, die weder zur Unmöglichkeit noch zu einem Verzug führen.⁴¹⁸ Vor allem handelt es sich um Handlungen, die den Vertragszweck gefährden, also auch um die Verletzung von mietvertraglichen Nebenpflichten, wie Vorbereitungs- und Obhutspflichten, Auskunfts- und Anzeigepflichten sowie Mitwirkungspflichten.⁴¹⁹

389 Einschlägig sind §§ 280 Abs. 1, 281 Abs. 1 S. 1, 282 241 Abs. 2 BGB.

390 Soweit sich die Verletzung von Pflichten auf die Hauptleistung auswirkt und zur Folge hat, dass die Leistung nicht vertragsgemäß erbracht wird, ist § 281 Abs. 1 S. 1 BGB iVm mit § 280 Abs. 1 BGB als Anspruchsgrundlage einschlägig. Für nicht leistungsbezogene Nebenpflichten gelten dagegen §§ 280 Abs. 1, 282, 241 Abs. 2 BGB. Entsprechend dem bisherigen Rechtszustand ist danach für die Haftung aus positiver Vertragsverletzung im Falle von Nebenpflichtverletzungen, die sich nicht auf die Hauptleistung auswirken, keine Fristsetzung erforderlich. Die Rechtsprechung hat nur in Ausnahmefällen eine Pflicht zur Abmahnung aus § 242 BGB gefolgert und das Unterlassen der Abmahnung als ein mitwirkendes Verschulden (§ 254 BGB) angesehen.⁴²⁰ Für hauptleistungsbezogene

---

⁴¹⁵ v. Martius/Ehlert/Kraemer in Bub/Treier MietR-HdB Kap. III Rn. 3443.
⁴¹⁶ BGH NJW 1992, 3226.
⁴¹⁷ Vgl. schon zum bisherigen Recht BGH NJW 1995, 323; OLG Düsseldorf NJW-RR 1992, 95.
⁴¹⁸ Hierzu v. Markus/Ehlert/Kraemer in Bub/Treier MietR-HdB Kap. III Rn. 3451. Dazu allgemein BeckOK BGB/Lorenz BGB § 280 Rn. 11.
⁴¹⁹ BGH NZM 2013, 191 = NJW-RR 2013, 333; BGH NJW 2009, 142; BGH NJW 1978, 260.
⁴²⁰ BGH NJW-RR 1988, 417 (419).

Pflichtverletzungen ist eine Fristsetzung nach § 281 Abs. 1 S. 1 BGB iVm § 280 Abs. 1 BGB erforderlich.

Mit den so entwickelten Anspruchsgrundlagen ist der Anwendungsbereich der positiven Vertragsverletzung im Mietrecht relativ klein. 391

Vor Überlassung der Mietsache stellt sich die Weigerung des Vermieters, die Mietsache ganz oder teilweise dem Mieter im vertragsgemäßen Zustand zu überlassen, als positive Vertragsverletzung dar. Ebenso haftete der Vermieter aus positiver Vertragsverletzung, wenn er einen Mietvertrag ohne berechtigten Grund kündigt. 392

5. Culpa in Contrahendo

Die Grundsätze des Verschuldens bei Vertragsschluss – culpa in contrahendo – sind in §§ 311 Abs. 2, 241 Abs. 2 BGB normiert. 393

Zu unterscheiden sind drei Alternativen, und zwar die Aufnahme von Vertragsverhandlungen, die Anbahnung eines Vertrages und schließlich ähnliche geschäftliche Kontakte. 394

Bedeutung hat das Verschulden bei Vertragsschluss vor allem für die Verletzung vorvertraglicher Aufklärungspflichten. Unerfüllte Erwartungen eines Vertragspartners, der dem Gegner bei den Verhandlungen vertraut hat, führen nicht ohne weiteres zu Schadensersatzansprüchen. Jeder hat zunächst in den Vertragsverhandlungen seine Interessen selbst zu wahren und muss im Zweifel bei klärungsbedürftigen Punkten selbst nachfragen.[421] Unzutreffende Informationen können allerdings die c. i. c. auslösen.[422] Schließlich braucht der Vermieter den Mieter auch nicht ungefragt über Umstände aufzuklären, die in dessen eigenem Risikobereich liegen, wie zB die Konkurrenzlage in der Umgebung oder die Wohnlage.[423] Eine besondere vorvertragliche Aufklärungspflicht des Vermieters stellt daher nicht die Grundregel, sondern die Ausnahme dar. Sie ergibt sich aus der Verkehrsauffassung oder aus Treu und Glauben. Kann ein Vertragspartner davon ausgehen, der andere werde ihn fragen, wenn er eine Angelegenheit für sich als wichtig bezeichnet, so entsteht eine Hinweispflicht.[424] Gleiches gilt, wenn Umstände vorliegen, die den Vertragszweck gefährden und für die Entschließung des Partners von wesentlicher Bedeutung sein können.[425] 395

Grob gesagt haftet derjenige nach den Grundsätzen der c. i. c. aus §§ 311 Abs. 2, 241 Abs. 2, 280 Abs. 1 BGB auf Ersatz des Schadens, der durch die unrichtige Angabe einen anderen zum Abschluss des Vertrages veranlasst hat, den er in Kenntnis des wahren Sachverhalts so nicht abgeschlossen hätte.[426] Erst recht haftet derjenige, der den Vertrag in sittenwidriger Weise (§ 138 BGB) herbeiführt. Der Gegner ist zum Ersatz der Aufwendungen verpflichtet, die im Vertrauen auf die Wirksamkeit des Vertrages gemacht wurden. 396

Nach dem Überlassen des Mietobjekts kommt eine aus Mängeln der Mietsache abgeleitete Haftung wegen Verschuldens bei Vertragsschluss nicht mehr in Betracht. Hier wird der Schadensersatzanspruch aus c. i. c. durch die mietrechtlichen Spezialvorschriften, insbesondere durch die Gewährleistungsregeln, verdrängt.[427]

---

[421] BGH NJW 1987, 909; MüKoBGB/Emmerich BGB § 311 Rn. 90.
[422] BGH NJW 2000, 1718.
[423] BGH ZMR 1979, 171 (174).
[424] BGH NJW 1982, 376.
[425] BGH NJW 1987, 909; BGH NJW 2000, 1714; BGH NJW 2010, 3362; Sternel, Mietrecht, Rn. I 291.
[426] BGH NJW 1994, 663.
[427] BGH NJW 1997, 2813; BGH NJW 1980, 777.

6. Wegfall der Geschäftsgrundlage

397 Die Anwendung der Grundsätze über das Fehlen oder den Wegfall der Geschäftsgrundlage kommt grundsätzlich auch bei allen Formen von Mietverträgen in Betracht.[428] Die Grundsätze über das Fehlen oder über den Wegfall der Geschäftsgrundlage können aber nur eingreifen, wenn und soweit der Anwendungsbereich der mietrechtlichen Gewährleistungsvorschriften und sonstigen Spezialvorschriften nicht betroffen ist.[429] Fehlt oder entfällt die Geschäftsgrundlage, so führt dies im Regelfall zur Anpassung des Vertrags an die veränderten Umstände. Ist eine Anpassung im Einzelfall nicht möglich, oder unzumutbar, so kann ausnahmsweise eine Auflösung des Vertrags verlangt werden.[430] Die Auflösung tritt allerdings nicht automatisch als Folge des Wegfalls der Geschäftsgrundlage ein, sondern wird durch entsprechende Gestaltungserklärung – beim Mietvertrag in der Regel durch eine für die Zukunft wirkende Kündigungserklärung – herbeigeführt.[431]

398 Als Geschäftsgrundlage kommen subjektive Vorstellungen der Vertragsparteien vom Vorhandensein oder künftigem Eintritt gewisser Umstände in Betracht (subjektive Formel).[432] Über diese vom BGH entwickelte subjektive Formel über die Vorstellungen der Parteien hinaus wendet die Rechtsprechung die Grundsätze des Wegfalls der Geschäftsgrundlage auch bei Störungen der objektiven Geschäftsgrundlage an.[433]

Dabei sind die einzelnen Geschäftsgrundlagen, die zulässig einem Vertrag zugrunde gelegt werden können, abzugrenzen von der vertraglichen Risikoverteilung. Fällt ein Umstand in den Risikobereich einer Vertragspartei, so kann sie der anderen Vertragspartei über den Umweg des Wegfalls der Geschäftsgrundlage nicht angelastet werden. So kann sich beispielsweise ein Gewerbemieter nicht mit der Begründung vom Mietvertrag lösen, die erzielten Umsätze seien hinter seiner Gewinnerwartung weit zurückgeblieben oder der erwartete Kundenstrom sei ausgeblieben. Hieraus erwächst ihm kein Recht zur vorzeitigen Beendigung oder Kündigung des Mietvertrags wegen Wegfalls der Geschäftsgrundlage.[434] Etwas anderes soll nur gelten, wenn das Festhalten am Vertrag die Existenz des Mieters gefährdet.[435]

399 Die Anpassung oder nachrangig die Kündigung von Mietverträgen wegen Störungen der Geschäftsgrundlage nach § 313 BGB dürfte äußerst selten sein. Denn die mietrechtlichen Kündigungsvorschriften verdrängen innerhalb ihres Anwendungsbereichs die allgemeinen Regeln und Rechtsfolgen bei gestörter Geschäftsgrundlage nach allgemeinem Leistungsstörungsrecht. Die mietrechtlichen Gewährleistungsvorschriften greifen ebenfalls vorrangig ein, wenn sich nachträglich Mängel herausstellen, die den Vertragszweck stören.[436]

---

[428] Vgl. dazu BGH NJW 2000, 1714; zum Inhalt dieser Rechtsfigur MüKoBGB/Finkenauer BGB § 313 Rn. 8.
[429] BGH NJW 2000, 1714 (1716); MüKoBGB/Häublein BGB Vor § 536 Rn. 26.
[430] BGH NJW 1987, 2674 (2676).
[431] BGH NJW 1987, 2674 (2676); BGH NJW 2000, 1714 (1716); MüKoBGB/Häublein BGB Vor § 536 Rn. 27.
[432] BGH NJW 1985, 314 mwN; im Mietrecht BGH NZM 2005, 144; BGH Urt. v. 7.7.2010 – VIII ZR 279/09, BeckRS 2010, 17428.
[433] Hierzu im Einzelnen Fritz, Gewerberaummietrecht, Rn. 314 ff.
[434] Ausdrücklich aus jüngerer Zeit BGH NJW 2000, 1714 (1717).
[435] Gather DWW 1997, 169 (172).
[436] BGH NJW 1992, 1384.

II. Leistungsstörungen beim Vermieter

Auf der Grundlage des vorangestellten Anspruchsschemas werden im Folgenden ohne Anspruch auf Vollständigkeit die in der Praxis typischen Konstellationen zu Leistungsstörungen auf Vermieterseite wiedergegeben: 400

1. Verweigerung der Übergabe

Für den Vermieter gehört die Übergabe der Mietsache an den Mieter zur Hauptpflicht des Mietvertrages (§ 535 Abs. 1 S. 1 BGB). Kommt der Vermieter dieser Pflicht nicht nach, so kann der Mieter fristlos gem. § 543 Abs. 2 Nr. 1 BGB wegen unterlassener Gewährung des mietvertraglichen Gebrauchs kündigen[437] und Schadensersatz statt der Leistung[438] nach §§ 281, 325 BGB vom Vermieter fordern, wenn vorher grundsätzlich eine Frist zur Nachholung der Gebrauchsüberlassung gesetzt wurde. Dabei wird die Rücktrittsmöglichkeit durch die mietrechtlichen Kündigungsvorschriften verdrängt.[439] 401

Das Ausbleiben eines ausdrücklichen Bekenntnisses zum abgeschlossenen Mietvertrag kann im Einzelfall als endgültige Anlehnung der Erfüllung zu verstehen sein, insbesondere, wenn vorher unberechtigte Verlangen an den Mieter gerichtet und mit Zutrittsverweigerung gedroht wurde.[440] 402

2. Mangelnde Fertigstellung

Wird Mietraum in einem noch zu erstellenden Neubau oder in baulich umzugestaltenden Räumlichkeiten vermietet, so schuldet der Vermieter die Übergabe des Mietobjekts in dem Zustand, wie er sich aus dem bei Vertragsschluss einbezogenen Plänen und sonstigen Bauantragsunterlagen ergibt. Ob die Unterlagen ausdrücklich oder konkludent in den Vertragsabschluss einbezogen worden sind, kann dabei offenbleiben.[441] 403

Kommt der Vermieter seiner so definierten Übergabepflicht wegen mangelnder oder verzögerter Fertigstellung der Mietsache nicht nach, so haftet er im Ergebnis für die Verschaffungsschuld und für das Erfüllungsinteresse. Eine formularmäßige Begrenzung seiner Haftung auf Vorsatz und grobe Fahrlässigkeit ist nicht wirksam.[442] Dies bedeutet, dass der Mietvertrag als wirksam behandelt wird. Scheitert die Herstellung beispielsweise an baurechtlichen Hindernissen, so muss der Vermieter für seine Verpflichtung bis zum Erfüllungsinteresse des Mieters garantiemäßig einstehen. Deshalb hat er auch für die höhere Miete einzustehen, die dem Mieter durch die Notwendigkeit einer anderweitigen Anmietung entstanden ist. Der Vermieter befindet sich mit der Überlassungspflicht der Mietsache an den Mieter als vertraglicher Hauptleistungspflicht in Verzug, der Verschulden des Vermieters voraussetzt (§§ 286 Abs. 4, 276 BGB).[443] Deshalb bestimmen sich die Rechte des Mieters nach den Verzugsvorschriften, nicht nach §§ 536 ff. BGB.[444] 404

In einzelnen Fällen kann sich das Abgrenzungsproblem des Verzugs zur Unmöglichkeit oder zum subjektiven Unvermögen stellen. Dabei greifen die Unmöglichkeitsregeln 405

---

[437] Kraemer NZM 2004, 721 (723).
[438] Kraemer NZM 2004, 721 (723).
[439] BGH NJW 1969, 37; Sternel, Mietrecht, Rn. VII 21 u. Rn. VIII 342; nach Kraemer NZM 2004, 721 (723) sind § 543 Abs. 2 Nr. 1 BGB und § 323 BGB nebeneinander anwendbar; vgl. im Übrigen auch BGH NZM 2007, 401 = NJW-RR 2007, 884.
[440] AG Hamburg-Altona ZMR 2000, 766.
[441] OLG Düsseldorf ZMR 2001, 346.
[442] OLG Düsseldorf DWW 1993, 197.
[443] Zutreffend Fritz, Gewerberaummietrecht, Rn. 265 b.
[444] Vgl. auch BGH NJW 1992, 3226.

ein, wenn für die Übergabe der Mietsache ein Fixtermin vereinbart worden ist, und eine weitere Anmietung für den Mieter bei nichtgehaltenem Übergabetermin keinen Sinn mehr hat.[445] Dagegen bleibt es beim Verzug, wenn kein fester Termin zur Übergabe der Mietsache vereinbart worden ist und der Vermieter sich eine angemessene Frist zur Übergabe der Mietsache – gerechnet ab Vertragsabschluss oder einem bestimmten Zeitpunkt – vorbehalten hat.[446]

Ebenfalls ist Verzug anzunehmen, wenn die Fertigstellung und Übergabe des Mietobjekts durch einen unbegründeten Nachbarwiderspruch gegen die erteilte Baugenehmigung verzögert wird.[447]

406 Die Folgen sind mit dem Hinweis auf das fristlose Kündigungsrecht des Mieters aus § 543 Abs. 2 Nr. 1 BGB sowie auf seine Schadensersatzansprüche statt der Leistung gegen den Vermieter umschrieben.

3. Mangelnde Räumung des Vormieters

407 Um einen Fall subjektiven Unvermögens des Vermieters handelt es sich auch, wenn er wegen unterlassener Räumung des Vormieters die Mieträume nicht oder nicht termingerecht an den neuen Mieter übergeben kann. Diese Feststellung gilt für den Fall, dass das bisherige Mietverhältnis rechtlich beendet, die Wohnung aber rein tatsächlich noch nicht geräumt worden ist.[448] Der Vermieter wird von seiner Pflicht zur Gewährung des Gebrauchs frei. Er hat keinen Anspruch auf Zahlung der Miete (§ 326 Abs. 1 S. 1 BGB)[449] und schuldet Schadensersatz statt der Leistung (§ 311a Abs. 2 S. 1 BGB).[450] Ferner kann der Mieter gem. § 543 Abs. 2 Nr. 1 BGB fristlos wegen des nicht gewährten Gebrauchs an der Mietsache kündigen. Dabei wird sein Rücktrittsrecht aus §§ 323 Abs. 1, 325 BGB verdrängt.

408 Daneben kann die Haftung des Vermieters aus culpa in contrahendo in Betracht kommen. Ist dem Mieter aber bei Vertragsabschluss durch einen ausdrücklichen Hinweis des Vermieters bekannt, dass sein Mietvorgänger nur auf Grund eines Räumungstitels zur Herausgabe der Wohnung verpflichtet war, so ist ihm die Möglichkeit abgeschnitten, Schadensersatzansprüche aus Verletzung vorvertraglicher Aufklärungspflichten seitens des Vermieters erfolgreich geltend zu machen.[451] Daneben wird empfohlen, den Mietbeginn unter den Vorbehalt rechtzeitiger Räumung des Vormieters zu stellen, also eine entsprechende Bedingung für den Mietbeginn zu vereinbaren.[452]

409 Verweigert der Vormieter die Rückgabe des Mietobjekts jedoch mit der zutreffenden Begründung, sein Mietvertrag sei noch nicht beendet, so handelt es sich um einen Rechtsmangel iSv § 536 Abs. 3 BGB.[453] Daraus gewinnt der neue Mieter einen Schadensersatzanspruch gegen den Vermieter.[454] Der Anspruch hängt nicht davon ab, ob der Vermieter das Unvermögen zu vertreten hat oder nicht (§§ 536a Abs. 1, 536 Abs. 3 BGB).

---

[445] BGH NJW-RR 1991, 267; Schmidt-Futterer/Eisenschmid BGB § 536 Rn. 586.

[446] BGH NJW 1992, 3226 (3228); Kraemer NZM 2004, 721 (723); in diese Richtung auch Schmidt-Futterer/Eisenschmid BGB § 536 Rn. 588.

[447] BGH NJW 1992, 3226; Kraemer NZM 2004, 721 (724); Fritz, Gewerberaummietrecht, Rn. 265 b.

[448] BGH NJW 1983, 446; Kraemer NZM 2004, 721 (724).

[449] Kraemer NZM 2004, 721 (722).

[450] Schmidt-Futterer/Eisenschmid BGB § 536 Rn. 295; für Schadensersatz gem. § 281 Abs. 1 BGB nach Fristsetzung Kraemer NZM 2004, 721 (724).

[451] LG Frankfurt/Main, Urteil vom 9.5.1989 – 2/111 S 481/88, Privates Eigentum 1991, 53.

[452] Kraemer NZM 2004, 721 (725).

[453] BGH NJW 1961, 917; vgl. auch BGH NJW 1991, 3277.

[454] Kraemer NZM 2004, 721 (724).

4. Nicht ordnungsgemäßer Zustand

Es zählt ebenfalls zur vertraglichen Hauptpflicht des Vermieters, dem Mieter die 410
Mietsache in einem zum vertragsgemäßen Gebrauch geeigneten Zustand zu überlassen und sie während der Mietzeit in diesem Zustand zu erhalten (§ 535 Abs. 1 S. 2 BGB). Ist der Zustand nicht vertragsgemäß und damit nicht ordnungsgemäß, so schuldet der Vermieter weiterhin Erfüllung (§ 535 Abs. 1 S. 2 BGB). Der Mieter kann nach Abmahnung und Fristsetzung auch fristlos gem. § 543 Abs. 2 Nr. 1 BGB kündigen und Schadensersatz statt der Leistung verlangen (§ 325 BGB). Es wurde bereits festgehalten, dass die mietrechtlichen Spezialvorschriften zur Gewährleistung (§ 536 ff. BGB) erst ab Überlassung der Mietsache anwendbar sind.[455]

Für anfängliche Mängel trifft den Vermieter eine Garantiehaftung. Sie kann aber – auch 411
formularvertraglich – auf eine Verschuldenshaftung reduziert werden. Das kann auch bei Mängeln greifen, die der Vermieter für möglich hält.[456]

5. Auswirkungen des Energiepasses auf die Soll-Beschaffenheit der Mietsache

Zu klären bleibt, ob die Inhalte des Energieausweises zur energetischen Situation der 412
Mietsache und daraus abgeleiteten Modernisierungsempfehlungen (§ 20 EnEV) Auswirkungen auf die Soll-Beschaffenheit der Mietsache haben können. Käme man zu diesem Schluss, dann wäre ein Anspruch des Mieters auf Erfüllung, also auf eine Umsetzung der Modernisierungsempfehlungen, aus § 535 Abs. 1 S. 2 BGB zu diskutieren.

Auch wenn der Energieausweis bei der Neuvermietung vorzulegen ist (§ 16 Abs. 2 EnEV), so wird er dadurch doch nicht zum Bestandteil des Mietvertrages und damit erst recht nicht zu einer zugesicherten Eigenschaft. Denn der Vermieter hat keinerlei darauf gerichteten Erklärungswillen, sondern genügt schlicht seiner öffentlich-rechtlichen Pflicht zur Vorlage des Energieausweises. Der Energieausweis ist auch nicht mit dem Mietvertrag zu verbinden und wird auch deshalb nicht Vertragsbestandteil. Er ist eben nur zugänglich zu machen. Die gegenteilige Annahme einer Zusicherung kann nur bei besonderen Abreden gerechtfertigt sein, so etwa dann, wenn der Mieter bestimmte energetische Standards verlangt und der Vermieter sich dazu dann auf den Energieausweis beruft.[457]

Selbstverständlich behält der Vermieter den Energieausweis im eigenen Besitz. Der Ausweis bleibt sein Eigentum. Dem Mieter steht bei einer reinen Vorlagepflicht auch kein Anspruch auf Überlassung einer Fotokopie zu.

Es gibt ebenfalls keine gesetzliche Verpflichtung, wonach eine bestimmte energetische 413
Qualität zu gewährleisten ist oder aus veränderten Bestimmungen ein Modernisierungsanspruch des Mieters folgen würde.[458]

Mit den EnEV-Bestimmungen sind die Anforderungen an Wärmeschutzstandards und Heiztechnik deutlich verschärft worden. Der EnEV ist allerdings keine gesetzliche Verpflichtung zur Herstellung darin ausgewiesener energetischer Qualitäten zu entnehmen, die im Privatrechtsverkehr, also zum Beispiel innerhalb eines Mietverhältnisses, rechtsbegründend sind (§ 5a S. 3 EnEG). Dies gilt für neuerrichtete Immobilien wie auch für Bestandsimmobilien. Vielmehr enthält die EnEV eine ausschließlich öffentlich-rechtlich

---

[455] BGH NJW 1997, 2813 (2814).
[456] BGH NZM 2002, 784 = NJW 2002, 3232 im Falle einer gesundheitsgefährdenden Schadstoffbelastung der Mieträume.
[457] Flatow NJW 2008, 2886 (2890).
[458] Die Sollbeschaffenheit bestimmt sich im Zweifel nach den bei Errichtung geltenden Maßstäben BGH NJW 2019, 507; BGH NJW 2014, 685; NJW 2013, 2417; NJW-RR 2012, 262; NJW 2008, 142.

einzuhaltende Verpflichtung, die von der Bauaufsichtsbehörde von sonstigen Ordnungs- und Immissionsschutzbehörden kontrolliert wird.

Der Energieausweis selbst dient nur der Information (§ 5a S. 3 EnEG), begründet also unter den Partnern des Mietvertrags aus sich heraus keine Rechtspflichten.

DIN-Normen zur energetischen Beschaffenheit eines Gebäudes haben als private technische Regelungen ebenfalls nur Empfehlungscharakter.[459] DIN-Normen oder vergleichbare Regelwerke zu allgemein anerkannten Regeln der Bautechnik sind aber keine Rechtsnormen.[460] DIN-Normen verkörpern auch keine gesetzliche, sondern lediglich eine tatsächliche und jederzeit widerlegbare Vermutung, dass sie wegen ihres materiellen Inhalts allgemein anerkannte Regeln der Baukunst enthalten.[461] Im Falle baulicher Veränderungen kann der Mieter verlangen, dass die technischen Anforderungen der zur Zeit des Umbaus geltenden DIN-Normen eingehalten werden.[462] Etwas anderes gilt nur dann, wenn sich im Laufe der Zeit Richtlinien[463] ändern, die gesundheitsschützenden Charakter haben sowie im Falle der Nachrüstpflicht des Eigentümers und Vermieters in Bezug auf alte Heizkessel (§ 10 EnEV).

Selbst wenn der Mietvertrag hierzu keine konkreten Regelungen vorsieht, muss die Beschaffenheit einer Altbauwohnung nur einen Mindeststandard aufweisen, der ein zeitgemäßes Wohnen ermöglicht.[464] Selbstverständlich dürfen damit keine Gesundheitsgefahren verbunden sein. Die Einhaltung neuester technischer Standards und energetischer Qualitätsanforderungen gehört dazu nicht. Für die Beurteilung der Frage, ob die Mietwohnung Mängel aufweist, ist in erster Linie die von den Mietvertragsparteien vereinbarte Beschaffenheit der Wohnung, nicht die Einhaltung bestimmter technischer Normen maßgeblich.[465]

Schließlich kann der Mietvertrag für die vertragsgemäße Beschaffenheit der Mietsache in bautechnischer Hinsicht auf die technischen Regeln zum Zeitpunkt der Bauwerkserstellung zurückgreifen, und nicht auf den aktuellen Zeitpunkt des Vertragsschlusses. Dies hat der BGH[466] im Anschluss an das BVerfG[467] ausdrücklich für zulässig erachtet, solange die Gesundheit des Mieters nicht gefährdet ist und die Räume noch zweckmäßig genutzt werden können.

6. Behördliche Nutzungshindernisse

414   Öffentlich rechtliche Nutzungshindernisse wie beispielsweise in Fällen des Verstoßes gegen kommunale Baunutzungspläne, nicht vorhandener Gaststättenkonzessionen, unterlassener Stellplatzablösungen, nicht vorliegender sanierungs- und entwicklungsrechtlicher Genehmigungen nach §§ 169 Abs. 1 Nr. 3, 144 Abs. 1 Nr. 2 BauGB[468] sind nach herrschender Auffassung ein Sachmangel.[469] Dennoch sind vor Übergabe der Mietsache auf diesen Sachverhalt die allgemeinen Vorschriften des Schuldrechts zur Leistungsstö-

---

[459] BGH NJW 1998, 2814.
[460] BGH NJW 1987, 2222; Schmidt-Futterer/Eisenschmid BGB § 536 Rn. 34.
[461] BGH NJW 1968, 2238; Schmidt-Futterer/Eisenschmid BGB § 536 Rn. 34.
[462] BGH NJW 2013, 2417; NJW 2009, 2441; NJW 2005, 218.
[463] Zum Beispiel für die Verwendbarkeit von asbesthaltigen Nachtspeicheröfen.
[464] BGH NZM 2010, 356 = NJW-RR 2010, 737; BGH NJW 2004, 3174.
[465] BGH NJW 2019, 507; NJW 2013, 2417; NJW 2009, 2441; NJW 2005, 218; LG Karlsruhe MietRB 2007, 114; zum Baurecht BGH NJW 2009, 2439; NJW 2007, 2983.
[466] BGH NJW 2014, 685; NJW 2013, 2417; NJW-RR 2012, 262; NJW 2008, 142; ebenso Schmidt-Futterer/Eisenschmid BGB § 536 Rn. 22 und 30.
[467] Ebenso BVerfG NZM 1999, 302 = NJW-RR 1999, 519.
[468] Hierzu Keilich/Fronek NZM 2001, 578; Strauch/Marré NZM 2016, 537.
[469] Im Einzelnen Fritz, Gewerberaummietrecht, Rn. 267 a. E. u. Rn. 273; Timme NZM 1998, 396 (396); Günter NZM 2016, 569 (570).

rung, nicht die mietrechtlichen Gewährleistungsvorschriften, anwendbar.[470] Formularklauseln, die dem Mieter die Beibringung behördlicher Genehmigungen zur Nutzung der Mietsache auf dessen Kosten und dessen Risiko aufbürden, sind wegen Verstoßes gegen § 307 BGB unwirksam.[471]

Kann die zur ordnungsgemäßen Nutzung der Mietsache erforderliche behördliche Genehmigung nicht beschafft werden und ist dies bereits bei Abschluss des Mietvertrags objektiv sicher, so ist der Vertrag nach § 311a Abs. 1 BGB wirksam.[472] Der Vertrag muss nicht mehr erfüllt werden (§ 275 Abs. 1 BGB). Der Mieter hat aber als Gläubiger der vertraglichen Forderung auf Überlassung der Mietsache einen Anspruch auf Aufwendungsersatz (§§ 311a Abs. 2 S. 1, 284 BGB). Alternativ kann er Schadensersatz nach dieser Vorschrift in Höhe seines positiven Interesses verlangen (§ 311a Abs. 2 S. 1 BGB). Beide Anspruchsmöglichkeiten bestehen nicht, wenn der Vermieter das Leistungshindernis bei Vertragsschluss nicht kannte und seine Unkenntnis auch nicht zu vertreten hat (§ 311a Abs. 2 S. 2 BGB). 415

III. Leistungsstörungen beim Mieter

1. Verweigerte Übernahme

Hat der Vermieter das Mietobjekt nicht in vertragsgemäßem Zustand angeboten und wird es daher vom Mieter nicht übernommen, so haftet der Vermieter für den daraus folgenden Schaden des Mieters aus positiver Vertragsverletzung.[473] Insgesamt trifft den Mieter nicht die Pflicht, das Mietobjekt abzunehmen.[474] Denn gerade in der Wohnraummiete ist es Angelegenheit des Mieters, ob er die Mietsache nutzt oder nicht. Deshalb gerät er auch nicht in Annahmeverzug (§ 294 BGB), wenn er die Mietsache nicht bezieht.[475] Allerdings gibt Konstellationen, in denen muss der Mieter nach Abschluss des Mietvertrags, aber auch schon vor Übernahme des Mietobjekts, Miete zahlen (§ 537 Abs. 1 S. 1 BGB). Dies setzt voraus, dass er aus Gründen am Gebrauch des Mietobjekts gehindert ist, die in seiner Person selbst liegen. Die Vorschrift ist auch anwendbar, wenn die Sache dem Mieter noch nicht überlassen worden ist.[476] 416

Auch wenn die Mietzahlungspflicht schon vor Überlassung der Mietsache eintreten kann, so ist doch Voraussetzung hierfür, dass der Mietvertrag überhaupt zustande gekommen ist (§ 535 Abs. 2 BGB). Daraus folgt, dass im Falle eines Mietvorvertrags dem späteren Vermieter kein unmittelbarer Anspruch auf Zahlung der entgangenen Miete aus § 535 Abs. 2 BGB zusteht, wenn das Mietobjekt nicht übernommen wurde. Der künftige Vermieter kann aus dem Vorvertrag lediglich auf Abschluss des Mietvertrags klagen und mit einem solchen Antrag eine Klage auf Leistung nach dem Hauptvertrag verbinden. Besteht an dem Abschluss des Hauptvertrags kein Interesse mehr, so kann der künftige Vermieter von der anderen Partei stattdessen aus positiver 417

---

[470] BGH NJW 1997, 2813 (2814).
[471] BGH NJW 1988, 2664; OLG Düsseldorf NJW-RR 1988, 1424; Günter NZM 2016, 569 (574/575).
[472] Günter NZM 2016, 569 (572).
[473] BGH NJW 1978, 103.
[474] Kraemer NZM 2004, 721 (725).
[475] Kraemer NZM 2004, 721 (725); Fritz, Gewerberaummietrecht, Rn. 265 c.
[476] BGH NJW-RR 1991, 267 (268); OLG Düsseldorf ZMR 1992, 536; Fritz, Gewerberaummietrecht, Rn. 265c; zum Anspruch des Vermieters gegen den Mieter, der die Übernahme der Miträume grundlos verweigert BGH NJW 2000, 1105.

Vertragsverletzung Schadensersatz statt der Leistung im Hinblick auf den Vorvertrag beanspruchen.[477]

2. Zahlungsunfähigkeit oder Zahlungsunwilligkeit

a) Miete

418 § 556b Abs. 1 BGB sieht für den Bereich von Wohnraumvermietungen eine vorschüssige Fälligkeit der Miete vor. Danach ist die Miete zu Beginn, spätestens bis zum dritten Werktag, der einzelnen Zeitabschnitte (in der Regel des Monats) zu entrichten.

419 Die genannten Fälligkeitszeitpunkte gelten nur für Verträge, die ab dem 1.9.2001 zustande gekommen sind. Für Verträge, die zu diesem Stichtag bereits bestanden, richtet sich die Fälligkeit der Miete weiterhin nach § 551 BGB a.F. Danach war die Miete nachschüssig zu entrichten, soweit der Mietvertrag keine abweichenden Regelungen vorsieht.[478] Dies ist allerdings im Bereich der Wohnraum- und Geschäftsraummiete regelmäßig der Fall gewesen.

420 Zahlt der Mieter zu den genannten Fälligkeitszeitpunkten nicht, so gewinnt der Vermieter daraus folgende Sanktionsmöglichkeiten:
Der Vermieter von Wohnraum kann unter den Voraussetzungen von §§ 543 Abs. 2 Nr. 3, 569 Abs. 3 BGB außerordentlich fristlos wegen Zahlungsverzuges kündigen. Für alle anderen Mietformen gilt nur § 543 Abs. 2 Nr. 3 BGB.[479] Zahlt der Mieter die Miete nachhaltig unpünktlich, so kommt eine außerordentliche fristlose Kündigung des Vermieters von Wohnraum auch aus §§ 543 Abs. 1, 569 Abs. 2 BGB in Betracht.[480]

Bei Wohnraumvermietungen kommt auch eine fristgerechte Kündigung wegen geringerer Zahlungsrückstände, die noch kein fristloses Kündigungsrecht begründen, in Betracht (§ 573 Abs. 2 Nr. 1 BGB). Dabei soll dieses Kündigungsrecht nicht nur für rückständige Mieten, Mietzuschläge und Betriebskosten greifen. Nicht periodisch wiederkehrende Zahlungsverpflichtungen wie beispielsweise Nachzahlungen aus Betriebskostenabrechnungen werden dagegen wohl nicht erfasst.[481]

Daneben behält der Vermieter den mietvertraglichen Erfüllungsanspruch aus § 535 Abs. 2 BGB.

421 Die genannten Grundsätze gelten unabhängig davon, ob der Mieter zahlungsunfähig oder zahlungsunwillig ist. Denn § 286 Abs. 4 BGB stellt auf ein bloßes Vertretenmüssen ab. Der Mieter als Schuldner einer Geldforderung haftet daher nicht nur für Verschulden (§ 276 Abs. 1 S. 1 Hs. 1 BGB), sondern auch für das Verhalten sog. Erfüllungsgehilfen gem. § 278 BGB.[482]

422 Weist die Mietsache allerdings Mängel auf, so kann der Mieter nach der herrschenden Meinung in Literatur und Rechtsprechung gegenüber dem Anspruch des Vermieters auf Zahlung der Miete die Einrede des nicht erfüllten Vertrags gem. § 320 BGB erheben.[483] Dieses Zurückbehaltungsrecht steht dem Mieter neben den Gewährleistungsrechten aus §§ 536 ff. BGB zu, ist aber grundsätzlich zeitlich und betragsmäßig begrenzt.[484] Für die Begrenzung stellt der BGH auf sämtliche Einzelfallumstände, insbesondere die Bedeu-

---

[477] OLG Koblenz NZM 1998, 405; siehe ferner zum Vorvertrag → Rn. 39.
[478] Hierzu Meyer-Abich NZM 2019, 156 (157).
[479] Siehe näher zur fristlosen Kündigung wegen Zahlungsverzugs: → Rn. 1212.
[480] BGH NZM 2012, 22 = NJW-RR 2012, 13; BGH NJW 2011, 2201.
[481] Schmidt-Futterer/Blank BGB § 543 Rn. 87; vgl. aber BGH NJW 2016, 3231 (3232) zu der offengelassenen Frage, ob Betriebskostennachzahlungen rückständige Miete (§ 543 Abs. 2 Nr. 3 BGB) sind.
[482] Häublein PiG 97 (2014), 35 (40).
[483] BGH WuM 2016, 98; BGH NJW 2015, 3087 = NZM 2015, 618.
[484] BGH NJW 2015, 3087 = NZM 2015, 618; hierzu umfassend Hinz ZMR 2016, 253.

tung des Mangels, den Aufwand oder die Schwierigkeiten der Mangelbeseitigung und das Verhalten der Parteien im Zusammenhang mit dem aufgetretenen Mangel ab.[485]

Besteht der Mangel nicht mehr, so müssen die Mietanteile, an denen das Zurückbehaltungsrecht geltend gemacht worden ist, nachentrichtet werden.[486]

b) Kaution

Die Frage, ob die Nichtleistung der Kaution eine außerordentliche fristlose Kündigung rechtfertigt, ist für die Wohnraummiete im Zuge des Mietrechtsänderungsgesetzes 2013 in § 569 Abs. 2a BGB geregelt.[487] Danach liegt auch ein wichtiger Grund iSd § 543 Abs. 1 BGB vor, wenn der Mieter mit seiner Sicherheitsleistung in Höhe eines Betrages im Verzug ist, der der zweifachen Monatsmiete entspricht (§ 551 BGB). Maßgeblich ist die Miete ohne eine Pauschale oder Vorauszahlung für Betriebskosten (§ 569 Abs. 2a S. 2 BGB). Eine Abhilfefrist oder Abmahnung ist dabei entbehrlich (§ 569 Abs. 2a S. 3 BGB). 423

Diese Neuregelung gilt nach Art. 229 § 29 Abs. 2 EGBGB für alle Wohnraummietverträge, die mit einer Kautionsabrede ab 1.5.2013 abgeschlossen wurden.[488] Für vor dem 1.5.2013 abgeschlossene Mietverträge ist § 569 Abs. 2a BGB nicht anwendbar (Art. 229 § 29 Abs. 2 EGBGB). Sofern die Parteien eines vor dem 1.5.2013 abgeschlossenen Mietvertrages nach diesem Zeitpunkt eine Kautionsabrede treffen, greift § 569 Abs. 2a BGB hingegen ein.[489] Da Art. 229 § 29 EGBGB als Sonderregel diesen Fall nicht regelt, bleibt es bei der Grundregel von Art. 171 EGBGB, wonach das – geänderte – Kündigungsrecht ab dem Zeitpunkt seines Inkrafttretens anwendbar ist. 424

Bei Wohnraummietverhältnissen ist der Mieter berechtigt, bei Kautionen in Form einer Geldsumme in drei gleichen monatlichen Teilbeträgen zu zahlen. Nur die erste Teilzahlung ist zu Beginn des Mietverhältnisses fällig (§ 551 Abs. 2 BGB). Andere Kautionsformen sind bei Wohnraum aber in einem Betrag zu entrichten. 425

c) Sonstige Sicherheiten

Auch sonstige Sicherheiten iSv § 232 BGB, die entweder gesetzlich (§§ 258 S. 2, 554a Abs. 2 BGB) oder vertraglich wie beispielsweise im Rahmen einer Vereinbarung zur Mietermodernisierung geschuldet werden, sind zu leisten, bevor der Mieter die Wohnung und gegebenenfalls ihre Zugänge behindertengerecht umbauen oder die Mietsache sonst modernisieren darf. Werden die Sicherheiten nicht geleistet, so zieht dies allein keine Kündigungsrechte des Vermieters nach sich. Die Zustimmung des Vermieters kann unter aufschiebenden Bedingung der vereinbarten zusätzlichen Sicherheitsleistung erteilt werden, um den Mieter zu der Leistung dieser Sicherheit anzuhalten (§ 554a Abs. 2 S. 1 BGB).[490] Beginnt der Mieter aber in diesen Fällen ohne vorherige Sicherheitsleistung mit den Baumaßnahmen und musste er dabei davon ausgehen, dass dies gegen oder zumindest ohne den Willen des Vermieters geschieht, so verletzt er den Mietvertrag mit der Folge, dass sich daraus ein Recht des Vermieters zur Abmahnung und zur nachfolgenden Kündigung des Mietvertrags wegen dieses vertragswidrigen Verhaltens ergeben kann. 426

---

[485] BGH NJW 2015, 3087 (3092); Hinz ZMR 2016, 253 (261).
[486] Hierzu ausführlich Schenkel NZM 1998, 502.
[487] BGH NJW-RR 2007, 884 = NZM 2007, 401 zur Kündigungsmöglichkeit in der Geschäftsraummiete.
[488] Schmidt-Futterer/Blank BGB § 569 Rn. 32k.
[489] AA MüKoBGB/Häublein BGB § 569 Rn. 28; Schmidt-Futterer/Blank BGB § 569 Rn. 32k.
[490] MüKoBGB/Bieber BGB § 554a Rn. 17.

3. Teil. Vollzug des Mietverhältnisses

§ 15 Mietpreisrecht und Mieterhöhung

I. Mietpreisbildung

1. Freifinanzierter Wohnungsbau

Im freifinanzierten Wohnungsbau ist in Bezug auf die Mietpreisbildung von der ortsüblichen Vergleichsmiete auszugehen (§ 558 Abs. 2 BGB). Sie wird aus den üblichen Entgelten gebildet, die in der Gemeinde oder einer vergleichbaren Gemeinde für Wohnraum vergleichbarer Art, Größe, Ausstattung, Beschaffenheit und Lage in den letzten vier Jahren vereinbart oder geändert worden sind. Mieterhöhungen wegen erhöhter Betriebskosten bleiben unberücksichtigt. In § 558 Abs. 2 S. 2 BGB findet sich die Klarstellung, dass Wohnraum, bei dem die Miethöhe durch Gesetz oder im Zusammenhang mit einer Förderzusage festgelegt worden ist, nicht in die ortsübliche Vergleichsmiete einfließt. Letzterer ist Gegenstand eigenständiger Darstellungen und soll hier nicht näher untersucht.[1] 427

Die ortsübliche Vergleichsmiete für den freifinanzierten Wohnungsbau kann in einem „normalen" Mietspiegel (§ 558c BGB), in einem qualifizierten Mietspiegel (§ 558d BGB), oder in einer Mietdatenbank (§ 558e BGB) ausgewiesen sein. Sie kann sich auch aus den Angaben zu drei Vergleichswohnungen ergeben oder durch ein Sachverständigengutachten bestimmt werden (§ 558a Abs. 2 BGB). 428

2. Mietstrukturen

Je nachdem, ob in dem insgesamt ausgewiesenen Mietbetrag neben dem reinen Entgelt für die Überlassung der Mietsache auch „kalte" und/oder „warme" Betriebskosten enthalten sind, gibt es verschiedene Begriffe, mit denen die Mietstruktur im Einzelfall veranschaulicht und beschrieben werden soll. Hier ist zu unterscheiden: 429

Von einer Inklusivmiete spricht man, wenn die Grundmiete als Entgelt für die Überlassung der Mietsache selbst und zusätzlich kalte Betriebskosten sowie Betriebskosten für Heizung oder Warmwasser in dem angegebenen einheitlichen Mietvertrag enthalten sind. In diesem Fall wird auch von einer Bruttowarm- oder Inklusivmiete gesprochen. Soweit die Heizkostenverordnung anwendbar ist, widerspricht diese Warmmietenabrede § 2 HeizkV und ist deshalb nicht anzuwenden (Anwendungsvorrang der HeizkV).[2] 430

Die Bruttokaltmiete beschreibt die Grundmiete für die Überlassung der Mietsache einschließlich der kalten Betriebskosten und grenzt „warme" Betriebskosten für Heizung und/oder Warmwasser aus. 431

Von einer Teilinklusivmiete spricht man, wenn sich der Mieter verpflichtet, neben den gesonderten Heiz-/Warmwasserkosten einen Teil der anfallenden Betriebskosten separat zu zahlen. Die übrigen Betriebskosten werden zusammen mit der Nettomiete entrichtet.[3] 432

---

[1] Dazu Börstinghaus, Miethöhe-HdB, 1. Teil Kap. 2 Rn. 24 ff.
[2] BGH NZM 2006, 652; dazu Ludley DWW 2006, 418.
[3] Langenberg/Zehelein BetrKostR B. Rn. 9; zu Mietstrukturen Börstinghaus Miethöhe-HdB Kap. 3 Rn. 4.

433 Im Gegensatz zur Bruttokaltmiete steht die Nettokaltmiete, auch Nettomiete genannt. Sie ist synonym für die Grundmiete, verstanden als reines Entgelt für die Überlassung der Mietsache, ohne das kalte und/oder warme Betriebskosten mit eingerechnet sind.

434 Die Mietrechtsreform 2001 hat die bisher bekannten Mietstrukturen beibehalten.[4] Wurde vertraglich nichts dazu vereinbart, so hat der Vermieter sämtliche Betriebskosten zu zahlen (§ 535 Abs. 1 S. 3 BGB). § 556 Abs. 1 BGB sieht vor, dass die Parteien eines Wohnraummietvertrags vereinbaren können, dass der Mieter die Betriebskosten nach § 2 BetrkV (früher Anlage 3 zu § 27 Abs. 1 II. BV) aufgeführten Betriebskosten trägt. Dies kann in Form einer Pauschale oder in Form von Vorauszahlungen erfolgen. Die Betriebskostenpauschale erfordert keine regelmäßigen Abrechnungen. Der Vermieter kann diese gem. § 560 Abs. 1 BGB erhöhen, wenn die Betriebskosten gestiegen sind, soweit im Mietvertrag eine entsprechende Erhöhungsklausel vereinbart wurde. Ermäßigen sich die Betriebskosten, so ist die Betriebskostenpauschale entsprechend herabzusetzen (§ 560 Abs. 3 BGB).

3. Zuschläge

a) Zuschläge zum Mietspiegel

435 In Einzelfällen kann es in Betracht kommen, der Mietpreisbildung nicht nur einen Mietspiegel zugrunde zu legen, sondern auch Zuschläge zu nehmen.

Ist eine Bruttokaltmiete vereinbart, weist der Mietspiegel aber nur die ortsüblichen Nettomieten aus, so kann der Vermieter gleichwohl auf einen solchen Mietspiegel Bezug nehmen und zugleich einen Zuschlag in Höhe der auf die Wohnung anteilig entfallenden, tatsächlichen Betriebskosten verlangen.[5] Auch dieser Zuschlag muss nachvollziehbar begründet sein.

Ist der Vermieter in seltenen Einzelfällen gegenüber dem Mieter verpflichtet, die Schönheitsreparaturen durchzuführen; liegen aber andererseits dem Mietspiegel Mietverträge zugrunde, wonach jeweils der Mieter die Kosten der Schönheitsreparaturen zu tragen hat, so kann der Vermieter bei Bezugnahme auf einen solchen Mietspiegel einen Zuschlag für die Mehrleistung jedenfalls im Mieterhöhungsverlangen hingegen nicht geltend machen.[6]

Ist ein Einfamilienhaus vermietet, so kann der Vermieter auf einen Mietspiegel Bezug nehmen, der auf Entgelten für Wohnungen in Mehrfamilienhäusern basiert.[7] Auch in diesem Fall erscheint es infolge des BGH-Rechtsprechung nicht ausgeschlossen, einen Zuschlag anzusetzen, wenn detailliert darlegt kann, dass und in welchem Umfange Mieten für Einfamilienhäuser in der betreffenden Gegend allgemein über den Mieten für Wohnungen in Mehrfamilienhäusern liegen.[8]

436 Im Zweifel ist aber von der kombinierten Begründung der Mietpreisbildung durch veraltete Mietspiegel und Zuschläge abzuraten.

---

[4] Dazu Grundmann NJW 2001, 2497; Hinz ZMR 2001, 331; Eisenschmid NZM 2001, 11; Emmerich NZM 2001, 690.
[5] BGH NZM 2006, 864; NZM 2006, 101; Börstinghaus Miethöhe-HdB, 6. Teil, Kap. 12 Rn. 159 (zum Mieterhöhungsverlangen).
[6] BGH NJW 2009, 1410 = NZM 2009, 313; BGH NJW 2008, 2840 = NZM 2008, 641.
[7] BGH NZM 2009, 27 = NJW-RR 2009, 86 (zum Mieterhöhungsverlangen).
[8] BGH NZM 2009, 27 = NJW-RR 2009, 86; BGH NJW 2013, 2963 = NZM 2013, 610 (zur Vergleichsmietenermittlung durch Sachverständigengutachten).

b) Möblierungszuschlag

Der Wert einer Möblierung ist mit einer angemessenen, nach der voraussichtlichen 437
Nutzungsdauer gerichteten Abschreibungsquote von etwa 15 bis 33 1/3 Prozent jährlich
und einer angemessenen Kapitalverzinsung von derzeit 6 bis 10 Prozent jeweils aus dem
Zeitwert des Mobiliars bei Abschluss des Mietertrags zu bemessen.[9]

c) Untervermietungszuschlag

Neben der Grundmiete darf bei genehmigter Untervermietung auch ein Untervermie- 438
tungszuschlag im freifinanzierten Wohnraum genommen werden (§ 553 Abs. 2 und 3
BGB).[10] Allerdings setzt dies voraus, dass es dem Vermieter unzumutbar ist, die Erlaubnis
zur Gebrauchsüberlassung der Mietsache ohne eine angemessene Erhöhung der Miete zu
erteilen. Der Vermieter darf sich im Hauptmietvertrag die vom Mieter vereinnahmte
Untermiete nicht formularmäßig abtreten lassen. Dies verstößt gegen § 307 BGB.[11]

II. Umsatzsteuer

Steuerrechtlich ist zwischen einer umsatzsteuerpflichtigen und einer umsatzsteuerfreien 439
Vermietung zu unterscheiden. Dabei ist die Vermietung und Verpachtung von Grundstücken und Grundstücksteilen gem. § 4 Nr. 12a UStG steuerbefreit. Die Vermietung
von Wohn- und Schlafräumen, die ein Unternehmer zur kurzfristigen Beherbergung von
Fremden bereit hält, die Vermietung von Plätzen für das Abstellen von Fahrzeugen, die
kurzfristige Vermietung auf Campingplätzen und die Vermietung und Verpachtung
von Maschinen und sonstigen Vorrichtungen aller Art, die zu einer Betriebsanlage gehören (Betriebsvorrichtungen) ist dagegen steuerpflichtig, auch wenn sie wesentliche Bestandteile eines Grundstücks sind. Daraus ist für Wohn- und Gewerbevermietungen
abzuleiten, dass in der Regel Umsatzsteuerfreiheit besteht.[12]

III. Mieterhöhung

1. Schriftform und Textform

§ 558a Abs. 1 BGB sieht für das Verlangen des Mieters auf Zustimmung zur Miet- 440
erhöhung eine Formerleichterung vor. Jetzt reicht Textform aus (§ 126b BGB).

Für den preisgebundenen Wohnungsbau gilt entweder kraft gesetzlicher Verweisung 441
oder unmittelbar § 10 Abs. 1 S. 1 WoBindG. Danach ist für einseitige Mieterhöhungs-
erklärungen des Vermieters innerhalb des preisgebundenen Wohnungsbaus noch Schriftform erforderlich.

2. Preisfreier Wohnraum

Im preisfreien Wohnraum kann die Miete nach der Grundregel in § 557 BGB durch 442
Vereinbarung erhöht werden. Dabei kann diese Vereinbarung während des Mietverhältnisses erfolgen (§ 557 Abs. 1 BGB) oder bereits bei Abschluss des Mietvertrags in Gestalt
einer Staffelmiete (§ 557a BGB) oder in Gestalt einer Indexmiete (§ 557b BGB) vorliegen
(§ 557 Abs. 2 BGB).

---

[9] Bub in Bub/Treier MietR-HdB Kap. II Rn. 2270.
[10] Schmidt-Futterer/Blank Anhang zu § 535 BGB Rn. 32 u. § 553 Rn. 17.
[11] LG Berlin NZM 2002, 947 (948).
[12] Herrlein NZM 2013, 409 (412).

443 Abgesehen davon kann der Vermieter[13] Mieterhöhungen nur nach Maßgabe der §§ 558 bis 560 BGB verlangen (§ 557 Abs. 3 BGB).

444 Dieses System ist zum Nachteil des Mieters durch abweichende Vereinbarung nicht änderbar (§ 557 Abs. 4 BGB).

445 Mietänderungsvereinbarungen können auch konkludent durch vorbehaltlose Zahlung des Mieterhöhungsbetrages zustande kommen.[14] Zahlt der Mieter mehrere Jahre auf eine einseitige Mieterhöhung des Vermieters, die mit den Werten des örtlichen Mietspiegels begründet wurde und die Bitte enthielt, den Dauerauftrag zu ändern den erhöhten Betrag, dann ist hierin eine konkludente Mietabänderungsvereinbarung zu sehen.[15] Von einer stillschweigende Zustimmung des Mieters ist aber nicht auszugehen, wenn sich der Vermieter im Mietvertrag eine einseitige Neufestsetzung der Miete vorbehalten hat und er in seinen Mieterhöhungsschreiben erkennbar auf der Grundlage dieser – nach § 557 Abs. 4 BGB – unwirksamen vertraglichen Regelung sein einseitiges Bestimmungsrecht ausüben wollte. Darin liegt, vom Empfängerhorizont der Mieter ausgehend, auch kein Angebot zum Abschluss einer Mieterhöhungsvereinbarung.[16]

a) Staffelmiete

446 § 557a BGB ist Grundnorm zur Staffelmietvereinbarung in Wohnraummietverträgen.

b) Mieterhöhung nach dem Vergleichsmietensystem

447 **aa) Voraussetzungen.** Die Voraussetzungen der Mieterhöhung bis zur ortsüblichen Vergleichsmiete beschreibt § 558 BGB. Danach kann der Vermieter die Zustimmung zu einer Erhöhung bis zu einer ortsüblichen Vergleichsmiete verlangen,

- wenn die Miete in dem Zeitpunkt, zu dem die Erhöhung eintreten soll, seit 15 Monaten unverändert ist und das Mieterhöhungsverlangen frühestens 1 Jahr nach der letzten Mieterhöhung geltend gemacht wird (Wartefrist gem. § 558 Abs. 1 S. 1 u. 2 BGB); Veränderungen der Miete durch Modernisierungszuschläge oder durch veränderte Betriebskosten bleiben hierbei unberücksichtigt (§ 558 Abs. 1 S. 3 BGB),[17]
und
- sich die Miete durch die Erhöhung innerhalb von drei Jahren nicht um mehr als 20 Prozent erhöht (Kappungsgrenze gem. § 558 Abs. 3 S. 1 BGB).[18] In durch Rechtsverordnung festgelegten Gemeinden oder Gemeindeteilen mit angespanntem Wohnungsmarkt beträgt die Kappungsgrenze 15 Prozent (§ 558 Abs. 3 S. 2 BGB), worauf der Vermieter in einem Mieterhöhungsverlangen hinweisen sollte.

448 Auch bei der Bestimmung der Kappungsgrenze bleiben Mieterhöhungen wegen Modernisierungszuschlägen oder wegen erhöhter Betriebskosten nach §§ 559 bis 560 BGB

---

[13] Zur Frage, ob der Verwalter anstelle des Vermieters verpflichtet ist, nach § 677 BGB Mieterhöhungsverlangen auszusprechen BGH NZM 2008, 319 – dort verneint; vgl. aber BGH Urt. v. 2.4.2014 – VIII ZR 282/13, BeckRS 2014, 08532 zur Stellvertretung beim Mieterhöhungsverlangen über eine Hausverwaltung.

[14] BGH NZM 2018, 279 = NJW-RR 2018, 524 (für dreimalige vorbehaltlose Zahlung).

[15] BGH NZM 2005, 736.

[16] BGH NZM 2005, 735 = NJW-RR 2005, 1464.

[17] Mieterhöhungen nach §§ 558, 559 BGB werden Bestandteil der Grundmiete und sind deshalb bei späteren Mieterhöhungen nach § 558 BGB in die Ausgangsmiete einzurechnen. Eine gegenteilige Parteivereinbarung gäbe dem Vermieter die Möglichkeit zur Mieterhöhung über den in § 558 BGB vorgesehenen Rahmen hinaus und ist deshalb gemäß § 558 Abs. 6, § 557 Abs. 4 BGB wegen Benachteiligung des Mieters unwirksam: BGH NJW 2008, 848 = NZM 2008, 124.

[18] Zur Berechnung der Kappungsgrenze bei einer Teilinklusivmiete vgl. BGH NJW 2004, 1380 = NZM 2004, 218; zur Berechnung der Kappungsgrenze und Ausgangsmiete bei Minderungen BGH Urt. v. 17.4.2019 – VIII ZR 33/18, BeckRS 2019, 9413.

unberücksichtigt. Bei der Berechnung der Kappungsgrenze bleiben auch solche Mieterhöhungen unberücksichtigt, die auf den in den §§ 559ff. BGB genannten Gründen beruhen, jedoch nicht in dem dort vorgesehenen einseitigen Verfahren vom Vermieter geltend gemacht, sondern einvernehmlich von den Parteien vereinbart worden sind.[19]

Unter der Voraussetzung von § 558 Abs. 4 BGB gilt die Kappungsgrenze nicht. Übersteigt die tatsächliche Wohnfläche die im Mietvertrag vereinbarte Wohnfläche, so ist einem **Mieterhöhungsverlangen** des Vermieters nunmehr allein die **tatsächliche Wohnfläche** maßgebend.[20] 449

Das Mieterhöhungsverlangen ist zu begründen. Als Begründungsmittel nennt § 558a Abs. 2 BGB 450
- den einfachen Mietspiegel (§ 558c BGB),[21]
- den qualifizierten Mietspiegel (§ 558d BGB), eine Auskunft aus einer Mietdatenbank (§ 558e BGB), ein mit Gründen versehenes Gutachten eines öffentlich bestellten und vereidigten Sachverständigen, und
- die Angabe entsprechender Entgelte für mindestens drei vergleichbare Wohnungen.

Der qualifizierte Mietspiegel (§§ 558a Abs. 2 u. 3, 558d Abs. 1 BGB) als Begründungsmittel ist mit zwei weiteren Rechtsfolgen verbunden. Es wird widerlegbar vermutet, dass die in ihm fixierten Werte die ortsübliche Vergleichsmiete wiedergeben.[22] Der Vermieter ist außerdem verpflichtet, dem Mieter diese Werte im Erhöhungsverlangen auch dann mitzuteilen, wenn er es auf andere Begründungsmittel stützt (§ 558a Abs. 3 BGB). Dadurch gewinnt der qualifizierte Mietspiegel Vorrang vor allen anderen genannten Begründungsmitteln und entkräftet insoweit deren Aussagekraft. 451

Die Erfüllung der Mitteilungspflicht ist Voraussetzung für ein wirksames Erhöhungsverlangen und damit Voraussetzung für die Zulässigkeit der Zustimmungsklage zur Durchsetzung des Mieterhöhungsverlangens. 452

Die Vermutungswirkung und die Mitteilungspflicht bestehen nur für qualifizierte Mietspiegel, die in Abständen von zwei Jahren der Marktentwicklung angepasst und nach vier Jahren neu erstellt werden (§ 558d Abs. 3, 558a Abs. 3 BGB). 453

Nimmt der Vermieter zur Begründung seines Erhöhungsverlangens auf einen qualifizierten Mietspiegel Bezug, so hat er die Angaben des Mietspiegels zur Wohnung, auf die er sein Erhöhungsverlangen stützt, dem Mieter mitzuteilen (§ 558a Abs. 1 u. 3 BGB). Enthält der Mietspiegel ein Raster von Feldern, in denen für Wohnungen einer bestimmten Kategorie jeweils eine bestimmte Mietspanne ausgewiesen ist, so ist im Erhöhungsverlangen nur die genaue Angabe des – nach Auffassung des Vermieters – für die Wohnung einschlägigen Mietspiegelfeldes erforderlich, um den Mieter (auch) auf die im Mietspiegel für die Wohnung vorgesehene Spanne hinzuweisen. Der Mietspiegel selbst muss nicht beigefügt werden, sofern er allgemein zugänglich ist.[23] 454

---

[19] BGH NJW 2004, 2088 = NZM 2004, 456; BGH NJW 2007, 3122 = NZM 2007, 727; BGH NJW 2008, 2031 = NZM 2008, 441.
[20] BGH NJW 2016, 239 = NZM 2016, 42 (Aufgabe der Rechtsprechung BGH NJW 2009, 2739; NJW 2007, 594).
[21] Liegt die verlangte Miete oberhalb der im Mietspiegel ausgewiesenen Mietspanne, so ist das Erhöhungsverlangen insoweit unbegründet, als es über den im Mietspiegel ausgewiesenen Höchstbetrag hinausgeht. Ansonsten ist es wirksam, wenn den formellen Anforderungen an eine Mieterhöhungserklärung genügt wird. Ein formell wirksames Mieterhöhungsverlangen liegt vor, wenn der Vermieter unter zutreffender Einordnung der Wohnung des Mieters in die entsprechende Kategorie des Mietspiegels die dort vorgesehene Mietspanne richtig nennt und die erhöhte Miete angibt (BGH NJW 2004, 1379 = NZM 2004, 219).
[22] BGH NJW 2010, 2946 = NZM 2010, 665.
[23] BGH NJW 2010, 225 = NZM 2010, 40; BGH NJW 2008, 573 = NZM 2008, 1648.

455 Wegen seiner Außenwirkung wird vertreten, dass der qualifizierte Mietspiegel im Unterschied zum einfachen Mietspiegel[24] verwaltungsgerichtlich überprüfbar ist.[25] Einwendungen des Mieters gegen die Wissenschaftlichkeit der Datenerhebung und Datenauswertung bei der Erstellung eines qualifizierten Mietspiegels setzt substanzziertes Bestreiten der Erstellungsvoraussetzungen voraus, worüber ggf. Beweis zu erheben ist.[26]

456 Ebenfalls als neues Begründungsmittel wurde durch die Mietrechtsreform die Mietdatenbank eingeführt (§ 558a Abs. 2 Nr. 2 BGB, § 558e BGB). Sie ist eine Sammlung von Mieten, die zur Ermittlung der ortsüblichen Vergleichsmiete fortlaufend – und nicht mit zeitlichem „Verfallsdatum" wie ein Mietspiegel – geführt wird. Die Mietdatenbank erreicht die Qualität eines Begründungsmittels, wenn sie von einer Gemeinde oder von den Mieter- und Vermieterorganisationen gemeinsam geführt oder anerkannt wird. Es müssen Auskünfte abrufbar sein, die für einzelne Wohnungen den Schluss auf die ortsübliche Vergleichsmiete zulassen. Bislang gab es eine Mietdatenbank nur in Hannover.[27]

457 **bb) Durchsetzung des Anspruchs.** Der Anspruch des Mieters auf Zustimmung zur Mieterhöhung (§ 558 Abs. 1 S. 1 BGB) kann durch eine Zustimmungsklage durchgesetzt werden. Die Frist für eine Klage auf Zustimmung zu einer Mietanhebung beträgt drei Monate (§ 558b Abs. 2 Satz 2 BGB). Bei dieser Frist handelt es sich um eine Ausschlussfrist. Ist sie abgelaufen, so wird eine erhobene Klage unzulässig.[28] Der Vermieter muss dann grundsätzlich ein neues Mieterhöhungsverlangen stellen. Die Wiedereinsetzung in den vorigen Stand ist nicht möglich (§ 233 ZPO). Die Überlegungsfrist für den Mieter, wie er auf das Mieterhöhungsverlangen des Vermieters reagiert, und die Klagefrist beginnen in diesem Fall neu zu laufen. Zur Wahrung der Frist kommt es auf die Zustellung der Klageschrift (§ 253 Abs. 1 ZPO) und nicht auf die bloße Einreichung der Klageschrift bei Gericht an (§ 253 Abs. 5 ZPO). Ist die Frist nur hinsichtlich eines von mehreren Mietern abgelaufen, so ist die Klage insgesamt unzulässig.

458 Die Zustellung eines Mahnbescheids genügt zur Unterbrechung der Klagefrist nicht, da dem Vermieter kein Zahlungsanspruch, sondern ein Anspruch auf Zustimmung zu einer Vertragsänderung zusteht.

459 In Bezug auf die Heilung von Formmängeln im Rahmen der Zustimmungsklage gilt: Der Vermieter kann ein vollständiges Erhöhungsbegehren nachholen (§ 558b Abs. 3 S. 1 1. Alt. BGB). Daneben können einzelne Mängel während des Prozesses nachgebessert werden (§ 558b Abs. 3 S. 1 2. Alt. BGB). So kann beispielsweise die Begründung ergänzt oder das nicht beiliegende Gutachten eines Sachverständigen nachgereicht werden.[29] Auch der bislang unterlassene Hinweis auf einen qualifizierten Mietspiegel kann noch im Prozess erfolgen.[30]

460 Durch die Nachholung oder die Nachbesserung des Mieterhöhungsverlangens läuft für den Mieter eine neue Überlegungsfrist (§ 558b Abs. 3 S. 2 BGB).

461 Die Zustimmungsklage kann mit einer Zahlungsklage auf die erhöhte Miete verbunden werden.[31]

462 Wird der Mieter verurteilt, einem Mieterhöhungsverlangen des Vermieters zuzustimmen, wird seine Verpflichtung zur Zahlung der erhöhten Miete für die Zeit ab dem

---

[24] Dazu BVerwG NJW 1996, 2046.
[25] Löfflad in Lützenkirchen, Neue Mietrechtspraxis, Rn. 289 ff.; aA BGH NJW 2014, 292 = NZM 2014, 24; BGH NJW 2013, 775 = NZM 2013, 138 (revisionsrechtliche Prüfung).
[26] BGH NJW 2014, 292 = NZM 2014, 24.
[27] Schmidt-Futterer/Börstinghaus BGB § 558e Rn. 3.
[28] Schmidt-Futterer/Börstinghaus BGB § 558b Rn. 91.
[29] Schmidt-Futterer/Börstinghaus BGB § 558b Rn. 166.
[30] Schmidt-Futterer/Börstinghaus BGB § 558b Rn. 166.
[31] BGH NZM 2005, 582 = NJW-RR 2005, 1169.

Beginn des dritten Kalendermonats nach dem Zugang des Erhöhungsverlangens erst mit Rechtskraft des Zustimmungsurteils fällig. Verzug mit den Erhöhungsbeträgen kann daher nicht rückwirkend eintreten, sondern erst nach Rechtskraft des Zustimmungsurteils begründet werden.[32] Bei einer vergleichsweisen Erhöhung der Miete sollte vom Anwalt eine Regelung zum Verzugseintritt aufgenommen werden.[33]

cc) Reaktionsmöglichkeiten des Mieters. Der Mieter kann sich bis zum Ablauf des zweiten Kalendermonats nach Zugang des Mieterhöhungsverlangens des Vermieters überlegen, wie er reagiert. 463

(1) Zustimmung. Stimmt der Mieter zu, so schuldet er die erhöhte Miete mit Beginn des dritten Kalendermonats nach dem Zugang des Erhöhungsverlangens (§ 558b Abs. 1 BGB). Der Wortlaut der Vorschrift („soweit der Mieter ... zustimmt") macht klar, dass auch eine Teilzustimmung in Betracht kommen kann. 464

(2) Ablehnung. Lehnt der Mieter das Erhöhungsverlangen des Vermieters ab, so sieht das Gesetz zur Entscheidung in der Sache ausschließlich eine Zustimmungsklage des Vermieters vor (§ 558b Abs. 2 BGB), wenn der Vermieter das Erhöhungsverlangen durchzusetzen beabsichtigt. 465

Die zur Verteidigung gegenüber einem Mieterhöhungsverlangen erteilte Prozessvollmacht ermächtigt auch zur Entgegennahme eines während des Verfahrens abgegebenen (weiteren) Mieterhöhungsverlangens. § 174 BGB ist auf eine von einem Rechtsanwalt im Rahmen des gesetzlichen Umfangs seiner Prozessvollmacht abgegebenen Erklärung nicht anwendbar.[34] 466

Zur Verteidigung kann der Mieter zunächst die formellen Voraussetzungen des Erhöhungsverlangens infrage stellen. Ein formell wirksames Mieterhöhungsverlangen liegt vor, wenn der Vermieter unter zutreffender Einordnung der Wohnung des Mieters in die entsprechende Kategorie des Mietspiegels die dort vorgesehene Mietspanne richtig nennt und die erhöhte Miete angibt.[35] 467

Die formelle Wirksamkeit eines Mieterhöhungsverlangens erfordert es grundsätzlich, dass der Vermieter Kürzungsbeträge aufgrund der Inanspruchnahme öffentlicher Fördermittel zur Wohnungsmodernisierung in das Erhöhungsverlangen aufnimmt.[36] Deshalb ist ein Mieterhöhungsverlangen aus formellen Gründen unwirksam, wenn der Vermieter in der Begründung auf die Inanspruchnahme einer öffentlichen Förderung für die Modernisierung der Wohnung und die dadurch veranlasste Kürzung der Mieterhöhung hinweist, den Kürzungsbetrag jedoch nicht nachvollziehbar erläutert. Dies gilt auch dann, wenn der Hinweis auf einem Versehen beruht, weil eine solche Förderung in Wirklichkeit nicht erfolgt und deshalb eine Kürzung nicht erforderlich ist.[37] 468

Will der Vermieter eine Bruttomiete mit einem Mietspiegel auf Nettobasis erhöhen, so bedarf es der Angabe der auf die Wohnung tatsächlich entfallenden Betriebskosten; die Angabe eines statistischen Durchschnittswerts für Betriebskosten genügt nicht.[38] Bei 469

---

[32] BGH NJW 2005, 2310 = NZM 2005, 496.
[33] Breuer AnwZert MietR 13/2018 Anm. 2 (unter C.).
[34] BGH NJW 2003, 963 = NZM 2003, 229; BGH WuM 2003, 149.
[35] BGH NJW 2004, 1379 = NZM 2004, 219; fortgeführt von BGH NJW 2008, 848 = NZM 2008, 124.
[36] BGH NZM 2004 380 = NJW-RR 2004, 947; fortgeführt von BGH NJW 2012, 3090 = NZM 2012, 857.
[37] BGH NZM 2004, 581 = NJW-RR 2004, 1159; vgl. auch BGH WuM 2004, 406, zur Pflichtangabe des Vermieters hinsichtlich Mittel, Zweck (Modernisierung oder Instandsetzung) und etwaigem Zinssatz.
[38] BGH NZM 2006, 864 = NJW-RR 2006, 1599; BGH NZM 2006, 101 = NJW-RR 2006, 227; BGH NJW 2006, 3350 = NZM 2006, 652.

Erhöhung einer Teilinklusivmiete nach § 558 BGB braucht der Vermieter im Mieterhöhungsverlangen zur Höhe der in der Miete enthaltenen Betriebskosten keine Angaben zu machen, wenn auch die von ihm beanspruchte erhöhte Teilinklusivmiete die ortsübliche Nettomiete nicht übersteigt.[39]

470 Gibt der Vermieter in einem Mieterhöhungsbegehren nach § 558a BGB eine unzutreffende Ausgangsmiete an, weil er die gebotene Einrechnung einer früheren Mieterhöhung in die Ausgangsmiete unterlässt, führt das nicht zur formellen Unwirksamkeit des Mieterhöhungsbegehrens und nicht zur Unzulässigkeit einer vom Vermieter daraufhin erhobenen Zustimmungsklage; das Mieterhöhungsbegehren ist jedoch unbegründet, soweit die begehrte Miete unter Hinzurechnung der früheren Mieterhöhung die ortsübliche Vergleichsmiete übersteigt.[40]

471 **(3) Sonderkündigungsrecht.** § 561 Abs. 1 BGB gibt dem Mieter im Falle eines Mieterhöhungsverlangens des Vermieters nach § 558 BGB ein Sonderkündigungsrecht, das bis zum Ablauf des zweiten Monats nach Zugang der Kündigung zum Ablauf des dann folgenden übernächsten Monats auszuüben ist (§ 561 Abs. 1 S. 1 BGB). Kündigt der Mieter, so tritt die Mieterhöhung nicht ein (§ 561 Abs. 1 S. 2 BGB). Das Sonderkündigungsrecht kann durch vertragliche Vereinbarungen nicht zum Nachteil des Mieters abbedungen werden (§ 561 Abs. 2 BGB).

472 **(4) Fehlende Reaktion.** Häufig lässt der Mieter jede ausdrückliche Erklärung auf das Mieterhöhungsverlangen des Vermieters hin vermissen. In diesen Fällen kann eine konkludente Zustimmung zum Mieterhöhungsverlangen durch vorbehaltlose Zahlung der erhöhten Miete vorliegen. Umstritten ist, wie oft die erhöhte Miete vorbehaltlos gezahlt worden sein muss, um von einem konkludenten Zustimmen auszugehen. Die Auffassungen reichen von einer vorbehaltlosen zweimaligen Zahlung,[41] über eine vorbehaltlose Zahlung „zumindest über einige Monate hinweg"[42] oder „mehrmonatige Zahlung"[43] als schlüssig erklärte Zustimmung.

c) Mieterhöhung nach Modernisierung

473 § 559 bis 559b BGB sind Grundlage einer einseitigen Mieterhöhungserklärung des Vermieters nach durchgeführten Modernisierungen.[44]

474 **aa) Voraussetzungen.** Hat der Vermieter bauliche Maßnahmen durchgeführt, die in Bezug auf die Mietsache Endenergie nachhaltig einsparen, durch die der Wasserverbrauch nachhaltig reduziert wird, die den Gebrauchswert der Mietsache nachhaltig erhöhen, oder die die allgemeinen Wohnverhältnisse auf Dauer verbessern (§ 555b Nr. 1, 3, 4, 5 BGB), oder hat er andere bauliche Maßnahmen aufgrund von Umständen durchgeführt, die er nicht zu vertreten hat (§ 555b Nr. 6 BGB), so kann er die jährliche Miete (seit 1.1.2019 allenfalls noch; Art. 229 § 49 EGBGB)[45] um 8 Prozent der für die Wohnung aufgewendeten Kosten erhöhen (§ 559 Abs. 1 BGB).

475 Daneben ist seit 1.1.2019 eine **absolute Kappungsgrenze** getreten (§ 559 Abs. 3a BGB): bei Erhöhungen der jährlichen Miete nach § 559 Abs. 1 BGB darf sich die monatliche Miete innerhalb von sechs Jahren, von Erhöhungen nach § 558 oder § 560

---

[39] BGH NJW 2008, 848 = NZM 2008, 124.
[40] BGH NJW 2008, 848 = NZM 2008, 124; BGH NZM 2006, 652 (653); BGH NJW 2004, 1379 (1380).
[41] AG Leipzig NZM 2002, 20.
[42] LG Düsseldorf DWW 1999, 377.
[43] BGH NJW 1998, 445 (446); hierzu BGH NZM 2018, 279 → Rn. 445.
[44] Instruktiv Kunze MDR 2002, 142.
[45] Selk NJW 2019, 329 (332); Artz/Börstinghaus NZM 2019, 12 (18).

abgesehen, nicht um mehr als 3 Euro je Quadratmeter Wohnfläche erhöhen. Beträgt die monatliche Miete vor der Mieterhöhung weniger als 7 Euro pro Quadratmeter Wohnfläche, so darf sie sich abweichend von § 559 Abs. 3a S. 1 BGB nicht um mehr als 2 Euro je Quadratmeter Wohnfläche erhöhen.[46]

Eine Maßnahme, die ausschließlich nicht erneuerbare Primärenergie (ohne konkreten Bezug zur Mietsache) nachhaltig eingespart oder das Klima nachhaltig schützt (§ 555b Nr. 2 BGB), berechtigt nicht zu einer Mieterhöhung iSd § 559 Abs. 1 BGB[47] (zB Photovoltaik-Anlagen, Ladestationen für Elektrofahrzeuge). Eine bauliche Veränderung, die eine Einsparung nicht erneuerbarer Primärenergie und gleichzeitig eine Einsparung von Endenergie für den Mieter bewirkt, ist unter § 555b Nr. 1 BGB einzustufen und berechtigt zu einer Mieterhöhung (§ 559 Abs. 1 BGB).

Im Unterschied zum Verlangen des Vermieters auf Zustimmung zu einer Erhöhung der Miete auf ortsübliches Niveau handelt es sich bei der Mieterhöhungserklärung nach Modernisierung um eine einseitige Mieterhöhung. Das bedeutet, dass der Mieter hieran nicht mitwirken muss. Ist die Erklärung wirksam, so schuldet der Meter also die erhöhte Miete automatisch nach Ablauf der noch darzustellenden Erhöhungsfristen (§ 559b Abs. 2 BGB).

476

Auch die Mieterhöhungserklärung nach Modernisierung muss nicht mehr schriftlich, sondern kann in Textform erfolgen (§ 559b Abs. 1 S. 1 BGB). Die Erklärung ist nur wirksam, wenn in ihr die Erhöhung aufgrund der entstandenen Kosten berechnet und entsprechend den Voraussetzungen der §§ 559, 559a BGB erläutert wird (§ 559b Abs. 1 S. 2 BGB). Erlangte Drittmittel iSv § 559a BGB sind dabei im Hinblick auf ihre Anrechenbarkeit besonders zu behandeln.

477

Die Anforderungen an den Inhalt der Mieterhöhungserklärung regelt § 559b Abs. 1 S. 2 BGB. Insbesondere ist der Charakter der durchgeführten Baumaßnahmen als Modernisierung zu erläutern. Zur Erläuterung einer modernisierungsbedingten Mieterhöhungserklärung nach einem energieeinsparenden Heizungseinbau ist aber keine eigene Wärmebedarfsberechnung erforderlich.[48] Bei einer energetischen Modernisierung kann der Vermieter in der Modernisierungsmieterhöhung zur Darlegung der energetischen Qualität von Bauteilen auf allgemein anerkannte Pauschalwerte Bezug nehmen (§ 559b Abs. 1 S. 2 iVm § 555c Abs. 3 BGB).[49]

478

Ebenso ist detailliert zu beschreiben, mit welchen Finanzierungsmitteln die Baumaßnahme durchgeführt wurde. Schließlich sind die auf die einzelne Wohnung entfallenden Kosten explizit als Ergebnis eines nachvollziehbaren Rechenwerks darzulegen. Dabei ist von den Gesamtkosten auszugehen, der Verteilungsfaktor zu erläutern und auf dieser Basis die einzeln zu berücksichtigenden Kosten zu ermitteln.

479

Der Mieter schuldet die erhöhte Miete mit Beginn des dritten Monats nach dem Zugang der Erhöhungserklärung (§ 559b Abs. 2 S. 1 BGB).

480

Die Frist verlängert sich um sechs Monate (§ 559b Abs. 2 S. 2 BGB), wenn der Vermieter dem Mieter die Modernisierungsmaßnahme nicht nach §§ 555c Abs. 1 u. 3 bis 5 BGB angekündigt hat oder die tatsächliche Mieterhöhung die angekündigte um mehr als 10 Prozent übersteigt. Hat er die dreimonatige Ankündigungsfrist nicht gewahrt, ist dies ebenfalls für die Mieterhöhung unschädlich.[50]

481

---

[46] Artz/Börstinghaus NZM 2019, 12 (19); Selk NJW 2019, 329 (332).
[47] BeckOK MietR/Müller BGB § 555b Rn. 30; Schmidt-Futterer/Eisenschmid BGB § 555b Rn. 65.
[48] BGH NJW 2002, 2036 = NZM 2002, 519; BGH WuM 2004, 154; BGH NZM 2004, 252 = NJW-RR 2004, 658.
[49] Schmidt-Futterer/Börstinghaus BGB § 559b Rn. 29; vgl. auch BGH NJW 2006, 1126 = NZM 2006, 221.
[50] BGH NJW 2007, 3565 = NZM 2007, 882.

482 **bb) Vereinfachtes Verfahren, § 559c BGB (seit 1.1.2019).** Mit dem Mietrechtsanpassungsgesetz 2019 wurde mit § 559c BGB für eher kleinere Modernisierungsmaßnahmen ein „vereinfachtes Verfahren" eingeführt. Danach kann für Modernisierungsmaßnahmen, deren geltend gemachten Kosten für die Wohnung 10.000 Euro nicht übersteigen, die Mieterhöhung nach diesem vereinfachten Verfahren berechnet werden, worauf der Mieter bereits bei der Ankündigung (§ 555c BGB) hinzuweisen ist (§ 559c Abs. 5 Nr. 1 BGB). Der Angabe der voraussichtlichen künftigen Betriebskosten nach § 555c Abs. 1 S. 2 Nr. 3 BGB bedarf es hingegen in diesem Falle nicht.

483 Für Kosten, die für Erhaltungsmaßnahmen erforderlich gewesen wären (Instandsetzungskosten), müssen immer 30 % der nach § 559c Abs. 1 S. 1 BGB aufgewandten Kosten abgezogen werden (§ 559c Abs. 1 S. 2 BGB). Sind keinerlei Instandsetzungskosten angefallen, kann der Vermieter nur das Erhöhungsverfahren nach §§ 559 Abs. 1, 559b BGB wählen.[51] Drittmittel müssen im Gegensatz zum Verfahren nach §§ 559 Abs. 1, 559b BGB (§ 559a Abs. 2 BGB) nicht abgezogen werden (§ 559c Abs. 1 S. 3 BGB).[52]

484 Für die aufgewandten Kosten für die Wohnung iSv § 559c Abs. 1 S. 1 BGB wird gem. § 559c Abs. 2 BGB auf einen Fünf-Jahres-Zeitraum für alle Modernisierungsmaßnahmen binnen dieser Zeit abgestellt. Wird der Höchstbetrag von 10.000 Euro überschritten, muss der Vermieter das Verfahren nach §§ 559, 559b BGB wählen.

485 Ein (finanzieller) Härteeinwand gegen die Mieterhöhung ist dem Mieter angesichts der maximal zulässigen Erhöhung von 46,67 Euro monatlich im vereinfachten Verfahren gesetzlich abgeschnitten (§ 559c Abs. 1 S. 3 iVm § 559 Abs. 4 BGB).[53]

486 Eine Mieterhöhung im vereinfachten Verfahren sperrt für fünf Jahre nach Zugang der Mieterhöhungserklärung zukünftige Modernisierungsmieterhöhungen (§ 559c Abs. 4 S. 1 BGB). Mieterhöhungen auf die ortsübliche Vergleichsmiete für den modernisierten Zustand sind nicht ausgeschlossen.[54] Dies gilt nicht, soweit der Vermieter in diesem Zeitraum Modernisierungsmaßnahmen auf Grund einer gesetzlichen Verpflichtung durchzuführen hat und er diese Verpflichtung bei Geltendmachung der Mieterhöhung im vereinfachten Verfahren nicht kannte oder kennen musste (§ 559c Abs. 4 S. 2 Nr. 1 BGB). Außerdem gilt dies nicht, sofern eine Modernisierungsmaßnahme auf Grund eines Beschlusses von Wohnungseigentümern durchgeführt wird, der frühestens zwei Jahre nach Zugang der Mieterhöhungserklärung beim Mieter gefasst wurde (§ 559c Abs. 4 S. 2 Nr. 2 BGB).

487 **cc) Durchsetzung des Anspruchs.** Aus § 559b Abs. 1 S. 1, Abs. 2 BGB wird deutlich, dass es sich im Unterschied zum zweiseitigen Erhöhungsverfahren bei Mieterhöhungen bis zur ortsüblichen Vergleichsmiete nach Modernisierung um ein einseitiges Erhöhungsverfahren handelt. Nach Ablauf der Erhöhungsfristen erhöht sich die Miete im Falle einer wirksamen Mieterhöhung automatisch auf den erhöhten Betrag. Deshalb kann der Anspruch unmittelbar durch Klage auf Zahlung der erhöhten Miete durchgesetzt werden.

488 **dd) Reaktionsmöglichkeiten des Mieters. (1) Sonderkündigungsrecht nach Abschluss der Modernisierung.** Gegenüber der Mieterhöhungserklärung nach Modernisierung hat der Mieter ein Sonderkündigungsrecht. Übt er das Sonderkündigungsrecht aus, so tritt die Mieterhöhung nicht ein (§ 561 Abs. 1 BGB).

489 **(2) Einwendungen gegen eine Klage, gerichtet auf Zahlung der erhöhten Miete.** Im Rahmen einer Klage auf Zahlung der erhöhten Miete kann sich der Mieter mit dem

---

[51] Artz/Börstinghaus NZM 2019, 12 (20).
[52] § 559a Abs. 2 S. 4 BGB ist hingegen auch bei § 559c BGB anwendbar (§ 559c Abs. 1 S. 3 BGB).
[53] Artz/Börstinghaus NZM 2019, 12 (20); Selk NJW 2019, 329 (332).
[54] Artz/Börstinghaus NZM 2019, 12 (21).

Vortrag wehren, die Mieterhöhungserklärung des Vermieters sei aus formellen oder aus materiellen Gründen unwirksam. Auch kann er eine verlängerte Erhöhungsfrist einwenden, wenn der Vermieter seiner Mitteilungspflicht an den Mieter vor Aufnahme der Baumaßnahmen nicht, nicht fristgerecht oder nicht im erforderlichen Umfange nachgekommen ist (§ 555c Abs. 1, 3 – 5 BGB).

(3) Mietminderung. Als Reaktion auf die mit den Baumaßnahmen verbundenen Beeinträchtigungen kann der Mieter die Miete auch dann mindern, wenn er gesetzlich zur Duldung der Baumaßnahmen verpflichtet ist.[55] Eine Ausnahme hiervon bildet § 536 Abs. 1a BGB. Danach bleibt eine Minderung der Tauglichkeit für die Dauer von drei Monaten außer Betracht, soweit diese auf Grund einer Maßnahme eintritt, der einer energetischen Modernisierung nach § 555b Nr. 1 BGB dient.

(4) Härtegründe. Der Mieter kann wirtschaftliche Härtegründe gegen die Mieterhöhung geltend machen. Seine Härtegründe werden gem. § 559 Abs. 4 BGB berücksichtigt und nicht beim Duldungsanspruch (§ 555d Abs. 2 S. 2 BGB). Nach § 559 Abs. 4 u. 5 BGB sind Härteeinwände gegen die Mieterhöhung dagegen nicht zu berücksichtigen, wenn die Mietsache lediglich in einen allgemein üblichen Zustand versetzt wurde, wenn die Modernisierungsmaßnahme aufgrund von Umständen durchgeführt wurde, die der Vermieter nicht zu vertreten hatte, oder wenn die Härtegründe vom Mieter nicht rechtzeitig mitgeteilt worden sind (§§ 559 Abs. 5, 555d Abs. 3 – 5 BGB).[56]

(5) Fälle des „Herausmodernisierens": § 559d BGB (seit 1.1.2019). Nach dem seit 1.1.2019 in Kraft getretenen § 559d BGB wird in vier Varianten vermutet, dass der Vermieter eine zum Schadensersatz verpflichtende Pflichtverletzung (§ 280 BGB) begangen hat. In diesen Fragen hatte der BGH davor eher zurückhaltend geurteilt. Von einem arglistigen Vortäuschen der Modernisierungsmaßnahme war danach nicht auszugehen, wenn die Arbeiten teilweise ausgeführt wurden und der Vermieter darlegt, dass sich die Fortsetzung der Arbeiten witterungsbedingt und eines Personalengpasses verzögern werden.[57]

Die Vermutung aus § 559d BGB greift ein, wenn:

- mit der baulichen Veränderung nicht innerhalb von zwölf Monaten nach deren angekündigtem Beginn oder, wenn Angaben hierzu nicht erfolgt sind, nach Zugang der Ankündigung der baulichen Veränderung begonnen wird (§ 559d S. 1 Nr. 1 BGB),
- in der Ankündigung nach § 555c Abs. 1 BGB ein Betrag für die zu erwartende Mieterhöhung angegeben wird, durch den die monatliche Miete mindestens verdoppelt würde (§ 559d S. 1 Nr. 2 BGB),
- die bauliche Veränderung in einer Weise durchgeführt wird, die geeignet ist, zu erheblichen, objektiv nicht notwendigen Belastungen des Mieters zu führen (§ 559d S. 1 Nr. 3 BGB), oder
- die Arbeiten nach Beginn der baulichen Veränderung mehr als zwölf Monate ruhen (§ 559d S. 1 Nr. 4 BGB).

Die Norm gilt nur im Zivilfahren, nicht in einem Bußgeldverfahren.[58] Abgesehen von der gesetzessystematisch merkwürdigen Stellung im Unterkapitel 2 („Regelungen über die Miethöhe") treten sprachliche Missverständnisse hervor: „Bauliche Veränderung" kann nicht nur Modernisierungsmaßnahmen (§ 555b BGB), sondern auch Erhaltungs-

---

[55] Schmidt-Futterer/Eisenschmid BGB § 536 Rn. 77; LG Mannheim WuM 1986, 139; AG Osnabrück = WuM 1996, 754; LG Berlin GE 1997, 618.
[56] Schultz in Bub/Treier MietR-HdB Kap. III Rn. 1625.
[57] BGH NJW 2017, 2907 = NZM 2017, 595.
[58] Artz/Börstinghaus NZM 2019, 12 (23).

maßnahmen iSv § 555a umfassen.⁵⁹ Allerdings dürfte damit allein § 555b BGB gemeint sein; dies legen der Wortlaut („bauliche Veränderung" in § 555b BGB) sowie die Gesetzgebungshistorie⁶⁰ nahe.⁶¹

495 Die Vermutungswirkung gilt nicht, wenn der Vermieter darlegt, dass für das nach dem 31.12.2018 maßgebliche Verhalten im Einzelfall ein nachvollziehbarer objektiver Grund vorliegt, § 559d S. 2 BGB. Hierin wird der entscheidende Kritikpunkt für die Praxistauglichkeit der Norm gesehen.⁶²

496 **(6) Bußgeldtatbestand in Fällen des „Herausmodernisierens", § 6 WiStG.** Ergänzend zu § 559d BGB wurde seit 1.1.2019 das Wirtschaftsstrafgesetzbuch um einen Tatbestand erweitert (§ 6 WiStG).⁶³ Danach handelt ordnungswidrig, wer in der Absicht, einen Mieter von Wohnraum hierdurch zur Kündigung oder zur Mitwirkung an der Aufhebung des Mietverhältnisses zu veranlassen, eine bauliche Veränderung in einer Weise durchführt oder durchführen lässt, die geeignet ist, zu erheblichen, objektiv nicht notwendigen Belastungen des Mieters zu führen (§ 6 Abs. 1 WiStG). Diese Ordnungswidrigkeit kann mit einer Geldbuße bis zu hunderttausend Euro geahndet werden (§ 6 Abs. 2 WiStG).

Anders als in § 559d BGB spricht die historische Auslegung des Begriffs „bauliche Veränderung" hier für ein weites Verständnis, das Maßnahmen iSv § 555a und § 555b BGB umfasst.⁶⁴ Der Vermieter muss mit „Absicht" vorgehen, es also gerade darauf anlegen, den Mieter zu einer Kündigung oder Mietaufhebung zu bewegen. Ob dies in der Praxis nachgewiesen werden kann, ist offen.⁶⁵

d) Erhöhung von Betriebskosten

497 **aa) Vorauszahlung mit Einzelabrechnung.** Bei Betriebskostenvorauszahlungen mit nachfolgender Betriebskostenabrechnung können Vermieter und Mieter nach einer Abrechnung durch Erklärung in Textform eine Anpassung auf die angemessene Höhe vornehmen (§ 560 Abs. 4 BGB). Dies bedeutet, dass dem Vermieter bei einer Nachzahlung in dieser Fallkonstellation eine Möglichkeit zusteht, die Miete durch einseitige Erklärung mit Wirkung für die Zukunft⁶⁶ zu erhöhen.

498 Die Erklärung muss auch nicht sogleich mit einer Abrechnung oder sogar unverzüglich abgegeben werden,⁶⁷ auch wenn dies in der Praxis verbreitet ist. Mit einer Erklärung erhöhen sich die Betriebskostenvorauszahlungen vom nächsten Fälligkeitszeitpunkt an.⁶⁸

499 **bb) Betriebskostenpauschale.** Bei einer Betriebskostenpauschale kann der Vermieter Erhöhungen der Betriebskosten nur dann anteilig auf den Mieter umlegen, wenn dies im Mietvertrag vereinbart ist. Die Erklärung kann in Textform erfolgen. Sie ist nur wirksam, wenn in ihr der Grund für die Umlage bezeichnet und erläutert wird (§ 560 Abs. 1 BGB).

500 Der Mieter schuldet den auf ihn entfallenden Teil der Umlage mit Beginn des auf die Erklärung folgenden übernächsten Monats (§ 560 Abs. 2 S. 1 BGB).

---

⁵⁹ Selk NJW 2019, 329 (333).
⁶⁰ BT-Drs. 19/4672, 34.
⁶¹ Hierzu Selk NJW 2019, 329 (333), der sich aber für eine weite Auslegung ausspricht.
⁶² Selk NJW 2019, 329 (333).
⁶³ Hierzu Blank NZM 2019, 73.
⁶⁴ BT-Drs. 19/4672, 37; Blank NZM 2019, 73 (74).
⁶⁵ Kritisch Selk NJW 2019, 329 (334); Blank NZM 2019, 73 (75); Artz/Börstinghaus NZM 2019, 12 (24).
⁶⁶ BGH NJW 2011, 2350 = NZM 2011, 544.
⁶⁷ Langenberg/Zehelein BetrKostR Teil E. Rn. 33.
⁶⁸ BGH NJW 2011, 2350 = NZM 2011, 544; Blank/Börstinghaus/Blank BGB § 560 Rn. 34.

cc) Brutto- oder Teilinklusivmietverträge. Aus § 560 Abs. 1 S. 1 BGB folgt, dass für 501
den Vermieter keine einseitige Erhöhungsmöglichkeit bei Betriebskosten besteht, die in
einer Inklusiv- oder Teilinklusivmiete enthalten sind. Hier ist eine Erhöhung oder auch
eine Umstellung der Mietstruktur auf Nettokaltmiete nur durch eine zweiseitige Vereinbarung mit dem Mieter möglich.

IV. Reaktionen des Mieters im Zusammenhang mit Mieterhöhungen

1. Mietminderungen als Reaktion nach Erhöhung der Miete

Als Reaktion auf die für den Mieter wirtschaftlich nachteiligen Auswirkungen einer 502
Mieterhöhung ist der Versuch denkbar, die sich ergebenden Kostensteigerungen aus der
Mieterhöhung durch Mietminderungen abzufangen. So kann beispielsweise im Rahmen
einer Mieterhöhung nach Modernisierung die Miete wegen Unzuträglichkeiten gemindert
werden, die der Mieter als Ausfluss der Baumaßnahmen hatte. Gleichfalls kommt eine
Minderung deswegen in Betracht, weil die Wohnung nach Abschluss der Modernisierungsarbeiten nicht mehr in demselben Umfang für den Mieter nutzbar ist wie vorher,
der vertragsgemäße Gebrauch also reduziert ist.[69] In diesen Fällen kann das Minderungsrecht verwirken, wenn der Mieter zum Ausgleich von Unannehmlichkeiten beim Verbleib
in seiner Wohnung einen Geldbetrag vom Vermieter angenommen hat.[70]

2. Rückforderungsansprüche wegen überhöht gezahlter Miete

Ebenso ist es als Reaktion auf Mieterhöhungen denkbar, dass der Mieter die Berechti- 503
gung der bisher gezahlten Mieten wie auch der jetzt erhöht verlangten Miete hinterfragt.
Erweist es sich, dass die bisherige und die erhöhte Miete überhöht sind, so kann der
Mieter bereits gezahlte überhöhte Mietanteile nach §§ 812, 814 BGB iVm § 535, 134
BGB sowie § 5 WiStG zurückfordern. Denn überhöhte Mietanteile außerhalb der gesetzlich zulässigen Grenzen können nicht wirksam vereinbart werden. Insoweit ist die vertragliche Vereinbarung teilnichtig.[71] Für die Voraussetzungen des Rückzahlungsanspruchs ist der Mieter darlegungs- und beweispflichtig. So muss er beispielsweise die
Ausnutzung eines geringen Angebots an Wohnraum i. S. v. § 5 WiStG darlegen.[72] Dabei
ist auf den Wohnungsmarkt des gesamten Stadtgebiets abzustellen. Das Bestreben eines
Mieters um Anmietung auf dem Sondermarkt eines Stadtteils schließt die Anwendung
von § 5 WiStG aus.[73]

Mietpreisüberhöhungen iSv § 5 WiStG iVm § 134 BGB kann der Mieter allerdings 504
nicht mit dem Hinweis darauf darlegen, dass die ortsübliche Vergleichsmiete nachträglich
abgesunken ist. Ein nachträgliches Absinken der ortsüblichen Vergleichsmiete führt nicht
zur Unwirksamkeit einer späteren Mietstaffel nach § 134 BGB iVm § 5 WiStG, wenn die
vereinbarte Miete zu einem früheren Zeitpunkt der Höhe nach zulässig war.[74]

---

[69] LG Mannheim WuM 1978, 95 bei verkleinerter Stellfläche durch Heizkörper.
[70] Harke WuM 1991, 1 (6).
[71] BGH NZM 2006, 291 (292).
[72] BGH NZM 2004, 381 (382).
[73] BGH NZM 2006, 291.
[74] KG Berlin NJW-RR 2001, 871.

3. Sonderkündigung

505 Sowohl im preisfreien Wohnungsbau (§ 561 BGB) als auch im preisgebundenen Wohnungsbau (§ 11 WoBindG) bestehen Sonderkündigungsrechte des Mieters als Reaktion auf Mieterhöhungen des Vermieters.

§ 16 Betriebskosten

I. Schriftform und Textform

506 Neben der Schriftform reicht für Erklärungen des Vermieters zur Änderung des Betriebskostenumlageschlüssels (§ 556a Abs. 2 S. 1 BGB) und zur anteiligen Umlage erhöhter Betriebskosten bei Betriebskostenpauschalen auf den Mieter auf der Grundlage einer mietvertraglichen Vereinbarung (§ 560 Abs. 1 S. 1 BGB) Textform aus.

II. Änderungen der Mietstruktur

507 Die Mietrechtsreform hat mit § 560 BGB Anpassungen wegen veränderter Betriebskosten nur noch im Falle von Betriebskostenpauschalen und Betriebskostenvorauszahlungen zugelassen. Eine Mieterhöhung wegen gestiegener Betriebskosten bei vertraglich vereinbarter Teilinklusivmiete ist nach heutigem Recht nicht mehr vorgesehen. Dasselbe gilt für Bruttomietverträge. Sie können also einseitig durch den Vermieter nicht mehr auf Nettomieten mit gesonderter Betriebskostenabrechnung umgestellt werden. Hierfür ist eine zweiseitige Vereinbarung vorausgesetzt.[75]

508 Gem. Art. 229 § 3 Abs. 4 EGBGB kann bei Verträgen aus der Zeit vor dem Inkrafttreten der Mietrechtsreform am 1.9.2001 eine Anpassung analog § 560 BGB nur noch erfolgen, sofern sie vertraglich vereinbart ist.

III. Umlage von Betriebskosten

509 Bis zum Erlass eines neuen Betriebskostenrechts auf der Ermächtigungsgrundlage in § 556 Abs. 1 S. 4 BGB bleibt es bei dem Katalog der Betriebskostenarten nach bisherigem Recht (§ 556 Abs. 1 BGB i.V.m. der Betriebskostenverordnung).[76] Wie bisher müssen Betriebskosten umlagefähig vereinbart werden.[77]

510 Dabei können die Parteien einen Umlageschlüssel vereinbaren. Existiert eine vertragliche Vereinbarung nicht, so sind nach dem gesetzlichen Modell verbrauchsabhängige oder verursachungsabhängige Betriebskosten verbrauchsabhängig abzurechnen. Anders erfasste Betriebskosten sind nach der Wohnfläche umzulegen, soweit der Vertrag hierzu keinen anderen Umlageschlüssel vorsieht (§ 556a Abs. 1 BGB). Es steht den Mietvertragsparteien im Wohnraummietrecht wie vor der Mietrechtsreform 2001 aber frei, an Stelle eines konkreten Umlageschlüssels ein einseitiges Leistungsbestimmungsrecht nach billigem Ermessen des Vermieters zu vereinbaren, da § 556a BGB Abs. 1 S. 1 BGB abdingbar ist.[78]

---

[75] LG Augsburg WuM 2004, 148; AG Köln ZMR 2004, 119.
[76] BGBl. 2003 I 2346.
[77] BGH NJW 2016, 1308 = NZM 2016, 235; NZM 2016 720 = NJW-RR 2016, 1293.
[78] BGH NZM 2015, 130; anders noch Grundmann NJW 2001, 2497 (2500).

Dieses gesetzliche Schema greift nur ein, soweit andere spezielle Vorschriften keine 511
gesonderten Umlagemaßstäbe für die Betriebskosten vorsehen. Zu erwähnen ist insbesondere die HeizkostenVO. Hier bleibt es bei den bekannten Maßstäben.

Betriebskosten können als Pauschale oder als Vorauszahlung ausgewiesen werden 512
(§ 556 Abs. 2 S. 1 BGB).[79]

Vorauszahlungen für Betriebskosten dürfen nur in angemessener Höhe vereinbart werden (§ 556 Abs. 2 S. 2 BGB). Angemessen ist die Höhe, wenn der Betrag mit einem gewissen Sicherheitszuschlag sich an den zu erwartenden Kosten orientiert.[80] Der Vermieter begeht grundsätzlich keine Pflichtverletzung bei Vertragsschluss, wenn er mit dem Mieter Vorauszahlungen für Nebenkosten vereinbart, die die Höhe der später anfallenden tatsächlichen Kosten nicht nur geringfügig, sondern auch deutlich unterschreiten.[81] Eine Pflichtverletzung nach den Grundsätzen über das Verschulden bei den Vertragsverhandlungen liege nur vor, wenn besondere Umstände gegeben sind.

Den Gegensatz zur Betriebskostenvorauszahlung mit Einzelabrechnungserfordernis bildet die Betriebskostenpauschale. Bei der Pauschale handelt es sich um einen Betrag, der sich nicht aus genau errechneten einzelnen Positionen zusammensetzt, sondern in dem einzelne Ansätze nach oben abgerundet einfließen und der von vornherein auf Grund einer überschlägigen Berechnung ermittelt wird. Hinsichtlich der Höhe der Pauschale ist es für Wohnraummietverhältnisse streitig, ob die Angemessenheitsgrenze in § 556 Abs. 2 S. 2 BGB auch für Betriebskostenpauschalen gilt.[82] Diesen Grundsatz wird man auch hier anzuwenden haben.[83]

1. Neu entstandene Betriebskosten

a) Wärmecontracting

Will der Wohnungsvermieter während des laufenden Mietverhältnisses den Betrieb 513
einer vorhandenen Heizungsanlage auf einen Dritten übertragen („Wärmecontracting"), bedarf er dafür einer Zustimmung des Mieters, wenn eine ausdrückliche Regelung hierfür im Mietvertrag fehlt und dem Mieter dadurch zusätzliche Kosten auferlegt werden sollen.[84] Eine ausdrückliche vertragliche Regelung kann auch in der Inbezugnahme von § 2 Nr. 4 BetrKV oder von Anlage 3 zu § 27 II. BV gesehen werden, wenn die Fassung der II. BV zur Zeit des Mietvertragsabschlusses die Umlage von Wärmelieferungskosten vorsah. Anderenfalls kann eine Umlage im laufenden Mietverhältnis nicht erfolgen.[85]

In Reaktion auf diese Rechtsprechung wurde § 556c BGB eingeführt, der den Vermieter berechtigt, in – laufenden – Mietverhältnissen auf eine Wärmelieferung umzustellen.[86] Für § 556c BGB ist (neben Einsparcontracting, technischem Anlagenmanagement

---

[79] Vgl. im Einzelnen Grundmann NJW 2001, 2497 (2499); Langenberg NZM 2001, 783; von Seldeneck NZM 2001, 64; Schmid ZMR 2001, 761.
[80] Blank/Börstinghaus/Blank BGB § 556 Rn. 123.
[81] BGH NJW 2004, 1102; BGH Beschl. v. 3.3.2004 – VIII ZA 25/03, BeckRS 2004, 02780; kritisch hierzu Derckx NZM 2004, 321; Artz NZM 2004, 328.
[82] Vgl. die Übersicht bei Schmid WuM 2001, 424 mwN.
[83] MüKoBGB/Schmid/Zehelein BGB § 556 Rn. 31.
[84] BGH NZM 2005, 450; BGH WuM 2005, 456; BGH WuM 2006, 256; BGH WuM 2007, 445 = ZMR 2007, 768; zur Umlage der Wärmelieferungskosten vgl. Derleder WuM 2005, 389; Pfeifer DWW 2005, 229; Hack NJW 2005, 2039; Schmid ZMR 2005, 590; Schmid WuM 2005, 553; Lammel WuM 2006, 558; Monschau MietRB 2007, 310.
[85] BGH NJW 2006, 2185 = NZM 2006, 534 zu Anlage 3 zu § 27 II. BV in der Fassung vom 5.4.1984; BGH NJW 2005, 1776 = NZM 2005 450; dazu Pfeifer DWW 2006, 237; vgl. auch BGH NJW 2007, 3060 mAnm Derckx = NZM 2007, 769; BGH NJW 2008, 3630 = NZM 2008, 883.
[86] Zu diesem Hintergrund Schmidt-Futterer/Lammel BGB § 556c Rn. 3.

und Finanzierungscontracting) nur das Energieliefercontracting von Bedeutung.[87] Entscheidend für eine Umstellung ist das in § 556c Abs. 1 S. 1 Nr. 2 BGB geregelte Neutralitätsgebot. Danach dürfen die Kosten der Wärmelieferung die Betriebskosten für die bisherige Eigenversorgung mit Wärme oder Warmwasser nicht übersteigen.[88] Die Einzelheiten regelt die zusammen mit § 556c BGB seit 1.7.2013 in Kraft getretene Wärmelieferverordnung (WärmeLV).

514 Für Neuvertragsabschlüsse gelten § 556c BGB und WärmeLV nicht,[89] dem Vermieter steht es frei, ob er in Eigenregie durch eine Zentralheizung iSv § 2 Nr. 4a BetrkV oder im Wege der Wärmelieferung die Versorgung sicherstellt.

b) Rückwirkende Umlage

515 Die Berücksichtigung von Betriebskosten, die sich mit Rückwirkung erhöht haben (rückwirkende Umlage), bleibt möglich (§ 560 Abs. 2 S. 2 BGB), soweit dies vertraglich zu einer Betriebskostenpauschale vereinbart ist. Beispiele für die Anhebung bestehender Betriebskosten sind etwa Veränderungen der Grundsteuer durch Anhebung des Einheitswertes oder des für das Gebäude maßgeblichen Hebesatzes sowie die Steigerung der Wasser-, Abwasser- oder Müllgebühren.

516 Entscheidend ist, dass sich die jährlich zu ermittelnden Gesamtbetriebskosten erhöht haben.[90] Die Erhöhung einzelner Positionen reicht nicht aus. § 560 Abs. 2 S. 2 BGB ist nicht anwendbar, wenn zwar einige Betriebskosten sich erhöhen, die Steigerung aber durch Ermäßigung anderer Kostenarten kompensiert wird.

517 § 560 Abs. 2 S. 2 BGB setzt eine zeitliche Schranke für die Rückwirkung. Danach wirkt die Erhöhungserklärung des Vermieters auf den Zeitpunkt der Erhöhung der Betriebskosten zurück, höchstens jedoch auf den Beginn des der Erklärung vorausgehenden Kalenderjahres. Weitere Voraussetzung ist, dass der Vermieter die Erklärung innerhalb von drei Monaten nach Kenntnis von der Erhöhung abgibt.

c) Zukünftige Umlage

518 Im Falle neu eingeführter Betriebskosten stellt sich die Frage nach deren zukünftiger Umlage. Sie können sich beispielsweise als Folge von Modernisierungsmaßnahmen, wie dem Einbau eines Aufzuges, einer Zentralheizung oder nach Anschluss an die Kanalisation bei einem in ländlichen Bereichen gelegenen Wohnhaus oder nach Einstellung eines Hausmeisters ergeben. Auch neu eingeführte öffentlich-rechtliche Abgaben, wie zB die Niederschlagswasserabgabe, sind anzuführen.

519 Nach der BGH-Rechtsprechung[91] ist der Ansatz neuer Betriebskosten wirksam allein durch die vertragliche Bezugnahme auf den Betriebskostenkatalog möglich, wenn Betriebskosten nach Abschluss des Mietvertrages „neu entstehen". Erst recht ist der Ansatz neuer Betriebskosten zulässig, wenn eine „Mehrbelastungsklausel" im Mietvertrag enthalten ist.[92] Im letzteren Fall handelte es sich um Kosten für eine Sach- und Haftpflichtversicherung, die während der Laufzeit des Mietvertrages für das Mietobjekt abgeschlossen worden ist.

---

[87] Schmidt-Futterer/Lammel BGB § 556c Rn. 5.
[88] Niesse/Wiesbrock NZM 2013, 529 (533).
[89] Blank/Börstinghaus/Börstinghaus BGB § 556c Rn. 6.
[90] MüKoBGB/Schmid/Zehelein BGB § 560 Rn. 6.
[91] BGH NZM 2004, 417 = NJW-RR 2004, 875.
[92] BGH NJW 2006, 3558 = NZM 2006, 896; Langenberg/Zehelein BetrKostR C. III. Rn. 55.

Den Mieterschutz sieht der BGH[93] einmal in dem durch die Betriebskostenverordnung begrenzten Kreis umlegbarer Kosten und zum anderen in dem gesetzlich festgelegten Gebot der Wirtschaftlichkeit (§ 560 Abs. 5 BGB) gewahrt.

520

Nach Blank[94] bedarf es einer Mehrbelastungsabrede nur bei einer Betriebskostenpauschale, nicht bei Vorauszahlungen.

521

d) Schlüssiges Verhalten

Fraglich ist, ob eine Betriebskostenvereinbarung auch konkludent durch schlüssiges Verhalten angenommen werden kann. In der bloßen Übersendung einer Abrechnung ist ohne hinzutreten weiterer Umstände aber kein Vertragsangebot zu sehen. Auch wenn der Vermieter 20 Jahre über Betriebskosten nicht abrechnet ist die Erhebung von Nachforderungen für die Zukunft ohne das Vorliegen weiterer Umständen zulässig und nicht verwirkt.[95] Eine telefonische oder schriftliche Ankündigung des Vermieters über eine Änderung der Betriebskosten sowie die nachfolgende Übersendung einer Abrechnung, in die auch die mitgeteilten zusätzlichen Betriebskosten einbezogen sind, kann aus der maßgeblichen Sicht des objektiven Empfängers ein Angebot zur Änderung der Betriebskostenumlagevereinbarung sein, das die Mieter durch Begleichung einer auf der Abrechnung beruhenden Nachforderung oder Zahlung der daraufhin angepassten (erhöhten) Vorauszahlungen akzeptiert haben könnten.[96]

522

Weiter wurde aber eine stillschweigende Vereinbarung über die Umstellung einer Bruttomiete auf eine Nettomiete und damit verbunden auf eine gesonderte Umlage von Betriebskosten auch in der wiederholten Zahlung von Betriebskosten gesehen.[97] Hierbei darf nicht außer Acht bleiben, dass zur Annahme einer schlüssigen Betriebskostenumlagevereinbarung immer auch ein entsprechender Rechtsbindungswille des Mieters nötig ist und dies einer Änderung entgegenstehen kann.[98]

523

Rechnet der Vermieter trotz entsprechender Vereinbarung über mehrere Jahre hinweg die Betriebskosten nicht ab, so kommt durch Zahlung der Vorauszahlungen für diesen Zeitraum keine konkludente Vertragsänderung dahin zustande, dass die Vorauszahlungen nunmehr als Pauschalbetrag anzusehen sind.[99]

2. Änderungen des Umlage-/Verteilungsschlüssels

Änderungen des Umlageschlüssels sind einseitig in den Grenzen von § 556a Abs. 2 BGB möglich. Betroffen ist der Fall, dass die Parteien des Mietvertrags abweichend vom gesetzlichen Grundmodell des Umlagemaßstabs in § 556 Abs. 1 BGB einen anderen Verteilungsschlüssel im Vertrag zugrunde gelegt haben. In diesem Fall kann der Vermieter einseitig bestimmen, dass die Betriebskosten zukünftig abweichend von dieser getroffenen Vereinbarung ganz oder teilweise nach einem Maßstab umgelegt werden dürfen, der dem erfassten unterschiedlichen Verbrauch oder der unterschiedlichen Verursachung Rechnung trägt. Die Erklärung ist nur vor Beginn eines Abrechnungszeitraums zulässig. Bruttomieten oder Teilinklusivmieten sind um die enthaltenen Betriebskostenanteile in diesem Fall zu vermindern (§ 556a Abs. 2 BGB).

524

---

[93] BGH NJW 2006, 3558 = NZM 2006, 896 (897).
[94] NZM 2007, 233.
[95] BGH NJW 2010, 1065 = NZM 2010, 240; BGH NJW 2008, 1302 = NZM 2008, 276; BGH NZM 2004, 418 = NJW-RR 2004, 877.
[96] BGH NZM 2014, 748
[97] LG Potsdam GE 2001, 1199; BGH NJW-RR 2000, 163 = NZM 2000, 961.
[98] Zurecht hinweisend AG Mannheim DWW 2002, 36.
[99] OLG Naumburg NZM 2006, 630; LG Mannheim DWW 2008, 61.

525 Möglich bleiben Korrekturen über § 242 BGB. Soweit der Flächenmaßstab zu einer krassen Ungerechtigkeit führt, hat zB der Mieter nach § 242 BGB einen Anspruch auf Umstellung des Maßstabs.[100]

526 Im Anwendungsbereich der Heizkostenverordnung sind aber hinsichtlich der Heiz- und/oder Warmwasserkosten die zwingenden Vorschriften der Heizkostenverordnung zu beachten. Soweit Abrechnungsmaßstäbe allein nach § 7 HeizKostV in Betracht kommen, ist dem Vermieter eine Änderung des einmal gewählten Abrechnungsmaßstabes nur unter den Voraussetzungen des § 6 Abs. 4 S. 2 HeizKostV gestattet. Eine Änderung nach § 6 Abs. 4 S. 2 Nr. 1 HeizKostV ist aber ausgeschlossen, wenn der Vermieter während dreier Abrechnungszeiträume die Gesamtwohnfläche bereits zugrunde gelegt hat. Davon unberührt bleiben die Voraussetzungen des § 6 Abs. 4 S. 2 Nr. 2 und Nr. 3 HeizKostV.[101]

527 Der Umlageschlüssel für Betriebskosten kann auch durch jahrelange einverständliche Handhabung vereinbart werden. Dies gilt selbst dann, wenn die Parteien eine Schriftformklausel vereinbart haben.[102]

3. Änderungen von Pauschalvereinbarungen in Einzelabrechnungen

528 Durch eine Vereinbarung können die Vertragsparteien jederzeit von einer Betriebskostenpauschale auf eine Vorauszahlung umschwenken (§ 556 Abs. 1 S. 1 BGB).[103] Einseitig kann der Vermieter in den Grenzen von § 556a Abs. 2 S. 1 BGB vorgehen und eine Pauschalvereinbarung in einen Vorauszahlungsmodus mit verbrauchs- und verursachungsbezogenen Maßstäben umwandeln.

529 Besteht eine Betriebskostenpauschale und wird sie in ihrem Kostenansatz durch unverhältnismäßig hohe Verbräuche überschritten, so ist noch ein weiterer Weg gangbar. Übersteigt beispielsweise der Stromverbrauch eines Mieters in erheblicher Weise den Kostenansatz einer vereinbarten Pauschale, so kann darin eine positive Vertragsverletzung liegen. Dies erlaubt es dem Vermieter, die tatsächlich angefallenen Kosten vom Mieter als Schadensersatz erstattet zu verlangen.[104]

530 Umgekehrt ist auch eine Umwandlung einer Betriebskostenvorauszahlung in eine Pauschalvereinbarung denkbar.

4. Betriebskosten bei Leerstand

531 Bei der Betriebskostenabrechnung trifft das Leerstandsrisiko grundsätzlich den Vermieter.[105] Grundsteuer, Versicherungs- und Hauswartkosten, Müllabfuhr- und Schornsteinfegergebühren, Aufzugs- und Hausreinigungskosten entstehen als verbrauchsunabhängige Betriebskosten und unabhängig vom Vermietungsstand des Gebäudes. Dies gilt sowohl für diejenigen, die vom Verbrauch abhängen[106] als auch für die sog. „kalten" Betriebskosten.

Allerdings lässt es § 556a Abs. 1 S. 2 BGB zu, dass die Kosten der Wasserversorgung im – vom Gesetz vorausgesetzten – Normalfall, in dem die Wohnungen der Abrechnungseinheit im Wesentlichen vermietet sind, einheitlich nach dem erfassten Wasserver-

---

[100] BT-Drs. 14/4553 zu Art. 1 § 556a BGB Nr. 1, 51; BGH NZM 2006, 895 (896).
[101] BGH NZM 2004, 254 = NJW-RR 2004, 659.
[102] BGH NZM 2006, 11.
[103] Langenberg/Zehelein BetrKostR B. II. Rn. 15.
[104] LG Oldenburg NZM 2002, 337.
[105] BGH NJW 2006, 2771 = NZM 2006, 655; NJW 2006, 2771 = NZM 2006, 655; Wall WuM 2006, 443; BGH NZM 2004, 254 = NJW-RR 2004, 659.
[106] Ebenso Maaß ZMR 2006, 760; Sternel NZM 2006, 811; Kinne/Schach, Miet- und Mietprozessrecht, § 556a BGB Rn. 2; aA AG Zwickau ZMR 2002, 205.

§ 16 Betriebskosten

brauch umgelegt werden, also auch insoweit, als Fixkosten wie Grundgebühren oder Zählermiete unabhängig vom tatsächlichen Wasserverbrauch anfallen.[107]

Nur ausnahmsweise, wenn dem Vermieter ein Festhalten am unveränderten Vertrag nicht zumutbar ist, kann er „unter Berücksichtigung aller Umstände des Einzelfalls" wegen Störung der Geschäftsgrundlage (§ 313 Abs. 1 BGB) einen Anspruch auf Abänderung des veränderten Flächenmaßstabes haben.[108] In Einzelfällen kann dies auch für einen durch einen Umlageschlüssel grob benachteiligten Mieter in Frage kommen.[109]

Der Vermieter kann sein Leerstandsrisiko begrenzen, indem er gemäß § 556a Abs. 2 BGB durch Erklärung in Textform die verbrauchsabhängige Abrechnung einführt. Denn mangels einer anderweitigen Bestimmung durch den Vermieter sind alle Betriebskosten nach § 556a Abs. 1 BGB nach der Wohnfläche umzulegen, wenn eine vertragliche Vereinbarung fehlt. 532

5. Anforderungen an die Betriebskostenabrechnung

Nach ständiger Rechtsprechung des BGH[110] muss eine ordnungsgemäße Betriebskostenabrechnung den Anforderungen von § 259 BGB entsprechen und folgende Mindestangaben enthalten: 533
- eine Zusammenstellung der Gesamtkosten
- die Angabe und Erläuterung der zugrunde gelegten Verteilerschlüssel
- die Berechnung des Anteils des Mieters
- der Abzug der Vorauszahlungen des Mieters
- die Angabe des Rechnungssaldos

Was die Gesamtkosten angeht, so sind die einzelnen Kostenarten zu bezeichnen.[111] Nicht erforderlich ist, dass auch die jeweiligen Rechnungsdaten angegeben werden.[112] Die Abrechnung der Betriebskosten hat dem durchschnittlichen Verständnisvermögen eines juristisch und betriebswirtschaftlich nicht geschulten Mieters zu entsprechen. Sie muss für ihn ohne große Schwierigkeiten nachvollziehbar sein.[113] 534

In jedem Fall ist der Grundsatz der Wirtschaftlichkeit zu beachten (§ 556 S. 1 BGB). Der Mieter trägt allerdings die Darlegungs- und Beweislast für eine Verletzung des Grundsatzes der Wirtschaftlichkeit bei der Abrechnung der Betriebskosten des Vermieters. Allein mit der Behauptung, ein Kostenansatz in der Betriebskostenabrechnung des Vermieters übersteige den insoweit überregional ermittelten durchschnittlichen Kostenansatz für Wohnungen[114] vergleichbarer Größe, genügt der Mieter seiner Darlegungslast 535

---

[107] BGH NJW 2010, 3645 = NZM 2010, 855.
[108] BGH NJW 2006, 2771 (2773); vgl. zur ergänzenden Vertragsauslegung eines Wärmelieferungsvertrags zwischen einem Energieversorgungsunternehmen und einem Grundstückseigentümer hinsichtlich des Grundkostenanteils für leerstehende Mietwohnungen BGH NJW 2003, 2902 = NZM 2003, 756; vgl. zur Zulässigkeit der Änderung des Abrechnungsmaßstabes für Heizkosten bei Leerstand von Mietwohnungen in einem Mehrfamilienhaus BGH NZM 2004, 254 = NJW-RR 2004, 659; hierzu Harsch MietRB 2004, 164; Langenberg NZM 2005, 51 (54).
[109] BGH NZM 2015, 205 (206) = NJW-RR 2015, 457 (459).
[110] BGH NZM 2017, 732; NJW 2016, 866 = NZM 2016, 192; NJW 2010, 3363 = NZM 2010, 784; NJW 2009, 282 = NZM 2009, 78; NJW 2008, 2260 = NZM 2008, 567; NJW 2008, 2258 = NZM 2008, 477; BGH NJW 1982, 573.
[111] BGH NJW 2016, 866 = NZM 2016, 192.
[112] KG Berlin DWW 1998, 24.
[113] BGH NZM 2017, 732; NZM 2014 902 = NJW 2015, 51; NZM 2015, 129; NZM 2015, 589 = NJW-RR 2015, 778.
[114] Zur prozessualen Verwertbarkeit von Betriebskostenübersichten Ludley NZM 2011, 417; zum Wirtschaftlichkeitsgebot Streyl NZM 2006, 125; Beyer NZM 2007, 1.

nicht.[115] Grundsätzlich trägt der Vermieter insoweit auch keine sekundäre Darlegungslast, die ihn zur näheren Darlegung der für die Wirtschaftlichkeit erheblichen Tatsachen, etwa eines Preisvergleichs, verpflichten würde.[116]

Der Mieter trägt die Darlegungs- und Beweislast für einen von ihm behaupteten Verstoß des Vermieters gegen das Wirtschaftlichkeitsgebot auch dann, wenn sich einzelne Betriebskostenpositionen im Vergleich zum Vorjahr um mehr als 10 % erhöht haben.[117] Der Vermieter ist gut beraten, auf ein angemessenes Preis-/Leistungsverhältnis zu achten und sich insoweit bei anstehenden Vertragsabschlüssen oder zu verlängernden Dienstleistungen sich eine Marktübersicht zu verschaffen, um seine Ermessensentscheidung und konkrete Dispositionen belegen zu können.[118]

536 Eine formell ordnungsgemäße Abrechnung der Betriebskosten erfordert nicht mehr, dass dem Mieter auch die Gesamtkosten einer Kostenart mitgeteilt werden, sofern einzelne Kostenelemente nicht umlagefähig sind.[119]

a) Form der Betriebskostenabrechnung

537 Für Betriebskostenabrechnungen ist kein bestimmtes gesetzliches Formerfordernis vorgeschrieben. Sie muss daher weder der Schriftform (§ 126 BGB) noch der Textform (§ 126b BGB) genügen. Insbesondere braucht der Vermieter nicht eigenhändig zu unterzeichnen.[120] Ein nur mündlicher Vortrag der Abrechnung gegenüber dem Mieter kommt schon aus Beweisgründen nicht in Betracht. Im Übrigen kann sich die Frage der Nachvollziehbarkeit stellen. Eine Übermittlung der Betriebskostenabrechnung per Fax oder per E-Mail wird dagegen für zulässig gehalten.[121]

b) Abrechnungszeitraum

538 Über die Vorauszahlungen für Betriebskosten ist jährlich abzurechnen (§ 556 Abs. 3 S. 1 1. Hs. BGB). Dabei legt der BGH den Vermieter bei der Abrechnung von Betriebskosten nicht auf eine bestimmte Abrechnungsart fest.[122] Möglich ist es, in der Abrechnung nur die Kosten für die im Abrechnungszeitraum in Anspruch genommenen oder verbrauchten Leistungen anzusetzen (Leistungsprinzip) oder auf die in Rechnung gestellten Betriebskosten im Abrechnungszeitraum (Abflussprinzip) abzustellen. Der Vermieter kann also auf der Basis der ihm selbst in Rechnung gestellten Betriebskosten im Abrechnungszeitraum arbeiten, obwohl dann der Mieter bei einem unterjährigen Mieterwechsel Gefahr läuft, Kosten zu zahlen, die sein Vormieter verursacht hat. Das rechtfertigt der BGH aber mit dem Hinweis darauf, dass bei Ende des Mietverhältnisses der weichende Mieter bei dieser Abrechnungsmethode ebenso nicht zu den von ihm verursachten Kosten herangezogen wird.[123]

539 Wenn über verbrauchsabhängige Betriebskosten einheitlich mit den sonstigen Betriebskosten abzurechnen ist, so ist eine Gesamtabrechnung der Betriebskosten nicht deshalb formell unwirksam, weil der Abrechnungszeitraum einer in die Gesamtabrechnung einge-

---

[115] BGH NJW 2011, 3028 = NZM 2011, 705.
[116] BGH NJW 2015, 855 = NZM 2015, 132.
[117] LG Berlin NZM 2018, 170.
[118] Milger NZM 2012, 657 (659).
[119] BGH NJW 2016, 866 = NZM 2016,192; zu den Anforderungen an eine formell ordnungsgemäße Abrechnung Langenberg NZM 2006, 641; ferner Streyl NZM 2007, 324; Derckx NZM 2007, 385.
[120] Langenberg/Zehelein BetrKostR H. III. Rn. 110.
[121] Langenberg/Zehelein BetrKostR H. III. Rn. 110; siehe zu Mieterportalen → Rn. 1933 ff.
[122] BGH NJW 2008, 1300 = NZM 2008, 277.
[123] BGH NJW 2008, 1300 = NZM 2008, 277; BGH NJW 2008, 1801 = NZM 2008, 403.

stellten Abrechnung verbrauchsabhängiger Betriebskosten nicht deckungsgleich ist mit dem der Gesamtabrechnung zugrunde liegenden Abrechnungszeitraum. Das ergibt sich aus der Akzeptanz des Abflussprinzips. Bei einer auf das Kalenderjahr bezogenen Gesamtabrechnung über die Betriebskosten beginnt die Frist für die Abrechnung der Vorauszahlungen auf die Betriebskosten mit dem Ende des Kalenderjahres auch dann, wenn der in die Gesamtabrechnung einbezogenen Abrechnung verbrauchsabhängiger Betriebskosten ein davon abweichender Abrechnungszeitraum – etwa die jährliche Heizperiode – zugrunde liegt.[124]

c) Gesamtkosten

540 Die Abrechnung beginnt mit einer Zusammenstellung der Gesamtkosten, unterteilt nach den einzelnen umlagefähigen Betriebskostenarten. Eigenleistungen des Vermieters dürfen angesetzt und umgelegt werden mit dem Betrag, der für eine gleichwertige Leistung eines Dritten, insbesondere eines Unternehmers, angesetzt werden könnte (§ 1 Abs. 1 S. 2 BetrKV).[125] Auch die Kosten für die Beschaffung von Schneeräumgeräten können angesetzt werden.[126]

541 Nach einer Rechtsprechungswende setzt eine formell ordnungsgemäße Betriebskostenabrechnung setzt nicht mehr voraus, dass dem Mieter auch dann die Gesamtkosten einer berechneten Kostenart mitgeteilt werden, wenn einzelne Kostenteile nicht umlagefähig sind.[127] Aus Transparenzgründen kann es beispielsweise bei den Hausmeisterkosten zweckmäßig sein, die Gesamtkosten mitzuteilen und darzustellen, um welchen Anteil die Gesamtkosten bereinigt wurden. Nimmt der Vermieter dabei nur einen pauschalen Abzug nicht umlagefähiger Verwaltungs-, Instandhaltungs- und Instandsetzungskosten vor, genügt ein schlichtes Bestreiten des Mieters. Dem Vermieter obliegt es in diesem Fall, die Kosten nachvollziehbar aufzuschlüsseln.[128]

d) Verteilerschlüssel

542 **aa) Vorwegabzug bei Gewerbeflächen.** Werden Teile der Mietsache als Gewerberaum und andere Teile als Wohnraum genutzt, so müssen die auf die gewerbliche Nutzung entfallenden Anteile in der Regel vorweg abgezogen werden. Rechnet der Vermieter über Betriebskosten in gemischt genutzten Abrechnungseinheiten ab, ist – soweit die Parteien nichts anderes vereinbart haben – ein Vorwegabzug der auf Gewerbeflächen entfallenden Kosten für alle oder einzelne Betriebskostenarten ausnahmsweise dann nicht geboten, wenn diese Kosten nicht zu einer ins Gewicht fallenden Mehrbelastung der Wohnraummieter führen.[129] Ein Vorwegabzug ist aus Billigkeitsgründen (nur) dann erforderlich, wenn – wofür der Mieter die Darlegungs- und Beweislast trägt – durch die gewerbliche Nutzung erhebliche Mehrkosten (pro Quadratmeter) entstehen.[130] Bezüglich der hierfür erforderlichen Informationen kann der Mieter Auskunft vom Vermieter und Einsicht in die der Abrechnung zugrunde liegenden Belege verlangen. Soweit der Mieter danach weiterhin nicht in der Lage sein sollte, die für einen Vorwegabzug der Gewerbeflächen maßgebenden Tatsachen vorzutragen, während der Vermieter über die entsprechende

---

[124] BGH NJW 2008, 2328 = NZM 2008, 520.
[125] LG Berlin GE 1999, 909.
[126] AG Schöneberg NJW-RR 2001, 1379.
[127] BGH NJW 2016, 866 = NZM 2016, 192, im Übrigen Streyl NZM 2007, 324; Derckx NZM 2007, 385.
[128] BGH NJW 2008, 1801 = NZM 2008, 403.
[129] BGH NJW 2006, 1419 = NZM 2006, 340.
[130] BGH NZM 2017, 520 (521); NJW 2010, 3363 (3364); NZM 2011, 118 (119); NJW 2006, 1419 (1422).

Kenntnis verfügt und ihm nähere Angaben zumutbar sind, kommt zugunsten des Mieters eine Modifizierung seiner Darlegungslast nach den Grundsätzen über die sekundäre Behauptungslast in Betracht.[131] In diesem Fall kann im Rahmen des Zumutbaren vom Vermieter insbesondere das substantiierte Bestreiten des Vorliegens einer Mehrbelastung des Mieters unter Darlegung der Gründe für die einheitliche Abrechnung verlangt werden.[132]

543 Der auf das Gewerbe entfallende Wasserverbrauch darf geschätzt werden. Eine Schätzung kommt in Betracht, wenn keine getrennten Wasserzähler für Gewerbe und für die Wohnräume im Haus installiert sind. Dabei kann anhand der Zahlen eines vergleichbaren Objektes geschätzt werden. Dies entspricht billigem Ermessen.[133]

544 Nach dem gegenwärtigen System der Grundsteuererhebung bedarf es bei der Betriebskostenabrechnung für ein teils gewerblich und teils zu Wohnzwecken genutztes Grundstück bezüglich der Umlage der Grundsteuer keines Vorwegabzugs für die gewerblich genutzten Einheiten.[134]

545 **bb) Einzelheiten.** Die Rechtsprechung hatte mehrfach Gelegenheit zur Bewertung einzelner Verteilungsschlüssel und ihrer praktischen Handhabung.

546 So verwarf der BGH eine Abrechnung auf der Grundlage eines Personenschlüssels, der mit Einwohnermeldeamtsregisterdaten gefüllt wurde. Dieses Register nach dem Melderechtsrahmengesetz biete keine hinreichend exakte Grundlage für die Feststellung der wechselnden Personenzahl in einem Mietshaus mit einer Vielzahl von Wohnungen.[135]

547 Der Vermieter ist auch zu einer Umlage der Wasserkosten nach Verbrauch nicht verpflichtet, solange nicht alle Mietwohnungen eines Gebäudes mit Wasserzählern ausgestattet sind. Legt der Vermieter von Wohnraum die Kosten der Wasserversorgung und Entwässerung gemäß § 556a Abs. 1 S. 1 BGB nach dem Anteil der Wohnfläche um, genügen Zweifel des Mieters an der Billigkeit dieses Maßstabs nicht, um eine Änderung des Umlageschlüssels zu rechtfertigen.[136]

548 Ist eine verbrauchsabhängige Abrechnung der Kosten für Heizung und Warmwasser (§§ 7 Abs. 1, 9a HeizkostenV) objektiv nicht möglich, so können die Kosten allein nach der Wohnfläche unter Abzug von 15 Prozent des auf den Mieter entfallenden Kostenanteils abgerechnet werden. Dabei gilt die tatsächliche Wohnfläche.[137]

549 Eine Betriebskostenabrechnung ist nicht deshalb unwirksam, weil eine – nicht näher erläuterte – Umlage nach „Personenmonaten" erfolgt. Ebenso wenig bedarf es der Angabe, für welchen Zeitraum wie viele Personen pro Wohnung berücksichtigt worden sind.[138] Unschädlich ist ferner, wenn die Gesamtpersonenzahl mit einem Bruchteil angegeben ist.[139]

Ist die Grundsteuer von der Kommune direkt für die jeweilige Eigentumswohnung erhoben worden, kann diese „direkt" und ohne weiteren Umlageschlüssel an den Mieter weitergegeben werden.[140]

---

[131] BGH NJW 2007, 211= NZM 2007, 83.
[132] BGH NZM 2005, 580 (581) zur Beweislast des Mieters bei einem Schadensersatz wegen vorgetäuschten Eigenbedarfs.
[133] LG Berlin GE 2001, 2698.
[134] BGH NZM 2017, 520 = NJW-RR 2017, 1095.
[135] BGH NJW 2008, 1521 = NZM 2008, 242.
[136] BGH NJW 2008, 1876 = NZM 2008, 444.
[137] BGH NJW 2018, 671; NZM 2019, 288.
[138] BGH NJW 2015, 51 = NZM 2014, 902.
[139] BGH NJW 2010, 3570 = NZM 2010, 859.
[140] BGH Beschl. v. 13.9.2011 – VIII ZR 69/11, BeckRS 2011, 26806; BGH NZM 2011, 581; BGH NZM 2013, 457.

e) Vorauszahlungen des Mieters

Von den auf den jeweiligen Mieter entfallenden Kotenanteilen, aufgeschlüsselt nach Betriebskostenarten, sind die geleisteten Vorauszahlungen abzuziehen. Dabei kommt es auf die tatsächlich geleisteten Vorauszahlungen an, nicht auf die Sollvorauszahlungen.[141]   550

Eine Abrechnung, in der lediglich die geschuldeten Vorschüsse aufgeführt sind, entspricht jedenfalls dann den Anforderungen an eine ordnungsgemäße Betriebskostenabrechnung, wenn zum Zeitpunkt der Erteilung der Abrechnung der Mieter für den Abrechnungszeitraum keinerlei Vorauszahlungen erbracht hat, die offenen Vorauszahlungsansprüche vom Vermieter bereits eingeklagt sind und auch noch keine Abrechnungsreife iSd § 20 Abs. 3 S. 4 NMV 1970 eingetreten ist.[142] Der Ansatz von Soll- statt Ist-Vorauszahlung führt nicht zu einer formell fehlerhaften Abrechnung.[143]   551

f) Abrechnungssaldo

Der Abrechnungssaldo ergibt sich als Differenz aus den geschuldeten Zahlungen und den geleisteten Vorauszahlungen. Nachforderung iSv § 556 Abs. 3 S. 3 BGB ist derjenige Betrag, der die Summe der Vorauszahlungen übersteigt.[144] Der Vermieter kann darüber hinaus Betriebskosten bis zur Höhe der vereinbarten Vorauszahlungen des Mieters auch dann verlangen, wenn der Mieter diese Vorauszahlungen nicht erbracht hat.[145]   552

Hat der Vermieter vor Abschluss des Mietvertrages für die Umsatzsteuer optiert und schuldet der Mieter vertraglich die auf die Miete entfallende Umsatzsteuer, so gilt dies im Wege ergänzender Vertragsauslegung auch für die Verpflichtung des Mieters zur Zahlung der abgerechneten Betriebskosten.[146]   553

6. Nachbesserungsmöglichkeiten unvollständiger oder fehlerhafter Abrechnungen

Weder die vorbehaltlose Zahlung einer Betriebskostennachforderung noch die Erstattung eines Guthabens erlauben für sich genommen die Annahme eines deklaratorischen Schuldanerkenntnisses, das einer späteren Nach- oder Rückforderung entgegensteht.[147] Dies gilt zumindest während des Laufs der Abrechnungs- oder Einwendungsfristen (§ 556 Abs. 3 S. 2 u. 5 BGB).   554

Nicht ausgeschlossen ist auch die Berichtigung in Hinblick auf Umstände, die zum Zeitpunkt der Erstellung der Abrechnung noch nicht bekannt gewesen sind. Der Vermieter kann sich bei der Betriebskostenabrechnung die Nachberechnung einzelner Positionen vorbehalten, soweit er ohne Verschulden an einer rechtzeitigen Abrechnung gehindert ist.[148] Die Verjährung der sich aus der Nachberechnung ergebenden Forderung beginnt nicht vor Kenntnis des Vermieters von den anspruchsbegründenden Umständen. Dies gilt beispielsweise für rückwirkende Neufestsetzung der Grundsteuer vom Finanzamt.[149]   555

Die gesetzwidrige Umlage wird durch ein deklaratorisches Anerkenntnis nicht geheilt. Der Vermieter versucht hierdurch, eine Forderung durchzusetzen, die ihm unter keinem   556

---

[141] BGH NJW 2012, 1502 = NZM 2012, 416.
[142] BGH NZM 2003, 196 = NJW-RR 2003, 442.
[143] BGH NJW 2011, 2786 = NZM 2011, 627.
[144] BGH NZM 2005, 373 (376); BGH NZM 2008, 35.
[145] BGH NJW 2008, 142 (143).
[146] OLG Schleswig NZM 2001, 1127 = ZMR 2001, 619; OLG Düsseldorf NJW-RR 1996, 1035.
[147] BGH NJW 2011, 843 = NZM 2011, 241; Langenberg/Zehelein BetrKostR H. V. Rn. 231.
[148] BGH NJW 2013, 456 = NZM 2013, 84.
[149] BGH NJW 2013, 456 = NZM 2013, 84.

Gesichtspunkt zusteht. Eine weitere Ausnahme betrifft die rechtswidrige Manipulation der Abrechnung, die einen versuchten Betrug erfüllen kann. Sie kann sich auf die verschleierten Ansätze sachfremder Kosten ebenso beziehen wie auf den Umlageschlüssel.[150] Allerdings gilt der Einwendungsausschluss gem. § 556 Abs. 3 S. 6 BGB für den Mieter grundsätzlich auch für solche Kosten, die gemäß § 556 Abs. 1 S. 1 BGB in Verbindung mit der Betriebskostenverordnung in der Wohnraummiete generell nicht auf den Mieter umgelegt werden können, soweit der (redliche) Vermieter diese Kosten unwissend oder fahrlässig handelnd in Ansatz gebracht hat.[151]

557 Die Frist des § 556 Abs. 3 S. 2 BGB zur Abrechnung über die Vorauszahlungen für Betriebskosten wird mit einer formell ordnungsgemäßen Abrechnung gewahrt; auf die inhaltliche Richtigkeit kommt es für die Einhaltung der Frist nicht an. Weicht der in der Abrechnung verwendete und angegebene Umlageschlüssel von dem im Mietvertrag vereinbarten ab, liegt ein inhaltlicher Fehler und kein formeller Mangel der Abrechnung vor. Inhaltliche Fehler können auch nach Fristablauf berichtigt werden. Eine Korrektur des Fehlers zu Lasten des Mieters ist aber nach Ablauf der Abrechnungsfrist gemäß § 556 Abs. 3 S. 3 BGB ausgeschlossen, es sei denn, der Vermieter hat den Fehler nicht zu vertreten.[152]

7. Erhöhung der Vorauszahlungen

558 Bei Betriebskostennachzahlungen zu Lasten des Mieters ist eine Erhöhung der Vorauszahlungen veranlasst. Bei Betriebskostenvorauszahlungen können Vermieter und Mieter je nach dem Abrechnungssaldo durch Erklärung in Textform eine Anpassung auf die angemessene Höhe vornehmen (§ 560 Abs. 4 BGB).

Die Erklärung muss auch nicht sogleich mit einer Abrechnung oder sogar unverzüglich abgegeben werden,[153] auch wenn dies in der Praxis verbreitet ist. Mit einer Erklärung erhöhen sich die Betriebskostenvorauszahlungen vom nächsten Fälligkeitszeitpunkt an.[154]

8. Rückerstattungen

559 Sind die geleisteten Vorauszahlungen höher als der letztendlich zu zahlende Betriebskostenanteil oder die Betriebskostenlast des Mieters, so verbleibt zu seinen Gunsten als Abrechnungsergebnis ein Guthaben. Der Mieter ist in Höhe des Saldos rückforderungsberechtigt. Der Erstattungsanspruch des Mieters aus der Betriebskostenabrechnung ist bei ALG II-Empfängern unpfändbar, weil dieses Guthaben zu einer Leistungsminderung führt.[155] Dies steht nach § 394 S. 1 BGB auch einer Aufrechnung des Vermieters mit Altmietforderungen entgegen.[156]

560 Der Mieter kann eine angemessene Herabsetzung der Vorauszahlungen vornehmen (§ 560 Abs. 4 BGB).

---

[150] Langenberg/Zehelein BetrKostR H. V. Rn. 238; im Übrigen Gericke NJW 2013, 1633 (1635/1636) zu strafrechtlichen Betrugsvorwürfen im Zusammenhang mit Betriebskosten.
[151] BGH NJW 2016, 2254 = NZM 2016, 470.
[152] BGH NJW 2005, 219 = NZM 2005, 13; BGH GE 2005, 360.
[153] Langenberg/Zehelein BetrKostR E. Rn. 33.
[154] BGH NJW 2011, 2350 = NZM 2011, 544; Blank/Börstinghaus/Blank BGB § 560 Rn. 34.
[155] BGH NJW 2013, 2819 = NZM 2013, 692; Flatow NJW 2013, 2802 (2803); dies. NZM 2014, 841 (847); Baczko ZfIR 2018, 179 (185/186).
[156] Flatow NJW 2013, 2802 (2804); dies. NZM 2014, 841 (847); Baczko ZfIR 2018, 179 (186).

9. Ermäßigung der Vorauszahlungen

Erweisen sich Vorauszahlungen in Folge einer Veränderung der Betriebskosten als unangemessen hoch, können beide Parteien nach § 560 Abs. 4 BGB eine Anpassung in Form einer Herabsetzung vornehmen. Voraussetzungen und Folgen sind genauso geregelt wie bei einer einseitigen Erhöhung. Eine Verpflichtung des Vermieters zu einer Herabsetzung der Vorauszahlungen besteht anders als bei Pauschalen nach § 560 Abs. 3 BGB nicht. 561

10. Unterlassene oder verspätete Abrechnung

Nach Ende der Abrechnungsperiode hat der Vermieter die Betriebskostenabrechnung innerhalb der Abrechnungsfrist zu erteilen. Unterlässt er dies, so sind hieran Sanktionen geknüpft. 562

Der Vermieter obliegt es, den rechtzeitigen Zugang der Betriebskostenabrechnung beim Mieter zu beweisen; dies auch dann, wenn er die Abrechnung rechtzeitig vor Ablauf der Abrechnungsfrist per Post versandt hat. Bedient sich der Vermieter zur Beförderung der Abrechnung der Post, wird diese insoweit als Erfüllungsgehilfe des Vermieters tätig; in einem solchen Fall hat der Vermieter ein Verschulden der Post gem. § 278 S. 1 BGB auch dann zu vertreten (§ 556 Abs. 3 S. 3 Hs. 2 BGB), wenn auf dem Postweg für den Vermieter unerwartete und nicht vorhersehbare Verzögerungen oder Postverluste auftreten.[157] 563

Durch die Mietrechtsreform 2001 wurde die Ausschlussfrist für die Abrechnung bis zum Ablauf des zwölften Monats nach dem Ende des Abrechnungszeitraums eingeführt (§ 556 Abs. 3 S. 2 u. 3 BGB). 564

Der Begriff des Vertretenmüssens ist im Sinne der allgemeinen Vorschrift zu verstehen (§ 276, 278 BGB).[158] Danach hat ein Schuldner, soweit nicht etwas anderes bestimmt ist, Vorsatz und Fahrlässigkeit zu vertreten. Ein Verschulden seiner Erfüllungsgehilfen hat er wie eigenes Verschulden zu vertreten.[159] 565

Ob der Vermieter die verspätete Abrechnung zu vertreten hat, ist eine Frage des Einzelfalls. Der BGH[160] weist darauf hin, dass der Vermieter eine verspätete Abrechnung (§ 556 Abs. 3 S. 2 BGB) dann zu vertreten hat, wenn sie zunächst unverschuldet ist, er sich anschließend aber nach Wegfall des Hindernisses mehr als drei Monate Zeit für die Abrechnung lässt. Nach dem zu entscheidenden Sachverhalt hat er die nachberechnete Grundsteuer erst neun Monate nach Zugang des Bescheids abgerechnet. 566

Nicht zu vertreten hat der Vermieter eine Verspätung der Abrechnung oder ihre nachfolgende Ergänzung, wenn der Grundsteuerbescheid erst nach Ablauf der Frist beim Vermieter eintrifft.[161] In diesem Fall kann die Abrechnung also nicht nur generell berichtigt und ergänzt werden. Dies kann auch nach Ablauf der Ausschlussfrist zur Erteilung der Abrechnung erfolgen. 567

Ob der Vermieter die verspätete Abrechnung in sonstigen Fällen zu vertreten hat, wird unterschiedlich beurteilt. So kommt das LG Hannover[162] zu einem Vertretenmüssen des Vermieters, wenn er die rechtzeitige Mitteilung der Abrechnung nach vertragsgemäßem Auszug des Mieters wegen Unkenntnis der neuen Anschrift des früheren Mieters nicht wahrt, die Anschrift aber unmittelbar bei Auszug hätte erfragen oder danach beim Ein- 568

---

[157] BGH NJW 2009, 2197 = NZM 2009, 274.
[158] Blank/Börstinghaus/Blank BGB § 556 Rn. 205..
[159] BGH NJW 2009, 2197 = NZM 2009, 274.
[160] BGH NJW 2006, 3350 = NZM 2006, 740.
[161] Grundmann NJW 2001, 2497 (2500); vgl. auch BGH NJW 2013, 456 = NZM 2013, 84.
[162] LG Hannover WuM 2007, 629.

wohnermeldeamt hätte einholen können. Dagegen geht das AG Bad Neuenahr[163] von einer eigenen Pflicht des ausgezogenen Mieters aus, dem Vermieter zur Abwicklung des Mietverhältnisses die neue Anschrift mitzuteilen. Verletzt der Mieter diese Pflicht, so kann er sich gegenüber einer Betriebskostennachforderung eines ehemaligen Vermieters nicht auf den Ablauf der Jahresfrist berufen.

569 Nach Langenberg/Zehelein[164] sind Fälle entschuldigter Verspätung beispielsweise ein längerer Ausfall der EDV-Anlage oder Softwareprobleme oder extrem hoher Krankenstand in der Verwaltung. Blank[165] ist der Ansicht, dass der Vermieter auch für Verspätungen der Abrechnungsdienste einzustehen hat. Er haftet jedoch nicht für die verzögerte Abrechnung von Lieferanten von Wasser und Wärme. Bei der Vermietung einer Eigentumswohnung muss sich der Eigentümer und Vermieter bemühen, vom Verwalter die Wohngeldabrechnung zu erhalten, die die Grundlage seiner Abrechnung mit dem Mieter bildet.[166] Verzögerungen des Verwalters oder der Wohnungseigentümergemeinschaft entlasten ihn nicht.

570 Mit Rücksicht auf einen eventuellen Zahlungsanspruch des Mieters besteht für den Vermieter auch noch nach Ablauf der Ausschlussfrist eine Abrechnungspflicht. Er selbst kann in diesem Stadium keine Nachforderungen mehr stellen. Tut er dies trotzdem und werden sie vom Mieter in Verkennung der Rechtslage bezahlt, so kann er sie gemäß § 812 Abs. 1 S. 1 Alt. 1 BGB zurückverlangen. Sein Bereicherungsanspruch ist nicht analog § 214 Abs. 2 S. 1 BGB ausgeschlossen.[167]

571 Zu Teilabrechnungen ist der Vermieter aber nicht verpflichtet (§ 556 Abs. 3 S. 4 BGB).

11. Reaktionsmöglichkeiten des Mieters

a) Rückforderung von Vorauszahlungen

572 Rechnet der Vermieter in einem bestehenden Mietverhältnis nicht fristgerecht über die geleisteten Betriebskosten ab, kann der Mieter ein Zurückbehaltungsrecht gem. § 273 Abs. 1 BGB bezüglich der laufenden Vorauszahlungen geltend machen.[168] Nach Beendigung des Mietverhältnisses hat er im Wege der ergänzenden Vertragsauslegung bei einer verspäteten Abrechnung einen Anspruch auf volle Rückzahlung der geleisteten Vorauszahlungen.[169] Dies gilt in diesem Falle aber insoweit, als er während der Dauer des Mietverhältnisses nicht die Möglichkeit hatte, den Abrechnungsanspruch durch Geltendmachung eines Zurückbehaltungsrechts an den laufenden Vorauszahlungen durchzusetzen.[170]

b) Einsichtsrecht und sachliche Einwendungen

573 Nach Erhalt der Abrechnung hat der Mieter das Recht, Einsicht in die Originalbelege zu verlangen. Vorlageort für diese Belege ist nach § 269 Abs. 1 BGB der Wohnsitz des Vermieters.[171] Voraussetzung ist jedoch, dass es sich hierbei auch um den Ort handelt, an dem sich die Mieträume befinden.

---

[163] AG Bad Neuenahr NZM 2008, 205 = NJW-RR 2008, 244.
[164] Langenberg/Zehelein BetrKostR G Rn. 53.
[165] Blank/Börstinghaus/Blank BGB § 556 Rn. 205.
[166] BGH NJW 2017, 2608 = NZM 2017, 216.
[167] BGH NJW 2006, 903 = NZM 2006, 222.
[168] BGH NJW 2006, 2552 = NZM 2006, 533.
[169] BGH NJW 2006, 2552 = NZM 2006, 533; so bereits BGH NJW 2005, 1499 = NZM 2005, 373.
[170] BGH NJW 2012, 3508 = NZM 2012, 832.
[171] LG Berlin NZM 2007, 285; AG Jena DWW 2000, 336; Blank/Börstinghaus/Blank BGB § 556 Rn. 185.

Wird ihm die Einsichtnahme verweigert, so ist ein Saldo aus den Betriebskostenabrechnungen gerichtlich nicht durchsetzbar.[172]

Der Vermieter ist aber nicht verpflichtet, dem Mieter die Belege oder Fotokopien mit der Abrechnung auszuhändigen.[173] Verlangt der Mieter die Erstellung von Fotokopien, so kann der Vermieter dies davon abhängig machen, dass ihm vorher die Kosten erstattet werden.[174]

574

Auch der Mieter hat Einwendungen gegen die Abrechnung spätestens bis zum Ablauf des zwölften Monats nach ihrem Zugang mitzuteilen, es sei denn, er hat die verspätete Geltendmachung nicht zu vertreten (§ 556 Abs. 3 S. 5 u. 6 BGB). Auch diese Frist ist eine Ausschlussfrist. Bei seinen Einwendungen darf sich der Mieter nicht auf bloßes Bestreiten beschränken. Er muss sie so substantiiert darlegen, dass der Vermieter gegebenenfalls eine Korrektur der Abrechnung vornehmen kann.[175]

575

Was das Vertretenmüssen betrifft, so gelten dieselben Grundsätze wie beim Vermieter.[176] Der Mieter hat demnach verspätete Einwendungen im Falle der Verweigerung des Einsichtsrechts in die Belege durch den Vermieter nicht zu vertreten. Entsprechendes kann auch bei einer Ortsabwesenheit von mehr als einem Jahr gelten, sofern er nicht verpflichtet ist, entsprechende Vorkehrungen zu treffen. Sie können darin bestehen, dass er gehalten ist, sich die Post nachsenden zu lassen.[177]

576

Verzögerungen, die durch Erfüllungsgehilfen, wie Mieterverein oder Rechtsanwalt bedingt sind, hat der Mieter zu vertreten.[178]

577

Aus dem Zweck der Einwendungsausschlussfrist und deren Befriedungsfunktion folgt, dass der Mieter grundsätzlich auch mit Einwendungen gegen Kosten ausgeschlossen ist, bei denen es sich nicht um Betriebskosten handelt.[179] Beispiele sind der Ansatz von Verwaltungs- und Instandhaltungskosten. Vereinbarungen zum Nachteil des Mieters über die Abrechnungs- und Einwendungsfrist, die von der gesetzlichen Regelung abweichen, sind dagegen unwirksam (§ 556 Abs. 4 BGB). Man könnte insoweit von einem „absoluten" und „relativen" Betriebskostenbegriff sprechen, wobei sich der Erkenntnisgewinn dieser Unterscheidung nur auf die unterschiedlichen Anknüpfungspunkte beschränkt: Kostenpositionen, die wegen § 556 Abs. 4 BGB nicht wirksam als Betriebskosten vereinbart werden können, werden nach Ablauf der Einwendungsfrist gleichsam wie Betriebskosten behandelt und sind wie vereinbarte vom Mieter zu tragen.

578

Die Abrechnungsfrist kann nicht verlängert oder die Einwendungsfrist nicht verkürzt werden.

Zu den Einwendungen gegen eine Abrechnung des Vermieters über Vorauszahlungen für Betriebskosten, die der Mieter spätestens bis zum Ablauf des zwölften Monats nach Zugang einer formell ordnungsgemäßen Abrechnung geltend machen muss, gehört auch der Einwand, dass der Vermieter Betriebskosten, die nach der mietvertraglichen Vereinbarung durch eine Teilinklusivmiete abgegolten sein sollten, abredewidrig konkret abgerechnet habe.[180]

579

---

[172] BGH NJW 2018, 1599; BGH ZMR 2012, 542; OLG Düsseldorf DWW 2000, 122; LG Bremen ZMR 2012, 549; Blank/Börstinghaus/Blank BGB § 556 Rn. 184a.
[173] BGH NJW 2006, 1419 = NZM 2006, 340; BGH NZM 2006, 926 = NJW-RR 2007, 159; BGH WuM 2006, 616.
[174] LG Leipzig NZM 2005, 944.
[175] OLG Düsseldorf DWW 2006, 378; AG Oldenburg ZMR 2008, 467; AG Leipzig NZM 2008, 126 (127); Blank/Börstinghaus/Blank BGB § 556 Rn. 184a u. Rn. 220; BeckOK MietR/Pfeifer BGB § 556 Rn. 1559.
[176] BeckOK MietR/Pfeifer BGB § 556 Rn. 1562.
[177] Langenberg/Zehelein BetrKostR H. Rn. 258.
[178] BGH NJW 2007, 428 = NZM 2007, 35.
[179] BGH NJW 2016, 2254 = NZM 2016, 470.
[180] BGH NJW 2008, 1521 = NZM 2008, 361; BGH NJW 2008, 283.

c) Speziell: Verstoß gegen das Wirtschaftlichkeitsgebot

580 Das Wirtschaftlichkeitsgebot ist in den §§ 556 Abs. 3 S. 1, 560 Abs. 5 BGB geregelt. Der Grundsatz der Wirtschaftlichkeit bezeichnet die vertragliche Nebenpflicht des Vermieters, bei Maßnahmen und Entscheidungen, die Einfluss auf die Höhe der vom Mieter zu tragenden Betriebskosten haben, auf ein angemessenes Kosten-Nutzen-Verhältnis Rücksicht zu nehmen.[181] Der Mieter trägt allerdings die Darlegungs- und Beweislast für eine Verletzung des Grundsatzes der Wirtschaftlichkeit bei der Abrechnung der Betriebskosten des Vermieters. Allein mit der Behauptung, ein Kostenansatz in der Betriebskostenabrechnung des Vermieters übersteige den insoweit überregional ermittelten durchschnittlichen Kostenansatz für Wohnungen vergleichbarer Größe, genügt der Mieter seiner Darlegungslast nicht.[182] Der Wirtschaftlichkeitsgrundsatz wird insbesondere im Rahmen der massiv gestiegenen Energiekosten gegen die Umlegbarkeit von Betriebskosten ins Feld geführt. Aus dem Grundsatz der Wirtschaftlichkeit lässt sich eine Verpflichtung des Vermieters zur Modernisierung einer vorhandenen alten, die Wärmeversorgung der Wohnung jedoch sicherstellenden Heizungsanlage nicht herleiten.[183]

581 Eine Verletzung des Wirtschaftlichkeitsgebots unter dem Gesichtspunkt der Eingehung eines unwirtschaftlichen Vertrages (hier: Abschluss eines Wärmelieferungsvertrags) kommt nicht in Betracht, wenn das Mietverhältnis zu diesem Zeitpunkt noch nicht bestand.[184]

582 Der Mieter ist darlegungspflichtig dafür, dass der Vermieter mit der Verursachung, Vereinbarung und Umlage von Betriebskosten gegen das Gebot der Wirtschaftlichkeit verstößt.[185]

d) Zurückbehaltungsrecht

583 **aa) Vorauszahlungen.** Rechnet der Vermieter nicht fristgerecht ab, so kann der Mieter ein Zurückbehaltungsrecht an den laufenden Vorauszahlungen auf die Betriebskosten geltend machen und so auch seinem Begehren auf Erteilung einer Abrechnung Nachdruck verleihen.[186] Nach Beendigung des Mietverhältnisses hat er im Wege der ergänzenden Vertragsauslegung bei einer verspäteten Abrechnung einen Anspruch auf volle Rückzahlung der geleisteten Vorauszahlungen.[187] Dies gilt in diesem Falle aber insoweit, als er während der Dauer des Mietverhältnisses nicht die Möglichkeit hatte, den Abrechnungsanspruch durch Geltendmachung eines Zurückbehaltungsrechts an den laufenden Vorauszahlungen durchzusetzen.[188]

584 Legt der Vermieter eine Betriebskostenabrechnung vor, so besteht ein Zurückbehaltungsrecht an den laufenden Vorschüssen nicht mehr, auch wenn die Abrechnung fehlerhaft ist.[189]

---

[181] BGH NJW 2008, 440 = NZM 2008, 78.
[182] BGH NJW 2011, 3028 = NZM 2011, 705; BGH NJW 2015, 855 = NZM 2015, 132.
[183] BGH NJW 2008, 142 = NZM 2008, 35.
[184] BGH NJW 2008, 440 = NZM 2008, 78; BGH NZM 2007, 563; Specht MietRB 2007, 221; Streyl NZM 2008, 23.
[185] BGH NZM 2007, 563; BGH NJW 2011, 3028 = NZM 2011, 705; BGH NJW 2015, 855 = NZM 2015, 132; eingehend Streyl NZM 2008, 23.
[186] BGH NJW 2006, 2552 = NZM 2006, 533.
[187] BGH NJW 2006, 2552 = NZM 2006, 533; so bereits BGH NJW 2005, 1499 = NZM 2005, 373.
[188] BGH NJW 2012, 3508 = NZM 2012, 832.
[189] LG Berlin GE 1999, 1286.

bb) Miete. Im Falle unterlassener Abrechnung besteht kein Zurückbehaltungsrecht an der Grundmiete selbst. Es mangelt an einem Gegenseitigkeitsverhältnis gem. § 320 Abs. 1 S. 1 BGB und auch an der Konnexität i. S. v. § 273 Abs. 1 BGB.[190]

cc) Einwand mangelnder Fälligkeit. Die Fälligkeit des Betriebskostensaldos tritt mit Zugang einer formell ordnungsgemäßen Abrechnung ein.[191]

Mit den in §§ 556 Abs. 3 BGB geregelten Nachforderungs- und Einwendungsfristen in Bezug auf eine Betriebskostenabrechnung hat ihre Fälligkeit nicht zu tun. Ist die Betriebskostenabrechnung also innerhalb der in § 556 Abs. 3 S. 2 BGB geregelten Abrechnungsfrist zugestellt, so wird sie auch dann fällig, wenn die Einwendungsfrist des Mieters in § 556 Abs. 3 S. 5 BGB noch läuft.

e) Formelle Mängel

Ist in der Abrechnung der Verteilerschlüssel gänzlich unverständlich, liegt ein formeller Mangel vor, der zur Unwirksamkeit der Abrechnung führt.[192] Dagegen ist die Verwendung eines lediglich falschen Umlageschlüssels ein rein inhaltlicher Fehler.[193] Formell wirksam ist eine Abrechnung auch dann, wenn der durchschnittliche Mieter in der Lage ist, die Art des Verteilerschlüssels der einzelnen Kostenpositionen zu erkennen und den auf ihn entfallenden Anteil an den Gesamtkosten rechnerisch nachprüfen kann.[194]

Abweichungen zu den Vorjahresabrechnungen indizieren formelle Mängel nicht. Weisen die angesetzten Flächenwerte für aufeinander folgende Zeiträume jeweils Unterschiede auf, und sind Betriebskosten nach Flächenanteilen abzurechnen, ist zur Erstellung einer formell ordnungsgemäßen Abrechnung eine Erläuterung der angesetzten Flächenwerte nicht erforderlich. Das gilt nach Auffassung des BGH auch dann, wenn der Grund der Abweichung für den Mieter nicht ohne Weiteres erkennbar ist. Gleiches gilt, wenn abgelesene Verbrauchswerte im Vergleich zu anderen Abrechnungszeiträumen auffällige Schwankungen zeigen. Ob die angesetzten Flächen- und Verbrauchswerte zutreffen, berührt allein die materielle Richtigkeit der Abrechnung.[195] Das aber ist eine Frage der sachlichen Einwendung.

Enthält die Abrechnung über die Heiz- und Warmwasserkosten keine Angaben, wie geschätzte Verbrauchswerte ermittelt wurden, ist sie dennoch formell wirksam.[196]

§ 17 Mietkaution

I. Zahlungsanspruch

Bei der Barkaution ist der Mieter berechtigt, die Kaution in drei gleichen Raten zu zahlen (§ 551 Abs. 2 BGB). Dabei ist die erste Rate zu Beginn des Mietverhältnisses fällig.

Der Mieter kann nicht durch Formularklausel verpflichtet werden, die Kaution in einem Betrag zu zahlen. Eine derartige Fälligkeitsvereinbarung ist in Wohnungsmietver-

---

[190] OLG Düsseldorf ZMR 2002, 37 (38).
[191] BGH NJW 2005, 1499 = NZM 2005, 373; NJW 2006, 1419 = NZM 2006, 340; BGH Urt. v. 7.2 2018 – VIII ZR 189/17; LG Konstanz ZMR 2014, 291 (292).
[192] BGH NJW 2008, 2258 = NZM 2008, 477.
[193] BGH NJW 2005, 219 = NZM 2005, 13.
[194] BGH NJW 2009, 283 = NZM 2009, 78.
[195] BGH NJW 2008, 2260 = NZM 2008, 567.
[196] BGH NJW 2016, 3437 = NZM 2016, 765; NJW 2015, 406 = NZM 2015, 129.

trägen wegen Verstoßes gegen § 551 Abs. 2 S. 2 BGB nichtig. Allerdings erfasst dies nicht die Kautionsvereinbarung insgesamt. Sie bleibt auch bei einer nichtigen Fälligkeitsabrede aufrechterhalten.[197] Deshalb ist ein Rückforderungsanspruch des Mieters nach § 812 BGB bei nichtiger Fälligkeitsvereinbarung ausgeschlossen.

593 Die gesetzliche Fälligkeitsregel für Barkautionen kann zu dem Problem führen, dass der Mieter nach Zahlung der ersten Rate bei Einzug (§ 551 Abs. 2 S. 2 BGB) den Rest der Kaution nicht mehr zahlt. Dies kann durchaus auch legitim sein. Denn dem Mieter steht ein Zurückbehaltungsrecht an der zweiten und dritten Kautionsrate oder an der Miete zu, wenn der Vermieter die ordnungsgemäße Anlage der Kaution nicht nachweist.[198]

594 Das Problem wird vermieden, wenn der Vermieter als Mietsicherheit eine Bürgschaft auf erstes Anfordern vom Mieter nimmt. Denn hier ist eine Ratenzahlung nicht möglich. Der Vermieter kann Zug um Zug die Bestellung und Übergabe der Bürgschaftsurkunde gegen die Verschaffung des Besitzes an der Mietsache verlangen.[199]

595 In einer Geldsumme wird die Kaution auch geleistet, wenn dem Vermieter ein Sparguthaben verpfändet wird.[200]

596 Sowohl bei der Bürgschaft als auch bei der Barkaution gilt bei Wohnraum als Grundsatz die Höchstgrenze von drei Monatsmieten netto kalt (§ 551 Abs. 1 BGB). Dies gilt auch in dem Fall, in dem der Mieter die Mietsache verändern will, der Vermieter dadurch bei Ende des Mietverhältnisses einen Wiederherstellungsanspruch erhält und sich die Kosten für diese Wiederherstellung absichern lassen möchte. Eine Überschreitung des Höchstbetrags ist zulässig, wenn eine zusätzliche Mietsicherheit beispielsweise in Form einer Bürgschaft freiwillig von einem Dritten angeboten[201] oder dem Vermieter zur Abwendung einer Kündigung wegen Zahlungsverzugs gewährt wird.[202]

Für vom Mieter durchzuführende Maßnahmen für ein barrierefreies Wohnen ist es dem Vermieter erlaubt, eine zusätzliche Sicherheitsleistung für die Wiederherstellung des ursprünglichen Zustandes bei Vertragsende zu nehmen (§ 554a Abs. 2 BGB). Die Höhe der Sicherheit ist entweder durch einen Kostenvoranschlag oder im Streitfalle durch ein Sachverständigengutachten zu ermitteln. Die Art der Sicherheit kann vertraglich vereinbart werden.

597 Der Mieter hat von Beginn des Mietverhältnisses an ein berechtigtes Interesse an der gesetzeskonformen Anlage der überreichten Kaution. Zur Durchsetzung dieses Interesses hat er ein Zurückbehaltungsrecht an der Miete nach § 273 BGB in Höhe der Kaution, solange der Vermieter den Nachweis einer gesetzeskonformen Kautionsanlage nicht geführt hat.[203]

II. Rechtsfolgen unterlassener oder nur teilweiser Zahlung

598 Abgesehen vom nur ausnahmsweise bestehenden Zurückbehaltungsrecht des Mieters an der Kaution kann der Vermieter bei rechtswidrig unterbleibender Zahlung den Mieter auf Zahlung der offenstehenden Kaution oder offenstehender Kautionsteile verklagen.[204]

---

[197] BGH NJW 2003, 2899 = NZM 2003, 754; BGH NJW 2004, 1240 = NZM 2004, 217; BGH, WuM 2004, 269; BGH NJW 2004, 3045 = NZM 2004, 613.
[198] BGH NJW 2009, 3505 = NZM 2009, 815; NJW 2011, 59 = NZM 2011, 28.
[199] KG GE 1999, 715; dazu Hahn MDR 1999, 839.
[200] LG Wiesbaden WuM 1984, 82; grundlegend Kraemer NZM 2001, 737; Grundmann NJW 2001, 2497 (2500).
[201] BGH NJW 1989, 1853; BGH NJW 1990, 2380; Börstinghaus NZM 2008, 558 (560).
[202] BGH NJW 2013, 1876 = NZM 2013, 756.
[203] BGH NZM 2015, 736 = NJW-RR 2015, 1289; NJW 2008, 1152 = NZM 2008, 203; Blank NZM 2002, 58.
[204] Wetekamp, Mietsachen, Kap. 3 Rn. 35.

§ 17 Mietkaution

Die Frage, ob die Nichtleistung der Kaution eine außerordentliche fristlose Kündigung rechtfertigt, wurde für die Wohnraummiete im Zuge des Mietrechtsänderungsgesetzes 2013 in § 569 Abs. 2a BGB geregelt. Danach liegt auch ein wichtiger Grund iSd § 543 Abs. 1 BGB vor, wenn der Mieter mit seiner Sicherheitsleistung in Höhe eines Betrages im Verzug ist, der der zweifachen Monatsmiete entspricht (§ 551 BGB). Maßgeblich ist die Miete ohne eine Pauschale oder Vorauszahlung für Betriebskosten (§ 569 Abs. 2a S. 2 BGB). Eine Abhilfefrist oder Abmahnung ist dabei entbehrlich (§ 569 Abs. 2a S. 3 BGB).

Umstritten ist, ob der Vermieter daneben auch Verzugszinsen verlangen kann.[205] In jedem Fall kann der Vermieter aber Prozesszinsen nach § 291 BGB verlangen.[206]

599

III. Rechtsstellung des Mieters

1. Kautionsleistung

Der Vermieter hat eine ihm überlassene Barkaution treuhänderisch so anzulegen, dass ein Zugriff seiner Gläubiger hieraus verhindert wird und der Mieter gegebenenfalls Drittwiderspruchsklage (§§ 771 ZPO, 47 InsO) erheben kann. Die Anlagepflicht des Vermieters folgt aus § 551 Abs. 3 BGB.

600

Im Falle der Barkaution erfordert die treuhänderische Anlage eine Offenlegung des Treuhandcharakters etwa unter der Bezeichnung „Treuhand" oder „Kautionskonto", das dann auch dem AGB-Pfandrecht der Banken nicht unterliegt.[207] Ein Sammelkonto für Kautionen mehrerer Mieter ist zulässig. Ein als „Sonderkonto" gekennzeichnetes Sparbuch genügt aber nicht.[208] Der Mieter darf die Zahlung der Kaution an den Vermieter von der Benennung eines solchen insolvenzfesten Kontos abhängig machen.[209]

601

Statt der Spareinlage können nach § 551 Abs. 3 S. 2 BGB auch andere treuhänderische Anlageformen für die Barkaution vereinbart werden. Sie müssen aber Erträge abwerfen können. Denn die Barkaution ist zumindest zum gesetzlichen Zinssatz für Spareinlagen mit dreimonatiger Kündigungsfrist anzulegen (§ 551 Abs. 3 S. 1 BGB). Will der Mieter spekulative Anlageformen mit dem auch denkbaren Risiko eines Totalverlustes eingehen, so muss dies vorher mit dem Mieter vertraglich vereinbart werden (§ 551 Abs. 3 S. 2 BGB).[210]

602

Die Vermieterpflicht zu gesetzkonformer, insbesondere zu treuhänderischer Anlegung einer Barkaution ist unabdingbar (§ 551 Abs. 4 BGB). Sie kann vom Mieter klageweise durchgesetzt werden. Bis zu einer gesetzeskonformen Anlage kann der Mieter die Miete bis zur Höhe der Kaution gem. § 273 BGB zurückhalten.[211]

603

2. Anlageform

Der Mieter hat gegen den Vermieter einen Anspruch auf Auskunft darüber, ob dieser den empfangenen Kautionsbetrag mietvertragsgemäß angelegt hat. Dabei sind auch die

604

---

[205] Bejahend von der Osten in Bub/Treier MietR-HdB Kap. III Rn. 2079; dagegen LG Nürnberg-Fürth NJW-RR 1992, 335.
[206] OLG Düsseldorf ZMR 2000, 452.
[207] Kraemer NZM 2001, 737 (739); hierzu BGH NZM 2015, 736 = NJW-RR 2015, 1289.
[208] BGH NZM 2015, 736 = NJW-RR 2015, 1289.
[209] BGH NJW 2011, 59 = NZM 2011, 28.
[210] Schmidt-Futterer/Blank BGB § 551 Rn. 66.
[211] BGH NZM 2015, 736 = NJW-RR 2015, 1289; NJW 2008, 1152 = NZM 2008, 203; dazu Kraemer NZM 2001, 737 (739).

betreffende Kontonummer und die vereinbarte Kündigungsfrist der Anlageform anzugeben.[212]

3. Zinsen

605 Wurde eine Bürgschaft als Mietsicherheit vereinbart, so stellt sich das Problem der Zinsen nicht. Denn die Bürgschaftssumme wird nicht verzinst.

606 Bei Barkautionen erhöhen die erwirtschafteten Zinsen die Mietsicherheit und stehen dem Mieter zu (§ 551 Abs. 3 S. 1 u. 3 BGB). Dies gilt nicht nur für den gesetzlichen Zinssatz, sondern auch für höhere Erträge. Dies erschließt sich schon aus dem Wortlaut von § 551 Abs. 3 S. 3 BGB („Erträge").

607 Bei Wohnraum in einem Studenten- oder Jugendwohnheim besteht für den Vermieter keine Pflicht, die Sicherheitsleistung zu verzinsen (§ 551 Abs. 3 S. 5 BGB).

608 Nach Art. 229 § 3 Abs. 8 EGBGB ist die Verzinsungspflicht aus § 551 Abs. 3 S. 1 BGB nicht anzuwenden, wenn die Parteien die Verzinsung in Verträgen vor dem 1.1.1983 wirksam ausgeschlossen hatten.[213] Vereinbarungen, durch die eine Verzinsungspflicht vor diesem Zeitpunkt wirksam ausgeschlossen worden ist, bleiben damit wirksam.[214]

4. Kapitalertragsteuer

609 Als Kapitalerträge sind Zinsen aus Mietkautionen steuerliche Einkünfte aus § 20 Abs. 1 Nr. 7 EStG. Gem. §§ 43 Abs. 1 Nr. 7, 43a Abs. 1 EStG unterliegen die Zinsen einer als Zinsabschlag deklarierten Kapitalertragsteuer, worüber das Kreditinstitut dem Vermieter eine Steuerbescheinigung auszustellen hat, soweit es den oder die Treugeber (Mieter) kennt. Diese ist vom Vermieter an den Mieter weiterzureichen (§ 34 Abs. 1 u. 3 AO).[215]

610 Bei einem Sammelkonto wird die Steuerbescheinigung auf den Namen des Vermieters mit der Bezeichnung „Treuhandkonto" ausgestellt. Der Vermieter ist aber jetzt als Vermögensverwalter dem Finanzamt verpflichtet, eine Erklärung zur einheitlichen und gesonderten Feststellung der Einkünfte aus Kapitalvermögen der Miete abzugeben, sofern er nicht den Erlass eines sogenannten negativen Feststellungsbescheides erreicht.[216] Mangels Identität des Kontoinhabers (Vermieter) mit demjenigen, dem die Zinserträge zufließen (Mieter) kann kein Freistellungsauftrag erteilt werden (§ 44a Abs. 6 EStG).[217] Der Vermieter hat mit dem Zinsabschlag nichts zu tun, wenn der Mieter die Kaution auf ein auf seinen Namen lautendes Sparkonto eingezahlt und dieses an den Vermieter verpfändet hat. Denn der Mieter kann jetzt den Freistellungsauftrag selbst bei seinem Kreditinstitut einreichen und erhält von diesem auch die gesetzlich vorgesehene Steuerabzugsbescheinigung.[218]

IV. Aufrechnung und Befriedigungsrecht des Vermieters

611 Der Vermieter kann sich wegen ihm gegen den Mieter zustehenden Forderungen aus dem Mietverhältnis durch Aufrechnung mit der Kautionsleistung befriedigen, soweit die Forderungen gleichartig sind (§ 387 BGB) sind. Während des laufenden Mietverhältnisses

---

[212] AG Frankfurt/Main NZM 2001, 808 = NJW-RR 2001, 1230, zur Strafbarkeit des Vermieters bei nicht gesetzeskonformer Kautionsanlage BGH NJW 2008, 1827 = NZM 2008, 415.
[213] BGH NJW 2009, 1673 = NZM 2009, 481.
[214] BGH NJW 2009, 1673 (1674) = NZM 2009, 481.
[215] Von der Osten in Bub/Treier MietR-HdB Kap. III Rn. 2119.
[216] BMF NJW 1994, 2600; LG Berlin NJW-RR 2000, 1537.
[217] Von der Osten in Bub/Treier MietR-HdB Kap. III Rn. 2120.
[218] Hierzu im Einzelnen Geldmacher DWW 1993, 191 (192).

darf der Vermieter die Mietsicherheit wegen streitiger Forderungen gegen den Mieter nicht verwerten.[219] Eine Aufrechnung mit nicht konnexen oder mit „mietvertragsfremden" Gegenforderungen ist unzulässig, soweit nicht ausnahmsweise etwas anderes vereinbart ist.[220] Haben die Parteien keine abweichenden Regelungen getroffen, so ist eine Kautionsvereinbarung also dahin auszulegen, dass sich der Vermieter während des laufenden Mietverhältnisses zur Befriedigung mietvertraglicher Forderungen nur dann aus der Kaution bedienen darf, wenn diese Forderungen entweder rechtskräftig festgestellt oder unstreitig oder so offensichtlich begründet sind, dass ein Bestreiten mutwillig erscheint.[221]

Die Mietsicherheit steht dem Vermieter auch in der Abwicklungsphase nach beendetem Mietverhältnis nach Erteilung einer Kautionsabrechnung zur Verwertung zur Verfügung. Der vereinzelt vertretenen Gegenauffassung[222] ist nicht zu folgen. Sie widerspricht der vom BGH und Literatur anerkannten Befriedigungsfunktion der Kaution.[223]   **612**

Handelt es sich um ein treuhänderisch übergebenes Sparbuch des Mieters, so kann der Vermieter ein Zurückbehaltungsrecht an dem zu Kautionszwecken übergebenen Sparbuch wegen eigenen Ansprüchen geltend machen.[224] Nur im Falle eines verpfändeten Kautionssparbuchs ist es dem Vermieter aber nach § 216 Abs. 3 BGB verwehrt, sich wegen bereits verjährter Betriebskostennachforderungen aus dem Sparbuch zu befriedigen.[225]

Im Falle einer Bürgschaft ist eine Aufrechnung mit Gegenforderungen vom Vermieter nicht möglich. Denn es stehen sich keine gleichartigen Ansprüche gegenüber, wenn der Mieter einerseits Herausgabe der Bürgschaftsurkunde verlangt und der Vermieter andererseits auf Geld gerichtete Gegenforderungen befriedigt wissen will. In diesem Fall besteht also ebenfalls ein Zurückbehaltungsrecht an der Bürgschaftsurkunde, solange die Überlegungs- und Prüffrist für den Vermieter im Hinblick auf die Abrechnung der Kaution läuft.[226]

Der Rückzahlungsanspruch des Mieters wird erst dann fällig, wenn eine angemessene Überlegungsfrist abgelaufen ist und dem Vermieter keine Forderungen aus dem Mietverhältnis mehr zustehen, wegen derer er sich aus der Sicherheit befriedigen darf.[227]   **613**

Hat der Mieter nach Beendigung des Mietverhältnisses und Ablauf der Prüffrist für den Vermieter mit einem Kautionsrückzahlungsanspruch aufgerechnet, so geht eine spätere Aufrechnungserklärung des Vermieters mit anderen Gegenansprüchen ins Leere.[228] Der Vermieter kann allerdings nicht mit einredebehafteten Gegenforderungen aufrechnen.[229]   **614**

---

[219] BGH NJW 2014, 2496 = NZM 2014, 551.
[220] BGH NJW 2012, 678 = NZM 2012, 678.
[221] LG Mannheim NJWE-MietR 1996, 219 = WuM 1996, 269.
[222] AG Dortmund WuM 2018, 204 = IMR 2018, 2578; LG Krefeld WuM 2019, 84.
[223] BGH NJW 2016, 3231 Tz. 12 („[...] aus der Sicherheit befriedigen kann [...]"); BGH NJW 1987, 2372 (2373); BGH NJW 1981, 976 (977); OLG Hamm ZMR 2016, 619; OLG Karlsruhe NZM 2009, 817 = NJW-RR 2009, 514; FA-MietR/Riecke Kap. 6 Rn. 126; Schmidt-Futterer/Blank BGB § 551 Rn. 100; BeckOK MietR/Lutz BGB § 551 Rn. 47; Emmerich/Sonnenschein, Miete, § 551 Rn. 22; Moeser, in Lindner-Figura/Oprée/Stellmann, Geschäftsraummiete, Kap. 12 Rn. 90; Derleder NZM 2006, 601 (608).
[224] LG Berlin NZM 1999, 1095 = GE 1999, 451.
[225] BGH NJW 2016, 3231 = NZM 2016, 762.
[226] LG Kiel WuM 2001, 238.
[227] BGH NJW 2016, 3231 = NZM 2016, 762; NJW 2006, 1422 = NZM 2006, 343; NJW 1999, 1857 = NZM 1999, 496.
[228] LG Berlin GE 1999, 1397.
[229] OLG Düsseldorf ZMR 2008, 708 (zur Aufrechnung des Vermieters mit Heizkostennachforderungen gegen den Kautionsrückzahlungsanspruch des Mieters, die aufgrund eines Zurückbehaltungsrechts des Mieters wegen unterlassener Abrechnung der übrigen Betriebskosten einredebehaftet war).

V. Wiederauffüllungsanspruch des Vermieters

615 Hat sich der Vermieter während des Mietverhältnisses wegen seiner Forderungen gegen den Mieter aus der Kautionsleistung befriedigt, so hat er gegen den Mieter einen Anspruch auf Wiederauffüllung der Mietkaution gem. § 240 BGB.[230]

616 Streitig ist, ob der Vermieter in Höhe eines vorgenommenen Zinsabschlags gegen den Mieter einen Anspruch auf Wiederauffüllung der Kautionssumme hat. Dies wird man mit dem Argument verneinen müssen, dass der Mieter nur verpflichtet ist, im Falle von Wohnraum bis zur Kautionshöchstgrenze von drei Nettomonatsmieten zu zahlen. Eine Pflicht zur Wiederauffüllung besteht nach dieser gesetzlichen Regelung aber nur bis zur ursprünglich vereinbarten Höhe.[231]

VI. Aufstockungsanspruch des Vermieters

617 Die Begrenzung der Barkaution bei einer Wohnraumvermietung auf drei Netto-Monatsmieten führt für den Vermieter aufgrund der ständig steigenden Handwerkerpreise zu Problemen. Deshalb fordert Blank,[232] dass eine Kautionsabrede eine „Aufstockungsverpflichtung" enthalten könne, nach der zwischenzeitliche Mieterhöhungen zu einer Verpflichtung des Mieters führen sollen, die Kaution entsprechend auf das erhöhte Niveau aufzustocken. Dies entspricht § 551 Abs. 1 BGB, solange die gesetzlich vorgegebene Obergrenze von drei Monatskaltmieten gewahrt bleibt. Nach Blank seien Zinsgutschriften nicht zu berücksichtigen, da diese bei der Bemessung der Obergrenze nicht mitzuzählen seien.

VII. Veruntreuung der Kaution

618 Bei vorsätzlicher Verletzung der Anlagepflicht des Vermieters (§ 551 Abs. 3 S. 1 BGB), der eine Kaution pflichtwidrig nicht anlegt, kann der Mieter Ansprüche aus § 823 Abs. 2 BGB iVm § 266 StGB geltend machen. Diese Verpflichtung begründet eine gesetzliche Vermögensbetreuungspflicht iSv § 266 Abs. 1 BGB.[233] § 551 BGB ist ein Schutzgesetz iSv § 823 Abs. 2 BGB.[234] Ein solches Verhalten des Vermieters kann beispielsweise bei seiner eigenen Insolvenz problematisch werden, da der Mieter dann die Kaution, die pflichtwidrig in das Vermögen des Vermieters eingegliedert wurde, verliert.[235]

VIII. Grundstücksveräußerung

619 Der Erwerber eines Grundstücks haftet bei Beendigung des Mietvertrags für die Rückgewähr einer Mietsicherheit nach § 566a S. 1 BGB unabhängig davon, ob sie ihm vom

---

[230] Blank/Börstinghaus/Blank BGB § 551 Rn. 95.
[231] Geldmacher DWW 1993, 191 (192 mwN).
[232] Schmidt-Futterer/Blank BGB § 551 Rn. 59.
[233] BGH NJW 1996, 65 (66); BGH NJW 2008, 1827 = NZM 2008, 415; vgl. auch BGH NJW 2010, 2948 (2949).
[234] Schmidt-Futterer/Blank BGB § 551 Rn. 76.
[235] Einschränkend zur Annahme einer Vermögensbetreuungspflicht des Vermieters bei Entgegennahme einer vereinbarten Kautionsleistung BGH NJW 2008, 1827 = NZM 2008, 415; hierzu Gericke NJW 2013, 1633 (1634).

Veräußerer ausgehändigt worden ist oder nicht.[236] So ist auch der Zwangsverwalter einer Mietwohnung dem Mieter gegenüber zur Herausgabe einer von diesem geleisteten Kaution verpflichtet, selbst wenn der Vermieter dem Zwangsverwalter die Kaution nicht ausgehändigt hat. Dies gilt auch dann, wenn für die Verpflichtungen des Zwangsverwalters § 566a BGB noch nicht heranzuziehen ist.[237]

Darüber hinaus orientiert sich § 566a S. 2 BGB an der Ansicht des BGH,[238] nach der der Veräußerer subsidiär haftet, wenn der Mieter die Mietsicherheit vom Erwerber nicht erlangen kann.[239] Der Mieter ist grundsätzlich gehalten, zunächst den Erwerber als den gegenwärtigen Sicherungsnehmer und Mietvertragspartner in Anspruch zu nehmen, solange dies nicht aussichtslos erscheint.[240] Anhaltspunkte für eine Aussichtslosigkeit bieten die Fallgruppen in § 773 Abs. 1 Nr. 2 – 4 BGB.[241] Zumindest trägt der Mieter grundsätzlich die Darlegungs- und Beweislast dafür, dass die geleistete Sicherheit dem Erwerber ausgehändigt worden ist.[242] 620

Das Problem, dass ein Erwerber, dem die Mietsicherheit nicht ausgehändigt worden ist, für eine Rückgewehr in Anspruch genommen wird, stellt sich nicht bei der Anlage einer Barkaution nach § 552 Abs. 1 S. 3 BGB und einer Bürgschaft. In diesen Fällen vollzieht sich mit dem Erwerb eines vermieteten Grundstücks auch ein gesetzlicher Wechsel beim Inhaber des Kontos der Mietkaution[243] sowie ein Wechsel der Rechtsinhaberschaft bei einer Mietbürgschaft.[244] 621

Die subsidiäre Haftung des Veräußerers ist durch Individualabrede abdingbar.[245] 622

Die Rückzahlungsverpflichtung des Erwerbers erstreckt sich auch auf die Kautionszinsen im Fall der Barkaution. Das Mietrechtsreformgesetz kennt für die Haftung des Erwerbers keine Übergangsregelung. Auf den ersten Blick gilt sie also auch für Altverträge, bei denen die Grundstücksveräußerung vor dem 1.9.2001 bereits vollzogen ist. Das Gesetz greift damit in einen abgeschlossenen Erwerbsvorgang ein. Deshalb wird eine nicht verfassungskonforme echte Rückwirkung angenommen.[246] Der BGH hat indessen entschieden, § 566a S. 1 BGB sei auf Veräußerungsgeschäfte oder auch schuldrechtliche Rechtsgeschäfte,[247] die vor dem 1.9.2001 abgeschlossen wurden, nicht anwendbar.[248] 623

Erfolgt die Veräußerung eines Grundstücks nach Beendigung des Mietverhältnisses und dem Auszug des Mieters, so führt sie nicht zum Eintritt des neuen Eigentümers in die Rechte und Pflichten des bisherigen Vermieter aus dem beendeten Mietvertrag und der Sicherungsabrede der Mietkaution. Entscheidend ist, dass die §§ 566, 566a BGB grundsätzlich ein im Zeitpunkt des Eigentumswechsels bestehendes Mietverhältnis voraussetzen.[249] Etwas anderes gilt nur, wenn im Zeitpunkt des Eigentumswechsels die 624

---

[236] Vgl. Kraemer NZM 2001, 737 (742); Kandelhard NZM 2001, 696.
[237] BGH NJW 2003, 3342 = NZM 2003, 849; BGH NZM 2005, 596 = NJW-RR 2005, 1029; BGH NJW 2009, 1673 = NZM 2009, 481.
[238] BGH NJW 1999, 1857.
[239] BGH NZM 2013, 230 = NJW-RR 2013, 457.
[240] BGH NZM 2013, 230 = NJW-RR 2013, 457.
[241] Schmidt-Futterer/Streyl BGB § 566a Rn. 28.
[242] BGH NJW 2005, 3494 = NZM 2005, 907; BGH NZM 2006, 179 (jeweils Veräußerungen vor dem 1.9.2001).
[243] OLG Düsseldorf DWW 1997, 150.
[244] OLG Düsseldorf DWW 1997, 150.
[245] BGH NZM 2013, 230 = NJW-RR 2013, 457.
[246] Blank/Börstinghaus/Blank BGB § 566a Rn. 23.
[247] BGH NJW 2009, 615 = NJW-RR 2009, 1164.
[248] BGH NJW 2005, 3494 = NZM 2005, 907; BGH NZM 2005, 639 = NJW-RR 2005, 962; Blank/Börstinghaus/Blank BGB § 566a Rn. 23.
[249] BGH NJW 2007, 1818 = NZM 2007, 441.

Wohnung trotz Ablaufs des Mietvertrags noch nicht geräumt ist. In diesem Fall tritt der Erwerber entsprechend § 566 BGB in das Abwicklungsverhältnis ein.[250]

§ 18 Schönheitsreparaturen

625 Bereits im Zuge der Mietrechtsreform wurde in Fachkreisen sowie auch innerhalb des Bundesrats diskutiert, die Schönheitsreparaturen (Renovierungen) gesetzlich zu regeln.[251] Davon wurde aus zwei Gründen abgesehen. Zum einen wäre eine gesetzliche Regelung zu starr gewesen, hätte die bisher vertraglich anzutreffenden Konstellationen einer Abwälzung von Schönheitsreparaturen nicht sämtlich erfassen können und daher keine Einzelfallgerechtigkeit erzeugen können. Zum anderen hätte eine gesetzliche Regelung zu einer Veränderung des gesetzlichen Leitbilds zu Lasten der Mieter geführt, was Auswirkungen auf die Rechtsprechung zur Zulässigkeit von Formularklauseln bezüglich Schönheitsreparaturen gehabt hätte.[252] Auch dem Vorhaben des Bundesjustizministeriums, die Schönheitsreparaturen innerhalb eines neu aufgelegten „Mustermietvertrags" als Klauselempfehlung mit zu regeln, scheiterte damals am geschlossenen Widerstand der wohnungswirtschaftlichen Verbände. Die Rechtsprechungswende zur Abwälzbarkeit der Schönheitsreparaturen vom März 2015[253] hat die Diskussionen inzwischen wieder entfacht.[254]

626 Nach wie vor bleibt es bei dem bisher bekannten gesetzlichen Leitbild, wonach der Vermieter dem Mieter die Mietsache in einem zum vertragsgemäßen Gebrauch geeigneten Zustand zu überlassen und sie während der Mietzeit in diesem Zustand zu erhalten hat. In diesem Rahmen ist er auch grundsätzlich zur Vornahme von Schönheitsreparaturen verpflichtet (§ 535 Abs. 1 S. 2 BGB). Dieses gesetzliche Grundmodell ist wie bisher abdingbar, so dass die Renovierungspflicht weiterhin vertraglich auf den Mieter überwälzt werden kann.

I. Begriff der Schönheitsreparaturen

627 Nach § 28 Abs. 4 S. 3 II. BV umfassen Schönheitsreparaturen das Tapezieren, Anstreichen oder Kalken der Wände und Decken, dass Streichen der Fußböden, Heizkörper einschließlich Heizrohre, der Innentüren sowie der Fenster und der Außentüren von innen.
Diese gesetzliche Definition gilt schon aufgrund ihres Standortes für den sozialen Wohnungsbau, aber auch im freifinanzierten Bereich.[255] Sie ist aufgrund der zwischenzeitlichen Entwicklung der Wohnungsausstattungen und des Wohnkomforts überholt. Eine Anpassung an den neuen technischen Standard ist bei der Vermietung von Wohnraum nur begrenzt möglich. Anstelle des Streichens von Fußböden kann aber die Grund-

---

[250] BGH NJW 2007, 1818 = NZM 2007, 441 (442).
[251] Emmerich NZM 2000, 1155; Hinkelmann NZM 2000, 1163; Eisenschmid NZM 2000, 1164; Blank NZM 2000, 1169; Langenberg NZM 2001, 69.
[252] Vgl. Grundmann NJW 2001, 2497 (2501); der Bundesrat hatte in seiner Stellungnahme zum Gesetzesentwurf vom 23.10.2000 (BR-Drs. 439/00 – Beschluss) die gesetzliche Regelung der Schönheitsreparaturen gefordert (BR-Drs. 439/00, 7 ff. unter Nr. 12); FAZ vom 23.10.2000, S. 13.
[253] BGH NJW 2015, 1594 = NZM 2015, 374.
[254] Streyl NZM 2017, 345 mit einer Anregung an den Gesetzgeber.
[255] BGH NJW 2009, 1408 = NZM 2009, 353; NJW 2010, 674 = NZM 2010, 157; BGH NJW 2013, 1668 = NZM 2013, 307; ferner BGH NJW 2009, 510 = NZM 2009, 126 (Geschäftsraummiete).

reinigung von Teppichböden vereinbart werden.²⁵⁶ Nicht zu den Schönheitsreparaturen zählt dagegen die Erneuerung eines durch vertragsgemäßen Gebrauch verschlissenen Teppichbodens.²⁵⁷ Auch das Abschleifen und Versiegeln von Parkettfußböden wird nicht vom Begriff der Schönheitsreparaturen umfasst.²⁵⁸ Statt des „Kalkens" von Wänden zählt heute auch das Tapezieren von Wänden mit Mustertapeten oder mit Raufasertapete und anschließendem Anstrich zu den Schönheitsreparaturen.

Auch übliche Vorbereitungsmaßnahmen werden vom Begriff der Schönheitsreparaturen umfasst. Deshalb müssen altersbedingte Deckenrisse beseitigt und kleinere Holzschäden verspachtelt werden.²⁵⁹ Auch das Beseitigen der Dübel, Dübellöcher und Schraubenlöcher gehört dazu.²⁶⁰

Wie sich aus § 28 Abs. 4 S. 3 II. BV ergibt, sind der Außenanstrich von Türen und Fenstern,²⁶¹ des Balkons sowie der Anstrich von Gemeinschaftsräumen wie Flur, Treppenhaus und Waschküche keine Schönheitsreparaturen. **628**

Bei Wohnraum darf dem Mieter nicht verwehrt werden, die Renovierung in Eigenarbeit auszuführen.²⁶² Sie muss jedoch fachgerecht sein.²⁶³ **629**

Schönheitsreparaturen sind vom Schadensersatz abzugrenzen, der sich als Folge aus Schäden an der Mietsache durch unsachgemäßen Gebrauch ergibt.²⁶⁴ Schönheitsreparaturen umfassen dagegen die Maßnahmen, die Folgen typischer Gebrauchsbeschädigung im Rahmen eines vertragsgemäßen Gebrauchs der Mietsache beseitigen sollen. **630**

II. Gestaltungsspielraum bei der Ausführung von Schönheitsreparaturen

Während des bestehenden Mietverhältnisses ist der Gestaltungsspielraum bei der Ausführung der Renovierungen groß. Auch extreme Farbgestaltungen sind möglich.²⁶⁵ Die dekorative, insbesondere farbliche Gestaltung der Mieträume ist – jedenfalls wenn der Mieter die Schönheitsreparaturen übernommen hat – während des Mietverhältnisses Sache des Mieters.²⁶⁶ Erst bei Vertragsende muss er die Wohnung in einen geschmacksneutralen Zustand versetzen, der dem Geschmack eines größeren Interessentenkreises entspricht und eine rasche Weitervermietung ermöglicht.²⁶⁷ Dies gilt bei besonders eigenwilligen Dekorationen wie beispielsweise einer Zebratapete im Kinderzimmer auch dann, wenn eine Renovierungsklausel unwirksam ist.²⁶⁸ **631**

---

[256] BGH NJW 2009, 510 = NZM 2009, 126.
[257] OLG Hamm DWW 1991, 145.
[258] BGH NJW 2010, 674 = NZM 2010, 157; BGH WuM 2013, 293.
[259] Langenberg/Zehelein, Schönheitsreparaturen I. Teil A. Rn. 24.
[260] FA-MietR/Unnützer Kap. 8. Rn. 13; AG Kassel WuM 1996, 758.
[261] BGH NJW 2010, 674 = NZM 2010, 157.
[262] BGH NJW 2010, 2877 = NZM 2010, 615.
[263] BGH NJW 1985, 480.
[264] BGH NJW 2014, 143 = NZM 2014, 72; NJW 2010, 674 = NZM 2010, 157; NJW 2008, 1439 = NZM 2008, 318.
[265] LG Lübeck WuM 2001, 261.
[266] BGH NJW 2008, 2499 = NZM 2008, 605; BGH ZMR 2012, 97; BGH NJW 2014, 143 = NZM 2014, 72.
[267] BGH WuM 2011, 212; BGH NJW 2009, 62 = NZM 2008, 926; BGH NJW 2008, 2499 = NZM 2008, 605.
[268] AG Reinbek ZMR 2008, 217; vgl. zum Beseitigungsanspruch bei ungewöhnlicher Dekoration BGH NJW 2010, 674 = NZM 2010, 157.

III. Vertragliche Überwälzung

632 Insbesondere im preisfreien Wohnungsbau und bei Gewerbevermietungen ist es seit jeher üblich, die Schönheitsreparaturen vertraglich auf den Mieter abzuwälzen. Der BGH spricht in der Wohnraummiete von einer zur „Verkehrssitte" gewordene Praxis der Überwälzung der Schönheitsreparaturen auf den Mieter.[269]

633 Neben einer Individualvereinbarung ist es nach herrschender Rechtsprechung auch zulässig, den Mieter durch einen Formularmietvertrag zur Durchführung von Schönheitsreparaturen zu verpflichten.[270] Dies gilt auch nach der Rechtsprechungswende des BGH vom März 2015.[271] Enthält der Mietvertrag keine Vereinbarung über die Renovierung, so ist der Mieter zu ihrer Vornahme nicht gehalten. Es gibt kein diesbezügliches Gewohnheitsrecht.[272] Ist die Renovierungsklausel unwirksam, so greift ebenfalls das eingangs beschriebene gesetzliche Leitbild (§ 535 Abs. 1 S. 2 BGB). Der Vermieter hat dann die Renovierungen für den Mieter auf seine Kosten auszuführen.

634 Dabei kann sich die Unwirksamkeit nicht nur aus dem unzulässigen Klauselinhalt selbst ergeben, sondern auch daraus, dass der Vermieter mit handschriftlichen Zusätzen am Vertragsende den bislang bestehenden formularmäßig zulässigen Inhalt der gedruckten Klausel unzulässig verändert oder schlicht unklar macht.

635 Was die Überprüfung des Inhalts einer Formularklausel selbst angeht, so kommt es nach den §§ 305 ff. BGB darauf an, ob die Klausel, gemessen am gesetzlichen Leitbild, zu einer unangemessenen Benachteiligung des Mieters führt (§ 307 BGB). Sowohl der Umfang der durchzuführenden Renovierungen als auch die zeitlichen Fristen, in denen zu renovieren ist, müssen angemessen sein. Dem Mieter muss ebenso gestattet bleiben, die Schönheitsreparaturen fachgerecht in Eigenarbeit durchzuführen. Fachhandwerkerklauseln sind ebenfalls unwirksam.

Vor allem muss die Klausel sprachlich so gefasst sein, dass der Mieter über den Umfang der übernommenen Verpflichtungen Gewissheit erlangt. Es gilt das in § 307 Abs. 1 S. 2 BGB jetzt gesetzlich fixierte Transparenzgebot. Insbesondere ist es unzulässig, in einem Formularmietvertrag kürzere als die von der Rechtsprechung heraus gearbeiteten angemessenen Renovierungsfristen[273] zu regeln oder den Begriff der Schönheitsreparaturen bei Wohnraum über die gesetzliche Definition hinaus auf das Ausbessern von Putzschäden, Abziehen von Parkettböden oder Verlegen von Teppichböden zu erweitern.

636 Teile einer unzulässigen Klausel können allerdings ausnahmsweise wirksam bleiben, wenn nach Streichung des unwirksamen Teils die restliche Klausel sinnvoll bleibt.[274] Allgemein gilt aber das Verbot der geltungserhaltenden Reduktion. Danach sind auch teilweise gegen ein Verbot verstoßende Formularklauseln insgesamt unwirksam, auch wenn diese in verschiedenen, sprachlich voneinander unabhängigen Klauseln des Mietvertrags geregelt sind.[275]

637 Auch der sogenannte **Summierungseffekt** ist zu beachten. Selbst wenn eine einzelne Renovierungsklausel isoliert betrachtet wirksam ist, so kann sie doch letztlich unwirksam sein, weil für andere Bereiche eine unzulässige Formularregelung getroffen wurde. Bei

---

[269] BGH NJW 2010, 2877 = NZM 2010, 615.
[270] BGH NJW 1985, 480.
[271] BGH NJW 2015, 1594 Rn. 17 = NZM 2015, 374.
[272] BGH NJW 1987, 2575.
[273] Dazu → Rn. 655 und 658.
[274] BGH NJW 1995, 2219 (2221); NJW 1996, 1407 (1408); NJW 1997, 3437 = NZM 1998, 22; OLG Hamm NJW 1981, 1049; OLG Hamburg NJWE-MietR 1996, 5.
[275] Siehe nur BGH NZM 2015, 485 (487) = NJW 2015, 1874 (1875); hierzu ausführlich Uffmann, Das Verbot geltungserhaltenden Reduktion, 2010.

Renovierungsklauseln sind die Bereiche Anfangsrenovierung, Renovierung während der Mietzeit sowie die Endrenovierung zu unterscheiden. Gleiches gilt, wenn erst die Summe der übernommenen Verpflichtungen eine unangemessene Benachteiligung des Mieters herbeiführt.[276]

1. Renovierung zu Beginn des Mietverhältnisses

Kaum ein Gebiet der mietrechtlichen Kautelarjurisprudenz ist nach wie vor so umstritten, wie die Gestaltung von Formularklauseln zur Übertragung und Ausführung der Schönheitsreparaturen. Als gesicherte Erkenntnis lassen sich folgende Regeln zusammentragen, die von der Rechtsprechung ausgebildet worden sind: 638

Unstreitig können Schönheitsreparaturverpflichtungen formularmäßig wirksam auf den Mieter übertragen werden, soweit sie sich im Rahmen der gesetzlichen Definition in § 28 Abs. 4 S. 3 II. BV halten.[277] Klauseln, die den Mieter zur Anfangsrenovierung auf seine Kosten verpflichten, sind unwirksam.[278] Der Mieter soll ausschließlich für den Renovierungsbedarf einstehen müssen, der sich während seiner eigenen Nutzung ergibt.[279] Insbesondere ist es unzulässig, ihn in bereits laufende Fristenpläne aus vorherigen Mietverhältnissen eintreten zu lassen oder ihn mit Abnutzungen zu belasten, die auf den Vermieter entfallen.[280] Eine Anfangsrenovierungspflicht des Mieters ist nur dann zulässig, wenn der Vermieter dem Mieter hierfür einen angemessenen Ausgleich gewährt.[281] Daraus ergeben sich drei grundsätzliche Gestaltungsalternativen: 639

- Der Mieter zieht in eine unrenovierte Wohnung ein. Er renoviert selbst freiwillig – ohne vertragliche Verpflichtung – und auf eigene Kosten.[282]
- Der Vermieter bezahlt eine Anfangsrenovierung, zu der er den Mieter vertraglich verpflichtet hat.
- Der Vermieter vermietet bereits renoviert.

2. Renovierung während des Mietverhältnisses

Es ist allgemein anerkannt, den Mieter zu laufenden Renovierungsarbeiten während des vollzogenen Mietverhältnisses für die Dauer seiner Nutzung zu verpflichten. Wichtig ist nunmehr die grundlegende Unterscheidung geworden, ob die Wohnung zu Mietbeginn vom Vermieter renoviert oder unrenoviert (oder renovierungsbedürftig) überlassen wurde. Die formularvertragliche Überwälzung der Verpflichtung zur Vornahme laufender Schönheitsreparaturen einer dem Mieter unrenoviert oder renovierungsbedürftig überlassenen Wohnung hält aber der Inhaltskontrolle am Maßstab des § 307 Abs. 1 S. 1, Abs. 2 Nr. 1 BGB nicht stand, sofern der Vermieter dem Mieter keinen angemessenen Ausgleich gewährt.[283] Unrenoviert oder renovierungsbedürftig ist eine Wohnung nicht erst dann, wenn sie übermäßig stark abgenutzt oder völlig abgewohnt ist. Maß- 640

---

[276] BGH NJW 1993, 552 mwN.
[277] BGH NJW 2009, 1408 = NZM 2009, 353; NJW 2010, 674 = NZM 2010, 157; BGH NJW 2013, 1668 = NZM 2013, 307; ferner BGH NJW 2009, 510 = NZM 2009, 126 (Geschäftsraummiete).
[278] Schmidt-Futterer/Langenberg BGB § 538 Rn. 153.
[279] BGH NJW 2015, 1594 (1596).
[280] BGH NJW 2015, 1594 (1596).
[281] Schmidt-Futterer/Langenberg BGB § 538 Rn. 152 unter Verweis auf BGH NJW 2015, 1594 = NZM 2015, 374; vgl. auch Börstinghaus DWW 2005, 92.
[282] Zu dem Problem einer Freizeichnung des Vermieters (sog. Freizeichnungsklauseln) siehe Schmidt-Futterer/Langenberg BGB § 538 Rn. 213b f; Artz NZM 2015, 801 (805 f.); Lehmann-Richter NZM 2014, 818 (820); Graf v. Westphalen WuM 2017, 677 (683 f.); LG Karlsruhe NJW 2016, 2897 = NZM 2016, 638.
[283] BGH NJW 2015, 1594 = NZM 2015, 374.

geblich ist, ob die dem Mieter überlassene Wohnung Gebrauchsspuren aus einem vorvertraglichen Zeitraum aufweist, wobei solche Gebrauchsspuren außer Acht bleiben, die so unerheblich sind, dass sie bei lebensnaher Betrachtung nicht ins Gewicht fallen.[284] Es kommt letztlich darauf an, ob die überlassenen Mieträume den Gesamteindruck einer renovierten Wohnung vermitteln. Dem Mieter obliegt dabei die Darlegungs- und Beweislast, ob die Wohnung bei Mietbeginn unrenoviert oder renovierungsbedürftig war.[285]

641 Die Angemessenheit des Ausgleichs sollte sich am konkreten Beseitigungsaufwand im Einzelfall orientieren und nicht an der Miethöhe oder einem prozentualen Anteil davon.[286] Diesen sollte der Vermieter dokumentieren können, weil ihm die Darlegungs- und Beweislast hierfür obliegt.[287]

642 Während des laufenden Mietverhältnisses kann die Abwälzung der Schönheitsreparaturen auf der Grundlage eines „weichen" Fristenplans erfolgen, bei dem die Renovierungsintervalle nur als Regel und nicht starr als in jedem Falle einzuhalten vorgegeben werden. Hinzutreten muss immer ein tatsächlich entstandener Renovierungsbedarf der Wohnung, um die Renovierungspflicht auszulösen. Klauseln, die ihrem Wortlaut nach nur auf Regelfristen abstellen, sind deshalb wegen unangemessener Benachteiligung des Mieters unwirksam.[288] Die Fristenpläne müssen immer ab dem Beginn des Mietverhältnisses laufen, damit der Mieter nicht für die Abnutzung seines Vorgängers einstehen muss.[289] Bestimmte oder „übliche" Ausführungsarten[290] dürfen wegen Verstoßes gegen § 307 BGB nicht vorgeschrieben werden, ebenso wenig helle neutrale Anstriche,[291] in denen Renovierungen während des Mietverhältnisses ausgeführt werden müssen. Zulässig ist aber, dem Mieter durch Formularklausel aufzugeben, lackierte Holzteile in dem Farbton zu halten und bei Ende des Mietverhältnisses mit der Wohnung zurückzugeben, wie er bei Vertragsbeginn vorgegeben war.[292]

3. Renovierung bei Auszug

a) Renovierungspflicht

643 Formularklauseln, die unabhängig von Fristenplänen und unabhängig von eingetretenem Renovierungsbedarf zur Endrenovierung bei Auszug verpflichten, sind unzulässig (sog. unbedingte Endrenovierung).[293] Die kumulative formularmäßige Überbürdung von laufenden Schönheitsreparaturen und einer Endrenovierungspflicht ist ebenfalls insgesamt unwirksam.[294]
Deshalb kann sich eine Renovierungspflicht bei Ende des Mietverhältnisses nur dann ergeben, wenn die Endrenovierungsklausel auf die Fristenintervalle während des laufen-

---

[284] BGH NJW 2015, 1594 (1597); hierzu Zehelein NZM 2018, 105.
[285] BGH NJW 2015, 1594 (1597).
[286] Artz NZM 2015, 801 (803).
[287] Langenberg NZM 2015, 681 (684).
[288] vgl. BGH NJW 2004, 2586 = NZM 2004, 653; BGH NJW 2005, 425 = NZM 2005, 58; BGH NJW 2005, 1426 = NZM 2005, 376; BGH NJW 2004, 3775 = NZM 2004, 901; BGH NJW 2005, 1188 = NZM 2005, 299; BGH NJW 2005, 3416 = NZM 2005, 860; BGH NJW 2006, 1728; BGH NJW 2006, 2116; BGH NJW 2006, 2115; BGH NJW 2006, 2113; BGH NJW 2006, 2915 = NZM 2006, 691.
[289] BGH NJW 2005, 1426 = NZM 2005, 376; BGH NJW 1998, 3114.
[290] BGH NJW 2007, 1743 = NZM 2007, 398.
[291] BGH NJW 2008, 2499.
[292] BGH NJW 2009, 62 = NZM 2008, 926.
[293] BGH NJW 2007, 3776 = NZM 2007, 921; BGH NJW 2006, 2915; BGH NJW 2006, 2116; BGH NJW 2004, 2087; BGH NJW 2003, 3192; BGH NJW 2003, 2234; BGH NJW 1998, 3114; Langenberg/Zehelein, Schönheitsreparaturen I. Teil C. Rn. 279.
[294] BGH NJW 2006, 2116 = NZM 2006, 623; BGH NJW 2003, 3192 = NZM 2003, 755; BGH NJW 2003, 2234 = NZM 2003, 594; BGH NJW 1998, 3114.

den Mietverhältnisses Bezug nimmt und es sich um eine bloße Ergänzung der Pflicht zur Ausführung der laufenden Schönheitsreparaturen[295] bei renoviert überlassener Wohnung handelt (sog. bedingte Endrenovierungspflicht).[296]

b) Quotenhaftungsklausel (Abgeltungsklauseln)

Quotenhaftungsklauseln, auch Abgeltungsklauseln genannt, unterlagen lange Zeit keinen Bedenken, wurden im Laufe der Zeit immer weiter eingeschränkt, bis sie schließlich mit der BGH-Rechtsprechungswende 2015 endgültig „abgeschafft" wurden.[297] Quotenabgeltungsklauseln benachteiligen den Mieter nach § 307 Abs. 1 BGB unangemessen und sind daher unwirksam, weil sie von dem Mieter bei Vertragsschluss verlangen, zur Ermittlung der auf ihn im Zeitpunkt der Vertragsbeendigung zukommenden Kostenbelastung mehrfach hypothetische Betrachtungen anzustellen, die eine sichere Einschätzung der tatsächlichen Kostenbelastung nicht zulassen. Diese sind nunmehr in Alt- wie in Neuverträgen unwirksam und auch nicht mehr wirksam vereinbar.[298] Vertrauensschutzgesichtspunkte dürften auch hier aus Sicht des BGH keine Rolle spielen.[299]

644

Sind in bestehenden Verträgen (nunmehr als unwirksam anzusehende) Abgeltungsklauseln enthalten, berührt das die grundsätzliche Überwälzung der Renovierungspflicht, insbesondere eine wirksame Vornahmeklausel, nicht.[300]

645

c) Fachhandwerkerklausel

Eine Klausel in einem Mietvertrag, nach der der Mieter die Schönheitsreparaturen auf eigene Kosten von einem Fachhandwerker ausführen lassen muss, ist unwirksam.[301] Die Einschränkung „sach- und fachgerecht" oder „fachmännisch" ist dagegen wirksam.[302]

646

Die Fachhandwerkerklausel in vorformulierten Mietverträgen kann nicht dadurch aufrechterhalten werden, dass die Worte „durch Fachhandwerker" gestrichen werden.[303] Es gilt das Verbot geltungserhaltender Reduktion.

647

d) Tapezierfähigkeit

In der Literatur wurde zunehmend diskutiert, statt einer Verpflichtung des Mieters zur Endrenovierung im Mietvertrag zu regeln, dass die Wohnung in tapezierfähigem Zustand übergeben wird.[304]

648

Der BGH[305] hat diesen Überlegungen eine Absage erteilt. Danach ist auch die Verpflichtung des Mieters zur Beseitigung aller in der Wohnung vorhandenen Tapeten unwirksam, unabhängig davon, ob sie vom Mieter selbst angebracht oder vom Vormieter

649

---

[295] BGH NJW 2004, 2087 = NZM 2004, 497; BGH NJW 2006, 3778 = NZM 2006, 924; Langenberg/Zehelein, Schönheitsreparaturen I. Teil C. Rn. 285.
[296] BGH NJW 2015, 1594 = NZM 2015, 374; Langenberg/Zehelein, Schönheitsreparaturen I. Teil C. Rn. 286.
[297] BGH NJW 2015, 1871 = NZM 2015, 424.
[298] Langenberg NZM 2015, 681 (686).
[299] So auch Langenberg NZM 2015, 681 (685); vgl. dazu auch BGH NJW 2008, 1438 = NZM 2008, 363.
[300] BGH NZM 2009, 197; BGH NJW 2008, 2499 = NZM 2008, 605; BGH NJW 2008, 1438 = NZM 2008, 363; BGH NJW 2006, 3778 = NZM 2006, 924.
[301] BGH NJW 2010, 2877 = NZM 2010, 615.
[302] Langenberg/Zehelein, Schönheitsreparaturen I. Teil A. Rn. 33.
[303] BGH NJW 2010, 2877 = NZM 2010, 615.
[304] Blank NZM 1998, 705; Mersson NZM 1998, 938 (940 ff.); kritisch Lützenkirchen NZM 1998, 942.
[305] BGH NJW 2006, 2116 = NZM 2009, 233; BGH NJW 2006, 2115 = NZM 2006, 621.

übernommen wurden. Dies käme einer generellen Endrenovierungsverpflichtung unabhängig vom Wohnungszustand gleich, die den Mieter unangemessen benachteiligen kann.

650 Nach Auffassung des BGH kann der Vermieter sein Beseitigungsverlangen auch nicht auf § 546 Abs. 1 BGB stützen. Danach ist der Mieter bei Vertragsende zwar grundsätzlich verpflichtet, das Mietobjekt – von der durch den vertragsgemäßen Gebrauch herbeigeführten Abnutzung abgesehen – in dem Zustand zurückzugeben, in dem es sich bei Vertragsbeginn befand. Der Mieter hat deshalb, wenn sich nicht aus dem Vertrag etwas anderes ergibt, Einrichtungen, Aufbauten oder sonstige bauliche Maßnahmen zu beseitigen. Dies gilt aber nicht für solche zustandsverändernden Maßnahmen, die der Mieter im Rahmen seiner (auch nur vermeintlichen) Verpflichtung zur Vornahme von Schönheitsreparaturen durchgeführt hat (zB Tapezieren der Wände oder Decken). Insofern kann sich der Vermieter als Verwender der Vertragsklausel auch nicht auf deren Unwirksamkeit berufen; andernfalls würde der Mieter schlechter gestellt als im Falle der Wirksamkeit der Schönheitsreparaturklausel, die den Mieter nicht generell, sondern allenfalls dann zu einer Entfernung der Tapeten verpflichtet, wenn ihr Zustand dies erfordert.

4. Freizeichnungsklauseln

651 Während sich die Suche nach einer wirksamen „Vornahmeklausel" in der Vergangenheit wie heute sehr häufig als die „Suche nach dem Stein" des Weisen ausnimmt, wird mancher Vermieter in Erwägung ziehen, auf eine „Freizeichnungslösung"[306] zu setzen (auch „Wegbedingungsklausel"). Diese Suche ist nicht minder anspruchsvoll, letztlich aber erfolglos.

IV. Altverträge

652 Als Altverträge sollen hier Mietverträge bezeichnet werden, die vor dem Inkrafttreten des ehemaligen Gesetzes zur Regelung Allgemeiner Geschäftsbedingungen – AGB-Gesetz – am 1.4.1977 geschlossen wurden. Die Regelungen des AGB-Gesetzes sind mit Wirkung zum 1.1.2002 durch die Schuldrechtsreform in §§ 305 bis 310 BGB mit geringfügigen Modifikationen übernommen worden. Das AGB-Recht stellt für mehrfach verwendete vorformulierte Vertragsbedingungen Wirksamkeitsvoraussetzungen auf und unterwirft sie einer Inhaltskontrolle. Daher kommt es vor, dass Klauseln in Altverträgen aus der Zeit vor dem Inkrafttreten des AGB-Rechts gegen dessen Vorschriften verstoßen.

653 Es kann jedoch möglich sein, eine gegen § 307 BGB verstoßende Renovierungsklausel im Wege der geltungserhaltenden Reduktion[307] auf den Inhalt zurückzuführen, über den die Mietparteien nach dem AGB-Recht noch eine Vereinbarung hätten treffen können.[308]

654 Die Problematik einer Unwirksamkeit von Klauseln über Schönheitsreparaturen in Altverträgen stellt sich, weil das AGB-Recht mit seiner Generalklausel eine gesetzliche Inhaltskontrolle auch rückwirkend für Mietverträge durchführt, die vor dem 1.4.1977 geschlossen worden sind (§§ 9, 28 Abs. 2 AGB-Gesetz aF).

---

[306] Lehmann-Richter NZM 2014, 818 (820); ders. NJW 2015, 1594 (1598); Herlitz WuM 2015, 654; Langenberg NZM 2015, 681; Artz NZM 2015, 801 (805 f.); Lützenkirchen NZM 2016, 113; Schmidt NJW 2016, 1201; Kappus NZM 2016, 609; Graf v. Westphalen WuM 2017, 677 (683 f.); LG Karlsruhe NJW 2016, 2897 = NZM 2016, 638.
[307] OLG Stuttgart NJW-RR 1993, 1422.
[308] LG Berlin GE 1989, 833 (für einen „Uraltmietvertrag" aus dem Jahre 1918).

V. Fälligkeit der Schönheitsreparaturen

Die Schönheitsreparaturen sind immer dann durchzuführen, wenn das Aussehen der Wände, Decken, Fußböden, Heizkörper, Fenster und Türen durch den normalen Wohngebrauch erheblich beeinträchtigt worden ist. Der genaue Zeitpunkt ist mangels vertraglicher Regelungen Frage des Einzelfalls. Zu entscheiden ist unter Berücksichtigung der Verkehrsanschauung. Die Rechtsprechung hat Renovierungsfristen entwickelt, die auch durch Formularmietvertrag als Fristenplan nach wie vor vereinbart werden können.[309] Inzwischen kann allenfalls der folgende Fristenplan als angemessen angesehen werden: 655

- in Küchen, Bädern und Duschen fünf Jahre
- in Wohn- und Schlafräumen, Fluren, Dielen und Toiletten acht Jahre
- in Nebenräumen zehn Jahre.[310]

Jedenfalls für in der Vergangenheit abgeschlossenen Mietverträge sind die früheren verkürzten Regelrenovierungsintervalle von drei, fünf und sieben Jahren formularvertraglich wirksam.[311] Damit wurde in diesem Punkt vom BGH doch ein gewisser Vertrauensschutz gewährt.[312] 656

Dagegen ist es im Lichte von § 307 BGB unzulässig, die Fristen unangemessen kurz zu bemessen.[313] Ist im Mietvertrag kein Fristenplan vorhanden, so kommt es nur auf den tatsächlichen Zustand der Mieträume an. Wurde ein Fristenplan vereinbart, so sind grundsätzlich nur diejenigen Räume zu renovieren, die laut Fristenplan zur Renovierung anstehen. Die übrigen Räume braucht der Mieter nicht zu renovieren. Ein unterschiedlicher Zustand der Räume muss hingenommen werden.

Ein solcher Zeitplan kann jedoch stets nur einen groben Anhalt für den vom Mieter im jeweiligen Zeitpunkt geschuldeten Zustand bieten. Entscheidend ist auch hier der tatsächliche Wohnungszustand. 657

VI. Umfang der Schönheitsreparaturen

Ansatzpunkt ist zunächst § 28 Abs. 4 S. 3 II. BV.[314] Das Überstreichen von Tapeten, die nicht Raufasertapeten sind, ist nicht sach- und fachgerecht.[315] Für unsachgemäß durchgeführte Schönheitsreparaturen, aus denen dem Vermieter ein Schaden entsteht, haftet der Mieter aus positiver Vertragsverletzung.[316] Hat der Mieter nicht geschuldete Schönheitsreparaturen mangelhaft ausgeführt (zB „wolkiger" Anstrich der Wände und Decken), ist er nur bei Verursachung zusätzlicher Schäden zum Schadenersatz verpflichtet.[317] 658

---

[309] BGH NJW 1985, 480; BGH NJW 1987, 2575.
[310] Langenberg/Zehelein, Schönheitsreparaturen I. Teil C. Rn. 239 u. 241; Kappus NZM 2016, 609 (622); Beyer NZM 2008, 465 (466); AG Gießen ZMR 2015, 132 = BeckRS 2015, 07495.
[311] BGH NJW 2007, 3632 (3633) = NZM 2007, 879 (880) mAnm Kappus NJW 2007, 3635.
[312] Kappus NJW 2007, 3635.
[313] Langenberg/Zehelein, Schönheitsreparaturen I. Teil C. Rn. 207.
[314] BGH NJW 2009, 1408 = NZM 2009, 353; NJW 2010, 674 = NZM 2010, 157; BGH NJW 2013, 1668 = NZM 2013, 307; ferner BGH NJW 2009, 510 = NZM 2009, 126 (Geschäftsraummiete).
[315] KG GE 1981, 1065; Langenberg/Zehelein, Schönheitsreparaturen I. Teil A. 31.
[316] LG Düsseldorf DWW 1989, 392, wo der Anstrich deutlich sichtbare Pinselstriche und Fehlstellen auf einem nicht vorbereiteten Untergrund erkennen ließ. Die Tapeten waren mit deutlich sichtbaren Nähten geklebt. Das Raufaserkorn war zugeschlämmt.
[317] BGH NZM 2009, 313 = NJW-RR 2009, 656; BGH NJW 2010, 674 (675).

Auch vorbereitende Arbeiten gehören zum Begriff der Schönheitsreparaturen. Deshalb hat der Mieter zB beim Ende des Mietverhältnisses auch angebrachte Kleingegenstände wie Schrauben, Nägel, Haken und Dübel zu entfernen.[318] Dadurch entstandene Schäden in normalem Ausmaß braucht er allerdings nicht zu beseitigen.[319] Einzelne durchbohrte Kacheln muss er nicht erneuern, wenn die Anzahl der Löcher nicht überhandnimmt.[320] Der Mieter kann jedoch wegen Verletzung seiner Obhutspflicht in Bezug auf die Mietsache wegen positiver Vertragsverletzung schadensersatzpflichtig sein, wenn er über das normal notwendige Maß hinaus Kacheln anbohrt, anstatt die Bohrungen in Fugen oder Fugenkreuze zu platzieren.

659 Auch hat der Mieter abgenutzten Teppichboden nicht zu erneuern,[321] aber einer Grundreinigung zu unterziehen.[322] Auch das Abschleifen und Versiegeln eines Parkettbodens gehört nicht zu den Schönheitsreparaturen.[323]

VII. Durchsetzung des Anspruchs auf Vornahme der Schönheitsreparaturen

1. Vornahmeanspruch

660 Grundlegend ist hier zwischen laufenden und beendeten Mietverhältnissen zu unterscheiden.[324] Sind die Renovierungsfristen abgelaufen und die einzelnen Räume renovierungsbedürftig,[325] so kann der Vermieter grundsätzlich die Ausführung der Schönheitsreparaturen vom den Mieter verlangen. Hat der Vermieter bei einer Besichtigung festgestellt, dass Renovierungsarbeiten auszuführen sind, so muss er den Mieter dazu auffordern, in dem Schreiben die einzelnen Arbeiten bezeichnen und ihm eine angemessene Frist zur Nacherfüllung setzen (§ 281 Abs. 1 S. 1 BGB).

661 Hat der Mieter vor seinem Auszug Schönheitsreparaturen vorgenommen und erhebt der Vermieter Beanstandungen, so muss er im Rahmen der Leistungsaufforderung nach § 281 BGB die konkreten Mängel darlegen und den beanstandeten Zustand beschreiben. Denn nur so kann der Mieter erkennen, inwieweit der Vermieter den Vertrag als nicht erfüllt ansieht. Die bloße Angabe, die ausgeführten Schönheitsreparaturen seien nicht fachgerecht, ist eine bloße Bewertung ohne Angabe der zugrunde liegenden Tatsachen und daher nicht ausreichend.[326]

662 Nach Fristlauf darf der Vermieter die Arbeiten auf Kosten des Mieters ausführen lassen. Die Renovierungskosten kann der Vermieter letztlich klageweise vom Mieter ersetzt verlangen.

2. Vorschussanspruch

663 In dem zuvor beschriebenen Fall soll der Vermieter für seinen vertragsuntreuen Mieter nicht in Vorleistung treten müssen. Er hat daher einen Vorschussanspruch.[327] Der An-

---

[318] AG Kassel WuM 1996, 758.
[319] BGH NJW 1993, 1061 (1063).
[320] LG Göttingen ZMR 1990, 145; OLG Düsseldorf ZMR 1994, 259.
[321] OLG Hamm DB 1991, 1011; AG Gelsenkirchen NJWE-MietR 1996, 76.
[322] BGH NJW 2009, 510 = NZM 2009, 126; Langenberg/Zehelein, Schönheitsreparaturen I. Teil A Rn. 4.
[323] BGH NJW 2003, 2234 = NZM 2003, 394.
[324] Langenberg/Zehelein, Schönheitsreparaturen I. Teil F Rn. 458.
[325] BGH NJW 2005, 1862 = NZM 2005, 450; LG Düsseldorf WuM 1996, 90.
[326] KG NJW-RR 2007, 1601 = ZMR 2007, 450.
[327] BGH NJW 1990, 2376; BGH NJW 2005, 1862 = NZM 2005, 450.

spruch wird fällig, sobald aus der Sicht eines objektiven Betrachters Renovierungsbedarf besteht; darauf, ob bereits die Substanz der Wohnung gefährdet ist, kommt es nicht an.³²⁸

Gerät der Mieter während eines bestehenden Mietverhältnisses mit der Durchführung der Schönheitsreparaturen in Verzug, kann der Vermieter von ihm einen Vorschuss in Höhe der voraussichtlichen Renovierungskosten verlangen.³²⁹

3. Kein Schadensersatzanspruch in laufenden Mietverhältnissen

Anstelle des zweckgebundenen Vorschussanspruches kann der Vermieter in laufenden Mietverhältnissen seinen Erfüllungsanspruch nicht nach § 281 Abs. 1 S. 1 BGB in einen Schadensersatzanspruch in Geld umwandeln.³³⁰ Befindet sich der Mieter nach der beschriebenen Dekorationsaufforderung des Vermieters mit der Erfüllung seiner Verpflichtung in Verzug, ist der Vermieter nur berechtigt, die Zahlung eines Vorschusses in Höhe der erforderlichen Renovierungskosten zu verlangen. Mit einem Urteil kann er seinen Anspruch im Wege der Ersatzvornahme, ggf. in der Zwangsvollstreckung (§ 887 ZPO), durchsetzen.³³¹ Über den Vorschuss ist abzurechnen. Das bedeutet, dass der erlangte Geldbetrag tatsächlich im Wege der Ersatzvornahme für die Durchführung der erforderlichen Arbeiten verwendet werden muss. Darin zeigt sich der Unterschied zum Schadensersatzanspruch, bei dem es im Belieben des Geschädigten steht, ob er die erlangte Schadensersatzleistung zum Schadensausgleich verwendet oder nicht.

664

VIII. Umbauarbeiten und Schönheitsreparaturpflicht

Der Mieter wird nicht dadurch von der Verpflichtung zur Vornahme der Renovierung ersatzlos befreit, dass die Arbeiten durch einen Umbau der Mietsache nach Vertragsende wieder zerstört werden.³³² Er hat in diesem Fall an den Vermieter einen Ausgleich in Geld zu zahlen, der sich aber nur auf die Materialkosten und den Beitrag für die Eigenleistung erstreckt.

665

Auch dann, wenn ein Nachmieter die vom Vormieter vertragswidrig unterlassenen Schönheitsreparaturen durchführt, steht dem Vermieter nach herrschender Auffassung ein Schadensersatzanspruch gegen den ausgezogenen Mieter zu.³³³

666

Dem Vermieter wird sogar dann noch ein Anspruch auf Erstattung nutzlos aufgewendeter Kosten für die Endrenovierung zugebilligt, wenn der Mieter die geschuldete Endrenovierung vornimmt, ihm der Vermieter jedoch vorher angezeigt hatte, dass dies in Folge Umbaus überflüssig ist.³³⁴

667

IX. Schönheitsreparaturen als Sozialhilfe und Arbeitslosengeld II

Zum notwendigen Lebensunterhalt im Rahmen der Gewährung einer Unterkunft zählen auch die Aufwendungen für angemessene und notwendige Schönheitsreparaturen. Mietvertraglich vereinbarte monatliche Zuschläge für Schönheitsreparaturen fallen unter

668

---

³²⁸ BGH NJW 2005, 1862 = NZM 2005, 450; LG Hamburg WuM 2007, 69.
³²⁹ BGH NJW 2005, 1862 = NZM 2005, 450; BGH NJW 1990, 2376.
³³⁰ BGH NJW 1990, 2376; BGH NJW 2005, 1862 = NZM 2005, 450; vgl. auch LG Berlin NZM 2000, 235.
³³¹ Langenberg/Zehelein, Schönheitsreparaturen I. Teil F Rn. 469.
³³² BGH NJW 1985, 480; BGH NJW 2005, 425 = NZM 2005, 58.
³³³ BGH NJW 1968, 491; OLG Hamburg DWW 1984, 167.
³³⁴ OLG Oldenburg NZM 2000, 828 = NJW-RR 2000, 1250; ferner BGH NJW 2014, 1521.

die nach § 22 Abs. 1 S. 1 SGB II zu übernehmenden Kosten der Unterkunft.³³⁵ Voraussetzung ist, dass der Mieter nach dem Mietvertrag wirksam verpflichtet wurde, die Schönheitsreparaturen zu tragen. Jobcenter oder Sozialbehörde können einen Mieter grundsätzlich darauf verweisen, geschuldete Schönheitsreparaturen in Eigenleistung durchzuführen, soweit keine persönlichen Hinderungsgründe vorliegen.³³⁶

669 Die Auszugsrenovierung wird aber nur als Bedarf anerkannt, wenn der Auszug sozialhilferechtlich gerechtfertigt ist. Dies trifft zu, wenn er auf Veranlassung der Behörde stattfindet, die die Wohnung aus der Sicht des Sozialhilferechts als unangemessen ansieht, weil sie zu groß oder zu teuer ist.³³⁷

670 Auch gegenüber dem Sozialhilfeempfänger als Mieter kann der Vorschussanspruch nützlich sein. Denn als Teil der Hilfe zum Lebensunterhalt hat der sozialhilfeberechtigte Mieter regelmäßig Anspruch auf Mittel zur Durchführung von Renovierungsarbeiten.

X. Folgen unwirksamer Klauseln

671 Die Renovierungs- und Zahlungspflichten für den Mieter fallen weg, wenn die Vornahmeklausel unwirksam ist. Uneingeschränkt gilt dies auch für die nun generell unwirksamen Abgeltungsklauseln. Nach dem Gesetz ist dann der Vermieter verpflichtet, die Renovierungsarbeiten auf seine Kosten auszuführen (§ 535 Abs. 1 S. 2 BGB), wenn er die Wohnung renoviert vermietet hat und diesen Zustand als vertragsgemäß aufrecht zu erhalten hat. Hat der Mieter in Unkenntnis dessen selbst Renovierungsarbeiten erbracht, so kann er vom Vermieter einen Bereicherungsausgleich aus §§ 812 Abs. 1 S. 1, 818 Abs. 2 BGB verlangen.³³⁸

672 In der Literatur³³⁹ werden darüber hinaus diskutiert:
- Vorschussanspruch des Mieters für die voraussichtlichen Kosten der Schönheitsreparaturen,
- Minderungsrechte,
- Kündigung bei nicht unerheblichen Mängeln (§ 543 Abs. 2 Ziff. 1 BGB) und
- Schadensersatzansprüche.

673 Um dem Vermieter in dieser für ihn prekären Situation im Falle von Altverträgen aus der Zeit vor der geänderten Rechtsprechung des BGH zu helfen, wird versucht, dem Mieter diese Ansprüche auf der Grundlage eines angenommenen deklaratorischen Schuldanerkenntnisses zu entwinden.³⁴⁰ Dieser Weg erscheint aber kaum gangbar. Denn für die Annahme eines deklaratorischen Schuldanerkenntnisses ist ein entsprechender Erklärungs- und Rechtsbindungswille des Mieters erforderlich. Dies aber lässt sich nicht annehmen.³⁴¹

674 Um das aufgrund des Entgeltcharakters der weggefallenen unwirksamen Renovierungsklausel verschobene Äquivalenzverhältnis zwischen Leistung und Gegenleistung

---

[335] BSG NZM 2009, 249; Flatow NZM 2014, 841 (849); vgl. auch BVerfG Beschl. v. 25.11.2009 – 1 BvR 2515/09, BeckRS 2009, 42549.
[336] Flatow NZM 2014, 841 (849); SG Berlin Urt. v. 2.8.2011 – S 149 AS 42641/09, BeckRS 2011, 75242.
[337] BVerwG NJW 1992, 3184; aA OVG Münster NJW 1991, 2853.
[338] BGH NJW 2009, 2590 = NZM 2009, 541.
[339] Vgl. hierzu Börstinghaus WuM 2005, 675; Börstinghaus NZM 2005, 931; Lehmann-Richter WuM 2005, 747.
[340] KG Urt. v. 6.4.2006 – 8 U 99/05, BeckRS 2006, 07809.
[341] Vgl. dazu auch BGH NJW 2006, 3778 Rn. 11 = NZM 2006, 924; Beyer GE 2007, 122 (122).

wenigstens teilweise wiederherzustellen, wurde auch ein Mietzuschlag analog § 28 Abs. 4 II. BV iVm § 558 BGB diskutiert, letztlich aber für unzulässig erachtet.[342]

§ 19 Instandhaltung und Instandsetzung

I. Allgemeine Instandsetzungs- und Instandhaltungspflicht

Der Vermieter hat die Mietsache dem Mieter in einem zum vertragsgemäßen Gebrauch geeigneten Zustand zu überlassen und sie während der Mietzeit in diesem Zustand zu erhalten (§ 535 Abs. 1 S. 2 BGB). Dies umfasst auch die Instandhaltung technischer Anlagen, die notwendig sind, um den Mietgegenstand zweckentsprechend zu nutzen.[343] Seiner Instandhaltungsverpflichtung kann der Vermieter auch durch Ersatz von Teilen der Mietsache genügen (zB Ersatz einzelner Fliesen im Bad). Sind sie farblich identisch nicht mehr erhältlich, kann sich der Vermieter darauf beschränken, nur die betroffene Wand neu zu verfliesen. Der Mieter hat dann keinen Anspruch auf eine vollständige Neuverfliesung eines Bades.[344] Allerdings muss das Ersatzmaterial zumindest in sich gleich sein (kein Patchwork) und nach Farbe und Struktur mit dem Bestand harmonieren.[345]

675

Die Instandhaltungspflicht des Vermieters erstreckt sich nicht nur auf die Mieträume unmittelbar, sondern umfasst auch den Zugang zu den Mieträumen. Umstritten ist, ob die Beseitigung von Graffiti unter die Instandhaltungspflicht des Vermieters fällt. Nach einem Teil der Rechtsprechung hat der Mieter Anspruch auf **Beseitigung von Graffiti** nur dann, wenn insbesondere nach Lage und Preis der Mieträume sowie nach dem Zustand bei Anmietung die besonderen Umstände des Einzelfalls zB bei einem besonders gepflegten Anwesen den Anspruch begründen können.[346] Ferner kann ein Beseitigungsanspruch des Mieters bestehen, wenn nahezu die gesamte Fläche der Außenwand im Bereich des Erdgeschosses großflächig mit Graffiti verschmiert ist und das Haus dadurch einen verunstalteten und verwahrlosten Eindruck macht.[347]

676

Aus dieser vertraglichen Hauptpflicht des Vermieters ergibt sich, dass die Instandsetzung und Instandhaltung der Mietsache ohne abweichende mietvertragliche Vereinbarung seine Aufgabe ist. Sie besteht unabhängig davon, ob er einen Mangel der Mietsache schuldhaft herbeigeführt hat oder nicht.[348] Bloße Reinigungsmaßnahmen sind grundsätzlich nicht Bestandteil der Instandhaltungs- oder Instandsetzungspflicht des Vermieters.[349] Die Reinigung der Flächen der Mietwohnung einschließlich der Außenflächen der Wohnungsfenster, zu denen auch etwaige nicht zu öffnende Glasbestandteile sowie die Fensterrahmen gehören, obliegt grundsätzlich dem Mieter.

677

Unter Instandsetzung sind alle die Maßnahmen zu verstehen, die erforderlich sind, um die eingetretenen Schäden an der Mietsache zu beseitigen und das Mietobjekt auf diese Weise wieder in einen vertragsgemäßen Zustand zu versetzen. Die Instandhaltung erstreckt sich dagegen auf die notwendigen Maßnahmen zur Erhaltung der Mietsache in

678

---

[342] BGH NJW 2008, 2840 = NZM 2008, 641; BGH WuM 2008, 487.
[343] BGH NJW-RR 2004, 1596 = NZM 2004, 916 (917).
[344] LG München I NZM 2005, 912 = NJW-RR 2005, 1546.
[345] AG Hamburg NZM 2007, 515.
[346] LG Berlin GE 2010, 1541.
[347] AG Hamburg WuM 2006, 244; AG Berlin Charlottenburg NJW-RR 2007, 1024.
[348] Im Einzelnen Lehmann-Richter NJW 2008, 1196.
[349] BGH NZM 2018, 900.

ihrem vertragsgemäßen Zustand. Hier geht es also darum, eventuellen Schäden vorzubeugen.

679 Von Instandsetzung und Instandhaltung ist die Modernisierung zu unterscheiden. Während die erste Gruppe zur Erhaltung des vertragsgemäßen Zustands dient, wird durch Modernisierung ein Zustand geschaffen, der als Wohnwertverbesserung über den ursprünglich geschuldeten vertragsgemäßen Zustand der Mietsache hinaus geht.

680 Unter besonderen Umständen kann ausnahmsweise die Verpflichtung zur Erhaltung entfallen, wenn die Opfergrenze überschritten wird.[350] Ist die Mietsache wesentlich beschädigt, aber nicht vollständig zerstört, so kommt es darauf an, inwieweit dem Vermieter eine Wiederherstellung zumutbar ist.[351] Die Opfergrenze kann erreicht sein, wenn die Kosten der Instandsetzung den Zeitwert der Mietsache übersteigen. Eine bloße Gegenüberstellung zwischen Sanierungskosten und Verkehrswert genügt nicht, erforderlich ist ferner eine Würdigung aller Umstände, wobei auch zu den dem Vermieter zuzumutenden Anstrengungen ein etwaiges Verschulden zu berücksichtigen ist (§ 275 Abs. 2 S. 2 BGB).[352] In diesen Fällen liegt eine Unmöglichkeit vor, die den Vermieter nach § 275 Abs. 1 BGB von seiner vertraglichen Erfüllungspflicht, hier der Überlassungspflicht, befreit.[353]

681 Vereinbaren die Parteien, dass der Mieter eine reduzierte Miete bezahlt, dafür im Gegenzug aber den Ausbau und die Instandhaltung der Mieträume für einen bestimmten Zeitraum übernimmt, lebt nach Ablauf des vereinbarten Zeitraums die gesetzliche Instandhaltungspflicht des Vermieters wieder auf. Der Vermieter kann die Durchführung von erforderlichen Instandhaltungsmaßnahmen dann nicht mit der Begründung verweigern, der Mieter würde immer noch eine geringe Miete zahlen. Der Vermieter kann lediglich die Miete nach allgemeinen Vorschriften erhöhen.[354]

682 Der Mieter ist gem. § 555a Abs. 1 BGB verpflichtet, die Maßnahmen zu dulden, die zur Erhaltung der Mietsache erforderlich sind. Er hat also rechtlich nicht die Möglichkeit, einzuwenden, dass die Arbeiten für ihn mit Belastungen verbunden sind. Die Duldungspflicht kann sogar bis zur vorübergehenden Räumung gehen. Sie ist gerichtlich durchsetzbar. Der Mieter ist nicht verpflichtet, vorbereitende Maßnahmen zur Erleichterung der Arbeiten, zB Umräumen und Demontage von Einrichtungsgegenständen – zu treffen.[355] Neubau- oder Ausbauarbeiten auf dem Grundstück braucht der Mieter dagegen nicht zu dulden.

683 Nach Vornahme der Instandsetzungsarbeiten sind die Wohnung des Mieters und die gemeinschaftlichen Räume wieder in einen vertragsgemäßen Zustand zu versetzen. So kann der Vermieter verpflichtet sein, das Mietobjekt zu säubern oder Schäden, die anlässlich der Instandsetzung aufgetreten sind, zu beseitigen.

684 Zur Wahrnehmung seiner Instandhaltungspflicht und seiner Verkehrssicherungspflicht darf der Vermieter die Wohnung des Mieters betreten und besichtigen, weil dies in der Regel sachliche Gründe sind, die sich aus einer ordnungsgemäßen Bewirtschaftung des Objekts ergeben.[356]

---

[350] BGH NJW 2005, 3284 = NZM 2005, 820; BGH NJW 2010, 2050.
[351] Zum Instandsetzungsanspruch bei der teilweisen Zerstörung der Mietsache durch Flut der Elbe in den neuen Bundesländern 2002 im Verhältnis zur Opfergrenze des Vermieters LG Dresden NZM 2008, 165; BGH NJW 1959, 2300.
[352] BGH NJW 2010, 2050 (2052).
[353] OLG Karlsruhe ZMR 1995, 201 zu § 275 BGB a. F.
[354] LG Lüneburg WuM 2006, 609.
[355] LG Berlin WuM 1996, 143.
[356] BGH NJW 2014, 2566 (2567).

II. Überwälzung von Kleinreparaturen

Kleine Instandhaltungen („Klein- oder Bagatellreparaturen") können unter engen Grenzen vertraglich auf den Mieter überwälzt werden.[357] Dies gilt sowohl im preisfreien – als auch im preisgebundenen Wohnungsbau.

685

1. Begriff der Kleinreparatur

Der Begriff der kleinen Instandhaltung ist in § 28 Abs. 3 S. 2 II. BV enthalten. Unmittelbar gilt diese Definition für das Mietpreisrecht des öffentlich geförderten Wohnungsbaus. Die Rechtsprechung wendet sie aber auch auf nicht preisgebundenen Wohnungsbau an.[358] Kleinere Instandhaltungen umfassen danach das Beheben kleiner Schäden an den Installationsgegenständen für Elektrizität, Wasser und Gas, den Heiz- und Kocheinrichtungen, den Fenster- und Türverschlüssen sowie an den Verschlussvorrichtungen an Fensterläden. Es handelt sich also um Teile der Mietsache, die dem häufigen Zugriff des Mieters ausgesetzt sind.[359] Der Mieter muss es in der Hand haben, durch schonenden Umgang Verschleiß- und Alterungserscheinungen herabzusetzen.

686

Nicht zu den kleinen Instandhaltungen gehören diejenigen an „Dach und Fach" oder Reparaturen an den im Mauerwerk befindlichen oder in der Wand verlegten Gas- und Wasserleitungen sowie generell an elektrischen Einrichtungen.[360] Dies gilt auch für die uneingeschränkte Instandhaltung und Instandsetzung von Rollläden,[361] oder für die Erneuerung zerbrochener Innen- und Außenscheiben in den Mieträumen.[362] In beiden genannten Fällen kann sich eine Schadensersatzpflicht des Mieters allerdings aus positiver Vertragsverletzung sowie aus deliktischer Haftung ergeben. Allerdings trifft den Vermieter in diesen Fällen die Nachweispflicht, insbesondere im Hinblick auf die Kausalität.

687

Kleine Instandhaltungen sind ebenso nicht mehr gegeben, wenn der Mieter formularvertraglich verpflichtet sein soll, „Rollläden, Lichtanlagen und Klingelanlagen, Schlösser, Wasserhähne, Klosettspüler, Abflüsse, Öfen, Herde, Heizungsgeräte und Kochgeräte, Heizkörperventile, Warmwasserbereiter, Kühlschränke und dergleichen in gebrauchsfähigem Zustand zu erhalten und zerbrochene Glasscheiben zu ersetzen."[363]

688

2. Gegenständliche Beschränkung

Als Installationsgegenstände für Elektrizität, Wasser und Gas i. S. v. § 28 Abs. 3 S. 2 II. BV sind insbesondere anzusehen:
Steckdosen, Schalter, Klingel, Raumstrahler und Gasabsperrhähne sowie Wasserhähne, Ventile, Mischbatterien, Brausen, Badeöfen, Warmwasserbereiter, Wasch-, Spül- und Toilettenbecken, Brausetassen und Badewannen.[364] Strom-, Gas-, Heizungs- und Wasserleitungen und verbraucherfassende Uhren sind dagegen keine Installationsgegenstände. Nicht erfasst sind ferner Silikonverfugungen.[365] Gleiches gilt für Schäden an der Duschstange und der Tür der Duschabtrennung.[366]

689

---

[357] Instruktiv Beyer NZM 2011, 697.
[358] BGH NJW 1989, 2247; BGH NJW 1992, 1759; Beyer NZM 2011, 697 (699).
[359] Beyer NZM 2011, 697 (699).
[360] BGH NJW 1989, 2247 (2249).
[361] LG Wiesbaden NJW 1985, 1562; AG Leipzig ZMR 2004, 120 (Rollladenkasten).
[362] LG Hamburg WuM 1991, 681.
[363] OLG München NJW-RR 1989, 1499; LG Berlin ZMR 1992, 302.
[364] FA-MietR/Unnützer, Kap. 8 Rn. 125.
[365] AG Berlin-Mitte GE 2017, 1227.
[366] AG Hamburg-Barmbek GE 2011, 957.

Zu den Heiz- und Kocheinrichtungen zählen:
Öfen, auch Kachelöfen oder Heizkessel in der Wohnung für Kohle, Heizöl, Gas oder Elektrizität, Heizkörper, Kochplatten oder Kochherde für Kohle, Gas oder Elektrizität oder elektrische Grillgeräte.[367]
Nicht zu den Heiz- und Kocheinrichtungen werden Dunstabzugshauben und Abzugsventilatoren gerechnet.
Zu den Fenster- und Türverschlüssen gehören u. a. Fensterverschlussgriffe und Fensterverschlussriegel, Umstellvorrichtungen zum Kippen oder Öffnen, Türgriffe, Sicherheitsschlösser an Außentüren, Hebevorrichtungen, Oberlichtverschlüsse und elektrische Türöffner.[368]
Die Verschlussvorrichtungen für Fensterläden umfassen Rollladengurte, Rollladensicherungen gegen Einbruch, elektrische Rollladenöffner, und Rollladenschließer.

690 Bei den Kleinreparaturen handelt es sich also um das Beheben kleinerer Schäden an den vorgenannten Installationsgegenständen, Einrichtungen und Verschlüssen und nicht um den vollständigen Ersatz. Eine Erneuerung zerbrochener Glasscheiben zählt nicht dazu.[369]

3. Vertragliche Überwälzung

691 Kleinreparaturen können vertraglich auf den Mieter überwälzt werden. Derartige Kleinreparaturklauseln sind nur wirksam,
- wenn sich die Klausel gegenständlich auf die in § 28 Abs. 3 S. 2 II. BV aufgezählten Gegenstände, die häufig dem Zugriff des Mieters ausgesetzt sind, beschränken,[370]
- wenn ein Höchstbetrag für die Einzelreparatur sowie ein Jahresbetrag (6 % der Jahresbruttokaltmiete),[371] mit dem sich der Mieter bei mehreren Kleinreparaturen zu beteiligen hat, angegeben sind[372] und
- wenn der Mieter nur zur Kostenerstattung verpflichtet wird, nicht aber dazu, eine Kleinreparatur selbst vorzunehmen.[373]

692 Klauseln, die den Mieter zur Vornahme der Reparatur selbst verpflichten oder ihn hieran beteiligen wollen, sind unwirksam.[374]

4. Wartungspflicht bei Thermen

693 Unter Thermen sind nach allgemeinem Verständnis Gasgeräte zur Warmwasserbereitung, gegebenenfalls auch zu Heizzwecken, zu verstehen.[375] Bei der Wartung handelt es sich um vorbeugende Maßnahmen und nicht um Reparaturen.[376] Dadurch soll die Betriebsbereitschaft der Geräte erhalten bleiben.[377] Es ist zulässig, formularvertraglich zu regeln, dass Thermen wenigstens einmal im Jahr auf Kosten des Mieters von einem

---

[367] FA-MietR/Unnützer, Kap. 8 Rn. 126.
[368] FA-MietRWEG/Unnützer, Kap. 8 Rn. 127.
[369] LG Hamburg WuM 1990, 416.
[370] BGH NJW 1989, 2247; BGH NJW 1992, 1759; Beyer NZM 2011, 697 (700).
[371] BGH NJW 1992, 1759 (DM 150); vgl. zur Teuerungsrate seit 1992 auch nach der Einführung des Euro: AG Braunschweig ZMR 2005, 717 (100 Euro im Einzelfall, maximal 8 % der Jahresnettomiete bei maximal 300 Euro pro Kalenderjahr); Beyer NZM 2011, 697 (701).
[372] BGH NJW 1992, 1759; BGH NJW 1991, 1750.
[373] BGH NJW 1992, 1759; Beyer NZM 2011, 697 (702).
[374] BGH NJW 1989, 2247, BGH NJW 1991, 1750; BGH, NJW 1992, 759.
[375] BGH NJW 1991, 1750 (1752).
[376] BGH NJW 2007, 1356 (1357) = NZM 2007, 282 (283); siehe auch Schmidt-Futterer/Langenberg BGB § 556 Rn. 209.
[377] BGH NJW 1991, 1750 (1752).

Fachmann zu warten sind. Eine derartige Klausel ist auch ohne eine Obergrenze, bis zu der der Mieter die jährlich entstehenden Kosten zu tragen hat, wirksam.[378]

Neben einer Kostenerstattungsklausel soll auch eine Vornahmeklausel zulässig sein.[379]   694

Was die Reinigung und Wartung von Warmwassergeräten betrifft, so hat der Vermieter   695
auch die Möglichkeit, sie als Betriebskosten auf den Mieter umzulegen.

III. Anteilige Haftung bei Rohrverstopfungen

Klauseln, mit denen sich der Vermieter seine Erhaltungslast aus § 535 Abs. 1 S. 2 BGB   696
in den Fällen, in denen der Verursacher eines Schadens nicht zu ermitteln ist, dadurch entledigen will, dass eine Gesamthaftung der in Betracht kommenden Mieter begründet wird, scheitern je nach ihrer Ausgestaltung an § 307 BGB oder am Verbot der Beweislastverschiebung gem. § 309 Nr. 12 BGB (§ 11 Nr. 15 AGBG a. F.).[380] Eine entsprechende Regelung enthalten häufig Klauseln zur Rohr- und Leitungsverstopfung.[381] Deshalb sind Klauseln unwirksam, nach denen der Mieter zur anteiligen Schadenshaftung bei Kanal- oder Leitungsverstopfungen in einem Gebäude herangezogen wird, wenn der Verursacher nicht ermittelt werden kann.

Kosten für die Beseitigung einer eingetretenen Rohrverstopfung sind auch nicht als Betriebskosten auf den Mieter überwälzbar.[382]

§ 20 Verbesserungsmaßnahmen und Sanierungen

I. Begriff der Modernisierung und Sanierung

Von der Erhaltung ist die Modernisierung zu unterscheiden. Durch sie wird der   697
Gebrauchswert der vermieteten Sache verbessert. Eine Modernisierungsmaßnahme zeichnet sich dadurch aus, dass sie einerseits über die bloße Erhaltung des bisherigen Zustands (vgl. § 555a BGB) hinausgeht, andererseits aber die Mietsache nicht so verändert, dass etwas Neues entsteht.[383] Der Begriff der Modernisierung erfasst die in § 555b Nr. 1 – 7 BGB genannten Maßnahmen.

Der bisherige Katalog[384] von Modernisierungsmaßnahmen wurde 2013 erweitert um folgende Modernisierungen in Form von baulichen Veränderungen:

- durch die in Bezug auf die Mietsache Endenergie nachhaltig eingespart wird (energetische Modernisierung, § 555b Nr. 1 BGB),
- durch die nicht erneuerbare Primärenergie nachhaltig eingespart oder das Klima nachhaltig geschützt wird, sofern nicht bereits eine energetische Modernisierung nach § 555b Nr. 1 BGB (§ 555b Nr. 2 BGB).

Auch vom Vermieter nicht zu vertretende bauliche Veränderungen aufgrund einer   698
behördlichen oder gesetzlichen Anordnung können Modernisierungen sein (§ 555b Nr. 6 BGB). Erfasst sind bauliche Maßnahmen, die aufgrund behördlicher Weisung oder gesetzlicher Vorschrift (Gesetz, Verordnung, Satzung etc.) vom Vermieter vorzunehmen

---

[378] BGH NJW 2013, 597 = NZM 2013, 84; anders noch BGH NJW 1991, 1750 (1752).
[379] Sternel NZM 1998, 833 (845).
[380] OLG Hamm NJW 1985, 2005; OLG Hamburg ZMR 1985, 236; LG Kiel NJW-RR 1991, 400.
[381] Schmidt-Futterer/Langenberg BGB § 538 Rn. 21.
[382] OLG Hamm NJW 1982, 2005; AG Hagen WuM 1990, 200.
[383] BGH NJW 2018, 1008 = NZM 2018, 226; BGH NJW 1972, 723.
[384] Dazu Sternel NZM 2001, 1058; Sternel ZMR 2001, 937 (941 f.).

sind und nicht auf dessen eigener und freiwilliger Entscheidung beruhen.[385] Typisch für diese Fallgruppe sind Baumaßnahmen im Zusammenhang mit der Umstellung von Stadt- auf Erdgas, der nachträgliche Anschluss an die Kanalisation und der Einbau von Öltanksicherungen oder Maßnahmen aufgrund der EnEV sowie Heizkosten- oder Trinkwasserverordnung.[386]

II. Duldungspflicht des Mieters

699 Modernisierungsmaßnahmen nach § 555b BGB hat der Mieter zu dulden (§ 555d Abs. 1 BGB). Voraussetzung für die Duldungspflicht des Mieters ist zunächst, dass der Vermieter die Arbeiten korrekt angekündigt hat (§ 555c Abs. 1 S. 1 BGB).[387]

700 Bloße Vorbereitungsmaßnahmen müssen nicht angekündigt werden. Zu ihrer Realisierung muss der Vermieter seinen allgemeinen Besichtigungsanspruch geltend machen.[388] Weigert sich der Mieter, so ist der Vermieter gezwungen, seinen Anspruch mit einem eigenen Titel durchzusetzen.

701 Die Maßnahmen selbst müssen nach § 555c Abs. 1 BGB angekündigt werden. Der Mieter soll in die Lage versetzt werden zu prüfen, ob er einen Härtefall nach § 555d Abs. 2 S. 2 BGB geltend machen oder von seinem Sonderkündigungsrecht (§ 555e BGB) Gebrauch machen will.

702 Eine Ankündigung muss nach § 555c Abs. 4 BGB nicht erfolgen, wenn mit der Maßnahme nur unerhebliche Einwirkungen auf die Mietsache verbunden sind und nur zu einer unerheblichen Mieterhöhung.

703 Die Anforderungen an den Inhalt der Ankündigung sind etwas gelockert. Die Art und der voraussichtliche Umfang sind nur „in wesentlichen Zügen" anzukündigen, daneben der voraussichtliche Beginn und die voraussichtliche Dauer sowie die zu erwartende Erhöhung der Miete (§ 555c Abs. 1 S. 2 BGB).

704 Eine schuldhaft zu niedrige Angabe der zu erwartenden Mieterhöhung kann eine Pflichtverletzung des Vermieters iSv § 280 Abs. 1 BGB sein, die zu einem Schadensersatzanspruch des Mieters führt.[389]

705 Für die Ankündigung von Modernisierungsarbeiten reicht die Textform (§ 126b BGB) aus.

706 Was die Art der anzukündigenden Maßnahme angeht, so ist weiter ein konkreter Vortrag mit allen wesentlichen Einzelheiten notwendig. Für Modernisierungsmaßnahmen nach § 555b Nr. 1 u. Nr. 2 BGB kann der Vermieter nunmehr insbesondere hinsichtlich der energetischen Qualität von Bauteilen auf allgemein anerkannte Pauschalwerte Bezug nehmen (§ 555c Abs. 3 BGB).[390]

707 Die Ankündigungsfrist beträgt drei Monate vor Beginn der Maßnahme (§ 555c Abs. 1 S. 1 BGB). In der Ankündigung soll der Vermieter nach § 555c Abs. 2 BGB auf die Form und Frist des Härteeinwands hinweisen.[391]

---

[385] BeckOK MietR/Müller BGB § 555b Rn. 74.
[386] Schmidt-Futterer/Eisenschmid BGB § 555b Rn. 152; Walburg, PiG 105 (2017), 11 (13); Gsell, PiG 105 (2017), 21 (23).
[387] Walburg, PiG 105 (2017), 11 (15).
[388] LG Berlin GE 2002, 1626; Dickersbach in Lützenkirchen, Anwaltshandbuch Mietrecht, Teil G Rn. 231 u. H Rn. 127.
[389] LG Berlin Urt. v. 23.8.2004 – 67 S 27/04, BeckRS 2004, 17801.
[390] Zur Rechtslage vor Reform 2013 BGH NJW 2006, 1126 = NZM 2006, 221; KG ZMR 2006, 612.
[391] Dazu näher Walburg, PiG 105 (2017), 11 (16 f.).

Es wurde bereits betont, dass die korrekte Ankündigung Voraussetzung für die Duldungspflicht des Mieters ist[392] und diese damit fällig wird.[393] Dem korrespondiert ein entsprechender Anspruch des Vermieters auf Duldung (§ 555d Abs. 1 BGB). 708

Von diesem Grundsatz gibt es Ausnahmen (§ 555d Abs. 2 BGB). Danach besteht eine Duldungspflicht nicht, wenn die Modernisierungsmaßnahme für den Mieter, seine Familie oder einen Angehörigen seines Haushalts eine Härte bedeuten würde, die auch unter Würdigung der berechtigten Interessen sowohl des Vermieters als auch anderer Mieter in dem Gebäude sowie von Belangen der Energieeinsparung und des Klimaschutzes nicht zu rechtfertigen ist.[394] Durch das Mietrechtsänderungsänderungsgesetz 2013 wurden die Rechte des Mieters neu gestaltet.[395] Die zu erwartende Mieterhöhung sowie die voraussichtlichen künftigen Betriebskosten bleiben dagegen anders als vor 2013 bei der Abwägung im Rahmen der Duldungspflicht außer Betracht, um Planungssicherheit zu schaffen.[396] Diese sind bei einer etwaigen Mieterhöhung zu berücksichtigen (§ 559 Abs. 4 u. 5 BGB), wodurch die Mieterinteressen gewahrt bleiben. Der Mieter ist gehalten, dem Vermieter die den Härtefall begründenden Umstände bis zum Ablauf des Monats, der auf den Zugang der Modernisierungsankündigung folgt, in Textform mitzuteilen, sofern die Modernisierungsankündigung ordnungsgemäß war (§ 555d Abs. 3 BGB). 709

Bei Maßnahmen, die aufgrund von Umständen durchgeführt werden, die der Vermieter nicht zu vertreten hat, kann der Mieter ebenfalls einen Härtefalleinwand geltend machen.[397] 710

III. Reaktionsmöglichkeiten des Mieters

1. Vereitelung der Modernisierungsmaßnahme bei fehlender Duldungspflicht

Ist der Mieter nicht duldungspflichtig, so kann er den Zutritt zu seiner Wohnung verweigern und damit Modernisierungsmaßnahmen in der Wohnung vereiteln.[398] Vom Mieter zu duldende Modernisierungsmaßnahmen iSv § 555b Nr. 4 oder Nr. 5 BGB liegen nicht vor, wenn die beabsichtigten Maßnahmen so weitreichend sind, dass ihre Durchführung den Charakter der Mietsache grundlegend verändern würde.[399] Sollten die Baumaßnahmen außerhalb seiner Mietwohnung stattfinden, so kann der Mieter hiergegen im Wege der einstweiligen Verfügung vorgehen.[400] 711

2. Mietminderung

Selbst wenn der Mieter duldungspflichtig ist oder einer Baumaßnahme zugestimmt hat, kann er gem. § 536 BGB die Miete mindern, wenn der Gebrauch der von ihm gemieteten Wohnung durch die Baumaßnahmen nicht unerheblich beeinträchtigt wird. § 555d BGB lässt sein Minderungsrecht unberührt.[401] Dies gilt auch für Genossenschaftswohnungen.[402] 712

---

[392] KG Berlin NJW-RR 1988, 1420; Walburg, PiG 105 (2017), 11 (15/16).
[393] Gsell, PiG 105 (2017), 21 (27); aA Abramenko ZMR 2014, 343 (344).
[394] Gsell, PiG 105 (2017), 21 (29).
[395] Dazu instruktiv Hau NZM 2014, 809.
[396] Börstinghaus, PiG 105 (2017), 37 (48); Gsell PiG 105 (2017), 21 (31).
[397] Schmidt-Futterer/Eisenschmid BGB § 555b Rn. 151.
[398] AG Berlin-Neukölln MM 1996, 248.
[399] BGH NJW 2018, 1008 = NZM 2008, 226; BGH NJW 1972, 723.
[400] KG Berlin GE 1992, 920; näher Hau NZM 2014, 809 (812); aA LG Berlin GE 1996, 679; LG Berlin MDR 1996, 899.
[401] Hau NZM 2014, 809 (814); LG Berlin NJW 2015, 93 = NZM 2014, 824.
[402] AG Köln WuM 1995, 312.

713 Das Minderungsrecht ist allerdings ausgeschlossen, wenn der Vermieter eine zumutbare Ersatzwohnung zur Verfügung gestellt oder für eine entsprechende Hotelunterbringung gesorgt hat.[403] Bei energetischen Modernisierungsmaßnahmen ist eine Minderung gem. § 536 Abs. 1a BGB für die Dauer von drei Monaten ausgeschlossen, wenn die Tauglichkeit der Mietsache gemindert ist, die Mietsache also noch nutzbar ist.[404] Wird die Tauglichkeit völlig aufgehoben, greift der Minderungsausschluss nicht ein.

714 Neben den Gewährleistungsansprüchen steht dem Mieter auch der Anspruch auf Wiederherstellung des vertragsgemäßen Zustandes der Räume nach Abschluss der Arbeiten zu.

3. Aufwendungsersatz

715 § 555d Abs. 6 BGB BGB gibt dem Mieter einen Ersatzanspruch für Aufwendungen, die er infolge der Modernisierungsmaßnahmen machen musste. Beispiele für Aufwendungen sind die Kosten der Wohnungsreinigung, der Einlagerung der Möbel, für Schönheitsreparaturen oder für das Reinigen und Aufhängen von Gardinen. Ebenso fallen darunter die Kosten für Teppichreinigungen, für Plastik-Abdeckplanen, für Putzmaterial, für die Beaufsichtigung der Wohnung während der Arbeiten, für den Auf- und Abbau einer größeren Regalwand und generell für die vorübergehende Auslagerung oder für eine erforderliche Umstellung von Möbeln und Einrichtungsgegenständen sowie für notwendige Ausbesserungsarbeiten, bei denen Kosten für Tapete, Farbe, Gips und sonstiges Kleinmaterial anfällt.[405] Führt der Mieter die Arbeiten selbst durch, so kann er Ersatz für die eigene Arbeitsleistung verlangen, wenn es sich nicht um geringfügige Leistungen handelt, die ihm ohne weiteres zumutbar sind.[406] Soweit Arbeitsaufwand zu vergüten ist, richtet sich die Höhe der Stundenvergütung nach den Stundensätzen abhängiger Arbeitnehmer.[407]

716 Wurden trotz verbindlicher Terminabsprache Arbeiten in der Wohnung nicht durchgeführt und hat der Vermieter dies zu vertreten, so haftet er dem in der Wohnung ausharrenden Mieter auf Schadensersatz wegen vertanen Urlaubs, wenn er sich extra frei genommen hatte.[408] Die Höhe dieses Ersatzanspruches richtet sich nach dem Verdienstausfall, den der Mieter in dieser Zeit erlitt. Weiter kann der Mieter Ersatz für nutzlose Räum- und Abdeckarbeiten verlangen.

717 Seine Aufwendungen kann der Mieter nur in angemessenem Umfang geltend machen (§ 555d Abs. 6 iVm § 555 Abs. 3 S. 1 BGB). Dies muss der Mieter darlegen und notfalls beweisen. Pauschale Angaben reichen nicht aus. Der Aufwendungsersatz kann auch vorschussweise vom Vermieter verlangt werden (§ 555d Abs. 6 iVm § 555 Abs. 3 S. 2 BGB). Dabei muss der Mieter darlegen, wofür er den Vorschuss verwenden will. Insbesondere sind die Aufwendungen zu konkretisieren, die durch den Vorschuss gedeckt werden sollen. Der Vorschussanspruch des Mieters versetzt ihn auch in die Lage, ein Zurückbehaltungsrecht nach § 273 BGB geltend zu machen.[409]

718 Der Aufwendungsersatzanspruch des Vermieters besteht nicht nur im Falle wohnwertverbessernder Maßnahmen, sondern auch im Falle von Erhaltungsmaßnahmen (§ 555a Abs. 3 BGB).

---

[403] In diese Richtung wohl Schüller in Bub/Treier MietR-HdB Kap. III Rn. 2711.
[404] Hinz NZM 2013, 209 (216); BT-Drs. 17/10485, 44.
[405] LG Dresden ZMR 1996, 267.
[406] Also beispielsweise nicht für das Wegrücken von Möbeln.
[407] AG Braunschweig WuM 1990, 340.
[408] AA AG Mannheim DWW 1995, 288 (kein ersatzfähiger immaterieller Schaden).
[409] Gsell PiG 105 (2017), 21 (32); AG Aachen ZMR 2016, 294.

4. Anspruch auf Wiederherstellung und Schadensersatz

Ist mit der Modernisierung eine vermeidbare Verschlechterung der Mietsache in Einzelbereichen gegeben, so ist der Mieter grundsätzlich berechtigt, die Wiederherstellung eines der früheren Gebrauchstauglichkeit entsprechenden Wohnungszustandes zu verlangen.[410] Diesen Wiederherstellungsanspruch kann der Mieter mit einer einstweiligen Verfügung erzwingen.[411]

Es klang bereits an, dass Gewährleistungsrechte des Mieters durch seine Duldungspflicht unberührt bleiben. Werden durch die modernisierenden Baumaßnahmen Mängel hervorgerufen, so kommt eine Schadensersatzpflicht des Vermieters unter den Voraussetzungen von § 536c BGB in Betracht. Voraussetzung ist, dass der Vermieter den Mangel zu vertreten hat. Dies ist nicht allein deshalb anzunehmen, weil er den Auftrag zur Durchführung der Modernisierungsmaßnahmen gegeben hat. Er muss nur dann Schadensersatz leisten, wenn der Mieter dargelegt und bewiesen hat, dass der Vermieter pflichtwidrig gehandelt und gerade dadurch den eingetretenen Schaden verursacht hat.[412]

5. Sonderkündigungsrecht

Der Mieter ist berechtigt, bis zum Ablauf des Monats, der auf den Zugang der Modernisierungsankündigung folgt, außerordentlich zum Ablauf des übernächsten Monats zu kündigen (§ 555e Abs. 1 BGB). Hat der Mieter gekündigt, so sind die Baumaßnahmen bis zur Beendigung des Mietverhältnisses zu unterlassen. Bei Bagatellmaßnahmen mit einer zu erwartenden nur unerheblichen Mieterhöhung besteht das Sonderkündigungsrecht für den Mieter nicht (§ 555e Abs. 2 iVm § 555c Abs. 4 BGB).

6. Abweichende Vereinbarungen

Zum Nachteil des Mieters von den dargelegten Grundsätzen abweichende Vereinbarungen sind unwirksam (§ 555c Abs. 5, § 555d Abs. 7, § 555e Abs. 3 BGB). Dagegen kann zum Vorteil des Mieters abgewichen werden.

IV. Reaktionsmöglichkeiten des Vermieters

1. Einstweilige Verfügung

Der Vermieter kann seinen Anspruch gegen den Mieter auf Duldung der Baumaßnahmen im Regelfall nicht mit einer einstweiligen Verfügung durchsetzen. Dies gilt selbst dann, wenn der Vermieter die Arbeiten für eine Wohnanlage terminlich projektiert hat. Dies kann in krassen Ausnahmefällen besonderer Eilbedürftigkeit anders sein.[413] Dann muss der Erlass der einstweiligen Verfügung dringlich sein, so etwa, wenn der Bestand des Gebäudes ohne die Sanierungsmaßnahmen gefährdet wäre.[414] Eine drohende Verfristung öffentlicher Modernisierungszuschüsse reicht nicht.[415]

---

[410] LG Bonn WuM 1990, 388; vgl. für das Wiederanbringen funktionsfähiger Außenjalousien LG Berlin GE 1997, 1341 und für Metallgitterhalterungen für Blumenkästen auf dem Balkon AG Berlin-Tempelhof-Kreuzberg MM 1990, 353; aA Gsell PiG 105 (2017), 21 (25); vgl. auch Sternel NZM 2015, 873.
[411] Vgl. dazu AG Wolgast WuM 1994, 265.
[412] LG Berlin GE 1997, 619 zu § 538 BGB a. F.
[413] Näher Horst NZM 1999, 193 (195); Dickersbach in Lützenkirchen, Anwalts-Handbuch Mietrecht, H. Rn. 215.
[414] Zu einem solchen Fall AG Görlitz WuM 1993, 390.
[415] LG Frankenthal WuM 1993, 418.

724 Verzögert der Mieter schuldhaft die Duldung von Modernisierungsmaßnahmen in seiner Wohnung trotz Fälligkeit und Mahnung, ist er verpflichtet, den dem Vermieter daraus entstehenden Schaden zu ersetzen.[416] Hat der Mieter einer angekündigten Maßnahme nicht zugestimmt oder hat der Vermieter die Duldung der Maßnahme nicht gerichtlich erlangt, so kann der Vermieter keinen Ersatz von Aufwendungen verlangen, die ihm zur Vorbereitung der Modernisierungsmaßnahmen entstanden sind und die seinem Risikobereich zuzuordnen sind.[417]

2. Klage auf Duldung der Modernisierung

725 Der Vermieter kann den Mieter auf Duldung von Modernisierung verklagen. Die Beweislast für alle Voraussetzungen des Duldungsanspruchs trägt der Vermieter. Härtegründe, die seine Duldungspflicht entfallen lassen, hat der Mieter zu beweisen. Außerdem trägt der Mieter die Beweislast für alle Gegenrechte und für etwaige Schadensersatzansprüche. Abzustellen ist auf den Zeitpunkt der letzten mündlichen Verhandlung.[418]

726 Der Streitwert einer Duldungsklage bemisst sich nach überwiegender Auffassung nach der 12fachen Mieterhöhung, die nach § 559 BGB verlangt werden kann. Die Kosten der Modernisierungsmaßnahme sind für den Streitwert unbeachtlich.[419] Dabei stellt die wohl herrschende Auffassung in der Rechtsprechung auf den 12fachen Differenzbetrag zwischen alter und erhöhter Monatsmiete ab.[420]

3. Mietminderung bei Duldungspflicht

727 Selbst wenn der Mieter duldungspflichtig ist, kann er bei nicht unerheblicher Gebrauchsbeeinträchtigung die Miete mindern. Daher ist eine solche Kündigung unwirksam, wenn sich der Mieter nach zulässiger Mietminderung nicht in Zahlungsverzug befindet. Das Risiko einer zulässigen Mietminderung trägt der Mieter. Dies gilt besonders für § 536 Abs. 1a BGB im Falle eines zeitlich befristeten Minderungsausschlusses.

V. Mietermodernisierungen

728 Abgesehen vom Anspruch des Mieters auf barrierefreies Wohnen (§ 554a BGB) hat der Mieter gegen den Vermieter keinen Anspruch auf Modernisierung.[421] Dies gilt ebenso für die Frage, ob der Mieter selbst eigene Modernisierungsarbeiten auf eigene Kosten durchführen darf. Auch hierzu ist grundsätzlich die Erlaubnis des Vermieters notwendig. Entsprechende vertragliche Vorbehalte auch durch Vertragsklausel sind üblich und zulässig. Dieses grundsätzliche Verbot unterliegt aber der Einschränkung von Treu und Glauben. Daher können sich im Einzelfall Ansprüche des Mieters auf Zustimmung des Vermieters zu Modernisierungsarbeiten ergeben.

---

[416] Horst NZM 1999, 193 (195); hierzu BGH NZM 2017, 68 (Sanierungsstopp im Eilrechtsschutz).
[417] AG Leverkusen WuM 1994, 465.
[418] KG Berlin ZMR 1983, 351 = WuM 1983, 128.
[419] LG Berlin WuM 1996, 429; LG Hamburg DWW 1993, 264.
[420] LG Berlin MM 1997, 389; LG Berlin GE 1995, 311; LG Berlin GE 1996, 565; LG Hamburg DWW 1993, 264; für den 36fachen Differenzbetrag LG Aachen, WuM 1997, 471; LG Berlin WuM 1993, 186; LG Berlin WuM 1995, 547.
[421] Sternel, Mietrecht aktuell, Rn. VII 63; BGH NJW 2008, 142; BGH NJW 2014, 685.

§ 20 Verbesserungsmaßnahmen und Sanierungen

So ist dem Mieter beispielsweise unter engen Voraussetzungen ein Anspruch auf Zustimmung des Vermieters zum Einbau einer Parabolantenne zuerkannt worden.[422] Abgesehen davon ist der Mieter auch ohne Erlaubnis des Vermieters berechtigt, die baulichen Maßnahmen durchzuführen, die noch in seinem vertragsgemäßen Mietgebrauch liegen.[423]

In jedem Fall ist zu empfehlen, vor Beginn der Bauarbeiten in einer Vereinbarung mit dem Mieter folgende Punkte umfassend und abschließend zu regeln: 729
- Umfang der Baumaßnahmen
- Ausführung der Baumaßnahmen
- Bauunterlagen einschl. behördlicher Genehmigungen und statischer Berechnungen
- Behandlungen von Mietminderungen durch Dritte anlässlich der Baumaßnahmen
- Versicherungen
- Kostenumfang der Baumaßnahme und Kostenübernahme durch den Mieter
- Abschreibung auf diese Kosten jährlich
- Wegnahmerecht des Mieters bei beendetem Mietverhältnis und Entschädigung
- Eigene Instandhaltungspflichten des Mieters[424]

All diese Grundsätze werden im speziellen Fall eines Anspruchs des Mieters gegen den Vermieter auf Zustimmung von Baumaßnahmen, die dem behinderten Mieter ein barrierefreies Wohnen ermöglichen, durchbrochen. Die entsprechende gesetzliche Grundlage ist § 554a BGB. Danach kann der Mieter vom Vermieter die Zustimmung zu baulichen Veränderungen oder sonstigen Einrichtungen verlangen, die für eine behindertengerechte Nutzung der Mietsache oder den Zugang zu ihr erforderlich sind. Der Vermieter kann diese Zustimmung nur dann verweigern, wenn sein Interesse an der unveränderten Erhaltung der Mietsache oder des Gebäudes überwiegt. Insbesondere auch die berechtigten Interessen anderer Mieter im Gebäude sind dabei zu berücksichtigen. 730

Die Zustimmung des Vermieters kann unter aufschiebenden Bedingung einer vereinbarten angemessenen zusätzlichen Sicherheitsleistung erteilt werden, um den Mieter zu der Leistung dieser Sicherheit anzuhalten[425] (§ 554a Abs. 2 S. 1 BGB), die zur Deckung der voraussichtlichen Kosten für die Wiederherstellung des ursprünglichen Zustandes dienen soll (Rückbau). Der Mieter muss also nicht nur die Kosten der Baumaßnahme selbst tragen, sondern auch die Kosten für die Wiederherstellung des ursprünglichen Zustandes der Mietsache bei Beendigung des Mietverhältnisses. Wegen des Anspruchs des Vermieters auf eine Sicherheitsleistung wird der Mieter schon bei der Bauausführung selbst zumindest mit doppelten Kosten belastet. 731

VI. Energetische Sanierung und Modernisierung

Wortsinn von § 20 EnEV („Modernisierungs*empfehlungen*") und Programm des § 5a S. 3 EnEG zeigen zunächst einen rein unverbindlichen und informatorischen Charakter, dem deshalb a priori gar keine Rechtspflicht beigemessen werden kann. Gleichwohl bleibt zu untersuchen, ob sich – auch unter Berücksichtigung des Wirtschaftlichkeitsgebots – im Ausnahmefall ein Anspruch des Mieters auf Durchführung der empfohlenen energetischen Sanierungsmaßnahmen ergeben kann. 732

---

[422] Grundlegend OLG Frankfurt NJW 1992, 2490, 308; bestätigend BVerfG NJW 1993, 1252; dazu ausführlich BeckOK MietR/Hitpaß BGB § 535 Rn. 1100 f.
[423] Vgl. die Übersicht bei Sternel, Mietrecht aktuell, Rn. VI 79.
[424] Ausführlich zur Mietermodernisierung Harsch MDR 2001, 67.
[425] MüKoBGB/Bieber BGB § 554a Rn. 17.

1. Anspruch des Mieters auf Modernisierung?

733 Der Mieter hat grundsätzlich keinen Anspruch auf Durchführung von Modernisierungsmaßnahmen gegen den Vermieter.[426] Wie gerade § 5a S. 3 EnEG belegt, ist dies hier nicht anzunehmen. Der Vermieter ist also nicht verpflichtet, das Gebäude regelmäßig dem neuesten Stand der Technik anzupassen. Der Mieter hat keine darauf gerichteten Modernisierungsansprüche. Die in § 20 EnEV geregelten Modernisierungsempfehlungen greifen in diesen Mechanismus nicht ein. Denn es handelt sich eben nur um *„Empfehlungen"*, nicht um eine Rechtspflicht.[427]

2. Einschränkung des Handlungsermessens über das Gebot der Wirtschaftlichkeit?

734 Wenn auch ein Anspruch des Mieters auf Umsetzung der Modernisierungsempfehlungen eo ipso nicht besteht, so bleibt es denkbar, dass das diesbezügliche grundsätzliche Handlungsermessen des Vermieters über das Gebot der Wirtschaftlichkeit[428] bei der Verursachung und Umlegung von Betriebskosten in §§ 556 Abs. 3, 560 Abs. 6 BGB eingeschränkt sein kann. Dann müsste aus dem Wirtschaftlichkeitsgebot abzuleiten sein, dass der Vermieter die Modernisierungsempfehlungen des Energiepasses umsetzen muss, weil so Betriebskosten reduziert werden können.

Das Wirtschaftlichkeitsgebot gilt sowohl im Wohnraum- als auch im Gewerberaummietrecht. Zur Ausfüllung des Begriffs wird auf § 20 Abs. 1 S. 2 NMVO zurückgegriffen. Danach können Betriebskosten nur umgelegt werden, wenn sie bei gewissenhafter Abwägung aller Umstände und bei ordentlicher Geschäftsführung gerechtfertigt sind. Der BGH erstreckt den Wirtschaftlichkeitsgrundsatz aber schon nicht auf die Auswahl der Versorgungsmöglichkeit.[429] Unwirtschaftlich handelt der Vermieter nur, wenn er zum Beispiel unter den Anbietern von Wärme ohne sachlichen Grund einen teureren auswählt. Dazu muss der Mieter unter Beweisantritt vortragen, dass ein anderer preiswerterer Wärmecontractor vorhanden gewesen wäre.[430]

Auch der BGH leitet im Falle einer veralteten Heizungsanlage aus dem Wirtschaftlichkeitsgebot keine Verpflichtung des Vermieters zur Modernisierung ab, solange eine gesetzliche Verpflichtung hierzu nicht besteht und die veraltete Heizung – wenn auch gegen höhere Kosten – die Beheizung der Wohnung sicherstellt.[431] Ob aus einer gesetzlichen Verpflichtung des Vermieters zur Stilllegung oder zur Modernisierung einer veralteten Heizungsanlage[432] etwas anderes folgen kann, hat der BGH offen gelassen.[433]

Wenn auch Modernisierungspflichten aus dem Wirtschaftlichkeitsgebot nicht abgeleitet werden können, so wird es in aller Regel doch im betriebswirtschaftlich eigenen Interesse des Vermieters liegen, energetisch zu sanieren.

---

[426] BGH NJW 2008, 142; BGH NJW 2014, 685; Sternel, Mietrecht aktuell, Rn. VII 63; Brückner GE 2007, 1533 (1539 f.); Rathjen ZMR 1999, 458; Schmidt-Futterer/Eisenschmid BGB § 536 Rn. 38.
[427] Stangl ZMR 2008, 14 (23).
[428] BGH NJW 2008, 440 = NZM 2008, 78; NJW 2011, 3028 = NZM 2011, 705; NJW 2015, 132 = NZM 2015, 132.
[429] Vgl. zum Wärmecontracting BGH NZM 2007, 563; hierzu Streyl NZM 2007, 23.
[430] BGH NZM 2007, 563 = NJW-RR 2007, 1242.
[431] BGH NJW 2008, 142 = NZM 2008, 35.
[432] § 10 EnEV Abs. 1.
[433] BGH NZM 2008, 35 (36).

3. Anspruch des Mieters auf Durchführung gesetzlich vorgeschriebener energetischer Sanierungen?

§ 10 EnEV gebietet den Austausch alter Heizkessel unter den dort fixierten Voraussetzungen. Daraus leitet sich der Schluss ab, dass der Gesetzgeber diese Maßnahmen als Instandhaltungs- oder als Instandsetzungsmaßnahmen einordnet. Der Mieter hat diese Instandsetzungen des Vermieters ohne Weiteres zu dulden (§ 555a Abs. 1 BGB). Aus seiner Duldungspflicht erwächst ihm aber umgekehrt kein Anspruch auf die „Erhaltung der Mietsache", solange ihr Zustand noch vertragsgemäß ist. Denn der Erfüllungsanspruch des Mieters richtet sich nach § 535 Abs. 1 S. 2 BGB allein auf die Aufrechterhaltung des vertragsgemäßen Zustandes. Ein zivilrechtlicher Rechtsreflex der rein öffentlich-rechtlich Vorschriften der EnEV in Form der normierten Nachrüst- und Austauschpflichten kann innerhalb des Mietrechts zugunsten des Mieters nicht zugebilligt werden.

735

Ebenso verhält es sich mit den in § 10 Abs. 3 EnEV angeordneten Dämmmaßnahmen. Wird der Mietgebrauch also durch den Zustand älterer Heizungsanlagen und unterlassener Dämmmaßnahmen nicht beeinträchtigt, so gewinnt der Mieter keine Ansprüche auf Erfüllung rein öffentlich-rechtlich geprägter Austausch- oder Nachrüstpflichten.

4. Durchführung energetischer Modernisierungen vom Vermieter

Die wirtschaftlichen Auswirkungen des Energieausweises liegen in einer unmittelbaren Beeinflussung des Immobilienwertes sowie der Ertragssituation. Der Energieausweis ist beim Verkauf der Immobilie und bei ihrer Vermietung zugänglich zu machen. Unterlegt man die bisher von der DENA (Deutsche Energieagentur) entwickelten Bewertungskriterien für die energetische Qualität, so ist zu befürchten, dass die Bestandsimmobilien einen sehr schlechten energetischen Qualitätsausweis im unteren Drittel der gewählten Skala erfahren. Dies schlägt unmittelbar auf die Höhe des Kaufpreises oder des Verkehrswertes sowie auf die Höhe der erzielbaren Mieten durch. Beide werden nach unten tendieren. Über die Beeinflussung des Verkehrswertes hat der Energiepass auch Auswirkungen auf den Beleihungswert der Immobilie, womit ihre Kreditfinanzierungsfähigkeit aufgerufen ist. Alles dies lässt eine energetische Sanierung und Modernisierung aus Sicht des Vermieters angezeigt erscheinen.

736

a) Duldungspflicht des Mieters

§ 555d Abs. 1 BGB verpflichtet den Mieter Maßnahmen zur Einsparung von Energie iSv § 555b Nr. 1 und Nr. 2 BGB zu dulden. Die früher umstrittene Ausfüllung des Energieeinsparbegriffs[434] wurde mit § 555b BGB neu geregelt. Als „energetische Modernisierung" wird die bauliche Veränderung bezeichnet, durch die in Bezug auf die Mietsache Endenergie nachhaltig eingespart wird. Die Endenergie besteht aus der Nutzenergie einschließlich der Verluste der Anlagentechnik bei der Übergabe, der Verteilung, der Speicherung und der Erzeugung von Wärme im Gebäude.[435] In die Betrachtungen fließt also ein, was an Gesamtenergie für den Betrieb der Heizungsanlage erforderlich ist. „Nachhaltig" dürfte eine Endenergieeinsparung schon dann sein, wenn diese nicht nur einen vorübergehenden Effekt hat. Der BGH hat zu § 3 MHG entschieden, dass nachhaltig „jede messbare Einsparung von Heizenergie" ist, sofern diese dauerhaft ist.[436] Ob diese Rechtsprechung auf

737

---

[434] Dazu BGH NJW 2008, 3630 = NZM 2008, 883; LG Berlin GE 2005, 1193; LG Hamburg NZM 2006, 536; Wilcken NZM 2006, 521; Flatow DWW 2007, 193.
[435] Schmidt-Futterer/Eisenschmid BGB § 555b Rn. 16.
[436] BGH NJW 2002, 2036 = NZM 2002, 519; BGH WuM 2004, 288.

§ 555b Nr. 1 BGB übertragen werden kann, ist offen.[437] Schließlich muss die Einsparung von Endenergie gerade der betroffenen Mietwohnung zu Gute kommen, wobei dies regelmäßig bereits aufgrund der Begrifflichkeit der Endenergie der Fall sein wird.[438]

In Abgrenzung dazu regelt § 555b Nr. 2 BGB bauliche Veränderungen, durch die nicht erneuerbare Primärenergie nachhaltig eingespart oder das Klima nachhaltig geschützt wird, soweit nicht bereits eine energetische Modernisierung iSv § 555b Nr. 1 BGB vorliegt. Der Begriff der Primärenergie berücksichtigt im Unterschied zur Endenergie nicht nur die an der Gebäudegrenze übergebene Energiemenge, sondern zusätzlich auch diejenige Energiemenge, die durch vorgelagerte Prozesse außerhalb des Gebäudes zur Gewinnung, Umwandlung und Verteilung benötigt wird (zB Bohrung zur Gewinnung von Erdöl, Raffinerie zu Heizöl und Transport zum Abnehmer, Verstromung des Heizöls durch Verbrennung).[439] Eine Photovoltaikanlage, die auf dem Dach eines Miethauses gewonnenen Strom ins allgemeine Stromnetz einspeist, fällt beispielsweise unter § 555b Nr. 2 BGB.[440] Anders als bei Maßnahmen nach § 555b Nr. 1 BGB führen unter § 555b Nr. 2 BGB fallende Maßnahmen nicht zu einer Mieterhöhung (§ 559 Abs. 1 BGB).

b) Mieterhöhung

738 Zunächst wieder der Grundsatz: Ein Mieterhöhungsverlangen nach einer Modernisierungs- oder Einsparmaßnahme ist nach § 559b Abs. 1 S. 2 BGB nur wirksam, wenn die Erhöhung aufgrund der entstandenen Kosten berechnet und entsprechend den Voraussetzungen der §§ 559, 559a BGB erläutert ist. Dem BGH[441] reicht bei Wärmeschutzmaßnahmen die schlagwortartige Bezeichnung aus. Die Maßnahme muss den Positionen der Berechnung zugeordnet sein. Außerdem sind Tatsachen darzulegen, anhand derer man überschlägig beurteilen kann, ob Heizenergie nachhaltig eingespart wird. Dabei genügt der Vortrag eingesparter Primärenergie in Fällen der Umstellung auf Fernwärme mit Kraft-Wärme-Kopplung.[442] Die voraussichtliche Höhe der Einsparung muss der Vermieter nicht berechnen. Auch muss er die Wärmebedarfsberechnung nicht vorlegen.[443] Ausreichend ist also zB die Angabe des alten und des neuen Wärmedurchgangskoeffizienten oder die gegenständliche Beschreibung der Maßnahme. Aufgrund des BGH-Urteils vom 25.1.2006 hält das KG[444] die Erläuterung „Anbringen eines 80mm Vollwärmeschutzes" für ausreichend.

Auf Grund der Verweisung in § 559b Abs. 1 S. 3 BGB auf § 555c Abs. 3 BGB kann der Vermieter in der Modernisierungsmieterhöhungserklärung zur Darlegung insbesondere der energetischen Qualität von Bauteilen auf allgemein anerkannte Pauschalwerte Bezug nehmen.[445]

c) Mieterhöhung wegen nicht zu vertretender Kosten bei gesetzlich vorgeschriebener Heizkesselerneuerung?

739 Hier sei angenommen, dass der Vermieter den Heizkessel nach § 10 Abs. 1 EnEV austauscht und danach die Miete nach § 559 Abs. 1 BGB erhöht. Zweifelsohne ist der

---

[437] Dafür Schmidt-Futterer/Eisenschmid BGB § 555b Rn. 26; BeckOK MietR/Müller BGB § 555b Rn. 23.
[438] BeckOK MietR/Müller BGB § 555b Rn. 26.
[439] Blank/Börstinghaus/Blank BGB § 555b Rn. 23.
[440] Blank/Börstinghaus/Blank BGB § 555b Rn. 20.
[441] BGH NJW 2002, 2036 = NZM 2002, 519.
[442] BGH NJW 2008, 3630 = NZM 2008, 883.
[443] BGH NJW 2006, 1125 = NZM 2006, 221.
[444] KG ZMR 2006, 612 = WuM 2006, 450.
[445] Blank/Börstinghaus/Börstinghaus BGB § 559b Rn. 14.

Austausch des Heizkessels aufgrund eines Umstandes erfolgt, den der Vermieter nicht zu vertreten hat (§ 555b Nr. 6 BGB). Denn der Austausch des alten Heizkessels ist ihm als öffentlich-rechtliche Pflicht auferlegt worden.[446] War zum Zeitpunkt des Austausches eine Instandsetzung oder eine Erneuerung des Kessels auch aufgrund seines Zustandes fällig, sind die entsprechenden hypothetischen Kosten von den aufgewendeten Kosten abzuziehen (Instandmodernisierung).[447] Die herrschende Meinung lehnt es ab, die Abschreibung oder fiktive Instandsetzungskosten zu berücksichtigen.[448]

§ 21 Gebrauch der Mietsache

I. Umfang der Gebrauchsrechte

Häufig entstehen zwischen Vermieter und Mieter sowie unter den Mitmietern Streitigkeiten darüber, welche einzelnen Nutzungs- und Gebrauchsrechte an der Mietsache durch den Mietvertrag eingeräumt werden. 740

Gesetzlicher Ansatz ist hierbei § 535 Abs. 1 S. 1 BGB. Danach hat der Vermieter die mietvertraglich begründete Pflicht, dem Mieter „den Gebrauch der Mietsache während der Mietzeit zu gewähren". 741

Was vertragsgemäßer Gebrauch ist, bestimmt sich also zunächst aus dem Mietvertrag. Maßgebend ist auch die Hausordnung, wenn sie ausdrücklich Bestandteil des Mietvertrags ist oder nach Abschluss des Vertrags einverständlich zwischen Vermieter und Mieter ausgehandelt wurde. Das einseitige Stellen einer Hausordnung durch den Vermieter führt in der Regel nicht dazu, dass sie Vertragsbestandteil wird und vom Mieter zu beachten ist. Eine Änderungsbefugnis allein durch den Vermieter kann sich allenfalls aus § 242 BGB ergeben, wenn eine nachträgliche Anpassung der Hausordnung an veränderte Umstände nach Treu und Glauben notwendig wird. Allerdings ist es zulässig, dass sich der Vermieter vertraglich das Recht zur Änderung der Hausordnung vorbehält. In diesem Fall muss die neue Hausordnung billigem Ermessen (§ 315 BGB) genügen. Sie muss sich auf koordinierende Regelungen und auf die Konkretisierung ohnehin bestehender Mieterpflichten beschränken. Keinesfalls können im Wege der einseitigen Änderung nachträglich neue Pflichten des Mieters begründet oder vertraglich eingeräumte Gebrauchsrechte beschnitten werden.[449] 742

Lässt sich weder aus dem Mietvertrag noch aus der Hausordnung konkret ableiten, ob ein Verhalten des Mieters in der Nutzung der Mietsache vertragsgemäß oder vertragswidrig ist, so kommt es auf die gesetzliche Regelung des Mietgebrauchs und auf die sogenannte Verkehrsanschauung an. Sie ist oft in Gerichtsentscheidungen niedergelegt. 743

Neben der Wohnung umfasst das Gebrauchsrecht des Mieters auch Treppenhaus und Flure, die zum Zugang notwendig durchschritten werden müssen. Nebenräume und Außenanlagen dürfen ebenfalls mitbenutzt werden. Dies gilt auch für Balkone oder Terrassen, die von der Wohnung aus zugänglich sind, wenn nicht ausdrücklich im Mietvertrag vereinbart ist, dass diese Flächen nicht zur Mietsache zählen.[450] 744

---

[446] Wie hier Schmidt-Futterer/Eisenschmid BGB § 555b Rn. 151–152; BeckOK MietR/Müller BGB § 555b Rn. 74.1; im Ergebnis ablehnend Artz WuM 2008, 259 (262 f.).
[447] Zustimmend Flatow NJW 2008, 2886 (2891).
[448] So Schläger ZMR 2007, 830 (839).
[449] Vgl. statt aller Kraemer/von der Osten in Bub/Treier MietR-HdB Kap. III Rn. 2564.
[450] AG Eschweiler WuM 1994, 427.

II. Einzelfälle

1. Nutzung der Wohnung

745 Das vertraglich begründete Besitzrecht des Mieters gibt ihm das alleinige Hausrecht vorrangig vor dem Vermieter. Zur Befriedigung seines Sicherheitsbedürfnisses soll der Mieter einer Erdgeschosswohnung auch Maßnahmen an den Fenstern der Wohnung vornehmen können, die nach Art und Ausmaß dem Eigeninteresse des Vermieters entsprechen.[451] Betritt der Vermieter ohne vorherige Ankündigung und ohne sich vorher zu vergewissern, ob der Mieter anwesend ist, die Wohnung mit Hilfe eines eigenen Schlüssels, so ist der Mieter berechtigt, das Mietverhältnis fristlos zu kündigen. Er muss das vom Vermieter gezeigte Verhalten vorher nicht abmahnen.[452]

746 Bedeutsam kann in diesem Zusammenhang das dem Vermieter zustehende Besichtigungs- und Zutrittsrecht werden.[453]

a) Allgemeines

747 Der Mieter darf die Wohnung in einer allgemein üblichen Weise nutzen, ist aber zur Nutzung im Grundsatz nicht verpflichtet. Innerhalb seines Mietgebrauchs ist er verpflichtet, die Wohnung pfleglich zu behandeln und insbesondere sauber zu halten. Der Vermieter kann den Mietern nicht vorschreiben, welche Ordnung in der Wohnung vorhanden sein soll. Der Spielraum individueller Lebensgestaltung deckt auch das Sammeln großer Mengen leerer Verpackungen (zB ausgewaschene Joghurtbecher, Milchtüten, Gurkengläser, Bier- und Coladosen).[454] Die Grenze ist aber erreicht, wenn der Mieter die Wohnung verwahrlosen lässt, insbesondere daraus eine Substanzgefährdung der Mietsache erwächst.

748 Der vertragsgemäße Gebrauch der Wohnung endet immer dann, wenn andere Mitmieter oder der Vermieter in ihren Rechten beeinträchtigt werden.[455] So darf der Mieter keine Handlungen vornehmen, die die Wasserversorgung des gesamten Hauses gefährden.

749 Der Mieter hat die Wohnung ordnungsgemäß zu beheizen und zu belüften. Allerdings kann dem Mieter kein bestimmtes Verhalten beim Beheizen und Belüften der Wohnung vorgeschrieben werden, solange er die Mietwohnung nicht gefährdet.[456] Feuchtigkeitsbildungen sind zu vermeiden. Dies gilt besonders nach dem Einbau von Isolierverglasungen.[457]

Andererseits kann der Mieter vom Vermieter verlangen, dass bestimmte Heiztemperaturen erreicht werden können. Enthält der Mietvertrag über eine Wohnung mit Heizung keine Regelung über die Heizperiode, so gilt ergänzend dafür der übliche Zeitraum der Beheizung vom 1. Oktober bis zum 30. April des Folgejahres. Die vom Vermieter in dieser Zeit geschuldeten Raumtemperaturen betragen für Wohnräume 20° C in der Zeit von 6 Uhr bis 23 Uhr, für Bad und Toilette 21° C in der Zeit von 6 Uhr bis 23 Uhr und in allen anderen Räumen 18° C in der Zeit von 23 Uhr bis 6 Uhr.[458]

---

[451] LG Hamburg WuM 2007, 502.
[452] LG Berlin NZM 2000, 543 = NJW-RR 2000, 676.
[453] Dazu ausführlich → Rn. 352.
[454] VG Berlin NJWE-MietR 1997, 261 = GE 1997, 749.
[455] BGH NJW 2015, 1239 (1241).
[456] BGH NJW 2019, 507; LG Hamburg WuM 1990, 290.
[457] Vgl. OLG Frankfurt/Main NZM 2001, 39 eine ordnungsgemäße Belüftung einer Wohnung liegt regelmäßig dann vor, wenn zweimal morgens und einmal abends quergelüftet wird.
[458] LG Berlin GE 1998, 905.

Nutzt der Mieter die Wohnung in zulässiger Weise, so haftet er für hierdurch entstandene Abnutzung nicht (§ 538 BGB). So stellen im Regelfall auch die durch starkes Rauchen entstehenden Nikotinablagerungen in der Wohnung keine vom Mieter zu vertretenden Abnutzungen dar, wenn sich diese durch „normale" Schönheitsreparaturen beseitigen lassen.[459] 750

Auch Druckspuren von Stöckelschuhen sind als vertragsgemäße Abnutzung hinzunehmen.[460] 751

Wegen Flecken auf der Terrasse, die durch das Aufstellen von Blumenkübeln entstanden sind, kann der Mieter ebenso nicht in Anspruch genommen werden. Dies gilt auch für Anstoßstellen an Türen nach 15jähriger Mietzeit.[461] 752

b) Reinigungspflichten

In Erfüllung seiner Reinigungspflicht als Obhutspflicht ist der Mieter gehalten, die Mietsache so zu pflegen, wie sie zur Aufrechterhaltung des vertragsgemäßen Mietgebrauchs erforderlich ist. Zudem muss er vermeiden, dass andere Hausbewohner durch den Zustand der Räume belästigt werden. Insbesondere hat er die Räume frei von Ungeziefer[462] zu halten, keine unangenehmen Gerüche zu verbreiten und dafür zu sorgen, dass sanitäre Einrichtungen, Fenster, Fußböden und sonstige Einrichtungen der Mietsache nicht durch Einwirkungen von Staub oder Schmutz beschädigt werden. In der Regel ist dies gewährleistet, wenn der Mieter den Schmutz, der sich allmählich ansammelt, beseitigt. Er ist keinesfalls verpflichtet, die Räume dauernd und sorgfältig rein zu halten.[463] 753

Die Definition des Umfangs der Reinigungspflicht ist bedeutsam für Schadensersatzansprüche des Vermieters bei Verletzung dieser Obhutspflicht als vertragliche Nebenpflicht aus positiver Vertragsverletzung. So haftet der Mieter nicht auf Schadensersatz, wenn in Folge einer nachlässigen Pflege der Böden, der Sanitär- oder der sonstigen mitvermieteten Einrichtungsgegenstände eine stärkere Abnutzung eintritt, als dies bei häufigerer oder intensiverer Reinigung der Fall gewesen wäre. Auch dies bleibt ein Fall von § 538 BGB. 754

Viele Formularmietverträge enthalten Regelungen, wonach der Mieter beispielsweise verpflichtet ist, in der Mietsache vorhandene technische Geräte (Gasetagenheizung, Durchlauferhitzer u. a.) regelmäßig einmal pro Jahr zu warten. Anders als nach bisheriger Rechtsprechung muss eine Formularklausel, die dem Mieter die anteiligen Kosten der jährlichen Wartung einer Gastherme auferlegt, keine Obergrenze für den Umlagebetrag vorsehen.[464] 755

Insbesondere bei der Ausstattung der Wohnung mit Teppichboden wird sehr häufig vereinbart, dass der Mieter den Bodenbelag einmal jährlich (durch eine Fachfirma) fachgerecht reinigen und shampoonieren lassen muss. Da nur die Grundreinigung des Teppichbodens,[465] nicht aber das Erneuern von Teppichböden bei Wohnraummietverhältnissen nicht unter den Begriff der Schönheitsreparaturen fällt,[466] müssen im Prinzip 756

---

[459] BGH NJW 2008, 1439 = NZM 2008, 318; LG Köln NJW-RR 1991, 1162; AG Reichenbach WuM 1994, 322; LG Köln NZM 1999, 456.
[460] AG Freiburg WuM 1991, 262; OLG Karlsruhe WuM 1997, 211 nur für Gewerbevermietungen.
[461] AG Langen WuM 1991, 31.
[462] OLG Düsseldorf ZMR 2011, 750 (vom Mieter zu verantwortender Ratten- und Mäusebefall) AG Neukölln GE 2017, 539 (Befall mit Bettwanzen).
[463] Zum Umfang der Reinigungspflicht Blank ZdW Bay 1998, 67 (70).
[464] BGH NJW 2013, 597 = NZM 2013, 84; anders noch BGH NJW 1991, 1750.
[465] BGH NJW 2009, 510 = NZM 2009, 126.
[466] OLG Hamm DB 1991, 1011 = WuM 1991, 248.

c) Gerüche

757 Störende Gerüche können sich aus mangelhafter Pflege und Verwahrlosung der Wohnung, als Kochgerüche, als Tiergeruch und schließlich als Folge aus dem Genuss von Tabak ergeben.

758 Es wurde bereits dargetan, dass der Mieter verpflichtet ist, die ihm zur Nutzung überlassenen Räume pfleglich zu behandeln, insbesondere sauber zu halten. Dabei hat der Mieter einerseits auch im Hinblick auf die Ordnung in seiner Wohnung einen großen Gestaltungsspielraum, andererseits aber dafür zu sorgen, dass die Mietsache als Folge ihrer Behandlung durch den Mieter keinen Schaden nimmt.[468] Gleichfalls dürfen keine störenden Einflüsse aus den Räumen des Mieters nach außen dringen. Unzumutbarer Gestank in der Wohnung und im Treppenhaus durch stinkende Kleidung, verdorbene Speisereste und Lebensmittel, ein verwahrlostes Zimmer mit der Gefahr der Substanzschädigung der Mietsache und des Ungezieferbefalls rechtfertigen nach Abmahnung die fristlose Kündigung.[469] Mindern die Nachbarn des Mieters deswegen die Miete, so kann der Vermieter gegenüber dem verwahrlosenden Mieter Schadensersatz in Höhe des Mietausfalls verlangen. Gerade bei sozial schwächeren Schichten, in denen dieses Problem eher auftritt, ist dies aber aufgrund des Prozesskosten- und Zwangsvollstreckungsrisikos des Vermieters ein eher theoretischer Ansatz. Das städtische Ordnungsamt oder die städtische Gesundheitsbehörde schalten sich auf Initiative des Vermieters oder der sich beeinträchtigt fühlenden Nachbarn erst dann ein, wenn ein polizeirechtswidriger Zustand nach öffentlichem Recht vorliegt, also von der verwahrlosten Wohnung eine Gefahr für die öffentliche Sicherheit und Ordnung ausgeht.

759 Kochen in haushaltsüblichem Umfang gehört zu den elementaren Lebensbedürfnissen des Mieters und ist daher grundsätzlich in der Wohnung erlaubt, egal, ob deswegen Gerüche ins Treppenhaus oder nach außen dringen. Dies gilt auch für die Zubereitung von Speisen mit stark riechenden Bestandteilen und Gewürzen wie etwa Knoblauch. Auch ist es unerheblich, ob beheimatete oder „exotische" Speisen zubereitet werden.[470] Der Wohngebrauch ist allerdings überschritten, wenn der Mieter in der Wohnung eine „Großküche" betreibt oder bewusst – provokatorisch – durch Öffnen der Flurtüre ins Treppenhaus entlüftet, um die anderen Mieter damit zu ärgern und zu schikanieren.

760 Auch wenn die Ausgrenzung rauchender Mietbewerber kein Diskriminierungsverbot des Allgemeinen Gleichbehandlungsgesetzes (AGG) ausfüllt, kann der Vermieter nicht verhindern, dass der Mieter nach Einzug selbst mit dem Tabakkonsum beginnt oder rauchende Partner in die Wohnung aufnimmt.[471] Der Vermieter soll auch einen mit einem Raucher geschlossenen Mietvertrag wegen Irrtums oder wegen Arglist zumindest dann nicht anfechten können, wenn er bei Vertragsabschluss angibt, er habe mit dem Rauchen aufgehört, dennoch aber gelegentlich in der Wohnung raucht.[472] Das kann aber nicht in Fällen stärkeren, insbesondere exzessiven Rauchens gelten, in denen ein höherer Reno-

---

[467] Zu den Reinigungspflichten des Mieters bei Ende des Mietverhältnisses → Rn. 1464.
[468] Instruktiv zu diesem Zusammenhang der Fall zur Bildung von Faulgasen durch große Müllmengen in der Wohnung, die sich durch das Einschalten von Licht oder das Anspringen des Kühlschrankes entzündeten und zu einem Brand führten, der das gesamte Haus erfasste und die Bewohnerin schwer verletzte: vgl. WAZ v. 29.12.1999, S. 3.
[469] AG Saarbrücken DWW 1994, 186.
[470] AG Hamburg-Harburg WuM 1993, 39.
[471] Hinweisend zu Recht Derleder NJW 2007, 812 (814).
[472] LG Stuttgart NJW-RR 1992, 1360.

vierungsaufwand ausgelöst wird, der sich wegen der Notwendigkeit einer Verwendung nikotinabdeckender Materialien und Farben teurer und zeitaufwendiger sowie in kürzeren Zeitabständen zeigt oder gar den Einsatz von Fachhandwerkern erforderlich macht. Beantwortet in diesen Fällen der Mieter eine vom Vermieter gestellte Frage nach der Raucheigenschaft im Zeitpunkt des Vertragsabschlusses falsch, und erwächst dem Vermieter infolge des dadurch veranlassten höheren Renovierungsaufwandes der skizzierte Schaden, so sind Anfechtungsrechte des Vermieters aus §§ 123, 119 BGB sowie Schadenssatzansprüche aus Verschulden bei Vertragsschluss wegen verletzter Aufklärungspflicht gemäß §§ 311 Abs. 2, 241 Abs. 2 BGB eröffnet.[473] Verkürzt der Vermieter in diesen Fällen durch die Frage nach der Rauchereigenschaft des Mieters im Rahmen der Vertragsverhandlungen sowie durch Aufnahme eines wirksamen Rauchverbots[474] in den Mietvertrag den vertragsgemäßen Wohnungsgebrauch auf eine „rauchfreie Zone", so kann auch ein Schadensersatzanspruch wegen verletzter Obhuts- und Fürsorgepflicht des Mieters im Hinblick auf die Mietsache durch – dann vertragswidriges – starkes Rauchen gemäß § 280 Abs. 1 BGB nicht in Abrede gestellt werden.[475]

Dem Mieter steht es im Rahmen seiner privaten Lebensgestaltung aber abgesehen von wirksamen einzelvertraglichen Rauchverboten frei, ob er in der Wohnung raucht. Dies ist hinzunehmen. Auch damit verbundene Ablagerungen von Nikotin und sonstigen Schadstoffen in der Wohnung sind damit als Teil des vertragsgemäßen Mietgebrauchs zu tolerieren. Dies gilt auch für intensives Rauchen, solange die Tabakspuren durch Renovierungen in normalem Umfang beseitigt werden können.[476] Jenseits dieser Grenze ist von einem vertragswidrigen Gebrauch der Wohnung mit der Folge einer Schadensersatzverpflichtung des Mieters auszugehen.[477]

761

Im Treppenflur ist es bisher akzeptiert worden, dass der Rauch aus der Wohnung trotz geschlossener Tür wahrnehmbar war.[478] Unterlassungsansprüche bestehen dagegen, wenn der Rauch in der Wohnung über den Hausflur entlüftet wird oder zielgerichtet im Hausflur geraucht wird, um die Wohnung selbst rauchfrei zu halten und um etwaige Lebenspartner oder Mitbewohner dort zu schonen. Dies gibt sowohl dem Vermieter als auch den Mitmietern Unterlassungsansprüche.[479] Dabei folgt der Unterlassungsanspruch des Vermieters aus § 541 BGB und der der Mitmieter aus §§ 862 Abs. 1, 858 Abs. 1 BGB. So hat das AG Hannover[480] auch einem Mitbewohner einer Wohnungseigentumsanlage das Rauchen von täglich fünf Zigaretten im Treppenhaus untersagt (§§ 15 Abs. 3, 14 Nr. 1 WEG). Denn es widerspricht der Zweckbestimmung des Treppenhauses, dieses zum Rauchen aufzusuchen und dort so lange zu verweilen, bis der Rauchvorgang abgeschlossen ist.[481] Diese Wertung ist für das Mietrecht zu übernehmen. Ein verqualmtes Treppenhaus muss weder vom Vermieter noch von den Nachbarn hingenommen werden.

762

---

[473] AA AG Albstadt WuM 1992, 475, das dem Mieter offensichtlich gestattet, Fragen nach seiner Rauchereigenschaft falsch zu beantworten.

[474] BGH NJW 2006, 2915 (2917), worin der BGH ausdrücklich von der Möglichkeit eines vertraglichen Rauchverbots ausgeht, vgl. zuvor bereits AG Albstadt WuM 1992, 475; AG Nordhorn NZM 2001, 892; ferner BGH NJW 2015, 1239 (1240).

[475] AG Nordhorn NZM 2001, 892.

[476] BGH NJW 2006, 2915 (2917); BGH NJW 2008, 1439 = NZM 2008, 318; BGH NJW 2015, 1239; im Einzelnen Horst, MietRB 2008, 188.

[477] LG Paderborn NZM 2000, 710.

[478] LG Paderborn NZM 2000, 710; LG Baden-Baden WuM 2001, 603; AG Reichenbach WuM 1994, 322; zum verweigerten Unterlassungsanspruch wegen Rauchens auf dem Balkon AG Bonn NZM 2000, 33.

[479] Schmidt-Futterer/Eisenschmid BGB § 535 Rn. 515; Stapel NZM 2000, 595 (597); zum Kündigungsrecht BGH NJW 2015, 1239.

[480] AG Hannover NZM 2000, 520.

[481] AG Hannover NZM 2000, 520; zustimmend Stapel NZM 2000, 595 (597).

763 Tiergeruch, der aus einer nicht artgerechten Tierhaltung oder einer zu großen Anzahl von Tieren in der Mietwohnung folgt, kann notfalls sogar durch fristlose Kündigung abgewehrt werden. Dazu berechtigen etwa penetrante Gerüche aus einer Katzenhaltung im Mehrfamilienhaus.[482]

d) Aufhängen von Plakaten

764 Die Frage, ob Meinungsäußerungen des Mieters durch Plakate in den Fenstern der Mietwohnung zulässig sind, hängt entscheidend vom Inhalt und der Gestaltung ab.[483] Verunstaltende Plakate sowie beleidigende Äußerungen sind in jedem Falle unzulässig.

e) Tierhaltung[484]

765 **Kleintiere** dürfen ohne besondere Vereinbarung in der Mietwohnung gehalten werden, wenn sich Ihre Anzahl in einem angemessenen Rahmen hält und ihre Unterbringung ordnungsgemäß erfolgt. Dazu gehören Zierfische, Kanarienvögel, Wellensittiche und Hamster, aber auch Zwergkaninchen,[485] Chinchillas[486] und Meerschweinchen.[487] Daher ist eine Klausel im Mietvertrag, die das Halten von Haustieren ohne nähere Eingrenzung auf bestimmte Tiere generell verbietet, unwirksam.[488] Fehlt eine wirksame Regelung zur Tierhaltung, so ist bei einer Haltung von Kleintieren eine umfassende Abwägung der Interessen dies Mieters, des Vermieters und Drittbeteiligter erforderlich, um zu klären ob die Tierhaltung noch zum vertragsgemäßen Gebrauch zählt. Dies ist eine Frage des Einzelfalles.[489] Sieht eine Formularklausel in einem Mietvertrag vor, dass jedwede Tierhaltung von der Zustimmung des Vermieters abhängig gemacht wird, ohne Ausnahme für Haustiere vorzusehen, deren Haltung zum vertragsgemäßen Gebrauch der Mietsache iSd § 535 Abs. 1 BGB gehört, weil von diesen in der Regel Beeinträchtigungen der Mietsache und Störungen Dritter nicht ausgehen können, so ist diese Klausel unwirksam.[490]

Das Halten von zahlreichen Kleintieren ist im Einzelfall zu prüfen. **Exotische Kleintiere** dürfen nicht ohne weiteres in der Mietwohnung gehalten werden. So darf der Mieter solche Tiere nicht in die Wohnung aufnehmen, auf die die Mitbewohner allgemein mit Ekel oder Abscheu reagieren. Dies kann bei Schlangen unabhängig davon der Fall sein, ab sie giftig, gefährlich oder zahm sind.[491] Abgesehen von Kleintierhaltungen kann der Vermieter sowohl durch Formularklausel als auch durch Individualvereinbarung die Haltung größerer Tiere verbieten oder von seiner Zustimmung abhängig machen.[492]

766 Eine Klausel, die eine Katzen- und Hundehaltung ausnahmslos und ohne Rücksicht auf besondere Fallgestaltungen und Interessenlagen verbietet, ist ebenfalls unwirksam.[493] Unterschiedlich wird beurteilt, ob auch die **Katzenhaltung** ohne weitere Gestattung des Vermieters erlaubt ist oder bereits deshalb unter vertragliche Tierhaltungsverbote –

---

[482] LG Berlin NJW-RR 1997, 395.
[483] BayObLG NJW 1984, 496; BayObLG ZMR 1983, 352.
[484] Zur Haltung von Haustieren in Mehrfamilienhäusern Blank NJW 2007, 729.
[485] AG Hanau WuM 2002, 91.
[486] AG Hanau WuM 2002, 91.
[487] AG Aachen WuM 1989, 236; LG Berlin GE 1982, 707.
[488] BGH NJW 2008, 218 = NZM 2008, 78 für eine Kleintierklausel; BGH NJW 1993, 1061; generell zur Tierhaltung Blank NZM 1998, 5.
[489] BGH NJW 2008, 218 = NZM 2008, 78; vgl. auch BGH WuM 2018, 174.
[490] BGH NZM 2013, 380 = NJW-RR 2013, 584; vgl. auch BGH WuM 2018, 174.
[491] AG Rüsselsheim WuM 1987, 144; aA AG Köln WuM 1990, 343 für das Halten von ungefährlichen Schlangen.
[492] BVerfG WuM 1981, 77; OLG Hamm NJW 1981, 1626.
[493] BGH NJW 2013, 1526 = NZM 2013, 378.

gegebenenfalls mit Erlaubnisvorbehalt – fällt, weil von diesen Tieren eine Auswirkung auf die Allgemeinheit ausgeht.[494] Ob im Haus wohnende Tierallergiker ein Verbot der Katzenhaltung rechtfertigen, ist umstritten.[495]

Nach den Grundsatzentscheidungen des BGH gehört in einem Mehrfamilienhaus auch die **Hunde- oder Katzenhaltung** zu einem vertragsgemäßen Gebrauch der Wohnung,[496] wobei eine umfassende Einzelfallabwägung unter Berücksichtigung der Interessen der Vertragsparteien stattfinden muss.[497]

767

In jeden Fall sind folgende Grundsätze zu beachten:

768

- Der Vermieter kann grundsätzlich formularmäßig nicht untersagen, dass Besucher des Mieters einen Hund in die Wohnung mitbringen.[498]
- Genehmigt der Vermieter die Hundehaltung in Einzelfällen, so kann er zur Gleichbehandlung seiner übrigen Mieter verpflichtet sein.[499]
- Der Mieter ist aus gesundheitlich-psychologischen Gründen auf die Haltung eines Hundes angewiesen (zB innerhalb einer Drogentherapie).[500]

Ein Anspruch auf Zustimmung kann sich auch dann ergeben, wenn die ablehnende Haltung des Vermieters rechtsmissbräuchlich wäre.[501] Dies ist etwa bei einem benötigten Blindenhund der Fall.[502]

769

Eine einmal erteilte Zustimmung kann nicht ohne weiteres widerrufen werden. Hierzu ist ein wichtiger Grund notwendig. Erhebliche Beeinträchtigungen oder Störungen des Hausfriedens durch das Haustier, vor allem durch Ruhestörungen oder Belästigungen, füllen einen wichtigen Grund aus.[503]

770

Ein **Mietvertragsformular** kann zulässig die Erlaubnis zur Hundehaltung mit einem Widerrufsvorbehalt koppeln.[504] Stellt eine die (Klein-)Tierhaltung in der Mietwohnung regelnde vorformulierte Vertragsbedingung die ohnehin für notwendig erklärte Zustimmung des Vermieters in einem letzten Satz „im Übrigen" in dessen „freies Ermessen" und ist die Ermessensausübung selbst an keine überprüfbaren Beurteilungsvoraussetzungen gebunden, hält dieser Klauselteil der Inhaltskontrolle nicht stand, infiziert aber auch die für sich genommen wirksamen Klauselbestandteile mit der Folge, dass die Klausel insgesamt unwirksam ist.[505] Formularvertraglich wird der Vermieter seine Zustimmung nur an eine pflichtgemäße Ermessensausübung koppeln dürfen, die inhaltlich an sachlichen Abwägungskriterien[506] und Gründen anknüpfen muss.

771

---

[494] Bejahend AG Sinzig NJW-RR 1990, 652 bei zwei artgerecht gehaltenen kastrierten Katzen; AG Düren WuM 1983, 59; AG Berlin-Mitte MM 2015, 29 AG Berlin-Schöneberg MM 1990, 192 für eine Katze im städtischen Ballungsgebiet; AG Bonn WuM 1994, 323 bei entgegenstehendem mietvertraglichen Verbot, wenn der Mieter aus gesundheitlich psychischen Gründen eine Katze halten will; aA AG Hamburg NJW-RR 1992, 203.
[495] AG Köln 1988, 122; Horst DWW 2001, 54.
[496] BGH NJW 2008, 218 = NZM 2008, 78; BGH NJW 2013, 1526 = NZM 2013, 378.
[497] BeckOK MietR/Specht BGB § 535 Rn. 1623.
[498] AG Aachen WuM 1992, 432; AG Osnabrück WuM 1987, 380; aA für gelegentliche Besuche mit Tieren ohne Übernachtung AG Frankfurt WuM 1988, 157; LG Würzburg WuM 1988, 57.
[499] AG Leonberg WuM 1997, 210; aA AG Berlin-Neukölln MM 1991, 368: kein Erlaubnisanspruch eines Mieters gegen den Vermieter, wenn dieser einem anderen Mieter die Hundehaltung bereits erlaubt hat; differenzierend: LG Köln DWW 1994, 185: der Vermieter muss seine Erlaubnismöglichkeiten nach eigenem Ermessen handhaben.
[500] LG Hamburg WuM 1997, 674; LG Hamburg WuM 1996, 632.
[501] LG Ulm WuM 1990, 343.
[502] AG Berlin Neukölln MM 1991, 368.
[503] AG Hamburg-Wandsbek WuM 1991, 94; LG Nürnberg-Fürth WuM 1991, 93.
[504] AG Hamburg-Bergedorf NJW-RR 1991, 461.
[505] BGH NZM 2013, 380 = NJW-RR 2013, 584 (zur Haltung eines Bearded Collie).
[506] BeckOK MietR/Specht BGB § 535 Rn. 1624.

772 Der Vermieter kann sein Recht auf Zustimmung verwirken, wenn er nicht in angemessener Zeit der Tierhaltung widerspricht. Vorausgesetzt ist seine Kenntnis von der Tierhaltung. Dabei muss er sich auch die Kenntnis eines Hausmeisters oder eines Prokuristen zurechnen lassen.[507] Eine Verwirkung wird etwa angenommen, wenn der Vermieter die Haltung eines Hundes seit fünf Jahren hinnimmt.[508] Stirbt ein Tier, zu dessen Haltung ein Vermieter ausdrücklich seine Zustimmung erklärt hat, kommt es für die Frage, ob der Mieter zur Haltung eines anderen Tieres berechtigt ist, darauf an, in welcher Form die Zustimmung vorlag. Im Falle einer Einzelerlaubnis ist der Mieter nicht ohne weiteres berechtigt, ein Tier anzuschaffen.[509] In diesem Fall benötigt der Mieter eine neue Erlaubnis. Kann er hingegen davon ausgehen, dass die einmal erteilte Erlaubnis des Vermieters zur Tierhaltung über den Tod des angeschafften Tiers hinaus gelten soll, so kann sich der Mieter ein gleichartiges neues Tier zulegen.

773 Im Einfamilienhaus gehört die Hundehaltung in der Regel zum vertragsgemäßen Gebrauch.[510] Besondere Eigenschaften der Tiergattung oder der Rasse werden aber eine Rolle spielen.[511]

774 In keinem Fall zählt die Haltung eines Kampfhundes zum vertragsgemäßen Gebrauch einer Mietsache.[512] Grund hierfür ist die rassentypisch erhöhte Tiergefahr.

775 Hält der Mieter verbotswidrig einen Hund, so hat der Vermieter aus § 541 BGB einen Anspruch darauf, dass das Tier entfernt wird.[513] Bei nicht unerheblicher Beeinträchtigung kann er gegebenenfalls nach fruchtloser Abmahnung gem. § 573 Abs. 2 Nr. 1 BGB, bei erheblicher Beeinträchtigung nach § 543 Abs. 3 S. 2 Nr. 2 BGB oder § 543 Abs. 1, § 569 Abs. 2 und 4 BGB fristlos kündigen.

f) Gewerbliche Nutzung der Wohnung

776 Grundsätzlich darf der Mieter die Mietwohnung nicht gewerblich nutzen. Dies ergibt sich bereits aus dem Vertragszweck des Wohnraummietvertrags. Durch die vertragswidrige gewerbliche Nutzung wird die Wohnung nicht zum Geschäftsraum.[514] Der Vermieter kann fristgemäß und verhaltensbedingt kündigen (§ 573 Abs. 2 Nr. 1 BGB), wenn die Wohnung ohne seine Zustimmung unzulässig gewerblich beispielsweise durch die Verlegung der gesamten Bürotätigkeit des Betriebs des Mieters genutzt wird und der Mieter auch nach Abmahnung dieses vertragswidrigen Gebrauchs keine Auskunft über den Umfang der Tätigkeit erteilt.[515] Wahlweise kann der Vermieter bei unzulässiger teilgewerblicher Nutzung der Mietwohnung den Mieter auf Unterlassung nach Abmahnung in Anspruch nehmen. Dennoch darf der Mieter in der Mietwohnung begrenzt gewerblich tätig sein. Dies ist zulässig, wenn

- durch die teilgewerbliche Nutzung der Vertragszweck – Überlassung des Mietraums zum Wohnen – nicht verändert wird,
- Mitmieter nicht beeinträchtigt werden, sich insbesondere keine nach außen wahrnehmbare Störungen[516] einstellen, und wenn

---

[507] AG Westerburg WuM 1992, 600.
[508] LG Essen WuM 1986, 117.
[509] AG Kassel WuM 1987, 144; AG Speyer DWW 1991, 372.
[510] Schmidt-Futterer/Eisenschmid BGB § 535 Rn. 557.
[511] LG Nürnberg DWW 1993, 338.
[512] LG Nürnberg DWW 1990, 338; LG Gießen NJW-RR 1995 12; AG Frankfurt/Main NZM 1998, 759; LG Krefeld NJW-RR 1997, 332 = WuM 1996, 533; LG Karlsruhe NZM 2002, 246.
[513] LG Köln DWW 1994, 185.
[514] OLG Düsseldorf NZM 2007, 299.
[515] LG München II ZMR 2007, 278.
[516] BGH NJW 2009, 3157 = NZM 2009, 658.

- sich für die Mietwohnung keine Gefahr der Beschädigung oder übermäßigen Abnutzung ergibt.

Mit diesen Kriterien kam die Rechtsprechung schon zum Ausschluss des Betriebs eines Büros mit lebhaftem Kundenverkehr.[517] Lebhafter Kundenverkehr liegt bei einem täglichen Besuch von 10 bis 12 Kunden vor. Schon deshalb dürfte der regelmäßige Betrieb einer Anwaltspraxis mit Mandantenverkehr in dieser Frequenz regelmäßig in der eigenen Mietwohnung ebenso unzulässig sein, wie der Betrieb eines Ingenieurbüros.[518] Natürlich gilt dies nicht für den Betrieb von Tele-Kanzleien ohne Kundenverkehr. Denn gegen eine gewerbliche Nutzung eines Wohnungsteils als Büro mit Telefonanschluss, Anrufbeantworter und Computer ohne Publikumsverkehr ist nichts einzuwenden.[519] Selbstverständlich gilt dies auch für sonstige Tele-Arbeitsplätze. 777

Eine Kindertagesstätte darf nicht betrieben werden, wenn wöchentlich regelmäßig fünf Kinder in zwei von insgesamt fünf Zimmern der Wohnung aufgenommen werden.[520] 778

Selbstverständlich ist die Ausübung von Prostitution in der Wohnung unzulässig.[521] Der Wohnungsnachbar kann vom Vermieter nicht nur generell die Beseitigung dieses Zustandes verlangen, sondern insbesondere, dass er Streitereien, nächtliches Herausklingeln oder andere Lärmstörungen im Zusammenhang mit der Prostitution unterbindet.[522] 779

Auch Heimarbeit mit Maschinen, deren Lärm Nachbarn beeinträchtigt und die in nicht unerheblichem Umfang ausgeübt wird, ist nicht dem normalen Wohngebrauch eines gemieteten Hauses zuzurechnen. Unterlassungsansprüche und Kündigungsmöglichkeiten sind die Folge.[523] 780

Die nebenberufliche Tätigkeit als Vertreter einer Krankenkasse ist zulässig, wenn sie sich in der Mietwohnung darauf beschränkt, Telefonate zwecks Terminvereinbarungen für Hausbesuche bei Kunden durchzuführen.[524] Auch darf der Mieter die Wohnung als Schriftsteller, Maler oder für andere Tätigkeiten nutzen. Dies gilt auch, wenn dadurch wesentliche Einkünfte erzielt werden.[525] Übersetzungen und Gutachten dürfen im Rahmen eines büromäßigen Betriebs ohne Außenwirkung und ohne Gefahr für die Verschlechterung der Mietsache angefertigt werden. Ferner ist das begrenzte Abhalten von Nachhilfestunden zulässig. 781

Der Vermieter ist auch dann zur ordentlichen Kündigung eines zu Wohnzwecken gemieteten Einfamilienhauses wegen unerlaubter gewerblicher Nutzung berechtigt, wenn der Mieter Inhaber eines Gewerbebetriebs ist und das gemietete Haus trotz Abmahnung gegenüber dem Gewerbeamt als Betriebsstätte angibt und gegenüber Kunden als Geschäftsadresse nutzt, in dem Haus jedoch weder Mitarbeiter noch Geschäftskunden empfängt und auch keine Geschäftsfahrzeuge auf dem Hausgrundstück oder in dessen Nähe abstellt.[526] 782

---

[517] LG München II ZMR 2007, 278; LG Hannover ZMR 1959, 168.
[518] LG Schwerin NJW-RR 1996, 1223.
[519] Die Nutzung einer Ecke im Schlafzimmer für Buchhaltungs- und Bürotätigkeiten per Computer ist zulässig: LG Frankfurt/Main WuM 1996, 532; AG Regensburg WuM 1991, 678; LG Hamburg WuM 1992, 241; LG Stuttgart WuM 1992, 250; AG Köln WuM 1991, 577; LG Frankfurt/Main WuM 1996, 532.
[520] LG Berlin NJW-RR 1993, 907.
[521] LG Lübeck NJW-RR 1993, 525; AG Mönchengladbach-Rheydt ZMR 1993, 171.
[522] AG Stuttgart DWW 1995, 54.
[523] AG Steinfurt WuM 1996, 405.
[524] AG Berlin Charlottenburg MM 1992, 33.
[525] LG Berlin MM 1993, 182 (bestätigend BVerfG NJW-RR 1993, 1358); hierzu auch BGH NJW 2014, 2864.
[526] BGH NZM 2013, 786 = NJW-RR 2013, 1478.

Im Falle eines einheitlichen Mischmietverhältnisses, das wegen der überwiegenden Wohnnutzung als Wohnraummietverhältnis anzusehen ist, braucht sich ein vom Vermieter geltend gemachter Eigenbedarf nur auf die Wohnräume zu beziehen.[527]

g) Üblicher Wohngebrauch

783 Überträgt sich der Trittschall insbesondere in hellhörigen Häusern auf die Nachbarwohnungen, so können die beeinträchtigten Mitbewohner unmittelbar gegen den Verursacher des Trittschalls nicht erfolgreich vorgehen, wenn er sich im Rahmen normaler Wohnnutzung hält. Dazu gehört auch das Begehen der Wohnung mit Straßenschuhen statt mit trittschalldämmenden Hausschuhen.[528] Im Verhältnis zum Vermieter kann die besondere Hellhörigkeit eines Hauses ein Mangel der Mietsache mit der Berechtigung zur Mietminderung sein. Für die Beurteilung der Frage, ob eine Mietwohnung Mängel aufweist, ist in erster Linie die von den Mietvertragsparteien vereinbarte Beschaffenheit der Wohnung, nicht die Einhaltung bestimmter technischer Normen maßgebend. Fehlt es an einer Beschaffenheitsvereinbarung, so ist die Einhaltung der maßgeblichen technischen Normen geschuldet. Dabei ist nach der Verkehrsanschauung grundsätzlich der bei Errichtung des Gebäudes geltende Maßstab anzulegen. Nimmt der Vermieter bauliche Veränderungen vor, die zu Lärmimmissionen führen können, so kann der Mieter erwarten, dass Lärmschutzmaßnahmen getroffen werden, die den Anforderungen der zur Zeit des Umbaus geltenden DIN-Normen genügen. Wird ein älteres Wohnhaus nachträglich um ein weiteres Wohngeschoß aufgestockt, so entsteht an der Mietwohnung, die vor der Aufstockung im obersten Wohngeschoß gelegen war, ein Mangel, wenn die Trittschalldämmung der darüber errichteten Wohnung nicht den Anforderungen der im Zeitpunkt der Aufstockung geltenden DIN-Norm an normalen Trittschallschutz genügt. Die Einhaltung der Anforderungen an erhöhten Trittschallschutz kann der Mieter nur dann verlangen, wenn dies mit dem Vermieter vereinbart ist.[529]

784 Die Benutzung moderner, gesicherter Haushaltsgeräte gehört ebenso zum vertragsgemäßen Gebrauch. Der Mieter hat grundsätzlich Anspruch auf eine Elektrizitätsversorgung, die zumindest den Betrieb eines größeren Haushaltsgeräts wie einer Waschmaschine und gleichzeitig weiterer haushaltsüblicher Geräte wie zum Beispiel eines Staubsaugers ermöglicht. Auf eine unterhalb dieses Mindeststandards liegende Beschaffenheit kann der Mieter nur bei eindeutiger Vereinbarung verwiesen werden.[530]

So darf der Mieter Staubsauger benutzen. Ebenso darf er selbst dann Wasch- und Spülmaschinen im Bad und in der Küche aufstellen und betreiben, wenn im Keller des Hauses eine Waschanlage benutzt werden kann.[531] Ob der Mieter sich an eine entgegenstehende vertragliche Bestimmung halten muss, die ihn auf die Nutzung einer Gemeinschaftswaschmaschine im Keller verweist, ist in der Rechtsprechung umstritten.[532]

785 Bei der Nutzung von Wasch- und Spülmaschinen in der Wohnung hat der Mieter gesteigerte Sorgfaltspflichten. Schäden durch das Platzen von Zuleitungsschläuchen sind zu vermeiden. Der Mieter hat also eine Überwachungspflicht. Obgleich er nicht ständig im Raum anwesend sein muss, sind optische und akustische Kontrollen in regelmäßigen Zeitabständen notwendig. Auf keinen Fall darf der Mieter die Wohnung verlassen.[533]

---

[527] BGH NJW 2015, 2727 = NZM 2015, 657.
[528] OLG Düsseldorf DWW 1997, 149.
[529] BGH NJW 2013, 2417 = NZM 2013, 575; NJW 2010, 3088 = NZM 2010, 618; NJW 2005, 218 = NZM 2005, 60.
[530] BGH NZM 2010, 356 = NJW-RR 2010, 737; NJW 2004, 3174 = NZM 2004, 736.
[531] LG Karlsruhe WuM 1968, 107.
[532] Verneinend AG Hameln WuM 1994, 426; bejahend AG Solingen WuM 1982, 182.
[533] OLG Hamm NJW 1985, 332.

Verlässt der Mieter nach Abschuss des Betriebsvorgangs die Wohnung, so hat er die Wasserzufuhr zu einer Haushaltsmaschine abzustellen.[534] Trockenautomaten dürfen nur bei ordnungsgemäßer Ablüftungsvorrichtung ausgestellt werden, sofern es sich nicht um Kondenstrockner handelt.[535]

Der Vermieter kann die Installation der Geräte vom Abschluss einer Haftpflichtversicherung abhängig machen.[536] Da der Mieter im üblichen Rahmen Haushaltsgeräte in der Wohnung benutzen darf, kann der Mieter der Nachbarwohnung die Miete wegen der damit verbundenen Geräusche und Vibrationen nicht mindern.[537] 786

Aus der Befugnis des Mieters zum Aufstellen von haushaltsüblichen Wasch- und Trockenautomaten in der Wohnung folgt, dass er grundsätzlich auch in der Wohnung Wäsche waschen und trocknen darf. Allerdings darf er nur Kleinwäsche, nicht aber Großwäsche trocknen. Auch auf dem Balkon darf der Mieter sichtbar über der Brüstung Wäscheleinen spannen und zum Trocknen von Wäsche benutzen. Dies gilt selbst dann, wenn der Vermieter Wäschespinnen im Hof zur Verfügung stellt.[538] Allerdings dürfen dadurch keine Schadensgefahren für die Wohnung – wie etwa Feuchtigkeitsschäden – entstehen.[539] 787

Störungen durch Baby- und Kleinkindergeschrei werden von der Rechtsprechung als unvermeidbare Folge normaler kindlicher Entwicklung angesehen und sind daher hinzunehmen. Dasselbe gilt für gelegentliches Kindertrampeln in normalem Umfang. Voraussetzung für diese Wertung ist, dass die Eltern den Babys und Kleinkindern die altersgerechte Aufmerksamkeit und Pflege zuteilwerden lassen.[540] 788

Kinderlärm im üblichen noch sozialadäquatem Umfang ist ebenfalls Folge normaler kindlicher Entwicklung und daher von den Mitbewohnern hinzunehmen.[541] Dies bedeutet nicht, dass jeder Lärm von Kindern zu dulden ist.[542] Für die Abgrenzung kommt es auf die Dauer und die Tageszeit der Lärmäußerung, auf das Alter des Kindes sowie auf die Art und die Qualität des dabei verursachten Lärms an. Entscheidend ist auch, ob der Lärm im Rahmen einer sozialadäquaten Wohnungsnutzung verursacht wird oder nicht.[543] Die in § 22 Abs. 1a BImSchG vorgesehene Privilegierung von Kinderlärm ist auch bei einer Bewertung von Lärmeinwirkungen als Mangel einer gemieteten Wohnung zu berücksichtigen.[544] Geräuschemissionen, die ihren Ursprung in einem altersgerecht üblichen kindlichen Verhalten haben, sind zwar, gegebenenfalls auch unter Inkaufnahme erhöhter Grenzwerte für Lärm und entsprechender Begleiterscheinungen kindlichen Verhaltens, grundsätzlich hinzunehmen. Die insoweit zu fordernde erhöhte Toleranz hat jedoch auch Grenzen. Diese sind jeweils im Einzelfall zu bestimmen unter Berücksichtigung namentlich von Art, Qualität, Dauer und Zeit der verursachten Geräuschemissionen, des Alters und des Gesundheitszustands des Kindes sowie der Vermeidbarkeit der Emissionen etwa durch objektiv gebotene erzieherische Einwirkungen oder durch zumutbare oder sogar gebotene bauliche Maßnahmen.[545] 789

---

[534] OLG Karlsruhe WuM 1987, 325.
[535] AG Mühlheim WuM 1981, 12.
[536] Kraemer/von der Osten, in Bub/Treier MietR-HdB Kap. III Rn. 2361.
[537] AG Mönchengladbach-Rheydt DWW 1994, 24.
[538] LG Nürnberg-Fürth WuM 1990, 199.
[539] AG Hameln WuM 1994, 426.
[540] OLG Düsseldorf DWW 1997, 149 (150).
[541] OLG Düsseldorf DWW 1997, 149 (150); AG Frankfurt/Main WuM 2005, 764; LG München NZM 2005, 339 = NJW-RR 2005, 598; LG Halle NZM 2003, 309.
[542] LG Berlin GE 1999, 380.
[543] ZB Schlagen mit dem Hammer an die Heizung, Fußball- oder Tennisspiel in der Wohnung.
[544] BGH NJW 2015, 2177 = NZM 2015, 481.
[545] BGH NZM 2017, 694 = NJW-RR 2017, 1290.

h) Abwehrbarer Lärm

790 Handelt es sich nicht um die Verursachung von Lärm durch sozialadäquates Verhalten, so kann der Vermieter gegen den Lärmverursacher mit den schon eingangs beschriebenen Möglichkeiten vorgehen. Er wird dies auch im eigenen Interesse tun, um Mietminderungen oder gar fristlose Kündigungen wegen Gesundheitsgefährdung mit allen daraus sich ergebenden Folgen zu vermeiden. Bei wiederkehrenden Beeinträchtigungen durch Lärm bedarf es nicht der Vorlage eines detaillierten Protokolls. Es genügt vielmehr grundsätzlich eine Beschreibung, aus der sich ergibt, um welche Art von Beeinträchtigungen es geht und zu welchen Tageszeiten, über welche Zeitdauer und in welcher Frequenz diese ungefähr auftreten.[546]

Der beeinträchtigte Mieter kann gegenüber dem Vermieter den Miete mindern und im Extremfall wegen Gesundheitsgefährdung kündigen.[547] Parallel dazu kann er auch Unterlassung weiterer Lärmstörungen vom störenden Mitbewohner unmittelbar nach § 862 BGB verlangen.[548] Insbesondere bei jahrelang andauernden Lärmstörungen zur Nachtzeit können sich durch die damit einhergehenden Gesundheitsbeeinträchtigungen Schadensersatz- und Schmerzensgeldansprüche nach §§ 823, 253 Abs. 2 BGB ergeben.[549] Insbesondere auf folgende Punkte ist näher einzugehen:

791 *Streitereien*
In einem Mehrfamilienhaus dürfen familiäre Konflikte nur in gemäßigter Form ausgetragen werden. Dies gilt erst recht, wenn der betreffende Mieter selbst davon ausgeht, dass das Haus hellhörig ist. Insbesondere dann besteht ein Gebot zu gesteigerter Rücksichtnahme. Durch Streitereien bedingte nachhaltige Störungen des Hausfriedens können zur fristlosen Kündigung berechtigen.[550] Dies gilt sowohl für Streitigkeiten zwischen Partnern in einer Beziehung als auch für pubertätsbedingte Streitigkeiten zwischen Eltern und Kindern.[551]

792 *Tierlärm*
Das Gebot der Rücksichtnahme in Mehrfamilienhäusern führt dazu, dass der Halter der Tiere dafür zu sorgen hat, dass die mit den tierischen Lautäußerungen verbundenen Lärmimmissionen zeitlich beschränkt bleiben und in den Mittags- und Abendstunden sowie in den Nachtstunden unterbunden werden.[552]

793 *Musik- und Partylärm*[553]
Immer wieder kommt bei Mietern der Irrglaube zum Ausdruck, man könne einmal im Monat eine „rauschende Ballnacht" feiern und einmal so richtig auf den Putz hauen. Mit Nachdruck ist darauf hinzuweisen, dass unsere Rechtsordnung keinen Anspruch eines einzelnen Bürgers auf Verursachung von Lärm, Geräuschen oder sonstigen Immissionen kennt. Dies ergibt sich auch nicht aus dem Grundrecht auf freie Entfaltung der Persönlichkeit (Art. 2 Abs. 1 GG). Denn dieses Recht besteht nur insoweit, als Rechte anderer nicht verletzt werden.[554]

---

[546] BGH NJW 2017, 1877 = NZM 2017, 256; NZM 2017, 694 = NJW-RR 2017, 1290; NJW 2012, 1647 = NZM 2012, 381; NZM 2012, 760 = NJW-RR 2012, 977.
[547] AG Köln WuM 1998, 21.
[548] OLG Düsseldorf NJWE-MietR 1997, 198; zum Streitwert vgl. BGH NZM 2006, 138.
[549] AG Dortmund NJW-RR 1994, 910 (hier: Schmerzensgeld in Höhe von 500 EUR für nächtlichen Musiklärm für die Dauer von 2 ½ Jahren).
[550] LG Mannheim DWW 1991, 311.
[551] AG Warendorf DWW 1997, 344; AG Wiesbaden WuM 1995, 706.
[552] LG Düsseldorf NJW 1990, 1677 für das schrille und stundenlange Pfeifen eines Graupapageis; AG Nürnberg DWW 1996, 372 zur Haltung von Kleinpapageien auf dem Balkon.
[553] Dazu Schmid ZMR 1999, 301.
[554] OLG Düsseldorf DWW 1990, 118; ebenso Gather DWW 1993, 345 (349).

Aus dem Mietvertrag ist jeder einzelne Mieter gegenüber seinen Mitbewohnern und 794
Nachbarn zur Rücksichtnahme verpflichtet. Dies gilt besonders in Mehrfamilienhäusern. Lärmbelästigungen von Mitbewohnern müssen jedenfalls in den ortsüblichen Ruhezeiten vermieden werden. Sie liegen in der Regel zwischen 13 und 15 Uhr und von 22 Uhr bis 8 Uhr. An Wochenenden bestehen Ruhezeiten samstags bis 8 Uhr und von 13 bis 15 Uhr sowie ab 19 Uhr. Sonntags besteht die Ruhezeit ganztägig.[555]

Auch außerhalb der Ruhezeiten gilt das Gebot der Rücksichtnahme, was die Verursachung von Lärm durch Bohrmaschinen, Haushalts- und Tonübertragungsgeräte oder durch andere Musikausübung angeht. Auch dann darf der Mieter Lärm nur insoweit verursachen, als seine Mitbewohner und Nachbarn nicht über das unvermeidbare Maß hinaus beeinträchtigt werden. Dies ist durch Abwägung der Interessen im Einzelfall zu entscheiden. Deshalb ist der Eigenschaft des Mieters als Berufsmusiker Rechnung zu tragen. Sind fortwährende Übungen beruflich notwendig, so kann das für eine begrenzt zu gestattende Musikausübung sprechen.[556] War dem Vermieter bei Abschluss des Mietvertrages bereits bekannt, dass der Mieter von Beruf Musiker ist, so gilt die Möglichkeit als stillschweigend vereinbart, in den Mieträumen zu üben.[557] 795

Ein vollständiges Verbot der Musikausübung ist nach herrschender Meinung nicht 796
möglich.[558] Die Ausübung von Musik in der eigenen Wohnung gehört zum Grundrecht der freien Entfaltung der Persönlichkeit.[559]

Allerdings ist nochmals darauf hinzuweisen, dass sich aus einer angemessenen Interessenabwägung die zeitliche Begrenzung des Musizierens ergeben kann. In jedem Fall ist Zimmerlautstärke einzuhalten.[560] Sie ist gewahrt, wenn andere Mitbewohner durch Schall oder Geräusche nicht gestört werden. Dies bedeutet, dass Geräusche außerhalb der geschlossenen Wohnung nicht oder kaum noch wahrnehmbar sind. Die Hellhörigkeit des Hauses und sonstige Umstände des Einzelfalles wie etwa beengte Wohnverhältnisse oder alte und kranke Mitbewohner spielen hierbei eine Rolle.[561] 797

Die Richtdauer für das Musizieren wird im Regelfall auf zwei bis drei Stunden täglich 798
angesetzt.[562] In jedem Fall sind die Ruhezeiten einzuhalten. Ausnahmsweise können sich abweichende Regelungen ergeben, wenn ein Mieter berufsbedingt nur am Abend in der Lage ist, zu musizieren. Dann kann beispielsweise ein Klavierspiel einmal wöchentlich bis 21.30 Uhr gestattet sein.[563]

Vertraglich können Zeiten für die Musikausübung geregelt werden. Sie müssen nicht 799
zwingend im Mietvertrag selbst ausgewiesen sein, sondern können sich auch aus der Hausordnung ergeben.[564] Einzelne Mieter dürfen im Verhältnis zu anderen Mietern bei der Musikausübung nicht benachteiligt werden.

Die dargelegten Grundsätze gelten nicht nur für das eigene Spielen von Instrumenten, 800
sondern auch für das Radiohören sowie für das Abspielen von Schallplatten, CD und

---

[555] Dazu LG Braunschweig WuM 1986, 353; Kraemer/von der Osten in Bub/Treier MietR-HdB Kap. III Rn. 2574; zu Ruhezeiten auch BGH NJW 2019, 773.
[556] LG Flensburg DWW 1993, 102.
[557] LG Duisburg ZMR 1956, 46.
[558] LG Hamm NJW 1981, 465 mwN.
[559] BGH NJW 2019, 773; NJW 1998, 3713; LG Düsseldorf DWW 1990, 87; vgl. auch BVerfG NJW 2010, 754 = NZM 2010, 154; dazu Skauradszun ZMR 2010, 657 (zum Abwehranspruch aus § 1004 BGB und Immissionsschutzrecht iSv § 906 BGB).
[560] LG Berlin NJW-RR 1988, 909; AG Rheinberg DWW 1990, 152.
[561] Gather DWW 1993, 345 (350).
[562] BGH NJW 2019, 773; AG Düsseldorf DWW 1988, 357.
[563] LG Düsseldorf DWW 1990, 87.
[564] OLG München DWW 1992, 339; ebenso LG Freiburg WuM 1993, 120.

Tonbändern. In den üblichen Ruhezeiten darf die Zimmerlautstärke nicht überschritten werden.[565] Sie soll auch außerhalb der Ruhezeiten eingehalten werden.[566]

801 „Gegenlärm" des Vermieters
Was für Mieter gilt, gilt auch für Vermieter. Auch hier ist das Gebot der Rücksichtnahme zu beachten. So darf ein Vermieter die Nachtruhe seiner Mieter – Nachbarn – nicht dadurch stören, um ihnen die Fortsetzung des Mietverhältnisses zu verleiden.[567] Auch „Gegenlärm" – etwa durch Klopfen mit dem Besen oder durch schlagen an die Heizung – des durch den Lärm eines anderen Gestörten ist unzulässig.[568]

i) Bauarbeiten

802 Bauarbeiten von Bauunternehmern dürfen in Mehrfamilienhäusern von montags bis freitags ausgeführt werden. Handwerker können auf Mittagsruhezeiten von 13 bis 15 Uhr nicht verwiesen werden. Gesetzliche Vorschriften für derartige Ruhezeiten gibt es nicht. Ihre Grundlage findet sich allenfalls in Hausordnungen. Diese gelten für Bauhandwerker nicht, da sie nicht Mietvertragspartei sind.[569] Dagegen müssen Mieter, die als Heimwerker selbst Bauarbeiten ausführen, die gesetzlich und vertraglich vorgegebenen Ruhezeiten beachten.

803 Eine vorübergehende erhöhte Verkehrslärmbelastung aufgrund von Straßenbauarbeiten ist unabhängig von ihrer zeitlichen Dauer jedenfalls dann, wenn sie sich innerhalb der in Innenstadtlagen üblichen Grenzen hält, kein zur Minderung berechtigender Mangel der vermieteten Wohnung.[570] Auch nachträglich erhöhte Geräuschimmissionen, die von einem Nachbargrundstück ausgehen, begründen bei Fehlen anderslautender Beschaffenheitsvereinbarungen grundsätzlich keinen Mangel der Mietwohnung, wenn auch der Vermieter die Immissionen ohne eigene Abwehr- oder Entschädigungsmöglichkeit nach § 906 BGB als unwesentlich oder ortsüblich hinnehmen muss. Insoweit nimmt der Wohnungsmieter an der jeweiligen Situationsgebundenheit des Mietgrundstücks teil.[571] Außerhalb dieser Konstellationen kann Baustellenlärm in unmittelbarer Nachbarschaft berechtigte Minderungen zur Folge haben.[572]

j) Empfang von Besuch

804 Der Mieter ist berechtigt, Besuch in der Mietwohnung zu empfangen. Es gibt auch keine Grenzen in der Häufigkeit des Besuchs und der Zahl der Besucher. Das Recht schließt das Verweilen über Nacht ein. Es ist kaum möglich, eine für alle Fälle gültige zeitliche Grenze für die Dauer des Besuchs zu ziehen, bevor von der dauernden Aufnahme eines Dritten in die Mietwohnung ausgegangen wird. Die Grenze von sechs Wochen ist lediglich ein grober Anhaltspunkt.[573] Für die Abgrenzung zur dauernden Aufnahme Dritter in die Mietwohnung kann nicht allein auf den Zeitrahmen abgestellt werden. Zu Recht führt Gather[574] aus, für die Höchstdauer des Besuches mache es einen Unterschied, ob der Besucher aus Australien oder aus der Nachbarschaft stamme. Ent-

---

[565] LG München DWW 1991, 111.
[566] AG Düsseldorf DWW 1988, 357.
[567] OLG Düsseldorf NJW 1992, 585.
[568] Zu einem solchen Fall AG Hamburg WuM 1996, 214.
[569] Dazu OLG München WuM 1991, 481.
[570] BGH NJW 2013, 680 = NZM 2013, 184.
[571] BGH NJW 2015, 2177 = NZM 2015, 481.
[572] OLG Frankfurt a. M. NJW 2015, 2434 = NZM 2015, 542; LG Hamburg Hinweisbeschluss v. 25.11.2014 – 334 S 20/14, BeckRS 2015, 00037; LG Berlin GE 2013, 1515.
[573] Dazu Kraemer/Ehlert in Bub/Treier MietR-HdB Kap. III Rn. 3019.
[574] Gather DWW 1993, 345 (350).

sprechendes gelte auch für einen auswärtigen Freund oder für einen Angehörigen, der sich eine Zeitlang beim erkrankten Mieter aufhalte, um ihn zu pflegen.

Deshalb ist für die Abgrenzung von Besuch und dauernder Aufnahme eines Dritten entscheidend, ob die dritte Person die Mietwohnung selbständig nach dem Willen des Mieters mit gebrauchen darf oder nicht. Ein eigenes Klingelschild und die polizeiliche Ummeldung des Wohnsitzes können Anhaltspunkte sein. Dagegen reicht der alleinige Aufenthalt eines Besuchers bei Abwesenheit des Mieters in der Wohnung nicht aus. Auch ein überlassener Haustürschlüssel ist nicht indizierend.[575] **805**

Verstößt ein Besucher gegen die Verpflichtungen des Mieters aus dem Mietvertrag, so ist dem Mieter dies zuzurechnen (§ 278 BGB).[576] Dies gilt auch für einen Verstoß gegen die Hausordnung.[577] **806**

k) Aufnahme von Familienangehörigen

Der Einbezug und die Aufnahme Dritter in den Mietvertrag wurde bereits behandelt.[578] Der Mieter ist berechtigt, den Ehegatten, den eingetragenen Lebenspartner und nächste Familienangehörige ohne Erlaubnis in die Wohnung aufzunehmen.[579] Gleiches gilt für Hausangestellte oder Pflegepersonen.[580] Die vorgenannten Personen werden von Gesetzes wegen nicht als „Dritte"[581] mit der Folge behandelt, dass durch ihre Aufnahme ein Untermietverhältnis begründet wird (§ 553 BGB). Da die Aufnahme dieses Personenkreises zum vertragsgemäßen Gebrauch zählt, ist eine entgegenstehende mietvertragliche Vereinbarung unwirksam. **807**

Allerdings darf durch die Aufnahme keine Überbelegung des Mietobjekts eintreten. Da die Überbelegung der Wohnung vertragswidrig wäre, erhebt sich die Frage, ob in einem solchen Fall der Vermieter fristlos wegen vertragswidrigen Gebrauchs kündigen darf. Dies setzt wegen der Überbelegung der Wohnung aber voraus, dass der Vermieter dadurch in seinen Rechten erheblich verletzt wird.[582] **808**

Der Kreis der Angehörigen ist eng begrenzt. Neben dem Ehegatten zählen die Kinder des Mieters hierzu. Nicht dazu gehören seine Geschwister.[583] Auch die Schwägerin darf nicht ohne Zustimmung des Vermieters in die Wohnung aufgenommen werden.[584] Entsprechendes gilt für den Schwiegersohn sowie den Stiefsohn, wenn die Ehefrau selbst nicht in der Wohnung wohnt.[585] Schließlich bleibt der nichteheliche Lebenspartner[586] ausgegrenzt, und zwar unabhängig davon, ob die Partner miteinander verlobt sind oder nicht. **809**

Von der Aufnahme in die Wohnung ist die vollständige Überlassung der Wohnung an Familienangehörige zu unterscheiden. Überlässt der bisherige Mieter, der in ein Altenheim umzieht, die Mietwohnung der Enkelin und ihrem Lebensgefährten, so handelt er vertragswidrig.[587] **810**

---

[575] LG Aachen ZMR 1973, 330.
[576] BGH NZM 2017, 26; NZM 2010, 442; NJW 2000, 3203; NJW 1991, 1750.
[577] AG Köln WuM 1987, 21.
[578] Dazu oben, Teil 1 § 2 IV.
[579] BayObLG FamRZ 1984, 387 = ZMR 1984, 88; hierzu Heilmann NZM 2016, 74 (76).
[580] Schmidt-Futterer/Blank BGB § 540 Rn. 24.
[581] BGH NJW 2013, 2507 = NZM 2013, 786 (für den Ehegatten).
[582] BVerfG NJW 1994, 41; BGH NJW 1993, 2528.
[583] BayObLG FamRZ 1984, 387 = ZMR 1984, 88 für den Bruder des Mieters.
[584] AG Berlin Schöneberg GE 1990, 265.
[585] AG Berlin-Neukölln GE 1991, 187.
[586] BGH NJW 2004, 56 = NZM 2004, 22.
[587] LG Frankfurt/Main NJW-RR 1993, 143.

l) Untervermietung

811 Maßgebend sind §§ 540, 553 BGB. Der Mieter ist ohne Erlaubnis des Vermieters nicht berechtigt, einem Dritten den Gebrauch an der Mietwohnung zu überlassen, insbesondere die Sache weiterzuvermieten (§ 540 Abs. 1 S. 1 BGB).

812 Unter den Voraussetzungen von § 553 Abs. 1 BGB hat der Mieter gegen den Vermieter einen Anspruch auf Erlaubnis zur Untervermietung seiner Mietwohnung. Dann muss er nach dem Abschluss des Mietvertrags ein berechtigtes Interesse daran haben, einen Teil seiner Wohnung einem Dritten zu überlassen. Eine Gesamtvermietung unter weitgehender eigener Besitzaufgabe muss der Vermieter daher nicht erlauben.[588] Ein wichtiger Grund in der Person des Dritten (Untermieter), die übermäßige Belegung der Wohnung sowie sonstige Unzumutbarkeiten für den Vermieter bei der Überlassung des Mietobjekts stehen einem Anspruch des Mieters auf Untervermietung ebenfalls entgegen (§ 553 Abs. 1 S. 2 BGB).

813 Abgesehen davon ist ein berechtigtes Interesse des Mieters an der Untervermietung schon dann anzunehmen, wenn er vernünftige Gründe vorträgt, die seinen Wunsch nach der Überlassung eines Teils der Wohnung an Dritte nachvollziehbar erscheinen lassen.[589] Bereits der Wunsch, nach dem Auszug eines bisherigen Wohngenossen, nicht allein zu leben, kann ein nach Abschluss des Mietvertrags entstandenes berechtigtes Interesse an der Überlassung eines Teils des Wohnraums an einer Untervermietung begründen.[590] Gleiches gilt bei einer aufgrund einer nachträglichen Entwicklung entstandenen Absicht, Mietaufwendungen teilweise durch eine Untervermietung zu decken.[591] Dieses Interesse muss der Mieter konkret begründen. Daher ist es auch hier Frage des Einzelfalls, ob der Mieter seinen Wunsch nach Bildung einer Wohngemeinschaft mit dritten Personen gleichen Geschlechts oder anderen Geschlechts nachvollziehbar erläutert und damit ein berechtigtes Interesse dartut.

814 Jedes höchstpersönliche Interesse, das mit der geltenden Rechts- und Sozialordnung im Einklang steht, ist bedeutsam. Es kann auch wirtschaftlicher Natur sein.[592] Infolge steigender beruflicher Mobilitätsanforderungen suchen immer mehr Mieter Untermieter, weil sie wegen der Aufnahme einer neuen beruflichen Tätigkeit in einer anderen Stadt längere Zeit nicht selbst in ihrer Wohnung leben können, sie aber nicht aufgeben wollen. Deshalb möchten sie ihre Wohnkosten reduzieren. Allein aus diesem wirtschaftlichen Interesse leitet sich ein Anspruch des Mieters auf Erteilung einer Untervermietungserlaubnis ab.[593] Ein mehrjähriger (berufsbedingter) Auslandsaufenthalt des Mieters kann ein berechtigtes Interesse an der Überlassung eines Teils des Wohnraums an einen Dritten begründen.[594]

815 Das Interesse eines älteren Mieters an einer vorbeugenden Abwehr von Vereinsamung nach Auszug seiner Kinder wurde als anspruchsbegründend anerkannt.[595]

816 Gegen den Anspruch des Mieters auf Untervermietung kann der Vermieter geltend machen, die weitere Vermietung der Wohnung sei ihm unzumutbar (§ 553 Abs. 1 S. 2 BGB). Ob ein Paar verheiratet ist oder nicht, hat hierbei keine Bedeutung. Der Mieter kann grundsätzlich ein Interesse daran haben, den Lebensgefährten oder die Lebens-

---

[588] LG Berlin WuM 1991, 483.
[589] BGH NJW 1985, 130.
[590] BGH NZM 2018, 325.
[591] BGH NZM 2018, 325; NJW 2014, 2717; NJW 2006, 1200.
[592] AG Büdingen WuM 1991, 585.
[593] BGH NJW 2006, 1200 = NZM 2006, 220.
[594] BGH NJW 2014, 2717 = NZM 2014, 631; NJW 2006, 1200 = NZM 2006, 220.
[595] AG Hamburg WuM 1990, 500.

gefährtin in die Wohnung mit aufzunehmen.⁵⁹⁶ Auch eine Kirchengemeinde oder eine sonstige kirchliche Institution als Vermieterin kann daher die Aufnahme nicht als unzumutbar ablehnen, weil die nichteheliche Lebensgemeinschaft im Widerspruch zu Glauben und Lehre der Kirche steht.⁵⁹⁷

Da die Person des aufzunehmenden Dritten für den Vermieter zur Unzumutbarkeit einer Untervermietung führen kann (§ 553 Abs. 2 S. 2 1. Var. BGB), muss der Mieter die Person des Dritten nennen. Nur dann kann der Vermieter prüfen, ob er gegen den Untermieter Einwendungen geltend machen will oder ob sonstige Gründe gegen eine Untervermietung sprechen. Auch die Meldeanschrift muss mitgeteilt werden.⁵⁹⁸ Aus § 553 BGB ergibt sich kein Anspruch des Mieters auf Erteilung einer generellen, nicht personenbezogenen Untermieterlaubnis.⁵⁹⁹ 817

Der Vermieter hat insoweit einen Auskunftsanspruch. 818

Begehrt der Mieter ohne konkrete Nennung von einzelnen Interessenten⁶⁰⁰ generell eine Untervermietungserlaubnis, und schweigt der Vermieter hierauf, so kommt dies einer Verweigerung der Untermieterlaubnis durch Schweigen nicht gleich.⁶⁰¹ 819

Als Folge einer anzunehmenden verweigerten Erlaubnis hat der Mieter ein außerordentliches Kündigungsrecht, sofern nicht in der Person des Dritten (Untermietinteressenten) ein wichtiger Grund vorliegt (§ 540 Abs. 1 S. 2 BGB). Dies gilt nicht, wenn dem kündigenden Hauptmieter bekannt ist, dass ein Mietinteresse des benannten Untermieters nicht besteht.⁶⁰² 820

Überlässt der Mieter den Gebrauch einem Dritten, so hat er unabhängig davon dessen Verschulden gegenüber dem Vermieter zu vertreten, ob eine Erlaubnis zu einer Überlassung erteilt war oder nicht (§ 540 Abs. 2 BGB). Auch ein ohne Erlaubnis des Vermieters abgeschlossener Untermietvertrag ist wirksam.⁶⁰³ 821

Ausnahmsweise kann der Vermieter von Wohnraum seine Erlaubnis von einer angemessenen Erhöhung der Miete abhängig machen, wenn ihm die Überlassung nur dann zuzumuten ist (§ 553 Abs. 2 BGB). 822

Eine Vereinbarung zum Nachteil des Mieters ist unwirksam (§ 553 Abs. 3 BGB). 823

2. Nutzung der Nebenräume

a) Keller

Der Mieter hat nur dann Anspruch auf einen Kellerraum, wenn dies vertraglich vereinbart wurde.⁶⁰⁴ Ein wertvolles Fahrrad darf auch dann im eigenen Wohnungskeller abgestellt werden, wenn die Hausordnung dafür einen gemeinsamen Fahrradkeller bestimmt hat.⁶⁰⁵ Stellt der Mieter sein Fahrrad in einem gemeinsamen (mit-)überlassenen Fahrradkeller ab, so ist der Vermieter nicht berechtigt, das Fahrrad eigenmächtig zu 824

---

⁵⁹⁶ OLG Hamm MDR 1992, 156.
⁵⁹⁷ OLG Hamm MDR 1992, 156.
⁵⁹⁸ AG Hamburg ZMR 1990, 464; Gather DWW 1993, 345 (352); Pfeifer Das neue Mietrecht 2001, 93; aA LG Berlin MM 1992, 353.
⁵⁹⁹ BGH GE 2012, 825.
⁶⁰⁰ Auch die bloße Nennung eines Namens ohne Adresse und Telefonnummer genügen nicht LG Berlin MM 2002, 184.
⁶⁰¹ OLH Koblenz NJW 2001, 1948.
⁶⁰² BGH NZM 2010, 120 = NJW-RR 2010, 306.
⁶⁰³ BGH NZM 2008, 167.
⁶⁰⁴ Schmidt-Futterer/Eisenschmid BGB § 535 Rn. 28.
⁶⁰⁵ AG Münster WuM 1994, 198.

entfernen und anderenorts unterzustellen, weil er Umbauten durchführen und den Fahrradkeller einziehen will.[606]

825 Die bloße Inbesitznahme eines Kellerraums über mehrere Jahre bewirkt keine Erweiterung des Wohnungsmietvertrags auf diesen Kellerraum.[607]

826 Mangels abweichender Vereinbarung ist der Mieter auch zum Mitgebrauch der Gemeinschaftseinrichtungen des Wohnhauses wie beispielsweise der Waschküche und der Trockenräume berechtigt. Der Vermieter kann hierfür aber Benutzungsregelungen aufstellen. Er kann die Gemeinschaftsräume nicht entziehen.[608]

b) Speicher und Dachboden

827 Für den Dachboden oder Speicher gilt zunächst dasselbe, was für einen Keller gilt. Die Nutzung muss vertraglich vereinbart sein. Ist ein Mieter nach dem Inhalt des Mietvertrages berechtigt, einen vorhandenen Trockenspeicher (mit) zu benutzen, so ist der Vermieter nicht berechtigt, die Gestattung einseitig rückgängig zu machen.[609] Stellt der Mieter hingegen den Speicher mit Gerümpel oder mit Hausrat voll, so kann der Vermieter dies untersagen.

3. Nutzung des Treppenhauses und des Hausflurs

828 Streitigkeiten entstehen immer wieder durch die Nutzung des Treppenhauses und des Hausflurs durch Schirmständer, Bilderschmuck, Fußmatten und Schuhe, Besen- und Schuhschränke, abgestellte Rollstühle, Rollatoren und Kinderwagen, Kochgerüche und Zigarettenrauch.[610]
Grundsätzlich darf der Mieter im Treppenhaus und vor seiner Wohnungstür keine Sachen auf Dauer abstellen.[611] Duldungspflichten können sich aus einer länger währenden Hinnahme ergeben. Der BGH[612] ist der Ansicht, dass der Mieter berechtigt ist, Gegenstände wie Kinderwagen, Rollstuhl oder Rollator, auf die er angewiesen ist, an geeigneter Stelle im Hausflur abzustellen, solange dessen Größe das Abstellen zulässt und von den abgestellten Gegenständen keine Belästigungen oder Gefährdungen ausgehen. Das Recht der Mitbenutzung von Gemeinschaftsflächen eines Hauses gilt unabhängig davon, ob es sich um Mieter von Wohn- oder Geschäftsräumen handelt. Schließlich muss der Vermieter die Ablage von Werbesendungen für den Mieter im Hausflur, die nicht in seinen Briefkasten passen, nicht dulden.[613]

---

[606] AG Hamburg-Barnebek WuM 2007, 466.
[607] AG Köln WuM 1979, 254.
[608] LG Münster 1998, 723; AG Lörrach WuM 1998, 662.
[609] AG Wuppertal DWW 1992, 28.
[610] Dazu BGH NJW 2007, 146 = NZM 2006, 37; zum Abstellen von Kinderwagen AG Köln WuM 1995, 652; LG Bielefeld WuM 1993, 37; zum Abstellen eines Rollstuhls AG Wenningsen/Deister WuM 1996, 468; zum Lagern von Gehhilfen und Stützapparaten AG Hannover NJW 2006, 3359 = NZM 2006, 819; zum Bilderschmuck LG Hamburg WuM 1989, 653; zum Aufstellen eines Schirmständers sowie von Schuhschränken und Besenschränken BayObLG NJW-RR 1993, 1165; AG Bergisch-Gladbach WuM 1994, 197; zu Kochgerüchen AG Hamburg WuM 1993, 39; zum Zigarettenrauch und zu hinterlassenen Exkrementen eines Hundes AG Reichenbach WuM 1994, 322; Fußmatten und Schuhe OLG Hamm NJW-RR 1988, 1171; Madonnenstatue AG Münster NJW 2004, 1334 = NZM 2004, 299.
[611] Umfassend hierzu Derleder NJW 2007, 812.
[612] BGH NJW 2007, 146 = NZM 2006, 37; zum Abstellen von Rolltoren vgl. Derleder NZM 2006, 893; Flatow NZM 2007, 432.
[613] BGH NJW 2007, 146 = NZM 2007, 37; dazu Flatow, NZM 2007, 432 (434).

Das Recht auf übliche Benutzung erfasst aber auch nicht das zeitweilige Abstellen von 829
Schuhen bei schlechter Witterung auf der Fußmatte vor der Wohnungstür.[614] Neben der
optischen Beeinträchtigung ist diese Wertung vor allen Dingen wegen der Ausdünstungen
nasser und getragener Schuhe bei schlechter Witterung gerechtfertigt. Das Treppenhaus
ist kein „Schuhladen" und ebenso kein „Ersatzschuhschrank".

Auch die übermäßige Ausstaffierung mit Blumentöpfen im gemeinsam genutzten Trep- 830
penhaus zählt nicht zum üblichen Gebrauch. Denn das Treppenhaus dient nur als Zugang
zur eigenen Wohnung. Aber auch das Aufhängen einzelner „Blumenampeln" kann bereits
durch die Hausordnung im Mietvertrag oder auch durch einen entsprechenden Beschluss
einer Wohnungseigentümergemeinschaft untersagt werden. Dasselbe gilt für Plakate,
Schriftzüge, Fahnen, sonstige Formen der Meinungsäußerung und für religiöse Bekennt-
nisse.

4. Nutzung von Balkonen und Terrassen

Die Nutzung von Balkonen und Terrassen findet dort ihre Grenze, wo Mitmieter oder 831
sonstige Anwohner über das erträgliche Maß hinaus gestört werden.[615] Dabei unterliegt
es keinem Zweifel anzunehmen, dass sich der Mieter auch mit seinem Besuch auf dem
Balkon aufhalten darf, um dort zu frühstücken, Mahlzeiten einzunehmen oder um Kaffee
zu trinken. Bei Festen und Partys kann es dagegen zu empfindlicheren Lärmstörungen
kommen.

In Bezug auf die Nutzung von Balkonen ist es immer wieder zu Streitigkeiten wegen 832
eines aufgetretenen Partylärms, wegen Grillens, wegen des Trocknens von Wäsche und
wegen angebrachter Sichtschutzblenden gekommen.

Insbesondere Partys sind ab 22 Uhr wegen der immissionsschutzrechtlich geschützten
Nachtruhe vom Balkon oder von der Terrasse aus in die Wohnung zu verlegen oder so
gedämpft fortzusetzen, dass Musik, Gespräche und Lachen nicht stören.

Fühlen sich Mitbewohner durch das Grillen und die dabei auftretenden Rauch- und
Geruchsimmissionen gestört, dringt insbesondere der beim Grillen im Freien entstehende
Qualm in die Wohn- und Schlafräume unbeteiligter Nachbarn in konzentrierter Weise
ein, so stellt dies eine erhebliche Belästigung der Nachbarn durch verbotenes Verbrennen
von Gegenständen im Sinne des Landesimmissionsschutzrechts dar. Dann liegt eine
Ordnungswidrigkeit mit Bußgeldpflicht vor.[616] Abgesehen davon kam die Rechtsprechung unter mietrechtlichen Erwägungen zu unterschiedlichen „Grillfrequenzen." So soll
der Vermieter eines Mehrfamilienhauses darauf hinwirken, dass die Mieter in den Monaten April bis September auf ihren Terrassen oder Balkonen nur einmal in jedem Monat
grillen und dies den durch Rauchgase unvermeidlich beeinträchtigten Mieter in der Nachbarwohnung 48 Stunden vorher mitteilen.[617] Nach anderer Auffassung soll der Betrieb
eines Gartengrillgerätes auf einer Terrasse nur dreimal im Jahr zulässig sein.[618]

In jedem Fall kann der Vermieter durch den Mietvertrag selbst oder durch eine wirk- 833
sam in Bezug genommene Hausordnung das Grillen auf Balkonen und Terrassen wegen
der damit einhergehenden Geruchs- und Rauchbelästigungen, aber insbesondere wegen
der Feuer- und Brandgefahr verbieten.

Das Trocknen „kleiner Wäsche" auf einem Wäscheständer auf dem Balkon ist regel- 834
mäßig vom Gebrauchsrecht des Mieters gedeckt.

---

[614] AA OLG Hamm NJW-RR 1988, 1171.
[615] Vgl. zum Zigarettengeruch im Treppenhaus BGH NJW 2015, 1239 = NZM 2015, 302; ferner
AG Bonn NZM 2000, 33 (kein Unterlassungsanspruch des Nachbarn).
[616] Zu einem solchen Fall OLG Düsseldorf DWW 1995, 255.
[617] AG Bonn NJW-RR 1998, 10.
[618] LG Stuttgart ZMR 1996, 624.

5. Nutzung der Außenanlagen

835 *Hofbenutzung*
Der Mieter darf seine Kinder im Hof spielen lassen.[619] Mangels gestattender Vereinbarung im Mietvertrag oder in der Hausordnung ist das Abstellen von Fahrzeugen auf dem Hof nicht mehr vom vertragsgemäßen Gebrauch der Mietsache umfasst.[620] Gestattet der Vermieter, dass der Mieter auf dem Wohngrundstück einen Pkw abstellt, so kann das vertraglich vereinbarte Widerrufsrecht für den Vermieter nur bei Vorliegen eines triftigen Grundes ausgeübt werden.[621]

836 Nutzt der Mieter einer Wohnung ohne zugrunde liegende vertragliche Vereinbarung den Teil einer zum Haus gehörenden Hoffläche, so ist der Vermieter berechtigt, eine etwaige Gestattung, unabhängig davon, ob diese ausdrücklich oder nur stillschweigend durch Duldung erteilt worden sein sollte, frei zu widerrufen.[622] Vorsicht ist für Vermieter geboten, wenn sie jahrelang eine Hoffläche des Hausgrundstücks als Stellplatz ohne Widerspruch benutzen lassen. In diesem Fall kann die Gemeinschaftsfläche nicht vom Vermieter entzogen und nur gegen Zahlung einer Miete wieder zur Nutzung angeboten werden.[623]

837 *Gartenpflege*
Bei der Gartenpflege ist danach zu unterscheiden, ob – und bejahendenfalls wie – der Mieter den Garten zu pflegen hat. Danach ist auf den Inhalt seines Gestaltungsrechts einzugehen.

838 Bei Mehrfamilienhäusern ist die Nutzung eines zum Hause gehörenden Gartens nur bei entsprechender Vereinbarung im Mietvertrag zulässig.[624] Sofern es an einer vertraglichen Regelung über die Nutzung des Gartens fehlt, ist eine Gestattung gleichgültig, ob sie ausdrücklich oder stillschweigend durch bloße Duldung erteilt worden ist, frei widerrufbar. Dem Widerruf der Gestattung steht die Vorschrift des § 242 BGB über Treu und Glauben nicht entgegen.[625]

839 Dagegen gilt der Garten bei Einfamilienhäusern auch ohne ausdrückliche Erwähnung im Mietvertrag als mitvermietet.[626]

840 Wie der Mieter den Garten zu pflegen hat, unterliegt einem weiten Gestaltungsspielraum.[627] Hier ist ein großzügiger Maßstab anzusetzen. Es unterliegt also dem Gutdünken des Mieters, ob er seinen Garten „naturnah" pflegt oder ob er einen „englischen Garten" daraus macht. Die Grenze zur Vertragsverletzung liegt dort, wo der Mieter den Garten nicht mehr wild wachsen, sondern verwildern und verkommen lässt.[628] Unterhalb dieser Grenze besitzt der Vermieter kein Direktionsrecht.[629] Nur wenn der Mieter die Gartenpflege völlig unterlässt, gibt dies dem Vermieter ein fristgemäßes Kündigungsrecht aus verhaltensbedingten Gründen.[630]

---

[619] AG Berlin-Charlottenburg MM 1993, 185.
[620] AG Berlin-Schöneberg GE 1990, 209.
[621] AG Düsseldorf WuM 1994, 426; LG Berlin GE 1992, 989.
[622] KG ZMR 2007, 613.
[623] AG Gießen WuM 1994, 198; aA AG Neubrandenburg WuM 1994, 262.
[624] BeckOK MietR/Gras BGB § 535 Rn. 828.
[625] KG NZM 2007, 515; LG Wuppertal WuM 1996, 267.
[626] OLG Köln DWW 1994, 50.
[627] Vgl. einerseits LG Hamburg GE 2003, 267 (Pflege nur in Form einfacher Arbeiten wie Unkraut jäten, Rasen mähen und Laub entfernen) und andererseits LG Frankfurt/Main NZM 2005, 338 (Pflege auch in Form anspruchsvollerer Arbeiten wie Bäume und Sträucher schneiden, Rasenflächen neu anlegen und kranke Bäume und Sträucher fällen).
[628] OLG Köln NJWE-MietR 1996, 243.
[629] LG Köln WuM 1996, 402.
[630] LG Oldenburg ZMR 1995, 597.

Um Streitigkeiten von vornherein zu vermeiden, sollte der Mietvertrag konkrete Angaben zur Gartenpflege beinhalten oder festlegen, dass der – beweisbar festgehaltene – Gartenzustand bei Vertragsabschluss vom Mieter nicht geändert werden darf. Dazu kann vereinbart werden, dass die Gartenpflege durch einen Gärtnereibetrieb ausgeführt wird und die dadurch entstehenden Kosten als Kosten der Gartenpflege innerhalb der Betriebskosten umgelegt werden.[631] 841

Nutzung der Grünflächen 842
Das Benutzungsrecht des Mieters setzt eine ausdrückliche vertragliche Vereinbarung voraus.[632] Gestattet der Vermieter die Gartenbenutzung nur aus Gefälligkeit, ohne dass hinreichende Anhaltspunkte für eine entsprechende Ergänzung des Mietvertrags vorliegen, so ist die Gestattung – egal ob sie ausdrücklich oder stillschweigend durch bloße Duldung erteilt worden ist – frei widerruflich.[633] Die Gartennutzung kann auch vom Vermieter in der Hausordnung geregelt werden.[634] In Ausübung seiner Regelungsbefugnis kann der Vermieter auch die Beseitigung aufgestellter Liegestühle, Blumenkübel und Standkörbe verlangen, selbst wenn er diesen Zustand vorübergehend geduldet hat.[635]

Das Aufstellen eines Pavillon-Zeltes auf der Terrasse eines gemieteten Reihenhauses während der Sommermonate soll dagegen dem normalen vertragsgemäßen Gebrauch entsprechen, sofern im Einzelfall keine andere Betrachtung geboten ist.[636] 843

Außenreinigung 844
Außenreinigung und Winterdienst führen insbesondere unter zwei Aspekten zu Problemen in Mehrfamilienhäusern:

- Rechtsfolgen unterlassener oder unkorrekter Ausführung der Reinigungsleistung
- Schadensersatzansprüche verletzter Personen nach unterlassener oder unkorrekter Ausführung des Winterdienstes

In beiden Fällen ist Vorfrage, ob die Reinigungspflicht und Streupflicht im Winter vom Mieter wirksam übernommen wurde. Ebenfalls kommt es auf den konkreten Inhalt der Reinigungs- und Streupflicht an.[637] 845

Was die unterlassene oder unkorrekte Reinigung der Außenanlagen und des Treppenhauses angeht, so gilt: 846

Die Reinigung des Treppenhauses und der gemeinsamen Kellerräume kann den Mietern des Mehrparteienhauses im Mietvertrag zur Ausführung im Wechsel aufgegeben werden.[638] Nach vorheriger Abmahnung rechtfertigt die über einen längeren Zeitraum andauernde unkorrekte oder unterlassene Vornahme der turnusmäßigen Treppenhausreinigung eine ordentliche verhaltensbedingte Kündigung des Vermieters.[639] Kommt der Mieter der auf ihn übertragenen turnusmäßigen Treppenhausreinigung zum betreffenden 847

---

[631] Zum Gestaltungsrecht des Mieters näher AG Berlin-Schöneberg GE 1996, 477; zur Befugnis des Mieters, den Hausgarten mit Einrichtungen wie Wegsperren und Einfriedungen eines Gartenteiches zu versehen AG Münster, WuM 1997, 486; zur Begrünung der Hauswand AG Bonn WuM 1993, 735; AG Münster DWW 1990, 423; zur Nutzung des Gartens mit Gartenmöbeln, Planschbecken, mit einer Hundehütte und als „Hundeauslauf" AG Hamburg-Wandsbek WuM 1996, 401.
[632] KG Berlin WuM 2007, 68.
[633] BeckOK MietR/Kinne/Gras BGB § 535 Rn. 829.
[634] LG Berlin GE 2006, 579.
[635] LG Berlin GE 2006, 579.
[636] LG Hamburg WuM 2007, 681.
[637] Zur Streupflicht des Mieters OLG Dresden WuM 1996, 553; OLG Celle VersR 1990, 169; OLG Celle VersR 1998, 604; OLG Celle VersR 1998, 604; OLG Köln NJW-RR 1995, 1480; OLG Köln NJW-RR 1996, 655; BGH NJW 1994, 945; BGH NJW-RR 1997, 1109; ferner BGH IMR 2018, 231.
[638] AG Borken WuM 2007, 190.
[639] AG Hamburg-Blankenese WuM 1998, 286; aA AG Wiesbaden NZM 2001, 334, wonach Verstöße gegen die Reinigungspflicht grundsätzlich nicht geeignet sind, eine Kündigung zu rechtfertigen.

848 Es ist nicht möglich, bei der Reinigungspflicht des Mieters innerhalb des Mietvertrags als Vornahmepflicht ohne weiteres ein Reinigungsunternehmen zu bestellen, um dessen Kosten dann im Wege der Betriebskostenabrechnung auf den Mieter umzulegen. Zwar kann sich nach § 242 BGB in Ausnahmefällen ein Anspruch auf Vertragsänderung gegen den sich vertragswidrig verhaltenden Mieter ergeben, doch muss zunächst auf Abgabe einer entsprechenden Zustimmung geklagt werden. Auch dann hat der Vermieter nicht das Recht, den Vertrag einseitig zu ändern.[641]

849 *Kinderspiel*
Geräuschemissionen, die ihren Ursprung in einem altersgerecht üblichen kindlichen Verhalten haben, sind zwar, gegebenenfalls auch unter Inkaufnahme erhöhter Grenzwerte für Lärm und entsprechender Begleiterscheinungen kindlichen Verhaltens, grundsätzlich hinzunehmen.[642] Die in § 22 Abs. 1a BImSchG vorgesehene Privilegierung von Kinderlärm ist auch bei einer Bewertung von Lärmeinwirkungen als Mangel einer gemieteten Wohnung zu berücksichtigen.[643] Das Spielen von Kindern im Außenbereich der Mietsache muss außerhalb der Ruhezeiten von den übrigen Bewohnern des Hauses hingenommen werden, solange sich das Spielen in sozialadäquatem Rahmen hält.[644] Die damit einhergehenden ortsüblichen Geräusche können nicht unterbunden werden. Auch wenn die Hausordnung ein allgemeines Gebot der Ruhe, Ordnung und Sauberkeit vorgibt, so verkürzt sich das Toleranzgebot gegenüber der Beurteilung der Wesentlichkeit von Kinderlärm nicht.

850 Die insoweit zu fordernde erhöhte Toleranz hat jedoch auch Grenzen. Diese sind jeweils im Einzelfall zu bestimmen unter Berücksichtigung namentlich von Art, Qualität, Dauer und Zeit der verursachten Geräuschemissionen, des Alters und des Gesundheitszustands des Kindes sowie der Vermeidbarkeit der Emissionen etwa durch objektiv gebotene erzieherische Einwirkungen oder durch zumutbare oder sogar gebotene bauliche Maßnahmen.[645]

851 *Anbringung von Antennen, insbesondere Parabolantennen*
Zum Streit führt auch häufig die Frage, ob der Mieter Kraft seines Gebrauchsrechtes an der Mietsache berechtigt ist, Antennenanlagen an der Hauswand oder auf dem Balkon und dem Dach installieren zu lassen.

852 Dabei ist davon auszugehen, dass das Grundrecht des Mieters auf Informationsfreiheit (Art. 5 Abs. 1 GG) die Möglichkeit gewährt, Anlagen zum einwandfreien Rundfunk- und Fernsehempfang installieren zu lassen, solange keine ausreichende Gemeinschaftsantenne vorhanden ist.[646]

853 Ist eine Gemeinschaftsantenne vorhanden oder das Haus an das Breitbandkabelnetz angeschlossen, so benötigt der Mieter für die Installation einer privaten Antenne grundsätzlich die Einwilligung des Vermieters.[647] Denn dem Grundrecht des Mieters auf Information steht die Eigentumsgarantie für den Vermieter (Art. 14 Abs. 1 GG) gegenüber. Sie ist darauf gerichtet, die Beeinträchtigungen des äußeren Erscheinungsbildes des Hauses zu vermeiden. Sofern ein Breitbandkabelanschluss vorhanden ist, steht dem

---

[640] AG Bremen NZM 2013, 757.
[641] AG Frankfurt/Oder WuM 1997, 432.
[642] BGH NZM 2017, 694 = NJW-RR 2017, 1290.
[643] BGH NJW 2015, 2177 = NZM 2015, 481.
[644] AG Schöneberg MM 1995, 397.
[645] BGH NZM 2017, 694 = NJW-RR 2017, 1290.
[646] BVerfG NJW 1992, 493; ausführlich BeckOK MietR/Hitpaß BGB § 535 Rn. 1108 ff.
[647] BVerfG WuM 2007, 379; BGH WuM 2007, 380 = ZMR 2007, 676.

Mieter also kein Anspruch auf Installation einer Parabolantenne (zB auf dem Balkon der Wohnung) zu, um so Fernsehprogramme in HD-Qualität zu empfangen.[648]

Mobil auf einem Ständer aufgestellte Parabolantennen sollen dagegen mit einem geringfügigeren Substanzeingriff in die Mietsache einhergehen. Der BGH[649] hat deshalb einen Anspruch des Mieters auf Zustimmung bejaht, wenn die Antenne nicht am Mauerwerk oder am Balkongeländer befestigt wird, sondern auf einem Ständer steht und sich für das Anwesen keine optische Beeinträchtigung ergibt, weil die Antenne hinter der Balkonbrüstung kaum zu erkennen ist. Ergebe sich weder eine Substanzverletzung noch eine nennenswerte ästhetische Beeinträchtigung des Eigentums des Vermieters, so sei das durch Art. 5 Abs. 1 GG geschützte Informationsinteresse des Mieters am zusätzlichen Empfang von Sattelitenprogrammen höher einzustufen als das Grundrecht des Vermieters aus Art. 14 GG.

854

Ansprüche auf Gestattung einer Parabolantenne können sich auch auf dem Gleichbehandlungsgrundsatz ergeben.[650] So kann beispielsweise ein deutscher Staatsangehöriger kurdischer Herkunft das vom Vermieter verlangte Entfernen einer Parabolantenne auf dem Balkon der Wohnung, mit der kurdische Fernsehprogramme empfangen werden können und das allein auf den Wechsel der Staatsangehörigkeit gestützt wird, jedenfalls dann erfolgreich abwehren, wenn der Vermieter dem Mieter vietnamesischer Staatsangehörigkeit, der die darunter liegende Wohnung bewohnt, die Anbringung einer vergleichbaren Parabolantenne gestattet hat.[651]

855

Besonders streitträchtig ist die vom Mieter gewünschte Verbesserung der Empfangsmöglichkeiten in Qualität und Programmanzahl durch Parabolantennen.[652] In der Rechtsprechung entwickelte sich schnell die Auffassung, dass ein Anspruch des Mieters gegen den Vermieter auf Anschaffung einer bisher nicht vorhandenen Empfangsanlage und damit auf Verbesserung des Mietobjektes im Regelfall nicht besteht.[653] Anders kann es sein, wenn der Außenbereich des Hauses optisch kaum beeinträchtigt ist und der Mieter ein berechtigtes Interesse am Empfang von nur mit einer Parabolantenne empfangbaren Sendern hat.[654] Diese Wertung basieren jeweils auf einer Abwägung des Grundrechts des Mieters auf informationelle Selbstbestimmung aus Art. 5 GG und des Vermieters auf Unversehrtheit seines Eigentums aus Art. 14 GG. Dabei ist grundsätzlich entscheidend, welches Grundrecht bei Abwägung der gegenseitigen Interessen überwiegt.[655] Ein formularvertragliches – generelles – Parabolantennenverbot (mit Erlaubnisvorbehalt) wird den vom BVerfG und BGH konkretisierten Anforderungen nach einer Abwägung der widerstreitenden Interessen der Mietvertragsparteien im konkreten Einzelfall, die jede schematische Lösung verbieten, nicht gerecht.[656] Diese Grundaussage gilt zunächst undifferenziert für deutsche und für ausländische Mieter.

856

Kann der ausländische Mieter mit der zusätzlichen Installation eines Decoders neben dem vorhandenen Kabelanschluss fünf Heimatsender empfangen, überwiegt das Interesse des Vermieters, die Fassade parabolantennenfrei zu halten, gegenüber dem Informations-

857

---

[648] BGH WuM 2010, 737; BGH NJW 2010, 436 = NZM 2010, 119.
[649] BGH NZM 2007, 597 = NJW-RR 2007, 1243.
[650] BVerfG NZM 2007, 125.
[651] KG NZM 2008, 39.
[652] Dazu Horst NJW 2005, 2654; Volmer ZMR 1999, 12.
[653] AG Düsseldorf WuM 1990, 423; BeckOK MietR/Hitpaß BGB § 535 Rn. 1109; zur Ausnahme BVerfG NJW 1993, 1252.
[654] BGH WuM 2004, 725.
[655] BGH NJW 2008, 216 = NZM 2008, 37 für türkische Staatsbürger alevitischen Glaubens, die noch das Grundrecht auf Religionsfreiheit aus Art. 4 GG in die Abwägung heranzogen.
[656] BGH NZM 2007, 597 = NJW-RR 2007, 1243.

interesse des Mieters.⁶⁵⁷ Der Anspruch des Vermieters auf Entfernung einer vom ausländischen Mieter angebrachten Parabolantenne hängt nicht von der Empfangsmöglichkeit einer bestimmten Anzahl von Sendern in der Muttersprache des Mieters über den Kabelanschluss ab. Denn für das gegen das Eigentumsrecht des Vermieters aus Art. 14 Abs. 1 S. 1 GG abzuwägende Informationsrecht des Mieters aus Art. 5 Abs. 1 S. 1 Hs. 2 GG kommt es nicht auf die Quantität, sondern auf die inhaltliche Ausrichtung der über den Kabelanschluss zu empfangenden Sender an. Die qualitative Bandbreite des muttersprachlichen Informationsangebots hängt aber nicht von der Anzahl der betreffenden Sender ab, sondern kann auch von nur wenigen Sendern gewährleistet sein.⁶⁵⁸ Im Rahmen der Interessenabwägung ist auch zu berücksichtigen, dass mittlerweile – über das Kabelangebot hinaus – Informationssendungen des ausländischen Fernsehens im Internet allgemein zugänglich sind. Dabei ist unerheblich, dass dieses Informationsangebot auf den betreffenden Internetportalen kostenpflichtig ist. Die Informationsfreiheit gewährleistet den Zugang zu Informationsquellen im Rahmen der allgemeinen Gesetze (Art. 5 Abs. 2 GG), aber nicht dessen Kostenlosigkeit.

858 Der Vermieter kann einen Beseitigungsanspruch auf § 541 BGB stützen. Danach muss der Mieter zuvor abgemahnt worden sein.⁶⁵⁹

6. Meinungsäußerungen, Beleidigungen, Verletzung des Persönlichkeitsrechts

859 Ob Beleidigungen und Beschimpfungen der Mitmieter und des Vermieters zu mietrechtlichen Sanktionen, insbesondere zu fristgebundenen verhaltensbedingten Kündigungen, oder bei nachhaltiger Störung des Hausfriedens auch zu fristlosen Kündigungen führen, wird einzelfallbedingt unterschiedlich beurteilt.⁶⁶⁰ Insbesondere sich wiederholende und ungewöhnlich grobe Beleidigungen sind schwerwiegende Vertragsverletzungen, die eine fristlose Kündigung nach § 543 Abs. 1 S. 2 BGB rechtfertigen können. Dies verlangt eine Abwägung der beiderseitigen Interessen der Mietvertragsparteien und eine Berücksichtigung aller Umstände des Einzelfalls; hierzu gehören auch etwaige Härtegründe auf Seiten des Mieters.⁶⁶¹ Für den Vermieter soll die Fortsetzung des Mietverhältnisses darüber hinaus zumutbar bleiben, wenn der Mieter als Reaktion auf das eigene Verhalten des Vermieters ein beleidigendes und bedrohendes Verhalten zeigt.⁶⁶²

860 Auch Videoüberwachungen Dritter verletzen deren Persönlichkeitsrecht.⁶⁶³ Bei einem Gebäude mit mehreren vermieteten Wohnungen ist es grundsätzlich unzulässig, den Außenbereich vor dem Eingang, das Treppenhaus, den Aufzug, die gemeinschaftliche Waschküche, die Tiefgarage und sogar die für alle Mieter zugänglichen Außenbereiche des Gebäudes mittels Kamera zu überwachen.⁶⁶⁴ Deshalb besteht grundsätzlich keine

---

⁶⁵⁷ BGH NZM 2005, 335; BGH NZM 2006, 98; BGH WuM 2007, 380 (sieben Heimatsender).
⁶⁵⁸ BGH NZM 2013, 647 = NJW-RR 2013, 1168.
⁶⁵⁹ BGH NJW 2007, 2180 = NZM 2007, 481; zum Beseitigungsanspruch der Wohnungseigentümergemeinschaft beim „Wildwuchs" von Parabolantennen auf den Balkonen OLG Köln NZM 2005, 223.
⁶⁶⁰ Schmidt-Futterer/Blank BGB § 543 Rn. 188; vgl. BGH NZM 2017, 26 (Beschimpfung des Vermieters vom Betreuer als „naziähnlicher brauner Misthaufen").
⁶⁶¹ BGH NZM 2017, 26 (Beschimpfung des Vermieters als „naziähnlicher brauner Misthaufen" vom Betreuer des Mieters).
⁶⁶² AG Hamburg WuM 1994, 382.
⁶⁶³ BGH NZM 2012, 239 = NJW-RR 2012, 140 (Wohnungseigentum); BGH NJW 2010, 1533 = NZM 2010, 373 (Videoüberwachung und Abwehranspruch im Nachbarschaftsstreit).
⁶⁶⁴ Stöber NJW 2015, 3681 (3684); KG NZM 2009, 736; OLG Düsseldorf NJW 2007, 780; OLG Köln NJW 2005, 2997; OLG München NZM 2005, 668; OLG Karlsruhe NJW 2002, 2799; LG Berlin NZM 2001, 207; AG Detmold ZD 2018, 319.

Pflicht des Vermieters, eine Überwachungskamera oder deren Attrappe eines Mieters im Mehrfamilienhaus zu dulden.[665]

7. Bedrohung, Gefährdung und tätlicher Angriff unter Mitbewohnern

Bei tätlichen Angriffen und Sachbeschädigungen ist die außerordentliche fristlose Kündigung auch ohne vorherige Abmahnung gerechtfertigt (§ 543 Abs. 3 S. 2 Nr. 2 BGB). Auch ohne vorher besonders darauf hingewiesen worden zu sein, muss einer Mietpartei bewusst sein, dass ein tätlicher Angriff gegen einen anderen Mieter oder den Vermieter selbst für diesen die Unzumutbarkeit der Fortsetzung des Mietverhältnisses begründet. Das gilt schon bei einer einmaligen Verfehlung.[666]

861

Vermieter und Mieter müssen sich eigenes Verhalten genauso zurechnen lassen, wie das Verhalten von Hausangehörigen und Besuchern.[667] Die Grenze der Verantwortlichkeit ist aber überschritten, wenn der Mieter einen Besucher und Verwandten der Wohnung und des Hauses verweist, dieser dann vor dem Haus randaliert, an den Wohnungstüren Sturm klingelt, laut gegen die Haustür schlägt und klopft und ohne Erlaubnis des Mieters im Hausflur übernachtet. Dieses Verhalten ist dem Mieter nicht mehr zurechenbar. Denn der Mieter hat seinerseits alles getan, um die Störungen durch den Verwandten zu beenden.[668]

862

Gehen Störungen im Mietshaus von mehreren Mietern aus, so muss der Vermieter grundsätzlich den Hauptverantwortlichen in Anspruch nehmen.[669] Der in § 535 Abs. 1 S. 2 BGB geregelte Anspruch auf Aufrechterhaltung des vertragsgemäßen Zustandes der Mietsache gibt dem beeinträchtigten Mietern gegen den Vermieter einen Anspruch, die Störungen zu beseitigen.[670] In der Regel kann dem Vermieter hierzu ein bestimmtes Verhalten nicht abverlangt werden. Ist jedoch in Einzelfällen nur noch eine einzige Maßnahme, wie etwa eine Kündigung erfolgversprechend, so kann sich der Anspruch der beeinträchtigten Mieter aus § 535 Abs. 1 S. 2 BGB dahin verdichten, dass sie vom Vermieter die Kündigung des Störers verlangen können. Dies kommt zum Beispiel nach mehreren nächtlichen Polizei – oder SEK-Einsätzen in Betracht, mit denen eine Störung des Hausfriedens einhergeht.[671] Allerdings hat ein Wohnungsmieter gegen den Vermieter keinen Anspruch auf Maßnahmen gegen Dritte, deren Verhalten den Mietgebrauch nicht betrifft. So muss ein Vermieter nach § 535, BGB nicht im Wege der „Streithilfe" einschreiten, wenn ein Nachbar, der nicht im Hause wohnt, einen Mieter angreift oder beschimpft.[672]

Besondere Schwierigkeiten bereitet es, wenn der Störer psychisch gestört[673] und als Folge daraus teilweise oder völlig geschäftsunfähig, verschuldens- und prozessunfähig ist. Auf die dann zur Verfügung stehenden Möglichkeiten wurde bereits eingegangen.

---

[665] AG Hamburg-Wandsbek WuM 2008, 22; dazu Hitpaß WuM 2007, 355; zur Verletzung von Persönlichkeitsrechten der Mitmieter AG Köln NJW-RR 1995, 1226.
[666] LG München I WuM 2006, 524; LG Münster WuM 2007, 19.
[667] BGH NZM 2017, 26; LG Berlin MM 1991, 127; AG Hagen WuM 1979, 15.
[668] AG Wiesbaden WuM 1998, 572.
[669] AG Köln WuM 1994, 207.
[670] BGH NJW 2004, 775 = NZM 2004, 193; BGH NZM 2011, 495 = NJW-RR 2011 739.
[671] Dazu LG Hamburg NZM 2006, 377 = NJW-RR 2006, 296.
[672] LG Essen WuM 1998, 278.
[673] Eine krankheitsbedingte zu Impulshandlungen führende Wesensänderung soll das Verschulden des Mieters bei schwerwiegenden Vertragsverletzungen so einengen, dass dem Vermieter dennoch zumutbar sein soll, ein jahrzehntelang bestehendes Mietverhältnis fortzusetzen AG Köln WuM 2006, 522.

Die zur Verfügung stehende Judikatur kann in Entscheidungen zur verbalen Bedrohung, gestellte Strafanzeigen, tätliche Angriffe sowie in Angriffe mit Waffen, wie Messern, Schusswaffen oder gemeingefährlichen Mitteln unterschieden werden.

Dabei wurde es als Hausfriedensstörung i. S. v. §§ 543 Abs. 1, 569 Abs. 2, 4 BGB gewertet, wenn ein Mieter oder dessen Lebensgefährte durch sein Verhalten dazu Anlass gibt, dass innerhalb von zwei Monaten zwei Polizeiaktionen durchgeführt werden, die beide mit dem gewaltsamen Öffnen der Wohnungstür und – in einem Fall – mit der Verhaftung des in die Wohnung aufgenommenen Lebensgefährten verbunden gewesen sind.[674]

Erstattet der Mieter aufgrund seines konkreten Verdachts Strafanzeige gegen den Vermieter, so begründet das nicht allein dessen fristlose Kündigung, wenn die Anzeige wahrheitsgemäß nach bestem Wissen und in sachlicher Form erfolgt ist und der Mieter bei der Informationsbeschaffung nicht fahrlässig fehlerhaft gehandelt hat.[675] Nur vorsätzliche oder leichtfertige inhaltlich unrichtige Strafanzeigen gegen den Vermieter rechtfertigen dagegen die fristlose Kündigung des Mietvertrags nach § 569 Abs. 2 BGB.[676]

Kommen Waffen zum Einsatz, so ist grundsätzlich eine fristlose Kündigung nach § 569 Abs. 2 BGB gerechtfertigt. So wurde im Fall der Bedrohung des Vermieters mit einem Messer[677] sowie auch bei der Bedrohung des Vermieters mit einer Schusswaffe[678] und bei der schweren Verletzung eines Nachbarn durch einen Mieter mit einer Schusswaffe entschieden.[679] Bei der Gefährdung des Mietshauses, seiner Mitbewohner und des Vermieters durch die Gefahr von Feuer wird differenziert entschieden. So ist die fristlose Kündigung zulässig, wenn der Mieter wiederholt nachts Essen anbrennen lässt und dadurch die Gefahr eines Wohnungsbrandes heraufbeschwört.[680] Auch ist die fristlose Kündigung gegenüber dem Hauptmieter begründet, wenn dessen Untermieter in selbstmörderischer Absicht in der Wohnung Feuer legt, solange die Suizidabsicht in freier Willensbestimmung gefasst wurde und damit ein Verschulden des Untermieters dem Hauptmieter zugerechnet werden kann.[681]

III. Sanktionsmöglichkeiten des Vermieters bei vertragswidrigem Gebrauch

1. Übersicht

863   Je nach Schwere der Verletzung des Mietvertrags stehen dem Vermieter insbesondere die folgenden Möglichkeiten zur Verfügung, den vertragswidrigen Gebrauch der Mietsache durch den Mieter zu unterbinden:

- Macht der Mieter von der gemieteten Sache einen vertragswidrigen Gebrauch, so kann der Vermieter eine Abmahnung erteilen. Wird das abgemahnte Verhalten fortgesetzt, so kann er auf Unterlassung klagen (§ 541 BGB).[682]
- Verletzt der Mieter seine vertraglichen Verpflichtungen im Gebrauch der Mietsache schuldhaft nicht unerheblich, so kann der Vermieter fristgerecht kündigen. Obgleich

---

[674] LG Mannheim DWW 1994, 50.
[675] AG Hamburg-Blankenese ZMR 2006, 619; AG Köln WuM 1995, 587.
[676] OLG Brandenburg MietRB 2007, 65 = GuT 2007, 202; LG Wiesbaden WuM 1995, 707.
[677] AG Plau am See DWW 1996, 342.
[678] AG Warendorf WuM 1996, 412.
[679] LG Berlin GE 1993, 207.
[680] LG Duisburg DWW 1991, 342.
[681] LG Berlin NJWE-MietR 1996, 7.
[682] So beispielsweise bei eigenmächtiger Herstellung eines Kabelanschlusses zwischen Keller und Mieterwohnung über einen Fassadenkabelkanal LG Düsseldorf NJWE-MietR 1997, 148.

das Gesetz ausdrücklich eine vorherige Abmahnung nicht erfordert, wird in der Praxis so verfahren, um in Grenzfällen auf der „sicheren Seite" zu sein (§ 573 Abs. 2 Nr. 1 BGB).
- Der Vermieter kann fristlos kündigen, wenn der Mieter oder ein sonstiger Nutzer ungeachtet einer vorherigen Abmahnung des Vermieters den vertragswidrigen Gebrauch der Sache fortsetzt. Dies gilt auch, wenn der Mieter die Sachen durch vernachlässigte eigene Sorgfaltspflicht erheblich gefährdet (§ 543 Abs. 2 Nr. 2, Abs. 3 BGB). Dabei kann die Abmahnung entfallen, wenn sie offensichtlich keinen Erfolg verspricht oder wenn die sofortige Kündigung aus besonderen Gründen unter Abwägung der beiderseitigen Interessen gerechtfertigt ist (§ 543 Abs. 3 S. 2 Nr. 1 und 2 BGB).
- Macht der Mieter durch einen vertragswidrigen Gebrauch der Mietsache dem Vermieter die Fortsetzung des Mietverhältnisses unzumutbar, so kann der Vermieter ebenfalls fristlos kündigen (§ 543 Abs. 1, § 569 Abs. 2, 4 BGB).
- Bei sog. „gesteigerter Unzumutbarkeit" der Fortsetzung des Mietverhältnisses ist eine fristlose Kündigung (§ 543 Abs. 1, § 569 Abs. 2 BGB).
- Entsteht dem Vermieter durch den vertragswidrigen Gebrauch der Wohnung durch den Mieter ein Schaden, so kann er Schadensersatz gegen den Mieter geltend machen. Der Anspruch richtet sich auf Wiederherstellung des früheren Zustandes der Wohnung (§ 249 BGB),[683] deckt auch entstandenen Mietausfall (§§ 249, 252 BGB) und Gutachterkosten und erstreckt sich auch auf Schmerzensgeldansprüche.[684] Anspruchsgrundlage ist neben §§ 823, 847 BGB vor allem §§ 280 Abs. 1, 281, 286 BGB oder positive Vertragsverletzung (§ 280 Abs. 1 281, 282 BGB), je nachdem, ob man die verletzte Pflicht des Mieters als vertragliche Hauptpflicht oder als Nebenpflicht einordnet.
- Für eine vertragsgemäße Verschlechterung der Mietsache haftet der Mieter nicht (§ 538 BGB). Ist streitig, ob vermietete Räume infolge des Mietgebrauchs beschädigt sind, trägt der Vermieter die Beweislast dafür, dass die Schadensursache nicht aus dem Verhalten eines Dritten herrührt, für den der Mieter nicht (nach § 278 BGB) haftet.[685] Eine in seinen eigenen Verantwortungsbereich fallende Schadensursache muss der Vermieter ausräumen.[686] Ist dem Vermieter der Nachweis gelungen, dass die Schäden nicht von ihm selbst oder Dritte verursacht wurden, findet eine Beweislastumkehr hinsichtlich des Verschuldens und der Pflichtverletzung statt. Es obliegt dann dem Mieter nachzuweisen, dass der Schaden nur auf einen vertragsgemäßen Gebrauch zurückzuführen ist und ihn darüber hinaus kein Verschulden trifft.[687]

2. Erfordernis der Abmahnung bei Unterlassung und Kündigung

Als Faustregel gilt, dass eine Abmahnung des vertragswidrigen Gebrauchs der Mieter grundsätzlich erfolgen muss und zwar unabhängig davon, ob dies im Gesetz ausdrücklich gefordert wird oder nicht. Zwar setzt der BGH als Voraussetzung einer ordentlichen verhaltensbedingten Kündigung keine Abmahnung des Vermieters an den Mieter voraus. Allerdings könne der Abmahnung für die Kündigung ausnahmsweise insofern Bedeutung zukommen, als erst ihre Missachtung durch den Mieter dessen Vertragsverletzung das für die Kündigung erforderliche Gewicht verleiht.[688] Im Zweifel ist deshalb eine Abmahnung

864

---
[683] AG Hameln DWW 1990, 494.
[684] AG Dortmund DWW 1993, 372.
[685] BGH NZM 2005, 100 = NJW-RR 2005, 381; BGH NJW 1994, 2019.
[686] BGH NJW 1994, 2019.
[687] BGH NJW 1994, 2019; BeckOK MietR/Bock BGB § 538 Rn. 9.
[688] BGH NJW 2008, 508 = NZM 2008, 121.

vorzuschalten. Das betont auch der BGH[689] für Unterlassungs- und Beseitigungsansprüche: In einem Wohnraummietverhältnis könne ein Beseitigungsanspruch gegen den Mieter nicht auf § 1004 BGB, sondern allein auf § 541 BGB gestützt werden. Dies bedeutet, dass dem Beseitigungsanspruch des Vermieters zunächst eine wirksame Abmahnung des Mieters vorausgehen muss. § 541 BGB mit Abmahnerfordernis sei im Verhältnis zu § 1004 BGB lex specialis. Die Vorschrift habe mieterschützenden Charakter; das Erfordernis der vorherigen Abmahnung des Mieters durch den Vermieter solle dem Mieter eine letzte Gelegenheit zu vertragstreuem Verhalten gewähren.[690]

865 Ausnahmsweise ist eine Abmahnung in den folgenden Fällen entbehrlich
- Der Mieter verweigert endgültig und ernsthaft die Erfüllung des Mietvertrags durch Einhaltung der Grenzen des vertragsgemäßen Gebrauchs (§ 543 Abs. 3 S. 2 Nr. 1 BGB). Dies gilt nicht nur im Falle der Kündigung, sondern auch bei der Vorbereitung von Unterlassungsansprüchen nach § 541 BGB.[691]
- Es steht von vornherein fest, dass die Abmahnung erfolglos bleibt.[692]
- Die sofortige Kündigung aus besonderen Gründen ist unter Abwägung der beiderseitigen Interessen gerechtfertigt (fristlose Kündigung bei „gesteigerter Unzumutbarkeit": § 543 Abs. 3 Satz 2 Nr. 2 BGB).[693]
- Das Fehlverhalten des Mieters hat die Vertrauensgrundlage in schwerwiegender Weise erschüttert, dass dieses mit einer Abmahnung nicht wiederhergestellt werden kann.[694]

866 Diese Ausnahmetatbestände sind restriktiv zu handhaben. In der Praxis empfiehlt es sich daher immer, eine Abmahnung vorauszuschicken.

867 Die Abmahnung ist an keine bestimmte Form gebunden, muss aber das abgemahnte Verhalten und die daraus folgende Vertragsverletzung so detailliert beschreiben, dass der Mieter ohne weiteres erkennen kann, welches vertragswidrige Verhalten er abzustellen hat.

868 Die Abmahnung ist eine rechtsgeschäftsähnliche empfangsbedürftige Willenserklärung. Die Vorschriften über Rechtsgeschäfte sind entsprechend anzuwenden. Analog § 131 Abs. 1 BGB muss die Abmahnung in Betreuungsfällen deshalb dem Betreuer, nicht dem betreuten Mieter, zugestellt werden, damit sie wirksam wird.[695]

869 Der Mieter hat gegen den Vermieter keinen Anspruch auf Beseitigung oder Unterlassung einer von ihm als unberechtigt erachteten Abmahnung. Eine Klage auf Feststellung, dass eine vom Vermieter erteilte Abmahnung aus tatsächlichen Gründen unberechtigt war, ist unzulässig.[696]

3. Unterlassungsklage auch bei Verpflichtung zu aktivem Handeln?

870 § 541 BGB ermöglicht dem Vermieter nach Abmahnung, auf Unterlassung fortgesetzten vertragswidrigen Verhaltens zu klagen. Dazu kann ein aktives Handeln des Mieters notwendig sein. So muss der Mieter etwa nach § 541 BGB einen verbotswidrig gehaltenen Hund aus der Wohnung entfernen.[697]

871 Die Klage auf Unterlassung eines vertragswidrigen Gebrauchs ist also nicht anderes als eine Form zur Geltendmachung eines mietvertraglichen Erfüllungsanspruchs. Mit § 541 BGB hat dieser vertragliche Erfüllungsanspruch des Vermieters auch in Bezug auf miet-

---
[689] BGH NJW 2007, 2180 = NZM 2007, 481.
[690] Ebenso Schmidt-Futterer/Blank BGB § 541 Rn. 4.
[691] Schmidt-Futterer/Blank BGB § 541 Rn. 8.
[692] Schmidt-Futterer/Blank BGB § 541 Rn. 8.
[693] Dazu AG Braunschweig ZMR 2005, 369.
[694] BGH NJW-RR 2000, 717 (718); Emmerich/Sonnenschein/Emmerich § 541 BGB Rn. 4.
[695] Dazu BGH NJW 2007, 2180 = NZM 2007, 481 Rn. 7.
[696] BGH NJW 2008, 1303 = NZM 2008, 277.
[697] LG Köln ZMR 1994, 478 = DWW 1994, 185.

4. Verhältnisse der Ansprüche auf Unterlassung, Kündigung und Schadensersatz

Setzt der Mieter nach Abmahnung sein vertragswidriges Verhalten fort, so kann der Vermieter Unterlassungsklage erheben. Ist die Durchsetzung des Klageanspruchs besonders eilbedürftig, ist eine einstweilige Verfügung neben der Klage möglich.[698] 872

Der Vermieter hat die Wahl, ob er kündigt oder auf Unterlassung klagt. Daneben kann er Schadensersatz geltend machen (§ 325 BGB). Dieses Wahlrecht wird nur dann praktisch, wenn auch die schärferen Tatbestandsvoraussetzungen einer fristlosen Kündigung erfüllt sind. Ansonsten scheidet die Auswahlmöglichkeit zwischen allen hier vorgestellten Ansprüchen schon mangels vorliegender Tatbestandsvoraussetzungen aus. Wiegt der Pflichtverstoß des Mieters aber so schwer, dass neben der Unterlassungsklage alle fristgerechten und fristlosen verhaltensbedingten Kündigungsmöglichkeiten eröffnet sind, so kann der Vermieter wählen, welchen Weg er einschlägt. Er muss sich nicht auf die Unterlassungsklage als etwas milderes prozessuales Mittel verweisen lassen.[699] Andernfalls würden dem Vermieter jahrelang laufende Unterlassungsklagen zugemutet, bevor er überhaupt kündigen kann. Aus dem Wahlrecht des Vermieters folgt, dass auch haupt- und hilfsweise eine fristlose und eine fristgemäße Kündigung wegen vertragswidrigen Verhaltens des Mieters möglich ist. Dieses Vorgehen empfiehlt sich insbesondere, wenn nicht einwandfrei feststeht, ob das vertragswidrige Verhalten vom Gewicht her eine fristlose Kündigung ausfüllt. 873

IV. Ansprüche des beeinträchtigten Mieters gegen den Vermieter

Gegen den Vermieter stehen dem gestörten Mieter vor allem Mietminderungsmöglichkeiten (§ 536 BGB), Ansprüche auf Erhalt des vertragsgemäßen Zustandes der Mietsache oder auf Wiederherstellung dieses Zustandes (§ 535 Abs. 1 S. 2 BGB), Unterlassungs-, Besitzstörungs- und Schadensersatzansprüche (§§ 862, 823, 847 BGB) und schließlich Kündigungsrechte wegen nicht gewährten oder entzogenen vertragsgemäßen Gebrauchs (§ 543 Abs. 1 S. 1, Abs. 2 Nr. 1 BGB) oder schließlich wegen Gesundheitsgefährdung (§§ 543 Abs. 1, 569 Abs. 1 BGB) zu. 874

§ 22 Leistungsstörungen nach Übergabe der Mietsache

I. Anspruchsschema

1. Nachträgliche Unmöglichkeit

Es wurde bereits deutlich, dass von einem einheitlichen Unmöglichkeitsbegriff ausgegangen wird (§ 275 BGB). 875

Die mietrechtlichen Gewährleistungsvorschriften greifen aber als Sonderregelungen gegenüber den allgemeinen Vorschriften über Leistungsstörungen ein, wenn sich nach 876

---

[698] BeckOK MietR/Bruns BGB § 541 Rn. 30.
[699] Schmidt-Futterer/Blank BGB § 541 Rn. 1.

Überlassung der Mietsache die Leistungsstörung aus einem Sach- oder Rechtsmangel ergibt oder wenn eine zugesicherte Eigenschaft fehlt.[700]

877 Ist die Mietsache nach Abschluss des Vertrages und nach Übergabe an den Mieter beispielsweise durch Explosion, Brand oder durch Einsturz zerstört worden, gelten die allgemeinen Vorschriften über die Unmöglichkeit.[701]

Im Einzelfall kann die Abgrenzung der völligen Zerstörung von der Beschädigung der Mietsache mit der Folge eines Instandsetzungsanspruchs gem. § 535 Abs. 1 S. 2 BGB Schwierigkeiten bereiten. Dafür gelten folgende Kriterien:

878 Ist eine erhebliche Beschädigung der völligen Zerstörung der Mietsache gleichzustellen, greifen die Unmöglichkeitsregeln ein. Liegt eine echte Teilunmöglichkeit vor, ist also die Mietsache teilbar und kann der Mieter mit dem verbliebenen Teil der Mietsache noch etwas anfangen, finden auf den zerstörten Teil der Mietsache die Unmöglichkeitsregeln Anwendung (§ 281 Abs. 1 S. 2 BGB). Hinsichtlich der verbliebenen Teile der Mietsache wird der Mietvertrag fortgesetzt, es sei denn, der Mieter als Gläubiger kann Schadensersatz statt der gesamten Leistung verlangen. Dies kann er nur, wenn er an der Teilleistung kein Interesse hat (§ 281 Abs. 1 S. 2 BGB). Wählt der Mieter Schadensersatz statt der gesamten Leistung, so muss er dem Vermieter auf dessen Forderung hin die von ihm erbrachte Teilleistung nach den Rücktrittsvorschriften zurückgewähren (§ 281 Abs. 5, §§ 346 bis 348 BGB).

879 Wird der Mietvertrag dagegen über den erhalten gebliebenen Teil der Mietsache fortgesetzt, so kann der Mieter die Miete entsprechend und angemessen nach § 536 Abs. 1 S. 2 BGB mindern.

880 Zusätzlich ist zu prüfen, ob dem Vermieter die Wiederherstellung der Sache zugemutet werden kann. Diese Frage entscheidet sich danach, ob die aufzuwendenden Kosten noch innerhalb der Opfergrenze liegen. Als grobe Leitlinie ist festzuhalten, dass ein Wegfall der Wiederherstellungspflicht in Folge des Erreichens der Opfergrenze auf enge Ausnahmen zu begrenzen ist.[702]

881 Gelangt man nach diesen Kriterien zur Anwendung der allgemeinen Unmöglichkeitsregeln, so wird der Schuldner nach § 275 Abs. 1 BGB bei jeder Art der Unmöglichkeit ohne Rücksicht auf ihren objektiven oder subjektiven Charakter, den Zeitpunkt ihres Eintritts, und die Frage des Vertretenmüssens von seiner Primärleistungspflicht (Erfüllung) frei. Der Vermieter wird also von seiner Hauptleistung – Gewährung des Gebrauchs an der Mietsache in vertragsgemäßem Zustand – frei. Er verliert nach § 326 Abs. 1 S. 1 BGB seinen Anspruch auf die Gegenleistung, hier auf die Entrichtung der Miete.

882 Es klang bereits an, dass der Vermieter auch dann von der Überlassungspflicht als von ihm vertraglich geschuldeter Leistung frei wird, wenn der Mieter den Untergang der Mietsache zu vertreten hat (§ 275 Abs. 1 BGB). Die Rechtsfolgen richten sich in diesem Fall nach § 326 Abs. 2 S. 1 BGB. Als Schuldner der Überlassungspflicht behält der Vermieter in diesem Fall den Anspruch auf die Gegenleistung, also auf die Zahlung der Miete. Er muss sich allerdings dasjenige anrechnen lassen, was er in Folge der Befreiung von seiner eigenen Leistung erspart oder durch anderweitige Verwendung seiner Arbeitskraft erwirbt oder zu erwerben böswillig unterlässt (§ 326 Abs. 2 S. 2 BGB). Diese allgemeinen Regeln werden durch §§ 535, 537 Abs. 1 BGB untermauert. Im Gleichklang

---

[700] Vgl. nur BGH NJW 2000, 1714 (1718); BGH NJW 1997, 2813; BGH NJW 1985, 1025; BGH NJW 1983, 446.

[701] Vgl. statt aller Schmidt-Futterer/Eisenschmid BGB § 536 Rn. 550; BGH NJW-RR 1991, 204; LG Karlsruhe NZM 2005, 221.

[702] Schmidt-Futterer/Eisenschmid BGB § 536 Rn. 557; MüKoBGB/Häublein BGB § 535 Rn. 104; vgl. auch BGH NJW 2005, 3284.

zum allgemeinen Leistungsstörungsrecht bleibt der Mieter auch nach diesen mietrechtlichen Spezialvorschriften bei Verhinderung von Mietzahlung verpflichtet, wenn er sein Gebrauchsrecht aus Gründen nicht ausüben kann, die in seiner Person liegen.

Der Fall der von beiden Mietparteien zu vertretenden Unmöglichkeit gilt § 254 BGB. In diesem Fall ist nach den Grundsätzen des Mitverschuldens zu entscheiden. Konkret bedeutet dies, dass die Mietforderung des Vermieters entsprechend seinem eigenen Verschuldensanteil am Erfüllungshindernis zu mindern ist.[703]

883

Für den Fall der subjektiven Unmöglichkeit (Unvermögen) gelten nach Überlassung der Mietsache ebenfalls dieselben Rechtsfolgen wie bei dem behandelten Fall der nachträglichen objektiven Unmöglichkeit. Auch hier wird das Rücktrittsrecht nach §§ 325, 326, 323 BGB durch das Recht zur fristlosen Kündigung gem. § 543 Abs. 2 Ziff. 1 BGB verdrängt.[704]

884

2. Verzug

Von den im Mietrecht denkbaren Verzugsformen

885

- Verzug des Vermieters bei Überlassung der Mietsache
- Verzug des Mieters bei der Annahme der Mietsache
- Zahlungsverzug des Mieters
- Verzug des Vermieters mit der Instandhaltung und Instandsetzung der Mietsache
- Verzugsfälle bei Abwicklung des Mietverhältnisses, insbesondere im Hinblick auf die Räumung der Mietsache und auf die endgültige Abrechnung des Vertragsverhältnisses

ist für den hier betrachteten Teil der Leistungsstörung nach Übergabe der Mietsache besonders auf den Zahlungsverzug des Mieters sowie auf den Verzug bei der Wahrnehmung der Instandhaltungs- und Instandsetzungspflichten des Vermieters hinzuweisen.

Nach Übergabe der Mietsache sind die §§ 280, 281 Abs. 1, 325 BGB mit der Maßgabe anwendbar, dass das Rücktrittsrecht durch das Kündigungsrecht verdrängt wird. Dies gilt insbesondere für die fristlose Kündigung des Vermieters wegen Zahlungsverzugs nach § 543 Abs. 1 Nr. 1, Abs. 3 BGB, § 569 Abs. 3 BGB. Der Anspruch auf Schadensersatz statt der Leistung bleibt jedoch bestehen. Er richtet sich auf den Ersatz des positiven Interesses.

886

Was den Eintritt des Verzugs angeht, so gelten folgende Grundsätze:
Verzug wird jedenfalls durch eine Mahnung begründet.
Der Schuldner kommt auch ohne Mahnung in Verzug, wenn das Datum, zu dem er seine Leistung erbringen musste, kalendermäßig bestimmt ist (§ 286 Abs. 2 Nr. 1 BGB).

887

Regelungen, bei denen man den Leistungszeitpunkt nicht unmittelbar aus dem Kalender ablesen kann – zB Zahlung 10 Tage nach Lieferung – begründen keinen automatischen Verzug. Es reicht aber aus, dass der Leistungszeitpunkt mit Hilfe eines Kalenders bestimmt werden kann (§ 286 Abs. 2 Nr. 2 BGB).[705] Er muss also nicht unmittelbar aus dem Kalender ablesbar sein. Damit begründen auch Formulierungen und Vertragsklauseln wie zB „Zahlung innerhalb von 10 Tagen nach Zugang dieses Schreibens" oder „Zahlung innerhalb von 14 Tagen seit Auszug" nach Ablauf dieser Frist automatisch den Verzug.

888

Verzug tritt schließlich auch ohne Mahnung ein, wenn der Schuldner die Leistung ernsthaft und endgültig verweigert (§ 286 Abs. 2 Nr. 3 BGB), der Mieter beispielsweise

889

---

[703] Gather DWW 1997, 169 (170).
[704] Dazu MüKoBGB/Häublein BGB Vor § 536 Rn. 7.
[705] MüKoBGB/Ernst BGB § 286 Rn. 60.

bei der Wohnungsabnahme nachdrücklich und kategorisch erklärt, er werde keinesfalls renovieren, sondern sofort ausziehen.

890 Ein kurzer Hinweis ist auch auf die im Bereich der Wohnraummiete und Geschäftsraummiete unterschiedlichen Verzugszinsen geboten. Denn § 288 Abs. 1 S. 2, Abs. 2 BGB unterscheidet bei der Höhe der Verzugszinsen zwischen Verbrauchergeschäften und übrigen Rechtsgeschäften. Dabei zählen Wohnraummietverträge oft zu den Verbrauchergeschäften[706] (§ 13 BGB), soweit sie nicht im Zusammenhang mit Geschäftsraummietverhältnissen oder sonstigen beruflichen Anlässen, sondern rein zur privaten Wohnraumversorgung geschlossen werden. Für diese Fallgruppe beträgt der Verzugszinssatz für das Jahr fünf Prozentpunkte über dem Basiszinssatz (§ 288 Abs. 1 S. 2 BGB).

Bei Rechtsgeschäften, bei denen ein Verbraucher nicht beteiligt ist, beträgt der Zinssatz für Entgeltforderungen neun Prozentpunkte über dem Basiszinssatz (§ 288 Abs. 2 BGB).

3. Positive Vertragsverletzung

891 Nach Überlassung der Mietsache findet die positive Vertragsverletzung (§§ 280 Abs. 1, 281 Abs. 1 S. 1, 282, 241 Abs. 2 BGB) im Regelfall keine Anwendung, soweit die Fälle der Schlechterfüllung über das Mängelgewährleistungsrecht erfasst werden. Für den Bereich der Miete bleiben damit nur die Fälle, bei denen die Pflichtverletzung des Vermieters keinen Sach- oder Rechtsmangel zur Folge haben. Der Vermieter haftet dann aus positiver Vertragsverletzung, wenn die Mietsache zwar mangelfrei ist, er aber vertragliche Nebenpflichten verletzt. Ebenfalls ein Fall positiver Vertragsverletzung liegt vor, wenn der Vermieter treuwidrig den Mieter an der Erreichung des Vertragsziels hindert, indem er vertrags- oder rechtswidrig zu Unrecht kündigt. Für den Bereich des Wohnraummietrechts ist insbesondere auf den **vorgetäuschten Eigenbedarf** hinzuweisen.[707] Auch der unterbliebene Hinweis des Wegfalls des Kündigungsgrundes, die unberechtigte Anfechtung des Mietvertrags oder die fehlende Einschätzung über die Wirksamkeit einer Kündigung können zur Haftung aus positiver Vertragsverletzung führen. Die Haftung greift auch dann, wenn es der Vermieter schuldhaft unterlässt, die vom Mieter eingebrachten Sachen vor Schaden zu bewahren.[708]

892 In der Praxis häufig für die Haftung des Mieters aus positiver Vertragsverletzung ist die Beschädigung der Mietsache durch Überschreitung des vertragsgemäßen Gebrauchs.

893 Genau wie nach dem bisherigen Zustand vor der Schuldrechtsreform ist für die Haftung aus positiver Vertragsverletzung im Falle von Nebenpflichtverletzungen, die sich nicht auf die Hauptleistung auswirken, keine Fristsetzung erforderlich (§§ 282, 280 Abs. 1 BGB). Die Rechtsprechung hat aber in Ausnahmefällen die Pflicht zur Abmahnung aus § 242 BGB gefolgert und das Unterlassen der Abmahnung als ein mitwirkendes Verschulden (§ 254 BGB) angesehen.[709]

894 Komplizierter wird die Rechtslage durch den Umstand, dass eine Fristsetzung für hauptleistungsbezogene Pflichtverletzungen nach § 281 Abs. 1 S. 1 BGB i.V.m. mit § 280 Abs. 1 BGB erforderlich ist. Deshalb ist als Vorfrage jeweils zu klären, ob die verletzte Pflicht hauptleistungsbezogen ist oder ob es sich um eine reine Nebenpflichtverletzung handelt, die keine Auswirkungen auf die synallagmatisch verknüpften vertraglichen Hauptleistungspflichten hat. Schäden an der Sachsubstanz der Mietsache, die

---

[706] Lindner ZMR 2015, 261 (262); ders. PiG 105 (2017), 129 (137).
[707] BGH NJW 2009, 2059 = NZM 2009, 429; BGH Versäumnisurteil v. 13.6.2012 – VIII ZR 356/11, BeckRS 2012, 16127; BGH NJW 2015, 2324 = NZM 2015, 532; BGH NZM 2016, 718 = NJW-RR 2016, 982.
[708] Zum Ganzen Schmidt-Futterer/Eisenschmid BGB § 536a Rn. 165.
[709] BGH NJW-RR 1988, 417.

durch eine Verletzung von Obhutspflichten[710] des Mieters entstanden sind, hat dieser nach § 280 Abs. 1, § 241 Abs. 2 BGB als Schadensersatz neben der Leistung nach Wahl des Vermieters durch Wiederherstellung (§ 249 Abs. 1 BGB) oder durch Geldzahlung (§ 249 Abs. 2 BGB) zu ersetzen. Dafür bedarf es einer vorherigen Fristsetzung des Vermieters nicht. Das gilt unabhängig von der Frage, ob es um einen Schadensausgleich während eines laufenden Mietverhältnisses oder nach dessen Beendigung geht.[711]

4. Anfechtung ex nunc

Hat der Vermieter die Mietsache schon an den Mieter überlassen, so ist zumindest für die Geschäftsraummiete vom BGH die Anfechtung des Mietvertrags wegen arglistiger Täuschung auch nach Überlassung der Mieträume und Beendigung des Mietvertrags neben der Kündigung für zulässig erachtet worden.[712]

895

5. Kündigung

Die gesamten Kündigungsvorschriften des Mietrechts gehen in den davon erfassten Fällen dem allgemeinen Leistungsstörungsrecht vor. Dies gilt insbesondere für die Kündigung von Dauerschuldverhältnissen aus wichtigem Grund (§ 314 BGB). Für das Mietrecht ist diese Vorschrift nicht anwendbar.[713] § 543 Abs. 1 S. 2 BGB enthält für die dort erfassten Fälle einen Spezialtatbestand. Dieses fristlose Kündigungsrecht gilt für beide Mietvertragsparteien aus wichtigem Grund, ohne dass es auf ein Verschulden als Tatbestandsvoraussetzung bedarf. Als Beispiel kann die Kündigung des Mietvertrages gegenüber psychisch Kranken gelten, die geschäftsunfähig, deliktsunfähig oder nur eingeschränkt deliktsfähig sind.[714]

896

6. Verschulden bei Vertragsschluss

Nach dem Überlassen des Mietobjekts kommt eine aus Mängeln der Mietsache abgeleitete Haftung wegen Verschuldens bei Vertragsschluss nicht mehr in Betracht. Die mietrechtlichen Spezialvorschriften zur Gewährleistungshaftung verdrängen das allgemeine Leistungsstörungsrecht, hier konkret eine Schadensersatzhaftung aus Verschulden bei Vertragsschluss.[715]

897

7. Wegfall der Geschäftsgrundlage

Im Hinblick auf den Anwendungsbereich der Störung der Geschäftslage (§ 313 BGB) innerhalb des Mietrechts ist auf die entsprechenden Darlegungen innerhalb der Ausführungen zur Leistungsstörung vor Abschluss und bei Abschluss des Mietvertrags vor Überlassung der Mietsache hinzuweisen.[716]

898

---

[710] BGH NZM 2017, 144 = NJW-RR 2017, 329; BGH NZM 2017, 29 = NJW-RR 2017, 22; BGH NJW 2013, 1736 = NZM 2013, 421.
[711] BGH NJW 2018, 1746 =NZM 2018, 310.
[712] BGH NJW 2009, 1266 = NZM 2008, 886; umfassend zur Anfechtung von Willenserklärungen im Mietrecht N. Fischer NZM 2005, 567; ferner Schmidt-Futterer/Blank BGB Vor § 535 Rn. 7.
[713] BGH NJW 2016, 3720 = NZM 2016, 791.
[714] Dazu umfassend Schindler WuM 2018, 255 (Erkenntnisverfahren); Zschieschack WuM 2018, 267 (Vollstreckungsverfahren); ferner Fleindl, PiG 103 (2016), 1 (5 f.); BGH NZM 2005, 300 (301).
[715] BGH NJW 1997, 2813; BGH NJW 1980, 777.
[716] Dazu → Rn. 397.

8. Gewährleistungsrecht

899 Die mietrechtlichen Gewährleistungsvorschriften sind in §§ 536 bis 536d BGB zusammengefasst worden. Sie gelten für die Wohn- und Geschäftsraummiete sowie für alle sonstigen Mietverhältnisse.

900 Für die Frage, wann eine Mietsache mangelhaft ist, gilt der subjektive Fehlerbegriff. Danach ist eine Sache mangelhaft, wenn die Ist-Beschaffenheit gegenüber der Soll-Beschaffenheit nachteilig abweicht. Es kommt also darauf an, welchen Zustand die Parteien vereinbart haben (§ 536 Abs. 1 S. 1 BGB). Nur wenn keine ausdrückliche Vereinbarung getroffen wurde, kommt es auf die übliche Beschaffenheit an. Sofern keine ausdrückliche vertragliche Regelung über den „Soll-Zustand" der Mietsache getroffen ist, muss er an Hand von Auslegungsregeln (§§ 133, 157, 242 BGB) und der Verkehrsanschauung ermittelt werden. Dabei sind technische Normen einschlägig. Ihre Einhaltung ist mangels eigener vertraglicher Vereinbarung geschuldet. Nach der Verkehrsanschauung kommt es grundsätzlich auf den bei Errichtung des Gebäudes geltenden technischen Standard an.[717] Der Mieter einer nicht modernisierten Altbauwohnung kann mangels abweichender vertraglicher Vereinbarung jedenfalls einen Mindeststandard erwarten, der ein zeitgemäßes Wohnen ermöglicht und den Einsatz der für die Haushaltsführung allgemein üblichen elektrischen Geräte erlaubt.[718]

901 Maßgebender Zeitpunkt für den vertragsgemäßen Standard ist grundsätzlich der Abschluss des Mietvertrages, wobei im Einzelfall neue wissenschaftliche Erkenntnisse zu einer Vertragsanpassung führen können.[719]

902 Die Regelung zur Sachmängelhaftung und zur Rechtsmängelhaftung ist vereinheitlicht (§ 536 Abs. 3 BGB). Dies gilt auch für eine fehlende oder später wegfallende zugesicherte Eigenschaft (§ 536 Abs. 2 BGB).

a) Sach- und Rechtsmangel

903 Sachmängel können einmal an der Mietsache selbst bestehen oder von außen als Umwelt- oder Umfeldmängel auf die Mietsache einwirken.

904 Im Hinblick auf Wohnungen existiert eine umfangreiche Kasuistik,[720] deshalb sei hier ohne Anspruch auf Vollständigkeit auf folgende Grobeinteilung von Sachmängeln hingewiesen:

905 Dabei bietet es sich an, wie folgt zu unterscheiden:[721]
- Baumängel (insbes. mangelnde Dämmung, Eindringen von Feuchtigkeit),
- Bewirtschaftungsmängel (insbes. Ausfall der Wasserversorgung, Ausfall der Heizung),
- Umfeldmängel (insbes. Lärm einer Baustelle, Lärm aus Nachbarwohnung, Bordellbetrieb, Kindergarten, Bolzplatz, Glascontainer),
- Beschaffenheitsmängel (insbes. Wohnungsgröße) sowie
- öffentlich-rechtliche Beschränkungen.[722]

---

[717] BGH NJW 2005, 218 = NZM 2005, 60; BGH NJW 2010, 3088 = NZM 2010, 618; BGH NJW 2013, 2417 = NZM 2013, 575; BGH NJW 2019, 507.
[718] BGH NJW 2004, 3174 = NZM 2004, 736; BGH NZM 2010, 356 = NJW-RR 2010, 737.
[719] BGH NZM 2006, 582 = NJW-RR 2006, 1158.
[720] Dazu umfassend Börstinghaus, Mietminderungstabelle, Teil 2 Tabelle 4 (Minderungsquoten nach Art des Mangels).
[721] BeckOK MietR/Schüller BGB § 536 Rn. 18.
[722] Schmidt-Futterer/Eisenschmid BGB § 536 Rn. 78 sowie Rn. 105 ff.; zu Flächenabweichungen → Rn. 170.

Werden die Grenzwerte für elektromagnetische Felder (26. BImSchV) nicht überschritten, so liegt beim Betrieb einer Mobilfunkanlage kein Sachmangel gem. § 536 BGB vor.[723] Dabei spielt es auch keine Rolle, dass die wissenschaftliche Diskussion über die Gefahren derartiger Anlagen noch nicht abgeschlossen ist.[724] 906

Überempfindlichkeiten führen nicht zur Möglichkeit einer Mietminderung. Das gilt neben Überempfindlichkeiten gegen Lärm[725] und religiösen Überempfindlichkeiten[726] auch für Tierallergiker. Deswegen begründet die Katzenhaltung durch Mitmieter anders als Unsauberkeiten im Haus oder auf dem Grundstück infolge der Katzenhaltung keinen Mangel der von einem Katzenallergiker angemieteten Wohnung.[727] 907

Als Umweltmängel werden diskutiert: 908
Asylbewerber in der Nachbarschaft,[728] Bordellbetrieb,[729] Drogenszene und Drogenberatung,[730] Lärm aus dem Wohnumfeld und der Nachbarschaft,[731] Lärmbeeinträchtigung durch Innenstadtlage der Wohnung insbesondere durch Verkehrslärm,[732] Baulärm vom Nachbargrundstück,[733] bauliche Gestaltung des Nachbargrundstücks mit störender Sichtbeeinträchtigung,[734] Zugangsbehinderungen zur Mietsache,[735] Elektrosmog.[736]

Ausgeschlossen ist eine Minderung für die Dauer von drei Monaten bei einer energetischen Modernisierung iSv § 555b Nr. 1 BGB, soweit diese auf Grund dieser Maßnahme eintritt (§ 536 Abs. 1a BGB).

Die gewährleistungsrechtlichen Folgen eines Rechtsmangels werden identisch behandelt wie die eines Sachmangels (§ 536 Abs. 1, Abs. 3 BGB). Ein Rechtsmangel liegt vor, wenn der Vermieter dem Mieter den Gebrauch des Mietobjekts deshalb nicht oder nur zum Teil gewähren kann, weil das Recht eines Dritten entgegensteht. 909

Dieses Recht eines Dritten ist nur privatrechtlicher Art.[737] Öffentlich-rechtliche Nutzungsbeschränkungen oder Nutzungsverbote sind keine Rechtsmängel, solange sie nicht gegenüber dem Mieter geltend gemacht werden.[738] 910

---

[723] BGH NZM 2006, 504 = NJW-RR 2006, 879; ferner OLG Dresden ZMR 2013, 673.
[724] BVerfG NVwZ 2007, 805; BVerfG NJW 2002, 1638 = NZM 2002, 496; OLG Dresden ZMR 2013, 673; LG Hamburg WuM 2007, 692.
[725] AG Charlottenburg GE 2005, 1199.
[726] Keine Mietminderung bei einer Madonna im Treppenhaus AG Münster NJW 2004, 1334 = NZM 2004, 299.
[727] AG Bad Arolsen NZM 2008, 83.
[728] Abgelehnt von AG Gronau NJW 1991, 2494.
[729] AG Hamburg-Wandsbek WuM 1984, 280; LG Berlin NJW-RR 1996, 264; LG Berlin NZM 2000, 377 = NJW-RR 2000, 601 (Swinger Club).
[730] OLG Hamm NJWE-MietR 1996, 80; abgelehnt von LG Düsseldorf NJW-RR 1995, 330.
[731] Skaterbahn in der Nachbarschaft AG Emmerich NZM 2000, 544; siehe auch BGH NJW 2015, 2177 Rn. 26 (zu Geräuscheinwirkungen, die von Kindertageseinrichtungen, Kinderspielplätzen und ähnlichen Einrichtungen wie beispielsweise Ballspielplätzen von Kindern hervorgerufen werden).
[732] AG Pankow/Weißensee GE 2001, 348.
[733] BGH NJW 2013, 680 = NZM 2013, 184; LG Frankfurt/Main ZMR 2007, 698; OLG Düsseldorf ZMR 2005, 518; AG Lichtenberg GE 2006, 261; BayObLG NJW 1987, 1950; dazu auch Lehmann-Richter NZM 2012, 849.
[734] LG Hamburg WuM 1991, 90.
[735] OLG Dresden NZM 1999, 317 = NJW-RR 1999, 448; aA OLG Düsseldorf NZM 1998, 481 = NJW-RR 1998, 1236; dazu Haase ZMR 1999, 448.
[736] OLG Dresden ZMR 2013, 673; vgl. Schmidt-Futterer/Eisenschmid BGB § 536 Rn. 105 ff.
[737] BGH NJW 1991, 3280; Schmidt-Futterer/Eisenschmid BGB § 536 Rn. 281.
[738] BGH NZM 2014, 165 = NJW-RR 2014, 264; BGH NJW 2009, 3421 = NZM 2009, 814; siehe dagegen BGH NJW 1976, 1888 (Verkauf von öffentlich gefördertem Wohnungseigentum an Erwerber ohne Wohnberechtigung als Rechtsmangel); BGH NJW 2000, 1256; OLG Hamm NJW-RR 1997, 773.

911 Privatrechtliche Rechtspositionen Dritter, die dem Besitz oder dem Mietgebrauch als Rechtsmangel entgegenstehen, können sich aus dem Eigentum, einem Erbbaurecht, einem Nießbrauch oder aufgrund eines Rückgewährschuldverhältnisses nach § 546 Abs. 2 BGB ergeben. Auch kann eine Gebrauchsentziehung durch den Zwischenvermieter vorliegen, wenn bei wirksamer Kündigung des Hauptmietervertrags die Ansprüche des Eigentümers auf Herausgabe der Mietsache gegenüber dem Untermieter geltend gemacht werden.[739] Dies gilt auch bei unzulässiger Gebrauchsentziehung durch den Vermieter.[740]

Ist dem Mieter die Mietsache überlassen worden, so genügt es für die Annahme eines Gebrauchsentzugs nach § 536 Abs. 3 BGB nicht, dass sein Besitzrecht nur durch die Existenz des Rechts eines Dritten gefährdet ist. Das trifft zu, wenn bei der Untervermietung eine Gefährdung des Besitzrechts des Untermieters dadurch eintritt, dass der Hauptvermieter den Mietvertrag mit dem Hauptmieter kündigt und dieser dem Untermieter daher kein Recht zum Besitz mehr verschaffen kann. Ein Gebrauchsentzug ist in diesem Fall nur gegeben, wenn der Hauptmieter als Dritter seinen Herausgabeanspruch auch geltend macht oder zumindest die Ausübung ernsthaft in Aussicht stellt.[741]

912 Typischer Fall eines Rechtsmangels ist eine Doppelvermietung.

b) Unerheblicher Mangel

913 Gem. § 536 Abs. 1 S. 3 BGB lösen unerhebliche Mängel keine Gewährleistungsrechte aus. Um einen nur unerheblichen Mangel handelt es sich etwa bei der fünftägigen Störung eines Fernsehempfangs, Lärmbelästigung an einem Vormittag, bei einer kurzfristigen Verschmutzung des Treppenhauses[742] sowie bei zwei ausgetrockneten Wasserflecken an der Wand des Bades.[743]

c) Fehlen einer zugesicherten Eigenschaft

914 Über die allgemeine Tauglichkeit des Mietobjekts für den beabsichtigten vertragsgemäßen Gebrauch hinaus kann der Vermieter dem Mieter noch besondere Eigenschaften zusichern. Stellt sich heraus, dass trotz der Zusicherung die Eigenschaft fehlt oder später wegfällt, so ist die Mietsache mangelhaft (§ 536 Abs. 2 BGB).

915 Bei der Vermietung von Geschäfts- oder Wohnraum liegt allein in der Angabe der **Fläche im Mietvertrag** lediglich nur eine Beschaffenheitsangabe. Für die Annahme einer zugesicherten Eigenschaft müssen besondere Umstände hinzutreten.[744]

916 Da die Voraussetzungen für eine zugesicherte Eigenschaft in der Regel fehlen, kann ein Mangel unter diesem Aspekt verneint werden.

II. Mietminderung

1. Abgrenzungsfragen

917 In seinem Anwendungsbereich ist das Gewährleistungssystem des Wohnraummietrechts abzugrenzen von den Tatbeständen der Unmöglichkeit, der Anfechtung sowie des Schadensersatzes aus positiver Vertragsverletzung. Bereits aus den bisherigen Darlegungen zeigt sich, dass das mietrechtliche Gewährleistungsrecht immer dann einschlägig ist,

---

[739] OLG Hamm DWW 1987, 295.
[740] OLG Düsseldorf ZMR 1998, 22.
[741] BGH NJW 1975, 1108; OLG Hamm DWW 1987, 295.
[742] AG Frankfurt/Main Privates Eigentum 1995, 210.
[743] AG Dortmund DWW 1997, 157.
[744] Vgl. dazu näher → Rn. 170.

§ 22 Leistungsstörungen nach Übergabe der Mietsache

wenn die Mietsache überlassen und durch einen Sach- oder Rechtsmangel fehlerhaft wird oder eine zugesicherte Eigenschaft fehlt.

2. Eintritt der Minderung

Ist die Mietsache mangelhaft, mindert sich die Miete automatisch kraft Gesetzes (§ 536 Abs. 1 S. 1 u. 2 BGB).[745] Der Mieter muss die Mietminderung also nicht vorher ankündigen[746] oder gar „beantragen".[747] 918

Grundsätzlich kann eine Mietminderung auch rückwirkend vorgenommen werden. Die Mietminderung setzt aber voraus, dass der Vermieter vom Mangel überhaupt Kenntnis hat, wozu auch die Pflicht des Mieters dient, den Mangel anzuzeigen (§ 536c Abs. 1 S. 1 BGB). 919

3. Verschulden des Vermieters

Die mietrechtliche Gewährleistung ist als Garantiehaftung des Vermieters unabhängig von seinem Verschulden ausgeprägt (§ 536 Abs. 1 BGB). Den Vermieter treffen die Folgen seiner Gewährleistungspflicht also unmittelbar, ohne dass ihn am Eintritt des Fehlers der Mietsache ein Verschulden treffen muss. Hier zeigt sich ein gravierender Unterschied zur allgemeinen Garantiehaftung aus § 280 BGB, bei der es auf ein Vertretenmüssen ankommt. 920

Daher kommt es auch nicht darauf an, ob die Schadensursache überhaupt im Einflussbereich des Vermieters liegt und ob sie objektiv behebbar ist. So kann der Mieter beispielsweise bei unvorhersehbaren Naturereignissen (Hochwasser)[748] oder bei Verunreinigungen des Balkons oder des Dachbodens durch Taubenkot[749] die Miete mindern, obgleich der Vermieter für den Eintritt des Mangels weder eine Ursache gesetzt noch überhaupt die Möglichkeit hat, den Mangel abzustellen. Für die praxisrelevanten Fälle von Lärm aufgrund von Straßenbauarbeiten in „Innenstadtlage" wurde eine Minderung verneint,[750] bei Kernsanierungsarbeiten auf dem Nachbargrundstück mit erheblichen Lärm-und Staubbeeinträchtigungen dagegen bejaht.[751] 921

4. Berechnung der Minderung

a) Höhe der Minderung

§ 536 Abs. 1 S. 2 BGB verlangt, dass die Minderung „angemessen" sein muss. Die Praxis orientiert sich zumeist an Mietminderungstabellen.[752] 922

Diese bieten einen groben Anhaltspunkt für die konkret vorzunehmende Minderung. Die zusammengestellten tabellarischen prozentualen Abschläge stammen aus Gerichtsentscheidungen und sind einzelfallorientiert zu würdigen. Sie sind also keine absoluten Größen. Eine Minderungsquote kann in aller Regel angesichts der in vielerlei Hinsicht gegebenen Bemessungsunwägbarkeiten (Art, Dauer und Erheblichkeit des Mangels) von 923

---

[745] Siehe nur BGH NJW 2013, 680 = NZM 2013, 184.
[746] AG Schwerin WuM 1994, 530.
[747] Zum Irrtum des Mieters über die kraft Gesetzes eintretende Minderung BGH NZM 2018, 1018 (1020) = NJW-RR 2018, 1483 (1485).
[748] LG Leipzig NJW 2003, 2177 = NZM 2003, 510; siehe zur Lage eines Gebäudes im hochwassergefährdeten Gebiet BGH NJW 1971, 424 (lagebedingter Mietmangel verneint).
[749] AG Köln ZMR 1995, 11.
[750] BGH NJW 2013, 680 = NZM 2013, 184.
[751] OLG Frankfurt a. M. NJW 2015, 2434 = NZM 2015, 542; LG Berlin GE 2013, 1515.
[752] Vgl. Börstinghaus, Mietminderungstabelle, Teil 2 Tabelle 4.

einem Laien – und häufig auch von einem rechtlichen Beistand – nur überschlägig angesetzt werden.[753]

924 Trotz der Gesetzesfassung „angemessen" werden subjektive Elemente wie Vermieterverschulden nicht berücksichtigt.[754] Deshalb kann und hat sich der Richter gegebenenfalls der Hilfe eines Sachverständigen zu bedienen, um Art und Umfang der streitigen Mängel festzustellen.[755] Dies bedeutet also, dass das Gericht notfalls im Sinne der Schadensschätzung gem. § 287 ZPO die Minderungsquote und damit auch den Minderungsbetrag festlegt.

925 Es wurde bereits betont, dass Mietminderungstabellen keinesfalls mehr als eine unverbindliche und grobe erste Orientierung sein können. Deshalb müssen die beteiligten Parteien und deren Rechtsvertreter selbst eine eigene, individuell am Sachverhalt orientierte Minderungsquote festlegen. Dabei ist nicht zu verkennen, dass das Risiko der Fehleinschätzung und auf Mieterseite auch die erhebliche Gefahr mit Blick auf den Bestand des Mietverhältnisses besteht.[756]

b) Ausgangsmiete

926 Die Streitfrage, von welcher Ausgangsmiete die Minderung zu berechnen ist, hat der BGH mit der Erheblichkeit der Bruttomiete (Miete einschließlich Betriebskosten) als Berechnungsbasis entschieden.[757] Dabei ist unerheblich, ob die Betriebskosten als Pauschale oder als Vorauszahlung geschuldet werden.

5. Minderung nach beendetem Mietverhältnis

927 Räumt der Mieter nach beendetem Mietverhältnis die Wohnung nicht, so schuldet er Nutzungsentschädigung nach § 546a BGB. Sie ist zumindest in Höhe der zuletzt geschuldeten (Gesamt-)Miete zu zahlen. Doch es kann u. a. deutlich darüber hinausgehen (§ 546a Abs. 1 Alt. 2 BGB). Die Nutzungsentschädigung bestimmt sich anhand der bei Neuabschluss eines Mietvertrages über die Wohnung ortsüblichen Miete (Marktmiete).[758] § 558 Abs. 2 BGB (ortsübliche Vergleichsmiete) ist insoweit nicht heranzuziehen. War die Miete bereits während des bestehenden Mietverhältnisses gemindert, so ist die Nutzungsentschädigung nur in Höhe der geminderten Miete zu entrichten.[759] Auch eine erstmals nach Vertragsbeendigung eingetretene Verschlechterung der Mietsache, die beim Fortbestehen des Mietverhältnisses eine Minderung der Miete zur Folge gehabt hätte, führt grundsätzlich nicht dazu, den Anspruch des Vermieters auf Zahlung einer Nutzungsentschädigung in entsprechender Anwendung von § 536 BGB herabzusetzen.[760]

6. Ausschluss der Minderung

928 Obgleich § 536 Abs. 4 BGB die Mietminderung im Wohnraumbereich als unabdingbares Recht ausgestaltet, kann sie gesetzlich, bei Kenntnis des Mangels oder schließlich bei unterlassener Mängelanzeige des Mieters ausgeschlossen sein (§§ 536b, 536c Abs. 2 S 2 Ziff. 1 BGB). Sach- und Rechtsmängel werden gleichbehandelt.

---

[753] BGH NZM 2018, 1018 = NJW-RR 2018, 1483.
[754] MüKoBGB/Häublein BGB § 536 Rn. 29; BGH NZM 2018, 1020.
[755] OLG Celle ZMR 1995, 205.
[756] Dazu sogleich unter → Rn. 1011 (Rechtsfolgen unberechtigter Minderung).
[757] BGH NJW 2005, 1713 = NZM 2005, 455; BGH NJW 2005, 2773 = NZM 2005, 699; fortgeführt von BGH NZM 2018, 444.
[758] BGH NJW 2017, 1022 = NZM 2017, 186.
[759] BGH NJW 2015, 2795 = NZM 2015, 695; BGH NJW-RR 1990, 884; BGH NJW 1961, 916; Schmidt-Futterer/Streyl BGB § 546a Rn. 68.
[760] BGH NJW 2015, 2795 = NZM 2015, 695.

Als weitere gesetzliche Ausschlussgründe kommen die gesetzliche Duldungspflicht aus § 906 BGB, eigenes Verschulden des Mieters sowie der Grundsatz von Treu und Glauben (§ 242 BGB) in Betracht. Auch wird diskutiert, ob das genossenschaftliche Treueverhältnis eines Genossenschafters und Wohnungsnutzers sein nach dem Gesetz bestehendes Minderungsrecht überlagert. Schließlich kann das Mietminderungsrecht verwirkt sein.[761]

III. Erfüllungsanspruch

Der Mieter hat zunächst einen Mängelbeseitigungsanspruch gegen den Vermieter als vertraglichen Erfüllungsanspruch aus § 535 Abs. 1 S. 2 BGB.[762] Einen im Laufe des Mietverhältnisses auftretenden Mangel der Mietsache hat der Vermieter auch dann auf seine Kosten zu beseitigen, wenn die Mangelursache zwar der Sphäre des Mieters zuzurechnen ist, der Mieter den Mangel aber nicht zu vertreten hat, weil er die Grenzen des vertragsgemäßen Gebrauchs nicht überschritten hat.[763]   929

Er kann den Erfüllungsanspruch aus § 535 Abs. 1 S. 2 BGB selbst dann noch geltend machen, wenn eine Minderung nach § 536b BGB ausgeschlossen ist. Erfüllungsansprüche sind nur dann ausgeschlossen, wenn die Mietvertragsparteien einen bestimmten, bei Überlassung vorhandenen (negativen) Zustand der Mietsache als vertragsgemäß vereinbart haben.[764] Auch wenn die Mangelursache zwar der Sphäre des Mieters zuzurechnen ist, der Mieter den Mangel aber wegen der Einhaltung der Grenzen des vertragsgemäßen Gebrauchs nicht zu vertreten hat, hat der Vermieter den im Laufe des Mietverhältnisses auftretenden Mangel auf seine Kosten zu beseitigen.[765]   930

IV. Zurückbehaltungsrecht

Die Erhaltungspflicht der Mietsache nach § 535 Abs. 1 S. 2 BGB ist eine vertragliche Hauptleistungspflicht des Vermieters. Das Leistungsverweigerungsrecht in § 320 BGB berechtigt Mieter nach herrschender Auffassung die Zahlung der Miete bis zur Beseitigung des Mangels ganz oder teilweise zu verweigern.[766] Mit der Durchsetzung des Mängelbeseitigungsanspruchs ist sein Anwendungsbereich umschrieben. Es soll den vertraglichen Erfüllungsanspruch des § 535 Abs. 1 S. 2 BGB verwirklichen, dient aber nicht dazu, etwaige Schadensersatz-, Aufwendungsersatz- und Bereicherungsansprüche durchzusetzen.[767] Dies ist vielmehr dem Zurückbehaltungsrecht in § 273 BGB zuzuordnen.   931

Im Gegensatz zum Minderungsrecht kommt es nicht zur endgültigen Kürzung der Miete. Sie wird vielmehr nur vorläufig einbehalten, solange der Mangel besteht. Das Zurückbehaltungsrecht ist anhand der Einzelfallumstände zeitlich und betragsmäßig zu beschränken, insbesondere besteht dieses Druckmittel nicht unbegrenzt.[768] Hierbei ist auf die Bedeutung des Mangels und dessen Beseitigungsaufwand sowie ggf. auf das Verhalten der Vertragsparteien abzustellen.[769] Offen ist, ob der Einbehalt von drei bis vier Monats-   932

---

[761] Dazu sogleich unter → Rn. 1007, → Rn. 1077 und → Rn. 975.
[762] BGH NJW 2015, 3087 (3090); NJW 2010, 1292 = NZM 2010, 235; BGH NZM 2006, 696 (697).
[763] BGH NJW 2008, 2432 = NZM 2008, 607.
[764] BGH NJW NZM 2007, 484 = NJW-RR 2007, 1021; Lames NZM 2007, 465.
[765] BGH NJW 2008, 2432 = NZM 2008, 607.
[766] BGH NZM 2003, 437 = NJW-RR 2003, 873; Hinz ZMR 2016, 253 (255); Derleder NZM 2002, 676 (679).
[767] Hinz ZMR 2016, 253 (254); Derleder, NZM 2002, 676 (679).
[768] Grundlegend BGH NJW 2015, 3087 = NZM 2015, 618; dazu umfassend Hinz ZMR 2016, 253.
[769] Hinz ZMR 2016, 253 (261).

mieten ein gewisser Orientierungswert sein kann, was mit der nötigen Vorsicht zu handhaben ist.[770]

Ist der Mangel beseitigt, so muss die einbehaltene Miete nachgezahlt werden,[771] soweit der zurückgehaltene Teil den Minderungsbetrag übersteigt (§ 322 BGB).

933 Durch den seit der Mietrechtsreform 2001 geltenden § 556b Abs. 1 BGB mit vorverlegtem Fälligkeitszeitpunkt für die Mietzahlung ist allerdings zweifelhaft geworden, ob dem Mieter das Leistungsverweigerungsrecht nach § 320 BGB noch zusteht.[772] Denn § 320 Abs. 1 S. 1 BGB lässt das Leistungsverweigerungsrecht entfallen, wenn eine Vorleistungspflicht besteht. Trotz des vorverlegten Fälligkeitszeitpunkts im Hinblick auf die Zahlung der Miete müsste der Vermieter also weiterhin vorleistungspflichtig sein, so wie er es nach dem gesetzlichen Leitbild, das für die gesamte Geltungsdauer des Bürgerlichen Gesetzbuchs galt, bisher auch war.

934 Beseitigt der Vermieter den Mangel, so ist die aufgrund des Zurückbehaltungsrechts einbehaltene Miete in einem Betrag nachzuzahlen. Dennoch kommt der Mieter auch in diesem Fall nicht automatisch mit dem zurückbehaltenen Betrag in Verzug, wenn eine in den Mietvertrag zusätzlich aufgenommene Vorfälligkeitsklausel bezüglich der Miete unwirksam ist.[773] Entscheidend ist hierbei, dass bei Mietverträgen aus der Zeit vor dem 1.9.2001 die bis dahin gesetzliche Fälligkeit der Miete zum Monatsende weiterhin zu beachten ist (Art. 229 § 3 Abs. 1 Nr. 7 EGBGB). In diesem Falle bedarf es nach der Mängelbeseitigung bei Unwirksamkeit der Vorfälligkeitsklausel einer Mahnung des Vermieters, da die gesetzliche Fälligkeitsvorschrift insoweit den Verzug noch nicht begründet.

Erst bei Verträgen aus der Zeit nach dem 1.9.2001 gilt als Fälligkeitszeitpunkt gem. § 566b Abs. 1 BGB der Monatsanfang.

935 Ist der Mangel noch nicht beseitigt, so verhindert das Bestehen des Zurückbehaltungsrechts einen entsprechenden Zahlungsverzug des Mieters auch dann, wenn er sich auf das Zurückbehaltungsrecht nicht ausdrücklich beruft.[774] Jedoch muss der Mieter zu erkennen geben, dass er die Miete wegen der Mängel zurückbehält.[775] Dieses Teilergebnis ist als Vorfrage einer begründeten Kündigung wegen Zahlungsverzugs wichtig.[776] Aus diesem Grunde ist der Mieter auch ohne formellen Antrag gem. § 322 BGB nur Zug um Zug gegen Beseitigung der Mängel zur Zahlung zu verurteilen, wenn sich nur aus seinem Beklagtenvortrag insgesamt ergibt, dass er sich auf das Leistungsverweigerungsrecht berufen möchte.

936 Das Zurückbehaltungsrecht ist im Gegensatz zu Minderungsmöglichkeiten auch bei Kenntnis des Mieters vom Mangel nicht ausgeschlossen. Es entfällt jedoch gem. § 536 Abs. 1 S. 2 BGB analog, wenn lediglich eine unerhebliche Minderung der Tauglichkeit der Mietsache vorliegt.[777]

937 Nach den §§ 566 Abs. 1, 578 BGB tritt der Erwerber, wenn Wohn- oder Geschäftsraum vom Vermieter nach Überlassung an den Mieter an einen Dritten veräußert wird, an Stelle des Vermieters in die sich während der Dauer seines Eigentums aus dem Miet-

---

[770] Hinz ZMR 2016, 253 (264); Börstinghaus jurisPR-MietR 17/2015 Anm. 1.
[771] Blank/Börstinghaus/Blank BGB § 536 Rn. 187.
[772] Hierzu Hinz ZMR 2016, 253 (257).
[773] BGH NJW 2017, 1596 = NZM 2017, 120; BGH NJW 1995, 254; siehe aber zu wirksamen Vorfälligkeitsklauseln BGH NJW 2011, 2201 = NZM 2011, 579; BGH WuM 2011, 676; BGH WuM 2008, 152.
[774] LG Berlin GE 2012, 898; LG Berlin GE 1996, 549.
[775] Blank/Börstinghaus/Blank BGB § 536 Rn. 190; Hinz ZMR 2016, 253 (266); BGH NJW 2006, 2839; NJW 1999, 53.
[776] Hierzu im Einzelnen sogleich unter → Rn. 1011.
[777] Schmidt-Futterer/Eisenschmid BGB § 536 Rn. 424.

vertrag ergebenden Rechte und Pflichten ein. In diesem Fall verliert der Mieter gegenüber dem Veräußerer sein Zurückbehaltungsrecht an der rückständigen Miete wegen eines vor der Veräußerung entstandenen Mangels.

Wegen der mit dem Eigentumswechsel verbundenen Zäsur ist vom Zeitpunkt der Veräußerung an nur noch der Erwerber zur Mangelbeseitigung verpflichtet. Dem Mieter steht nur ein Leistungsverweigerungsrecht bezüglich der ihm bis zur Mangelbeseitigung geschuldeten Miete zu.[778] 938

Der Anspruch auf Erhaltung der Mietsache in gebrauchsfähigem Zustand (§ 535 Abs. 1 S. 2 BGB) ist unabhängig davon, ob der zu beseitigende Mangel vor oder nach dem Eigentumsübergang entstanden ist. Bei der Erhaltungspflicht des Vermieters handelt es sich um eine Dauerverpflichtung, die auch hinsichtlich der Mängel, die vor dem Eigentumswechsel aufgetreten sind, in die Zukunft gerichtet ist. Sie ist die Gegenleistung für die laufend geschuldete Miete.[779] 939

Vom Zurückbehaltungsrecht an der Miete wegen Mangel der Mietsache ist das in § 556b Abs. 2 BGB geregelte Zurückbehaltungsrecht wegen mängelbedingter Schadensersatz- und Aufwendungsersatzansprüche des Mieters sowie aus §§ 812 ff. BGB zu unterscheiden. Dieses Zurückbehaltungsrecht gilt uneingeschränkt nur bei der Wohnraummiete. 940

Der Mieter muss seine Absicht zur Ausübung des Zurückbehaltungsrechts mindestens einen Monat vorher gegenüber dem Vermieter in Textform anzeigen. Diese entsprechende Erklärung des Mieters muss beim Vermieter als lesbare Erklärung ankommen und die Person des Ausstellers erkennen lassen (§ 126b BGB). Dies kann per E-Mail, Telefax, Computerfax oder über einen Instant-Messing-Dienst oder SMS geschehen. Ist die Anzeige verspätet, so gilt sie als Ankündigung des geltend gemachten Zurückbehaltungsrechts zum nächst zulässigen Termin. 941

V. Beseitigungsanspruch

Neben den mietrechtlichen Gewährleistungsansprüchen besteht ein Mängelbeseitigungsanspruch als vertraglicher Erfüllungsanspruch (§ 535 Abs. 1 S. 1 BGB). Dabei muss die Instandsetzung der Mietsache dem Vermieter aber zumutbar sein.[780] Die sogenannte Opfergrenze darf nicht überschritten werden. 942

Der Verlust von Gewährleistungsansprüchen – sei es wegen Kenntnis oder grobfahrlässiger Unkenntnis von Mängeln bei Vertragsschluss, oder in Folge von Verwirkung bei späteren Mängeln, führt grundsätzlich nicht zu Verlust des Erfüllungsanspruchs.[781] 943

VI. Selbstbeseitigungsrecht – Aufwendungsersatz

Ist die Mietsache mangelhaft und befindet sich der Vermieter mit der Beseitigung dieses Mangels in Verzug oder ist die umgehende Beseitigung des Mangels zur Erhaltung oder Wiederherstellung des Bestandes notwendig, so kann der Mieter nach § 536a Abs. 2 BGB den Mangel selbst beseitigen und Ersatz der erforderlichen Aufwendungen verlangen. Die Vorschrift erfasst Aufwendungen, die zur Wiederherstellung des vertragsgemäßen 944

---

[778] BGH NZM 2006, 696.
[779] Hierzu BGH NJW 2015, 3087 (3090); NJW 2010, 1292 = NZM 2010, 235; BGH NZM 2006, 696 (697).
[780] BGH NJW 2014, 1881 = NZM 2014, 432; Blank/Börstinghaus/Blank BGB § 535 Rn. 374.
[781] MüKoBGB/Häublein BGB § 536b Rn. 1.

Zustandes der Wohnung gemacht wurden.[782] Beseitigt der Mieter eigenmächtig einen Mangel der Mietsache, ohne dass der Vermieter mit der Mangelbeseitigung in Verzug ist (§ 536a Abs. 2 Nr. 1 BGB) oder die umgehende Beseitigung des Mangels zur Erhaltung oder Wiederherstellung des Bestands der Mietsache notwendig ist (§ 536a Abs. 2 Nr. 2 BGB), so kann er die Aufwendungen zur Mangelbeseitigung weder nach § 539 Abs. 1 BGB noch als Schadensersatz gemäß § 536a Abs. 1 BGB vom Vermieter ersetzt verlangen.[783]

945 Der Mieter muss sich in Verzug befinden. Ist eine Leistung nach dem Kalender nicht bestimmt oder bestimmbar (§ 286 Abs. 1 Ziff. 1. u. 2 BGB), so tritt Verzug durch Mahnung nach Fälligkeit des geltend gemachten Anspruchs ein (§ 286 Abs. 1 BGB). Dabei muss die Mahnung innerhalb des Verfahrens nach § 536a Abs. 2 BGB die unzweifelhafte Aufforderung enthalten, innerhalb einer genau bezeichneten Frist den Schaden zu beheben. Bloße Hinweise auf vorhandene Mängel reichen dazu nicht aus. Eine Mängelanzeige, zu der der Mieter nach § 536c Abs. 1 S. 1 BGB ohnehin verpflichtet ist, ersetzt also die Mahnung nicht.[784]

946 Über diese Grundregel hinaus sind folgende Sonderfälle gesondert zu betrachten:
Wurde die Reparatur eines defekten Gerätes (zB Boiler zur Warmwasseraufbereitung) angemahnt und erweist sich danach eine Reparatur des Gerätes als wirtschaftlich unzweckmäßig, so wird kontrovers entschieden, ob der Mieter dann ohne eine weitere Mahnung gegenüber dem Vermieter den Handwerker mit dem Neueinbau beauftragen darf.[785] Eine zweite Mahnung ist jedenfalls dann notwendig, wenn der Einbau eines neuen Gerätes für den Mieter erkennbar zu deutlich höheren Kostenbelastungen des Vermieters führen würde. Im Übrigen muss es seiner wirtschaftlichen Entscheidung vorbehalten bleiben, ob er, gemessen an der Restlebensdauer des Gerätes und unter Berücksichtigung von Beschaffungsproblemen bei Ersatzteilen und etwa damit verbundener Kosten, eine Reparatur dem Neueinbau vorzieht oder als wirtschaftlich unsinnig ablehnt. Anders ist nur bei einer Notreparatur zu entscheiden.

947 Ohne Kenntnis des Mangels kann der Vermieter nicht in Verzug geraten (§ 286 Abs. 4 BGB). Der Mieter, der ohne Mängelanzeige sofort eine Firma mit der Reparatur einer Heizung beauftrag, hat daher – abgesehen von den Fällen einer Notreparatur – keine Aufwendungsersatzansprüche gegen den Vermieter aus § 536a Abs. 2 BGB.[786]

948 Kann der Mieter nach § 536a Abs. 2 BGB Aufwendungsersatz verlangen, so umfasst der Anspruch auch die Kosten eines privat beauftragten Sachverständigen.[787] Hat der Mieter dem Vermieter allerdings vor der Selbstbeseitigung des Mangels nicht in Verzug gesetzt, so hat er keinerlei Verwendungsersatzansprüche aus §§ 539 Abs. 1, 677 ff., 812 ff. BGB. § 536a Abs. 2 BGB geht diesen Vorschriften als Sonderregelung vor.[788]

949 Das Selbsthilferecht des Mieters ist ausgeschlossen, wenn der Mangel unerheblich ist, der Mieter Kenntnis vom Mangel hat oder wenn der Mieter den Mangel selbst zu vertreten hat.

950 Teilweise wird analog § 536b BGB eine Verwirkung des Aufwendungsersatzanspruchs[789] aus § 536a Abs. 2 BGB angenommen, wenn der Mieter sechs Monate lang die Miete vorbehaltlos in Kenntnis des Mangels weitergezahlt hat. Anders als der Min-

---

[782] AG Lüdenscheid WuM 1988, 304 (305); vgl. zum Ersatz der Kosten unaufschiebbarer Notmaßnahmen LG Heidelberg WuM 1997, 42.
[783] BGH NJW 2008, 1216 = NZM 2008, 279.
[784] OLG Düsseldorf WuM 1993, 271.
[785] Dafür LG Itzehoe WuM 1988, 87; dagegen LG Hamburg WuM 1988, 87.
[786] LG Berlin WuM 1989, 15; LG Görlitz WuM 1996, 405.
[787] OLG Düsseldorf NJW-RR 1992, 716.
[788] BGH NJW 2008, 1216 = NZM 2008, 279.
[789] BGH NJW 1959, 1629; Schmidt-Futterer/Eisenschmid BGB § 536a Rn. 154.

derungsanspruch selbst soll der Aufwendungsersatzanspruch auch bei einer nachfolgenden Mieterhöhung nicht wiederaufleben.

VII. Vorschussanspruch

Ist der Mieter nach § 536a Abs. 2 BGB berechtigt, den Mangel selbst zu beseitigen und kann er hierfür Aufwendungsersatz verlangen, so steht ihm aus § 536a Abs. 2 Nr. 1 BGB und aus § 242 BGB ein Anspruch auf Zahlung eines Vorschusses auf die Mängelbeseitigungskosten gegen den Vermieter zu.[790] Neben den Voraussetzungen von § 536a Abs. 2 BGB ist es für einen solchen Anspruch notwendig, dass der Vermieter zur Mängelbeseitigung nicht bereit ist. Dies kann zB der Fall sein, wenn er die Mängelbeseitigung auf eine entsprechende Anzeige hin ernsthaft und endgültig verweigert hat (§ 286 Abs. 2 Ziff. 3 BGB). 951

Der Anspruch besteht in Höhe der voraussichtlichen Aufwendungen zur Mängelbeseitigung. Nach Abschluss der Arbeiten ist über den Vorschuss abzurechnen. Der Mieter ist rechnungslegungspflichtig. In Ausnahmefällen ist der Anspruch mit einer einstweiligen Verfügung durchsetzbar. 952

Um den Zweck des Vorschussanspruchs nicht zu vereiteln, soll eine Aufrechnung des Vermieters mit rückständigen Mieten ausgeschlossen sein. 953

Der Anspruch besteht nicht, wenn das Mietverhältnis ausläuft.[791] 954

VIII. Schadensersatz wegen Nichterfüllung

Der Vermieter haftet dem Mieter wegen Mängeln des Mietobjekts nach § 536a Abs. 1 Var. 1 BGB, wenn der Mangel schon bei Vertragsschluss vorhanden ist. Ein Verschulden des Vermieters muss nicht vorliegen. Es handelt sich um eine reine Gefährdungshaftung. Ist der Mangel nach Vertragsschluss entstanden, so haftet der Vermieter nur noch bei Verschulden (§ 538 Abs. 1 Var. 2 BGB iVm § 276 BGB). Darüber hinaus ist der Vermieter schadensersatzpflichtig, wenn er mit der Beseitigung eines Mangels in Verzug ist (§ 536a Abs. 1 Var. 3 BGB). Auch diese Variante greift nur bei Verschulden (§ 286 Abs. 4 BGB). 955

Der Vermieter haftet nach § 536a BGB auf das Erfüllungsinteresse in Höhe des gesamten Nichterfüllungsschadens. Zwischen Mangel und Mangelfolgeschaden wird nicht unterschieden. 956

Bestreitet der Vermieter unberechtigt vorhandene Mängel, so hat er dem Mieter die Gutachterkosten zu ersetzen, die diesem durch die Beauftragung eines Sachverständigen zum Nachweis des Mangels entstehen.[792] Ließ sich der Mangel auch ohne ein Sachverständigengutachten feststellen, bleibt der Mieter auf den Gutachterkosten sitzen.[793] 957

Neben diesen vertraglichen Schadensersatzansprüchen können deliktische Ansprüche nach §§ 823 ff. BGB bestehen. Pflichtverletzungen des Vermieters, die nicht unter § 536a BGB fallen, können auch zu einer Haftung aus positiver Vertragsverletzung führen.[794] 958

---

[790] BGH NJW 2008, 2432 = NZM 2008, 607.
[791] LG Berlin NZM 1999, 119.
[792] LG Hamburg WuM 1983, 290.
[793] Verstoß gegen den Grundsatz der Schadensminderungspflicht AG Ahrensburg WuM 1986, 309.
[794] BGH NZM 2013, 191 = NJW-RR 2013, 333; BGH NJW 2009, 142 = NZM 2009, 29; Schmidt-Futterer/Eisenschmid BGB § 536a Rn. 165.

959 Der Mieter ist zur Schadensminderung verpflichtet. So ist beispielsweise der Mieter einer schimmelverseuchten Wohnung gehalten, gesundheitliche Schäden von sich abzuwenden.[795] Dies soll in der Regel durch die Anmietung einer anderen, ihm jedoch insbesondere finanziell zumutbaren Wohnung erfolgen.

960 Werden im Zusammenhang mit den aufgetretenen Schadensereignissen auch Einrichtungsgegenstände des Mieters beschädigt, so ist bei der Schadensbewertung ein Abzug „Neu für Alt" vorzunehmen. Für die Bewertung dieses Abzugs wird darauf hingewiesen, dass bei einer erst wenige Jahre alten Wohnungseinrichtung berücksichtigt werden muss, dass es sich nicht um den Wert von Gebrauchsgegenständen handelt, die zum Verkauf stehen. Vielmehr handelt es sich um Gegenstände, die ihr Eigentümer noch lange nutzen will.[796]

961 Bei unerheblichen Mängeln, vom Vermieter selbst verschuldeten Mängeln oder bei ihm bekannten Mängeln ist der Schadensersatzanspruch aus § 536a BGB ausgeschlossen.

962 Vertraglich können Schadensersatzansprüche durch Formularklauseln eingeschränkt werden. Dies gilt nicht, wenn der Vermieter den Mangel arglistig verschwiegen hat (§ 536d BGB).

963 Klauseln, die die Haftung für grobe Fahrlässigkeit oder für Vorsatz ausschließen, sind unwirksam (§ 309 Ziff. 7 lit. b BGB). Auch die Beschränkung auf grob fahrlässiges Verhalten ist bei Sachschäden zumindest solange unwirksam, wie sich der Vermieter gegen den eingetretenen Schaden hätte versichern können.[797] Insbesondere bei Feuchtigkeitsschäden an seiner Wohnungseinrichtung kann der Mieter daher auch bei formularvertraglichen Haftungsbeschränkungen auf grobe Fahrlässigkeit und Vorsatz in jedem Fall, also auch bei Vorliegen einfacher Fahrlässigkeit des Vermieters, Schadensersatz verlangen.

IX. Kündigung

964 Bei weniger schwerwiegenden Mängeln kommt eine fristgerechte Kündigung des Mieters in Betracht. Diese Kündigung braucht als Kündigung des Mieters nicht begründet werden.

965 Bei schwereren Mängeln kommen Gründe für eine fristlose Kündigung des Mieters wegen Nichtgewährung des Gebrauchs der Mietsache (§ 543 Abs. 2 S. 1 Ziff. 1 BGB) oder wegen Gesundheitsgefährdung (§ 569 Abs. 1 BGB) in Betracht.

966 Für das Kündigungsrecht aus § 543 Abs. 2 S. 1 Ziff. 1 BGB ist es neben der Erheblichkeit des Mangels wichtig, dass der Mieter dem Vermieter zuvor eine angemessene Frist gesetzt hat (§ 543 Abs. 3 BGB), um die Mängel zu beseitigen und damit den gestörten oder nicht gewährten Gebrauch der Mietsache auszuräumen. Darüber hinaus muss die Kündigung nicht angedroht werden.[798] Bestehen Tatsachen, die für den Mieter den Kündigungsgrund ausfüllen, aber für ihn so schwer wiegen, dass die weitere Vertragserfüllung für ihn kein Interesse mehr hat, so kann er ohne vorherige Fristsetzung kündigen (§ 543 Abs. 3 S. 2 Ziff. 1 u. 2 BGB). Umgekehrt bedarf es bei nur unerheblichen Hinderungen oder Vorenthaltungen des Gebrauchs eines besonderen Mieterinteresses, wenn er fristlos kündigen will.

---

[795] BGH WuM 2006, 25.
[796] OLG Celle NJW-RR 1996, 521.
[797] Zu Sachschäden an der Wohnungseinrichtung des Mieters wegen Feuchtigkeitseinwirkungen durch fehlerhafte Mietsache BGH NJW 2002, 673 = NZM 2002, 116; MüKoBGB/Häublein BGB § 536a Rn. 22; ebenso OLG Hamm ZMR 1996, 199; vgl. auch die ältere Rechtsprechung des BGH, die Haftungsausschlüsse ebenfalls für zulässig hielt BGH NJW-RR 1991, 74.
[798] BGH NJW 2007, 2474 = NZM 2007, 561.

§ 22 Leistungsstörungen nach Übergabe der Mietsache

Hat der Mieter Fristen zur Wiederherstellung des vertragsgemäßen Zustandes gesetzt und hat der Vermieter hierauf wiederholt nicht reagiert, so ist die fristlose Kündigung gem. § 543 Abs. 2 S. 1 Ziff. 1 BGB wirksam, obgleich der Vermieter am Tage des Ablaufes einer ihm neuerlich gesetzten Frist mit den Instandsetzungsarbeiten beginnt.[799]

967

Bei Wohnraummietverhältnissen kann das Kündigungsrecht des Mieters aus § 543 Abs. 2 S. 1 Ziff. 1 BGB weder vertraglich ausgeschlossen noch eingeschränkt werden (§ 543 Abs. 4 S. 1 BGB, § 536d BGB).

968

Im Streitfalle trifft den Vermieter die Beweislast dafür, ob er den Gebrauch der Mietsache rechtzeitig gewährt oder die Abhilfe vor Ablauf der hierzu vom Mieter bestimmten Frist bewirkt hat (§ 543 Abs. 4 S. 2 BGB).

969

Hat der Mieter den Mangel längere Zeit hingenommen, so können seine Kündigungsrechte verwirken.[800] Ein einmal entfallenes Kündigungsrecht lebt aber wieder auf, wenn der zunächst hingenommene Mangel sich in unzumutbarer Weise verschlechtert.[801]

970

Zur fristlosen Kündigung wegen Gesundheitsgefährdung gem. § 569 Abs. 1 S. 2 BGB ist darauf hinzuweisen, dass das Kündigungsrecht im Unterschied zu § 543 Abs. 2 S. 1 Ziff. 1 BGB auch dann besteht, wenn der Mieter die gefahrbringende Beschaffenheit der Wohnung bei Mietvertragsabschluss gekannt oder auf die Geltendmachung der ihm wegen dieser Beschaffenheit zustehenden Rechte verzichtet hat.[802]

971

X. Reaktionsmöglichkeiten des Vermieters

Wird der Vermieter mit Minderungsansprüchen eines Mieters konfrontiert oder sieht er sich den dargestellten Folgeansprüchen ausgesetzt, so muss er sich zunächst in einem Besichtigungstermin Klarheit über das Schadensbild, die Schadensursache oder über sonstige störende Einwirkungen auf die Mietwohnung verschaffen. Er hat insoweit ein anlassbezogenes Besichtigungsrecht.

972

1. Besichtigungstermin

Geltend gemachte Gewährleistungsrechte und weitere Ansprüche des Mieters aus einer sachmangelbedingten Verschlechterung der Mietsache hängen maßgeblich von ihrem Zustand ab. Im Falle der Mängelanzeige durch den Mieter folgt dieses Zutrittsrecht aus § 555a Abs. 1 BGB iVm §§ 536c, 242 BGB.[803] Auch § 535 Abs. 1 S. 2 BGB kann als Anspruchsgrundlage herangezogen werden. Denn danach ist der Vermieter einerseits zur Erhaltung der Mietsache verpflichtet und muss daher auch das eigenständige Recht haben, zu ermitteln, ob überhaupt und gegebenenfalls in welchem Umfange Maßnahmen zur Erhaltung der Mietsache zu treffen sind.[804]

973

Ob der Vermieter sofort mit einem Sachverständigen den Termin wahrnimmt, ist eine Frage des Einzelfalls und unter Berücksichtigung der Kosten zu entscheiden. Bei Feuchtigkeitsschäden empfiehlt sich das aber, um Schadensursachen möglichst schnell eingrenzen zu können. Deshalb hat der Vermieter auch einen Anspruch darauf, gemeinsam mit einem Sachverständigen oder einem Handwerker die Wohnung zu besichtigen. Er muss

974

---

[799] OLG Düsseldorf NJW-RR 1995, 1353.
[800] BGH NJW 2000, 2663 = NZM 2000, 825.
[801] KG Berlin NJW-RR 2002, 224.
[802] MüKoBGB/Häublein BGB § 536b Rn. 12.
[803] LG Berlin MM 2002, 283; AG Lübeck WuM 1993, 244.
[804] Lützenkirchen NJW 2007, 2152.

dem Mieter nicht vor Besichtigung der Mietwohnung von seinem Handwerker ein „annahmefähiges Angebot zur Mängelbeseitigung" unterbreiten.[805]

975 Auf entsprechende Mitteilung des Vermieters ist der Mieter verpflichtet Terminabsprachen zu treffen. Ob und welche Maßnahmen erforderlich sind, kann der Fachmann erst vor Ort feststellen. Solange der Mieter die Besichtigung verweigert, ist sein Mängelbeseitigungsanspruch nicht durchsetzbar.[806]

976 Lehnt der Mieter eine Besichtigung ab, so hat der Vermieter zwei Möglichkeiten: Er kann ein selbständiges gerichtliches Beweisverfahren in Gang setzen oder sein Besichtigungsrecht durchsetzen.

977 Im Vordergrund sollte die Beweissicherung stehen. Denn der Vermieter hat auf die Mietsache keinen unmittelbaren Zugriff. Sie befindet sich im Obhutsbereich des Mieters. Deshalb kann der Vermieter etwa vermutete Ursachen aus dem Bereich des Mieters nicht vollständig darstellen oder beweisen.

2. Mangel der Mietsache

978 In der Praxis entsteht häufig Streit über die Verursachung der Mängel. Der Mieter mindert erst einmal die Miete mit der Begründung, der Vermieter sei schon aufgrund seiner Gefährdungshaftung für die Beseitigung des Mangels verantwortlich. Damit wird der Vermieter letztlich in die Klägerrolle gedrängt. In Betracht kommen Zahlungsklage oder Räumungsklage nach Kündigung wegen Zahlungsverzugs. Als Vorfrage muss er in beiden Prozessen nachweisen, dass der Mieter die Miete zu Unrecht gemindert hat. Dies kann sich u. a. daraus ergeben, dass er den Wohnungsmangel selbst verursacht hat. Dieser Nachweis kostet Geld. Der Vermieter muss ein Sachverständigengutachten einholen oder sofort ein selbständiges Beweisverfahren beantragen, wenn er das so zustande gekommene Sachverständigengutachten als Beweismittel im Hauptsacheverfahren verwenden will. Deshalb ist nach Alternativmöglichkeiten zu suchen, die sicherstellen, dass der Mieter doch noch ohne gerichtliche Inanspruchnahme eine sachverständige Begutachtung des Schadensbildes ermöglicht.

979 Das kann zum Beispiel durch einen allein vom Vermieter beauftragten, aber gemeinsam gefundenen öffentlich bestellten und vereidigten Sachverständigen auf der Grundlage einer Schiedsgutachterabrede zwischen Mieter und Vermieter[807] erfolgen. Zur Auswahl durch beide Parteien kann zum Beispiel die Liste der Sachverständigen der Industrie- und Handelskammer durchmustert werden. Alternativ kann die Industrie- und Handelskammer gebeten werden, einen Sachverständigen verbindlich für beide Parteien zu benennen, wenn sich der Mieter zuvor mit diesem Verfahren einverstanden erklärt hat.

980 Auf der Grundlage dieses Verfahrens kann der Besichtigungstermin – zeitnah – (zumindest) wiederholt werden.

981 Fällt das Gutachten für den Vermieter positiv aus, kann er auf dieser Grundlage in einem nachfolgenden Prozess vortragen und Beweis durch den Gutachter als sachverständigen Zeugen anbieten.

982 Die Kosten für ein außergerichtliches Gutachten sind zunächst vom beauftragenden Vermieter zu tragen. Im Rahmen der Kostenerstattung können sie als Kosten für ein „Parteigutachten" im Rahmen der Kostenfestsetzung in einem nachfolgenden Gerichtsverfahren regelmäßig nicht berücksichtigt werden. Trägt der Mieter jedoch die Verant-

---

[805] AG Pinneberg ZMR 2007, 459.
[806] AG Pinneberg ZMR 2007, 459; im Falle der Weigerung entfällt die Minderungsberechtigung BGH Urt. v. 10.4.2019 – VIII ZR 12/18, BeckRS 2019, 9414.
[807] Lützenkirchen/Lützenkirchen, Anwalts-Handbuch Mietrecht, Teil F Rz. 219, mit Formulierungsvorschlag.

wortung für den Mangel, so können die Gutachterkosten Teil des Schadensersatzanspruches des Vermieters sein.⁸⁰⁸

Im Vergleich zum gerichtlichen Beweissicherungsverfahren oder sonstigen Klageformen (Mängelbeseitigungsklage, Vorschussklage, Feststellungsklage) bietet der Weg über ein Privatgutachten (Parteigutachten) den Vorteil, dass es schneller erlangt wird. Um dem gebräuchlichen Einwand gegen Parteigutachten vorzubeugen, kann die Auswahl des Sachverständigen zum Beispiel der Industrie- und Handelskammer überlassen werden, die schriftlich um die Benennung eines öffentlich bestellten und vereidigten Sachverständigen gebeten wird. In einem eventuell nachfolgenden Prozess kann durch Vorlage der Schreiben nachgewiesen werden, dass ein „neutraler" Sachverständiger beauftragt wurde. 983

All dies ist nicht notwendig, wenn der Vermieter den Mieter schon aus anderen Gründen auf den Ausschluss der Minderung verweisen kann. Dies kann er – vorbehaltlich bestehender gesundheitsbeeinträchtigender Mängel –, wenn dem Mieter der Mangel bei Abschluss des Vertrages bekannt war (§ 536b BGB), wenn der Mieter eine Mängelanzeige unterlassen hat (§ 536c BGB), wenn ihn bezüglich des von ihm gerügten Mangels der Mietsache gesetzliche Duldungspflichten treffen (§ 906 BGB) oder wenn sich der Vermieter schließlich auf eine Verwirkung des Minderungsrechts berufen kann. 984

a) Bekannte Mängel

Hat der Mieter eine Mietsache in Kenntnis eines Mangels angemietet, so verliert er sein Minderungsrecht (§ 536b BGB). Die Vorschrift ist eine mietrechtliche Sonderregelung über dem Gewährleistungsausschluss bei vorbehaltloser Annahme der Mietsache (vgl. insbesondere § 536b S. 3 BGB). 985

Ist der Mieter der Mangel infolge grober Fahrlässigkeit unbekannt geblieben, so stehen ihm die mietrechtlichen Gewährleistungsrechte nur zu, wenn der Vermieter den Mangel arglistig verschwiegen hat (§ 536b S. 2 BGB). 986

Die Kenntnis des Mieters muss sich auf konkrete Mängel sowie auf deren Auswirkungen auf die Gebrauchstauglichkeit der Sache beziehen. Er behält seine Gewährleistungsrechte allerdings, wenn der Vermieter zugesagt hat, die Mängel zu beseitigen oder selbst davon ausgegangen ist, dass Abhilfe erforderlich ist.⁸⁰⁹ Allerdings muss er sich dann seine Gewährleistungsrechte bei der Annahme der Mietsache vorbehalten (§ 536b S. 3 BGB). 987

Bei nachträglich auftretenden Mängeln wurde der Vorläufer von § 536b BGB (§ 539 BGB a. F.) von der Rechtsprechung und dem überwiegenden Schrifttum analog angewendet.⁸¹⁰ Innerhalb der Mietrechtsreform sollten diese Fälle nach Auffassung des Gesetzgebers über § 536c BGB gelöst werden.⁸¹¹ Der BGH hat differenziert entschieden: Hat ein Wohnungsmieter, dessen Mietvertrag vor dem In-Kraft-Treten des Mietrechtsreformgesetzes am 1.9.2001 geschlossen worden ist, in entsprechender Anwendung des § 539 BGB a. F. sein Recht zur Minderung der Miete verloren, so verbleibt es hinsichtlich der bis zum 1.9.2001 fällig gewordenen Mieten bei diesem Rechtsverlust.⁸¹² Für nach dem In-Kraft-Treten des Mietrechtsreformgesetzes fällig gewordene Mieten scheidet eine analoge Anwendung des § 536b BGB, der an die Stelle des § 539 BGB a. F. getreten ist, aus. Insoweit beurteilt sich die Frage, ob und in welchem Umfang ein Mieter wegen eines Mangels der Wohnung die Miete mindern kann, ausschließlich nach § 536c BGB. Dies 988

---

⁸⁰⁸ Vgl. dazu AG Ulm ZMR 2001, 550.
⁸⁰⁹ AG Braunschweig WuM 1996, 702.
⁸¹⁰ BGH ZMR 1968, 255; BGH WuM 1992, 313 (315); OLG Hamm ZMR 2000, 93; OLG Naumburg ZMR 2001, 617; KG Berlin ZMR 2002, 111; OLG Düsseldorf ZMR 1987, 263.
⁸¹¹ Grundmann NJW 2001, 2497 (2505).
⁸¹² BGH NJW 2003, 2601 = NZM 2003, 679; BGH WuM 2004, 198; BGH NJW 2005, 1503 = NZM 2005, 303; BGH BauR 2005, 1951.

gilt auch für Mietverträge, die vor dem 1.9.2001 abgeschlossen worden sind. Es bleibt jedoch zu prüfen, ob der Mieter dieses Recht unter den strengeren Voraussetzungen der Verwirkung (§ 242 BGB) oder des stillschweigenden Verzichts verloren hat. Angesichts des Umstands, dass eine Minderungsquote in aller Regel angesichts der in vielerlei Hinsicht gegebenen Bemessungsunwägbarkeiten (Art, Dauer und Erheblichkeit des Mangels) von einem Laien – und häufig auch von einem rechtlichen Beistand – nur überschlägig angesetzt werden kann, steht einem Kondiktionsausschluss nach § 814 Alt. 1 BGB nicht entgegen, dass sich der Mieter nur zu einer ungefähren Bestimmung einer Minderungsquote in der Lage sieht.[813]

b) Gesetzliche Duldungspflicht

989 § 906 BGB erlegt dem Eigentümer eines Grundstücks Duldungspflichten im Hinblick auf die Zuführung bestimmter Stoffe aus der Umwelt auf. Sie werden von der Gewährleistungshaftung des Wohnraummietrechts als sogenannte Umweltmängel erfasst. Insbesondere ist streitig geworden, ob den Mieter aus § 906 BGB dieselben Duldungspflichten treffen wie den Eigentümer mit der Folge, dass er die Miete nicht mindern kann.

Nachträglich erhöhte Geräuschimmissionen, die von einem Nachbargrundstück ausgehen, begründen bei Fehlen anderslautender Beschaffenheitsvereinbarungen grundsätzlich keinen gemäß § 536 Abs. 1 S. 1 BGB zur Mietminderung berechtigenden Mangel der Mietwohnung, wenn auch der Vermieter die Immissionen ohne eigene Abwehr- oder Entschädigungsmöglichkeit nach § 906 BGB als unwesentlich oder ortsüblich hinnehmen muss. Insoweit nimmt der Wohnungsmieter an der jeweiligen Situationsgebundenheit des Mietgrundstücks teil.[814]

990 Erhaltungsmaßnahmen bezüglich der Mietsache und damit einhergehende Beeinträchtigungen des Wohngebrauchs können Mietminderungen nachsichziehen, auch wenn der Mieter solche Maßnahmen nach § 555a Abs. 1 BGB ohne weiteres zu dulden hat.[815]

991 Gleiches gilt grundsätzlich bei Modernisierungen. Auch wenn der Mieter im Zuge von Modernisierungsmaßnahmen die entsprechenden Bauarbeiten dulden muss oder ihnen sogar zugestimmt hat, kann er wegen der damit einhergehenden Beeinträchtigungen die Miete mindern.[816] Ausnahme hiervon bildet § 536 Abs. 1a BGB bei energetischen Modernisierungen nach § 555b Nr. 1 BGB (gesetzlicher Minderungsausschluss).

c) Vertragliche Beschränkung der Minderung und von Sachmängelgewährleistungsrechten

992 § 536 Abs. 4 BGB verbietet den vertraglichen Ausschluss oder eine Beschränkung des Mietminderungsrechts zum Nachteil des Wohnraummieters. In den übrigen Fällen kann sich der Vermieter auf eine Vereinbarung, durch die die Rechte des Mieters wegen eines Mangels der Mietsache ausgeschlossen oder beschränkt werden, nicht berufen, wenn er den Mangel arglistig verschwiegen hat (§ 536d BGB).

---

[813] BGH NZM 2018, 1018 = NJW-RR 2018, 1483.
[814] BGH NJW 2015, 2177 = NZM 2015, 481; BGH NJW 2013, 680 = NZM 2013, 184; kritisch Selk NZM 2015, 855 (858); Ghassemi-Tabar NJW 2015, 2849 (2851); Meyer-Abich NZM 2018, 427 (431).
[815] AG Lichtenberg MM 2016, 30; AG Schöneberg WuM 2008, 477; Hau NZM 2014, 809 (814); aA LG Berlin GE 1997, 555 (557).
[816] LG Berlin GE 1997, 619; LG Mannheim WuM 1978, 95; AG Osnabrück WuM 1996, 754; AG Neukölln MM 1994, 23; Hau NZM 2014, 809 (814).

Der BGH[817] hat beispielsweise bei Altverträgen aus der Zeit vor dem 1.9.2001, also vor dem Inkrafttreten der Mietrechtsreform, eine unzulässige Einschränkung des Minderungsrechts angenommen, wenn eine Vorleistungsklausel im Hinblick auf die vorschüssige Zahlung der Miete gleichzeitig mit einem Aufrechnungsverbot kombiniert war, wonach es dem Mieter untersagt war, mit Zahlungen wegen geminderter Miete aufzurechnen.[818]

Diese Rechtsprechung gilt für Altverträge weiterhin. Die ab dem 1.9.2001 mit der Mietrechtreform eingeführte gesetzliche Vorfälligkeit der Miete (§§ 556b Abs. 1, 579 BGB) mit gleichzeitiger Ausweitung des Aufrechnungs- und Zurückbehaltungsrechts (§ 556b Abs. 2 BGB) hat das Problem für Neuverträge ab dem 1.9.2001 obsolet gemacht (Art. 229 § 3 Abs. 1 Nr. 7 EGBGB).

d) Unterlassene Mängelanzeige

Der Mieter ist nach § 536c Abs. 1 BGB verpflichtet, dem Vermieter unverzüglich auftretende Mängel anzuzeigen. Verletzt er diese Pflicht, so ist er nach § 536c Abs. 2 BGB zum Ersatz des daraus entstehenden Schadens verpflichtet und gehindert, wegen dieses Mangels die Miete zu mindern, wenn der Vermieter in Folge der unterlassenen Anzeige den Fehler nicht beheben konnte. Er kann schließlich nicht Schadensersatz wegen Nichterfüllung verlangen. Nach § 543 Abs. 3 S. 1 BGB kündigen kann er erst, wenn er dem Vermieter den Mangel nachträglich angezeigt und ihm für die Abhilfe eine angemessene Frist gesetzt hat. Die Dauer der Abhilfefrist richtet sich nach den Umständen des Einzelfalls, insbesondere dem Schadensumfang, dem Umfang der Gebrauchsbeeinträchtigung, der Gefahr weitergehenden Schadeneintritts und nach den Umständen, die die Dauer der Schadensbeseitigung beeinflussen.[819]

Die Anzeigepflicht des Mieters entfällt nur, wenn der Mangel dem Vermieter bekannt war oder bekannt sein musste. Der Mieter, der einen aufgetretenen Mangel nicht anzeigt, kann sich uU schadensersatzpflichtig machen.

e) Veränderung der Wohnung auf Wunsch des Mieters

Wird die Mietsache auf Wunsch des Mieters baulich verändert, so trägt er das Risiko einer sich daraus ergebenden verminderten Gebrauchstauglichkeit. Ergeben sich daraus also Mängel, kann der Mieter deswegen nicht mindern.[820]

f) Verursachung des Mangels

Erst nach dem erfolglosen Durchlaufen der bisher dargestellten Ausschlussgründe muss der Vermieter als Vorfrage der gegenseitigen Ansprüche des Mieters gegen den Vermieter oder des Vermieters gegen den Mieter klären, wer den aufgetretenen Mangel verursacht hat. Dabei ist zwischen drei Konstellationen zu unterscheiden:
- Der Mieter oder ein ihm zurechenbarer Dritter hat den Mangel der Mietsache verschuldet.
- Ein Bekannter, aber dem Mieter nicht zurechenbarer Dritter hat den Mangel der Mietsache verschuldet.
- Ein unbekannter Dritter hat den Mangel verschuldet oder es handelt sich um nicht zurechnungsfähige Mängel.

---

[817] BGH NJW 1995, 254; siehe aber zu wirksamen Vorfälligkeitsklauseln BGH NJW 2011, 2201 = NZM 2011, 579; BGH WuM 2011, 676; BGH WuM 2008, 152.
[818] Zustimmend auch OLG München ZMR 1992, 297; BayObLG ZMR 1993, 371; LG Oldenburg NJWE-MietR 1996, 31.
[819] OLG Düsseldorf ZMR 1999, 26; Schmidt-Futterer/Blank BGB § 543 Rn. 30.
[820] OLG München NJW-RR 1996, 1162 mwN.

999 **aa) Verschulden des Mieters oder ihm zurechenbarer Dritter.** Beschädigt der Mieter die Mietsache, steht ihm wegen der damit aufgetretenen Mängel kein Mietminderungsrecht zu (§ 326 Abs. 2 S. 1 BGB). Der Vermieter behält dadurch den Anspruch auf die volle Miete. Dieselbe Folge ergibt sich, wenn ein Dritter den Wohnungsmangel verursacht, dessen schadensbegründendes Verhalten der Mieter vertreten muss.[821]

Für Handlungen Dritter hat der Mieter einzustehen, soweit sie auf seine Veranlassung mit der Mietsache in Berührung gekommen sind (§ 278 BGB). Zu diesen Personen zählen insbesondere Familienangehörige, Kunden, Gäste, Handwerker und Lieferanten. Nicht einbezogen sind diejenigen Personen, die nicht auf Veranlassung des Mieters in Beziehung zur Mietsache getreten sind, beispielsweise Diebe.

1000 Um seinen vollen Anspruch auf die Miete zu erhalten und um dem Einwand der Verwirkung zu entgehen, sollte der Vermieter seinen Anspruch auf Zahlung der Miete alsbald verfolgen. Die Rechtsprechung[822] nimmt die Verwirkung des vollen Anspruchs auf Mietzahlung an, wenn sich der Vermieter längere Zeit mit der Mietminderung widerspruchslos abgefunden hat.[823] Schematische Lösungen verbieten sich. Es ist auf den Einzelfall abzustellen und vor allem hinreichend das sog. Umstandsmoment zu berücksichtigen.[824]

1001 Abgesehen von vertragsgemäßen Verschlechterungen der Mietsache iSv § 538 BGB, die hier keine Rolle spielen, kann der Mieter aufgrund seiner Schadensverursachung mit Kündigungsandrohung abgemahnt werden.

1002 Daneben stehen dem Vermieter wegen des schädigenden Verhaltens des Mieters oder ihm zurechenbarer Dritter Schadensersatzansprüche gegen den Micter aus positiver Vertragsverletzung zu. Der Mieter muss den Schaden schuldhaft verursacht haben, also vorsätzlich oder fahrlässig. Was den Verschuldensmaßstab angeht, so ist geklärt, dass der Mieter für von ihm verursachte **Brandschäden** nur bei Vorsatz und grobfahrlässigem Verschulden haften soll, wenn er innerhalb der Betriebskostenumlage die anteiligen Kosten der Gebäudeversicherung zu tragen hat[825] oder diese in die Miete einkalkuliert wurden.[826] Dies gilt auch bei Leitungswasserschäden.[827] In Fällen einfacher Fahrlässigkeit kann der Gebäudeversicherer nach §§ 81, 86 VVG n. F. (§§ 67, 82 VVG a. F.) keinen Regress beim Mieter nehmen (sog. Regressverzicht).[828]

Auch nach dem 2008 reformierten Versicherungsvertragsrecht hat der BGH hervorgehoben, dass der Regressverzicht nach wie vor lediglich bei einfacher Fahrlässigkeit des Mieters einschlägig ist.[829] Dies gilt auch für den Mieter eines Ferienhauses.[830] Bei grobfahrlässiger oder vorsätzlicher Verursachung des Schadens gilt dieser Regressverzicht dagegen nicht.[831] Sofern der Gebäudeversicherer keinen Regress beim Mieter nehmen kann, steht ihm gegen den Haftpflichtversicherer ein Ausgleichsanspruch analog § 78

---

[821] LG Berlin GE 1996, 1115.
[822] AG Dortmund WuM 1994, 535; LG Hamburg WuM 1994, 608.
[823] AG Dortmund WuM 1994, 535: 32 Monate seit der Mietminderung; LG Hamburg WuM 1994, 608, 40 Monate seit der Mietminderung.
[824] BGH NJW 2006, 219 = NZM 2006, 58; OLG Düsseldorf NZM 2010, 820; Blank/Börstinghaus/ Blank BGB § 536 Rn. 194.
[825] BGH NZM 2017, 29 = NJW-RR 2017, 22; BGH NJW 2015, 699 = NZM 2015, 245; BGH GE 2014, 661; BGH NZM 2005, 100 = NJW-RR 2005, 381; BGH VersR 2001, 856; BGH NJW 2001, 1353 = NZM 2001, 108; BGH NJW 1996, 715; BGH NJW-RR 2000, 1110.
[826] BGH NJW 2006, 3707 (3710); Hinz ZMR 2017, 533 (535).
[827] OLG Celle NZM 1998, 731.
[828] BGH NJW 2001, 1353 = NZM 2001, 108.
[829] BGH NZM 2017, 29 = NJW-RR 2017, 22; hierzu umfassend Hinz ZMR 2017, 533.
[830] OLG Rostock NJW 2018, 2058 (Erstreckung des Regressverzichts bei Ferienhausvermietung).
[831] BGH NZM 2017, 29 (30).

Abs. 2 S. 1 VVG zu, wenn der Schaden durch einfache Fahrlässigkeit herbeigeführt wurde.[832]

Sieht der Vermieter von der Inanspruchnahme seiner Wohngebäudeversicherung ab, hat er den Brandschaden grundsätzlich aufgrund seiner Gebrauchserhaltungspflicht trotzdem zu beseitigen.[833]

bb) **Verschulden nicht zurechenbarer Dritter.** Hierzu zählen die Fälle, in denen Dritte auf die Mietsache einwirken und damit den Mietgebrauch für den Mieter beeinträchtigen, ohne ihm zurechenbar zu sein. Das kann der Dieb sein, der in die Wohnung des Mieters eindringt oder auch der Nachbar, der in einem Mehrfamilienhaus von seiner Wohnung aus oder als Grundstücksnachbar von dem benachbarten Grundstück aus auf die Mietsache einwirkt.[834]

In diesen Fällen behält der Mieter seine Mietminderungsrechte gegen den Vermieter auch dann, wenn den Vermieter an den Beeinträchtigungen kein Verschulden trifft. Dieser hat gegen den schädigenden Dritten einen Regressanspruch.[835] Der Anspruch umfasst den Ersatz des Schadens an der Mietsache, sowie die in Folge der Mietminderung entgangene Miete. Auch ein Befreiungsanspruch nach § 257 S. 1 BGB kommt in Betracht.

Der mindernde Mieter kann vom Vermieter gem. § 535 Abs. 1 S. 2 BGB die Beseitigung des störenden Zustands, also die Wiederherstellung des vertragsgemäßen Mietgebrauchs, verlangen. Schon um diesen Ansprüchen nachzukommen, wird der Vermieter den Drittschädiger auf Unterlassung der Störungen – gegebenenfalls durch Abmahnung – in Anspruch nehmen oder ein mit ihm bestehendes Mietverhältnis mit den gesetzlich zulässigen Möglichkeiten kündigen. Aber auch der betroffene Mieter selbst kann vom schädigenden Nachbarn gem. §§ 862, 906 BGB analog Beseitigung der Störungen seines Wohngebrauchs verlangen.[836]

cc) **Unbekannte Dritte oder nicht zurechnungsfähige Mängel.** Ist der Drittschädiger etwa im Falle eines nicht aufgeklärten Wohnungseinbruchs unbekannt und lässt er sich nicht ermitteln, oder handelt es sich um Mängel, deren Verursachung einer bestimmten Person nicht zugeordnet werden kann, so treffen den Vermieter die Konsequenzen aus der Gewährleistungshaftung. Er hat gem. § 535 Abs. 1 S. 2 BGB die Instandsetzungspflicht mit einem korrespondierenden Beseitigungsanspruch des Mieters. Ferner muss er Mietminderungen hinnehmen, solange der Mangel besteht. Ein Verschulden des Vermieters ist für beide Ansprüche nicht erforderlich.

3. Verwirkung

Wie der Vermieter seinen Anspruch auf Zahlung der Miete bei unberechtigter Minderung des Mieters verwirken kann, so kann auch der Mieter sein Recht auf Mietminderung verwirken.

Dies wurde bereits für den Fall festgestellt, dass der Mieter die Miete trotz Kenntnis des Mangels in voller Höhe vorbehaltlos fortentrichtet und der Vermieter durch sein

---

[832] BGH NZM 2017, 29; NZM 2006, 945 (946).
[833] BGH NJW 2015, 699 (701) = NZM 2015, 245 (247).
[834] Beispielsweise durch Lärm: hierzu OLG Düsseldorf NJWE-MietR 1997, 198; Kossmann/Meyer-Abich Hdb. Wohnraummiete, § 61 Rn. 5; siehe auch → Rn. 908 zu Lärm im Wohnumfeld und → Rn. 989.
[835] Dazu eingehend Pfeifer DWW 1989, 38; LG Hamburg NZM 1999, 169; AG Kerpen Urt. v. 10.1.1997 – 21 C 414/96, BeckRS 1997, 30958725; BayObLG NZM 2002, 167 (168) für Mietausfall als Folge von Lärmeinwirkungen in der Wohnungseigentümergemeinschaft.
[836] OLG Düsseldorf NJWE-MietR 1997, 198.

Verhalten keinen Vertrauenstatbestand in der Art geschaffen hat, dass er umgehend eine Beseitigung des Mangels veranlasst.[837] In diesen Fällen nachträglich eintretender Mängel wurde die Verwirkung des Minderungsrechts vor der Mietrechtsreform auf § 539 BGB a. F. analog gestützt.[838] Hat ein Wohnungsmieter, dessen Mietvertrag vor dem Inkrafttreten des Mietrechtsreformgesetzes am 1.9.2001 geschlossen worden ist, in entsprechender Anwendung des § 539 BGB a. F. sein Recht zur Minderung der Miete verloren, weil er den Mangel längere Zeit nicht gerügt und die Miete ungekürzt und vorbehaltlos weiter gezahlt hat, so verbleibt es hinsichtlich der bis zum 1.9.2001 fällig gewordenen Mieten bei diesem Rechtsverlust. Die Bestimmungen des Mietrechtsreformgesetzes und der hierzu ergangenen Übergangsvorschriften führen nicht zu einem Wiederaufleben des Minderungsrechts.[839]

Für nach dem Inkrafttreten des Mietrechtsreformgesetzes fällig gewordene Mieten scheidet eine analoge Anwendung des § 536b BGB, der an die Stelle des § 539 BGB a. F. getreten ist, aus.[840] Insoweit beurteilt sich die Frage, ob und in welchem Umfang ein Mieter wegen eines Mangels der Wohnung die Miete mindern kann, ausschließlich nach § 536c BGB. Dies gilt auch für Mietverträge, die vor dem 1.9.2001 abgeschlossen worden sind. Soweit hiernach das Minderungsrecht des Mieters nach dem 1.9.2001 nicht entsprechend der bisherigen Rechtsprechung zur analogen Anwendung des § 539 BGB a. F. erloschen ist, bleibt jedoch zu prüfen, ob der Mieter dieses Recht unter den strengeren Voraussetzungen der Verwirkung (§ 242 BGB) oder des stillschweigenden Verzichts verloren hat.[841]

1009 Einigkeit besteht darüber, dass etwa verwirkte Mietminderungsrechte wiederaufleben, wenn sich in der Mietstruktur oder in der umfänglichen Beschaffenheit des Mangels Änderungen ergeben.

4. Verjährung

1010 Der Anspruch auf Mietzahlung mindert sich kraft Gesetzes gem. § 536 Abs. 1 BGB automatisch. Es handelt sich nicht um einen Anspruch iSv § 194 BGB, der vom Mieter erst geltend gemacht werden muss. Daher unterliegt das Minderungsrecht nicht der Verjährung.[842] Der Bereicherungsanspruch des Mieters wegen der rechtsgrundlos gezahlten Miete verjährt allerdings gem. § 195 BGB in drei Jahren.[843]

5. Rechtsfolgen unberechtigter Minderung

1011 Die Rechtsfolgen, in denen der Mieter oder ihm zurechenbare Dritte selbst den Mangel verursacht haben und damit eine Minderung generell ausgeschlossen ist, wurden bereits dargestellt. Es bleibt der Fall, dass die Minderung dem Grunde nach möglich ist, der

---

[837] BGH NJW 1997, 2674; BGH NZM 2003, 355 = NJW-RR 2003, 727; KG NZM 2002, 69 = NJW-RR 2002, 224; OLG Hamm ZMR 2000, 93; OLG Düsseldorf NJW-RR 1994, 399; AG Köln ZMR 1995, 260.
[838] Bestätigend BGH NZM 2003, 355 = NJW-RR 2003, 727.
[839] BGH BauR 2005, 1951; BGH NJW 2005, 1503 = NZM 2005, 303; BGH WuM 2004, 198; BGH NJW 2003, 2601 = NZM 2003, 679; siehe dazu auch → Rn. 988.
[840] BGH NJW 2007, 147 = NZM 2006, 929; BGH NJW 2000, 2663 = NZM 2000, 825.
[841] BGH NJW 2007, 147 = NZM 2006, 929; BGH NJW 2006, 219 = NZM 2006, 58; BGH NJW 2003, 2601 = NZM 2003, 679.
[842] OLG Düsseldorf DWW 1995, 84.
[843] Zu dem Rechtsstand nach der Schuldrechtsreform BGH NJW 2011, 3573 = NZM 2011, 627.

Mieter aber entweder die Höhe der Minderungsquote falsch einschätzt oder nach einer falschen Rechtsauskunft[844] handelt.

Der Mieter ist im Rahmen einer Kündigung nach § 573 Abs. 2 Nr. 1 BGB auch für das schuldhafte Verhalten eines Erfüllungsgehilfen nach § 278 BGB verantwortlich.[845] Ein eigenes Verschulden des Mieters ist dann anzunehmen, wenn er seinem Rechtsanwalt keine zutreffenden Informationen über die tatsächliche Voraussetzung über die Mietminderung erteilt. Auch eine fristlose Kündigung wegen Zahlungsverzugs ist nicht wegen fehlenden Verschuldens des Mieters unwirksam, wenn dieser bei Anwendung verkehrsüblicher Sorgfalt hätte erkennen können, dass die tatsächlichen Voraussetzungen des von ihm in Anspruch genommenen Minderungsrechts nicht bestehen.[846]

Im Übrigen handelt der Schuldner auch dann auf eigenes Risiko und damit als Voraussetzung zum Eintritt des Verzugs schuldhaft, wenn er seine eigene Rechtsansicht zwar sorgfältig gebildet hat, aber dennoch mit einer abweichenden Beurteilung durch das zuständige Gericht ernsthaft rechnen müsse.[847] Der Rechtsberater sollte sich daher die bisherige Spruchpraxis des zuständigen Gerichts genau ansehen, um sich nicht Regressansprüchen auszusetzen.

Einer wegen Verschulden des Mieters begründeten Kündigung wegen Zahlungsverzugs kann auch nicht entgegengehalten werden, der Vermieter müsse als milderes Mittel zunächst den Zahlungsanspruch klageweise verfolgen.[848]

Um das Risiko einer Fehleinschätzung zu vermeiden, kann der Mieter kein selbständiges Beweisverfahren allein mit dem Ziel einleiten, den Prozentsatz der Mietminderung für bestehende Mängel zu erfahren.[849] Vielmehr sollte die Miete (teilweise) unter Vorbehalt fortentrichtet werden, um über eine Feststellungsklage[850] die angemessene Minderungsquote zu ermitteln.[851] Andernfalls läuft der Mieter Gefahr, dass infolge auflaufender Rückstände ein fristloses Kündigungsrecht entsteht, das nur durch eine vollständige Zahlung des Rückstandes vor Zugang der Kündigung nach § 543 Abs. 2 S. 2 BGB ausgeschlossen wird.[852]

6. Zurückbehaltungsrecht

Auch wenn der Mieter die Miete zu Unrecht gemindert hat, darf der Vermieter gegenüber dem Wohnraummieter an den Nebenleistungen nach überwiegender Auffassung kein Zurückbehaltungsrecht ausüben (zB Beheizung, Wasserzufuhr oder Stromversorgung).[853] Dies gilt auch für die Wohnungseigentümergemeinschaft in dem Fall, dass ein Wohnungseigentümer vermietet und dessen Mieter in Zahlungsrückstände gerät.[854] Eben-

---

[844] Zur Beratungspflicht des Rechtsanwalts in Minderungsfällen BGH WuM 2007, 625; zur Zurechnung schuldhaft fehlerhafter Beratung BGH NJW 2007, 428 = NZM 2007, 35.
[845] BGH NJW 2007, 428 = NZM 2007, 35; siehe im Übrigen schon BGH NJW 1979, 1882.
[846] BGH NJW 2012, 2882 = NZM 2012, 637.
[847] BGH NJW 1984, 1028.
[848] BVerfG NJW 1989, 164.
[849] LG Berlin WuM 1991, 163.
[850] Hierzu Selk NZM 2015, 855 (858) unter Verweis auf BGH NJW 2012, 2882 = NZM 2012, 637.
[851] BGH NZM 2016, 890 (Gebührenstreitwert der Mietminderungsfeststellungsklage, § 48 Abs. 1 S. 1 GKG, §§ 3, 9 ZPO dreieinhalbfacher Jahresbetrag der geltend gemachten Mietminderung).
[852] BGH NJW 2018, 939 = NZM 2018, 28; BGH NJW 2016, 3437 = NZM 2016, 765; BGH NJW 2006, 1585 = NZM 2006, 338; BGH NJW-RR 2005, 1410; BGH NJW-RR 1988, 77; BGH ZMR 1971, 1141.
[853] Schmidt-Futterer/Eisenschmid BGB § 535 Rn. 110; OLG Hamburg WuM 1978, 169; AG Landau WuM 1986, 341; LG Kassel WuM 1979, 51; AG Miesbach WuM 1978, 109; hierzu auch BGH NZM 2009, 482 (Geschäftsraummiete).
[854] OLG Köln NZM 2000, 1026 = NJW-RR 2001, 301; näher → Rn. 1878.

so wenig darf der Vermieter Telefonleitungen und Antennenkabel unterbrechen.[855] Er hat insoweit kein Zurückbehaltungsrecht aus § 320 BGB.

7. Genossenschaft

1017 Das genossenschaftliche Treueverhältnis schließt das Recht eines Mitglieds der Wohnungsbaugenossenschaft, im Nutzungsvertrag ein gemindertes Entgelt zu leisten, nicht aus.[856]

8. Eigentumswohnung

1018 Der Status einer Mietwohnung als Eigentumswohnung berührt die Minderungsrechte des Mieters nicht. Er kann die Miete sowohl bei Mängeln am Sondereigentum als auch am Gemeinschaftseigentum mindern. Dies gilt für den Bereich des Gemeinschaftseigentums auch dann, wenn ein zustimmender Beschluss der Wohnungseigentümergemeinschaft noch nicht vorliegt.[857] Grundsätzlich steht dem Verlangen einer Mangelbeseitigung nicht entgegen, dass der Vermieter der Eigentumswohnung die Zustimmung der anderen Wohnungseigentümer herbeiführen muss.[858]

1019 Mindert der Mieter einer Eigentumswohnung wegen Lärmbeeinträchtigungen aus der Nachbarwohnung die Miete, so kann der vermietende Wohnungseigentümer gegenüber dem Störer aus positiver Forderungsverletzung Ersatz des Mietausfalls verlangen. Denn der störende Wohnungseigentümer darf seine Wohnung nur in einer Weise benutzen, dass anderen Wohnungseigentümern daraus kein unvermeidbarer Nachteil entsteht (§ 14 Nr. 1 WEG).[859]

9. Darlegungs- und Beweislast[860]

1020 Hat der Mieter das Mietobjekt als vertragsgemäße Erfüllung angenommen, dann hat er für das Vorhandensein eines Mangels die Beweislast. Dies ergibt sich aus der in § 363 BGB geregelten Umkehr der Beweislast. Danach ist allgemein ein Gläubiger beweispflichtig, wenn er die Leistung nicht als ordnungsgemäß gelten lassen will. Eine Klausel, durch die sich der Vermieter als Verwender eines Mustermietvertrags die Mangelfreiheit der Mietsache bestätigen lässt, ist nach § 309 Nr. 12 lit. b BGB unwirksam.

1021 Beweispflichtig dafür, dass der Mieter den Mangel bei Abschluss des Mietvertrags kannte oder grob fahrlässig von ihm keine Kenntnis hatte und daher mit Gewährleistungsrechten – insbesondere mit Mietminderung – ausgeschlossen wird (§ 536b BGB), ist der Vermieter. Entsprechendes gilt, wenn der Mieter seiner Pflicht zur Mängelanzeige gem. § 536c BGB nicht nachkommt. In diesem Fall muss der Vermieter auch nachweisen, von welchem Zeitpunkt an der Mieter Kenntnis vom Mangel hatte oder hätte haben müssen. Dagegen ist der Mieter für die Rechtzeitigkeit der Mängelanzeige beweispflichtig.

1022 Macht der Mieter wegen eines Mangels der Mietsache einen Schadensersatzanspruch gem. § 536a Abs. 1 BGB geltend, so ist er nach den allgemeinen Regeln grundsätzlich gehalten, den Schaden dem Grunde und der Höhe nach zu beweisen. Das gilt auch, wenn

---

[855] AG Saarlouis WuM 1986, 16.
[856] AG Köln WuM 1995, 312.
[857] OLG Zweibrücken NJW-RR 1995, 270; KG NJW-RR 1990, 1166.
[858] BGH NJW 2005, 3284 = NZM 2005, 820; FA-MietR/Riecke/Elzer, Anh. Rn. 162.
[859] BayObLG NZM 2002, 167.
[860] Vgl. Streyl WuM 2008, 7.

der Vermieter behauptet, er sei bereits durch ein früheres Schadensereignis eingetreten. In diesem Fall erfolgt keine Umkehr der Beweislast zu Lasten des Vermieters.[861]

Soweit der Mieter einen Schadensersatzanspruch wegen nachträglicher Mängel der Mietsache (§ 536a Abs. 1 2. Alt. BGB) geltend macht, für die der Vermieter nur bei Verschulden haftet, so obliegt ihm auch die Beweislast dafür, dass der Vermieter vorsätzlich oder fahrlässig gehandelt hat.[862]

Die Voraussetzungen für den von einem Mieter wegen des sogenannten Fogging gegen den Vermieter geltend gemachten Schadensersatzanspruch aus § 536a Abs. 1 Alt. 2 BGB einschließlich des Verschuldens des Vermieters sind vom Mieter darzulegen und zu beweisen. Steht aber fest, dass die Schadensursache im Herrschafts- und Einflussbereich des Vermieters gesetzt worden ist, muss sich der Vermieter hinsichtlich des Verschuldens entlasten.[863]

Allgemein muss der Mieter beweisen, dass die Wohnung mit einem Mangel behaftet ist.[864] Welche Anforderungen an die Darlegungslast des Mieters zu stellen sind, hängt von der Art des Mangels ab. Handelt es sich zB um eine behauptete Raumluftkontamination, wird diese nur durch Vorlage von Messungen zu konkretisieren sein. Für eine schnelle Klärung bietet sich das selbständige Beweisverfahren gem. § 485 ff. ZPO an. Werden in einem Mietshaus länger anhaltende Sanierungsarbeiten durchgeführt, reicht eine Darlegung der konkret durchgeführten Bauarbeiten aus. Denn es entspricht der Lebenserfahrung, dass Stemm-, Bohr- und Klopfarbeiten mit Geräusch-, Lärm- und Schmutzbeeinträchtigungen verbunden sind. Von einem Mieter kann daher nicht verlangt werden, dass er die Beeinträchtigungen im Einzelnen nach Tag, Stunde, Geräusch, Richtung und Ausmaß darlegt. Bei wiederkehrenden Beeinträchtigungen durch Lärm bedarf es nicht der Vorlage eines detaillierten Protokolls.

Bei wiederkehrenden **Beeinträchtigungen durch Lärm** (zB Kinderlärm, Partygeräusche, Musik, laute Klopfgeräusche, festes Getrampel, Möbelrücken) bedarf es nicht der Vorlage eines detaillierten Protokolls. Es genügt vielmehr grundsätzlich eine Beschreibung, aus der sich ergibt, um welche Art von Beeinträchtigungen es geht und zu welchen Tageszeiten, über welche Zeitdauer und in welcher Frequenz diese ungefähr auftreten.[865]

Die Darlegungs- und Beweislast für einen Mangel der Mietsache ist im Übrigen nach **Verantwortungsbereichen** verteilt: Der Vermieter muss darlegen und beweisen, dass die Ursache des Mangels nicht aus seinem Pflichten- und Verantwortungsbereich stammt, sondern aus dem Herrschafts- und Obhutsbereich des Mieters.[866] Hat er diesen Beweis geführt, muss der Mieter nachweisen, dass er den Mangel nicht zu vertreten hat.[867] Ebenso muss der Mieter beweisen, dass er den Mangel nicht verschuldet hat, wenn dies prima facie nahe liegt (zB bei Brandlöchern im Teppichboden).[868]

Kann der Vermieter beweisen, dass der Mangel vom Mieter verschuldet ist, so wäre eine dem Vermieter günstige Tatsache mit der Konsequenz bewiesen, dass eine Min-

---

[861] BGH NZM 2006, 659 = NJW-RR 2006, 1238.
[862] BGH NJW 2006, 1061 = NZM 2006, 258; Schach GE 2006, 284; Kossmann/Meyer-Abich Wohnraummiete-HdB § 62 Rn. 8.
[863] BGH NJW 2006, 1061 = NZM 2006, 258; vgl. auch BGH NJW 2008, 2432 = NZM 2008, 607 (Kostenvorschuss bei vom Mieter verursachten, aber nicht zu vertretenden Schwarzstaubablagerungen).
[864] VerfGH Berlin GE 2001, 1054; BGH WuM 1991, 544; BGH NJW 1987, 432; LG Kiel WuM 1987.
[865] BGH NZM 2017, 694 = NJW-RR 2017, 1290; BGH NJW 2017, 1877 = NZM 2017, 256; BGH NJW 2012, 1647 = NZM 2012, 381; BGH NZM 2012, 760 = NJW-RR 2012, 977.
[866] BGH NJW 1994, 2019; Schmidt-Futterer/Eisenschmid BGB § 536 Rn. 499.
[867] BGH NZM 2005, 17 = NJW-RR 2005, 235; BGH NJW 2000, 2344 = NZM 2000, 549.
[868] OLG Karlsruhe NJW 1985, 142.

derung ausgeschlossen wäre.[869] In diesem Zusammenhang genügt ein Vermieter seiner Darlegungs- und Beweislast nicht, wenn er einer vom Mieter wegen des mangelhaften Zustands der Fenster vorgenommenen Minderung vor Gericht die bloße Behauptung entgegenhält, der Mieter habe ungenügend gelüftet. Vielmehr muss der Vermieter darlegen, wann und wie der Mieter gegen seine Lüftungsverpflichtung verstoßen hat.[870]

1028 Weiter obliegt dem Vermieter die Beweislast dafür, dass die für die Minderung maßgeblichen Gründe weggefallen sind.[871]

1029 Behauptet der Mieter, die Mietsache sei nach Reparaturversuchen des Vermieters immer noch mangelhaft, so trägt der Vermieter die Beweislast für den Erfolg seiner Mängelbeseitigungsmaßnamen.[872]

XI. Leistungsstörungen beim Vermieter

1. Gebrauchsbeschränkungen

1030 Werden die Gebrauchsrechte des Mieters vom Vermieter oder von Dritten eingeschränkt, so stehen dem Mieter sowohl gegen den Vermieter als auch gegen den Dritten – Mitmieter-Nachbar oder Grundstücksnachbar – die bereits erläuterten Ansprüche zu.[873] Im Einzelnen soll hier auf die vorangegangenen Darlegungen verwiesen werden.

2. Gebrauchsentziehung

1031 Wird dem Micter der vertragsgemäße Gebrauch der Mietsache ganz oder zum Teil nach deren Übergabe wieder entzogen, so kann er aus wichtigem Grunde gem. § 543 Abs. 2 Nr. 1 BGB fristlos kündigen. Dabei kann der vertragsgemäße Gebrauch beispielsweise durch Lärm- oder Geruchsimmissionen,[874] mehrfache Wasserschäden,[875] Ungezieferbefall,[876] Auswirkungen von Bauarbeiten[877] und durch Zugangsbehinderungen wie etwa durch eine defekte Haustür[878] verursacht werden. Ebenso sind ein geringerer Lichteinfall als nach Landesbauordnung erforderlich[879] und Feuchtigkeitsschäden[880] zu werten. Zu Einzelheiten sei auf die nachfolgenden Ausführungen[881] verwiesen.

3. Schadensersatz wegen Verletzung von Verkehrssicherungspflichten

1032 Jeder, der auf seinem Grundstück Gefahrenquellen schafft, hat alle Maßnahmen zu treffen, die zum Schutze Dritter notwendig sind (allgemeine Verkehrssicherungspflicht). Die Verkehrssicherungspflicht des Vermieters von Grundstücken und Räumen umfasst die Sicherung des gesamten Grundstücks mit Ausnahme der Innenräume, die der alleinigen Sachherrschaft des Mieters unterliegen. Sie bezieht sich also auf sämtliche Grund-

---

[869] LG Darmstadt WuM 1985, 22.
[870] AG Köln WuM 1988, 358.
[871] AG Berlin-Charlottenburg MM 1995, 27.
[872] BGH NJW 2000, 2344 = NZM 2000, 549.
[873] Vgl. hierzu → Rn. 908 und 989.
[874] OLG Düsseldorf NJW-RR 1988, 1424; OLG Köln NJW 1972, 1814.
[875] LG Stuttgart NZM 1998, 483 (484); LG Kassel WuM 1988, 109.
[876] AG Bremen NJW 1998, 3282 = NZM 1998, 717.
[877] OLG Dresden NZM 1999, 317 (318) = NJW-RR 1999, 448 (449); LG Düsseldorf DWW 1992, 243.
[878] LG Berlin NZM 2000, 710.
[879] LG Mannheim NZM 1999, 406 (407).
[880] Schmidt-Futterer/Blank BGB § 543 Rn. 28, aA LG Berlin NZM 1999, 614 (615).
[881] → Rn. 1341 (Beendigung des Mietverhältnisses).

stückteile, wie zB Zugangswege, Treppen, Flure, Keller,[882] Fahrstühle sowie auf Außenanlagen, Parkplätze und Trampelpfade, soweit der Vermieter deren Nutzung duldet.[883] Die Verkehrssicherungspflicht bezieht sich auch auf die Sicherung von Flächen außerhalb des Grundstücks, wie zB Gehwege oder Straßen, soweit deren Sicherung dem Vermieter beispielsweise durch gemeindliche Satzungen übertragen worden ist.[884] Im Rahmen seiner Verkehrssicherungspflicht ist der Vermieter ohne besondere Indikation nicht zu einer regelmäßigen Überprüfung der Hauselektrik verpflichtet.[885]

Wird die Verkehrssicherungspflicht schuldhaft verletzt, so haftet der Vermieter dem Mieter vertraglich und deliktisch auf Schadensersatz aus positiver Vertragsverletzung (§§ 280 Abs. 1, 282, 241 Abs. 2 BGB) und aus Delikt (§ 823 BGB). Im Falle eines Sachmangels wird dabei die Haftung aus positiver Vertragsverletzung durch die mietrechtlichen Gefährdungstatbestände verdrängt. Erleiden Dritte aus der schuldhaften Verletzung der Verkehrssicherungspflicht einen Schaden, so kommt einer Haftung entweder nur aus Delikt (§ 823 BGB) oder aus dem Mietvertrag als Vertrag mit Schutzwirkung für Dritte in Betracht,[886] soweit der Mieter dem verletzten Dritten Schutz und Fürsorge zu gewähren hat. Dies setzt ein Rechtsverhältnis mit personenrechtlichem Einschlag voraus. Deshalb erstreckt sich die Schutzwirkung des Mietvertrags zB auch auf Familienmitglieder, Hausangestellte oder sonstige Hilfspersonen und Arbeitnehmer, die nach dem Inhalt des Mietvertrags bestimmungsgemäß mit der Mietsache in Berührung kommen oder den Gebrauch der Mietsache für den Mieter ausüben.[887] Wird eine Wohnung an eine Familie mit Kleinkindern vermietet, so kann der Mieter nicht erwarten, dass Zimmertüren, die mit einem Glasausschnitt versehen sind, mit Sicherheitsglas nachgerüstet werden. Voraussetzung ist, dass die Türen ansonsten den baurechtlichen Normen entsprechen.[888]

Der Umfang der Verkehrssicherungspflicht richtet sich danach, was ein umsichtiger in vernünftigen Grenzen vorsichtiger Mensch für notwendig und ausreichend hält, um andere vor Schaden zu bewahren.[889]

In der Praxis häufig ist die Verletzung der **Schneeräum- und Streupflicht**.[890] Auf dem Grundstück selbst einschließlich aller Außenbereiche und Parkplätze ist der Grundstückseigentümer selbst schneeräum- und streupflichtig.[891] Zu diesen Maßnahmen gehört auch das Abstreuen der zum Haus führenden Zugänge (Wege, Treppen) im Falle des Eintritts von Eis- oder Schneeglätte, die sichere bauliche Ausführung der Zugänge sowie die Vorhaltung einer ausreichenden Außenbeleuchtung. Verkehrsflächen außerhalb des Grundstückes muss er räumen und streuen, wenn die Gemeinde dies durch Ortssatzung für Straßen und Gehwege auf die Eigentümer als Anlieger übertragen hat. Eine Gemeindesatzung über den Straßenreinigungs- und Winterdienst darf keine Leistungspflichten für den Verpflichteten begründen, die über die Grenze der allgemeinen Verkehrssicherungspflichten hinausgehen.[892]

---

[882] LG Berlin GE 2004, 626.
[883] OLG Frankfurt a. M. NZM 2004, 144; Schmidt-Futterer/Eisenschmid BGB § 535 Rn. 141.
[884] Vgl. dazu BGH NZM 2018, 509 = NJW-RR 2018, 726; OVG Münster DWW 1992, 183.
[885] BGH NJW 2009, 143 = NZM 2008, 927; BeckOK BGB/Zehelein BGB § 535 Rn. 479.
[886] Schmidt-Futterer/Eisenschmid BGB § 535 Rn. 198; vgl. auch BGH NJW 2010, 3152 = NZM 2010, 668; BGH NJW 2008, 1440 = NZM 2008, 242; BGH NJW 1983, 2935.
[887] Schmidt-Futterer/Eisenschmid BGB § 535 Rn. 198.
[888] BGH NJW 2006, 2326 = NZM 2006, 578; hierzu Schuschke NZM 2006, 733.
[889] BGH NJW 1990, 1236.
[890] Umfassend Horst NZM 2012, 513.
[891] OLG Düsseldorf ZMR 2001, 106 = WuM 2002, 89; vgl. BGH NZM 2018, 509 = NJW-RR 2018, 726.
[892] BGH NZM 2017, 492 = NJW-RR 2017, 858.

1036 Der zeitliche Umfang der Streupflicht lässt sich nicht generell festlegen. Zu sichern ist der Verkehr auf dem Grundstück durch Hausbewohner, Besucher, Post- und Zeitungszusteller, Lieferanten und vergleichbare Verkehrsteilnehmer. Als Richtlinie für die zeitliche Begrenzung der Verkehrssicherungspflicht kann am Morgen das Einsetzen des allgemeinen Verkehrs in den genannten Bereichen bis zu dessen Ende in den Abendstunden genommen werden.[893] Er setzt üblicherweise gegen 7 Uhr ein. Bei Wohnhäusern ist die Verkehrssicherungspflicht als Streupflicht regelmäßig abends um 20.00 Uhr beendet. Dies gilt auch angesichts der inzwischen geänderten Lebensumstände beispielsweise durch längere Ladenöffnungszeiten. Der Verkehrssicherungspflichtige braucht auch nicht dafür zu sorgen, dass sein Streuen über diese Zeit hinaus in die Nachtstunden hinein abstumpfend fortwirkt.[894] Nur wenn es der Vermieter zu vertreten hat, dass auf seinem Gelände zur Nachtzeit vertragsgemäß erheblicher Publikumsverkehr stattfindet, muss er auch für dessen Sicherheit sorgen.[895] An dieser Wertung ändert sich nichts, wenn einzelne Hausbewohner beispielsweise früher den Weg zur Arbeit antreten müssen. So kann der Mieter etwa nicht erfolgreich eine Verletzung der Verkehrssicherungspflicht geltend machen, wenn er morgens früh um 04.45 Uhr auf dem Wege zur Arbeit auf der Haustreppe stürzt und sich verletzt.[896] In diesem Fall bleibt aber fraglich, ob der Verkehrssicherungspflichtige am Abend vorher damit rechnen muss, dass in den folgenden Stunden eine Straßenglätte entsteht. Das OLG Brandenburg[897] weist in diesem Fall vorbeugende Sicherungspflichten zu.[898] Diese vorbeugenden Sicherungspflichten seien auch für Zeiträume anzunehmen, in denen wie etwa nachts eine Räum- und Streupflicht nicht besteht, wenn in dieser Zeit eine Glatteisbildung mit hinreichender Sicherheit absehbar ist. Erforderlich seien aber hinreichend konkrete Umstände für das örtliche Entstehen einer Glatteisgefahr. Allgemeine Angaben in einem Wetterbericht für ganz Deutschland reichen hierfür alleine nicht aus.[899]

1037 Außerhalb der allgemeinen Verkehrsstunden besteht kein Vertrauensschutz dahin, dass der Eigentümer seine Verkehrssicherungspflicht im notwendigen Maße ausübt. Denn dies würde für den Verkehrssicherungspflichtigen zu einer unzumutbaren Belastung führen.

1038 Durch **Formularmietvertrag** kann die mit der **Erfüllung des Winterdienstes** verbundene Verkehrssicherungspflicht des Eigentümers wirksam auf dem Wohnungsmieter übertragen werden,[900] sofern dies konkret und ohne Unklarheiten zur verpflichteten Person geschieht.[901] Auch in diesem Fall bleibt der Eigentümer und Vermieter zur Aufsicht und Kontrolle verpflichtet.[902] Verletzt er seine Aufsichts- und Kontrollpflichten, so bleibt er neben dem Mieter, der seine ihm übertragene Verkehrssicherungspflicht verletzt hat, mit schadensersatzpflichtig.[903] Soweit Gefahrenquellen im alleinigen Einflussbereich des Mieters liegen, ist er allein verantwortlich. Dies kann etwa bei einem vermieteten

---

[893] OLG Koblenz NZM 2008, 687 = NJW-RR 2008, 1331; OLG Frankfurt/Main NZM 2004, 144 = NJW-RR 2004, 312.
[894] AG Prüm ZMR 2007, 547.
[895] OLG Koblenz NZM 2008, 687 = NJW-RR 2008, 1331.
[896] OLG Brandenburg NJW-RR 2007, 974.
[897] OLG Brandenburg NJW-RR 2007, 974.
[898] Ebenso OLG Frankfurt/Main NZM 2004, 144 = NJW-RR 2004, 312.
[899] OLG Brandenburg NJW-RR 2007, 974.
[900] LG Karlsruhe ZMR 2007, 912; OLG Frankfurt/Main, NJW 1989, 41; aA OLG Dresden, WuM 1996, 553 (keine Übertragung aufgrund Hausordnung).
[901] BGH NJW 2008, 1440 = NZM 2008, 242; OLG Hamm NZM 2013, 358; LG Berlin WuM 2016, 279; Schmidt-Futterer/Eisenschmid BGB § 535 Rn. 166; BeckOK BGB/Zehelein BGB § 535 Rn. 483; Horst NZM 2012, 513 (516) – auch mit Empfehlungen für die Vertragsgestaltung.
[902] BGH NJW 2008, 1440 (1441) = NZM 2008, 242 (243); Horst NZM 2012, 513 (515).
[903] BGH NJW 1996, 2646; OLG Celle VersR 1990, 169.

Einfamilienhaus der Fall sein. Denn hier darf der Vermieter nicht ohne weiteres das Mietgrundstück zur Überprüfung seines Zustandes betreten.[904]

Daneben kann der Vermieter die Streupflicht auch auf einen Dritten – sei er Unternehmer, Freund oder Nachbar – übertragen. Die Übertragung der Streupflicht des Vermieters auf einen Dritten dient auch der Sicherung des Zugangs zum Mietobjekt. Die dort wohnhaften Mieter können deshalb in den Schutzbereich des Übertragungsvertrages einbezogen sein. Die deliktische Einstandspflicht nach §§ 823 ff. BGB des mit der Wahrnehmung der Verkehrssicherung Beauftragten besteht auch dann, wenn der Übertragungsvertrag mit dem Vermieter nicht rechtswirksam zustande gekommen ist.[905]

Sowohl die Schadensersatzverpflichtung des Vermieters nach § 536a Abs. 1 BGB als auch seine Ersatzpflicht aus einer verletzten Verkehrssicherungspflicht hinsichtlich der Mietsache kann durch ein Eigenverschulden des Mieters an dem eingetretenen Schaden eingeschränkt sein.

4. Schadensersatz aus der Verletzung der Instandhaltungspflicht

In der Praxis ist es typisch, dass Vermieter durch Formularmietverträge ihre Haftung wegen Verletzung der Instandhaltungspflicht bezüglich der Mietsache aus § 535 Abs. 1 S. 2 BGB auf vorsätzliches und grobfahrlässiges Verschulden beschränken und somit einen Haftungsausschluss des Vermieters für leicht fahrlässig zu vertretende Mängel erreichen wollen. Grundsätzlich kann der Anspruch auf Schadensersatz ganz oder teilweise abbedungen werden.[906] Der BGH hat aber eine formularvertragliche Haftungsbeschränkung im Falle einer verletzten Instandhaltungspflicht verworfen.[907] Nach Auffassung des BGH benachteiligt der Haftungsausschluss für leichte Fahrlässigkeit den Mieter unangemessen und ist deshalb nach § 307 BGB unwirksam.[908] Es gehöre zu den Hauptpflichten eines Vermieters, die Mietsache in einem Zustand zu erhalten, der es dem Mieter ermögliche, die Wohnung zu nutzen. Sei es dem Vermieter erlaubt, seine Sorgfaltspflichten einzuschränken, gefährde dies den Zweck eines Mietvertrages, ohne dass sich ein Mieter ausreichend dagegen schützen könne. Außeneinflüsse könnten durch bauliche Mängel besonders die Einrichtungsgegenstände des Mieters beschädigen (hier: Wasserschaden durch undichtes Flachdach). Dagegen könne sich der Mieter nicht durch Vorsichtsmaßnahmen schützen. Gegen das Risiko könne er sich auch nicht versichern, da solche Versicherungen auf dem Markt nicht angeboten würden. Die Hausratversicherungen greifen nicht bei Schäden, die auf den Zustand des Hauses zurückzuführen sei. Der Vermieter könne jedoch eine Haftpflichtversicherung für sein Gebäude abschließen. Da er die Kosten dafür auf den Mieter umlegen könne, entstünde ihm kein Nachteil.

Mit dieser Argumentation kehrt der BGH seine frühere Rechtsprechung zur Haftungsbeschränkung bei Sachmängelgewährleistungsfällen um. So wurde früher vertreten, dass die verschuldensunabhängige Haftung des Vermieters für anfängliche Sachmängel als eine für das gesetzliche Haftungssystem untypische Regelung auch formularmäßig abbedungen werden kann.[909] Formularvertraglichen Haftungsbeschränkungen sind ohnehin durch § 309 Nr. 7 BGB Grenzen gesetzt: Schäden aus der Verletzung des Lebens, des Körpers

---

[904] Horst NZM 2012, 513 (516).
[905] BGH NJW 2008, 1440 = NZM 2008, 242.
[906] BGH NJW 2010, 3152 (3153); Kossmann/Meyer-Abich Wohnraummiete-HdB § 62 Rn. 16.
[907] BGH NJW 2002, 673 = NZM 2002, 116; vgl. auch Schubel ZMR 2001, 959; siehe auch MüKoBGB/Häublein BGB § 536a Rn. 22.
[908] BeckOK BGB/Zehelein BGB § 538 Rn. 16.
[909] BGH NJW-RR 1991, 74; BGH NJW 1992, 1761.

oder der Gesundheit können auch im Falle nur leichter Fahrlässigkeit nicht ausgeschlossen werden.[910]

1042 Dagegen haftet der Vermieter nicht auf Schadensersatz für Wasserschäden, die durch außergewöhnliche Umstände, wie etwa durch einen ungewöhnlich heftigen Platzregen oder durch sonstige Naturgewalten entstanden sind.[911]

1043 Treten infolge eines Mangels der Mietsache Schäden an Sachen des Mieters ein, muss dieser die Schäden nach Grund und Höhe auch dann beweisen, wenn der Vermieter behauptet, diese seien bereits aufgrund eines früheren Schadensereignisses eingetreten. Eine Umkehr der Beweislast zu Lasten des Vermieters findet nicht statt.[912]

5. Unterbrechung der Energieversorgung

1044 Wird die Energieversorgung eines Mehrfamilienhauses wegen Zahlungsverzugs des Vermieters als Vertragspartner des Energieversorgungsunternehmens eingestellt, so hat der Mieter aus diesem Umstand gegen das Energieversorgungsunternehmen direkt keine Ansprüche, und zwar auch nicht aus dem Gedanken der Schutzwirkung des Energielieferungsvertrags für den Mieter als Dritten.[913] Ein vom Mieter gegen den Energieversorger gestellter Antrag auf Abschluss eines eigenen Energieversorgungsvertrages oder auf weitere Belieferung mit Energie im einstweiligen Verfügungsverfahren ist daher unzulässig.[914] Das Wasserversorgungsunternehmen ist grundsätzlich auch nicht verpflichtet, Versorgungsverträge mit den Mietern unter gleichzeitiger Entlassung des Grundstückseigentümers als Vermieter aus seinem Vertragsverhältnis abzuschließen.[915]

1045 Der Mieter kann allerdings im Wege der einstweiligen Verfügung gegen den Vermieter vorgehen.[916] Sie ist dann auf eine Verpflichtung des Vermieters gerichtet, die Rechnungen an das Energieversorgungsunternehmen zu bezahlen, damit die Gefahr der Unterbrechung der Versorgung mit Energie beseitigt wird.[917]

1046 Im Falle einer vermieteten Eigentumswohnung hat der BGH eine von der Wohnungseigentümergemeinschaft veranlasste Versorgungssperre grundsätzlich für zulässig gehalten.[918] Auf der anderen Seite spricht der BGH in diesen Fällen davon, dass eine Sonderumlage in der Regel vorzuziehen sei.[919]

---

[910] MüKoBGB/Häublein BGB § 536a Rn. 21; Kossmann/Meyer-Abich Wohnraummiete-HdB § 62 Rn. 17.

[911] LG Berlin GE 1999, 1497; zur Verantwortlichkeit des Vermieters für Schäden an Sachen des Mieters, wenn die Schadensursache von einer Gefahrenquelle ausgeht, die sich zwar im Mietgebäude befindet, aber nicht mitvermietet ist und nicht dem Verantwortungsbereich des Vermieters unterliegt (hier: verplombte Zähleranlage des E-Werks): BGH NZM 2006, 582 = NJW-RR 2006, 1158.

[912] BGH NJW 2006, 3559 = NZM 2006, 659.

[913] Harz/Ormanschick/Ormanschick, Vertragsstörungen im Wohnraummietrecht, § 12 Rn. 16.

[914] LG Gera NZM 1998, 715 = NJW-RR 1998, 1466; AG Siegen NZM 1999, 122; LG Frankfurt/Main NZM 1998, 714 = NJW-RR 1998, 1467; hierzu Hempel NZM 1998, 689; eher ablehnend auch Harz/Ormanschick/Ormanschick, Vertragsstörungen im Wohnraummietrecht, § 12 Rn. 16.

[915] BGH NJW 2003, 3131 = NZM 2003, 551.

[916] AA LG Münster WuM 2007, 274 für den Fall unterlassener Zahlung des Vermieters an den Energieversorger nach fristloser Kündigung des Vermieters wegen Zahlungsverzugs des Mieters; aA auch AG Halle RdE 2007, 361: Antrag auf einstweilige Verfügung gegen Energieversorger abgewiesen, wenn trotz Mahnung und Androhung der Versorgungssperre Zahlungsfristen ungenutzt bleiben und insgesamt erhebliche Zahlungsrückstände aufgelaufen sind.

[917] AG Leipzig NZM 1998, 283 = NJW-RR 1998, 1466; AG Ludwigsburg NZM 1999, 122.

[918] BGH NJW 2005, 2622 = NZM 2005, 626; Bärmann/Seuß/Müller WE-PRAXIS § 94 Rn. 2 u. 15; BeckOK WEG/Hogenschurz WEG § 18 Rn. 64; siehe auch → Rn. 1878.

[919] BGH NZM 2017, 445 (446) = NJW-RR 2017, 844 (845); BeckOK WEG/Hogenschurz WEG § 18 Rn. 64a.

XII. Leistungsstörungen beim Mieter

1. Schäden durch Veränderungen und Verschlechterungen der Mietsache

Veränderungen und Verschlechterungen der Mietsache, die durch den vertragsgemäßen Gebrauch herbeigeführt werden, hat der Mieter nicht zu vertreten (§ 538 BGB). Deshalb kommt eine Schadensersatzpflicht des Mieters überhaupt nur in Betracht, wenn sich eine nachteilige Veränderung oder Verschlechterung der Mietsache nicht als Folge eines vertragsgemäßen Gebrauchs ergibt. Schadensersatzansprüche des Vermieters sind damit auf Schäden begrenzt, die nicht durch eine übliche Nutzung einer Mietsache entstehen und nicht durch normalen Verschleiß bedingt sind. Sie ergeben sich insbesondere bei der Verletzung von Obhuts- und Sorgfaltspflichten, die dem Mieter hinsichtlich der Mietsache obliegen.[920] Anspruchsgrundlage für diesen Schadensersatzanspruch wegen Überschreitung des vertragsgemäßen Gebrauchs ist eine positive Vertragsverletzung (§§ 280, 282, 241 Abs. 2 BGB). Dabei ergibt sich aus § 538 BGB, dass der vertragsgemäße Gebrauch während der Mietzeit selbst dann pflichtkonform ist, wenn er mit gewissen Werteinbußen einhergeht.[921] Hat der Mieter die Kosten der Sach- und Haftpflichtversicherung im Wege der Betriebskostenabwälzung übernommen, so liegt nach der Rechtsprechung in der Kostenüberbürdung zwar keine stillschweigende Haftungsbeschränkung auf Vorsatz und grobe Fahrlässigkeit, doch folge aus einer ergänzenden Auslegung des Versicherungsvertrags zwischen Vermieter und Versicherer ein konkludenter Regressverzicht des Versicherers, wenn der Mieter einen Schaden durch lediglich einfache Fahrlässigkeit verursacht habe.[922]

1047

Werden Beschädigungen nicht vom Mieter selbst, sondern von dessen Kindern verursacht, so ist ein eigenes Verschulden des Mieters nicht anzunehmen, solange er seine elterliche, gesetzliche oder vertragsgemäß übernommene Aufsichtspflicht über die Kinder nicht verletzt.[923] Der Mieter ist im Rahmen § 573 Abs. 2 Nr. 1 BGB für das schuldhafte Verhalten eines Erfüllungsgehilfen nach § 278 BGB verantwortlich, da die ordentliche Kündigung des Vermieters wegen einer nicht unerheblichen Vertragsverletzung ein eigenes schuldhaftes Verhalten des Mieters gerade nicht voraussetzt.[924]

1048

Solange dem Mieter nicht selbst ein eigenes Verschulden anzulasten ist, haftet er auch nicht für den Zustand von unfachmännisch vorgenommenen Einbauten, die er vom Vormieter übernommen hat.[925]

1049

Häufig sind übermäßige Abnutzungen, für die der Mieter bei nachgewiesenem Verschulden haftet, von vertragsgemäßen Abnutzungen ohne Haftungsfolge (§ 538 BGB) abzugrenzen. Kleine Schadstellen auf Tapeten oder Lackteilen, dunkle Verfärbungen auf Türen im Bereich der Klinken oder auf Tapeten bei den Lichtschaltern und kleine Kratzer im Parkett gehören in der Regel zur normalen Abnutzung, dagegen nicht auffällige Schlagstellen im Waschbecken oder in der Badewanne. Auch übermäßig angebrachte Dübellöcher gehen über die vertragsgemäße Abnutzung hinaus. Im Badbereich ist grundsätzlich in die Fliesenfuge, möglichst nicht in die Fliese selbst zu bohren, es sei denn, der

1050

---

[920] Hierzu BGH NJW 2018, 1746 = NZM 2018, 320; BGH NZM 2017, 144 = NJW-RR 2017, 329; BGH NJW 2014, 143 Rn. 18; BGH NJW-RR 1995, 123 Rn. 28.
[921] Vgl. zum Ganzen Hau NZM 2006, 561 (562 ff.).
[922] Dazu ausführlich → Rn. 1002.
[923] Dazu LG Wuppertal WuM 2008, 563; Schmidt-Futterer/Blank BGB § 573 Rn. 20.
[924] BGH NJW 2007, 428 (429) = NZM 2007, 35 (36).
[925] LG Berlin NZM 1999, 839 (bloße Übernahme der vom Vormieter verlegten Fliesen ohne vereinbarte Rückbaupflicht); AG Charlottenburg GE 1998, 1403; zutreffend differenzierend nach Fallgruppen Langenberg/Zehelein, Schönheitsreparaturen Teil 3 Rn. 40 u. 53.

Mieter konnte ein Anbohren der Fliese aufgrund der vorgegebenen Maße nicht vermeiden. Zum Anbohren der Badezimmertür ist der Mieter nicht berechtigt. Rotwein-, Brand- und Urinflecken von Tieren auf den Teppichböden sind ebenfalls nicht mehr vom vertragsgemäßen Gebrauch gedeckt. Wasser- und Kaffeeflecke auf der Fensterbank soll der Mieter hingegen nicht zu vertreten haben. Türblätter, die der Mieter aushängte und im Keller lagerte und die dadurch verzogen sind, hat er zu ersetzen. Während des Mietverhältnisses soll der Vermieter jedoch keinen Anspruch darauf haben, dass der Mieter ausgebaute Türzargen wieder einbaut.[926]

Bei den Folgen übermäßigen Rauchens wird bis auf Raucherexzesse vertragsmäßiger Gebrauch unterstellt. **Exzessives Rauchen**, das zu Verschlechterungen der Wohnung führt, die sich mit normalen Schönheitsreparaturen nicht mehr beseitigen lassen, überschreitet den vertragsgemäßen Gebrauch und begründet eine Schadensersatzpflicht des Mieters.[927] Sind allerdings Tabakspuren auf den Tapeten nach kurzer Mietzeit (2 Jahre) nur durch mehrmaliges Überstreichen mit Nikotinsperre zu beseitigen, so ist ein solcher Raucherexzess nicht mehr als vertragsgemäße Nutzung der Mietwohnung anzusehen.

1051 Vertragswidriger Gebrauch wird auch angenommen, wenn Geruchsbelästigungen trotz Lüftens verbleiben.

1052 Sogenannte Laufstraßen auf Teppichböden und Parkett sind normale Abnutzungsspuren. Zu diesen durch vertragsgemäßen Gebrauch hinzunehmenden Beeinträchtigungen sollen auch mehrere dunkle Flecken im Flur sowie ein 20 bis 30 cm langer Kratzer im Wohnzimmer zählen, wenn er nur bei genauerer Betrachtung erkennbar ist. Für Schäden an bauseitigem Fußbodenbelag durch Verklebung von Teppichauslegware hat der Mieter einzustehen. Für die Folgen einer vom Vormieter vorgenommenen Teppichverklebung haftet der Mieter nur, wenn er den Teppichboden durch Vereinbarung übernommen hat.[928] Zwar zählt das lose Verlegen von Teppichboden auf vorhandenem PVC-Boden mit dadurch entstehenden chemischen Reaktionen nicht mehr zum vertragsgemäßen Gebrauch, doch haftet der Mieter für die eintretenden Gesundheitsgefahren und irreparablen Schäden am PVC-Boden mangels Verschuldens nicht, wenn er die chemischen Reaktionen zwischen beiden Böden nicht voraussehen konnte.

1053 Generell braucht der Mieter für alle Änderungen und Abnutzungen der Mietsache, die durch die zulässige und vertragsgemäße Ausübung seiner bereits beschriebenen Gebrauchsrechte ausgeübt werden, nicht einzustehen.

2. Falsches Wohnverhalten

1054 Im Rahmen der Beschreibung der Gebrauchsrechte des Mieters wurde bereits erörtert, dass der Mieter ausreichend heizen und lüften muss. In diesem Zusammenhang sind in der Praxis auftretender Spak- und Schimmelbefall immer wieder Streitpunkte, was deren verantwortliche Verursachung angeht. Sie können durch Baumängel, bauphysikalische Besonderheiten, oder auch durch ein falsches Wohnverhalten des Mieters hervorgerufen werden.

1055 In bauphysikalischer Hinsicht müssen Meträume so beschaffen sein, dass bei einem Abstand der Möbel von der Zimmerwand von einigen wenigen Zentimetern (Scheuerleistenabstand genügt im Allgemeinen) eine Tauwasserbildung mit Spak- und Schimmelfolge ausgeschlossen ist. Lassen sich Spak- und Schimmelbefall sowie sonstige Feuchterscheinungen nicht durch übliches Wohnverhalten, sondern allein durch übersteigertes

---

[926] BGH NZM 2016, 673 = NJW-RR 2016, 1032 zur Mietminderung bei einer vereinbarungsgemäß in den Keller ausgelagerten Einbauküche, die später entwendet wird.
[927] BGH NJW 2015, 1239 Rn. 15; BGH NJW 2008, 1439 = NZM 2008, 318; BGH NJW 2006, 2915 = NZM 2006, 691.
[928] LG Mainz WuM 1996, 759.

Heizen und Lüften vermeiden, liegt ein Wohnungsmangel vor, der den Mieter zur Minderung berechtigt.[929]

Bildet sich Schimmel, so ist der Vermieter verpflichtet, sich hinsichtlich der Ursache in den gemieteten Räumen dahingehend zu entlasten, dass Baumängel dafür nicht in Betracht kommen. Dabei kann ein Baumangel auch darin liegen, dass nachträglich ein Isolierglasfenster in die gemieteten Räume eingebaut wird mit der Folge, dass nunmehr die Außenwände die schlechteste Wärmeisolierung aufweisen. In diesem Fall ist dem Mieter dann kein falsches Lüftungsverhalten vorzuwerfen, wenn der Vermieter ihn nicht darauf hinweist, dass er sein bisheriges Lüftungsverhalten ändern muss.[930] 1056

3. Verletzung der Mängelanzeigepflicht

Verletzt der Mieter seine Mängelanzeigepflicht, so ist er dem Vermieter zum Ersatz des daraus entstehenden Schadens verpflichtet (§ 536c Abs. 2 S. 1 BGB). § 536c Abs. 2 S. 2 Nr. 1–3 BGB knüpft an die verletzte Mängelanzeigepflicht mit dem Ausschluss von Mieterrechten weitere Sanktionen. 1057

Dabei ist die Schadensersatzpflicht verschuldensabhängig.[931] Das Verschulden kann in einem schuldhaften Hinauszögern der Anzeige eines erkannten Mangels sowie auch darin liegen, dass der Mieter einen mindestens grob fahrlässig nicht erkannten Mangel nicht angezeigt hat. 1058

Der Schadensersatz umfasst lediglich die Mehrkosten, die infolge der unterlassenen oder nicht rechtzeitigen Anzeige zusätzlich entstanden sind, die also vermieden worden wären, wenn er den Mangel rechtzeitig angezeigt hätte.[932] 1059

4. Verletzung der Verkehrssicherungspflicht

Es wurde bereits deutlich, dass auch der Mieter entweder durch vertragliche Überwälzung verkehrssicherungspflichtig werden kann oder deshalb, weil er ausschließliche Zutritts- und Verfügungsrechte über Teile der Mietsache hat. Ist ihm vertraglich die Verkehrssicherungspflicht für öffentliche Verkehrsflächen insbesondere im Hinblick auf die Reinigung, Räumung und Streuung im Winter übertragen worden, so geht die Verkehrssicherungspflicht nur dann auf den Mieter über, wenn die Gemeinde hierzu ihre ausdrückliche Zustimmung erteilt hat. Ist der Mieter in diesen Fällen insbesondere zur Ausübung des Winterdienstes gesundheitlich oder aus Altersgründen nicht mehr in der Lage, so bleibt er nicht verkehrssicherungspflichtig. Er muss dann keine Ersatzperson stellen.[933] 1060

Nach § 613 S. 1 BGB und dem darin zum Ausdruck kommenden Grundsatz kann der Dienstverpflichtete die von ihm geschuldete Dienstleistung nicht von einem anderen erbringen lassen. Deswegen ist der Dienstleistungsverpflichtete nicht zur Einschaltung eines anderen verpflichtet, wenn er selbst an der Erbringung gehindert ist.[934] Diese Erwägungen gelten auch in Winterdienstfällen. Der Vermieter als Dienstgläubiger hat gerade einem bestimmten Mieter für die Dienstverrichtung und die sonstigen Mieterpflichten Vertrauen entgegengebracht. Ein Anspruch des betagten Erdgeschossmieters

---

[929] LG Hamburg NJW-RR 1998, 1309; zum Heizen und Lüften BGH NJW 2019, 507.
[930] LG Berlin ZMR 2002, 48.
[931] BGH NJW 1993, 1061 (1063); Kossmann/Meyer-Abich Wohnraummiete-HdB § 47 Rn. 8.
[932] BeckOK BGB/Wiederhold BGB § 536c Rn. 12; vgl. auch OLG Brandenburg ZMR 2008, 706.
[933] Für den Wegfall der Verpflichtung des Mieters LG Münster WuM 2004, 193; LG Hamburg WuM 1989, 622; AG Hamburg-Altona ZMR 2009, 537; AG Münster WuM 1995, 36; aA LG Kassel WuM 1991, 580; LG Düsseldorf WuM 1988, 400; LG Flensburg WuM 1987, 52; siehe auch Hitpaß/Kappus NJW 2013, 565 (569/570); Horst NZM 2012, 513 (517).
[934] BeckOK BGB/Fuchs BGB § 613 Rn. 2.

auf Freistellung von dem ihm mittels Hausordnung übertragenen Winterdienst kommt deshalb insbesondere dann in Betracht, wenn der Mieter, der diese Pflicht über 40 Jahre lang versehen hat, ärztlich oder sachverständig bescheinigt zur weiteren Erfüllung seiner Pflichten dauerhaft nicht mehr in der Lage ist und der Vermieter ohnehin wesentliche Teile der vor und auf dem Grundstück winterdienstlich zu behandelnden Flächen an einen Winterdienstleister vergeben hat und diese Kosten als Betriebskosten auf alle Mieter im Hause umlegt.[935]

1061 Der Mieter in einem Mehrparteienhaus verstößt gegen die auch ihm obliegende Verkehrssicherungspflicht, wenn er zur Verminderung der Verschmutzung des Treppenhauses als Fußmattenprovisorium einen lose aufliegenden trockenen Putzlappen (Aufnehmer) verwendet.[936]

5. Schäden durch Tiere des Mieters

1062 Als Tierhalter oder als Tieraufseher ist der Mieter für Schäden von Tieren im Rahmen von §§ 833, 834 BGB gegenüber dem Vermieter und jedem Dritten haftpflichtig. Dazu kommt als Anspruchsgrundlage auch eine positive Vertragsverletzung im Verhältnis zum Vermieter aus §§ 280, 282, 241 Abs. 2 BGB. Dieser Aspekt wird insbesondere dann praktisch, wenn die Mietsache durch Tiere des Mieters geschädigt wird.[937] Auch in diesem Falle ist zwischen Schadensersatzpflicht und vertragsgemäßer Abnutzung[938] der Mietsache zu unterscheiden.

6. Beweislast

1063 Grundsätzlich hat der Anspruchsteller die Tatsachen darzulegen und zu beweisen, auf die er seinen Anspruch stützt. Der Vermieter muss also beweisen, dass ein Schaden entstanden ist. Er muss weiter beweisen, dass die Schadensursache im Bereich des Mieters gesetzt worden ist.[939] Gelingt ihm dies oder sind Ursachen, die in den Obhuts- und Verantwortungsbereich des Vermieters fallen, ausgeräumt, so hat der Mieter nachzuweisen, dass er den Schaden weder verursacht noch verschuldet hat.[940] Der Vermieter muss also beweisen, dass die Schadensursache aus der Sphäre des Mieters stammt und Ursachen aus der Sphäre des Vermieters ausgeschlossen sind.[941] Hierzu gehört insbesondere auch der Nachweis des Vermieters, dass er dem Mieter das Mietobjekt mangelfrei zur Verfügung gestellt hat.[942] Erst anschließend muss der Mieter darlegen und beweisen, dass er den Schaden nicht verursacht oder zu vertreten hat oder das dieser durch den vertragsgemäßen Gebrauch entstanden ist.[943] Lässt sich nicht feststellen, dass die Ursache für die

---

[935] LG Köln NZM 2013, 359 (360).
[936] OLG Koblenz NJW-RR 1992, 797.
[937] AG Bremen NJOZ 2015, 836 (durch Katzenurin beschädigter Holzboden); AG Schöneberg GE 2010, 773 (Katzenkratzspuren am Holzgeländer); AG Offenbach r+s 2016, 125 (von Katze zerstörte Türdichtgummis); vgl. auch BGH NJW 2007, 2544 (Privathaftpflichtversicherung: Auslegung der Tierhalterklausel in AVB).
[938] AG Koblenz NJW 2014, 1118 = NZM 2014, 350 (Parkettkratzer infolge erlaubter Hundehaltung).
[939] BGH NZM 2005, 100 = NJW-RR 2005, 381; BeckOK BGB/Zehelein BGB § 538 Rn. 18.
[940] BGH NJW 1998, 594; OLG Karlsruhe ZMR 1984, 417.
[941] BGH NZM 2000, 549 (550); BGH NZM 1998, 117; BGH NJW 1994, 1880 (1881); BGH NJW 1994, 2019; OLG Saarbrücken NJW-RR 1988, 652.
[942] BeckOK BGB/Zehelein BGB § 538 Rn. 21.
[943] BGH NJW 1992, 683; BGH NJW 1994, 2019; BGH NZM 2000, 549; BGH NZM 2005, 100; BGH NZM 2006, 258; BGH NJW 2008, 2432; BeckOK BGB/Zehelein BGB § 538 Rn. 25.

in der Wohnung aufgetretenen Verschlechterungen in der Sphäre des Mieters liegt, ist dieser gem. § 536 Abs. 1 BGB zur Minderung der Miete berechtigt.[944]

Deshalb müssen auch Verstopfungen der Wasserabflussleitungen klar einem bestimmten Mieter zugeordnet werden können, bevor er zum Schadensersatz erfolgreich herangezogen werden kann.[945] Eine solche Zuordnung kann beispielsweise erfolgen, wenn Wasserabflussleitungen durch Fett und Essensreste zugesetzt sind und ein Mieter nachweisbar übermäßig viel Fett und Essensreste mit dem Spülwasser beseitigt hatte.[946] Klauseln, mit denen sich der Vermieter seiner Erhaltungslast aus § 536 BGB in den Fällen, in denen der Verursacher eines Schadens nicht oder nicht zweifelsfrei zu ermitteln ist, dadurch entledigen will, dass eine Gesamthaftung der in Betracht kommenden Mieter begründet wird, scheitern je nach ihrer Ausgestaltung an § 307 BGB oder am Verbot der Beweislastverschiebung gem. § 309 Nr. 12 BGB.[947] Der Vermieter trägt die Beweislast dafür, dass die Schadensursache dem Obhutsbereich des Mieters entstammt. Eine in seinen eigenen Verantwortungsbereich fallende Schadensursache muss der Vermieter ausräumen, wenn streitig ist, ob vermietete Räume in Folge des Mietgebrauchs beschädigt worden sind.[948]

1064

Besondere Beweisschwierigkeiten ergeben sich in der Praxis gerade bei **Feuchtigkeitsschäden.** Hier muss zunächst der Vermieter darlegen, dass Feuchtigkeitsschäden nicht auf Baumängel oder auf nachteiligem Zusammenwirken des Zustandes von Heizung und von Fenstern und Türen zurückzuführen sind.[949] Ihm obliegt also die Beweislast, dass Feuchtigkeit nicht von außen eindringt und ihre Ursache nicht in Baumängeln hat.[950] Wenn dieser Beweis geführt ist, dann hat der Mieter nachzuweisen, dass er alle erforderlichen und zumutbaren Maßnahmen – insbesondere durch ausreichende Belüftung – getroffen hat, um den Schaden abzuwenden.

1065

7. Unberechtigte Untervermietung

Geht der Mieter ein unerlaubtes Untermietverhältnis ein, so handelt er vertragswidrig mit der Folge, dass er gem. § 541 BGB auf Unterlassung in Anspruch genommen werden kann. Auch kommt – zumindest nach Abmahnung – eine verhaltensbedingte Kündigung nach § 573 Abs. 2 Nr. 1 BGB in Betracht.[951] Die Herausgabe des die Hauptmiete übersteigenden Mehrbetrages der Untermiete kann der Vermieter nicht verlangen. Denn der Untermieter leistet an den Hauptmieter ebenso mit Rechtsgrund wie der Hauptmieter an den Vermieter.[952] Unberührt bleibt aber der Anspruch des Vermieters auf einen Untervermietungszuschlag unter den Voraussetzungen des § 553 Abs. 2 BGB.

1066

Der Vermieter hat bei unberechtigter Untervermietung keinen gesetzlichen Anspruch auf Zahlung eines Untermietzuschlages oder Herausgabe des von dem Mieter durch die

1067

---

[944] LG Ellwangen WuM 2001, 544.
[945] Zur gesamtschuldnerischen Mieterhaftung bei unsachgemäßer Rohrreinigung durch eine Druckluftpumpe AG Gießen NZM 2008, 144 = ZMR 2007, 704.
[946] Zu einem solchen Fall AG Ibbenbüren WuM 2000, 330; ferner AG Saarburg WuM 2000, 435 (Anforderungen an den Nachweis für eine Abflussverstopfung durch Fettablagerungen).
[947] OLG Hamm NJW 1982, 2005.
[948] BGH NJW 1994, 2019 (2020).
[949] BGH NZM 2005, 17 (18) = NJW-RR 2005, 235; BGH NZM 2005, 100 = NJW-RR 2005, 381; LG Freiburg WuM 1989, 559.
[950] Künzel NZM 2013, 499 (502) zu dem technischen Einfluss der Gebäudehülle auf hygienische Verhältnisse in Räumen; hierzu BGH NJW 2019, 507.
[951] BGH NJW 2011, 1065 = NZM 2011, 275.
[952] OLG Celle WuM 1995, 655.

Untervermietung erzielten Mehrerlöses.[953] Sobald der Hauptmietvertrag allerdings beendet ist, schuldet der Mieter nach Rechtshängigkeit des Rückgabeanspruchs im Rahmen der Herausgabe von Nutzungen nach §§ 546 Abs. 1, 292 Abs. 2, 987 Abs. 1, 99 Abs. 3 BGB auch die Auskehr eines durch Untervermietung erzielten Mehrerlöses.[954] Dazu kann auch eine „Entschädigung" gehören, die der Mieter von dem Untermieter als Abfindung für eine vorzeitige Beendigung des Untermietverhältnisses erhalten hat.[955]

XIII. Überleitungsrecht

1068   Im Falle von Leistungsstörungen bei Vollzug des Mietverhältnisses nach Übergabe der Mietsache ist einmal auf das Inkrafttreten der Mietrechtsreform ab dem 1.9.2001[956] abzustellen und sodann auf das Inkrafttreten der Schuldrechtsreform am 1.1.2002.

1069   Ist der Mietvertrag vor dem 1.9.2001 abgeschlossen, so gilt grundsätzlich das Mietrecht in der Fassung des Mietrechtsreformgesetzes, es sei denn, Art. 229 § 3 EGBGB ordnet die uneingeschränkte oder zeitlich befristete Weitergeltung des bis zum 31.8.2001 geltenden Rechts an. Dies ist für das gesamte mietrechtliche Gewährleistungsrecht nicht der Fall. Hier fehlt eine Überleitungsvorschrift. Deshalb ist auf einen Mangel, der nach dem 1.9.2001 vorlag, das Gewährleistungsrecht in der Fassung des Mietrechtsreformgesetzes anzuwenden, auch wenn der Mangel bereits vor dem 1.9.2001 bestand.[957]

---

[953] BGH NJW 1996, 838 (840); MüKoBGB/Schwab BGB § 812 Rn. 289; Schmidt-Futterer/Streyl BGB § 546a Rn. 105; ferner Fervers/Gsell NJW 2013, 3607.
[954] BGH NZM 2009, 701 = NJW-RR 2009, 1522; vgl. ferner zum Bereicherungsanspruch des Wohnungsberechtigten (§ 1093 BGB) bei eigenmächtiger Vermietung der Wohnung vom Eigentümer BGH NZM 2012, 800 = NJW 2012, 3572 (mAnm Herrler).
[955] BGH NZM 2009, 701 = NJW-RR 2009, 1522.
[956] Zu aktuellen Problemen bei „Altverträgen" Meyer-Abich NJW 2018, 1586.
[957] Hierzu BGH NJW 2003, 2601 (2602).

4. Teil. Beendigung des Mietverhältnisses

§ 23 Mietaufhebungsvertrag

I. Vorzeitige Beendigung des Mietvertrags

Der Mietaufhebungsvertrag durchbricht das Grundschema der gesetzlich geregelten Beendigungsmöglichkeiten eines unbefristeten Mietverhältnisses durch Kündigung (§ 542 Abs. 1 BGB) und eines befristeten Mietverhältnisses durch Zeitablauf (§ 542 Abs. 2 BGB). Beide Arten von Mietverhältnissen können durch einen Aufhebungsvertrag jederzeit gelöst werden. Bei der Gestaltung eines Aufhebungsvertrags sind Vermieter und Mieter weitgehend frei. Das bedeutet zunächst, dass keine Bindungen an gesetzliche oder mietvertraglich vereinbarte Kündigungsfristen bestehen oder an sonstige Voraussetzungen für eine wirksame Kündigung.[1]   1070

Der Mietaufhebungsvertrag unterliegt nicht der gesetzlichen angeordneten Schriftform in § 550 BGB.[2] Er kann deshalb auch mündlich geschlossen werden. Dies gilt auch dann, wenn der ursprüngliche Mietvertrag eine Schriftformklausel im Hinblick auf Änderungen und Ergänzungen des Vertrages vorsieht.[3] Schon aus Beweisgründen ist aber dringend zu empfehlen, schriftliche Vereinbarungen zu treffen.   1071

Ist der Mietvertrag auf Vermieter- oder Mieterseite von mehreren Personen unterzeichnet worden, so muss ebenfalls der Aufhebungsvertrag von allen abgeschlossen werden.   1072

Der Aufhebungsvertrag kann auch durch schlüssiges Verhalten zustandekommen.[4] Dies erfordert einen eindeutig zum Ausdruck gebrachten Rechtsbindungswillen dahin, das Mietverhältnis zu beenden. Davon ist bei im Zorn gemachten Äußerungen in der Regel nicht auszugehen.[5] Ein Rechtsbindungswille zum Auflösen des Mietverhältnisses ist aber anzunehmen, wenn der Mieter das Mietobjekt mit Zustimmung des Vermieters einem Nachfolgemieter übergibt.[6] Gibt der Mieter nach ultimativer Aufforderung dem Vermieter die Wohnungsschlüssel zurück, so ist das Mietverhältnis ebenfalls fristlos beendet.[7]   1073

Da es entscheidend darauf ankommt, dass keine Zweifel am Willen bestehen, den Mietvertrag in gegenseitigem Einvernehmen zu lösen, kommt ein Aufhebungsvertrag nicht zustande, wenn der Mieter unter Widerspruch nach einer Kündigung räumt, deren Unwirksamkeit aber von keinem der Vertragspartner erkannt worden ist.[8] Dies trifft grundsätzlich in all den Fällen zu, in denen sich eine Mietpartei in Unkenntnis der Rechtslage einer unwirksamen Kündigung beugt. Eine unwirksame Kündigung kann   1074

---

[1] Zum Mietaufhebungsvertrag Franke DWW 1999, 201; ferner BGH NZM 2018, 601.
[2] Blank/Börstinghaus/Blank BGB § 542 Rn. 215.
[3] OLG Düsseldorf DWW 2001, 248 (249).
[4] Verfassungsgericht Brandenburg WuM 2015, 231; OLG Frankfurt/Main WuM 1991, 76; OLG Köln ZMR 1998, 91 (92); Blank/Börstinghaus/Blank BGB § 542 Rn. 218.
[5] LG Köln WuM 2001, 604 für die im Affekt gemachte Äußerung eines Vermieters: „Verschwindet sofort. Ich will Euch nicht mehr sehen. Bis Freitag muss hier alles raus sein."
[6] LG Berlin WuM 1988, 271.
[7] AG Limburg WuM 2001, 241.
[8] BGH ZMR 1963, 274.

nicht ohne Weiteres in ein Angebot auf Abschluss eines Aufhebungsvertrags umgedeutet werden, das stillschweigend angenommen wird.[9]

1075 Ein Aufhebungsvertrag kommt durch schlüssiges Verhalten zustande, wenn der Vermieter bei einem vorzeitigen Auszug des Mieters die ihm übersandten Schlüssel annimmt.[10]

1076 Was den Inhalt eines Aufhebungsvertrages angeht, so können alle Fragen geregelt werden, die mit der Vertragsbeendigung zusammenhängen. Die Parteien sind hier im Wesentlichen frei. Sie müssen sich lediglich auf einen konkreten Beendigungszeitpunkt einigen. Sind hierzu keine besonderen Regelungen getroffen, so richten sich die Modalitäten der Rückgabe nach den Vereinbarungen im Mietvertrag. Ist dort nichts geregelt, so sind die gesetzlichen Bestimmungen maßgeblich. Im Zweifel wird in diesem Fall der Räumungs- und Herausgabeanspruch sofort fällig.

Häufig finden sich in Aufhebungsverträgen Ausgleichs-, Abstands- oder Abfindungszahlungen. Für eine solche Vereinbarung zugunsten des Vermieters gilt § 4a Abs. 1 u. 2 WoVermittG.[11] Zugunsten des Mieters, der vorzeitig auszieht, sind solche Vereinbarungen möglich. Dann muss erkennbar sein, ob die Ausgleichzahlung für den pünktlichen Auszug oder nur für die Vertragsaufhebung als solche geschuldet wird.

II. Vorzeitiges Entlassen aus dem Mietvertrag

1077 Der allgemeine Grundsatz, dass Verträge einzuhalten sind, gilt im Mietrecht auch zu Lasten des Mieters.[12] Deshalb hat der Mieter grundsätzlich keinen Anspruch auf vorzeitiges Entlassen aus dem Mietvertrag.

1078 Ausnahmsweise kann der Mieter aber einen Anspruch auf Abschluss eines Mietaufhebungsvertrages haben. Dieser Anspruch wird aus § 242 BGB hergeleitet.[13] Voraussetzung ist, dass das berechtigte Interesse des Mieters[14] an der Aufhebung dasjenige des Vermieters am Bestand des Vertrags ganz erheblich überragt und dass der Mieter einen geeigneten Nachmieter stellt.[15] Darüber hinaus darf der Mieter die Gründe, die ihm ein Festhalten am Mietverhältnis unzumutbar machen, nicht selbst zu vertreten haben.

1079 Als berechtigtes Interesse des Mieters kommen eine schwere Krankheit, ein beruflich bedingter Ortswechsel sowie eine wesentliche Vergrößerung seiner Familie in Betracht. Ein berechtigtes Interesse kann auch dann bejaht werden, wenn der Mieter in Folge seines Alters seinem Haushalt nicht mehr vorstehen kann und in ein Altenheim umziehen will oder muss. Es ist schließlich anzunehmen, wenn er eine große Wohnung in Folge der Verkleinerung seiner Familie oder seines Alters aufgeben möchte.[16]

---

[9] OLG Dresden NZM 2012, 84 (86); hierzu Kossmann/Meyer-Abich Wohnraummiete-HdB § 84 Rn. 4.
[10] BGH NJW 1981, 43; einschränkend bei vorbehaltloser Annahme OLG Köln ZMR 1998, 91 (92).
[11] Kossmann/Meyer-Abich Wohnraummiete-HdB § 84 Rn. 24.
[12] Dazu BGH NJW 2015, 3780 (mAnm Streyl NJW 2015, 3781) = NZM 2015, 890; LG Braunschweig DWW 2000, 56; ferner Streyl NZM 2005, 361 (zu Fragen vorzeitiger Vertragsbeendigung); Kandelhard NZM 2004, 846.
[13] BGH NJW 2015, 3780 (3781).
[14] BGH NJW 2003, 1246 = NZM 2003, 277; Kossmann/Meyer-Abich Wohnraummiete-HdB § 85 Rn. 3.
[15] OLG Karlsruhe NJW 1981, 1741; OLG Hamm WuM 1995, 577; OLG Oldenburg WuM 1981, 125; LG Braunschweig DWW 2000, 56; Streyl NJW 2015, 3781 (3782).
[16] Zu Beispielsfällen Blank/Börstinghaus/Blank BGB § 542 Rn. 224; Kossmann/Meyer-Abich, Hdb. Wohnraummiete, § 85 Rn. 3; Kandelhard NZM 2004, 846 (847 f.).

Der Mieter muss den Nachmieter stellen. Der Vermieter ist nicht verpflichtet, für den 1080
Mieter einen Nachmieter zu suchen.[17] Der Nachfolger muss bereit sein, in den bestehenden Mietvertrag einzutreten oder einen Folgevertrag abzuschließen. Der Vermieter ist nicht verpflichtet, mit dem Nachfolger einen Vertrag mit anderem Inhalt abzuschließen.

Der Mieter muss dem Vermieter Auskunft über sein Interesse an der vorzeitigen 1081
Beendigung des Mietverhältnisses geben. Legt er die Gründe nicht offen, so ist der Vermieter nicht verpflichtet, vor Ablauf der Kündigungsfrist einen Nachmieter zu akzeptieren.[18]

Der Mieter muss über die Person des Nachfolgers alle Informationen liefern, die der Vermieter benötigt, um sich ein hinreichendes Bild über die persönliche Zuverlässigkeit und über die wirtschaftliche Leistungsfähigkeit des Nachfolgers zu machen. Wie viel Nachmieter der Mieter benennt, ist einerlei. Die Benennung eines einzigen Nachfolgers reicht aus, soweit er geeignet ist und vom Vermieter akzeptiert werden muss.

Der Vermieter kann vorgeschlagene Nachfolger ablehnen, wenn deren private, familiäre und wirtschaftliche Verhältnisse[19] keine Gewissheit für eine ordnungsgemäße Vertragserfüllung bieten.[20] Ablehnen kann der Vermieter auch, wenn die Wohnung durch den Nachmieter stärker belegt würde als zuvor[21] oder wenn der Nachmieter Änderungen im Hinblick auf Miete, Mietdauer oder Nutzungsart verlangt.[22] Schließlich kann der Vermieter einen gestellten Nachmieter ablehnen, wenn die restliche Mietzeit nur noch verhältnismäßig kurz ist (drei Monate). Denn der Mieter hat jedenfalls in der Regel keinen Anspruch auf Abkürzung der gesetzlichen Kündigungsfristen.[23] 1082

Andererseits kann der Vermieter nicht verlangen, durch den Nachmieter besser oder 1083
sicherer gestellt zu werden als bisher.[24] Auch die Ausländereigenschaft eines Nachfolgers allein ist kein Ablehnungsgrund.[25] Bei Wohngemeinschaften entspricht es regelmäßig dem Vertragsinhalt, dass die ausscheidenden Mitglieder Entlassung aus dem Mietvertrag und die verbleibenden den Eintritt neuer Mitglieder in den Vertrag verlangen können.[26]

Die Verpflichtung zur Benennung eines Ersatzmieters entfällt für den Mieter, wenn der 1084
Vermieter erklärt, dass er heraufverzichtet oder wenn der Vermieter einen Aufhebungsvertrag generell ablehnt.

Sind die dargelegten Voraussetzungen eines Anspruchs auf vorzeitiges Entlassen aus 1085
dem Mietvertrag gegeben, so kann der Mieter grundsätzlich verlangen, dass er zum Zeitpunkt der Eintrittsbereitschaft des Ersatzmieters aus dem Mietverhältnis entlassen wird.[27]

---

[17] LG Braunschweig DWW 2000, 56; Kossmann/Meyer-Abich Wohnraummiete-HdB § 85 Rn. 20.
[18] LG Düsseldorf DWW 1999, 378.
[19] BGH NZM 2018, 325 (zum wichtigen Grund in der Person des Eintretenden bei § 563 Abs. 4 BGB).
[20] Zur Zumutbarkeit und Eignung eines alleinerziehenden Vaters mit Kind BGH NJW 2003, 1246 = NZM 2003, 277; OLG Frankfurt/Main NJW-RR 1992, 143; LG Gießen NJW-RR 1996, 462.
[21] LG Hamburg MDR 1966, 846.
[22] OLG Oldenburg ZMR 1982, 285; LG Berlin WuM 1996, 145.
[23] OLG Oldenburg ZMR 1982, 285; AG Miesbach WuM 1989, 22.
[24] LG Hamburg WuM 1986, 326.
[25] OLG Frankfurt/Main NZM 2001, 586; differenzierend Landwehr in Bub/Treier MietR-HdB Kap. II Rn. 2581; Blank/Börstinghaus/Blank BGB § 542 Rn. 231.
[26] LG Göttingen NJW-RR 1993, 783; hierzu → Rn. 35 (Wohngemeinschaften).
[27] LG Hamburg WuM 1980, 235; Blank/Börstinghaus/Blank BGB § 542 Rn. 233.

III. Ersatzmieterklauseln

1. Echte Ersatzmieterklausel

1086 Eine echte Ersatzmieterklausel liegt vor, wenn der Vermieter an den vom Mieter genannten Nachfolger gebunden sein soll. In diesem Fall hat der Mieter einen Anspruch gegen den Vermieter auf Fortsetzung des Vertragsverhältnisses oder auf Abschluss eines neuen Vertrages mit dem benannten Nachfolger. Die geäußerte Bereitschaft des Vermieters, den vom Mieter vorgeschlagenen Interessenten als Mietnachfolger in Betracht zu ziehen, hat nicht die Bindungswirkung einer solchen mietvertraglich vereinbarten Ersatzmieterklausel.[28]

2. Unechte Ersatzmieterklausel

1087 Wenn dem Mieter nur das Recht zum vorzeitigen Ausscheiden aus dem Vertrag bei Stellung eines Nachmieters zustehen soll, ohne dass der Vermieter verpflichtet ist, mit dem Nachfolger einen Mietvertrag abzuschließen, ist von einer unechten Ersatzmieterklausel auszugehen.[29]

§ 24 Kündigung

1088 § 542 BGB trifft Aussagen zur Beendigung des Mietverhältnisses. Wie bisher unterscheidet die Regelung dabei zwischen Mietverhältnissen auf unbestimmte Zeit (§ 542 Abs. 1 BGB) und auf bestimmte Zeit (§ 542 Abs. 2 BGB). Mietverhältnisse auf unbestimmte Zeit enden typischerweise durch Kündigung einer der beiden Vertragsparteien.

I. Kündigungsgründe des Vermieters

1. Ordentliche befristete Kündigung

a) Allgemeines

1089 Für die Kündigung eines Mietverhältnisses über Wohnraum bedarf es eines berechtigten Interesses (§ 573 Abs. 1 S. 1 BGB). Sie kann nur schriftlich wirksam erfolgen (§ 568 Abs. 1 BGB). Die Kündigung zum Zwecke der Mieterhöhung ist ausgeschlossen (§ 573 Abs. 1 S. 2 BGB). Der Kündigungsschutz beginnt bereits mit Vertragsschluss; die Überlassung der Mietsache oder der „Vollzug" des Mietverhältnisses ist hierfür nicht erforderlich.[30]

1090 Die für Wohnraummietverhältnisse vom Gesetz zugelassenen Kündigungsgründe, die das gesetzlich geforderte berechtigte Interesse des Vermieters ausfüllen sollen, sind beispielhaft in § 573 Abs. 2 Nr. 1–3 BGB aufgeführt. Danach sind berechtigte Interessen:

---

[28] OLG Hamburg NJWE-MietR 1997, 201; Kossmann/Meyer-Abich Wohnraummiete-HdB § 85 Rn. 9.
[29] OLG Frankfurt/Main NJW-RR 1992, 143; Schmidt-Futterer/Blank BGB Anh. zu § 542 Rn. 25; zur Auslegung einer Klausel über das Recht des Mieters auf Übertragung des Mietvertrages auf Nachmieter: BGH NZM 2005, 340.
[30] BGH NJW 1987, 948 (949); BGH NJW 1979, 1288; MüKoBGB/Häublein BGB § 573 Rn. 31; Fleindl NZM 2016, 289 (291).

§ 24 Kündigung

die schuldhafte, nicht unerhebliche Vertragsverletzung, der Eigenbedarf und die Hinderung an einer angemessenen wirtschaftlichen Verwertung.

Die Teilkündigung insbesondere von nicht zum Wohnen bestimmten Nebenräumen ist als selbständiges Kündigungsrecht in § 573b BGB.

Der Vermieter kann außerdem noch im Falle eines von ihm selbst bewohnten Zweifamilienhauses ohne Angabe von Kündigungsgründen kündigen (§ 573a BGB).[31] 1091

Die Angabe der Kündigungsgründe im Kündigungsschreiben ist Voraussetzung für die Wirksamkeit einer Kündigung (§ 573 Abs. 3 BGB).[32] 1092

Ist ein Mietvertrag für längere Zeit als 30 Jahre geschlossen, so kann jede Vertragspartei „nach Ablauf von 30 Jahren nach Überlassung der Mietsache" außerordentlich mit gesetzlicher Frist kündigen (§ 544 S. 1 BGB). Durch die Formulierung „nach Ablauf" wird klargestellt, dass ein Kündigungsrecht erst nach 30 Jahres ausgeübt werden kann.[33] 1093

§ 544 S. 2 BGB bestimmt, dass die Kündigung unzulässig ist, wenn der Mietvertrag auf Lebenszeit des Vermieters oder Mieters abgeschlossen ist.

Die Fälle, in denen ausnahmsweise mieterschutzrechtliche Bestimmungen nicht anwendbar sein sollen, sind in § 549 Abs. 2 BGB gebündelt. 1094

Ferner ist darauf hinzuweisen, dass der Erbe beim Tod des Mieters unter den Voraussetzungen von § 563, 563a BGB den Mietvertrag kündigen kann, auch wenn kein berechtigtes Interesse vorliegt (§§ 564 S. 2, 573d Abs. 1 BGB). 1095

Regelung von § 577a BGB zu den Kündigungssperrfristen bei Umwandlung einer vermieteten Wohnung in eine Eigentumswohnung kennt bei der Kündigung wegen Eigenbedarfs oder Hinderung einer angemessenen wirtschaftlichen Verwertung nur noch die dreijährige Regelsperrfrist und in Gebieten mit besonders gefährdeter Wohnungsversorgung eine Kündigungssperrfrist, die von der Landesregierung durch Rechtsverordnung „von jeweils höchstens zehn Jahre" bestimmt werden kann (§ 577a Abs. 2 S. 2 BGB). 1096

Die regelmäßigen Kündigungsfristen sind im Wohnraummietrecht gesetzlich asymmetrisch gefasst (§ 573c Abs. 1 BGB). Die für den Vermieter geltenden Kündigungsfristen staffeln sich je nach der Laufzeit des Mietverhältnisses. Die für den Mieter einschlägigen Kündigungsfristen betragen grundsätzlich im Falle von Wohnraum drei Monate. Bei der erleichterten Kündigung des Vermieters im selbstbewohnten Zweifamilienhaus verlängert sich die Frist um drei Monate (§ 573a Abs. 1 S. 2 BGB). Soweit ein Mietverhältnis über Wohnraum außerordentlich mit gesetzlicher Frist gekündigt werden kann – zB wegen Verweigerung der Untervermietung (§§ 540 Abs. 1, 553 BGB) – beträgt die Kündigungsfrist drei Monate (§§ 573d Abs. 2, 575a Abs. 3 BGB). 1097

b) Erfasste Vertragsformen

§ 573 BGB stellt im Falle von ordentlichen fristgemäßen Wohnraumkündigungen wegen der sozialen Schutzfunktion des Wohnraummietrechts[34] zugunsten des Mieters im Verhältnis zu anderen Mietverträgen beispielsweise über bewegliche Sachen, Räume, Geschäfts- und Geweberäume oder Grundstücke einschränkende und strengere Voraussetzungen auf. Deshalb ist entscheidend, welche Vertragsformen im Einzelnen nach den wohnraummietrechtlichen Kündigungsvorschriften gekündigt werden müssen. Anknüpfungspunkt ist der Begriff „Wohnraum". Darunter versteht man jeden zum Wohnen 1098

---

[31] Hierzu BGH NZM 2015, 452; NZM 2011, 71 = NJW-RR 2011, 158; WuM 2010, 575; NZM 2008, 682 = NJW-RR 2008, 1329.
[32] BGH NJW 2011, 914 (915).
[33] Schmidt-Futterer/Lammel BGB § 544 Rn. 15.
[34] Umfassend Sternel NZM 2018, 473, insbesondere zum dualen Kündigungsschutz.

(insbesondere zum Schlafen, Essen, Kochen, dauernden privaten Nutzungen) bestimmten Raum, der Innenteil eines Gebäudes, nicht notwendig ein wesentlicher Bestandteil eines Grundstücks, ist. Entscheidend ist der Zweck, den der Mieter mit der Anmietung des Mietobjekts vertragsgemäß verfolgt.[35] Dazu zählen auch Nebenräume (zB Bad, Flur, Abstellraum, Kellerabteil). Räume in Beherbergungsbetrieben zählen nicht dazu. Der Kündigungsschutz erstreckt sich auch auf Untermietverhältnisse, aber grundsätzlich nur im Verhältnis zwischen Hauptmieter und Untermieter.[36]

Für die gewerbliche Zwischenmiete gelten Sondervorschriften (§ 565 BGB).

1099 Auch Geschäftsräume, die zu Wohnzwecken vermietet werden, unterfallen dem Wohnraumkündigungsschutzrecht, selbst wenn diese Nutzung baurechtswidrig ist.[37]

1100 Der Kündigungsschutz erfasst – wie bisher – auch Mietverhältnisse über Zweitwohnungen, möblierte Wohnungen oder Zimmer und Untermietverhältnisse, soweit nicht die Ausnahmetatbestände in § 549 Abs. 2 Nr. 1–3, Abs. 3 BGB eingreifen.

1101 Auf Mietverhältnisse in Altenheimen, Altenwohnheimen, Pflegeheimen oder ähnlichen Einrichtungen sind die Vorschriften des Wohn- und Betreuungsvertragsgesetzes (WBVG)[38] anzuwenden, sofern sich ein Unternehmer neben der Überlassung von Wohnraum auch zur Erbringung von Pflege- oder Betreuungsleistungen verpflichtet hat (§ 1 Abs. 1 S. 1 WBVG).[39] In diesen Fällen ergeben sich Kündigungsrechte ausschließlich aus den §§ 11, 12 WBVG.

1102 Der Wohnraumkündigungsschutz gilt auch für Mischmietverhältnisse, wenn der Schwerpunkt des Mietverhältnisses auf der Nutzung zu Wohnzwecken liegt und damit Wohnraummietrecht generell anwendbar wird. Dies richtet sich zunächst nach der vertraglichen Vereinbarung.[40] Lässt sich aber anhand der Umstände des Einzelfalls und ggf. Indizien ein Überwiegen der gewerblichen Nutzung nicht feststellen, ist im Hinblick auf das Schutzbedürfnis des Mieters im Zweifel von der Geltung der Vorschriften der Wohnraummiete auszugehen.[41]

1103 Auch die Vermietung eines Wohnhauses an einen Verein zur Unterbringung von Vereinsmitgliedern entsprechend des Vereinszwecks fällt nicht unter den Begriff der Wohnraumvermietung. Auch der Arbeitgeber, an den Wohnräume zur Unterbringung seiner auswärtigen Arbeitnehmer vermietet werden, schließt keinen Wohnraummietvertrag.[42] Dies gilt ebenso, wenn Wohnraum zur Ausgestaltung als Wohnheim angemietet wird.

c) Berechtigtes Interesse als Kündigungsvoraussetzung

1104 Die ordentliche fristgemäße Kündigung des Vermieters von Wohnraum ist nur möglich, wenn er ein berechtigtes Interesse an der Beendigung des Mietverhältnisses geltend machen kann (§ 573 Abs. 1 S. 1 BGB). Dabei stellen die in Abs. 2 der Vorschrift geregelten Kündigungsgründe – schuldhafte nicht unerhebliche Verletzung des Mietvertrages, Eigenbedarf, Hinderung an einer angemessenen wirtschaftlichen Verwertung – nur Regelbeispiele nicht abschließenden Charakters dar. Dies folgt bereits aus dem Wortlaut „insbesondere" des Eingangssatzes von § 573 Abs. 2 BGB. Sonstige berechtigte Interes-

---

[35] BayObLG NJW-RR 1996, 76; hierzu → Rn. 186.
[36] OLG Hamburg NJW 1993, 2322.
[37] LG Aachen WuM 1991, 167; LG Koblenz WuM 1984, 132.
[38] Hierzu Drasdo NJW 2010, 1174; Tamm VuR 2016, 370; zu formularvertraglichen Sicherheitsleistungen für „Selbstzahler" in Wohn- und Betreuungsverträgen BGH NJW 2018, 1808 = NZM 2018, 677.
[39] Kempchen in Dickmann B § 1 WBVG Rn. 5; hierzu → Rn. 1869.
[40] BGH NJW 2014, 2864 = NZM 2014, 626.
[41] BGH NJW 2014, 2864 (2868) = NZM 2014, 626 (630).
[42] Schmidt-Futterer/Blank BGB Vorbemerkung zu § 535 BGB Rn. 104; Kinne ZMR 2001, 511 (513); hierzu auch OLG Dresden NZM 2019, 412 (413).

sen des Vermieters an der Beendigung des Mietverhältnisses sind daher gesetzlich als Kündigungsgrund zugelassen. Dafür gilt § 573 Abs. 1 BGB.

Das berechtigte Interesse des Vermieters an der Beendigung des Mietverhältnisses setzt nicht zwingend ein Verschulden des Mieters voraus.[43] Deshalb ist es weiterhin gerechtfertigt, schwere Vertragsverletzungen eines geisteskranken, schuldunfähigen Mieters als Kündigungsgrund im Sinne des § 573 Abs. 1 BGB anzusehen, wenn derartige Vertragsverstöße sich ständig wiederholen und nicht unterbunden werden können.

d) Verhaltensbedingte Kündigung

Als ein berechtigtes Interesse des Vermieters an der Beendigung des Mietverhältnisses ist es insbesondere anzusehen, wenn der Mieter seine vertraglichen Verpflichtungen – schuldhaft – nicht unerheblich verletzt hat (§ 573 Abs. 2 Nr. 1 BGB).[44]

Die vertragliche Pflichtverletzung des Mieters kann durch Tun oder durch Unterlassen begangen werden. Sie muss nicht unerheblich sein. Pflichtverletzungen, die die Rechte des Vermieters nur geringfügig beeinträchtigen, wie das einmalige unberechtigte Parken eines Mieters auf dem Rasen vor dem Miethaus,[45] rechtfertigen dagegen eine Kündigung gem. § 573 Abs. 2 Nr. 1 BGB nicht.

Die Pflichtverletzung muss von einigem Gewicht sein, braucht aber die Schwelle der Unzumutbarkeit der Vertragsfortsetzung als Voraussetzung einer fristlosen Kündigung in § 543 BGB nicht zu erreichen. Einmalige Verstöße ohne Wiederholungsgefahr sind in der Regel nicht als erhebliche Pflichtverletzung anzusehen. Einzelne geringfügige Verstöße können aber durch ständige Wiederholung einen erheblichen Umfang gewinnen.[46]

Je nach Schwere einer vertraglichen Pflichtverletzung oder je nach Anzahl mehrerer gleichartiger Vertragsverstöße kommt neben der fristgerechten Kündigung auch eine fristlose Kündigung nach § 543 Abs. 2 S. 1 Nr. 2 BGB in Betracht.[47] Beide Kündigungsformen können auch in einem Stufenverhältnis – miteinander kombiniert werden.

In der Praxis häufig sind vor allem folgende Einzelfälle:

- Zahlungsverzug
- Ständig unpünktliche Mietzahlung
- Unbefugte Gebrauchsüberlassung
- Lärmstörungen
- Sonstiger vertragswidriger Gebrauch, Belästigung und Beleidigung des Vermieters oder anderer Mieter.

Beim Zahlungsverzug folgt aus dem Verhältnis von fristloser zu fristgerechter Kündigung, dass der Zahlungsrückstand als Voraussetzung zur Annahme einer nicht unerheblichen Vertragsverletzung im Sinne vom § 573 Abs. 2 Nr. 1 BGB geringer sein kann, als für § 543 Abs. 2 und 3 BGB. Eine kündigungsrelevante Verletzung der Zahlungspflicht liegt noch nicht vor, wenn der Rückstand eine Monatsmiete nicht übersteigt und die Verzugsdauer weniger als einen Monat beträgt.[48]

---

[43] Schindler WuM 2018, 255 (259); Schmidt-Futterer/Blank BGB § 573 Rn. 209.
[44] Umfassend zur verhaltensbedingten Kündigung Fleindl, PiG 103 (2016), 1.
[45] AG Landstuhl NJW-RR 1994, 205; ferner Fleindl, PiG 103 (2016), 1 (17).
[46] LG Oldenburg NJWE-MietR 1996, 31 für eine Kündigung wegen unterlassener Pflege von Wohnung und Garten bejaht.
[47] Zur Abgrenzung beide Kündigungsrechte Kossmann/Meyer-Abich Wohnraummiete-HdB § 116 Rn. 2; Fleindl, PiG 103 (2016), 1 (17); Schindler WuM 2018, 255.
[48] BGH NJW 2013, 159 = NZM 2013, 20.

1112 Die für fristlose Kündigungen wegen Zahlungsverzuges in § 569 Abs. 3 Nr. 2 BGB normierte Heilungsmöglichkeit ist für den hier zu betrachtenden Fall der fristgemäßen Kündigung nicht entsprechend anwendbar.[49]

1113 Auch ständig unpünktliche Mietzahlungen erst nach dem Fälligkeitstermin können sowohl zu einer fristlosen Kündigung nach § 543 BGB führen, aber auch das Recht zur fristgemäßen Kündigung eröffnen.[50] Auch hier sind die Tatbestandsvoraussetzungen im Rahmen der fristgemäßen Kündigung (erhebliche Vertragsverletzung) von geringerem Gewicht als im Rahmen des Tatbestandsmerkmals der Unzumutbarkeit für die fristlose Kündigung in § 543 BGB.[51]

1114 Die unbefugte Gebrauchsüberlassung der Mietsache an einen Dritten kann zum Recht der fristlosen Kündigung nach § 543 BGB und daneben auch zu einer fristgemäßen Kündigung nach § 573 Abs. 2 Nr. 1 BGB führen. Auch hier ist das Gewicht der Vertragsverletzung ausschlaggebend.[52] Dabei kann der Anspruch auf Erlaubnis zur Untervermietung im Wohnraumbereich nach § 553 Abs. 1 BGB dazu führen, dass eine nicht unerhebliche Pflichtverletzung als Tatbestandsvoraussetzung einer ordentlichen fristgemäßen Kündigung verneint wird.

1115 Lärmstörungen, die von der Art und Intensität her und von ihrer zeitlichen Lage über das normale und sozial adäquate Maß hinausgehen, stellen eine erhebliche Vertragsverletzung dar. Gegenüber normalem spiel- und entwicklungsbedingtem Kinderlärm fordert die Rechtsprechung dagegen eine erhöhte Toleranz.[53]

1116 Auch sonstiger vertragswidriger Gebrauch der Mietsache[54] sowie die Belästigung des Vermieters oder anderer Mieter – Nachbarn können sowohl Kündigungsgründe für eine fristlose Kündigung nach § 543 BGB als auch für eine fristgemäße ordentliche Kündigung nach § 573 Abs. 2 Nr. 1 BGB sein.[55]

1117 Die Vertragsverletzung muss schuldhaft erfolgen. Dem Mieter ist eine schuldhaft fehlerhafte Beratung durch einen Erfüllungsgehilfen (§ 278 BGB) zuzurechnen.[56] Eine ordentliche Kündigung des Vermieters wegen einer nicht unerheblichen Vertragsverletzung setzt nicht ein eigenes schuldhaftes Verhalten des Mieters voraus. Ausreichend ist eine Beratung.[57]

1118 Im Rahmen einer verhaltensbedingten fristgemäßen ordentlichen Kündigung ist eine vorherige Abmahnung nicht erforderlich.[58] Gleichwohl ist aus Praktikabilitätsgründen eine vorherige Abmahnung vorteilhaft.

---

[49] BGH NZM 2018, 941; NJW 2015, 2650 (2652); BGH NJW 2013, 159 = NZM 2013, 20; BGH NZM 2005, 334.
[50] BGH NZM 2012, 22 = NJW-RR 2012, 13; BGH NJW 2011, 2201 = NZM 2011, 579; BGH NJW 2006, 1585 = NZM 2006, 338.
[51] BGH NJW 2008, 508 = NZM 2008, 121.
[52] BayObLG NJW-RR 1995, 969.
[53] BGH NZM 2017, 694 (696) = NJW-RR 2017, 1290 (1291); BGH NJW 2015, 2177 (2179) = NZM 2015, 481 (483).
[54] Beispielsweise: gewerbliche Nutzung einer Wohnung LG München II ZMR 2007, 278; vgl. aber BGH NJW 2009, 658; unterlassenes Beheizen einer Wohnung LG Hagen DWW 2008, 180; nicht aber Uringeruch eines inkontinent kranken Mieters, wenn ein engagierter Pflegedienst sechsmal täglich den kranken Mieter versorgt AG München WuM 2006, 621.
[55] Vgl. etwa LG Oldenburg WuM 1998, 316 für eine Kündigung wegen unterlassener Pflege von Wohnung und Garten.
[56] BGH NJW 2007, 428 = NZM 2007, 35.
[57] BGH NJW 2007, 428 = NZM 2007, 35, entschieden für einen Mieterverein, der wegen Falschberatung zur Zahlungspflicht des Mieters eine zahlungsverzugsbedingte Kündigung des Vermieters verursachte; hierzu Blank NZM 2007, 788.
[58] BGH NJW 2008, 508 = NZM 2008, 121.

Durch die vorherige Abmahnung wird vermieden, dass die Erheblichkeit der Pflicht- **1119** verletzung als nicht ausreichend bewertet wird. Denn wenn der Mieter trotz einer Abmahnung sein vertragswidriges Verhalten fortsetzt, sind auch selbst leichte Vertragsverstöße, wie beispielsweise die unterlassene Treppenhausreinigung, nicht mehr nur unerheblich.[59] Deshalb sollte im Zweifel auch bei der fristgemäßen verhaltensbedingten Kündigung eine Abmahnung vorgeschaltet werden, obgleich dies der Wortlaut der Vorschrift nicht ausdrücklich erfordert.

e) Kündigung wegen Eigenbedarfs

Ein berechtigtes Interesse an der Beendigung des Mietverhältnisses ist auch dann **1120** anzunehmen, wenn der Vermieter[60] die Räume der Wohnung für sich, seine Familienangehörigen oder Angehörigen seines Haushalts benötigt (§ 573 Abs. 2 Nr. 2 BGB). Dies setzt einen Bedarf an der gesamten Wohnung voraus. Eine Teilkündigung ist nicht möglich.

Der Vermieter muss Bedarf an der Wohnung haben. Der bloße Wunsch, in der eigenen **1121** Wohnung zu leben, reicht nicht aus.[61] Vielmehr muss der Vermieter vernünftige und nachvollziehbare Gründe dartun, aus denen er im eigenen Haus oder in der eigenen Wohnung wohnen möchte.[62] Hierfür genügt jedes auch höchstpersönliches Interesse von nicht ganz unerheblichem Gewicht, das mit der geltenden Rechts- und Sozialordnung in Einklang steht.[63]

Die Begründungsanforderungen an Eigenbedarfskündigungen dürfen nicht in einer **1122** Weise überspannt werden, die dem Vermieter die Verfolgung seiner Interessen in unzumutbarer Weise erschweren.[64] Davon ist aber auszugehen, wenn das Gericht vom Vermieter Angaben verlangt, die über das anerkennenswerte Informationsbedürfnis des Mieters hinausgehen.

So ist es nicht erforderlich, dass bereits das Kündigungsschreiben letzte Einzelheiten zu den Kündigungsvoraussetzungen enthält.

Der Wunsch des Vermieters, seine Wohnung selbst zu Wohnzwecken zu nutzen, ist im **1123** Hinblick auf sein durch Art. 14 Abs. 1 S. 1 GG geschütztes Eigentum grundsätzlich zu respektieren und einer gerichtlichen Nachprüfung entzogen.[65] Auch wenn durch die Rechtsprechungslockerung des BGH der Vortrag von „Kerntatsachen"[66] als Begründung genügt, ist zu empfehlen, möglichst alle bekannten und ermittelbaren Tatsachen, die den Kündigungsgrund des Eigenbedarfs ausfüllen, möglichst umfangreich in das Kündigungsschreiben aufzunehmen.[67] Im Zweifel gilt: Was an bekannten Kündigungsgründen nicht im Kündigungsschreiben enthalten ist, kann hinterher in den Prozess nicht mehr eingeführt werden und erhöht das Prozessrisiko erheblich. Die konkrete Begründungspflicht

---

[59] Zurecht Eisenhardt in Lützenkirchen, Anwaltshandbuch Mietrecht, Teil J Rn. 241.
[60] Vgl. zum Betriebsbedarf BGH NJW 2017, 2819 = NZM 2017, 521; zum Betriebsbedarf einer Kommanditgesellschaft BGH NZM 2007, 639 = NJW-RR 2007, 1460; BGH NZM 2007, 681 = NJW-RR 2007, 1516; zum Eigenbedarf einer GbR für ihren Gesellschafter BGH NJW 2017, 547 = NZM 2017, 111; BGH NZM 2012, 150 = NJW-RR 2012, 237; BGH NJW 2009, 2738 = NZM 2009, 613; BGH NJW 2007, 2845 (m. kritischer Anm. Häublein) = NZM 2007, 679; hierzu ebenfalls kritisch Selk NJW 2017, 521 (524); Fleindl NZM 2016, 289, (297); Schmidt NZM 2014, 609 (614 f.).
[61] BVerfG NJW 1989, 970 (971).
[62] BVerfG NJW 1989, 970; BVerfG NJW 1994, 310; BVerfG NJW 1994, 309; BVerfG WuM 2002, 19; BGH NJW 1988, 904 = NJW-RR 1988, 459.
[63] BVerfG NJW-RR 1994, 333.
[64] BVerfG NZM 2003, 592 = NJW-RR 2003, 1164.
[65] BGH NJW 2015, 1590 = NZM 2015, 378; NJW 2005, 3782 = NZM 2005, 943.
[66] Fleindl NZM 2013, 7 (9).
[67] Dazu Fleindl NZM 2013, 7 (11); ferner ders. NZM 2015, 2315 sowie NZM 2014, 781.

auch für fristgemäße ordentliche Kündigung (hier Kündigung wegen Eigenbedarfs) in § 573 Abs. 3 S. 1 BGB ist dringend zu beobachten.

1124 Zur Bewertung sind nicht nur objektive Kriterien maßgebend, sondern auch der in Eigenverantwortung gemachte Lebensplan und gefasste Selbstnutzungswunsch des Eigentümers, mit dem er seinen Wohnbedarf als für sich angemessen definiert. Deshalb haben die Fachgerichte den Selbstnutzungswunsch bei entsprechend geltend gemachtem Bedarf des Eigentümers grundsätzlich zu achten und zu respektieren.[68] Der Mieterschutzgedanke bleibt dabei gewahrt. Denn die Fachgerichte haben sämtlichen vorgetragenen Gesichtspunkten nachzugehen, die Zweifel an der Ernsthaftigkeit des Selbstnutzungswunsches begründen.[69] Dabei ist die Ernsthaftigkeit des Selbstnutzungswunsches nicht in Frage gestellt, wenn der Vermieter nicht sofort nach Räumung der Wohnung in die Wohnung selbst einzieht. Wird damit aber ein Zeitrahmen überschritten, der üblicherweise zur Renovierung der Wohnung in Eigenleistung notwendig ist, so ist auf die fehlende Ernsthaftigkeit der Eigenbedarfskündigung zu schließen. Dadurch ergibt sich ein Schadensersatzanspruch des Mieters aus positiver Vertragsverletzung.[70]

1125 Für die Kündigung des Vermieters sind weiterhin nur die gegenwärtig absehbaren Nutzungswünsche zu beachten, eine **Vorratskündigung** ist unzulässig.[71]

1126 Der Selbstnutzungswunsch des Eigentümers ist auch dann zu berücksichtigen, wenn er eine gewerblich genutzte Wohnung anstelle der vermieteten Wohnung für den Eigenbedarf gebrauchen könnte[72] oder den Eigenbedarfsgrund durch Umbau selbst herbeigeführt hat.[73]

1127 Der Vermieter ist grundsätzlich verpflichtet, dem gekündigten Mieter eine Wohnung als Ersatz anzubieten, wenn eine Wohnung im selben Haus oder in derselben Wohnanlage frei ist oder während der Kündigungsfrist frei wird und er diese erneut vermieten will (sog. **Anbietpflicht**).[74] Denn eine Wohnungskündigung ist ein erheblicher Eingriff in die Lebensführung. Die Verpflichtung zum Angebot einer freien Alternativwohnung besteht nur bis zum Ablauf der Kündigungsfrist.[75] Trotz freiwerdender Alternativwohnung kann der Vermieter nachvollziehbare Gründe dartun, aus denen er an der ausgesprochenen Kündigung festhalten will.[76] Die Verletzung der Anbietpflicht hat nicht (mehr)[77] zur Folge, dass die berechtigt ausgesprochene Eigenbedarfskündigung nachträglich rechtsmissbräuchlich und damit unwirksam wird.[78] Sie zieht (lediglich) einen Anspruch auf **Schadensersatz** in Geld nach sich.

---

[68] BVerfG NJW 1989, 970; NJW 1993, 1637; NJW 1994, 995; BGH NJW 2015, 1590 = NZM 2015, 378.
[69] BVerfG NJW 1998, 970 (972); BVerfG NJW-RR 1995, 392; BGH NZM 2016, 715 (718) = NJW-RR 2017, 72 (74).
[70] BVerfG WuM 2002, 21; vgl. zur fehlenden Ernsthaftigkeit des Selbstnutzungswunsches bei einer viereinhalb Jahre nach Mieterauszug noch leerstehenden Wohnung BVerfG WuM 2002, 21.
[71] BVerfG NJW 1990, 3259; BGH NJW 2015, 3368 = NZM 2015, 812; NZM 2017, 23 = NJW-RR 2017, 75; NJW 2017, 2819 = NZM 2017, 521; NZM 2017, 756 = NJW-RR 2018, 12; Fleindl NZM 2016, 289 (292).
[72] BVerfG NJW 1990, 309.
[73] BVerfG NJW 1992, 3032.
[74] BGH NJW 2017, 547 = NZM 2017, 111; BGH NJW 2009, 1141 = NZM 2008, 642; BGH NJW 2003, 2604 = NZM 2003, 682; BGH NJW 2003, 2604 = NZM 2003, 681; Fleindl NZM 2016, 289 (299); BeckOK MietR/Siegmund, BGB § 573 Rn. 53.
[75] BGH NZM 2017, 763 = NJW-RR 2017, 1041; BGH NJW 2009, 1141 = NZM 2008, 642; BGH NJW 2003, 2604 = NZM 2003, 681.
[76] BGH WuM 2005, 741.
[77] Zu dieser Rechtsprechungsänderung Selk NJW 2017, 521.
[78] BGH NJW 2017, 547 = NZM 2017, 111; anders noch BGH NZM 2012, 231 = NJW-RR 2012, 341; BGH NJW 2010, 3775 = NZM 2011, 30; BGH NJW 2009, 1141 = NZM 2008, 642; BGH NJW 2003, 2604 = NZM 2003, 681.

Die Kündigung wegen Eigenbedarfs kann dagegen unter folgenden Aspekten rechtsmissbräuchlich sein: Dies wird angenommen, wenn die Gründe für den Eigenbedarf schon bei Abschluss des Mietvertrages bestanden, der Eigenbedarf also vorhersehbar war, und trotzdem kein Zeitmietvertrag gem. § 575 BGB geschlossen wurde.[79] Das eröffnet die Frage, inwieweit der Vermieter vorausplanen muss (sog. **Bedarfsvorschau**). Der Vermieter ist weder verpflichtet, von sich aus vor Abschluss eines unbefristeten Mietvertrags unaufgefordert Ermittlungen über einen möglichen künftigen Eigenbedarf anzustellen („Bedarfsvorschau"), noch den Mieter ungefragt über mögliche oder konkret vorhersehbare Eigenbedarfssituationen zu unterrichten.[80]

1128

Eine voraussehbare Eigenbedarfssituation wird aber schon im Zeitpunkt der Wohnungsvermietung angenommen, wenn der Vermieter den Eigenbedarf aufgrund greifbarer Anhaltspunkte ernsthaft für möglich halten musste. Der Vermieter, der eine Wohnung auf unbestimmte Zeit vermietet, obwohl er entweder entschlossen ist oder zumindest erwägt, sie alsbald selbst in Gebrauch zu nehmen, setzt sich mit einer später hierauf gestützten Eigenbedarfskündigung zu seinem früheren Verhalten in Widerspruch, wenn er den Mieter, der mit einer längeren Mietdauer rechnet, bei Vertragsabschluss nicht über die Aussicht einer begrenzten Mietdauer aufklärt.[81] Der Eigenbedarf kann auch treuwidrig selbst herbeigeführt worden sein, um das Mietverhältnis beenden zu können.[82] Schließlich kann eine Eigenbedarfskündigung deshalb rechtsmissbräuchlich sein, weil weit überhöhter Wohnbedarf geltend gemacht wird.[83]

Fällt ein ehemals vorliegender Eigenbedarf bis zum Ablauf der Kündigungsfrist weg, so ist die Kündigung ebenfalls unwirksam.[84] Dies muss der Vermieter mitteilen. Fällt der Eigenbedarf nach Ablauf der Kündigungsfrist weg, so soll dies nach Auffassung des BGH nicht mehr zur Mitteilung an den Mieter verpflichten.

1129

Zum berechtigten Personenkreis (sog. **Bedarfspersonen**)[85] gilt Folgendes:

1130

Der Vermieter kann zunächst aufgrund seines eigenen Wohnbedarfes kündigen. Er muss die Absicht haben, die in Anspruch genommene Wohnung selbst zu beziehen. Bei mehreren Miteigentümern, bei einer Erbengemeinschaft oder bei Ehegatten reicht es aus, wenn Eigenbedarf für einen von mehreren Vermietern besteht.[86]

Zu den Berechtigten zählen auch Haushalts- und Familienangehörige des Vermieters. Haushaltsangehörige sind alle Personen, die schon seit längerer Zeit und auf Dauer in den Haushalt des Vermieters aufgenommen sind und in enger Haushaltsgemeinschaft mit ihm leben, ohne dort einen eigenen Hausstand zu führen. Dazu gehören auch Lebenspartner des Vermieters, mit denen er einen „auf Dauer angelegten gemeinsamen Haushalt" führt (arg. § 563 Abs. 2 S. 4 BGB). Ferner gehören dazu auch Hausgehilfen, Pflegepersonen, Auszubildende und Arbeitnehmer, die in den Hausstand aufgenommen worden sind.

1131

Eigenbedarf kann auch geltend gemacht werden, wenn der Vermieter eine Pflegeperson erst in Zukunft benötigt.[87] Dies gilt ebenso für eine Pflegeperson, die für die ebenfalls in dem Gebäude wohnenden Eltern des Vermieters benötigt wird.[88]

1132

---

[79] BVerfG NJW 1989, 970 (972).
[80] BGH NJW 2015, 1087 = NZM 2015, 296.
[81] BGH NJW 2015, 1087 = NZM 2015, 296; BGH NJW 2009, 1139 = NZM 2009, 236.
[82] BVerfG, NJW 1989, 970 (972); so auch Sonnenschein NJW 1993, 161 (168).
[83] BGH NJW 2015, 1590 = NZM 2015, 378; BVerfG NJW 1989, 970; BVerfG NJW 1994, 995 (996); dazu Fleindl NZM 2016, 289 (294).
[84] BGH NJW 2006, 220 = NZM 2006, 50; BGH NJW 2017, 547 (556).
[85] Fleindl NZM 2016, 289 (295).
[86] LG Hamburg DWW 1991, 189, LG Berlin GE 2001, 57; Fleindl NZM 2016, 289 (295).
[87] AG Solingen WuM 1984, 2; Schmidt-Futterer/Blank BGB § 573 Rn. 53.
[88] LG Koblenz WuM 2007, 637.

1133 Wie bisher kann auch ein zukünftiger Wohnungsbedarf berücksichtigt werden, der durch die Aufnahme eines neuen Haushaltsangehörigen entsteht, solange darin keine unzulässige Vorratskündigung liegt.[89] Deshalb ist es erforderlich, dass eine bestimmte Person auch beabsichtigt, die zu räumende Wohnung zu beziehen,[90] und dass die Hilfe für den Vermieter nicht ohne Bereitstellung[91] dieser Wohnung beschafft werden kann.

1134 In den berechtigten Personenkreis einbezogen sind auch Familienangehörige ohne Rücksicht darauf, ob sie in demselben Haushalt mit dem Vermieter zusammenleben oder nicht. Unter den Begriff des **Familienangehörigen** fallen jedenfalls die mit dem Vermieter eng verwandten oder verschwägerten Personen, die sich im Rahmen der §§ 383 ZPO, 52 stopp auf ein Zeugnisverweigerungsrecht berufen könnten.[92] Dazu zählen der Ehegatte, Geschwister,[93] Eltern und Kinder,[94] die Enkel,[95] der Schwiegersohn,[96] sowie Nichten und Neffen.[97] Auch der Schwager des Vermieters[98] (wenn ein enger Kontakt besteht) und die Schwiegereltern[99] gelten als Familienangehörige, solange die das Schwägerschaftsverhältnis begründende Ehe fortbesteht. Nach der Scheidung sind die Schwiegereltern nicht mehr als Familienangehörige anzusehen.[100] Auch die Eltern der Lebensgefährtin gehören als Großeltern des gemeinsamen Kindes grundsätzlich nicht zu den Familienangehörigen.[101] Bei Stiefkindern[102] ist dies ungeklärt, Pflegekinder können nur dann als Familienangehörige angesehen werden, wenn sie in die Familie aufgenommen worden sind.[103]

1135 Die Wohnung muss zum Wohnen benötigt werden. Eine untergeordnete geschäftliche Mitnutzung ist unschädlich.[104] Soll die Mietwohnung nicht nur zu Wohnzwecken, sondern zugleich überwiegend für geschäftliche Tätigkeiten (sog. Mischnutzung) genutzt werden, kann dies vom Eigenbedarf iSv § 573 Abs. 2 Nr. 2 BGB umfasst sein.[105] Ausschließlich berufliche Nutzungsabsichten sind umfassend anhand von § 573 Abs. 2 Nr. 3 BGB zu prüfen (sog. Berufs- oder Geschäftsbedarf).[106] Auch ein zeitlich begrenzter Bedarf kann eine Eigenbedarfskündigung rechtfertigen, wobei eine Nutzungsdauer von weniger als einem Jahr nicht anerkennenswert sein soll.[107]

1136 Der Wunsch des Eigentümers, die vermietete Wohnung selbst zu nutzen, um finanzielle Nachteile zu vermeiden, wird nur ausnahmsweise als Eigenbedarf anzuerkennen sein.[108]

---

[89] BayObLG NJW 1982, 1159 = ZMR 1982, 368; AG Karlsruhe DWW 1988, 49; AG Jülich WuM 1987, 167.
[90] LG Wuppertal WuM 1982, 282; LG Bielefeld WuM 1972, 178.
[91] LG Osnabrück WuM 1976, 124.
[92] BGH NJW 2010, 1290 = NZM 2010, 271.
[93] BGH NJW 2003, 2604 = NZM 2003, 681.
[94] OLG Karlsruhe NJW 1982, 889; LG Lübeck NJW-RR 1993, 1359; LG Lübeck, NJW-RR 1991, 77; LG Aachen WuM 1989, 250.
[95] AG Köln WuM 1989, 250.
[96] LG Hamburg NJW-RR 1992, 1364.
[97] BGH NJW 2010, 1290 = NZM 2010, 271.
[98] BGH NZM 2009, 353 = NJW-RR 2009, 882.
[99] LG Köln WuM 1994, 541.
[100] LG Frankfurt/Main DWW 1987, 232.
[101] LG Lübeck WuM 1999, 336.
[102] Dafür LG Hamburg NJW-RR 1997, 1440; LG München I WuM 1990, 23; dagegen AG Oldenburg WuM 1990, 512; zum Ganzen MüKoBGB/Häublein BGB § 573 Rn. 73.
[103] Kinne ZMR 2001, 511 (517).
[104] BGH NJW 2017, 2018 (2023);
[105] BGH NJW 2017, 2018 (2024);
[106] BGH NJW 2017, 2018 (2024); anders noch BGH NJW 2013, 225 = NZM 2013, 22; BGH NJW 2005, 3782 = NZM 2005, 943 (Kündigung nach § 573 Abs. 1 S. 1 BGB).
[107] BGH NJW 2015, 1590 (1593); Hinz NJW 2017, 3473 (3474).
[108] Kinne ZMR 2001, 517 mwN.

Grundsätzlich ist auch der Eigenbedarf für eine **Zweitwohnung** verfassungsrechtlich nicht beanstandet.[109] Entscheidend sind alle Einzelfallumstände und deren Abwäggung.[110] Eine konkrete „Mindestnutzungsdauer" der Zweitwohnung lässt sich deshalb pauschal nicht bemessen. An vernünftigen und nachvollziehbaren Gründen kann es zumindest dann fehlen, wenn der Vermieter im gleichen Mehrfamilienhaus bereits eine Zweitwohnung für sich vorhält und seinen Zweitwohnungsbedarf lediglich durch Umzug in eine hellere und größere Wohnung verbessern möchte.[111]

Für die Eigenbedarfskündigung gelten Sperrfristen, wenn die Wohnung nach Überlassung an den Mieter in Wohnungseigentum überführt und veräußert wurde (§ 577a BGB).[112]   1137

Auf eine Kündigung wegen Eigenbedarfs kann der Vermieter auch verzichten. Dieser Verzicht muss schriftlich erfolgen, wenn er für mehr als ein Jahr gelten soll (§ 550 S. 1 BGB).[113]   1138

f) Kündigung wegen Hinderung an einer angemessenen wirtschaftlichen Verwertung

§ 573 Abs. 2 Nr. 3 BGB wertet auch die Hinderung des Vermieters an einer angemessenen wirtschaftlichen Verwertung des Mietobjekts durch das Mietverhältnis als berechtigtes Kündigungsinteresse, wenn er dadurch erhebliche Nachteile erleiden würde.[114] Dieser Kündigungstatbestand ist mehrstufig zu prüfen und wird in aller Regel von der Rechtsprechung restriktiv gehandhabt.[115] Die Möglichkeit, durch eine anderweitige Vermietung als Wohnraum eine höhere Miete zu erzielen, bleibt außer Betracht.[116] Der Vermieter kann sich auch nicht darauf berufen, dass er die Mieträume im Zusammenhang mit einer beabsichtigten oder nach Überlassung an den Mieter erfolgten Begründung von Wohnungseigentum veräußern will.   1139

Der Begriff der wirtschaftlichen Verwertung umfasst insbesondere den Verkauf des Objekts,[117] eine beabsichtigte Sanierung, den beabsichtigten Abbruch des Hauses und dessen Neubau[118] und schließlich die Vermietung zu gewerblichen Zwecken.[119] Der ersatzlose Abriss ohne erneute Bebauung wurde nicht als wirtschaftliche Verwertung angesehen.[120]   1140

Bei der Bewertung der Verwertung als „angemessen" iSv § 573 Abs. 2 Nr. 3 BGB ist nicht entscheidend, dass der Vermieter für die Wohnung möglichst viel erlösen will.[121] Vielmehr muss die Kündigung generell von vernünftigen, nachvollziehbaren Erwägungen getragen sein.[122] So kann die Kündigung begründet sein, weil sie unter den örtlichen Bedingungen des Immobilienmarkts als Anlageobjekt entwertet und nicht mehr vermiet-   1141

---

[109] BVerfG NZM 2014, 624 (626); BGH NZM 2017, 846 = NJW-RR 2018, 138; Fleindl NZM 2016, 289 (294); hierzu aber einschränkend Gaier, PiG 99 (2015), 1 (10).
[110] BGH NZM 2017, 846 = NJW-RR 2018, 138; LG München I ZMR 2018, 334.
[111] LG München I ZMR 2018, 334.
[112] Vgl. dazu → Rn. 1244.
[113] BGH NJW 2007, 1742 = NZM 2007, 399; hierzu Horst DWW 2007, 326.
[114] Hierzu umfassend Horst DWW 2012, 46; Schönleber NZM 1998, 601; ferner Harz AnwZert MietR 10/2014 Anm. 1; Bitzer AnwZert MietR 5/2009 Anm. 3
[115] Bitzer AnwZert MietR 5/2009 Anm. 3 unter B. I. 2.
[116] Kossmann/Meyer-Abich Wohnraummiete-HdB § 118 Rn. 3.
[117] BVerfG NJW 1998, 2662 = NZM 1998, 618; BVerfG NZM 1998, 619 = NJW-RR 1998, 1231.
[118] BGH NJW 2011, 1135 = NZM 2011, 239; BGH NJW 2009, 1200 = NZM 2009, 234; LG Köln MDR 2018, 860; LG Stuttgart NZM 2015, 165 = NJW-RR 2015, 336; BayObLG NJW-RR 1994, 78.
[119] OLG Hamburg NJW 1981, 2308.
[120] BGH NJW 2004, 1736 = NZM 2004, 377.
[121] LG Hamburg WuM 1991, 185 (187).
[122] BGH NJW 2011, 1135 = NZM 2011, 239; BGH NJW 2009, 1200 = NZM 2009, 234.

bar ist oder weil die Wohnung an Selbstnutzer praktisch unverkäuflich ist.[123] Als Gründe anerkannt sind weiter zB ein größerer Investitionsbedarf, der Ausgleich aus Verlusten aus anderen Vermögensanlagen und/oder die Auflösung einer in Folge unerwarteter Aufwendungen unwirtschaftlich gewordenen Kapitalanlage. Dabei kann der größere Investitionsbedarf zB durch den Bau eines Eigenheimes[124] und die Sanierung anderer Gebäude entstehen.

1142 Nicht ausreichend sind fortbestehende Verluste aus der Vermietung, die etwa durch eine hundertprozentige Fremdfinanzierung entstehen.[125] Das Kündigungsrecht entfällt nicht schon deshalb, weil der Eigentümer das Grundstück zu einem früheren Zeitpunkt in vermietetem Zustand erworben hat.[126] Die Umstände, unter denen der Vermieter das Objekt erworben hat, sind aber bei der Beantwortung der Frage zu berücksichtigen, ob er erhebliche Nachteile erleidet.[127] Erkennbare Risiken gehen in der Regel zu seinen Lasten.[128]

1143 In der Praxis zeigt sich der Verkauf als häufigster Fall der wirtschaftlichen Verwertung. Voraussetzung für die Kündigung ist, dass sich der Verkauf in vermietetem Zustand für den Vermieter als wirtschaftlich sinnlos darstellt, so dass sich der Kündigungsschutz des Mieters als faktisches **Verkaufshindernis** erweist.[129] Zur Beantwortung der Frage, ob die Veräußerung in vermietetem Zustand wirtschaftlich sinnlos ist, ist die Vermögenslage bei Erwerb der Wohnung mit derjenigen bei der Veräußerung zu vergleichen.[130]

1144 Die Kündigungsmöglichkeit entfällt nicht bereits deshalb, weil der Vermieter die Wohnung in vermietetem Zustand gekauft und deshalb bereits mit einem entsprechenden Preisvorteil erworben hat.[131] Dieser Gesichtspunkt spielt allerdings bei dem Vergleich der Vermögenslagen eine Rolle.[132] Will der Vermieter daher kündigen, weil er etwa im unvermieteten Zustand einen höheren Verkaufserlös erzielt und deshalb bei Aufrechterhaltung des Mietverhältnisses einen Nachteil erleidet, muss er sich bei Beurteilung des Nachteils anrechnen lassen, was er durch den Erwerb der Wohnung in vermietetem Zustand erspart hat.[133] Deshalb wird vertreten, eine Kündigung aus Gründen der wirtschaftlichen Verwertung des Grundstücks sei nur wirksam, wenn der Vermieter seine Verkaufsbemühungen darlegt und daraus einen ihm nachteiligen Verkaufserlös für die vermietete Wohnung geltend machen kann.[134] Inzwischen ist aber geklärt, dass der Eigentümer nicht gehalten ist, in jedem Fall vergebliche Bemühungen zum Verkauf der Wohnung zu einem angemessenen Preis vorzutragen. Ausreichend kann auch die Berufung auf eine Maklerauskunft oder ein Privatgutachten sein.[135]

1145 Hat der Vermieter das Mietobjekt zu einem überhöhten Preis erworben, so ist ein berechtigtes Interesse an der Beendigung des Mietverhältnisses wegen fehlender angemes-

---

[123] LG Wiesbaden ZMR 2007, 701.
[124] LG Frankenthal WuM 1991, 181; LG Trier WuM 1991, 273; AG Stuttgart WuM 1991, 198.
[125] LG Berlin GE 1991, 685; LG Hamburg WuM 1991, 186; LG Berlin GE 1993, 319; AG Hamburg WuM 1991, 185; AG Hannover WuM 1991, 187.
[126] OLG Koblenz NJW-RR 1989, 595.
[127] LG Berlin MM 2015, 29; LG Berlin GE 1993, 429; LG Berlin GE 1993, 319; LG Freiburg WuM 1991, 183; dazu Kossmann/Meyer-Abich Wohnraummiete-HdB § 118 Rn. 14.
[128] LG Berlin NJW-RR 2015, 334.
[129] BVerfG NJW 1991, 3217.
[130] BVerfG NJW 1992, 361; LG Düsseldorf Urt. v. 15.1.2014 – 23 S 213/13, BeckRS 2016, 08351; LG Berlin GE 1983, 429.
[131] OLG Koblenz NJW-RR 1989, 216.
[132] LG Freiburg WuM 1991, 183; LG München I WuM 1992, 374.
[133] LG Berlin NJW-RR 1997, 10.
[134] LG Bielefeld WuM 1997, 267.
[135] BVerfG NJW 1998, 2662 = NZM 1998, 618; BVerfG NZM 1998, 619 = NJW-RR 1998, 1231.

sener wirtschaftlicher Verwertung grundsätzlich zu verneinen.[136] Dies gilt insbesondere dann, wenn der Vermieter die Wohnung bewusst als Verlustobjekt erworben hat, wofür eine unübliche vollständige Fremdfinanzierung und im Verkaufsprospekt betonte Steuerersparnisse indizierend sind. Denn die Möglichkeit der Verwertungskündigung schützt nicht vor enttäuschten Gewinnerwartungen und Fehlkalkulationen beim Kauf einer Immobilie.[137] Auch wenn der Vermieter umgekehrt die in vermietetem Zustand erworbene Wohnung zu demselben oder gar zu einem höheren Preis als dem Kaufpreis veräußern kann, ist eine Kündigung wegen Hinderung an angemessener wirtschaftlicher Verwertung nicht gerechtfertigt.[138]

Die Verwertungsabsicht braucht sich auch im Falle des Verkaufs nicht auf das gesamte Grundstück zu beziehen.[139] Außerhalb der gesetzlichen Möglichkeiten (§ 573b BGB) ist aber eine Teilkündigung von Wohnungen grundsätzlich ausgeschlossen. 1146

Auch wegen des Mietverhältnisses nicht durchführbare Modernisierungs- und Sanierungsvorhaben können den Kündigungsgrund der Hinderung wirtschaftlicher Verwertung ausfüllen.[140] Anwendungsfälle sind zB der Wegfall der zu kündigenden Wohnung durch Zusammenlegung mit einer anderen Wohnung, die Aufteilung einer größeren Wohnung in abgeschlossene kleinere Wohnungen[141] sowie eine so umfassende Sanierungs- und Modernisierungsmaßnahme, dass die bloße Duldung der Maßnahme vom Mieter nicht ausreichen würde, um die Arbeiten durchführen zu können.[142] 1147

Kann die Duldung der Sanierung (§ 555a BGB) oder Modernisierung nach § 555d BGB allerdings gegenüber dem Mieter durchgesetzt werden, so ist eine Kündigung wegen Hinderung an angemessener wirtschaftlicher Verwertung nicht gerechtfertigt.[143] Deshalb muss der Vermieter in der Kündigung darlegen, warum der Duldungsanspruch nach § 555a oder § 555d BGB zur Durchführung der Maßnahme nicht ausreicht.[144] 1148

Auch der vom Vermieter beabsichtigte Abbruch des Hauses und dessen Neubau kann eine angemessene wirtschaftliche Verwertung sein, die eine Kündigung gem. § 573 Abs. 2 Nr. 3 BGB rechtfertigt. Zum Zeitpunkt des Zugangs der Kündigungserklärung braucht die baurechtliche Genehmigung zur Errichtung des Neubaus noch nicht vorzuliegen.[145] Der Vermieter muss aber im Besitz einer Abrissgenehmigung sein.[146] Zusätzlich muss die beabsichtigte Nutzung baurechtlich verwirklicht werden können.[147] Ebenso wie bei der Eigenbedarfskündigung ist eine Vorratskündigung nicht zulässig. Deshalb kann ein Sanierungsvorhaben, das erst ein künftiger Erwerber durchführen will, die Kündigung nicht begründen.[148] 1149

Die zu Grunde liegende wirtschaftliche Kalkulation muss nicht bereits in der Kündigungserklärung in allen Einzelheiten erläutert werden. Diese näheren Darlegungen kön- 1150

---

[136] LG Berlin GE 1993, 319.
[137] LG Köln WuM 1992, 132; LG Hamburg WuM 1991, 186 (187); LG München I NJW-RR 1992, 520.
[138] LG Berlin GE 1993, 429; LG Berlin NJW-RR 1995, 332.
[139] BVerfG NJW 1992, 105, worin diese Fragen offengelassen wurde.
[140] BayObLG NJW 1984, 372.
[141] LG Hamburg WuM 1989, 393.
[142] LG Düsseldorf DWW 1991, 338 = ZMR 1991, 438; AG Köln WuM 1991, 170.
[143] LG Bonn ZMR 1992, 114; LG Köln WuM 1989, 255; AG Konstanz WuM 1989, 255.
[144] AG Dortmund NJW-RR 1992, 521.
[145] BGH NJW 2011, 1135 = NZM 2011, 239; BayObLG NJW-RR 1994, 78; Harz AnwZert MietR 10/2014 Anm. 1 unter B. II. 1.
[146] OLG Hamburg NJW 1981, 2308; LG München II WuM 1997, 115; LG Düsseldorf DWW 1993, 103; LG Berlin ZMR 1991, 346.
[147] OLG Frankfurt/Main NJW 1992, 2300.
[148] LG Aachen WuM 1991, 495; LG Freiburg WuM 1991, 172.

nen auch noch im Prozess erfolgen.¹⁴⁹ Spätestens dann muss der Vermieter eine Wirtschaftlichkeitsberechnung aufstellen, in der die Einnahmen und Ausgaben vor und nach der Verwertung gegenübergestellt werden. Etwaige Vorteile wie staatliche Förderung und die Möglichkeit zur Mieterhöhung muss er gegenrechnen.¹⁵⁰ Aus dieser Rechnung muss sich also die Angemessenheit der Verwertungsabsicht ergeben. Davon ist auszugehen, wenn der frühere Zustand unrentabel ist oder jedenfalls durch die beabsichtigte Maßnahme eine größere Rentabilität der Immobilie erzielbar wäre. Es ist nicht erforderlich, dass der Vermieter durch die Aufrechterhaltung des bisherigen Zustands in seiner Existenz bedroht ist.¹⁵¹ Ausreichend ist bereits, dass der Gewinn bei aufrechterhaltenem Mietverhältnis erheblich geringer ausfallen würde.

1151 Soweit ein beabsichtigter Neubau des Gebäudes mit öffentlichen Fördermitteln durchgeführt werden soll, muss der Vermieter darlegen, dass die öffentliche Stelle die Ausnahmegenehmigung für die Bewilligung von Fördermitteln in diesem Fall erteilen würde.

1152 Auch die Vermietung zu gewerblichen Zwecken ist eine anerkennenswerte wirtschaftliche Verwertung. Allerdings ist hierzu Voraussetzung, dass die erforderliche Zweckentfremdungsgenehmigung zum Zeitpunkt der Kündigung vorliegt.¹⁵²

1153 Die Hinderung der Verwertung bedeutet, dass der Vermieter durch die Fortsetzung des Mietverhältnisses an einer angemessenen wirtschaftlichen Verwertung des Grundstücks gehindert werden muss. Das Mietverhältnis muss also unmittelbar kausal entgegenstehen. Dazu kann zB vorgetragen werden, dass das bestehende Mietverhältnis das Haus oder die Eigentumswohnung unverkäuflich macht.¹⁵³

1154 Dem Vermieter (und nicht Dritten)¹⁵⁴ müssen nach § 573 Abs. 2 Nr. 3 BGB bei Fortsetzung des Mietverhältnisses erhebliche Nachteile entstehen. Dies ist anzunehmen, wenn der Vermieter andernfalls in Existenznot gerät, Renditeeinbußen erleidet oder einen wesentlich geringeren Verkaufserlös erzielen könnte. Aus dem Eigentumsgrundrecht kann aber kein Anspruch auf Gewinnoptimierung oder dem größtmöglichen wirtschaftlichen Vorteil abgeleitet werden.¹⁵⁵ Das Bestandsinteresse des Mieters ist hierbei stets zu berücksichtigen.¹⁵⁶

1155 Neben wirtschaftlichen Nachteilen kommen auch persönliche Nachteile in Betracht. So ist zB erheblich, wenn der Vermieter das Grundstück verkaufen will, um für den Erlös aus gesundheitlichen Gründen an einem anderen Ort ein Eigenheim zu kaufen. Ebenso ist von einem beachtlichen persönlichen Nachteil auszugehen, wenn der Vermieter den Verkaufserlös benötigt, um sich nach schweren Unfallverletzungen ein behindertengerechtes Haus bauen zu können.¹⁵⁷

1156 Auch für die Kündigung wegen Hinderung an einer angemessenen wirtschaftlichen Verwertung greift die in § 577a BGB geregelte Sperrfrist bei Umwandlung in Wohnungseigentum und Veräußerung nach Begründung des Mietverhältnisses ein.

---

¹⁴⁹ LG Berlin GE 1993, 807.
¹⁵⁰ LG Berlin MDR 1990, 1121; LG Ellwangen WuM 1991, 273; LG Bonn ZMR 1992, 114.
¹⁵¹ BVerfG NJW 1989, 972; LG Berlin GE 1993, 807.
¹⁵² BGH NJW 2011, 1135 = NZM 2011, 239; OLG Hamburg NJW 1981, 2308; Harz AnwZert MietR 10/2014 Anm. 1 unter B. II. 2; Häublein NZM 2011, 668 (670).
¹⁵³ LG Osnabrück ZMR 1988, 232; AG Solingen WM 1974, 128.
¹⁵⁴ BGH NZM 2017, 756 = NJW-RR 2018, 12; LG Ellwangen WuM 1991, 273; Kossmann/Meyer-Abich Wohnraummiete-HdB § 118 Rn. 5.
¹⁵⁵ BGH NZM 2011, 773 = NJW-RR 2011, 1517; LG Berlin NJW-RR 2015, 334; Kossmann/Meyer-Abich Wohnraummiete-HdB § 118 Rn. 5.
¹⁵⁶ BGH NZM 2011, 773 = NJW-RR 2011, 1517; Kossmann/Meyer-Abich, Hdb. Wohnraummiete, § 118 Rn. 5.
¹⁵⁷ LG Trier NJW-RR 1991, 1414.

g) Sonstige Fälle berechtigten Interesses

Die Generalklausel in § 573 Abs. 1 BGB ermöglicht es dem Vermieter, neben den in Absatz 2 der Vorschrift aufgeführten einzelnen Kündigungsgründen, sonstige berechtigte Interessen zur Begründung der Kündigung darzutun. Dieses berechtigte Interesse muss im Verhältnis zu dem in § 573 Abs. 2 BGB geregelten Kündigungsgründen von gleichem Gewicht sein.[158] Ob ein berechtigtes Interesse an der Beendigung des Mietverhältnisses iSv § 573 Abs. 1 S. 1 BGB vorliegt, erfordert eine Würdigung aller Umstände des Einzelfalls und eine umfassende Abwägung der gegenseitigen Belange.[159] Der Vermieter kann hierbei auch Umstände aus dem Interessenbereich dritter Personen insoweit anführen, als sich aus ihnen aufgrund eines familiären, wirtschaftlichen oder rechtlichen Zusammenhangs auch ein eigenes Interesse des Vermieters an der Beendigung des Mietverhältnisses ergibt.[160] Ein gemeinnütziges, vornehmlich karitatives Nutzungsinteresse kann im Einzelfall ausreichendes Gewicht haben.[161] Die Eigentumsgarantie des Vermieters umfasst hierbei auch, eine Wohnung für eine wirtschaftliche Betätigung zu verwenden.[162]

1157

Es wurde bereits ausgeführt, dass schwere Vertragsverletzungen eines geisteskranken schuldunfähigen Mieters als Kündigungsgrund im Sinne von § 573 Abs. 1 BGB anzusehen sind, wenn derartige Vertragsverstöße sich ständig wiederholen und nicht unterbunden werden können.

1158

Auch ein Betriebsbedarf des Vermieters ist beachtlich.[163] Die im Zusammenhang mit einem Arbeitsverhältnis vermietete Wohnung kann daher – unabhängig von den §§ 576 ff. BGB – gekündigt werden, wenn der Vermieter diese für einen anderen Arbeitnehmer anstelle desjenigen Arbeitnehmers benötigt, dessen Arbeitsverhältnis beendet ist. Dies gilt erst recht, wenn die Wohnung an eine betriebsfremde Person vermietet worden ist.[164]

Betriebsbedarf setzt voraus, dass betriebliche Gründe die Nutzung gerade der gekündigten Wohnung notwendig machen. Die Wohnung muss deshalb für die betrieblichen Abläufe nach den Aufgaben der Bedarfsperson von wesentlicher Bedeutung sein.[165]

1159

Ferner kann öffentlicher Bedarf die Kündigung rechtfertigen. Ein berechtigtes Interesse an der Beendigung des Wohnraummietverhältnisses soll auch dann vorliegen, wenn der Wohnraum zur Erfüllung öffentlicher Aufgaben von einer Gemeinde benötigt wird,[166] um etwa familiengerechten Wohnraum bereitzustellen[167] oder Asylbewerber unterzubringen.[168] Ein berechtigtes Interesse soll schließlich vorliegen, wenn eine gemeindeeigene Wohnung zur Unterbringung von Obdachlosen benötigt wird.[169]

1160

Dagegen kann ein Mietvertrag, der unter Verstoß gegen öffentlich-rechtliche Vorschriften abgeschlossen worden ist, allein wegen dieses Verstoßes nicht zulässig ordentlich gekündigt werden.[170]

1161

---

[158] BVerfG NJW 1992, 105; BGH NZM 2017, 559 = NJW-RR 2017, 976.
[159] BGH NZM 2017, 559 = NJW-RR 2017, 976; BGH NJW 2017, 2018 = NZM 2017, 405; BGH NJW 2012, 2342 = NZM 2012, 501.
[160] BGH NJW 2012, 2342 = NZM 2012, 501.
[161] BGH NZM 2017, 559 = NJW-RR 2017, 976.
[162] BVerfG NJW 1998, 2662 = NZM 1998, 618; BVerfG NJW 1989, 972; BGH NZM 2017, 559 = NJW-RR 2017, 976.
[163] BGH NJW 2017, 2819 = NZM 2017, 521.
[164] OLG Stuttgart ZMR 1991, 260; LG Frankfurt/Main NJW-RR 1992, 1230.
[165] BGH NJW 2017, 2819 = NZM 2017, 521; BGH NZM 2007, 639 = NJW-RR 2007, 1460.
[166] BayObLG NJW 1981, 580; LG Hamburg NJW-RR 1991, 649.
[167] LG München I NJW-RR 1992, 907.
[168] LG Kiel WuM 1992, 129; AG Göttingen NJW 1992, 3044; AG Waldshut-Tiengen NJW 1990, 1051.
[169] BayObLG NJW 1972, 685 (686).
[170] LG Berlin GE 1994, 459; KG GE 1989, 941, jeweils zum Verstoß gegen das Zweckentfremdungsverbot.

1162 Eine Kündigung der Wohnung ist allerdings zulässig, wenn sie einer Zweckbindung unterliegt und nicht entsprechend dieser Zweckbindung vermietet ist. So kann beispielsweise eine Hausmeisterwohnung, die im Rahmen des Dienstverhältnisses überlassen worden ist, gekündigt werden (§§ 576b Abs. 1, 573 Abs. 1 BGB), wenn der Hausmeistervertrag beendet ist und die Wohnung benötigt wird, um einen neuen Hausmeister unterzubringen.[171] Auch eine gemeinnützige Wohnungsbaugenossenschaft kann sich auf § 573 Abs. 1 BGB stützen, wenn sie eine erheblich unterbelegte Genossenschaftswohnung in der Absicht kündigt, sie an eine größere Familie mit entsprechendem Wohnbedarf zu vermieten.[172] Ebenfalls hat ein gemeinnütziges Wohnungsunternehmen in einem Ballungsgebiet ein berechtigtes Interesse an der Kündigung des Mietverhältnisses, wenn die Mietwohnung nur noch als Stadtwohnung benutzt wird.[173]

1163 Auch die etwa durch Familienzuwachs eingetretene Überbelegung der Wohnung rechtfertigt die Kündigung nach § 573 Abs. 1 BGB.[174] Eine Überbelegung kann ab einer Wohnfläche von unter 15 m² pro erwachsener Person oder zwei bis zu 12-jährigen Kindern oder bei über zwei Personen pro Zimmer in Betracht kommen.[175]

1164 Eine Kündigung zum Zwecke der Mieterhöhung ist ausgeschlossen (§ 573 Abs. 1 S. 2 BGB).

h) Erleichterte Kündigung in Gebäuden mit nicht mehr als zwei Wohnungen

1165 Ein Mietverhältnis über eine Wohnung in einem vom Vermieter selbstbewohnten Gebäude mit nicht mehr als zwei Wohnungen kann der Vermieter auch kündigen, ohne dass es eines berechtigten Interesses bedarf (§ 573a Abs. 1 S. 1 BGB).

1166 Das Gebäude darf nach der Verkehrsanschauung[176] nicht mehr als zwei Wohnungen aufweisen. Es ist unschädlich, wenn weitere Räume vorhanden sind, die früher vor Abschluss des zu kündigenden Mietverhältnisses zum Wohnen genutzt wurden und heute gewerblichen Zwecken dienen.[177] Etwaige gewerblich genutzte Räume müssen in diesem Fall allerdings schon vor Abschluss der zu kündigenden Wohnung gewerblich genutzt worden sein.[178]

Unter einer Wohnung wird ein selbstständiger, räumlich und wirtschaftlich abgegrenzter Bereich verstanden, der eine eigenständige Haushaltsführung ermöglicht.[179] Hierfür sind eine Küche oder eine Kochgelegenheit Voraussetzung und dafür erforderlichen Versorgungsanschlüsse (Wasser, Abwasser, Strom).[180] Die steuerliche Einordnung und Behandlung ist nicht entscheidend.[181] Auch ist es ohne Bedeutung, wenn die Räume in verschiedenen Geschossebenen liegen.[182]

---

[171] LG Hamburg MDR 1980, 315 = ZMR 1980, 242.
[172] OLG Stuttgart NJW-RR 1991, 1226.
[173] LG München I NJW-RR 1992, 907.
[174] OLG Hamm NJW 1983, 48; LG Mönchengladbach NJW-RR 1991, 1113; AG Stuttgart WuM 2012, 150.
[175] AG Berlin-Tempelhof-Kreuzberg Urt. v. 6.3.2014 – 23 C 226/13, BeckRS 2014, 119609; AG Stuttgart WuM 2012, 150; anders Kinne ZMR 2001, 511 (514).
[176] BGH NZM 2011, 71 = NJW-RR 2011, 158.
[177] BGH NZM 2008, 682 = NJW-RR 2008, 1329.
[178] BGH NZM 2015, 452.
[179] BGH NZM 2015, 452.
[180] BGH NZM 2015, 452; BGH NZM 2011, 71 = NJW-RR 2011, 158.
[181] LG Hildesheim NJW-RR 1993, 585.
[182] LG Memmingen NJW-RR 1992, 523.

§ 24 Kündigung

Der Vermieter muss zum Zeitpunkt der Kündigung, nicht aber schon bei Abschluss 1167
des zu kündigenden Mietvertrages, in einer der Wohnungen wohnen.[183] Der Vermieter
braucht sich nicht ständig in dem Gebäude aufzuhalten. Ob er in dem Wohngebäude
seinen Lebensmittelpunkt haben muss, ist umstritten, letztlich aber zu verneinen. Der
Wortlaut „Wohnen" spricht nicht für eine eher am Zweck[184] orientierte Auslegung der
Gegenmeinung.[185] Da es auf die Verhältnisse zur Zeit des Vertragsabschlusses nicht
ankommt, ist es unerheblich, ob der Vermieter erst später als der Mieter in das Haus
eingezogen ist.[186] Es ist auch unerheblich, ob das Gebäude einen gemeinsamen Eingang
oder ein gemeinsames Treppenhaus aufweist.[187] Auch die Möglichkeit eines häufigen
Zusammentreffens von Vermieter und Mieter ist nicht Voraussetzung dieses Sonderkündigungsrechts.[188]

In der Kündigungserklärung muss sich der Vermieter auf dieses Sonderkündigungs- 1168
recht ausdrücklich beziehen (§ 573a Abs. 3 BGB). Andere Angaben muss die Kündigung
nach § 573a Abs. 1 S. 1 BGB nicht enthalten. Die Kündigungsfrist ist allerdings um drei
Monate verlängert (§ 573a Abs. 1 S. 2 BGB).

Das Sonderkündigungsrecht aus § 573a Abs. 1 BGB kann mit einer ordentlichen 1169
Kündigung nach § 573 BGB verbunden werden. In diesem Falle muss das berechtigte
Interesse iSv § 573 BGB allerdings angegeben werden (§ 573 Abs. 3 S. 1 BGB), soweit die
Kündigung (auch) darauf gestützt werden soll.

i) Erleichterte Kündigung von Zimmern innerhalb Wohnung des Vermieters

§ 573a Abs. 2 BGB gibt weiterhin die Möglichkeit einer erleichterten Kündigung für 1170
Mietverhältnisse über Wohnraum innerhalb der vom Vermieter selbst bewohnten Wohnung, sofern der Wohnraum nicht nach § 549 Abs. 2 Nr. 2 BGB vom Mieterschutz
ausgenommen ist.

Im Kündigungsschreiben muss der Vermieter darauf hinweisen, dass er sich auf die 1171
erleichterte Kündigung nach § 573a Abs. 2 BGB stützt.

j) Kündigung von Werkwohnungen

Bei Werkwohnungen ist zwischen Werkmietwohnungen und Werkdienstwohnungen 1172
zu unterscheiden.[189] Werkmietwohnungen sind solche, die mit Rücksicht auf das Bestehen eines Arbeitsverhältnisses vermietet werden. Es bestehen nebeneinander ein Arbeits-
und ein Mietverhältnis als zwei voneinander unabhängige Rechtsverhältnisse.[190] Für das
Mietverhältnis gelten die allgemeinen Vorschriften des Mietrechts mit der besonderen
Vorschrift in § 576a BGB für diesen Wohnungstyp. Daraus folgt, dass auch die Kündigung des Mietverhältnisses zunächst nach den allgemeinen wohnungsmietrechtlichen
Kündigungsschutzvorschriften zu erfolgen hat. Grundsätzlich hat auch der Mieter gegen
die Kündigung des Arbeitgebers und Vermieters die Möglichkeit des Widerspruchs nach

---

[183] BayObLG NJW-RR 1991, 1036; OLG Karlsruhe NJW-RR 1995, 336; Schmidt-Futterer/Blank BGB § 573a Rn. 18.
[184] Hierzu MüKoBGB/Häublein BGB § 573a Rn. 1.
[185] Für Lebensmittelpunkt LG Berlin NJW-RR 1991, 1227; LG Wuppertal WuM 1990, 156; zutreffend eher auch Zweitwohnung einbeziehend MüKoBGB/Häublein BGB § 573a Rn. 5; wie hier wohl auch BeckOK MietR/Siegmund BGB § 573a Rn. 11.
[186] OLG Koblenz WuM 1991, 204; BayObLG WuM 1991, 249; LG Karlsruhe MDR 1992, 478 = ZMR 1992, 105.
[187] OLG Saarbrücken NJW-RR 1993, 20.
[188] BGH NZM 2008, 682 = NJW-RR 2008, 1329; OLG Saarbrücken NJW-RR 1993, 20.
[189] Zur Abgrenzung der Begriffe BAG NJW 2008, 1020 (1021); siehe auch → Rn. 1888.
[190] BAG NZA 2000, 277 = WuM 2000, 362.

§ 574 ff. BGB (Sozialklausel). Denn § 576a Abs. 1 BGB nimmt ausdrücklich auf die Sozialklausel Bezug. Hiervon beinhaltet § 576a Abs. 2 BGB Ausnahmen.

Als erste Ausnahme ist festzuhalten, dass der Vermieter auch im Falle von Werkmietwohnungen ein Sonderkündigungsrecht nach Beendigung des Dienstverhältnisses hat, wenn ein Betriebsbedarf besteht (§ 576a Abs. 2 Nr. 1 BGB iVm § 576 Abs. 1 Nr. 2 BGB).

1173 Als zweite Ausnahme ist festzuhalten, dass das grundsätzlich bestehende Widerspruchsrecht des Mieters gegen die mietrechtliche Kündigung in den Fällen des § 576a Abs. 2 BGB wegfällt. Zu unterscheiden sind drei Fälle:
- Der Vermieter hat von seinem Sonderkündigungsrecht nach Beendigung des Mietverhältnisses aus § 576 Abs. 1 Nr. 2 BGB Gebrauch gemacht (§ 576a Abs. 2 Nr. 1 BGB).
- Der Mieter hat sein Dienstverhältnis gelöst, ohne dass ihm vom Dienstberechtigten gesetzlich begründeter Anlass dazu gegeben wurde (§ 576a Abs. 2 Nr. 2 Hs. 1 BGB).
- Das Dienstverhältnis wurde aus verhaltensbedingten Gründen gelöst, die der Mieter dem Dienstberechtigten gesetzt hat.

Für Ansprüche aus einem solchen Mietverhältnis ist der Rechtsweg zu den ordentlichen Gerichten eröffnet, die gem. § 23 Nr. 2a GVG ausschließlich den Amtsgerichten zugewiesen sind.[191]

1174 Werkdienstwohnungen sind dagegen solche, die dem zu einer Dienstleistung Verpflichteten im Rahmen eines Dienstverhältnisses überlassen wurden (§ 576b Abs. 1 BGB). Hier besteht kein eigenständiges Mietverhältnis. Das Dienstverhältnis ist die alleinige Rechtsgrundlage auch für die Nutzung des Wohnraums. Im Fehlen eines Mietvertrags liegt der Unterschied zu den funktionsgebundenen Werkmietwohnungen.[192] Für die Beendigung des Rechtsverhältnisses hinsichtlich der Werkdienstwohnung gelten die Vorschriften über Mietverhältnisse entsprechend, wenn der Arbeitnehmer die Wohnräume selbst eingerichtet hat oder in den Wohnräumen mit seiner Familie oder mit Personen lebt, mit denen er einem auf Dauer angelegten gemeinsamen Haushalt[193] führt (§ 576b Abs. 1 BGB). Für Streitigkeiten aus der Überlassung einer Werkdienstwohnung sind die Arbeitsgerichte zuständig.[194] Dies ist aufgrund der Sachnähe auch dann anzunehmen, wenn das Arbeitsverhältnis wirksam beendet worden ist, der Wohnraum aber weiter genutzt wird.[195]

2. Wegfall des Kündigungsschutzes

1175 § 549 Abs. 2 BGB versagt den Mieterschutz bei Beendigung von Mietverhältnissen für die Kündigung von Wohnraum zum vorübergehenden Gebrauch, von vom Vermieter mitgenutztem möbliertem Wohnraum, bei öffentlich-rechtlichen Anmietungen durch Gemeinden oder Träger der Wohlfahrtspflege und für die Kündigung von Mietverhältnissen in einem Studenten- oder Jugendwohnheim (§ 549 Abs. 3 BGB).

a) Vorübergehend vermieteter Wohnraum

1176 Entscheidend für den Charakter einer Vermietung zum vorübergehenden Gebrauch ist der Vertragszweck. Genauere zeitliche Grenzen lassen sich nicht ziehen. Der Zeitraum

---

[191] BAG NZA 2000, 277= WuM 2000, 362.
[192] BAG NZA 2000, 277 = WuM 2000, 362.
[193] Vgl. dazu Buch NZM 2000, 167.
[194] BAG NZA 2000, 277 (278).
[195] Offengelassen von BAG NZA 2000, 277 (279); wie hier LG Berlin ZMR 2013, 533 (534); FA-MietR/Riecke Kap. 14 Rn. 532; für Zuständigkeit der Mietgerichte ArbG Hamburg ZMR 2017, 858 m. krit. Anm. Riecke ZMR 2017, 859; MüKoBGB/Artz BGB § 576b Rn. 9; BeckOK MietR/Bruns BGB § 576b Rn. 33.

kann auch ein Jahr übersteigen. Entscheidend ist, dass der Wohnbedarf vorübergehend bleibt. Typischer Fall ist die Vermietung von Hotelzimmern oder Privatunterkünften an Durchreisende, Besucher, oder aus beruflichen Gründen an nur vorübergehend nutzende Bewohner (zB Montage, Messe).[196] Auch die Vermietung von Ferienwohnungen an Feriengäste zählt hierzu. Schließlich lässt sich auch die vorübergehende Vermietung eines Studentenzimmers für ein oder zwei Semester oder die vorübergehende Unterbringung eines auswärtigen Wissenschaftlers zur Erledigung eines bestimmten Projekts anführen.

Nicht nur vorübergehend ist die Vermietung von Wohnraum an Gastarbeiter, wenn sie für eine unbestimmte Zeit ein Arbeitsverhältnis aufnehmen.[197] Auch die Aufnahme in ein Alten- oder Pflegeheim ist keine Vermietung von Wohnraum zu vorübergehendem Gebrauch.[198] Die Vermietung an eine studentische Wohngemeinschaft erfolgt in der Regel nicht zu nur vorübergehenden Gebrauch,[199] selbst wenn anstelle der ursprünglichen Mieter andere Mieter in das Mietverhältnis eingetreten sind.[200] Soweit hintereinander mehrere Folgevermietungen zum „vorübergehenden" Gebrauch mit gleicher Zweckbestimmung erfolgen, greift § 549 Abs. 2 Nr. 1 BGB ebenfalls nicht. 1177

b) Einzelne möblierte Räume in der Wohnung des Vermieters

Vom Kündigungsschutz ausgenommen sind auch Mietverhältnisse über Wohnraum, der Teil der vom Vermieter selbst bewohnten Wohnung ist und von ihm zumindest überwiegend möbliert wurde, sofern der Wohnraum dem Mieter nicht zum dauernden Gebrauch mit seiner Familie oder mit Personen überlassen worden ist, mit der er einen auf Dauer angelegten gemeinsamen Haushalt führt (§ 549 Abs. 2 Nr. 2 BGB). Neben der eigentlichen Möblierung zählen zu den Einrichtungsgegenständen auch Herd, Spüle, Beleuchtungskörper, Teppiche, Bettzeug und Bilder. 1178

Der Wohnraum ist Teil der vom Vermieter selbst bewohnten Wohnung, wenn ein räumlicher oder wirtschaftlich-funktionaler Zusammenhang besteht.[201] Dies ist bei vermieteten einzelnen Räumen innerhalb der abgeschlossenen Wohnung des Vermieters eindeutig. Erfasst werden aber auch Mansarden oder Souterrain-Räume, die außerhalb der abgeschlossenen Wohnung des Vermieters liegen, aber mit dessen Wohnbereich wegen der gemeinschaftlichen Benutzung von Küche, Bad oder Toilette einen räumlichen Zusammenhang bilden.[202] Ein räumlich-funktionaler Zusammenhang liegt aber nicht mehr vor, wenn ein vermietetes möbliertes Zimmer einen eigenen Eingang zum Treppenhaus hat, die Verbindungstür zur Vermieterwohnung mit Möbeln zugestellt ist und der Mieter nicht auf die Benutzung von Küche und Bad in der Vermieterwohnung angewiesen ist.[203] 1179

Der Wohnraum darf nicht zum dauernden Gebrauch für eine Familie oder Person überlassen sein, mit denen der Mieter einen auf Dauer angelegten gemeinsamen Haushalt führt. Zur Familie zählen die durch Ehe, Verwandtschaft und/oder Schwägerschaft verbundenen Personen.[204] Lebenspartner, mit denen der Mieter einen auf Dauer angelegten gemeinsamen Haushalt führt, sind mitumfasst. 1180

---

[196] BeckOK MietR/Bruns BGB § 549 Rn. 14.
[197] LG Hannover MDR 1971, 762.
[198] LG Berlin WuM 1974, 26.
[199] BeckOK MietR/Bruns BGB § 549 Rn. 14.
[200] LG Köln WuM 1992, 251; AG Bonn WuM 1988, 23.
[201] AG Halle/Westfalen WuM 1983, 144.
[202] AG Tübingen WuM 1988, 59; BeckOK MietR/Bruns BGB § 549 Rn. 23.
[203] LG Detmold NJW-RR 1991, 77.
[204] Kinne ZMR 2001, 599 (604).

c) Wohnraum in einem Studenten- oder Jugendwohnheim

1181 Wohnraum in Studenten- oder Jugendwohnheimen ist vom Schutz gegen ordentliche fristgerechte Kündigungen des Vermieters ausgenommen (§ 549 Abs. 3 BGB). Verträge können daher ohne berechtigtes Interesse gekündigt oder von vornherein befristet werden.[205] Dabei ist unter einem Studentenwohnheim eine bauliche Anlage in öffentlicher oder privater Trägerschaft zu verstehen, die geeignet ist, vielen Studenten das Wohnen zu ermöglichen, dabei an studentischen Belangen ausgerichtet ist und im Interesse der Versorgung vieler Studenten mit Wohnheimplätzen eine Rotation nach abstrakt-generellen Kriterien praktiziert.[206] Gemeinschaftseinrichtungen müssen nicht zwingend vorhanden sein.[207] Dasselbe gilt für Wohnraum, der Teil eines Jugendwohnheims ist.

d) Kündigungserklärung

1182 In den genannten Fällen kann der Vermieter ohne Angabe von Kündigungsgründen kündigen. Bei der Kündigung von Wohnraumvermietungen zu vorübergehendem Gebrauch, bei der Vermietung von möblierten Einliegerwohnungen und bei der Kündigung von Gemeindewohnraum sowie Wohnraum eines anerkannten privaten Trägers der Wohlfahrtspflege kann der Mieter nicht Widerspruch nach den §§ 574 ff. BGB erheben (§ 549 Abs. 2 BGB).

Bei Wohnraum in einem Studenten- oder Jugendwohnheim kann der Mieter allerdings von der Sozialklausel Gebrauch machen und gegen die Kündigung Widerspruch erheben. §§ 574 ff. BGB werden durch § 549 Abs. 3 BGB nicht ausgeschlossen. Deshalb muss der Vermieter den Mieter in diesen Fällen auf die Möglichkeit des Widerspruchs nach § 574b Abs. 2 S. 2 BGB hinweisen.

3. Teilkündigungen

1183 Der Vermieter kann Nebenräume, die nicht zum Wohnen bestimmt sind, oder Grundstücksteile ohne ein berechtigtes Interesse im Sinne von § 573 BGB kündigen, wenn er die Kündigung auf diese Räume oder Grundstücksteile beschränkt und sie dazu verwenden will,
- Wohnraum zum Zwecke der Vermietung zu schaffen oder
- den neu zu schaffenden und den vorhandenen Wohnraum mit Nebenräumen oder Grundstücksteilen auszustatten (§ 573b Abs. 1 BGB).

1184 Außerhalb dieses eingegrenzten Anwendungsbereichs ist die Teilkündigung unzulässig.[208] Dies gilt beispielsweise für eine Teilkündigung von Gewerberaum oder von Wohnraumanteilen bei Mischmietverhältnissen,[209] aber auch bei einem anzunehmenden funktionellen Zusammenhang von Wohnungsmietvertrag und anschließender Garagenvermietung. Bei einem schriftlichen Wohnungsmietvertrag und einem separat abgeschlossenen Mietvertrag über eine Garage oder einen Stellplatz spricht dagegen eine tatsächliche Vermutung für die rechtliche Selbstständigkeit der beiden Vereinbarungen, was zu jeweils getrennten Kündigungsmöglichkeiten führt.[210]

---

[205] BeckOK MietR/Bruns BGB § 549 Rn. 39.
[206] BGH NJW 2012, 2881 (2882) = NZM 2012, 606 (607); MüKoBGB/Bieber BGB § 549 Rn. 30.
[207] AG Freiburg WuM 1987, 128.
[208] BGH NJW 2012, 224 = NZM 2012, 78; BGH GE 2013, 1454; BGH GE 2013, 1650.
[209] Gather Mietrechtkompakt Heft 2/2002, 24; zum Mischmietverhältnissen BGH NJW 2014, 2864 = NZM 2014, 626.
[210] BGH NJW 2012, 224 = NZM 2012, 78; BGH GE 2013, 1454; BGH GE 2013, 1650.

§ 573b BGB gilt nur für die unbefristete Wohnraummietverhältnisse.[211] Da es sich um eine (Teil-) Kündigung von Wohnraum handelt, muss sie schriftlich erfolgen (§ 568 Abs. 1 BGB). Obgleich für die Teilkündigung das Vorliegen eines berechtigten Interesses als Kündigungsgrund im Sinne von § 573 BGB nicht notwendig ist, sollten die Kündigungsgründe angegeben werden.[212] Im Kündigungsschreiben ist also darzustellen, dass es sich um eine Teilkündigung handelt. Die gekündigten Nebenräume oder Grundstücksteile müssen genau beschrieben werden. Der Kündigungsgrund, nämlich die Absicht der Verwendung der gekündigten Nebenräume zum Wohnungsbau oder zur Ausstattung der neugebauten oder der vorhandenen Wohnung mit Ersatzräumen oder Ersatzflächen, muss genau angegeben werden. Dazu muss konkret dargelegt werden, dass eine konkrete Bauabsicht besteht, die beabsichtigten Bauvorhaben zulässig sind oder sein werden.[213] Weiter muss konkret dargestellt werden, zu welchen Zwecken die gekündigten Nebenräume oder mitvermieteten Grundstücksteile verwendet werden sollen. Dasselbe gilt für die Absicht, weiterzuvermieten. Allerdings müssen konkrete Mietinteressenten nicht persönlich genannt werden.[214]

1185

Die Teilkündigung ist spätestens am dritten Werktag eines Kalendermonats zum Ablauf des übernächsten Monats zulässig (§ 573b Abs. 2 BGB).

1186

§ 573d Abs. 4 BGB gibt dem Mieter als Kündigungsfolge einen Anspruch auf eine angemessene Senkung der Miete; die Absenkung tritt nicht von Gesetzes wegen ein.[215] Dieser Anspruch entsteht infolge der Gesetzesausgestaltung ab seiner Geltendmachung.[216]

1187

4. Außerordentliche Kündigung mit gesetzlicher Frist

Die außerordentliche Kündigung mit gesetzlicher Frist ist für unbefristete Wohnraummietverhältnisse in § 573d BGB und für befristete Wohnraummietverhältnisse in § 575a BGB geregelt.

1188

Für Wohnraumkündigungen folgen Kündigungsfrist, Begründungsfrist und Hinweispflicht auf die Sozialklausel aus § 573d BGB, § 575a BGB, jeweils iVm § 568 Abs. 2 BGB.

1189

a) Mietverträge von mehr als 30 Jahren

Wird ein Mietvertrag für eine längere Zeit als 30 Jahre geschlossen, so kann jede Vertragspartei nach Ablauf von 30 Jahren nach Überlassung der Mietsache das Mietverhältnis außerordentlich mit der gesetzlichen Frist (§ 573d Abs. 2 BGB) kündigen (§ 544 S. 1 BGB). Die Vorschrift gilt auch, wenn nur ein Mietvertragspartner die Laufzeit des Vertrages auf über 30 Jahre beispielsweise durch eine Verlängerungsoption ausdehnen kann[217] oder für mehr als 30 Jahre die Kündigung ausgeschlossen ist.[218] Die Kündigung ist unzulässig, wenn der Vertrag für die Lebenszeit des Vermieters oder des Mieters geschlossen worden ist (§ 544 S. 2 BGB).

1190

---

[211] BeckOK MietR/Siegmund BGB § 573b Rn. 1; Klein-Blenkers/Heinemann/Ring/Hinz, Miete/WEG/Nachbarschaft, § 573b Rn. 3.
[212] Klein-Blenkers/Heinemann/Ring/Hinz, Miete/WEG/Nachbarschaft, § 573b Rn. 20
[213] LG Berlin NZM 1998, 328 = NJW-RR 1998, 1543.
[214] Kinne ZMR 2001, 599 (602).
[215] NK-Miete/WEG/Nachbarschaft, Hinz, § 573b Rn. 16.
[216] Ähnlich beispielsweise § 558 Abs. 1 S. 1 BGB („...kann... verlangen..."); NK-Miete/WEG/Nachbarschaft, Hinz, § 573b Rn. 16; aA MüKoBGB/Häublein BGB § 573b Rn. 17.
[217] BGH NJW 1996, 2028 (2029); OLG Düsseldorf ZMR 2002, 189 (190); Elshorst NZM 1999, 449 (450).
[218] OLG Karlsruhe Urt. v. 21.12.2007 – 1 U 119/07, BeckRS 2008, 07366.

b) Tod des Mieters

1191 Stirbt der Mieter, so wird das Mietverhältnis zunächst mit den überlebenden Mitmietern, dem Kreis der eintrittsberechtigten Personen oder dem Erben des verstorbenen Mieters fortgesetzt.

Tritt ein Berechtigter in das Mietverhältnis ein, so kann der Vermieter das Mietverhältnis innerhalb eines Monats außerordentlich mit gesetzlicher Frist (§ 573d Abs. 2 BGB) kündigen, wenn in der Person des Eingetretenen ein wichtiger Grund vorliegt (§ 563 Abs. 4 BGB). Dies kann eine objektiv feststehende finanzielle Leistungsunfähigkeit oder eine anhand konkreter Anhaltspunkte drohende oder „gefährdet erscheinende" finanzielle Leistungsfähigkeit des Eintretenden sein.[219] Die Überlegungsfrist für den Vermieter beginnt, nachdem er von dem endgültigen Eintritt in das Mietverhältnis Kenntnis erlangt hat (§ 563 Abs. 4 BGB). Wird das Mietverhältnis mit überlebenden Mitmietern fortgesetzt, so hat der Vermieter allein aus Anlass des Todes des verstorbenen Mieters kein außerordentliches befristetes Kündigungsrecht. Dies steht nur den überlebenden Mitmietern zu (§ 563a Abs. 2 BGB).[220] Besteht das Mietverhältnis dagegen mit den Erben fort (§ 564 S. 1 BGB), so sind sowohl der Erbe als auch der Vermieter berechtigt, das Mietverhältnis innerhalb eines Monats außerordentlich mit gesetzlicher Frist (§ 573d Abs. 2 BGB) zu kündigen, nachdem sie vom Tod des Mieters und davon Kenntnis genommen haben, dass ein Eintritt in das Mietverhältnis oder dessen Fortsetzung nicht erfolgt sind (§ 564 S. 2 BGB).[221] Dies gilt jedoch nur, wenn nach dem Tod des Mieters weder berechtigte Personen in das Mietverhältnis neu eintreten noch dieses mit überlebenden Mitmietern fortgesetzt wird.

c) Erlöschen des Nießbrauchs

1192 Im Falle eines bestellten Nießbrauchs ist der Nießbraucher als Fruchtziehungsberechtigter Vermieter (§ 1056 Abs. 1 BGB). Endet das Nießbrauchsverhältnis, so ist nicht der Nießbraucher, sondern der Eigentümer des vermieteten Objekts berechtigt, das Miet- oder Pachtverhältnis unter Einhaltung der gesetzlichen Kündigungsfrist (§ 573d Abs. 2 BGB) zu kündigen (§ 1056 Abs. 2 S. 1 BGB).[222] Dem Eigentümer ist eine Kündigung nach § 1056 Abs. 2 BGB jedoch nach Treu und Glauben verwehrt, wenn er unabhängig von § 1056 Abs. 1 BGB persönlich an den Mietvertrag gebunden ist. Dies gilt beispielsweise, wenn er ihn vor der Bewilligung des Nießbrauchs noch als Eigentümer selbst abgeschlossen hatte, wenn er dem Mietvertrag beigetreten oder wenn er Alleinerbe des Vermieters geworden ist.[223] In einem solchen Fall muss sich der Eigentümer an einer vereinbarten bestimmten Laufzeit des Mietvertrags oder einer sonstigen Erschwerung der ordentlichen Kündigung festhalten lassen. Im Falle eines Nießbrauchsverzichts gilt Abs. 2 S. 2 der Vorschrift.

1193 Der Mieter ist berechtigt, den Eigentümer unter Bestimmung einer angemessenen Frist zur Erklärung darüber aufzufordern, ob er von dem Kündigungsrecht Gebrauch macht. Die Kündigung kann nur bis zum Ablauf der gesetzten Erklärungsfrist erfolgen (§ 1056 Abs. 3 BGB). Das Kündigungsrecht des Eigentümers aus § 1056 Abs. 2 BGB geht nicht kraft Gesetzes auf einen Erwerber über.[224]

---

[219] BGH NJW 2018, 2397 = NZM 2018, 325.
[220] Schmidt-Futterer/Streyl BGB § 563a Rn. 14; MüKoBGB/Häublein BGB § 563a Rn. 17.
[221] Schmidt-Futterer/Streyl BGB § 564 Rn. 4.
[222] BGH NZM 2012, 558 (559).
[223] BGH NZM 2012, 558 (559); BGH NJW 2011, 61 = NZM 2011, 73; BGH NJW 1990, 443.
[224] BGH NZM 2010, 474 (476) = NJW-RR 2010, 815 (817).

d) Erlöschen des Erbbaurechts

Mit der Änderung des Gesetzestitels 2007 in Erbbaurechtsgesetz sind keine Änderungen beim Ausnahmekündigungsrecht des Grundstückseigentümers verbunden gewesen. Erlischt das Erbbaurecht durch Zeitablauf, so ist der Grundstückseigentümer berechtigt, das vom Erbbauberechtigten als Vermieter abgeschlossene Mietverhältnis unter Einhaltung der gesetzlichen Frist zu kündigen (§ 30 Abs. 2 S. 1 ErbbauRG). Die Kündigung kann nur für einen der beiden ersten Termine erfolgen, für die sie zulässig ist. Erlischt das Erbbaurecht vorzeitig, so kann der Grundstückseigentümer das Kündigungsrecht erst ausüben, wenn das Erbbaurecht auch durch Zeitablauf erlöschen würde (§ 30 Abs. 2 S. 3 ErbbauRG). 1194

Wie im Falle des beendeten Nießbrauchs kann auch der Mieter oder Pächter den Grundstückseigentümer im Falle eines erloschenen Erbbaurechts mit angemessener Frist zur Erklärung darüber auffordern, ob er von dem Kündigungsrecht Gebrauch macht. Die Kündigung kann nur bis zum Ablauf der gesetzten Erklärungsfrist erfolgen (§ 30 Abs. 3 ErbbauRG). 1195

e) Eintritt der Nacherbfolge

§ 2135 BGB definiert die Einflüsse eines Eintritts der Nacherbfolge auf den Mietvertrag an einem zur Erbschaft gehörenden Grundstück. Die Vorschrift bestimmt, dass auf das Mietverhältnis § 1056 BGB anzuwenden ist. Auf die entsprechenden Darlegungen zum Sonderkündigungsrecht bei erloschenem Nießbrauch kann hierbei verwiesen werden. 1196

f) Zwangsversteigerung, Insolvenz- und Vergleichsverfahren

Der Ersteher eines zwangsversteigerten Grundstücks kann gem. § 57a ZVG unter den Maßgaben von §§ 57 bis 57b ZVG bestehende Mietverhältnisse außerordentlich mit gesetzlicher Frist kündigen. Die Kündigung ist ausgeschlossen, wenn sie nicht zu dem ersten Termin erfolgt, für den sie zulässig ist (§ 57a S. 2 ZVG). 1197

Diese Kündigungsmöglichkeit gilt für die Vollstreckungsversteigerung, die Insolvenzversteigerung (§ 172 ZVG) und Nachlassversteigerung (§ 175 ZVG), nicht jedoch für die Teilungsversteigerung iSv § 180 ZVG (§ 183 ZVG).[225] Im letzteren Falle haben Miteigentümer keine Möglichkeit, sich durch ein Sonderkündigungsrecht von einem ungünstigen oder für sie als lästig empfundenen Mietverhältnis zu befreien.[226] 1198

Ein Insolvenzverfahren[227] kann ebenfalls Einfluss auf die Beendigung von Mietverträgen haben. Dem Vermieter steht allerdings kein Sonderkündigungsrecht wegen der Eröffnung des Insolvenzverfahrens über das Vermögen des Mieters zu (**Kündigungssperre**).[228] Damit ist der Vermieter auf die allgemeinen Kündigungsbestimmungen des BGB verwiesen. Auch hier gelten Besonderheiten. Aufgrund der in § 112 InsO enthaltenen Kündigungssperre kann der Vermieter ein Mietverhältnis nach dem Antrag auf Eröffnung des Insolvenzverfahrens wegen Zahlungsverzugs des Mieters aus der Zeit vor dem Eröffnungsantrag nicht mehr fristlos kündigen.[229] Die Kündigungssperre gilt nicht nur für die Kündigung wegen Zahlungsverzugs, sondern auch wegen ständig unpünktlicher Miet- 1199

---

[225] HK-ZV/Stumpe, § 57 ZVG Rn. 1.
[226] HK-ZV/Stumpe, § 183 ZVG Rn. 2.
[227] Hierzu Hinz NZM 2014, 137; Horst DWW 2018, 124; zur Enthaftungserklärung Jacoby ZMR 2016, 173; instruktiv zum Anfechtungsrecht bei Mieterzahlungen Pape NZM 2015, 313; ferner → Rn. 1838.
[228] Horst DWW 2018, 124 (125).
[229] Cymutta, Der Mietvertrag im Insolvenzverfahren, S. 21 u. 26.

zahlung oder wegen Verschlechterung der Vermögensverhältnisse des Mieters.[230] Diese Sperrwirkung wird zumindest auch für die fristlose Kündigungsmöglichkeit nach § 543 Abs. 1 BGB iVm § 569 Abs. 2 und 4 BGB wegen des Zahlungsrückstandes gelten. Lediglich fristlose Kündigungen gem. §§ 543 Abs. 1, 569 Abs. 2 und 4 BGB bleiben wegen anderer Vertragsverletzungen möglich.[231] Die Kündigungssperre verliert nach der Enthaftungserklärung („Freigabe") des Insolvenzverwalters nach § 109 Abs. 1 S. 2 InsO ihre Wirkung.[232] Eine fristlose Kündigung kann dann auf Rückstände aus der Zeit vor Insolvenzantragstellung gestützt werden.[233]

1200 Eine vor Stellung des Insolvenzantrags zugegangene Kündigung bleibt wirksam; die bloße Absendung genügt nicht, maßgebend ist der Zugangszeitpunkt.[234] Ein nach § 112 InsO ausgeschlossenes Kündigungsrecht kann wiederaufleben, wenn der Insolvenzantrag mangels Masse abgewiesen (§ 26 InsO), zurückgenommen oder für erledigt erklärt wird.[235] Empfehlenswert ist dann eine erneute Kündigung.

g) Befristete Mietverhältnisse

1201 Ist ein befristetes Mietverhältnis außerordentlich mit gesetzlicher Kündigungsfrist kündbar, so erfolgt diese Kündigung nach § 575a BGB. Die Vorschrift verweist bezüglich der Notwendigkeit eines Kündigungsgrundes auf §§ 573 bis 573a BGB (Ausnahme: § 564 BGB). Auf die Sozialklausel kann sich der Mieter nur höchstens bis zum vertraglich bestimmten Zeitpunkt der Beendigung berufen (§ 575a Abs. 2 BGB). § 575a Abs. 3 BGB enthält eine besondere Kündigungsfrist. Abs. 4 der Vorschrift enthält eine Mieter-Begünstigungsklausel, nach der zu seinem Nachteil abweichende Vereinbarungen unwirksam sind.

5. Außerordentliche fristlose Kündigung

a) Allgemeines

1202 Die außerordentliche fristlose Kündigung ist in zwei gesetzlichen Bestimmungen normiert. Hierbei handelt es sich einmal um die in den allgemeinen Vorschriften für alle Mietverhältnisse enthaltene Generalklausel (§ 543 BGB). Sie ist die zentrale Regelung der Kündigung aus wichtigem Grund. Ergänzend stellt § 569 BGB spezielle Regelungen für Wohnraummietverträge auf.

1203 Die fristlose Kündigung wegen Gesundheitsgefahr (§ 569 Abs. 1 BGB) ist auch auf Mietverhältnisse über Räume anwendbar, die keine Wohnräume sind (§ 578 Abs. 2 BGB). Schließlich kommt gem. § 578 Abs. 2 BGB die fristlose Kündigung wegen nachhaltiger Störung des Hausfriedens generell auch bei sonstigen Räumen in Betracht, die nicht zum Aufenthalt von Menschen bestimmt sind.

1204 Die fristlose Kündigung aus wichtigem Grund als einschneidenste Sanktion in Dauerschuldverhältnissen ist in §§ 543 Abs. 1, 569 Abs. 2 BGB ausdrücklich gesetzlich normiert. Die Vorschriften stellen klar, dass es entscheidend auf die Qualität der Störung ankommt. Hierbei ist das Verschulden ein reines Abwägungskriterium, kein Tatbestandsmerkmal. Deshalb ist eine fristlose Kündigung aus wichtigem Grund auch bei nicht

---

[230] Horst DWW 2018, 124 (125).
[231] BGH NJW 2005, 2552 (2554) = NZM 2005, 538 (540); Cymutta, Der Mietvertrag im Insolvenzverfahren, S. 21; Börstinghaus DWW 1999, 205 (206).
[232] BGH NJW 2015, 3087 = NZM 2015, 618; Cymutta, Der Mietvertrag im Insolvenzverfahren, S. 32; Horst DWW 2018, 124 (125); siehe auch → Rn. 1843.
[233] Cymutta, Der Mietvertrag im Insolvenzverfahren, S. 32.
[234] Cymutta, Der Mietvertrag im Insolvenzverfahren, S. 7 u. 22.
[235] Cymutta, Der Mietvertrag im Insolvenzverfahren, S. 21.

schuldhaftem Verhalten, insbesondere bei nicht schuldhafter nachhaltiger Störung des Hausfriedens, möglich. So kann eine Kündigung aus wichtigem Grund wegen Hausfriedensstörung gem. §§ 543, 569 BGB auch gegenüber einem schuldlos handelnden Mieter erfolgen. Erforderlich ist eine Abwägung zwischen den Belangen der Beteiligten.[236]

Der Grund für die fristlose Kündigung ist nach § 569 Abs. 4 BGB im Kündigungsschreiben anzugeben. 1205

Die Umdeutung einer ordentlichen Kündigung in eine außerordentliche fristlose Kündigung ist möglich. Sie setzt den erkennbaren Willen voraus, das Mietverhältnis auf jeden Fall beenden zu wollen.[237] 1206

b) Kündigungsgründe

Für den Vermieter gelten folgende Kündigungsgründe: 1207
- Kündigung wegen Unzumutbarkeit der Vertragsfortsetzung unabhängig vom Verschulden des anderen Teils (§ 543 Abs. 1 BGB),
- Kündigung wegen nachhaltiger Störung des Hausfriedens (§§ 543 Abs. 1, 569 Abs. 2 BGB),
- Kündigung wegen Nichtzahlung der Kaution (§§ 543 Abs. 1, 569 Abs. 2a BGB),
- Kündigung wegen Zahlungsverzugs (§§ 543 Abs. 2 Nr. 3 lit. a oder lit. b, 569 Abs. 3 BGB),
- Kündigung wegen erheblicher Gefährdung der Mietsache durch Vernachlässigung der dem Mieter obliegenden Sorgfaltspflichten (§ 543 Abs. 2 Nr. 2 BGB),
- Kündigung wegen unbefugter Gebrauchsüberlassung an einen Dritten (§ 543 Abs. 2 Nr. 2, 2. Alt. BGB).

Die in den §§ 543 Abs. 2 Nr. 1–3, 569 Abs. 1 u. Abs. 2 BGB typisierten Fälle der Unzumutbarkeit sind gegenüber § 543 Abs. 1 BGB vorrangig zu prüfen.[238]

aa) Vertragswidriger Gebrauch. Besteht der wichtige Kündigungsgrund in einer Vertragsverletzung, so ist die Kündigung wie bisher grundsätzlich erst nach Ablauf einer angemessenen Fristsetzung zur Abhilfe oder erfolgloser Abmahnung zulässig (§ 543 Abs. 3 S. 1 BGB). Dies gilt nur ausnahmsweise nicht, wenn die Frist oder Abmahnung keinen Erfolg verspricht, die sofortige Kündigung aus besonderen Gründen gerechtfertigt oder der Mieter mit der Mietzahlung (§ 543 Abs. 3 S. 2 BGB) oder Kaution im Rückstand ist (§ 569 Abs. 2a S. 2 BGB).[239] 1208

Wie bisher wird die fristlose Kündigung wegen vertragswidrigen Gebrauchs nur wirksam, wenn im Zeitpunkt ihres Zugangs noch sämtliche Voraussetzungen vorliegen, insbesondere der vertragswidrige Gebrauch noch andauert.[240] 1209

Als Pflichtverletzungen kommen insbesondere in Betracht 1210
- die Vernachlässigung der Sorgfaltspflichten vom Mieter (§ 543 Abs. 2 Nr. 2 Alt. 1 BGB)
- die unbefugte Gebrauchsüberlassung vom Mieter an Dritte (§ 543 Abs. 2 Nr. 2 Alt. 2 BGB und
- bei Wohnraum die Störung des Hausfriedens (§ 569 Abs. 2 BGB).

---

[236] BGH NZM 2005, 300; BGH WuM 2009, 762; BGH NZM 2017, 26 = NJW-RR 2017, 134.
[237] BGH WuM 2005, 585.
[238] BGH NJW 2009, 431 = NZM 2009, 431; Schindler WuM 2018, 255.
[239] Kossmann/Meyer-Abich Wohnraummiete-HdB § 67 Rn. 11.
[240] LG Berlin MM 1998, 82; LG Duisburg NJW-RR 1986, 1345.

Eine Kündigung kommt in Betracht, wenn der Mieter mehrfach erhebliche Schäden (zB Wasserschäden) verursacht,[241] wenn der Mieter mehrfach Brandgefahr heraufbeschwört[242] oder der Mieter durch Vernachlässigung der Wohnung einen unzumutbaren Geruch hervorruft.[243] Eine Kündigung kommt aber im Falle unterlassener Schönheitsreparaturen nicht in Betracht.[244] Sie entfällt auch dann, wenn der Mieter ohne Erlaubnis des Vermieters Einrichtungen einbaut,[245] oder bei bloßer Überbelegung,[246] sofern nicht erhebliche Auswirkungen auf die Substanz der Mietsache drohen.

1211 Der Anwendungsbereich einer Kündigung wegen unbefugter Gebrauchsüberlassung an Dritte bestimmt sich nach dem vertragsgemäßen Gebrauch und den Rechtsgrundsätzen zur Untervermietung gem. §§ 540, 553 BGB. Auf die entsprechenden obigen Ausführungen ist zu verweisen. Besteht ein gesetzlicher oder vertraglicher Anspruch des Mieters auf Gebrauchsüberlassung, so ist eine Kündigung wegen unbefugter Gebrauchsüberlassung gem. § 543 Abs. 2 Nr. 2 BGB ausgeschlossen.[247] Obgleich grundsätzlich die Erlaubnis des Vermieters zur Untervermietung eingeholt werden muss, besteht bei Wohnraumvermietungen ein dahingehender Anspruch des Mieters. Die Erlaubnis ist damit reine Formsache. Beachtet der Mieter dies nicht, so ist sein Verhalten ein Vertragsverstoß, aber keine erhebliche Rechtsbeeinträchtigung im Sinne von § 543 Abs. 2 Nr. 2 BGB. Ob ein derartiger Vertragsverstoß des Mieters ein die ordentliche Kündigung des Mietverhältnisses rechtfertigendes Gewicht hat, ist unter Würdigung der Umstände des Einzelfalls zu beurteilen. Hat der Mieter eine Erlaubnis zur Untervermietung vom Vermieter rechtzeitig erbeten, so ist eine auf die fehlende Erlaubnis gestützte Kündigung rechtsmissbräuchlich, wenn der Vermieter seinerseits zur Erteilung der Erlaubnis verpflichtet war und ihm somit selbst eine Vertragsverletzung zur Last fällt.[248]

1212 bb) Zahlungsverzug. Der Vermieter kann dem Mieter unter der Voraussetzung von § 543 Abs. 2 Nr. 3 BGB wegen Zahlungsverzugs kündigen. Bei Wohnraum ist § 569 Abs. 3 BGB ergänzend zu beachten.

Das Kündigungsrecht greift ein, wenn der Mieter für zwei aufeinander folgende Termine mit der Entrichtung der Miete oder eines nicht unerheblichen Teils der Miete in Verzug ist oder in einem Zeitraum, der sich über mehr als zwei Termine erstreckt, mit der Entrichtung der Miete in Höhe eines Betrags in Verzug ist, der die Miete für zwei Monate erreicht.[249] Einer Abwägung zwischen Mieter- und Vermieterinteressen bedarf es nicht.[250]

Bei Wohnraum muss der Mietrückstand die Miete für einen Monat übersteigen, es sei denn, der Wohnraum ist nur zum vorübergehenden Gebrauch vermietet worden (§ 569 Abs. 3 Nr. 1 BGB). Hat der Vermieter dem Mieter wegen laufend unpünktlicher Mietzahlungen bereits abgemahnt, kann für eine fristlose Kündigung des Mietverhältnisses schon eine weitere unpünktliche Mietzahlung nach Abmahnung ausreichend sein. Denn der Mieter gibt mit der Fortsetzung seiner unpünktlichen Zahlungsweise nach Abmahnung zu erkennen, dass er nicht bereit ist, seine vertragswidrige Zahlungsweise ernsthaft

---

[241] AG Wiesbaden NJW-RR 1992, 76; AG Görlitz WuM 1994, 668.
[242] LG Duisburg DWW 1991, 342; AG Neukölln GE 2012, 1045.
[243] LG Berlin GE 2015, 1599; LG Düsseldorf ZMR 2014, 888; LG Hamburg WuM 1988, 18; hierzu auch BGH NZM 2015, 302 (Zigarettendunst im Treppenhaus).
[244] LG Münster WuM 1991, 33.
[245] AG Birkenfeld WuM 1993, 191.
[246] BGH NJW 1993, 2528.
[247] BGH NJW 1985, 2527.
[248] BGH NJW 2011, 1065 = NZM 2011, 275.
[249] Zur Frage, wann eine wiederholte unpünktliche Zahlung der Miete eine außerordentliche fristlose Kündigung aus wichtigem Grund rechtfertigen kann: BGH NJW 2006, 1585 = NZM 2006, 338.
[250] BGH NJW 2015, 3087 (3089) = NZM 2015, 618 (620); BGH NJW 2015, 1296 (1297) = NZM 2015, 196 (197).

und auf Dauer abzustellen und das Vertrauen des Vermieters in eine pünktliche Zahlungsweise wiederherzustellen.[251] Deshalb ist der Vermieter zur fristlosen Kündigung auch berechtigt, wenn der Mieter nach einer Abmahnung wegen mehrfacher unpünktlicher Mietzahlungen auch die Miete des Folgemonats ohne besonderen Entschuldigungsgrund um 17 Tage verspätet zahlt.[252]

Die Kündigung wird unwirksam, wenn der Mieter unverzüglich nach der Kündigung mit Gegenforderungen wirksam aufrechnet (§ 543 Abs. 2 S. 3 BGB) oder wenn der Vermieter schon vor Ausspruch der Kündigung befriedigt wird[253] (§ 543 Abs. 2 S. 2 BGB). Letzteres setzt einen vollständigen Rückstandsausgleich voraus.[254] Ein einmal entstandenes Kündigungsrecht bleibt auch dann erhalten, wenn sich der Rückstand in der Folgezeit reduziert.[255]

Bei der Kündigung wegen Zahlungsverzugs beträgt die Schonfrist für die Zahlung der fälligen Miete nach Zustellung einer Räumungsklage zwei Monate (§ 569 Abs. 3 Nrn. 2 u. 3 BGB). Der Mieter verliert die Schonfrist im Wiederholungsfall, wenn innerhalb eines Zeitraums von zwei Jahren einer erklärten fristlosen Kündigung wegen Zahlungsverzugs eine entsprechende Kündigung vorausgegangen ist, die nachträglich wegen Entrichtung der Miete während der Schonfrist unwirksam wurde (§ 569 Abs. 3 Nr. 2 S. 2 BGB). Dabei ist auf den Zeitpunkt des Kündigungszugangs zurückzurechnen. Der Mieter hat also die Heilungsmöglichkeit einer Nachzahlung innerhalb der Schonfrist nur alle zwei Jahre einmal.

Der Verlust der Schonfrist setzt nicht voraus, dass der Vermieter nach der ersten fristlosen Kündigung wegen Zahlungsverzugs eine Räumungsklage eingereicht hat.[256] Kündigt der Vermieter ein Wohnraummietverhältnis wegen Zahlungsverzugs des Mieters fristlos und hilfsweise auch fristgemäß, lässt der nachträgliche Ausgleich der Rückstände innerhalb der Frist des § 569 Abs. 3 Nr. 2 BGB zwar die fristlose Kündigung unwirksam werden, nicht dagegen die fristgemäße Kündigung.[257] Allerdings ist die nachträgliche Zahlung bei der Prüfung, ob der Mieter seine vertraglichen Pflichten schuldhaft nicht unerheblich verletzt hat (§ 573 Abs. 2 Nr. 1 BGB), zu berücksichtigen.[258]

Im Kündigungsschreiben muss der Zahlungsverzug als Grund benannt und der Gesamtbetrag der rückständigen Miete beziffert werden. Die Angabe weiterer Einzelheiten wie Datum des Verzugseintritts oder Aufgliederung des Mietrückstands für einzelne Monate ist entbehrlich.[259]

1213

Empfehlung: Gleichwohl wird dazu geraten, so detailreich wie möglich vorzutragen, und bekannte und ermittelbare Zahlungsverläufe im Kündigungsschreiben aufzulisten. So beschreitet man den auch für Rechtsanwälte vorgeschriebenen „sichersten Weg".

1214

Ist der Mieter rechtskräftig zur Zahlung nach den §§ 558 bis 560 BGB verurteilt worden, so kann der Vermieter das Mietverhältnis wegen Zahlungsverzugs des Mieters nicht vor Ablauf von zwei Monaten nach rechtskräftiger Verurteilung kündigen, wenn nicht die Voraussetzungen der außerordentlichen fristlosen Kündigung schon wegen der bisher geschuldeten Miete erfüllt sind (§ 569 Abs. 3 Nr. 3 BGB). Was die Mietrückstände angeht,

1215

---

[251] BGH NJW 2006, 1585 = NZM 2006, 338.
[252] LG Berlin ZMR 2006, 864.
[253] BGH NJW 2016, 3437 = NZM 2016, 765; BGH NJW 2018, 939 = NZM 2018, 28.
[254] BGH NJW 2018, 939 (942) = NZM 2018, 28 (31).
[255] BeckOK BGB/Wiederhold BGB § 543 Rn. 24d.
[256] LG Detmold WuM 2006, 527.
[257] BGH NJW 2013, 159 (161) = NZM 2013, 20 (22); BGH NJW 2018, 3517 = NZM 2018, 941.
[258] BGH NZM 2005, 334.
[259] BGH NJW 2004, 850 = NZM 2004, 187; BGH NZM 2004, 699; zur „Saldoklage" bei Mietrückständen BGH NZM 2018, 444; BGH NZM 2018, 454; BGH NZM 2019, 171.

so zählen grundsätzlich Grundmiete und Betriebskosten, mithin also die Bruttomiete.[260] Nicht zu den Betriebskosten gehören Rückstände aus einer Betriebskostenabrechnung.[261]

Verzug setzt ein Vertretenmüssen voraus (§ 286 Abs. 4 BGB). Das ist zum Beispiel in Fällen unternommener Mietminderungen und geltend gemachter sachmangelbedingter Leistungsverweigerungsrechte häufig streitig. Das Verschulden eines Rechtsberaters wird dem Mieter über § 278 BGB zugerechnet.[262] Denn der Mieter haftet nicht nur für eigenes Verschulden für die unterlassene pünktliche Zahlung, sondern auch über § 278 BGB für seine Erfüllungsgehilfen. Erfüllungsgehilfe ist etwa die beauftragte Bank,[263] sein Rechtsberater,[264] nicht aber das Sozialamt. Deshalb hat der Mieter für unpünktliche Mietzahlungen vom Sozialamt nicht einzustehen. Eine Kündigung ist in diesem Falle wegen Zahlungsverzuges nicht gerechtfertigt.[265] Dem für einen Mietzahlungsverzug des Mieters gemäß § 286 Abs. 4 BGB erforderlichen Vertretenmüssen steht aber nicht entgegen, dass er, um die Miete entrichten zu können, auf Sozialleistungen einer öffentlichen Stelle angewiesen ist und diese Leistungen rechtzeitig beantragt hat.[266]

1216 Solange ein Mieter nach dem Tod seines Vermieters keine Gewissheit darüber erlangen kann, wer Gläubiger seiner Mietverpflichtungen geworden ist, unterbleiben seine Mietzahlungen infolge eines Umstandes, den er nicht zu vertreten hat.[267]

1217 cc) **Kündigung wegen schuldhaften Vertragsverstoßes.** §§ 543 Abs. 1, 569 Abs. 2 BGB greifen die nachhaltige Störung des Hausfriedens als Kündigungsgrund heraus.

1218 Ein Verschulden des Störers ist nicht Voraussetzung, sondern nur Abwägungskriterium im Rahmen der Unzumutbarkeitsprüfung.

1219 Erforderlich ist eine Vertragsverletzung in Form einer nachhaltigen Hausfriedensstörung, die von dem Kündigungsgegner ausgehen muss. Das bloße Anderssein eines Mieters oder dessen Ablehnung von der Hausgemeinschaft sind keine Kündigungsgründe. Vielmehr ist der Vermieter aufgrund seiner mietvertraglichen Fürsorgepflicht gehalten, ungerechtfertigte Übergriffe von Mitbewohnern zu unterbinden.[268] Andernfalls kann auch der Vermieter, der nicht im selben Haus wohnt, den Hausfrieden stören, so zB durch eigenmächtiges Betreten der Mieträume,[269] durch Schikanen oder Reparaturen zur Unzeit.

1220 Es muss sich um nachhaltige, das Mietverhältnis schwer belastende und zur Unzumutbarkeit der Vertragsfortsetzung für den Vertragspartner führende Störungen mit Wiederholungsgefahr handeln. Typische Einzelfälle sind Lärmstörungen, zB durch nächtliche laute Musik,[270] nächtlichen Lärm[271], nächtliches Türenschlagen,[272] massive

---

[260] BGH NJW 2008, 3210 (3212).
[261] Blank/Börstinghaus/Blank BGB § 543 Rn. 130; OLG Koblenz NJW 1984, 2369; AG Gelsenkirchen ZMR 2002, 279.
[262] BGH NJW 2007, 428 = NZM 2007, 35; hierzu Klees NJW 2007, 431; Blank NZM 2007, 788.
[263] LG Düsseldorf WuM 1992, 69; Schmidt-Futterer/Blank BGB § 543 Rn. 97.
[264] BGH NJW 2007, 428 = NZM 2007, 35.
[265] BGH NJW 2009, 3781 = NZM 2010, 37; BGH NJW 2016, 2805 = NZM 2016, 635.
[266] BGH NJW 2015, 1296 = NZM 2015, 196; ferner BGH NJW 2016, 2805 = NZM 2016, 635 (zu § 543 Abs. 1 S. 2 BGB).
[267] BGH NJW 2006, 51 = NZM 2006, 11.
[268] BGH MDR 1966, 497; OLG Düsseldorf NZM 2001, 106 (zu einer schweren Mietererkrankung).
[269] LG Berlin NZM 2000, 543 = NJW-RR 2000, 676 (zur fristlosen Kündigung wegen Hausfriedensbruchs vom Vermieter).
[270] AG Dortmund DWW 1990, 242.
[271] LG Berlin GE 2018, 333; LG Köln ZMR 2016, 705; LG Frankfurt/Main MietRB 2016, 64; LG Berlin GE 2010, 488; LG Mannheim DWW 1991, 311.
[272] LG Köln ZMR 2016, 705 (Türenschlagen, lautstarke Musik u. a.); AG Ebersberg WuM 1980, 235.

Gewalteinwirkung[273] und laute Partys.[274] Zweckmäßig, aber nicht zwingend notwendig als Kündigungsgrundlage sind Lärmprotokolle, die nach der Art des Lärms, seiner Intensität und seinem Umfang sowie seiner zeitlichen Dauer chronologisch die Vertragsverletzungen des Mieters darstellen.[275] Insbesondere Nachtzeiten, die speziell immissionsrechtlich gegen Lärmverursacher geschützt werden, sollten herausgehoben werden.[276]

Kinderlärm, insbesondere zu den üblichen Zeiten und in der üblichen lärmbedingten und spielbedingten Ausprägung und Intensität berechtigt nicht zur Kündigung.[277] Musik außerhalb der üblichen Ruhezeiten ist ebenfalls kein fristloser Kündigungsgrund wegen nachhaltiger Störung des Hausfriedens.[278]

Beleidigungen gegenüber dem Vertragspartner oder seinen Mitarbeitern, gegenüber dem Hausverwalter oder den Hausbewohnern können zur fristlosen Kündigung berechtigen.[279] Bloße Unhöflichkeiten und andere missliebige Verhaltensweisen ohne ehrverletzenden Charakter reichen jedoch nicht aus.[280] Haben sich die Beteiligten wechselseitig beleidigt, ist eine Kündigung regelmäßig unzulässig.[281] Hinsichtlich der Schwere des Kündigungsgrundes differenziert die Rechtsprechung im Übrigen danach, ob es sich um spontane Beleidigungen oder um kalkulierte Beleidigungen handelt. Dabei werden spontane Beleidigungen, die insbesondere in einem Zustand großer Erregung abgegeben worden sind, als weniger schwerwiegend eingestuft als kalkulierte.[282]

1221

Bewusst falsche oder leichtfertig falsche Strafanzeigen berechtigen in der Regel zur fristlosen Kündigung.[283]

1222

Ist die angezeigte Tatsache dagegen wahr[284] und handelt der Anzeigenerstatter zur Wahrung eigener Interessen, so ist in der Regel eine Kündigung unzulässig.[285] Ist die angezeigte Tatsache wahr, handelt der Anzeigenerstatter jedoch nicht zur Wahrnehmung eigener Interessen, sondern zum Schaden des Vertragspartners, so kann eine Kündigung in Betracht kommen.[286]

Der Lebenswandel des Mieters ist für sich alleine keine Störung des Hausfriedens. Ist der Mieter zB Alkoholiker und kehrt er häufig betrunken nach Hause zurück, so ist dies

1223

---

[273] LG Kassel WuM 2018, 202; LG Berlin GE 2008, 871 (Tätlichkeit gegen Verwaltungsmitarbeiter).
[274] AG Berlin-Charlottenburg GE 1990, 499.
[275] BGH NJW 2012, 1647 = NZM 2012, 381; BGH NZM 2012, 760 = NJW-RR 2012, 977; BGH NZM 2017, 256 = NJW 2017, 1877; BGH NZM 2017, 694 = NJW-RR 2017, 1290.
[276] Hierzu LG Stuttgart WuM 2006, 523 Kündigung des Vermieters wegen unsubstantiierten Vortrages des Vermieters verworfen (Ruhestörung 80 bis 100 Mal).
[277] BGH NZM 2017, 694 (696) = NJW-RR 2017, 1290 (1291); LG Lübeck WuM 1989, 627; AG Charlottenburg WuM 1995, 394.
[278] AG Ratingen WuM 1977, 257.
[279] LG München ZMR 2018, 47; LG Dortmund ZMR 2018, 324; LG Köln DWW 1988, 325; LG Berlin GE 1986, 56; LG Köln 1981, 233; AG Dortmund DWW 1996, 82; LG Leipzig NZM 2002, 247 zu Presseangriffen eines Mieters gegen den Vermieter als Anlass für die fristlose Mietvertragskündigung; verneint aber von AG Nürnberg DWW 1996, 87 zu Mieteräußerungen „Arschloch" und „Drecksau" gegenüber Vermieter; vgl. hierzu Horst DWW 2001, 122.
[280] LG München ZMR 2018, 47.
[281] LG Mannheim WuM 1981, 17; AG Kassel WuM 1984, 199.
[282] LG Köln WuM 1993, 349; AG Rosenheim WuM 1980, 186; AG Hanau WuM 1980, 136.
[283] OLG Brandenburg MietRB 2007, 65; BVerfG NZM 2002, 61.
[284] AG Hamburg-Blankenese ZMR 2006, 619 und ZMR 2007, 320.
[285] OLG München ZMR 1997, 458; LG Osnabrück WuM 1990, 429; AG Bergisch-Gladbach WuM 1983, 236.
[286] LG Frankfurt/Main NJW-RR 1994, 143; LG Berlin GE 1984, 85.

solange kein Kündigungsgrund, bis nicht andere Störungen hinzutreten.[287] Identisch ist der Fall des Mieters zu beurteilen, der Hanfpflanzen auf dem Balkon züchtet.[288]

1224 Diebstahl und Betrug als Straftaten sind in der Regel ein Kündigungsgrund. Der Vermieter braucht es nicht hinzunehmen, wenn der Mieter Stromleitungen anzapft.[289]

1225 **dd) Kündigung aus wichtigem Grund.** Nach § 543 Abs. 1 S. 1 BGB kann jede Partei das Mietverhältnis aus wichtigem Grund außerordentlich fristlos kündigen. Einen wichtigen Grund nimmt das Gesetz an, wenn dem Vermieter oder Mieter unter Berücksichtigung aller Umstände des Einzelfalls, insbesondere eines Verschuldens der Vertragsparteien und unter Abwägung der beiderseitigen Interessen, die Fortsetzung des Mietverhältnisses bis zum Ablauf der Kündigungsfrist oder bis zur sonstigen Beendigung des Mietverhältnisses nicht zugemutet werden kann. Diese zentrale Kündigungsvorschrift gilt grundsätzlich für alle Mietverträge auf bestimmte oder unbestimmte Zeit.

1226 Das Merkmal des Verschuldens ist keine zusätzliche Tatbestandsvoraussetzung.[290] Die Kündigung kann auch zulässig sein, wenn kein schuldhaftes Verhalten vorliegt. Entscheidend ist, ob aufgrund der Würdigung der Gesamtumstände der anderen Partei die Fortsetzung des Mietverhältnisses noch zumutbar ist.

1227 Nach Ansicht von Kraemer[291] ist das Verschulden eines Erfüllungsgehilfen der einer Mietvertragspartei (278 BGB) – zB eines Familienangehörigen, Gastes oder einer Hausangestellten – jedenfalls dann zu berücksichtigen, wenn das zum Schutz berechtigter Interessen der Gegenseite zwangsläufig ist, weil das betreffende Verhalten nach aller Voraussicht dazu führt, dass sich die Vertragsfortsetzung für den Kündigenden als unzumutbar darstellt.

1228 Einer der Hauptanwendungsfälle der Generalklausel werden nicht schuldhaft begangene schwere Vertragsverletzungen zB durch geisteskranke oder psychosomatisch gestörte Vertragspartner sein.[292]

c) Begründung der Kündigung

1229 Bei der fristlosen Kündigung von Wohnraum aus wichtigem Grund sind die Kündigungsgründe zwingend im Kündigungsschreiben anzugeben (§ 569 Abs. 4 BGB). Die Pflicht zur Angabe der Kündigungsgründe gilt nicht nur für Kündigungen nach § 569 Abs. 1 u. 2 BGB, sondern auch für Kündigungen nach § 543 Abs. 1 u. 2 BGB.[293] Wird hiergegen verstoßen, ist die Kündigung unwirksam. An das Begründungserfordernis dürfen keine zu hohen und übertrieben formalistischen Anforderungen gestellt werden.[294]

d) Abmahnung

1230 Grundlegende Bestimmung für das vorherige Abmahnungserfordernis vor Ausspruch einer fristlosen Kündigung ist § 543 Abs. 3 BGB. Satz 1 der Vorschrift stellt diesen

---

[287] AG Dresden DWW 1995, 145; AG Dortmund DWW 1990, 55.
[288] AG Hamburg-Blankenese WE 2008, 137; aA LG Lüneburg WuM 1995, 708; AG Köln WuM 2006, 220.
[289] LG Hamburg WE 2001, 82; LG Köln NJW-RR 1994, 909; AG Potsdam WuM 1995, 40.
[290] Schindler WuM 2018, 255 (256).
[291] Kraemer DWW 2001, 110 (116); ähnlich Schmidt-Futterer/Blank BGB § 543 Rn. 187; Schindler WuM 2018, 255 (Fn. 1).
[292] Hierzu umfassend Schindler WuM 2018, 255 (Erkenntnisverfahren); Zschieschack WuM 2018, 267 (Vollstreckungsverfahren).
[293] Schmidt-Futterer/Blank BGB § 569 Rn. 76; MüKoBGB/Häublein BGB § 569 Rn. 46.
[294] BGH NJW 2010, 3015 (3017) = NZM 2010, 548 (550); BGH NJW 2004, 850 (851) = NZM 2004, 187 (188) zu Zahlungsverzugskündigungen.

Grundsatz auf. Danach ist die Kündigung erst nach erfolgtem Ablauf einer zu Abhilfe bestimmten angemessenen Frist oder nach erfolgter Abmahnung zulässig. Satz 2 der Vorschrift beinhaltet Ausnahmen. Danach entfällt sie Abmahnung, wenn eine Frist oder Abmahnung offensichtlich keinen Erfolg verspricht, die sofortige Kündigung aus besonderen Gründen unter Abwägung der beiderseitigen Interessen gerechtfertigt ist oder im Falle des Zahlungsverzugs.

Handelt eine schuldunfähige Partei objektiv pflichtwidrig, so ist die Abmahnung gem. § 131 BGB an ihren Betreuer zu richten. Existiert ein Betreuer nicht, so ist er zu bestellen (§§ 1896, 1902 BGB). Solange Abhilfe von ihm nicht ausgeschlossen werden kann und keine akute Gefahrenlage besteht, entfällt das Abmahnungserfordernis nicht.[295] 1231

e) Verwirkung

Die Kündigungsrechte des Vermieters werden verwirkt, wenn sie über längere Zeit hinweg nicht ausgeübt werden.[296] Grundlage ist § 242 BGB. Allerdings ist § 314 Abs. 3 BGB auf die fristlose Kündigung eines Wohnraummietverhältnisses nach §§ 543, 569 BGB nicht anwendbar.[297] Zeitlich soll von einer Verwirkung auszugehen sein, wenn zwischen den Vorfällen und der Kündigungserklärung ein Zeitraum von mehr als einem halben Jahr liegt.[298] Dieser Zeitraum überschreitet bei weitem eine angemessene Überlegungsfrist, ob von einem Kündigungsgrund Gebrauch gemacht werden soll. 1232

II. Kündigungsfristen

Bei der Berechnung der Kündigungsfrist ist § 193 BGB nicht heranzuziehen.[299] Bei der Berechnung der Karenzzeit von drei Werktagen, die den Parteien eines Wohnraummietvertrages zur Wahrung der Kündigungsfrist zusteht, ist der Sonnabend als Werktag mitzuzählen, wenn nicht der letzte Tag der Karenzfrist auf diesen Tag fällt.[300] 1233

1. Ordentliche fristgemäße Kündigung

Für Mieter und Vermieter gelten unterschiedliche Kündigungsfristen (asymmetrische Kündigungsfristen). Der Mieter hat stets das Recht, eine Kündigungsfrist von drei Monaten in Anspruch zu nehmen. Für den Vermieter sind die Kündigungsfristen je nach Wohndauer seit der Überlassung des Wohnraums wie folgt gestaffelt (§ 573c Abs. 1 BGB). 1234

- für die ersten fünf Jahre   3 Monate
- bis zu acht Jahren   6 Monate
- mehr als acht Jahren   9 Monate

---

[295] Kraemer DWW 2001, 110 (117).
[296] BGH NJW 2009, 2297 (2298) = NZM 2009, 431 (432); BGH NJW 2007, 147 (148) = NZM 2006, 929.
[297] BGH NJW 2016, 3720 = NZM 2016, 791; anders für die Geschäftsraummiete BGH NZM 2007, 400 (401) = NJW-RR 2007, 886 (887).
[298] OLG München DWW 2001, 275; LG Dessau-Roßlau Urt. v. 29.12.2016 – 5 S 141/16, BeckRS 2016, 113811 (zu § 573 BGB und einer Kündigung nach mehr als sechs Monaten).
[299] BGH NJW 2005, 1354 = NZM 2005, 391.
[300] BGH NJW 2005, 2154 = NZM 2005, 532; anders zur Zahlungsfrist von drei Werktagen BGH NJW 2010, 2879 = NZM 2010, 661 (Samstag kein Werktag).

1235 Diese Fristen gelten mangels anders lautender vertraglicher Vereinbarung[301] zugunsten des Mieters für jede Kündigung auch bei schon lange bestehenden Mietverhältnissen, wenn die Kündigung nach dem 1.9.2001 ausgesprochen wird.

1236 Bei Kündigungen im selbst vom Vermieter bewohnten Gebäude verlängert sich die Kündigungsfrist um drei Monate (§ 573a Abs. 1 S. 2 BGB), sofern der Wohnraum nicht nach § 549 Abs. 2 Nr. 2 BGB vom Mieterschutz ausgenommen ist.

1237 In diesen Fällen des § 549 Abs. 2 Nr. 2 BGB ist die Kündigung spätestens am 15. eines Monats zum Ablauf dieses Monats zulässig (§ 573b Abs. 2 BGB).

1238 Bei Wohnraum, der nur zum vorübergehenden Gebrauch vermietet worden ist, kann eine kürzere Kündigungsfrist vereinbart werden (§ 573c Abs. 2 BGB). Ansonsten ist eine zum Nachteil des Meters abweichende Vereinbarung unwirksam (§ 573c Abs. 4 BGB).

1239 Teilkündigungen des Vermieters sind spätestens am dritten Werktag eines Kalendermonats zum Ablauf des übernächsten Monats zulässig (§ 573b Abs. 2 BGB).

1240 Für die Kündigung von Werkswohnungen gelten abweichend von § 573c Abs. 1 S. 2 BGB die in § 576 BGB niedergelegten Kündigungsfristen.

2. Außerordentliche befristete Kündigung

1241 Kann ein unbefristetes oder befristetes Mietverhältnis außerordentlich mit gesetzlicher Frist gekündigt werden, so ist die Kündigung spätestens am dritten Werktag eines Kalendermonats zum Ablauf des übernächsten Monats zulässig, sofern es sich nicht um Wohnraum nach § 549 Abs. 2 Nr. 2 BGB handelt. In diesem Fall ist spätestens am 15. eines Monats zum Ablauf dieses Monats zu kündigen (§§ 573d, 575a BGB).

3. Fristlose Kündigung (Geh- und Ziehzeit, Räumungsfrist)

1242 Mit dem Zugang einer wirksamen fristlosen Kündigung ist das Mietverhältnis beendet. Dem Mieter ist aber auch bei einer fristlosen Kündigung des Vermieters eine kurze Geh- und Ziehzeit einzuräumen. Die Rechtsprechung erkennt Räumungsfristen von einer Woche[302] bis zu 14 Tagen[303] zu. Eine nur 4 Tage nach fristloser Kündigung erhobene Räumungsklage wurde als verfrüht beurteilt.[304]

1243 Diese kurze Geh- und Ziehzeit steht dem Mieter nicht zu, wenn ihm für den Fall fruchtlosen Ablaufs einer letztmalig gesetzten Abhilfefrist die umgehende Erhebung der Räumungsklage angedroht wurde. In solchen Fällen kann der Vermieter nach Fristablauf fristlos kündigen und die Räumungsklage noch am Tage des Kündigungszugangs erheben.

4. Kündigungssperrfrist bei Veräußerungen (§ 577a BGB)

1244 § 577a BGB ordnet zunächst bei der Umwandlung einer vermieteten Wohnung in eine Eigentumswohnung im Falle der Kündigung wegen Eigenbedarfs oder Hinderung an einer angemessenen wirtschaftlichen Verwertung eine dreijährige Regelsperrfrist an. In Gebieten mit angespanntem Wohnungsmarkt, die durch Rechtsverordnung der Landesregierung festgesetzt werden, kann eine Sperrfrist von höchstens zehn Jahren angeordnet werden (§ 577a Abs. 2 BGB). Durch die Formulierung „von jeweils höchstens zehn Jahren" sollen die Landesregierungen angehalten werden, die Dauer der Frist wegen des Eingriffs in die Eigentumsrechte des Vermieters ständig zu überprüfen. Dies kann dazu

---

[301] Zu vertraglich vereinbarten Kündigungsfristen → Rn. 1247.
[302] LG München II WuM 1989, 181; LG Berlin GE 1994, 707; so auch Schmidt-Futterer/Streyl BGB § 546 Rn. 76.
[303] LG Hannover NJW-RR 1992, 659.
[304] Vgl. auch AG Hamburg WuM 1986, 337.

führen, dass Zivilgerichte unter Umständen gehalten sind, die Frist auf ihre Verfassungsmäßigkeit hin zu beurteilen.

Während § 577a Abs. 1 BGB auf die Umwandlung von Mietwohnungen in Wohnungseigentum abstellt, ist bei dem mit Wirkung zum 1.5.2013 in Kraft getretenen § 577a Abs. 1a BGB[305] nicht erforderlich, dass an dem vermieteten Wohnraum Wohnungseigentum begründet worden ist oder der Erwerber zumindest die Absicht hat, eine solche Wohnungsumwandlung vorzunehmen.[306] Der Kündigungsschutz besteht damit unabhängig davon, ob eine Umwandlung in Wohnungseigentum beabsichtigt ist. Praktisch jede Veräußerung an eine Personengesellschaft oder Erwerbermehrheit löst damit die Kündigungssperrfrist aus.[307] § 577a Abs. 1a BGB erfasst nicht nur Veräußerungen an eine GbR, sondern alle Personengesellschaften (OHG, KG, PartG oder EWIV).[308] Offen ist, ob § 577a Abs. 1a S. 1 Nr. 1 BGB darüber hinaus unter den genannten Voraussetzungen für die Veräußerung von Einfamilienhäusern gilt.[309]

1245

Die Kündigungssperrfrist nach § 577a Abs. 1a S. 1 BGB gilt nur dann nicht, wenn die Gesellschafter oder Erwerber derselben Familie oder demselben Haushalt angehören oder Wohnungseigentum vor der Überlassung an den Mieter begründet wurde (§ 577a Abs. 1a S. 2 BGB). Für § 577a Abs. 1 BGB ist diese Ausnahme dagegen nicht vorgesehen.[310]

1246

5. Übergangsrecht

Soweit in Altverträgen vor dem 1.9.2001 wirksam durch Vertrag Kündigungsfristen vereinbart worden sind, die von den in § 573c Abs. 1 BGB geltenden Fristen für die Beendigung von Wohnraummietverhältnisses abweichen, gelten diese grundsätzlich nach Art. 229 § 3 Abs. 10 S. 1 EGBGB fort.[311]

1247

Für alle ab 1.6.2005 zugehenden Kündigungen ist aber Art. 229 § 3 Abs. 10 S. 2 EGBG zu beachten. Danach ist § 573c Abs. 4 BGB auch bei Altmietverträgen anwendbar, wenn die Kündigungsfristen des § 565 Abs. 2 S. 1 u. S. 2 BGB a. F. in Form von Allgemeinen Geschäftsbedingungen iSv § 305 Abs. 1 BGB vereinbart wurden. In diesen Fällen sind von § 573c Abs. 1 BGB abweichende Kündigungsfristen nach § 573c Abs. 4 BGB unwirksam.

1248

Der bloßen Bezugnahme auf den Gesetzeswortlaut wird kein Vereinbarungscharakter beigemessen. Das wurde auch in dem Fall angenommen, das eine Formularklausel nur auf die „gesetzlichen Kündigungsfristen" und auf eine formularmäßige Fußnote verweist, in der den dort aufgeführten Kündigungsfristen der Zusatz vorangestellt ist: „Die gesetzlich vorgesehenen Kündigungsfristen für Wohnraum betragen zur Zeit …".[312] Hier gelten die Kündigungsfristen von § 573c Abs. 1 BGB. Für Formularklauseln, die den Wortlaut der bisherigen Kündigung wiedergeben, wurde indessen eine Vereinbarung angenommen.[313]

1249

---

[305] BGH NJW 2009, 2738 = NZM 2009, 613, was u. a. Ausgangspunkt für § 577a Abs. 1a BGB war.
[306] BGH NJW 2018, 2187 = NZM 2018, 388; hierzu Häublein ZMR 2017, 953; ders. NZG 2018, 980; Rolfs NZM 2018, 780.
[307] Emmerich WuM 2013, 323 (330); Häublein NZG 2018, 980 (982).
[308] Häublein NZG 2018, 980 (982).
[309] Dies bejahend Häublein ZMR 2017, 953 (955).
[310] Emmerich WuM 2013, 323 (330), der hierzu auch auf Wertungswidersprüche hinweist.
[311] Hierzu BGH NJW 2005, 1572 = NZM 2005, 417; BGH NZM 2018, 1017; ferner BGH NJW 2009, 1491 (1492); Klein-Blenkers/Heinemann/Ring/Hinz, Miete/WEG/Nachbarschaft, § 573c Rn. 16.
[312] BGH NJW 2006, 1867 = NZM 2006, 460.
[313] Für den Vereinbarungscharakter einer Formularklausel und damit für die Weitergeltung der dort geregelten alten Kündigungsfrist: BGH NZM 2007, 327 = NJW-RR 2007, 668; BGH NJW 2005, 1572 = NZM 2005, 417; BGH WuM 2005, 520; BGH WuM 2005, 583; hierzu Horst NJW 2003, 2720.

In diesem Fall gelten die alten Kündigungsfristen selbst dann weiter, wenn nach dem Stichtag der Mietrechtreform (1.9.2001) ein weiterer Mieter dem vor diesem Stichtag geschlossenen Altmietvertrag beigetreten ist.[314]

1250 Eine vertragliche Verlängerung der gesetzlichen Kündigungsfristen war nach früherem Recht möglich. Seit dem 1.9.2001 scheitert eine solche Vereinbarung an § 573c Abs. 4 BGB. In Altverträgen bleibt die Vereinbarung einer längeren Frist aber wirksam.[315]

III. Kündigungserklärung

1. Schriftform und Textform

1251 Wohnraumkündigungen müssen schriftlich erfolgen (§ 568 Abs. 1 BGB). Auf deutliche Lesbarkeit der notwendigen Unterschrift unter die Kündigung ist zu achten (§ 126 Abs. 1 BGB). An die Lesbarkeit des Namenszuges des Kündigenden sind strenge Anforderungen zu stellen. Der Empfänger der Erklärung soll ohne weiteres nachvollziehen können, wer konkret Aussteller der Erklärung ist. Eine wellenförmige Kugelschreiberlinie ohne maschinenschriftliche Namenszufügung oder eine Paraphe genügt nicht.[316]

1252 Die gesetzliche geforderte Schriftform kann auch durch elektronische Form ersetzt werden (§§ 126 Abs. 3, 126a BGB).[317] Die in § 126b BGB geregelte Textform reicht für Kündigungen von Wohnraum dagegen nicht aus.

2. Erklärender

1253 Der Aussteller der Kündigungserklärung kann neben dem Vermieter oder seinem Bevollmächtigten auch der Nießbraucher oder der Erbbauberechtigte sein. Stets ist darauf zu achten, dass alle Vermieter die Kündigung unterzeichnen, wenn eine Vermietermehrheit Vertragspartner geworden ist.

1254 Erklärender einer mietvertraglichen Kündigung kann auch der Betreuer des Vermieters sein, der die Wohnung unter Umständen auch gegen den Willen des Betreuten zu kündigen hat.[318]

3. Erklärungsinhalt

1255 Bei Wohnraummietverhältnissen müssen die Kündigungsgründe im Kündigungsschreiben angegeben werden, und zwar sowohl bei der fristgemäßen Kündigung (§ 573 Abs. 3 BGB) als auch bei der fristlosen Kündigung (§ 569 Abs. 4 BGB). Dieser Grundsatz wird lediglich für die Kündigung des Vermieters gegenüber dem Erben in § 564 BGB durchbrochen. Bei der Sonderkündigung nach § 573a Abs. 3 BGB ist im Kündigungsschreiben (zumindest) anzugeben, dass die Kündigung auf die Voraussetzungen der erleichterten Kündigung des Vermieters im selbstbewohnten Gebäude gestützt wird. Wegen der Widerspruchsmöglichkeit des Mieters nach §§ 574 ff. BGB sollten darüber hinaus alle Gründe im Kündigungsschreiben dargelegt werden, die der Vermieter an der Beendigung des Mietverhältnisses hat.

Bei der Teilkündigung nach § 573b BGB sind die Kündigungsgründe ebenfalls im Kündigungsschreiben anzugeben. Daher muss dort klargestellt werden, dass es sich um

---

[314] BGH NZM 2007, 327 = NJW-RR 2007, 668; hierzu Krapf jurisPR-MietR 10/2007 Anm. 3.
[315] Blank/Börstinghaus/Blank BGB § 573c Rn. 29.
[316] BGH NJW-RR 2007, 351; AG Dortmund NZM 2000, 32; MüKoBGB/Einsele BGB § 126 Rn. 17.
[317] Siehe hierzu 2. Teil unter → Rn. 115 (Elektronische Form und Textform).
[318] Zu einem solchen Fall KG Berlin ZMR 2002, 265; LG Berlin ZMR 2002, 316.

eine Teilkündigung handelt. Ferner müssen die gekündigten Nebenräume oder Grundstücksteile genau beschrieben werden. Außerdem muss auch der Kündigungsgrund, nämlich die Absicht der Verwendung der gekündigten Nebenräume zum Wohnungsbau oder zur Ausstattung der neugebauten oder der vorhandenen Wohnungen mit Ersatzräumen oder Ersatzflächen genau angegeben werden. Dazu muss konkret dargestellt werden, zu welchen Zwecken in diesem Sinne die gekündigten Nebenräume oder mitvermieteten Grundstücksteile verwendet werden sollen. Dasselbe gilt für die Weitervermietungsabsicht des Vermieters. Nur so kann der Mieter überprüfen, ob der Ersatzwohnraum dem selbst in Anspruch genommenen Wohnraum gleichwertig ist.[319]

Das Gesetz beschreibt nicht, wie ausführlich die Kündigungsgründe anzugeben sind. Hier gelten folgende Leitlinien, je nachdem, worauf die Kündigung gestützt werden soll: 1256

In dem Kündigungsschreiben sind sämtliche Gründe, die als berechtigtes Interesse des Vermieters für die ausgesprochene Kündigung berücksichtigt werden sollen, grundsätzlich auch dann nochmals anzugeben, wenn sie dem Mieter bereits zuvor mündlich oder schriftlich mitgeteilt oder in einem Vorprozess geltend gemacht worden sind.[320]

Dabei muss der Kündigungsgrund so ausführlich bezeichnet werden, dass er identifiziert und von anderen Gründen (Sachverhalten, Lebensvorgängen) unterschieden werden kann.[321] Bei Zahlungsverzugskündigungen muss der Mieter erkennen können, von welchem Mietrückstand der Vermieter ausgeht und dass er diesen Rückstand als gesetzlichen Grund für die fristlose Kündigung wegen Zahlungsverzugs heranzieht. Darüberhinausgehende Angaben sind nicht erforderlich,[322] aber empfehlenswert.

Der Mieter muss aus den angegebenen Kündigungsgründen ersehen können, ob die 1257 vom Vermieter geltend gemachten Interessen berechtigt, vernünftig und nachvollziehbar sind. Dabei ist auch ein Mindestmaß an Offenbarung persönlicher Verhältnisse des Vermieters in der Regel unumgänglich.

Nur die im Kündigungsschreiben angegebenen Gründe werden berücksichtigt. Andere 1258 Gründe werden nur berücksichtigt, wenn sie nachträglich entstanden sind (§ 573 Abs. 3 S. 2 BGB). Der nachträglich entstandene Grund kann die berechtigte Kündigung zusätzlich stützen. Bei Wegfall des zuerst angegebenen Grundes kann der nachträglich entstandene Grund, nunmehr die Kündigung begründen.

Davon zu unterscheiden sind **nachgeschobene Kündigungsgründe**. Sie vermögen die 1259 ursprüngliche Kündigung nicht zu begründen. Vielmehr muss die Kündigung erneut erklärt werden.

Um dem Einwand des nachgeschobenen Kündigungsgrundes zu entgehen, ist in jedem 1260 Falle zu empfehlen, dass der Vermieter auch bei nachträglich entstandenen Kündigungsgründen zumindest hilfsweise eine erneute Kündigung ausspricht und in ihr die Kündigungsgründe noch einmal vollständig darlegt. Die ursprüngliche Kündigung, ergänzt um die nachträglich entstandenen Gründe, hat Priorität. So kann die ursprüngliche Kündigungsfrist gerettet werden.

Unabhängig davon, ob bereits der Mietvertrag eine entsprechende Klausel vorsieht, 1261 sollte das Kündigungsschreiben des Vermieters von Wohnraum auch ausdrücklich die stillschweigende Verlängerung des Mietverhältnisses nach § 545 BGB ausschließen.

Der Vermieter sollte im Rahmen der Kündigung den Mieter schließlich dazu auf- 1262 zufordern, nach weiteren in der Wohnung lebenden Personen zu befragen, damit diese in die **Räumungsklage** einbezogen werden können. Soweit der Mieter auf diese Anfrage

---

[319] Vgl. Kinne ZMR 2001, 599 (602).
[320] BayObLG NJW 1981, 2197.
[321] BGH NJW 2007, 2845 (2847) = NZM 2007, 679 (681); BGH NZM 2008, 281 = NJW-RR 2008, 869; BGH NZM 2010, 400 = NJW-RR 2010, 809; BGH NJW 2014, 2102 = NZM 2014, 466.
[322] BGH NJW 2011, 296 = NZM 2011, 34.

hin keine oder falsche Auskunft erteilen sollte, kann ein Verstoß gegen Treu und Glauben vorgebracht werden, der eine Durchsetzung der **Zwangsräumung** dann noch ermöglicht, wenn der Mieter plötzlich einen Untermieter präsentiert.[323]

4. Erklärungsempfänger

1263 Die Kündigung muss gegenüber dem Mieter erklärt werden. Bei Personenmehrheiten auf Mieterseite muss die Kündigung gegenüber allen Mietern erfolgen. Grundsätzlich scheidet allerdings ein Mieter dadurch, dass er aus der Wohnung auszieht, nicht schon aus dem Mietverhältnis aus. Deshalb ist im Regelfall die Kündigung auch gegenüber dem ausgezogenen Mitmieter zu erklären.[324] Ist ein Mitmieter bereits vorher ausgezogen, ohne seine neue Adresse zu hinterlassen, so kann die Berufung des wohnen gebliebenen Mieters darauf, die Kündigung hätte allen Mitmietern gegenüber erklärt und zugestellt werden müssen, im Einzelfall ausnahmsweise treuwidrig sein.[325]

1264 Die Kündigung gegenüber einem der Mitmieter reicht jedoch dann aus, wenn im Mietvertrag formularmäßig bestimmt worden ist, dass sich die Mieter auch beim Empfang von Kündigungserklärungen durch den Vermieter gegenseitig vertreten.[326] Die Empfangsvollmacht im Mietvertrag befreit jedoch nur vom Zugangserfordernis. Die Kündigung muss auch in diesem Fall gegenüber allen Mietern erklärt werden, so dass die Adressierung an einen von mehreren Mietern nicht ausreicht.[327]

1265 Ist der Mieter geschäftsunfähig oder beschränkt geschäftsfähig, so kann ihm wegen § 131 BGB nur durch Erklärung gegenüber einem für ihn zu bestellenden Betreuer (§§ 1896, 1902 BGB) oder Prozesspfleger (§ 57 ZPO)[328] wirksam gekündigt werden.

5. Zugang

1266 Als einseitige empfangsbedürftige Willenserklärung verlangt die Kündigung, dass sie dem anderen Vertragsteil zugeht (§ 130 Abs. 1 S. 1 BGB). Erst bei Zugang wird sie wirksam. Auf ihre Wirksamkeit ist es nach § 130 Abs. 2 BGB ohne Einfluss, wenn derjenige, der sie erklärt, nach der Abgabe stirbt oder geschäftsunfähig wird.

1267 Zugegangen ist eine Willenserklärung, wenn sie in den Machtbereich des Empfängers gelangt, so dass er unter gewöhnlichen Umständen von ihr Kenntnis nehmen kann.[329] Dies kann durch die Post, durch persönliche Übergabe oder durch förmliche Zustellung durch den Gerichtsvollzieher (§§ 132 BGB, 166 ff., 170 ZPO) geschehen.

Abgesehen von der Übersendung einer Kündigung per Normalpost durch einfachen Brief ohne jede Zugangsbeweismöglichkeit kommt die Versendung der Kündigung durch einfaches Einschreiben, durch das klassische Übergabe-Einschreiben mit Rückschein und durch das Einwurf-Einschreiben[330] in Betracht.

---

[323] Zürn in MAH MietR § 28 II. 2. a) nn).
[324] BGH NJW 2004, 1797; BGH NJW 2005, 1715 = NZM 2005, 452; Meyer-Abich NJW 2017, 3429 (3430).
[325] OLG Frankfurt/Main NJW-RR 1991, 459.
[326] Hierzu BGH NJW 1997, 3437 (3439).
[327] LG Berlin GE 2000, 281.
[328] Vgl. LG Hamburg NJW-RR 1996, 139.
[329] MüKoBGB/Einsele BGB § 130 Rn. 16; st. Rspr., hierzu nur BGH NJW-RR 2011, 1184 (1185); BGH NJW 2004, 1320 = NZM 2004, 258 (259) zur Mietvertragskündigung per Telefax; BGH NJW 1998, 976 (977) zu Zugangsfragen beim Einschreiben.
[330] Zum Zugang und Zugangsnachweis der Kündigungserklärung des Wohnungsmieters im Postversand mit Einwurfeinschreiben beim Vermieter: AG Erfurt WuM 2007, 580; AG Kempen NJW 2007, 1215.

§ 24 Kündigung

Im Gegensatz zum Einschreiben mit Rückschein erhält der Absender beim Einwurf-Einschreiben keine Empfangsbestätigung des Empfängers, sondern kann (übers Internet) abfragen, wann der Brief eingeworfen wurde. Ob hieran ein Anscheinsbeweis für den Zugang geknüpft werden kann, ist umstritten.[331] **1268**

Das Übergabe-Einschreiben ist grundsätzlich erst mit Abholung zugegangen, nicht schon mit Einwurf des Benachrichtigungsscheins.[332] Zu einer Abholung nach Benachrichtigung ist er aber in der Regel nicht verpflichtet.[333] **1269**

Daraus leitet sich als Empfehlung ab, fristgebundene Erklärungen per Einschreiben/Rückschein oder – wenn absehbar ist, dass der Empfänger die Annahme verweigert – per Boten oder per Gerichtsvollzieher zuzustellen.

Wird schon die Annahme der Kündigung verweigert, so muss sich der Mieter nach Treu und Glauben so behandeln lassen, als sei sie zugegangen.[334] **1270**

Ein Zugang liegt aber nicht vor, wenn das Schreiben in den Räumen des Mieters einem Mitarbeiter übergeben wird, der kein Empfangsvertreter oder Empfangsbote ist.[335] **1271**

Für den Zugang einer Kündigung trägt derjenige die Beweislast, der sie erklärt. **1272**

Über Postzusteller als lizensierte beliehene Unternehmen für Briefzustelldienstleistungen können Zustellungen sind wirksam bewirkt werden. Postzusteller sind in der Regel mit dem Recht beliehen (§§ 33 Abs. 1 PostG, 168 Abs. 1 ZPO), Schriftstücke nach den Regeln des Prozess- und Verfahrensrechts förmlich zustellen zu können (hier durch Postzustellungsurkunde). Die von ihnen ordnungsgemäß erstellten Zustellurkunden haben daher die Beweiskraft öffentlicher Urkunden (§ 418 Abs. 1 ZPO) und erbringen den vollen Beweis der in ihr bezeugten Tatschen. Ein Gegenbeweis kann nur mit dem Beweis der Unrichtigkeit der in ihr bezeugten Tatsachen geführt werden.[336] **1273**

Ist der Aufenthalt eines Kündigungsempfängers unbekannt,[337] so besteht die Möglichkeit, das Schreiben öffentlich zustellen zu lassen (§ 132 Abs. 2 BGB). Dies erfolgt nach den für die **öffentliche Zustellung** einer gerichtlichen Ladung geltenden ZPO-Vorschriften. Hierbei wird das Schriftstück im Gericht ausgehangen oder hingewiesen, wo das Schriftstück eingesehen werden kann. Dadurch wird unabhängig von der Möglichkeit einer Kenntnisnahme vom Adressaten die Zugangsfiktion der Erklärung bewirkt.[338] **1274**

Zu erwähnen bleibt die Möglichkeit der persönlichen Zustellung. Dies kann zunächst vom Vermieter selbst erfolgen. Um im Streitfall ein Beweismittel für den erfolgten Zugang der Kündigung in der Hand zu haben, ist es anzuraten, dass sich der Vermieter auf einer Zweitausfertigung des Kündigungsschreibens den Zugang des Originalschreibens vom Mieter durch Unterschrift mit dem Hinweis auf Datum, Uhrzeit und Ort der Zustellung bestätigen lässt. **1275**

Ebenfalls kann durch Boten zugestellt werden. Dieser kann ebenfalls den Mieter zur Bestätigung auffordern oder das Kündigungsschreiben in den Hausbriefkasten des Mieters einlegen. Der Bote, der das Kündigungsschreiben selbst gelesen und kuvertiert hat, kann dann Zeugnis dafür ablegen, dass das Kündigungsschreiben dem Mieter zugegangen ist. **1276**

---

[331] Für Anscheinsbeweis LG Berlin GE 2001, 770; AG Paderborn NJW 2000, 3722; dagegen AG Kempen NJW 2007, 1215.
[332] BGH NJW 1998, 976 (977); MüKoBGB/Einsele BGB § 130 Rn. 21.
[333] Zu einer Ausnahme hiervon LG Osnabrück WuM 2001, 196.
[334] OLG Düsseldorf WuM 1995, 585.
[335] BGH NJW 1991, 2700.
[336] BFH NJW 2000, 1976 = NVwZ 2000, 239; MüKoZPO/Schreiber ZPO § 418 Rn. 8; vgl. auch BGH NJW-RR 2014, 179.
[337] Zum Zugang eines Kündigungsschreibens beim Vertreter des Vermieters, dessen Postfachanschrift als Vermieteradresse im Mietvertrag genannt ist: AG Donaueschingen WuM 2008, 289.
[338] MüKoBGB/Einsele BGB § 132 Rn. 6.

1277 Vorsicht ist geboten, wenn die Möglichkeit besteht, dass der Mieter bereits ausgezogen ist und nicht mehr in der Wohnung lebt. Werden entsprechende Gerüchte laut, so muss sich der Vermieter vor Zustellung der Kündigung durch Einlage in den Hausbriefkasten darüber vergewissern, dass der Mieter tatsächlich noch in der Wohnung lebt. Denn der Zugang setzt voraus, dass die Kündigung als Willenserklärung tatsächlich in den Herrschaftsbereich des Mieters gelangt. Ist dies nicht sichergestellt, so kann der Zugangsbeweis im Streitfalle misslingen.[339]

1278 Ebenso ist der Erklärende bei fristgebundenen Schreiben für den rechtzeitigen Zugang beweispflichtig. Dazu zählen vor allem Kündigungen, Mieterhöhungen und Betriebskostenabrechnungen. Für die Wirksamkeit der Erklärung ist häufig entscheidend, ob das Schreiben dem Vertragspartner noch am letzten Tag der Frist oder am darauffolgenden Tag, also verspätet zugegangen ist. Nach der Rechtsprechung setzt der Zugang eines Schriftstücks voraus, dass die Kenntnisnahme des Vertragspartners möglich und nach der Verkehrsanschauung auch zu erwarten ist.

1279 Daher geht zB die nachts – wenn auch noch vor 24.00 Uhr – in den Briefkasten geworfene Kündigung erst am nächsten Morgen zu. Denn erst in diesem Zeitpunkt kann mit einer Leerung des Briefkastens durch den Empfänger gerechnet werden. Auch ein nach 16.00 Uhr in den Briefkasten eingeworfenes Schreiben geht erst am nächsten Tag zu, da eine Privatperson nicht damit rechnen muss, dass noch nach 16.00 Uhr Post in ihren Briefkasten eingeworfen wird.[340] So hat der BGH entschieden, dass ein Schriftstück, das am 31.12. kurz vor 16.00 Uhr in den Briefkasten eines Bürobetriebs geworfen wird, in dem branchenüblich Silvesternachmittags nicht mehr gearbeitet wird, erst am nächsten Werktag zugeht. Denn mit einer Briefkastenleerung am selben Tag – auch wenn Silvester auf einen Werktag fällt – kann nicht mehr gerechnet werden.[341]

6. Kündigung im Rechtsstreit

1280 Die Kündigung des Mietverhältnisses kann auch im Prozess erfolgen.[342] Auch hier ist Schriftform notwendig. Im Anwaltsprozess wird dem Gegner eine beglaubigte und eine einfache Abschrift des entsprechenden Schriftsatzes an das Gericht zugestellt.

1281 In einer Räumungsklage kann zweckmäßigerweise zugleich eine Kündigungserklärung enthalten sein, wenn unter Darlegung der Kündigungsgründe unmissverständlich die Beendigung des Mietverhältnisses verlangt wird.[343] Eine Zurückweisung nach § 174 BGB ist dann nicht möglich, wenn sich der Prozessbevollmächtigte auf seine (die Erklärung abdeckende) Prozessvollmacht beruft.[344]

1282 Unabhängig von der Klageerhebung kann auch in einem weiteren gesonderten Schriftsatz eine Kündigung erklärt werden. Auch dann muss aber eine von Prozessbevollmächtigten beglaubigte Abschrift des entsprechenden Schriftsatzes dem Gegner zugestellt werden.[345]

1283 Die notwendige Schriftform wird aber verletzt, wenn die Kündigung im Verhandlungstermin zu Protokoll des Gerichts erklärt wird.[346]

---

[339] Vgl. hierzu AG Neukölln GE 1999, 255.
[340] LG Berlin GE 2002, 193; BGH NJW 2004, 1320 = NZM 2004, 258, wonach es darauf ankommt, wann die Post in dem betreffenden Gebiet (Straßenzug) üblicherweise zugestellt wird; zweifelhaft LG Hamburg NZM 2017, 597 = NJW-RR 2017, 1044 (rechtzeitiger Zugang einer Betriebskostenabrechnung an Silvester um 17:34 Uhr bejahend).
[341] BGH NJW 2008, 842 = NZM 2008, 167.
[342] Hierzu Zehelein NJW 2017, 41 (42).
[343] BGH NJW-RR 1997, 203; Zehelein NJW 2017, 41 (42).
[344] BGH NJW 2003, 963; Zehelein NJW 2017, 41 (42).
[345] BGH NJW-RR 1987, 395; OLG Hamm NJW 1982, 452.
[346] LG Berlin ZMR 1982, 238; AG Münster WuM 1987, 273.

§ 24 Kündigung

Ebenso reicht die Übermittlung der Kündigungserklärung in einem Schriftsatz per Telefax auch im Prozess nicht aus, solange Schriftform verlangt wird.[347]

Für den Fall einer Kündigungserklärung im Rechtsstreit ist vorab sicherzustellen, dass die Prozessvollmacht auch die Befugnis zu Kündigungen im Namen der vertretenen Partei mit umfasst.[348] Ansonsten droht die Zurückweisung nach § 174 BGB.

7. Dispositives Recht

Im Falle von Wohnraummietverhältnissen kann von den gesetzlichen Regeln der Kündigung zum Nachteil des Mieters nicht abgewichen werden (§§ 569 Abs. 5, 573 Abs. 4, 573a Abs. 4, 573b Abs. 5, 573c Abs. 4, 573d Abs. 3, 575 Abs. 4, 576 Abs. 2, 576a Abs. 3, 576b Abs. 2, 577a Abs. 3 BGB).

IV. Wegfall der Kündigungsfolgen

1. Widerruf und Rücknahme der Kündigung

Die Rechtsfolgen der erklärten Kündigung können nach dem Zeitpunkt ihres Zugangs weder einseitig widerrufen noch zurückgenommen werden.[349]

Dies gilt unabhängig davon, ob die Kündigung durch den Vermieter oder den Mieter erklärt worden ist. Die Kündigungswirkungen können nur einvernehmlich zwischen den Parteien beseitigt werden.[350] Dazu muss ein neues Mietverhältnis begründet werden, das mangels anderweitiger Vereinbarungen zu denselben Bedingungen zustande kommt, wie der beendete Vertrag.[351]

Bei Verträgen mit Restlaufzeiten von mehr als einem Jahr muss die Schriftform in § 550 BGB eingehalten werden.[352]

2. Aufrechnung und Zahlung

Einen speziellen Fall des Wegfalls von Kündigungsfolgen regelt § 543 Abs. 2 S. 3 BGB für die erfolgte fristlose Kündigung des Vermieters wegen Zahlungsverzugs. Danach wird die Kündigung unwirksam, wenn sich der Mieter von seiner Schuld durch Aufrechnung befreien konnte und unverzüglich nach der Kündigung die Aufrechnung erklärt.

Bei Wohnraummietverhältnissen wird die Kündigung auch dann unwirksam, wenn der Vermieter spätestens bis zum Ablauf von zwei Monaten nach Eintritt der Rechtshängigkeit des Räumungsanspruchs hinsichtlich der fälligen Miete und der fälligen Entschädigung nach § 546a Abs. 1 BGB befriedigt wird oder sich eine öffentliche Stelle (Sozialamt u. a.) zur Befriedigung verpflichtet. Dies ist ausnahmsweise nur anders, wenn der Kündigung vor nicht länger als zwei Jahren bereits eine nach diesen Maßgaben unwirksam gewordene Kündigung vorausgegangen ist (§ 569 Abs. 3 Nr. 2 BGB).

3. Stillschweigende Verlängerung des Mietverhältnisses

§ 545 BGB macht die Kündigungsfolgen auch dann hinfällig, wenn der Mieter nach Ablauf der Mietzeit den Gebrauch der Mietsache fortsetzt und der Vermieter dem nicht

---
[347] Kinne ZMR 2001, 599 (605).
[348] Hierzu BGH NJW 2003, 963.
[349] BGH Urt. v. 25.4.2001 – XII ZR 263/98, BeckRS 2001, 4624; BGH NJW 1998, 2664 = NZM 1998, 628; zur Rücknahme von Gestaltungserklärungen im Mietrecht Harke ZMR 2015, 595.
[350] Harke ZMR 2015, 595 (598).
[351] Harke ZMR 2015, 595 (599); Blank/Börstinghaus/Blank BGB § 542 Rn. 100a.
[352] BGH NJW 1998, 2664.

binnen zwei Wochen widerspricht. In diesem Fall verlängert sich das Mietverhältnis auf unbestimmte Zeit. Das wird angenommen, wenn der Mieter nach Ablauf des Mietverhältnisses den Gebrauch der Mietsache fortsetzt, die vereinbarte Miete weiterzahlt und der Vermieter dieses Verhalten so widerspruchslos hinnimmt.[353] Ein Widerspruch gegen eine stillschweigende Vertragsverlängerung kann bereits mit der Kündigung erklärt werden.[354]

1291 § 545 BGB ist dispositives Recht, kann also entweder durch Individualvereinbarung oder auch durch Formularklausel abbedungen werden.[355]

V. Reaktionsmöglichkeiten des Mieters

1. Unterbleibender Auszug des Mieters

1292 Zieht der Mieter nach erfolgter Kündigung zum Ende des Mietverhältnisses nicht aus, so ist aus Vermietersicht darauf zu achten, dass die Fortsetzungsfiktion des § 545 BGB nicht eintritt und sich das Mietverhältnis nicht unbefristet verlängert. Zur Abdingbarkeit des § 545 BGB bereits im Mietvertrag ist auf die obigen Ausführungen zu verweisen.

1293 Aus Gründen äußerster Vorsicht sollte unabhängig von etwaigen Regelungen zur Verlängerungsfiktion des Mietverhältnisses im Mietvertrag selbst auch im Kündigungsschreiben deutlich darauf hingewiesen werden, dass eine Fortsetzung des Mietvertrages nach § 545 BGB aus Sicht des Vermieters ausscheidet.[356]

2. Bestreiten des Kündigungszugangs

1294 Da der Vermieter als Erklärender den Zugang der Kündigung zu beweisen hat, kann der Mieter den Zugang der Kündigung bestreiten, um so ihre Wirksamkeit anzugreifen. Ob der Mieter ausreichend substantiiert bestreitet, ist Frage des Einzelfalls.[357]

3. Bestreiten der Kündigungsgründe

1295 Der Mieter kann die Kündigung im Falle eines Wohnraummietverhältnisses materiellrechtlich angreifen, indem er die dargelegten Kündigungsgründe bestreitet. Denn wie dargelegt benötigt der Vermieter bei Kündigungen von Wohnraummietverhältnissen einen gesetzlich anerkannten Kündigungsgrund.

4. Geltendmachung formeller Kündigungsmängel

1296 Der Mieter kann zunächst gem. § 174 BGB rügen, dass die von einem Bevollmächtigten abgegebene Kündigung nicht mit der erforderlichen Originalvollmacht überreicht worden ist.

1297 Er kann weiter rügen, dass die Kündigungsadressaten falsch oder unvollständig aufgeführt sind.

Darüber hinaus ist im Wohnraummietbereich die Angabe von Kündigungsgründen sowohl bei der ordentlich befristeten als auch bei der außerordentlichen fristlosen Kündigung zwingend (§ 569 Abs. 4, § 573 Abs. 3 S. 1 BGB, § 573a Abs. 3 BGB). Die Kündigung ist also ohne weiteres unwirksam, wenn die notwendig anzugebenden Kündigungs-

---

[353] OLG Düsseldorf GE 2007, 222.
[354] BGH NJW 2010, 2124 = NZM 2010, 510.
[355] BGH NJW 1991, 1750 (1751).
[356] Hierzu BGH NJW 2010, 2124 = NZM 2010, 510.
[357] Dazu LG Berlin GE 2001, 770, wonach bei der Zustellung mittels Einwurf-Einschreibens schlichtes Bestreiten des Zugangs nicht ausreichend ist.

gründe fehlen oder wenn Kündigungsgründe später nachgeschoben werden, ohne dass sie nachträglich entstanden sind (§ 573 Abs. 3 S. 2 BGB).

Der Mieter kann schließlich eine unlesbare Unterschrift und damit die Verletzung der notwendig einzuhaltenden Schriftform (§§ 568 Abs. 1, 126 Abs. 1 BGB) rügen. 1298

Zwar erfordert § 568 Abs. 2 BGB im Kündigungsschreiben den Hinweis auf die Widerspruchsmöglichkeit des Mieters in den Fällen des § 574 Abs. 1 BGB, doch macht der unterlassene Hinweis die Kündigung nicht unwirksam. Es handelt sich lediglich um eine Sollvorschrift. Ihre Verletzung hat zur Folge, dass der Mieter nach § 574b Abs. 2 S. 2 BGB Widerspruch noch im ersten Termin des Räumungsrechtsstreits erklären kann. 1299

5. Widerspruch (Sozialklausel)

a) Grundzüge

§ 574 BGB ist Ausdruck des geltenden duales Kündigungsschutzes.[358] Der Mieter kann gegen die wirksame ordentliche und außerordentliche befristete Kündigung von Wohnraum Widerspruch unter Berufung auf die Härtegründe gem. § 574 Abs. 1 u. 2 BGB erheben. Die Vorschrift ist auch für außerordentliche befristete Sonderkündigungsrechte des Vermieters anwendbar. Sie gilt nicht, wenn ein Grund vorliegt, der den Vermieter zur außerordentlichen fristlosen Kündigung berechtigt (§ 574 Abs. 1 S. 2 BGB). 1300

§ 574 BGB gilt für die ordentliche und für die außerordentliche befristete Kündigung des Vermieters. Die Kündigung muss wirksam, also begründet sein. Dies entscheidet sich nach formellen wie nach materiellen Gesichtspunkten. Im Fall einer unbegründeten Kündigung stellt sich die Frage der Interessenabwägung im Rahmen der Sozialklausel von vornherein nicht. Vertragsbeendigungen aufgrund von Mietaufhebungsverträgen fallen nicht in den Anwendungsbereich der Sozialklausel.[359] 1301

Für befristete Mietverhältnisse gilt die Beschränkung von § 575a Abs. 2 BGB. Die Fortsetzung des Mietverhältnisses kann nur noch bis zum Zeitablauf des befristeten Mietvertrags verlangt werden. 1302

Ergänzend ist noch einmal auf die Fälle hinzuweisen, in denen das Widerspruchsrecht ausgeschlossen ist: § 549 Abs. 2, § 574 Abs. 1 S. 2 BGB sowie § 576a Abs. 2 Nr. 1 u. Nr. 2 BGB. Im Übrigen sind Vereinbarungen zum Nachteil des Mieters unwirksam (§§ 574 Abs. 4, 574a Abs. 3, 574b Abs. 3, 574c Abs. 3, 576a Abs. 3 BGB). Dies liegt angesichts dieser genuinen Mieterschutzmaterie auf der Hand. 1303

b) Härtefälle und Abwägung

Zur Untermauerung seines Widerspruchs gegen die Beendigung des Mietverhältnisses kann der Mieter Gründe vortragen, die für seine Familie oder einen anderen Angehörigen seines Haushalts eine Härte bedeuten würden, die auch unter Würdigung der berechtigen Interessen des Vermieters nicht zu rechtfertigen ist (§ 574 Abs. 1 S. 1 BGB). Der Mieter ist für das Vorliegen der Härtegründe vollständig darlegungs- und beweislastpflichtig.[360] 1304

Dabei stellt sich eine Härte im Sinne von § 574 Abs. 1 S. 1 BGB als Ergebnis eines Abwägungsprozesses im Einzelfall dar.[361] In diesen Abwägungsprozess einbezogen werden auch die vom Vermieter dargelegten berechtigten Interessen und sonstigen Gründe einer Beendigung des Mietverhältnisses (§ 574 Abs. 3 BGB).

---

[358] Hierzu Sternel NZM 2018, 473.
[359] Herrlein in Herrlein/Kandelhard BGB § 574 Rn. 2.
[360] LG Mannheim WuM 1993, 62; LG Bonn WuM 1992, 16.
[361] BGH FD-MietR 2019, 417781; BGH NZM 2017, 559 (562) = NJW-RR 2017, 976 (979); BGH NJW 2017, 2018 (2024) = NZM 2017, 405 (411); BGH NJW 2017, 1474 (1476) = NZM 2017, 286 (288).

1305 Abgesehen von § 574 Abs. 2 BGB enthält das Gesetz keinen Hinweis darauf, wann eine Härte für den Mieter vorliegt. In Betracht kommen nur besondere Härten. Lediglich § 574 Abs. 2 BGB enthält eine positive Aussage zum Härtebegriff. Danach liegt eine Härte auch vor, wenn angemessener Ersatzwohnraum für den Mieter zu zumutbaren Bedingungen nicht beschafft werden kann. Daraus folgt, dass der Mieter sich ernsthaft, aber erfolglos um Ersatzwohnraum bemüht haben muss (Ersatzraumbeschaffungsobliegenheit).[362] Unterlässt er dies, so kann sich der Mieter auf fehlenden Ersatzwohnraum als Härtegrund nicht berufen.[363]

1306 Angemessen ist der Ersatzwohnraum, wenn er die Wohnbedürfnisse des Mieters befriedigt. Insoweit dürfen keine überzogenen Ansprüche gestellt werden. Es soll sogar zumutbar sein, vom bisherigen Lebensstandard abzuweichen.[364] Eine unzumutbare Härte ergibt sich nicht allein aus dem Umstand, dass der Mieter von Ersparnissen lebt und erst nach deren Verbrauch ein Anspruch auf staatliche Transferleistungen haben könnte. Dies rechtfertigt nicht zwingend Schluss, dass er mangels Nachweises eines regelmäßigen Einkommens von vornherein keinen angemessenen Ersatzwohnraum finden könnte.[365]

1307 Als sonstige Härtegründe iSv § 574 Abs. 1 S. 1 BGB hat die Rechtsprechung zB Alter und Krankheit anerkannt.[366] Erforderlich ist aber, dass eine Krankheit den Umzug verhindert oder durch ihn unzumutbar verschlimmert würde oder der Umzug im Alter zu einer nicht wiedergutzumachenden Entwurzelung aus sozialen Verhältnissen führen würde.[367]

1308 Behauptet der Mieter, er könne wegen eines psychischen Leidens einen Umzug nicht verkraften, so hat er durch ärztliches Gutachten nachzuweisen, dass sich durch den Verlust der bisherigen Wohnung ein bestehendes Leiden unzumutbar verschlechtern würde.[368] In diesem Fall rät Herrlein[369] zu der Prüfung, ob die Härte nicht durch eine begleitende medizinisch-psychologische Behandlung verhindert werden kann. Im Übrigen könne der Vermieter in Fällen vorgeschobener psychischer Erkrankungen häufig einen schnellen Erfolg erzielen, wenn er die Bestellung eines Betreuers für den Mieter (§§ 1896 ff. BGB) oder seine Unterbringung (§ 1906 BGB) beantrage.

Fehlende finanzielle Mittel und auch eine unverschuldete Armut sind kein Härtegrund. Es kommt aber in Verbindung mit fehlendem Ersatzwohnraum in Betracht, das Mietverhältnis auf bestimmte Zeit fortzusetzen.[370]

1309 Im Falle der Wohnungsnutzung auch von Kindern des Mieters kann sich eine besondere Härte ergeben, wenn das Kind wegen einer Behinderung auf den Besuch einer zur Wohnung besonders nahe gelegenen Schule angewiesen ist[371] oder wenn dem Kind wegen bevorstehender Prüfungen ein Ortswechsel nicht zuzumuten ist.[372]

---

[362] Hierzu ausführlich Fleindl WuM 2019, 165; Gather DWW 1995, 5; Schmidt-Futterer/Blank BGB § 574 Rn. 30.
[363] LG Landau NJW-RR 1993, 81; LG Heidelberg DWW 1991, 244.
[364] LG Hamburg WuM 1990, 118.
[365] BGH NZM 2017, 846 = NJW-RR 2018, 138 (139).
[366] Hierzu BGH FD-MietR 2019, 417781; BGH NZM 2005, 143 für eine 80jährige krebskranke Mieterin; LG Bochum ZMR 2007, 452 für einen hochbetagten Mieter mit schwerwiegenden gesundheitlichen Problemen; OLG Oldenburg WuM 1991, 346.
[367] LG Stuttgart WuM 1993, 46; Schmidt-Futterer/Blank BGB § 574 Rn. 46.
[368] LG Hamburg NJW-RR 1994, 204; LG Kempten WuM 1994, 254.
[369] Herrlein in Herrlein/Kandelhard, § 574 BGB Rn. 5 unter Verweis auf BGH NJW 2006, 508 = NZM 2006, 158.
[370] Schmidt-Futterer/Blank BGB § 574 Rn. 59.
[371] LG Wuppertal MDR 1970, 332; Schmidt-Futterer/Blank BGB § 574 Rn. 55.
[372] LG Aachen NJW-RR 1986, 313.

Eine Schwangerschaft wird wegen der mit einem Umzug verbundenen körperlichen und psychischen Belastungen als Härtegrund angesehen.[373]

Es wird unterschiedlich beurteilt, ob dem Mieter ein Zwischenumzug zugemutet werden kann, wenn ihm fest zugesagter Wohnraum erst nach einer gewissen Zeit frei wird oder sich die Fertigstellung eines Eigenheims verzögert.[374] 1310

Zugunsten des Vermieters werden nur berechtigte Interessen im Sinne von § 573 BGB anerkannt, soweit der Vermieter diese entweder im Kündigungsschreiben angegeben hat oder wenn sie nach Zugang der Kündigung neu entstanden sind (§ 573 Abs. 3 BGB iVm § 574 Abs. 3 BGB). Diese Gründe werden gegen die vom Mieter vorgebrachten Härtegründe abgewogen. Dabei erfordert eine Abwägung, dass das Gericht nachvollziehbar die gegensätzlichen Interessen gewichtet und einander gegenüberstellt. 1311

c) Form, Inhalt und Frist von Widerspruch und Fortsetzungsverlangen

Der Widerspruch des Mieters gegen die Kündigung ist schriftlich zu erklären. Auf Verlangen des Vermieters soll der Mieter über die Gründe des Widerspruchs unverzüglich Auskunft erteilen (§ 574b Abs. 1 BGB). 1312

Der Mieter muss den Widerspruch spätestens zwei Monate vor der Beendigung des Mietverhältnisses erklären. Andernfalls kann der Vermieter die Fortsetzung des Mietverhältnisses ablehnen (§ 574b Abs. 2 S. 1 BGB). Hat der Vermieter nicht rechtzeitig vor Ablauf der Widerspruchsfrist auf die Möglichkeit des Widerspruchs sowie auf dessen Form und Frist hingewiesen, so kann der Mieter den Widerspruch noch im ersten Termin des Räumungsrechtsstreits erklären (§ 574b Abs. 2 S. 2 BGB). Ein solcher Hinweis erfolgt üblicherweise im Kündigungsschreiben und ist empfehlenswert. 1313

d) Wirkung von Widerspruch und Fortsetzungsverlangen

Der Mieter kann verlangen, dass das Mietverhältnis solange fortgesetzt wird, wie dies unter Berücksichtigung aller Umstände angemessen ist. Ist dem Vermieter nicht zuzumuten, das Mietverhältnis zu den bisherigen Vertragsbedingungen fortzusetzen, so kann der Mieter nur verlangen, dass es unter einer angemessenen Änderung der Bedingungen fortgesetzt wird (§ 574a Abs. 1 BGB). 1314

Kommt keine Einigung zustande, so werden die Einzelheiten des fortzusetzenden Mietverhältnisses durch Urteil bestimmt (§ 574a Abs. 2 S. 1 BGB). Ist ungewiss, wann voraussichtlich die Umstände wegfallen, aufgrund der die Beendigung des Mietverhältnisses eine Härte bedeutet, so kann ausnahmsweise bestimmt werden, dass das Mietverhältnis auf unbestimmte Zeit fortgesetzt wird (§ 574a Abs. 2 S. 2 BGB).[375] 1315

Von diesen Grundsätzen macht § 575a Abs. 2 BGB für befristete Mietverhältnisse eine Ausnahme. Danach kann Fortsetzung des Mietverhältnisses nur bis zum Zeitablauf des befristeten Mietverhältnisses verlangt werden.

Abgesehen davon kann als Faustregel gelten, dass die Fortsetzung des Mietverhältnisses nur bis zum Wegfall des Härtegrundes verlangt werden kann. Nur im Zweifel hat der Mieter einen Fortsetzungsanspruch auf unbestimmte Zeit. 1316

---

[373] LG Stuttgart WuM 1991, 347; aA LG Berlin GE 1992, 207.
[374] LG Köln NJW-RR 1997, 1098; AG Tübingen ZMR 1986, 60, Grapentin in Bub/Treier MietR-HdB Teil IV Rn. 241.
[375] Kossmann/Meyer-Abich Wohnraummiete-HdB § 133 Rn. 3.

VI. Kündigungsgründe des Mieters

1. Ordentliche befristete Kündigung

a) Form

1317 Auch die Kündigung eines Wohnraummietverhältnisses vom Mieter muss schriftlich erfolgen (§ 568 Abs. 1 BGB). Für die Kündigung ist die Schriftform iSv § 126 BGB zwingend zu beachten. Die gesetzliche geforderte Schriftform kann auch durch elektronische Form ersetzt werden (§§ 126 Abs. 3, 126a BGB).[376]

b) Unwirksamkeit der Kündigung

1318 Die Kündigung des Mieters kann aus formellen Gründen unwirksam sein oder mangels vorliegender Kündigungsvollmacht bei einem Handeln durch einen Bevollmächtigten unverzüglich zurückgewiesen werden (§ 174 S. 1 BGB). Insoweit gelten die obigen Ausführungen für die Kündigung des Vermieters entsprechend. Allerdings muss der Mieter seine Kündigung nicht begründen.

2. Außerordentliche befristete Kündigung

a) Modernisierung und Verbesserung

1319 Im Falle geplanter modernisierender und verbessernder Baumaßnahmen hat der Mieter die Möglichkeit zur außerordentlichen befristeten Kündigung (§ 555e Abs. 1 BGB). Er ist berechtigt, bis zum Ablauf des Monats, der auf den Zugang der Mitteilung des Vermieters folgt, außerordentlich bis zum Ablauf des nächsten Monats zu kündigen, es sei denn, die Baumaßnahmen bedingen nur eine unerhebliche Einwirkung auf die vermieteten Räume und führen nur zu einer unerheblichen Mieterhöhung (§ 555e Abs. 2 iVm § 555c Abs. 4 BGB).

1320 Reine Sanierungs- und Erhaltungsmaßnahmen iSv § 555a Abs. 1 BGB berechtigen dagegen nicht zur Kündigung. § 555e Abs. 1 S. 1 BGB stellt ausdrücklich auf Modernisierungsmaßnahmen iSv § 555b BGB ab.

b) Überlassung des Gebrauchs an Dritte

1321 Verweigert der Vermieter die Erlaubnis, den Gebrauch der Mietsache einem Dritten zu überlassen, so kann der Mieter das Mietverhältnis außerordentlich mit der gesetzlichen Frist kündigen, sofern nicht in der Person des Dritten ein wichtiger Grund zur Versagung der Erlaubnis vorliegt (§ 540 Abs. 1 S. 2 BGB).

1322 Hauptfall ist die verweigerte Erlaubnis nach Vorstellung des avisierten Untermieters ohne berechtigte Ablehnungsgründe. Der verweigerten Erlaubnis steht es gleich, wenn die Erlaubnis nur unter Einschränkungen erteilt wird, die im Mietvertrag nicht vorgesehen sind.[377]
Das Schweigen des Vermieters auf eine generelle Anfrage des Mieters, in der niemand als in Aussicht genommener Untermieter benannt ist, ist nicht als Verweigerung der Untervermietungserlaubnis zu deuten.[378] Etwas anderes gilt allerdings, wenn der Vermieter die Untervermietung generell abgelehnt hat. Immer aber setzt das Kündigungsrecht des Mieters voraus, dass er um die Erteilung der Erlaubnis zur Untervermietung

---

[376] Siehe hierzu 2. Teil → Rn. 115 (Elektronische Form und Textform).
[377] BGH NJW 1972, 1267; BeckOK MietR/Weber BGB § 540 Rn. 17.
[378] LG Gießen NZM 2000, 617.

gebeten hat. Dabei muss die Person des Untermieters namentlich benannt werden.[379] Auf Verlangen des Vermieters muss der Mieter auch diejenigen Daten mitteilen, die der Vermieter benötigt, um festzustellen, ob in der Person des Dritten ein wichtiger Grund vorliegt. Nähere Angaben sind nur entbehrlich, wenn der Vermieter zuvor bereits generell erklärt hat, dass er die Erlaubnis zur Untervermietung oder zur sonstigen Gebrauchsüberlassung nicht erteilt.

Das Recht des Mieters zur Kündigung nach § 540 Abs. 1 S. 2 BGB wird nicht dadurch berührt, dass zuvor über die Stellung eines Ersatzmieters verhandelt wurde.[380]   1323

Für die Kündigungsfrist gilt § 573d Abs. 2 BGB, bei befristeten Mietverträgen § 575a Abs. 3 BGB.   1324

Das Kündigungsrecht kann individualvertraglich ausgeschlossen werden. Ein formularvertraglicher Ausschluss verstößt gegen § 307 Abs. 1 BGB,[381] soweit § 553 Abs. 1 BGB tangiert ist, auch gegen § 553 Abs. 3 BGB.   1325

Die Voraussetzungen des Kündigungsrechts muss der Mieter beweisen. Dazu muss er darlegen, dass der Mieter einen Untermieter vorgestellt und um Erlaubnis gebeten hat. Die Einwendung der fehlenden Zumutbarkeit des avisierten Untermieters hat der Vermieter zu beweisen.[382]   1326

c) Mietverträge von mehr als 30 Jahren

Im Falle eines Mietvertrags mit einer Laufzeit von mehr als 30 Jahren kann auch der Mieter nach Ablauf von 30 Jahren nach Überlassung der Mietsache das Mietverhältnis außerordentlich mit der gesetzlichen Frist (§ 575a Abs. 1 BGB) kündigen (§ 544 S. 1 BGB).[383] Die Kündigung ist unzulässig, wenn der Vertrag für die Lebenszeit des Vermieters oder des Mieters geschlossen worden ist (§ 544 S. 2 BGB).   1327

Die Kündigungsbefugnis ist zwingendes Recht und kann auch individualvertraglich nicht abbedungen werden.[384]   1328

d) Mieterhöhung bei Wohnraum

Nimmt der Vermieter eine Mieterhöhung nach dem Vergleichsmietensystem oder eine Mieterhöhung nach Modernisierung vor, so hat der Mieter die Wahl, ob er unter diesen geänderten Bedingungen an dem Mietverhältnis festhalten will oder nicht. Sowohl im Falle eines zugegangenen Zustimmungsverlangens nach § 558a BGB oder einer zugegangenen Mieterhöhungserklärung nach § 559b Abs. 1 BGB hat der Mieter daher ein Sonderkündigungsrecht (§ 561 Abs. 1 BGB). Danach kann er bis zum Ablauf des zweiten Monats nach dem Zugang der Erklärung des Vermieters das Mietverhältnis außerordentlich zum Ablauf des übernächsten Monats kündigen.[385] Kündigt der Mieter, so tritt die Mieterhöhung nicht ein.   1329

§ 561 BGB findet keine Anwendung bei der Erhöhung von Betriebskostenpauschalen oder Betriebskostenvorauszahlungen, ebenso nicht bei Indexmietverträgen nach § 557b BGB.   1330

---

[379] BGH NJW 2007, 288 = NZM 2007, 127 (Geschäftsraummiete); BeckOK MietR/Weber BGB § 540 Rn. 16.
[380] LG Wiesbaden WuM 1988, 265; AG Dortmund WuM 1987, 20.
[381] Schmidt-Futterer/Blank BGB § 540 Rn. 63.
[382] Vgl. zur Beweislast Schmidt-Futterer/Blank BGB § 540 Rn. 80.
[383] BeckOK MietR/Klotz-Hörlin BGB § 544 Rn. 7.
[384] OLG Hamm NZM 1999, 753 (754); LG Stuttgart NJW-RR 1992, 908; BeckOK MietR/Klotz-Hörlin BGB § 544 Rn. 17; hierzu BGH NZM 2018, 556 (557) = NJW-RR 2018, 843 (844).
[385] Die Frist verlängert sich, wenn der Vermieter erst zu einem im Vergleich zu § 558b Abs. 1 BGB späteren Termin die Mieterhöhung verlangt, BGH NJW 2013, 3641 = NZM 2013, 853.

1331 Die zugegangene Mieterhöhungserklärung oder das zugegangene Zustimmungsverlangen zu einer Mieterhöhung muss nicht wirksam sein.[386] Nach hier vertretener Auffassung muss das Mieterhöhungsverlangen aber zumindest formell wirksam sein, um das Sonderkündigungsrecht auszulösen, da auch sonst vom BGH hieran angeknüpft wird.[387] Nicht ausreichend ist es, wenn ein Mieterhöhungsverlangen lediglich mündlich geltend gemacht.[388]

1332 Mit Ablauf der Kündigungsfrist ist das Mietverhältnis beendet; die Mieterhöhung tritt nicht ein (§ 561 Abs. 1 S. 2 BGB). Daran ändert sich nichts, wenn der Mieter der Mieterhöhung später zustimmt. Auch dann bleibt die Kündigung wirksam. In der Zustimmung des Mieters kann dann allenfalls ein Angebot zum Abschluss eines neuen Mietvertrags gesehen werden.

e) Vermieterinsolvenz

1333 Im Falle der Vermieterinsolvenz[389] ist das Mietverhältnis auch nach der Insolvenzeröffnung fortzuführen (§ 108 Abs. 1 InsO), wenn der Mieter im Zeitpunkt der Insolvenzeröffnung im Besitz der Mietsache war.[390] Weder Mieter noch Insolvenzverwalter haben aufgrund der Insolvenz ein Sonderkündigungsrecht.[391]

Wird die Mietsache vom Insolvenzverwalter veräußert, so tritt der Erwerber anstelle des Schuldners in das Mietverhältnis gem. § 566 Abs. 1 BGB ein. Ihm steht gem. § 111 InsO jedoch ein Sonderkündigungsrecht zu, das nur für den ersten Termin zulässig ist.[392] Der Erwerber kann den Mietvertrag außerordentlich unter Einhaltung der gesetzlichen Frist in diesem Falle kündigen. Kündigungsgründe iSv § 573 BGB müssen in jedem Falle vorliegen.[393] § 111 InsO privilegiert den Erwerber nur im Hinblick auf die Kündigungsfrist.[394]

f) Tod des Mieters

1334 Stirbt ein Mieter, so können die überlebenden Mieter das Mietverhältnis innerhalb eines Monats, nachdem sie vom Tod des Mieters Kenntnis erlangt haben, außerordentlich mit der gesetzlichen Frist (§ 573d Abs. 2 BGB) kündigen (§ 563a Abs. 2 BGB). Dieses Kündigungsrecht kann zum Nachteil der überlebenden Mieter vertraglich nicht abbedungen werden (§ 563a Abs. 3 BGB).

1335 Systematisch ist der Hinweis darauf geboten, dass dem Vermieter kein korrespondierendes Kündigungsrecht zusteht. Denn § 563a Abs. 1 BGB ordnet für den Vermieter an, dass das Mietverhältnis mit den überlebenden Mietern fortgesetzt wird.

3. Außerordentliche fristlose Kündigung

1336 Der Mieter kann aus folgenden Gründen außerordentlich fristlos kündigen:

---

[386] BT-Drs. 14/4553, 59.
[387] BGH NJW 2014, 1173 = NZM 2014, 236 (zur Überlegungsfrist in § 558b Abs. 2 BGB).
[388] AA mit Darstellung zum Streitstand Schmidt-Futterer/Börstinghaus BGB § 561 Rn. 13; MüKoBGB/Artz BGB § 561 Rn. 4.
[389] Hierzu umfassend Horst DWW 2018, 244; siehe auch → Rn. 1850.
[390] Cymutta, Der Mietvertrag im Insolvenzverfahren, S. 61; BGH NJW 2015, 627 = NZM 2015, 202.
[391] Cymutta, Der Mietvertrag im Insolvenzverfahren, S. 68/69.
[392] Cymutta, Der Mietvertrag im Insolvenzverfahren, S. 73.
[393] Börstinghaus DWW 1999, 205.
[394] Cymutta, Der Mietvertrag im Insolvenzverfahren, S. 73.

§ 24 Kündigung

- Kündigung wegen nicht rechtzeitiger Einräumung des vertraglichen Gebrauchs oder dessen nachträglichem Entzug (§ 543 Abs. 2 Nr. 1 BGB)
- Kündigung wegen Gesundheitsgefährdung (§§ 543 Abs. 1, 569 Abs. 1 BGB)[395]
- Kündigung wegen nachhaltiger Störung des Hausfriedens vom anderen Vertragsteil (§§ 543 Abs. 1 569 Abs. 2 BGB),
- Unzumutbarkeit der Vertragsfortsetzung unabhängig vom Verschulden des anderen Teils – das Verschulden des anderen Teils spielt bei der erforderlichen Abwägung als Vorfrage der Unzumutbarkeit allerdings eine entscheidende Rolle (§ 543 Abs. 1 BGB).

a) Pflichtverletzung des Vermieters

§ 569 Abs. 2 BGB greift exemplarisch nur die nachhaltige Störung des Hausfriedens von einer Vertragspartei heraus, die so schwer sein muss, dass dem Kündigenden unter Berücksichtigung aller Umstände des Einzelfalls die Fortsetzung des Mietverhältnisses bis zum Ablauf einer Kündigungsfrist oder bis zur sonstigen Beendigung des Mietverhältnisses nicht mehr zumutbar ist. Alle anderen erheblichen und nachhaltigen vertraglichen Pflichtverletzungen werden von der Generalklausel in § 543 Abs. 1 BGB erfasst. 1337

Neben dem Vermieter kann sich also auch der Mieter auf die genannten Kündigungstatbestände berufen. Stört bei mehreren Vertragspartnern nur einer, so ist gleichwohl allen zu kündigen. 1338

Was die Kündigungsgründe angeht, so ist zunächst auf die entsprechenden Ausführungen zum Kündigungsrecht des Vermieters zu verweisen. Auch der Mieter kann sich zur Begründung seiner Kündigung auf Lärmstörungen, Beleidigungen, erfolgte Tätlichkeiten, Strafanzeigen und Straftaten des anderen Vertragsteils berufen. 1339

So kann der Mieter beispielsweise nach einem Hausfriedensbruch des Vermieters fristlos kündigen, wenn der Vermieter ohne vorherige Ankündigung und ohne sich vorher zu vergewissern, ob der Mieter anwesend ist, die Wohnung mit Hilfe eines eigenen Schlüssels betreten hat.[396] Ansonsten ist grundsätzlich eine Abmahnung wegen der konkret zu bezeichnenden Störung oder Pflichtverletzung auch im Rahmen von § 569 Abs. 2 BGB erforderlich (§ 543 Abs. 3 S. 1 BGB).[397] 1340

b) Nichtgewährung des Gebrauchs

Gem. § 543 Abs. 2 Nr. 1 BGB kann der Mieter fristlos kündigen, wenn ihm der vertragsgemäße Gebrauch der Mietsache ganz oder zum Teil nicht rechtzeitig gewährt oder wieder entzogen wird. 1341

Jeder Mangel, egal, ob Sach- oder Rechtsmangel, kann dabei den vertragsgemäß vorausgesetzten Gebrauch beeinflussen. Zum Zeitpunkt der Kündigung muss feststehen, dass der Mangel nicht mehr behebbar ist, so dass der vertragsgemäße Gebrauch ganz oder zum Teil nicht gewährt werden kann. Bloße Befürchtungen reichen nicht. In diesem Fall kann allenfalls aus wichtigem Grund nach § 543 Abs. 1 BGB gekündigt werden.[398] 1342

Die Rechtzeitigkeit der Gebrauchsgewährung bestimmt sich nach den vertraglichen Vereinbarungen. Ist der Vertragsbeginn völlig unklar, so kann der Mieter sofortige Überlassung verlangen und widrigenfalls nach Ablauf einer zur Abhilfe gesetzten Frist kündi- 1343

---

[395] BGH NZM 2011, 32; BGH NJW 2007, 2177 = NZM 2007, 439.
[396] LG Berlin NZM 2000, 544 = NJW-RR 2000, 676 (zu § 554a BGB aF).
[397] MüKoBGB/Häublein BGB § 569 Rn. 24; Blank/Börstinghaus/Blank BGB § 569 Rn. 33; Hinz NZM 2001, 264 (272).
[398] BGH NJW-RR 1987, 526 (527); Grapentin, in: Bub/Treier MietR-HdB Teil IV, Rn. 320.

gen oder verschuldensabhängigen Schadensersatz verlangen.[399] Für die Anwendung der Vorschrift ist nicht entscheidend, ob der unklare Vertragsbeginn durch Vertragsklausel oder durch Individualvereinbarung geregelt ist. Denn eine entsprechende Formularklausel ist gem. § 307 Abs. 2 BGB unwirksam.[400]

1344 Das Kündigungsrecht besteht auch, wenn der vertragsgemäße Gebrauch dem Mieter nachträglich entzogen wird oder dem vertragsgemäßen Gebrauch entgegenstehende Mängel auftreten. Auch hier sind sämtliche Mängel einschlägig, für die der Vermieter gewährleistungsrechtlich verantwortlich ist. Ebenso kann das Fehlen zugesicherter Eigenschaften die Kündigungsbefugnis begründen.[401]

1345 Als Beispiele können angeführt werden: Lärm- oder Geruchsemissionen,[402] mehrfache Feuchtigkeits-/Wasserschäden,[403] mangelhaftes Leitungswasser,[404] Ungezieferbefall,[405] Auswirkungen von Bauarbeiten,[406] Zugangsbehinderungen etwa durch eine defekte Haustür,[407] geringerer Lichteinfall als nach Landesbauordnung erforderlich.[408]

1346 Die Hinderung am vertragsgemäßen Gebrauch muss erheblich sein. Nur unerhebliche Behinderungen scheiden als Grundlage für ein fristloses Kündigungsrecht aus.

1347 § 543 Abs. 4 BGB schließt das Kündigungsrecht nach Maßgabe von § 536b BGB mit dem Vorbehalt des in § 536d BGB geregelten arglistigen Verschweigens eines Mangels aus, wenn der Mieter diesen Mangel bei Vertragsschluss oder Annahme gekannt hat und nicht vorbehalten hat.[409]

1348 Die Beweislast für die unterlassene Gewährung eines vertragsgemäßen Gebrauchs liegt beim Mieter, sobald er die Mietsache übernommen hat.[410] Der Vermieter muss dagegen beweisen, dass er den vertragsgemäßen Gebrauch rechtzeitig gewährt oder Abhilfe vor Ablauf der hierzu bestimmten Frist geschaffen hat (§ 543 Abs. 4 S. 2 BGB). Der Vermieter ist auch beweislastpflichtig dafür, dass die Störung nur unerheblich ist.[411]

c) Gesundheitsgefährdung

1349 Der Mieter kann ebenfalls fristlos kündigen, wenn der gemietete Wohnraum so beschaffen ist, dass seine Benutzung mit einer erheblichen Gefährdung der Gesundheit verbunden ist. Dabei ist unerheblich, dass der Mieter den gesundheitsgefährdenden Zustand der Mietsache bei Vertragsschluss gekannt oder darauf verzichtet hat, die ihm wegen dieses Zustands zustehenden Rechte geltend zu machen (§ 569 Abs. 1 BGB).

1350 Das Kündigungsrecht des Mieters ist unabhängig von einem Verschulden des Vermieters. Deshalb besteht ein Kündigungsgrund auch im Falle höherer Gewalt.

1351 Das Kündigungsrecht ist ausgeschlossen, wenn der Mieter den gesundheitsgefährdenden Zustand zu vertreten hat.[412]

---

[399] Schmidt-Futterer/Blank BGB § 543 Rn. 12; Grapentin, in: Bub/Treier MietR-HdB Teil IV, Rn. 319; Kossmann/Meyer-Abich Wohnraummiete-HdB § 68 Rn. 3.
[400] Schmidt-Futterer/Blank BGB § 543 Rn. 9.
[401] Grapentin, in: Bub/Treier MietR-HdB Teil IV, Rn. 326.
[402] OLG Düsseldorf MDR 1988, 866; OLG Köln NJW 1972, 1814.
[403] LG Osnabrück WuM 2013, 189; LG Stuttgart NZM 1998, 483 (484); LG Düsseldorf WuM 1992, 187; LG Kassel WuM 1988, 109.
[404] LG Köln WuM 1987, 122.
[405] AG Bremen NJW 1998, 3282 = NZM 1998, 717.
[406] OLG Dresden NZM 1999, 317 (318) = NJW-RR 1999, 448.
[407] LG Berlin NZM 2000, 710.
[408] LG Mannheim NZM 1999, 406 (407).
[409] Schmidt-Futterer/Blank BGB § 543 Rn. 43.
[410] BGH NJW 1985, 2328.
[411] BGH NJW 1976, 796.
[412] BGH NJW 2004, 848 (850) = NZM 2004, 222 (223); Schmidt-Futterer/Blank BGB § 569 Rn. 12.

Die Gesundheitsgefährdung muss sich aus Wohnräumen oder Gewerberäumen ergeben, die zum dauernden Aufenthalt von Menschen bestimmt ist. Für das Kündigungsrecht aus § 569 Abs. 1 BGB reicht es nicht aus, wenn die Gesundheitsgefahr auf andere Räume (Keller, Garage, Lagerraum) begrenzt ist. In diesen Fällen bleibt nur die Kündigungsmöglichkeit nach §§ 543 Abs. 2 Nr. 1, 543 Abs. 3 S. 2 Nr. 2 BGB.

Die Gesundheitsgefahr muss sich aus der Beschaffenheit der gemieteten Räume ergeben. Deshalb besteht ebenso kein Kündigungsrecht, wenn die Gefahr von außerhalb der Mietsache auf seine Räume einwirkt.[413] Es genügt, dass die Gefährdung der Gesundheit von einem einzelnen Raum der Mietsache ausgeht.

Gefährdet ist die Gesundheit dann, wenn ein Gesundheitsschaden durch die Einwirkungen unmittelbar bevorsteht. Die Bewertung erfolgt nach dem gegenwärtigen Stand medizinischer Erkenntnisse.[414] Maßgebend sind dabei objektive Kriterien. Auf die besondere Empfindlichkeit des konkreten Mieters kommt es nicht an.

Die Gefährdung muss erheblich sein. Erheblich ist die Gesundheitsgefahr dann, wenn die Gesundheit nachhaltig beeinträchtigt wird. Steht fest, dass Gefahrstoffe vorhanden sind, lassen sich diese aber nicht exakt ermitteln, so ist der Mieter zur Kündigung berechtigt, wenn sich eine Gefahr nicht sicher ausschließen lässt.[415]

Die Gefahr muss zum Zeitpunkt der Kündigung vorliegen. Entfällt sie hinterher wieder, bleibt die Kündigung dennoch wirksam. Eine Gesundheitsgefahr wurde zB bejaht bei mangelnder Heizung,[416] bei Giftstoffen in der Wohnung und Raumluft,[417] Legionellenbefall des Trinkwassers,[418] bei Ungezieferbefall,[419] bei Lärm,[420] Hitze[421] sowie bei Feuchtigkeit und Schimmelbildung.[422]

Eine Gesundheitsgefahr wurde verneint bei gelegentlichem Auftreten von Ungeziefer,[423] Kakerlakenbefall,[424] Auftreten von „Silberfischen"[425] und beim Ausfall der Heizung.[426]

aa) **Kündigungsgrund.** Der Kündigungsgrund ist im Kündigungsschreiben anzugeben (§ 569 Abs. 4 BGB). Es muss substantiierte Darlegungen zum Kündigungsgrund, zur vorherigen fruchtlosen Abmahnung oder zur vorher fruchtlos gesetzten Abhilfefrist oder Darlegungen enthalten, aus denen sich ergibt, dass Abhilfefrist und Abmahnung ausnahmsweise entbehrlich sind.

Der Mieter muss also beispielsweise eine Schimmelpilzbildung als Mangel der Mietsache, eine erhebliche Gefährdung seiner Gesundheit sowie einen Ursachenzusammenhang zwischen beiden Komponenten vortragen. Das Kündigungsschreiben muss erkennen

---

[413] OLG Koblenz NJW-RR 1989, 1247; ferner LG Hamburg ZMR 2007, 198 – das Gericht stützte seine Argumentation im Übrigen auf die Tatsache, dass die Grenzwerte der 26. BImSchV eingehalten waren (unter Hinweis auf BGH NJW 2004, 1317 und NJW 2000, 1714).
[414] BayObLG NZM 1999, 899.
[415] LG Lübeck ZMR 1998, 434.
[416] LG Düsseldorf DWW 1999, 352; LG Mannheim ZMR 1977, 154; AG Langenfeld WuM 1986, 314.
[417] BGH Beschl. v. 14.5.2019 – VIII ZR 126/18, BeckRS 2019, 10994; LG Lübeck NZM 1998 190 = NJW-RR 1998, 441; LG München NJW-RR 1991, 975.
[418] LG Berlin NZM 2018, 332.
[419] LG Saarbrücken WuM 1991, 91.
[420] BGHZ 29, 289; LG Hamburg WuM 1986, 313; AG Köln WuM 1979, 75.
[421] OLG Düsseldorf NZM 1998, 915 = NJW-RR 1998, 1307.
[422] LG Oldenburg ZMR 2000, 100; LG Mainz DWW 1999, 295; LG Lübeck NZM 1998, 190 = NJW-RR 1998, 441; AG Regensburg WuM 1988, 361; AG Köln WuM 1986, 94.
[423] LG Mannheim WuM 1977, 99.
[424] LG Kiel WuM 1992, 122.
[425] AG Lahnstein WuM 1988, 55.
[426] LG Traunstein WuM 1986, 93; AG Miesbach WuM 1987, 221.

lassen, dass der Mieter die darin erwähnten gesundheitlichen Gründe auf die Beschaffenheit der gemieteten Wohnung zurückführt.[427]

1359 **bb) Abhilfefrist und Abmahnung.** Die Kündigung muss ebenso Darlegungen zu einer vorherigen fruchtlosen Abmahnung sowie zu einer gesetzten und fruchtlos verstrichenen Abhilfefrist enthalten. Denn die vorangegangene Abmahnung ist Voraussetzung der Kündigung nach § 543 Abs. 3 BGB.[428] Neben der gesetzten Abhilfefrist muss aber die außerordentliche fristlose Kündigung nicht extra angedroht werden.[429]

1360 **cc) Darlegung der Entbehrlichkeit.** Den Ausführungen zur Abhilfefrist und zur Abmahnung folgend muss die Kündigung auch Darlegungen des Mieters entweder alternativ oder zusätzlich hilfsweise dazu enthalten, dass und aus welchen Gründen Abhilfefrist und Abmahnung entbehrlich sind (§ 543 Abs. 3 S. 2 BGB). Was den Mietereinwand nicht zumutbaren Lüftungsverhaltens angeht, so hat der BGH hervorgehoben, dass es bei „lebensnaher Betrachtung durchaus zumutbar" sei, eine 30 m²-Wohnung bei Anwesenheit von 2 Personen während des Tages insgesamt viermal durch Kippen der Fenster für etwa drei bis acht Minuten zu lüften.[430]

1361 Praxishinweis: Auch vorgelegte Sachverständigengutachten zur notwendigen Häufigkeit des Lüftens sowie die gerichtliche Würdigung dieses Gutachtens sollten im Rahmen der Prüfung eines Rechtsmittels kritisch hinterfragt werden.[431]

Der BGH hält überdies fest, dass das Berufungsgericht, an das der Rechtsstreit zurückverwiesen wurde, den Einwand des Klägers von Amts wegen berücksichtigen müsse und den Sachverständigen dazu hören müsse, auch wenn der Kläger die Anhörung des Sachverständigen bislang nicht ausdrücklich beantragt hat.[432]

1362 Die Rechtsprechung bürdet dem Vermieter die Gutachterkosten auf, wenn der Mieter einen Sachverständigen einschaltet und dessen Gutachten die Gefahr bestätigt, sich die Parteien aber außergerichtlich einigen.[433]

d) Kündigung aus sonstigem wichtigem Grunde

1363 Gem. § 543 Abs. 1 BGB kann jede Partei, also Vermieter und Mieter, ein Mietverhältnis aus wichtigem Grund außerordentlich fristlos kündigen. Ein wichtiger Grund liegt vor, wenn dem Kündigenden unter Berücksichtigung aller Umstände des Einzelfalles, insbesondere eines Verschuldens der Vertragsparteien und unter Abwägung der beiderseitigen Interessen die Fortsetzung des Mietverhältnisses bis zum Ablauf der Kündigungsfrist oder bis zur sonstigen Beendigung nicht zugemutet werden kann.

1364 Das Verschulden einer Vertragspartei ist als zusätzliches Abwägungskriterium in den gesetzlichen Tatbestand aufgenommen worden. Es handelt sich hierbei nicht um eine Tatbestandsvoraussetzung für die fristlose Kündigung.

1365 Die Vorschrift ist damit Auffangtatbestand für alle erheblichen vertraglichen Pflichtverletzungen. Deshalb kommt es nicht darauf an, ob die Vertragsverletzung als Auslöser des Kündigungsgrundes im Sinne von § 543 Abs. 1 BGB schuldhaft oder nicht schuldhaft erfolgt ist. Deshalb können auch Vertragsverletzungen durch beschränkt geschäftsfähige oder geschäftsunfähige Personen zur fristlosen Kündigung wegen gesteigerter Unzumutbarkeit führen.

---

[427] BGH WuM 2005, 584.
[428] BGH NJW 2007, 2177 = NZM 2007, 439.
[429] BGH NJW 2007, 2474 = NZM 2007, 561.
[430] BGH NJW 2007, 2177 (2180); ferner zum Lüftungsverhalten BGH NJW 2019, 507.
[431] Dies ist durch BGH NJW 2007, 2177 (2180) veranlasst.
[432] BGH NJW 2007, 2177 (2180); BGH NJW-RR 1998, 1527.
[433] AG Köln NJW-RR 1987, 972 (973).

§ 24 Kündigung

Eine fristlose Kündigung nach § 543 Abs. 1 BGB kann insbesondere auch bei schweren schuldhaften Vertragsverletzungen in Betracht kommen, etwa wenn der Vermieter heimlich die Wohnung betritt.[434] Auch „fensterln" liefert – zumindest außerhalb Bayerns – einen fristlosen Kündigungsgrund.[435] Als sonstige, zur Kündigung berechtigende Vertragsverletzungen kommen weiter in Betracht: persönliche Konflikte zwischen den Vertragsparteien während der Mietzeit, die Weigerung zur Zahlung von Verbindlichkeiten, Lärmstörungen, Beleidigung, üble Nachrede, Verleumdung, Nötigung, Tätlichkeiten und ähnliche Fälle, Strafanzeigen, Auseinandersetzungen mit dem Vermieter anlässlich von Umwandlungs-, Sanierungs-, Verkaufs- oder sonstigen Maßnahmen, unseriöses Prozessverhalten, Diebstahl, Verletzung von Aufklärungspflichten, die unberechtigte Kündigung durch den Vermieter oder verbotene Eigenmacht, indem der Vermieter mit einem Nachschlüssel in die Wohnung eindringt oder sich bei instandsetzenden oder modernisierenden Baumaßnahmen mit Gewalt Zutritt zur Wohnung zu verschaffen sucht.[436] Das Verschulden der vom Vermieter beauftragten Handwerker muss sich der Vermieter zurechnen lassen. Dem Mieter erwächst ebenso ein Kündigungsrecht aus § 543 Abs. 1 BGB, wenn er vom Vermieter in seinen Rechten verletzt wird. 1366

Gem. § 543 Abs. 3 S. 1 BGB ist regelmäßig eine vorherige erfolglose Abmahnung oder der erfolglose Ablauf einer zur Abhilfe bestimmten angemessenen Frist erforderlich. Abmahnung und Fristsetzung können unterbleiben, wenn sie offensichtlich keinen Erfolg versprechen oder wenn die sofortige Kündigung aus besonderen Gründen unter Abwägung der beiderseitigen Interessen gerechtfertigt ist (§ 543 Abs. 3 S. 2 Nr. 1 o. Nr. 2 BGB). 1367

e) Kündigungserklärung

Für die Kündigungserklärung gilt Schriftform (§ 568 Abs. 1 BGB). Im Kündigungsschreiben sind die zur fristlosen Kündigung berechtigenden Kündigungsgründe anzugeben (§ 569 Abs. 4 BGB). Dies gilt nur für außerordentliche fristlose Wohnraumkündigungen. 1368

Darüber hinaus gelten für die Kündigungserklärungen im Falle von fristlosen Kündigungen des Mieters keine Besonderheiten. 1369

Handelt es sich um mehrere Mieter, so muss die Kündigung von allen Mietern erklärt werden. Insoweit gelten die obigen für den Vermieter gemachten Darlegungen entsprechend. 1370

Dies gilt grundsätzlich auch, wenn ein Ehepartner in der Zwischenzeit aus der gemieteten Ehewohnung ausgezogen ist. In diesem Fall besteht das Mietverhältnis grundsätzlich unverändert fort. Er kann das Mietverhältnis weder ganz noch teilweise kündigen und haftet auch nach seinem Auszug für alle Verpflichtungen aus dem Mietverhältnis als Gesamtschuldner weiter. 1371

Ein Ausscheiden aus dem Mietverhältnis ist nur mit Zustimmung des Vermieters und des anderen Ehepartners möglich. Zur Vermeidung eines künftigen Haftungsrisikos kann er jedoch von dem in der Wohnung verbliebenen Ehepartner verlangen, dass dieser am Ausspruch einer Kündigung mitwirkt und das Mietverhältnis somit insgesamt beendet wird.[437] Zwischen den Ehegatten besteht ein Anspruch auf Mitwirkung 1372

---

[434] LG Berlin NZM 2000, 543 (544).
[435] AG Frankfurt/Main NZM 2000, 961.
[436] Zu diesen Fällen ausführlich Schmidt-Futterer/Blank BGB § 543 Rn. 187 ff. zu Beleidigungen, Tätlichkeiten, Nötigung, Hausfriedensbruch u. a.
[437] LG Aachen NJW-RR 1996, 462; ferner OLG Hamburg NJW-RR 2011, 374; Hülsmann NZM 2004, 124; zu Fragen der Ehewohnung nach der Scheidung Götz NZM 2010, 383.

des jeweils anderen Teils an der Kündigung, wenn ein Ehepartner aus der Wohnung auszieht.[438] Der Anspruch auf Mitwirkung kann notfalls mit einer Klage durchgesetzt werden.

f) Verwirkung

1373 Aus der Bezugnahme auf §§ 536b, 536d BGB in § 543 Abs. 4 BGB ergibt sich, dass das fristlose Kündigungsrecht des Mieters verwirkt ist, wenn er Kenntnis vom Mangel der Mietsache bei Abschluss des Mietvertrages oder bei Annahme der Mietsache hat. Dies gilt auch, wenn er während der Mietzeit Mängel nicht anzeigt.[439]

1374 Abgesehen davon beurteilt sich die Verwirkung des fristlosen Kündigungsrechts des Mieters gem. § 242 BGB nach dem Zeitmoment sowie nach dem Umstandsmoment. In zeitlicher Hinsicht darf der Mieter also mit der fristlosen Kündigung nach Kenntnis des Kündigungsgrundes nicht zu lange zögern. Die fristlose Kündigung ist vom Mieter aber rechtzeitig erklärt, wenn sie sechs Wochen nach der Vertragsverletzung erfolgt.[440]

1375 Hat der Mieter sein Kündigungsrecht verwirkt, so kann es wiederaufleben, wenn der zunächst hingenommene Mangel sich in unzumutbarer Weise verschlechtert.[441]

4. Übergangsrecht

1376 Die für Wohnraum in den neuen Bundesländern im Falle von DDR-Altmietverträgen aus der Zeit vor dem 3.10.1990 nach damaliger Rechtslage geltende 14tägige Kündigungsfrist für Mieter (§ 120 Abs. 2 ZGB), die auch mit Vereinbarungscharakter in den alten DDR-Mietverträgen fixiert ist,[442] gilt weiter (§ 573c Abs. 4 BGB iVm Art. 229 § 3 Abs. 10 EGBGB).

VII. Reaktionsmöglichkeiten des Vermieters

1. Akzeptanz der Kündigung

1377 Akzeptiert der Vermieter die Kündigung des Mieters, so ist ihm daran gelegen, die Mietsache umgehend und nahtlos weiterzuvermieten. Dies setzt voraus, dass sich das Mietobjekt in einem weitervermietbaren Zustand befindet. Im Übrigen wird dem Vermieter daran gelegen sein, dass der Mieter seine vertraglichen Verpflichtungen bei Beendigung des Mietverhältnisses erfüllt. Dies betrifft insbesondere den vertragsgemäßen Zustand der Mietsache.

a) Vorabnahme

1378 Soweit es sich zeitlich einrichten lässt, sollte ein vorzeitiger Besichtigungstermin (vorläufige Abnahme)[443] festgelegt werden. Bei einem solchen Termin besteht die Möglichkeit, mit dem Mieter den Umfang der Arbeiten abzuklären, die bis zur Beendigung des Mietvertrags auszuführen sind. Möglicherweise ergibt sich sogar die Gelegenheit, mit dem Mieter bereits zu diesem Zeitpunkt eine schriftliche Vereinbarung über die notwen-

---

[438] Ebenso entschieden für eine Wohnungskündigung nach Scheitern einer Lebensgemeinschaft: OLG Düsseldorf DWW 2007, 336.
[439] Vgl. zum alten Recht Timme NJW 2001, 271.
[440] LG Berlin NZM 2000, 543 = NJW-RR 2000, 676.
[441] KG NZM 2002, 69 = NJW-RR 2002, 224.
[442] KG DWW 1998, 83; aA AG Halle-Saalkreis WE 2005, 207.
[443] Hierzu Hinz NZM 2016, 622 (627).

digen Arbeiten zu schließen. In jedem Fall sollte die Fortsetzung des Mietverhältnisses nach § 545 BGB ausgeschlossen werden.

Keinesfalls darf der Vermieter oder der ihn vertretende Rechtsanwalt, abgesehen von Notfällen – die Wohnung eigenmächtig betreten. Zivilrechtlich ist ein solches Vorgehen verbotene Eigenmacht und kann strafrechtlich zumindest als Hausfriedensbruch verfolgt werden.[444] 1379

b) Schriftliche Hinweise an den Mieter

Es ist ratsam, den Mieter bereits in diesem Stadium auf seine vertraglichen Verpflichtungen – Renovierungspflicht, Wiederherstellung des ursprünglichen Zustandes, Beseitigung von Beschädigungen u. a. – hinzuweisen und dabei die konkrete vertragliche Regelung zu benennen. Eine gewisse Vorsicht ist bei unwirksamen Renovierungsklauseln geboten, wenn ein Mieter bei Beendigung des Mietverhältnisses um Mitteilung bittet, dass der Vermieter nicht auf einer Ausführung von Schönheitsreparaturen besteht. Erklärt sich der Vermieter hierauf nicht, hat der Mieter insoweit ein Feststellungsinteresse im Rahmen einer Feststellungsklage.[445] 1380

Ist der Vorabnahmetermin bereits durchgeführt, so müssen die Ergebnisse der Wohnungsbesichtigung in das Schreiben mit einfließen. 1381

c) Endabnahme

Zunächst sollte ein konkreter Rücknahmetermin vorgeschlagen werden. In der Regel wird der Vermieter dabei einen Termin vorschlagen, der innerhalb seiner Arbeitszeit liegt. Zu beachten ist Folgendes: 1382

Der Mieter ist nicht gezwungen, eine gemeinsame Wohnungsabnahme durchzuführen. Er ist lediglich verpflichtet, bei Beendigung des Mietverhältnisses dem Vermieter wieder den Besitz der Mietsache zu verschaffen. 1383

Der Mieter ist ebenso nicht verpflichtet, vor Ablauf des letzten Tages der Mietzeit die Räume zurückzugeben und dementsprechend eine Rückgabe durchzuführen. Der Räumungsanspruch des Vermieters wird am letzten Tag der Mietzeit fällig.[446] Fällt der Räumungstag auf einen Sonn- oder Feiertag, gilt § 193 BGB mit der Folge, dass der Mieter erst am nächsten Werktag räumen muss.[447] 1384

Diese Gesichtspunkte müssen beachtet werden, wenn der Mieter mit dem vom Vermieter vorgeschlagenen Rückgabetermin nicht einverstanden ist. 1385

Der gemeinsame Rückgabetermin dient der Feststellung, in welchen Zustand sich die Mieträume befinden oder ob und gegebenenfalls in welchen Umfang vom Mieter noch vertragliche Verpflichtungen zu erfüllen sind. Am Tag des Rückerhalts (§ 548 Abs. 1 S. 2 BGB) beginnt – unabhängig vom rechtlichen Ende des Mietverhältnisses – die kurze Verjährungsfrist aus § 548 Abs. 1 S. 1 BGB wegen Veränderungen oder Verschlechterungen der Mietsache. 1386

Im Hinblick darauf sollte sich der Vermieter vor der Durchführung des Termins ein umfassendes Bild von dem Mietverhältnis verschaffen. Insbesondere muss er sich Klarheit über die Dauer der Mietzeit, über das, was der Mieter konkret zurückzugeben hat, sowie über den geschuldeten Zustand der Mietsache als renoviert, unrenoviert, besenrein oder 1387

---

[444] Näher hierzu Horst NZM 1998, 139.
[445] BGH NJW 2010, 1877 (1879) = NZM 2010, 237 (238).
[446] Blank/Börstinghaus/Blank BGB § 546 Rn. 15; BeckOK MietR/Klotz-Hörlin BGB § 546 Rn. 64.
[447] Hierzu instruktiv Keinert AnwZert MietR 24/2015 Anm. 1.

tapezierfähig verschaffen. Diese Fragen sind aus dem Mietvertrag und etwaigen ergänzenden Urkunden und Anlagen zu beantworten.

1388 Neben der üblichen Ablesung von Zählern, die auch im Rückgabeprotokoll vermerkt werden sollte, sollte vorab mit dem Mieter noch einmal die vertragliche Situation erörtert werden. Durch diese Einfügung wird deutlich, ob am Ende des Termins gegebenenfalls mit dem Mieter eine Einigung erzielt werden kann.

d) Abnahmeprotokoll

1389 Nach erfolgter Rückgabe vom Mieter wird sich der Zustand der Mieträume zwangsläufig ändern. Entweder wird die Mietsache vom Vermieter oder vom Mieter renoviert oder der neue Mieter bezieht die Räume und richtet sie nach seinen Vorstellungen her. Im Hinblick darauf ist es zweckmäßig, den Zustand im Zeitpunkt der Rückgabe durch ein Abnahmeprotokoll festzuhalten.

1390 Bestätigt der Mieter mit seiner Unterschrift, dass die tatsächlichen Feststellungen in dem Abnahmeprotokoll zutreffend sind, so wird er hierdurch mit späteren Einwendungen gegen den Protokollinhalt nicht ausgeschlossen. Insbesondere kann er geltend machen, dass die Schäden bereits bei Mietbeginn vorhanden gewesen sind oder dass er diese nicht zu vertreten hat.[448] Der Mieter attestiert eben nur den Zustand der Mietsache, nicht den Zeitpunkt des Schadenseintritts und auch keine Verursacherbeiträge. Der Mieter kann allerdings nicht mehr bestreiten, dass die Mietsache bei Vertragende beschädigt gewesen ist. Umgekehrt kann der Mieter nur für solche Schäden verantwortlich gemacht werden, die im Protokoll vermerkt sind. Eine Ausnahme gilt für solche Schäden, die nicht zu erkennen waren.

1391 Mit unbekannten Einwendungen wird der Mieter aber grundsätzlich nicht ausgeschlossen.

1392 Bestätigt der Vermieter, dass die Mietsache vertragsgemäß übergeben worden ist, so liegt hierin umgekehrt ein negatives Schuldanerkenntnis im Sinne von § 397 Abs. 2 BGB, das eventuelle Ansprüche des Vermieters erlöschen lässt.[449] So kann der Mieter nur für die Schäden verantwortlich gemacht werden, die im Übernahmeprotokoll vermerkt sind.[450] Daher kann sich der Vermieter nicht darauf berufen, dass weitere Schäden nicht sofort zu erkennen gewesen seien. Ihn trifft eine Untersuchungspflicht gegebenenfalls unter Hinzuziehung eines Sachverständigen. Wegen mangelnder Sorgfalt nicht erkannte Fehler der Mietsache gehen zu seinen Lasten. Getroffene Mängelfeststellungen sind im Fall eines negativen Schuldanerkenntnisses abschließend. Das Protokoll wird als vollständige und abschließende Zustandsbeschreibung der Mietsache behandelt.[451]

1393 Das Abnahmeprotokoll soll einerseits über den Zustand der Räume oder einzelner Einrichtungen Beweis erbringen und andererseits festlegen, welche Leistungen der Mieter im Einzelnen auszuführen hat. An diesen beiden Gesichtspunkten muss sich der Inhalt des Abnahmeprotokolls orientieren. Zunächst sollte vorgesehen werden, dass für jedes einzelne Teil der Mietsache (Decken, Wände, Türen, Türrahmen, Fenster, Fensterrahmen u. a.) der Zustand beschrieben werden kann.

1394 Neben der Zustandsbeschreibung sollte das Rückgabeprotokoll auch Regelungen enthalten, die eine einvernehmliche Abwicklung des Mietvertrages vorsehen oder die regelmäßigen Erklärungen des Mieters bei einer solchen Abnahme berücksichtigen. Dadurch

---

[448] Schneider NZM 2014, 743 (746); Schmidt-Futterer/Langenberg BGB § 538 Rn. 397; Hinz NZM 2016, 622 (625).
[449] Blank/Börstinghaus/Blank BGB § 546 Rn. 56; hierzu Hinz NZM 2016, 622 (624).
[450] BGH NJW 1983, 446 (448); LG Braunschweig WuM 1997, 470.
[451] LG Braunschweig WuM 1997, 470.

wird eine einvernehmliche Regelung erleichtert, aber auch auf die vom Vermieter gewünschten Varianten beschränkt.

Im Hinblick auf die weitreichenden Konsequenzen und Rechtsfolgen eines Abnahmeprotokolls sollte die zurückzunehmende Mietsache sorgfältig überprüft werden. Der vorgefundene Zustand sollte nicht durch pauschale Bewertungen (zB verwohnt, verblasst, beschädigt u. a.) bewertet werden. Vielmehr ist der Zustand der Mietsache spezifiziert schon im Protokoll darzustellen. Folgende Beispiele können zur Orientierung dienen: „*Tapete: vergilbt, die Schatten von Bildern und Möbeln haben sich stark abgesetzt, an 4 Stellen ist die Tapete über eine Länge von mehr als 25 cm an den Nähten überklebt; Anstrich: Farbe weiß, vergilbt, die Schatten von Bildern und Möbeln haben sich abgesetzt; rechts neben der Tür ist ein dunkler (grauer) Fleck in einem Durchmesser von ca. 30 cm; Türblätter: auf der Innenseite zum Zimmer befinden sich 7 Laufnasen. Jeder Pinselstrich ist sichtbar. Der Anstrich (weiß) ist vergilbt. Fünf Stoßstellen im Durchmesser eines 2 Eurostücks befinden sich an der Türkante links unten; Türrahmen: An den Kanten ist der Anstrich abgerieben. 5 Stoßstellen (rechts 2, links 4) in der Größe von 10 Cent-Stücken (Futter eingedrückt); Heizkörper: Der alte Anstrich wurde überstrichen. An jeder Rippe befindet sich von vorne sichtbar eine Laufnase in einer Länge von ca. 5 cm*".

Generell sollte sich die Beschreibung von Renovierungszuständen und Beschädigungen nach den Anforderungen richten, die die Rechtsprechung stellt. Deshalb müssen Art und Ausmaß der Beschädigung detailliert beschrieben werden. Schadenszustände lassen sich beispielsweise wie folgt beschreiben:

„*Badezimmer: 42 Dübellöcher (Durchmesser 6 Millimeter) befinden sich inmitten der Fliesenflächen, nicht in den Fugen zwischen den Fliesen oder in den Fugenkreuzen; Waschbecken: Auf der Innenseite rechts zeigt sich eine Abplatzung in einer Breite von 0,5 cm und einer Länge von 2,5 cm; Armatur (Waschbecken): Perlator verkalkt, Drehknöpfe schwergängig (verkalkt); Toilettenbecken: Braune Kalkablagerungen (Urinstein); Badewanne: Boden über die gesamte Fläche aufgeraut, weil offensichtlich zu scharfe Reinigungsmittel gebraucht wurden; Emaille am oberen Wannenrand außen rechts mit einer Fläche von 5 Quadratmillimetern abgeplatzt; Durchrostungen des Wannenbodens rund um den Siphonstutzen.*"

e) Weitere Vereinbarungen anlässlich der Beendigung

Sobald die Zustandsbeschreibung im Abnahmeprotokoll beendet ist, sollte der Vermieter dem Mieter deutlich machen, welche Ansprüche seiner Auffassung nach im Hinblick auf die Rückgabe der Mietsache und ihren Zustand noch bestehen.

Da eine schnelle Einigung für beide Seiten immer kostengünstiger ist als ein langwieriger Prozess, sollte versucht werden, mit dem Mieter eine vorbereitete Regelung zu vereinbaren. Dabei sollten die einzelnen vorbereiteten Regelungen mit ihm durchgesprochen werden. Ihre Auswirkungen sollten erläutert werden. Insoweit hilft ein mitgebrachter Kostenvoranschlag, um die Dimension der Ansprüche an Ort und Stelle klären zu können.

Auch wenn dies nicht gelingt, sollte dies im Protokoll festgehalten werden. Denn auch wenn das Protokoll ausweist, dass der Mieter zu einer einvernehmlichen Regelung nicht bereit ist, besteht noch die Möglichkeit, dass der Mieter das Rückgabeprotokoll unterschreibt und damit wenigstens die Zustandsbeschreibung bestätigt wird.

Soweit mit dem Mieter keine Einigung erzielt wird, sollten die wesentlichen Mängel durch Fotografien festgehalten werden, um in einem eventuellen Prozess den Zustand der Wohnung veranschaulichen zu können.

1402 Es bietet sich auch an, dass statt des Mieters ein mitgebrachter Zeuge – zB ein Maler, der die Renovierungsbedürftigkeit der Wohnung und deren Kosten begutachten soll, das Rückgabeprotokoll unterzeichnet, wenn der Mieter zu keinerlei Unterschrift zu bewegen ist.

1403 Treffen Vermieter und Mieter allerdings bei Wohnungsabnahmen noch in der Wohnung des Mieters weitere anspruchsregelnde Vereinbarungen, so ist auf das Verbraucherwiderrufsrecht des Mieters zu achten (§§ 312 ff. BGB) zu achten.[452]

2. Nichtakzeptanz der Kündigung

1404 Akzeptiert der Vermieter die Kündigung nicht, so wird er versuchen, sie zu Fall zu bringen. So kann er ihre Wirksamkeit angreifen, indem er den Zugang der Kündigung bestreitet. Des Weiteren kann er aus formellen und materiellen Gründen die Unwirksamkeit der Kündigung des Mieters geltend machen.

Abweichend von der Grundnorm in § 543 Abs. 4 BGB gestattet § 569 Abs. 1 S. 2 BGB bei der außerordentlichen fristlosen Kündigung von Wohnraum wegen erheblicher Gesundheitsgefährdung des Mieters nicht, dass sich der Vermieter mit dem Hinweis darauf verteidigt, dem Mieter sei die gefahrbringende Beschaffenheit bei Vertragsschluss bekannt gewesen oder er habe darauf verzichtet, die ihm wegen dieser Beschaffenheit zustehenden Rechte geltend zu machen. Dieses Vorbringen ist dem Vermieter also ausdrücklich gesetzlich abgeschnitten. Er kann sich jedoch vor allem in den folgenden Fällen gegen die Kündigung mit diesem Vorbringen verteidigen:

- Der Mieter hat den Zustand der Räume zu vertreten.
- Der Mieter hat seine Schadensminderungspflicht verletzt.
- Der Mieter hat sein Kündigungsrecht verwirkt.
- Der Mieter ist für die tatsächlichen Voraussetzungen seiner Kündigung beweisfällig geblieben.

3. Sicherung offener Forderungen

a) Zahlung oder Wiederauffüllung der Kaution

1405 Der Vermieter kann vom Mieter Zahlung der Kaution verlangen, solange der Sicherungszweck der Kaution noch nicht weggefallen ist. Eine entsprechende Klage ist daher in jedem Fall bis zur Beendigung des Mietverhältnisses zulässig, kann aber je nach dem Sicherungsinteresse des Vermieters auch noch nach dem zeitlichen Ablauf des Mietverhältnisses erhoben werden.[453]

Hat sich der Vermieter bereits zulässig aus Teilen der Kaution wegen ihm zustehender Forderungen befriedigt, so hat er bis zur Beendigung des Mietverhältnisses einen Anspruch auf „Wiederauffüllung" der Mietkaution gem. § 240 BGB.[454]

1406 Ein solcher Fall kann beispielsweise eintreten, wenn der Mieter in Ansehung der bevorstehenden Beendigung des Mietverhältnisses die Miete nicht mehr zahlt, will er irrig glaubt, er könne die Mietforderungen des Vermieters mit seiner Forderung auf Rückzahlung der Kaution verrechnen. Eine solche Verrechnung ist unzulässig;[455] ihr steht oftmals in dieser Phase auch ein vertragliches Aufrechnungsverbot entgegen.

---

[452] Hierzu → Rn. 1899; Hinz NZM 2016, 622 (629 f.).
[453] Vgl. hierzu BGH NJW 1981, 976; LG Saarbrücken WuM 1996, 618; AG Frankfurt/Main NJW-RR 1990, 1295.
[454] Schmidt-Futterer/Blank BGB § 551 Rn. 90; BGH Urt. v. 12.1.1972 – VIII ZR 26/71, BeckRS 1972, 31126541.
[455] LG Duisburg NZM 1998, 808.

b) Verwendung der Kaution durch Aufrechnung oder Verwertung

Es liegt auf der Hand, dass der Vermieter nach Beendigung des Mietverhältnisses im Rahmen der Abrechnung über die Mietkaution Gegenforderungen verrechnen darf. Der vereinzelt vertretenen Gegenauffassung[456] ist nicht zu folgen. Sie widerspricht der vom BGH und Literatur anerkannten **Befriedigungsfunktion** der Kaution.[457] 1407

Während des noch bestehenden Mietverhältnisses darf der Vermieter Beträge aus dem Kautionskonto entnehmen, wenn er fällige Forderungen gegen den Mieter in der entsprechenden Höhe hat und mit ihnen gegen die Kaution aufrechnen will, soweit diese unstreitig sind.[458]

Der Vermieter ist allerdings nicht verpflichtet, sich während der Mietzeit aus der Kaution zu befriedigen.[459] Er kann den Mieter stattdessen auch auf Erfüllung in Anspruch nehmen und/oder im Falle des Zahlungsverzugs kündigen.

Zu beantworten bleibt die Frage, mit welchen Forderungen der Vermieter gegen die Kaution aufrechnen darf. Dies richtet sich nach dessen Sicherungszweck. Dieser besteht für alle Forderungen aus dem Mietverhältnis (§ 551 BGB), nicht jedoch mit mietverhältnisfremden Forderungen.[460] 1408

c) Vermieterpfandrecht

Der Vermieter hat für seine Forderungen aus dem Mietverhältnis ein Pfandrecht an den eingebrachten Sachen des Mieters, soweit sie pfändbar sind. Grundlage dieses Vermieterpfandrechts sind §§ 562 bis 562d BGB. 1409

Die praktische Bedeutung des Vermieterpfandrechts ist bei Wohnraumvermietungen sehr gering.[461] Zum einen weiß der Vermieter in den meisten Fällen nicht, ob und welche pfändbaren Wertgegenstände im Eigentum des Mieters stehen[462] und in dessen Wohnung gelagert sind. Zum anderen ist das Selbsthilferecht des Vermieters auf eine „Verhinderung der Entfernung" bei Auszug des Mieters beschränkt (§ 563b Abs. 1 S. 2 BGB). Der Vermieter darf sich also keine Gegenstände aneignen, die sich noch in der Wohnung des Mieters befinden und die nicht erkennbar vom Mieter unmittelbar aus der Wohnung ausgelagert werden. Mit dem Auslagern muss begonnen worden sein.[463] Dies gilt jedenfalls, solange der Mieter nicht den Besitz an der Wohnung und damit auch an den darin befindlichen Sachen aufgegeben hat. 1410

Will der Mieter aber auslagern, so wird er kaum abwarten, bis der Vermieter anwesend ist, sondern wird unbemerkt, also heimlich und ohne Kenntnis des Vermieters tätig. Zwar erlischt das Pfandrecht des Vermieters gem. § 562b Abs. 2 S. 1 BGB in diesem Falle nicht, 1411

---

[456] LG Krefeld WuM 2019, 84; AG Dortmund WuM 2018, 204 = IMR 2018, 2578.
[457] BGH NJW 2016, 3231 Tz. 12 („[...] aus der Sicherheit befriedigen kann [...]"); BGH NJW 1987, 2372 (2373); BGH NJW 1981, 976 (977); OLG Hamm ZMR 2016, 619; OLG Karlsruhe NZM 2009, 817 = NJW-RR 2009, 514; FA-MietRWEG/Riecke Kap. 6 Rn. 126; Schmidt-Futterer/Blank BGB § 551 Rn. 100; BeckOK MietR/Lutz BGB § 551 Rn. 47; Emmerich/Sonnenschein, Miete, § 551 Rn. 22; Moeser, in Lindner-Figura/Oprée/Stellmann, Geschäftsraummiete, Kap. 12 Rn. 90; Derleder NZM 2006, 601 (608); näher → Rn. 1548.
[458] BGH NJW 2014, 2496 = NZM 2014, 551.
[459] Schmidt-Futterer/Blank BGB § 551 Rn. 90; BGH Urt. v. 12.1.1972 – VIII ZR 26/71, BeckRS 1972, 31126541.
[460] BGH NJW 2012, 3300 = NZM 2012, 678.
[461] Bruns NZM 2019, 46 (47).
[462] In der Praxis wird gegen ein Vermieterpfandrecht regelmäßig eingewandt, die Sachen seien nicht Eigentum des Mieters, sondern geleast, an Dritte zur Sicherheit übereignet oder noch im Eigentumsvorbehalt Dritter, hierzu Schweitzer NZM 2018, 206 (Anm. zu BGH NZM 2018, 203).
[463] OLG Celle WuM 1995, 188 = ZMR 1994, 163; LG Freiburg WuM 1997, 113.

doch sind nun der Aufenthaltsort der pfändbaren Gegenstände sowie die Besitz- und Eigentumsverhältnisse unbekannt. Dies ist der Regelfall. Denn weder Präventivmaßnahmen des Vermieters noch die sogenannten Nacheile sind zulässig.[464]

1412 Ist der Vermieter dagegen beim Auszug des Mieters anwesend, so darf er an sich in Ausübung seines Selbsthilferechts die Entfernung der Sachen, die seinem Vermieterpfandrecht unterliegen, auch ohne Anrufung des Gerichts verhindern, soweit er berechtigt ist, der Entfernung zu widersprechen. Bei Auszug des Mieters darf der Vermieter diese Sachen in seinen Besitz nehmen (§ 562b Abs. 1 BGB).

1413 Die Polizei wird zur Umgehung dieses Problems mit dem Hinweis auf den rein zivilrechtlichen Charakter einer etwaigen Auseinandersetzung um das Vermieterpfandrecht nicht für den Vermieter tätig werden.[465] Dem kann der Vermieter mit dem Hinweis darauf begegnen, der Mieter verwirklicht den Straftatbestand der Pfandkehr aus § 289 StGB, wenn er gegen den Widerspruch des Vermieters Gegenstände aus der Wohnung schafft, an denen ein Vermieterpfandrecht besteht.

1414 Für Mietforderungen gilt § 50 Abs. 2 InsO iVm § 562d BGB als Sondervorschrift. Danach kann der Vermieter, gestützt auf sein (bestehendes) Vermieterpfandrecht abgesonderte Befriedigung nur für die letzten 12 Monate vor der Eröffnung des Verfahrens verlangen (§ 50 Abs. 2 S. 1 InsO).[466] Weiter zurückliegende Mietforderungen sind dagegen nicht bevorrechtigte allgemeine Insolvenzforderungen.

§ 25 Beendigung durch Zeitablauf, auflösende Bedingung

I. Zeitmietverträge

1415 Im Falle eines eingegangenen Zeitmietvertrags endet das Mietverhältnis mit dem Ablauf der festgelegten Vertragszeit, sofern es nicht in den gesetzlich zugelassenen Fällen außerordentlich gekündigt oder verlängert wird (§ 542 Abs. 2 BGB). Seit der Mietrechtsreform 2001 kennt das Gesetz nur noch den qualifizierten Zeitmietvertrag ohne Bestandsschutz für den Mieter (§ 575 BGB).

Der Mieter hat einen Auskunftsanspruch gegen den Vermieter gegenüber dem Fortbestehen der Verwendungsabsicht. Danach kann er frühestens vier Monate vor Ablauf des Zeitmietvertrags verlangen, dass ihm innerhalb eines Monats mitgeteilt wird, ob die Verwendungsabsicht noch besteht (§ 575 Abs. 2 BGB). Erfolgt die Mitteilung später, kann der Mieter eine Verlängerung des Mietvertrags um den Zeitraum der Verspätung verlangen (§ 575 Abs. 3 S. 1 BGB). Entfällt die Verwendungsabsicht, hat der Mieter die Möglichkeit, eine Verlängerung des Mietverhältnisses auf unbestimmte Zeit geltend zu machen (§ 575 Abs. 3 S. 2 BGB). Das spätere Entfallen der Verwendungsabsicht wird damit dem Fall gleichgestellt, in dem ein Befristungsgrund von vornherein nicht bestanden hat. In diesem Fall gilt der zeitbefristete Vertrag als auf unbestimmte Zeit abgeschlossen (§ 575 Abs. 1 S. 2 BGB).

1416 Ausdrücklich ist bestimmt, dass der Vermieter die Beweislast für den Eintritt des Befristungsgrundes und die Dauer der Verzögerung trägt (§ 575 Abs. 3 S. 3 BGB). Eine zum Nachteil des Mieters abweichende Vereinbarung von diesem gesetzlichen Schema ist unwirksam (§ 575 Abs. 4 BGB).

---

[464] Von der Osten, in: Bub/Treier MietR-HdB Kap. III Rn. 2266.
[465] Von der Osten, in: Bub/Treier MietR-HdB Kap. III Rn. 2261.
[466] Cymutta, Der Mietvertrag im Insolvenzverfahren, S. 55.

Offen ist, ob ein Auswechseln der Befristungsgründe zulässig ist.[467] Die Frage hat unmittelbar Bedeutung für die Beendigungsmöglichkeit des Zeitmietvertrags. Denn der Mieter kann eine Verlängerung des Mietverhältnisses auf unbestimmte Zeit verlangen, wenn der ursprüngliche Befristungsgrund weggefallen ist und der nun bei Ende der Vertragszeit bestehende Befristungsgrund nicht anzuerkennen ist (§ 575 Abs. 3 S. 2 BGB).

Unabhängig von der vereinbarten Vertragslaufzeit kann der in § 575 BGB geregelte qualifizierte Zeitmietvertrag auch enden, wenn er zulässig gem. § 575a Abs. 1 BGB iVm § 542 Abs. 2 Nr. 1 BGB gekündigt wird. Gemeint sind die in §§ 544, 563 Abs. 4, 564 BGB geregelten außerordentlichen Kündigungsbefugnisse. Kann sich der Mieter in diesen Fällen erfolgreich auf die Sozialklausel stützen (§ 575a Abs. 2 BGB iVm §§ 574 bis 574c BGB), so bleibt es bei der Beendigung des Zeitmietvertrages am Ende der vereinbarten Laufzeit. Darüber hinaus gibt es bei dem hier geregelten qualifizierten Zeitmietvertrag keinen Mieterschutz, und zwar weder in Gestalt eines Fortsetzungsverlangens, des Berufens auf die Sozialklausel, noch in Gestalt von Räumungsfristen. 1417

II. Auflösende Bedingung

Der Vermieter kann sich in der Wohnraummiete nicht auf eine Vereinbarung berufen, nach der das Mietverhältnis zum Nachteil des Mieters auflösend bedingt ist (§ 572 Abs. 2 BGB).[468] 1418

Gem. § 158 Abs. 2 BGB ist von einer auflösenden Bedingung nur dann auszugehen, wenn das künftige Ereignis, an das die Auflösung geknüpft ist, ungewiss ist. Andernfalls liegt ein Zeitmietvertrag vor. 1419

III. Dispositives Recht

Sowohl bei der auflösenden Bedingung als auch bei den Vorschriften über den qualifizierten Zeitmietvertrag finden sich sog. Mieter-Begünstigungsklauseln (§§ 572 Abs. 2, 575 Abs. 4, 575a Abs. 4 BGB). Dies bedeutet, dass das Gesetz zum Nachteil des Mieters nicht abbedungen werden kann. Nicht ausgeschlossen sind abweichende Vereinbarungen zum Vorteil des Mieters. Man spricht insoweit von halbzwingenden Normen. 1420

§ 26 Beendigung durch öffentliche Maßnahmen

Im Rahmen von städtebaulichen Maßnahmen kann ein Mietverhältnis durch Verwaltungsakt beendet werden. Gemeint ist zB der Fall, dass ein Gebäude zur Durchführung von Sanierungsmaßnahmen beseitigt werden muss (§§ 176 bis 179 BauGB). 1421

Das Baugesetzbuch sieht hierzu in §§ 182 ff. vor, das Miet- oder Pachtverhältnisse durch Verwaltungsakt aufgehoben werden können. Dies ist zulässig, wenn die Verwirklichung der Ziele und Zwecke der Sanierung in einem förmlich festgelegten Sanierungsgebiet die Vertragsbeendigung erfordert. Die Aufhebungsfrist beträgt sechs Monate (§ 182 Abs. 1 BauGB). 1422

---

[467] Hierzu Schmidt-Futterer/Blank BGB § 575 Rn. 42.
[468] Siehe hierzu → Rn. 255.

5. Teil. Abwicklung des Mietverhältnisses

§ 27 Räumung und Herausgabe der Mietsache

I. Wegnahmepflicht bei Räumung

§ 546 Abs. 1 BGB verpflichtet den Mieter nach Beendigung des Mietvertrags, die gemietete Sache zurückzugeben, was sich ohnehin aus dem Wesen des Vertrags ergibt. Die Pflicht aus § 546 Abs. 1 BGB ist lediglich auf die Rückgabe der Mietsache beschränkt.[1] Der Mieter hat seine Sachen vollständig aus dem ihm überlassenen Objekt zu entfernen. Er hat alle Schlüssel zurückzugeben, um den Vermieter wieder in den Besitz zu setzen.[2] Die Beseitigungspflicht besteht auch dann, wenn der Vermieter den Einbauten oder Umbauten und Einrichtungen des Mieters zugestimmt hat und die Baulichkeiten in sein Eigentum übergegangen sind.[3] Dies kann bei Altmietverhältnissen aus der Zeit vor dem 3.10.1990 in den neuen Bundesländern anders sein.[4]

1423

Wird die Rückbau- und Räumungspflicht im Rahmen der Rückgabeverpflichtung nicht erfüllt, so ist Räumungsklage einzureichen. Dagegen ist eine Schadensersatzklage bei der Schlechterfüllung dieser Pflichten angezeigt. Von einer schlecht erfüllten Rückgabepflicht ist auszugehen, wenn der Mieter vertragswidrig Teile der Einrichtung oder wertloses Gerümpel in der Wohnung oder im Keller zurücklässt, das mit relativ geringem Aufwand entfernt werden kann.[5]

1424

II. Herausgabe

Herausgabe im Sinne von §§ 546, 985 BGB meint Besitzübergabe.[6] Dazu gehört die Verschaffung unmittelbaren Besitzes durch Rückgabe aller Wohnungsschlüssel.[7] Keine ordnungsgemäße Rückgabe liegt vor, wenn die Schlüssel lediglich an eine im Haus wohnende Mietpartei abgegeben werden oder wenn der Mieter auszieht und die Schlüssel in der Wohnung zurücklässt, so dass der Vermieter sie dort findet.[8]

1425

Gegebenenfalls muss der Mieter dafür sorgen, dass der Untermieter den Besitz einräumt und auszieht. Daneben hat der Vermieter einen eigenen Herausgabeanspruch gegen den Untermieter gem. § 546 Abs. 2 BGB.

1426

---

[1] BGH NJW 2018, 1746 (1748) = NZM 2018, 320 (323); kritisch hierzu Streyl NJW 2018, 1723.
[2] BGH Urt. v. 22.9.2010 – VIII ZR 285/09, BeckRS 2010, 25891 Rn. 55; näher Horst MDR 1998, 189 (193); LG Düsseldorf DWW 2000, 26.
[3] OLG Köln NZM 1998, 767; BGH NJW-RR 1997, 1216; BGH NJW 1988, 2665; BGH NJW 1986, 309.
[4] Hierzu BGH NZM 1999, 478; BGH ZMR 1997, 568; Zehelein in Langenberg/Zehelein, Schönheitsreparaturen III. Teil Rn. 178 f.
[5] OLG Düsseldorf DWW 1988, 142.
[6] BGH NJW 2004, 774 (775) zum Begriff „Rückgabe" iSv Besitzübertragung.
[7] BGH Urt. v. 22.9.2010 – VIII ZR 285/09, BeckRS 2010, 25891 Rn. 55; zum Zurücklassen von Schlüsseln in den Räumen nach angedrohter (berechtigter) Besitzaufgabe OLG Naumburg NZM 2019, 409.
[8] BGH NZM 2004, 98; BeckOK MietR/Klotz-Hörlin BGB § 546 Rn. 26; näher zum Hauswart und zum Rechtsanwalt als Empfänger eines Schlüssels bei Beendigung des Mietverhältnisses Horst MDR 1998, 189 (193); ferner BGH NJW 2014, 684.

1427 Gibt der Mieter nach dem Auszug die Wohnungsschlüssel nicht zurück, so enthält er den Besitz an der Mietsache dem Vermieter vor. Er schuldet dann Nutzungsentschädigung in Höhe der zuletzt gezahlten Miete oder in Höhe der ortsüblichen Vergleichsmiete (§ 546a Abs. 1 BGB). Daneben kann er weiteren Schaden geltend machen (§ 546a Abs. 2 BGB).

1428 Mietermehrheiten, insbesondere Wohngemeinschaften und nichteheliche Lebensgemeinschaften, schulden die Wohnungsrückgabe als Gesamtschuldner.[9] Dieser Anspruch richtet sich auch gegen einen bereits vorab ausgezogenen Mieter.[10]

§ 28 Fortgesetzter Gebrauch der Mietsache

I. Benutzungsrechte des Mieters

1429 Nach beendetem Mietverhältnis hat der Mieter kein vertragliches Besitz- und Nutzungsrecht mehr an der Mietsache. Dennoch hat er den Besitz nicht fehlerhaft erworben. Das Nutzungsrecht des Mieters leitet sich also nur noch aus seinem ehemals rechtmäßigen Besitz, nicht mehr aus dem Mietvertrag ab.

1430 Mit dem wirksamen Ende des Mietverhältnisses reduzieren sich auch die ehemaligen Gebrauchsgewährungs- und Gebrauchserhaltungspflichten des Vermieters stark. Es entsteht ein Abwicklungsschuldverhältnis,[11] bei dem der Mieter grundsätzlich keinen Anspruch auf Mangelbeseitigung mehr hat.

1431 Bei beendetem Wohnraummietverhältnis, insbesondere bei rechtskräftigem Räumungstitel, kann die Weiterlieferung nicht gesundheits- und sicherheitsrelevanter Leistungen eingestellt werden. Die Versorgung mit lebensnotwendigen Leistungen wird man einzelfallbezogen nicht unterbrechen dürfen.[12] Bei der Entscheidung ist auch auf die Belange der Mitbewohner angemessen Rücksicht zu nehmen. Im Falle beendeter Wohnungsmietverhältnisse ist deshalb im Zweifel von einer **Versorgungssperre** abzuraten. Eine eigenmächtige Inbesitznahme ist unzulässig. Die nicht durch einen gerichtlichen Titel gedeckte eigenmächtige Inbesitznahme einer Wohnung und deren eigenmächtiges Ausräumen vom Vermieter ist eine unerlaubte Selbsthilfe, für deren Folgen der Vermieter verschuldensunabhängig nach § 231 BGB haftet.[13] Genauso wenig darf der Vermieter die Schlösser der Mietsache auswechseln. Beide Handlungsformen sind nach §§ 123, 240 und gegebenenfalls § 253 StGB strafbar und zivilrechtlich verbotene Eigenmacht.

II. Räumungsfrist

1432 Der Wohnungsmieter kann mit dem Vermieter eine Räumungsfrist außergerichtlich vereinbaren oder gerichtlich beantragen. Für den Vermieter ist die Gewährung einer Räumungsfrist grundsätzlich unzumutbar, wenn die Zahlung der laufenden Miete oder

---

[9] BGH NJW 2015, 473 (474) = NZM 2015, 207 (208); BGH NJW 2005, 3786 (3787) = NZM 2005, 942 (943).
[10] BGH NJW 1996, 515.
[11] BGH NJW 2015, 2795 (2796) = NZM 2015, 695 (696); Schmidt-Futterer/Streyl BGB § 546a Rn. 10; Lehmann-Richter, PiG 90 (2011), 199 (213); Horst NZM 1998, 139; Lindner ZMR 2016, 356 (359).
[12] Schmidt-Futterer/Streyl BGB § 546 Rn. 118, zutreffend unter Verweis auf BGH NJW 2009, 1947 (1948); Börstinghaus MietRB 2007, 208 (210).
[13] BGH NJW 2010, 3434 = NZM 2010, 701.

Nutzungsentschädigung für die Dauer der Räumungsfrist nicht gewährleistet ist.[14] Lässt sich der Wohnungsvermieter bei beendetem Mietverhältnis außergerichtlich auf eine anschließende Räumungsfrist ein, so ist insbesondere auf die Dauer der weiteren Wohnungsnutzung zu achten. Denn gem. §§ 721 Abs. 5 S. 1, 794a Abs. 3 ZPO darf eine Räumungsfrist insgesamt nicht länger als ein Jahr betragen. Wird dies nicht beachtet, so kann ein neues Mietverhältnis anzunehmen sein. Dieses Mietverhältnis muss dann völlig neu gekündigt oder sonst aufgehoben werden.

III. Fortsetzung des Mietverhältnisses

Gemäß § 545 BGB, kann sich nach Ablauf der Mietzeit das Mietverhältnis auf unbestimmte Zeit verlängern, wenn der Mieter den Gebrauch der Mietsache fortsetzt. Dies kann dadurch verhindert werden, dass der Vermieter oder der Mieter seinen entgegenstehenden Willen innerhalb von zwei Wochen dem anderen Teil erklärt. Die genannte Frist beginnt für den Mieter mit der Fortsetzung des Gebrauchs und für den Vermieter mit dem Zeitpunkt, in dem er von der Fortsetzung Kenntnis erhält (§ 545 S. 2 BGB). 1433

§ 545 BGB ist abdingbar und kann formularvertraglich ausgeschlossen werden.[15] Im Zweifel sollte bei fortgesetztem Gebrauch der Mietsache der entgegenstehende Wille zu einer Verlängerung des Vertragsverhältnisses erklärt werden.

IV. Nutzungsentgelt

1. Mietausfall bei verzögerter Räumung

Räumt der Mieter nicht oder nicht fristgerecht, so kann der Vermieter entstehende Mietausfälle im Wege des Schadensersatzes beim Mieter liquidieren.[16] Dies setzt voraus, dass der Mieter konkret die Möglichkeit hatte, die Mietsache weiter zu vermieten.[17] Mietausfallschaden ist ebenso liquidierbar, wenn der Mieter zwar ausgezogen ist, aber die Beseitigung von ihm verursachter Schäden an der zurückgegebenen Wohnung deren Weitervermietung verzögert.[18] 1434

Der Vermieter ist im Rahmen seiner Schadensminderungspflicht aus § 254 BGB gehalten, möglichst zeitnah weiter zu vermieten.[19] 1435

2. Nutzungsentschädigung bei Vorenthaltung der Mietsache (§ 546a BGB)

Der Vermieter hat einen Anspruch auf Nutzungsentgelt zumindest in Höhe der bisher geschuldeten Miete bei unterlassener Rückgabe der Mietsache, wenn sie ihm vorenthalten wird (§ 546a Abs. 1 Alt. 1 BGB).[20] Anstelle der bisher vertraglich geschuldeten Miete kann er die Miete verlangen, die für vergleichbare Sachen ortsüblich ist (sog. Markt- 1436

---

[14] OLG Stuttgart NZM 2006, 880 = NJW-RR 2007, 15; LG Tübingen WuM 2015, 566; MüKoZPO/Götz ZPO § 721 Rn. 10.
[15] BGH NJW 1991, 1750 (1751).
[16] LG Frankfurt/Main NZM 2000, 1177 für die verzögerte Räumung durch unterlassene Schönheitsreparaturen; LG Berlin GE 2001, 210 für den Verzug mit der Beseitigung von Mietereinbauten und Rückbau.
[17] LG Frankfurt/Main NZM 2000, 1177; LG Berlin GE 2001, 210; LG Braunschweig NZM 2000, 277.
[18] BGH NJW 2018, 1746 (1749) = NZM 2018, 320 (324); LG Braunschweig NZM 2000, 277.
[19] Hierzu BGH NZM 2001, 859 = NJW-RR 2001, 1450; LG Berlin MM 2000, 47.
[20] Hierzu eingehend Gather DWW 2001, 78; Waas ZMR 2000, 69.

miete).²¹ Zwischen beiden Anspruchsinhalten hat der Vermieter die freie Wahl. § 546a Abs. 1 BGB beinhaltet einen vertraglichen Anspruch eigener Art, nicht aber einen Schadensersatzanspruch.²² Deshalb muss der Vermieter auch nicht nachweisen, dass ihm tatsächlich ein Schaden als Nutzungsausfall entstanden ist. Der Anspruch entsteht automatisch und nicht erst durch eine rechtsgestaltende Willenserklärung.²³

1437 Gibt der Mieter die Mieträume verzögert innerhalb des laufenden Monats heraus, so kann Nutzungsentschädigung bis zum Ablauf des Übergabetages, nicht aber bis zum Ende des laufenden Monats verlangt werden.²⁴ Unberührt bleibt die Geltendmachung weiteren Verzugsschadens nach § 546 Abs. 2 BGB zum Beispiel in Form von Mietausfall für den Rest des laufenden Monats, wenn wegen der verspäteten Herausgabe nur verzögert weitervermietet werden kann.

1438 Zentrale Voraussetzung für den Anspruch in § 546a Abs. 1 BGB ist, dass die Mietsache dem Mieter nach Beendigung des Mietverhältnisses gegen seinen Willen vorenthalten wird. Die Mietsache wird dem Vermieter dann iSd § 546a Abs. 1 BGB nach Beendigung des Mietverhältnisses vorenthalten, wenn der Mieter die Mietsache nicht zurückgibt und das Unterlassen der Herausgabe dem Willen des Vermieters widerspricht.²⁵ Eine Vorenthaltung liegt nicht vor, wenn der Mieter die Mietsache zwar zurückgibt, aber seine weiteren Pflichten im Rahmen der Rückgabe nicht erfüllt, also insbesondere bei unterlassenen Schönheitsreparaturen, Wegnahme von Einrichtungen und Beseitigung von Schäden.²⁶

1439 Führt der Mieter nach Beendigung des Mietverhältnisses auf das Verlangen des Vermieters hin noch Schönheitsreparaturen durch, dann besitzt der Mieter die Mietsache nicht gegen den Willen des Vermieters, sondern mit seinem Willen. Daraus folgt, dass ein Anspruch nach § 546a Abs. 1 BGB mangels vorenthaltener Mietsache nicht besteht.²⁷ Allerdings kann der Vermieter den Mietausfall bis zur Neuvermietung als Schadensposten innerhalb des Verzugsschadens geltend machen.²⁸

1440 Ein geltend gemachtes Vermieterpfandrecht an den Sachen des Mieters steht einem „Vorenthalten" iSv § 546a BGB nicht generell entgegen.²⁹ Vielmehr ist zwischen Räumung und Herausgabe zu differenzieren:³⁰ Gibt der Mieter die Mietsache bei Vertragsende nicht heraus, so schuldet er Nutzungsentschädigung auch dann, wenn der Vermieter sein Vermieterpfandrecht geltend macht.³¹

1441 Der Mieter enthält die Mietsache auch dann dem Vermieter nicht vor, wenn der Vermieter zuvor der Auffassung des Mieters, der Vertrag sei beendet worden, widersprochen hat. An einem Rückerlangungswillen des Vermieters fehlt es nämlich, wenn er –

---

²¹ Grundlegend hierzu BGH NJW 2017, 1022 = NZM 2017, 186.
²² BGH NZM 2017, 186 (188); BGH NJW 2003, 1395 = NZM 2003, 231; BGH NZM 2003, 871 (872) = NJW-RR 2003, 1308.
²³ BGH NJW 1999, 2808 = NZM 1999, 803.
²⁴ BGH NZM 2006, 52 = NJW 2006, 436.
²⁵ BGH NJW 2017, 2997 = NZM 2017, 630; BGH NZM 2010, 815 (816); BGH NZM 2006, 52; BGH NZM 2006, 12; BGH NZM 2004, 354 = NJW-RR 2004, 558.
²⁶ BeckOK MietR/Klotz-Hörlin BGB § 546a Rn. 24.
²⁷ BGH NZM 2010, 815 (816) = NJW-RR 2010, 1521; KG Berlin NZM 2001, 849 = NJW-RR 2001, 1452; AG Lemgo NZM 1999, 961; BeckOK MietR/Klotz-Hörlin BGB § 546a Rn. 35; Blank/Börstinghaus/Blank BGB § 546a Rn. 20.
²⁸ OLG Düsseldorf DWW 2006, 333; OLG Hamburg MDR 1990, 247 = DWW 1990, 50; Langenberg in Langenberg/Zehelein, Schönheitsreparaturen I. Teil, G Rn. 645.
²⁹ So aber OLG Dresden NZM 2012, 84; OLG Rostock ZMR 2008, 54 = WuM 2007, 509; OLG Düsseldorf ZMR 2006, 927.
³⁰ Blank/Börstinghaus/Blank BGB § 546a Rn. 20; Lindner AnwZert MietR 21/2013 Anm. 2 (unter III. 2.).
³¹ KG ZMR 2013, 428.

trotz Kündigung des Mieters – von einem Fortbestehen des Mietverhältnisses ausgeht.[32] Solange der Vermieter das Mietverhältnis nicht als beendet ansieht, will er Räumung nicht verlangen. Deshalb wird die Klage auf Zahlung von Nutzungsentschädigung nach § 546a Abs. 1 BGB für diesen Zeitraum abgewiesen, obwohl der Mieter die Mietsache nicht geräumt hat.[33]

Von einem Vorenthalten iSv § 546a Abs. 1 BGB ist bei unterlassener vollständiger Räumung der Mietsache auszugehen, wenn die zurückgelassenen Ausbauten, Einrichtungen oder Umbauten eine Inbesitznahme des Vermieters vollständig verhindern.[34] Das ist Frage des Einzelfalls. Hier muss entschieden werden, ob der Mieter seine Rückgabepflicht bloß schlecht erfüllt hat oder ob er tatsächlich nur teilweise geräumt hat. Nur in der letzten Alternative ist von einem Vorenthalten iSv § 546a BGB auszugehen. Denn für die Erfüllung der Rückgabepflicht ist grundsätzlich der Zustand der zurückgegebenen Mietsache unerheblich.[35] 1442

Der Hauptmieter enthält die Mietsache dem Vermieter auch dann vor, wenn er sie untervermietet hat und der Untermieter nicht räumt.[36] 1443

Die Mietsache wird auch im Falle vertraglicher oder gerichtlicher Räumungsfristen nach §§ 721, 794a ZPO nicht vorenthalten. Dies ergibt sich im Falle der gerichtlichen Räumungsfrist aus § 571 Abs. 2 BGB. 1444

Nach § 546a Abs. 2 BGB ist die Geltendmachung eines weiteren Schadens nicht ausgeschlossen, der sich aus der Vorenthaltung der Mietsache ergibt.[37] 1445

Für die Beweislast gilt Folgendes: Der Vermieter ist darlegungs- und beweispflichtig für die Beendigung des Mietverhältnisses, wenn er einen Nutzungsentgeltanspruch nach § 546a Abs. 1 BGB geltend macht. Der Mieter muss dagegen darlegen und beweisen, dass er die Mietsache zurückgegeben hat. Ebenso muss der Vermieter die vereinbarte Miete sowie die Höhe der Marktmiete[38] darlegen und beweisen, um den Anspruch der Höhe nach erfolgreich dartun zu können.[39] 1446

§ 29 Vorzeitiger Auszug des Mieters

I. Vorzeitiges Rückgaberecht

Zuerst ist zu fragen, ob der Mieter überhaupt vor dem Ende die Mietsache vorzeitig zurückgeben darf. 1447

Trotz des aus dem römischen Recht übernommenen und auch im Bürgerlichen Recht geltenden Grundsatzes „pacta sunt servanda" ist nach wie vor nicht höchstrichterlich entschieden, ob der Mieter ein vorzeitiges Rückgaberecht hat.[40] Der BGH sieht den Vermieter lediglich als nicht verpflichtet an, die Mietsache jederzeit – sozusagen „auf Zuruf" – zurückzunehmen, etwa wenn der Mieter kurzfristig auszieht und den Schlüssel 1448

---

[32] BGH NJW 2017, 2997 = NZM 2017, 630; BGH NJW 2006, 140 (141) = NZM 2006, 104 (105).
[33] BGH NJW 2017, 2997 = NZM 2017, 630; BGH NJW 2006, 140 (141) = NZM 2006, 104 (105).
[34] BGH NJW 1988, 2665; OLG Brandenburg ZMR 1997, 584; BeckOK MietR/Klotz-Hörlin BGB § 546a Rn. 23.
[35] BGH NJW 2018, 1746 (1748) = NZM 2018, 320 (323); kritisch hierzu Streyl NJW 2018, 1723; KG ZMR 2007, 194.
[36] BGH NJW 1996, 1886 (1887); BGH NJW 1984, 1527 (1528).
[37] Siehe hierzu → Rn. 1437.
[38] Hierzu BGH NJW 2017, 1022 = NZM 2017, 186.
[39] Schmidt-Futterer/Streyl BGB § 546a Rn. 106.
[40] Zum Streitstand Schmidt-Futterer/Streyl BGB § 546 Rn. 77; Pauly NZM 2012, 553.

zur Wohnung an den Vermieter zurückgeben will.[41] Darüber hinaus wird ein solcher Anspruch abgelehnt[42] oder bejaht[43] – nach einer vermittelnden Ansicht eher befürwortet, wenn dies den berechtigten Interessen des Vermieters anhand einer Interessenabwägung nicht widerspricht.[44] Die Frage ist für den Vermieter deshalb brisant, weil er im schlimmsten Fall in Annahmeverzug gerät, wenn er die vorzeitige Rückgabe ablehnt. Außerdem kann die Verjährungsfrist nach § 548 Abs. 1 S. 2 BGB in Gang gesetzt werden.[45]

II. Mietzahlungspflicht bei vorzeitiger Rückgabe

1449 Unabhängig davon, ob eine Rückgabe vor Vertragsende zulässig ist, bleibt der Mieter bis zur Beendigung des Mietverhältnisses zur Zahlung der Miete verpflichtet.[46] Dabei sind Aufwendungen abzuziehen, die der Vermieter durch den Auszug des Mieters erspart hat, wie zB verbrauchsabhängige Betriebskosten (§ 537 Abs. 1 BGB). Es handelt sich um einen vertraglichen Erfüllungsanspruch, so dass eine Schadensminderungspflicht des Vermieters oder die Anwendung des Rechtsgedankens des § 254 BGB von vornherein ausscheidet.[47]

1450 Der ausgezogene Mieter bleibt aber aus Rechtsmissbrauchsgesichtspunkten zur Zahlung der Mietdifferenz verpflichtet, wenn er endgültig ausgezogen ist, die Weiterzahlung der Miete ernsthaft und endgültig verweigert und der Vermieter trotz Weitervermietung zum dann ortsüblichen Marktpreis nur eine geringere Mieteinnahme erzielt.[48]

1451 Die Pflicht zur weiteren Entrichtung der Miete endet aber vorzeitig, wenn das Mietverhältnis aufgrund eines gegenseitigen Aufhebungsvertrags, eines nachträglichen Einverständnisses des Vermieters mit dem vorzeitigen Auszug des Mieters oder mit einem Nachmieter aufgrund einer vereinbarten Nachmieterklausel oder aufgrund eines Anspruchs des Mieters auf vorzeitiges Entlassen aus dem Mietverhältnis nach § 242 BGB umgestellt oder beendet wird.

III. Nachmieter (Ersatzmieter)

1452 Wegen der nach allgemeiner Auffassung im Regelfall nicht entstehenden Weitervermietungspflicht ist der Vermieter nicht verpflichtet, sich einen Ersatz- oder Nachmieter zu suchen.[49] Wie dargelegt, behält er den Anspruch auf die Miete. Der Mieter wird aber von seiner Zahlungspflicht frei, wenn vereinbart wurde, dass ein bestimmter Nachmieter in den Vertrag zu den bisherigen Bedingungen eintreten soll und der Vermieter dies dadurch vereitelt, dass er danach dem Nachmieter absprachewidrige Vertragsbedingungen stellt.[50]

---

[41] BGH NJW 2014, 684 = NZM 2014, 128 (129); BGH NJW 2012, 144 (145) = NZM 2012, 21 (22).
[42] KG NZM 2000, 92; MüKoBGB/Bieber BGB § 546 Rn. 16; Pauly NZM 2012, 553 (557) „im Regelfall nicht zulässig".
[43] LG Bonn NZM 2015, 306 = NJW-RR 2014, 1420; OLG Dresden NZM 2000, 827 (bis fünf Monate vor Ablauf des Mietverhältnisses bejahend).
[44] Schmidt-Futterer/Streyl BGB § 546 Rn. 77; Blank/Börstinghaus/Blank BGB § 546 Rn. 17.
[45] Hierzu Pauly NZM 2012, 553 (556); ferner BGH NJW 2006, 1588 = NZM 2006, 503.
[46] Schmidt-Futterer/Streyl BGB § 546 Rn. 78.
[47] BGH NJW 1988, 2665 (2666); BGH NJW 1981, 43 (45); BGH NJW 1972, 721 (722).
[48] BGH NJW 1993, 1645; OLG Frankfurt/Main NJW-RR 1995, 1225.
[49] BGH NJW 2015, 3780 (3781) = NZM 2015, 890 (891); BGH NJW 1981, 43 (45).
[50] OLG Koblenz ZMR 2002, 344 = DWW 2002, 127.

Mangels einschlägiger vertraglicher Vereinbarungen muss er sich nur um eine zügige 1453
Weitervermietung bemühen, wenn § 254 BGB anwendbar ist. Dies ist nur der Fall, wenn
der Vermieter die Fortzahlung der Mieten als Mietausfallschaden und nicht als Erfüllungsanspruch geltend macht.

Abgesehen davon sind auf der Grundlage einzelvertraglicher Vereinbarungen oder der 1454
alltags- und gesundheitsbedingten Situation des Mieters folgende Konstellationen denkbar:
- Der Mieter stellt einen Nachmieter aufgrund einer echten Nachmieterklausel im Mietvertrag, die einen Anspruch auf Abschluss gerade mit dem von ihm genannten Ersatzmieter gibt.
- Der Mieter stellt einen oder mehrere Nachmieter aufgrund einer unechten Nachmieterklausel, die ihm einen Anspruch auf Entlassung aus dem Mietvertrag gibt. Dabei bleibt die Auswahl unter den vorgeschlagenen Nachmietern allein dem Vermieter vorbehalten.
- Der Mieter stellt einen oder mehrere Nachmieter ohne vorherige mietvertragliche Vereinbarung und gewinnt dadurch einen Anspruch auf vorzeitiges Entlassen aus dem Mietvertrag nach § 242 BGB, wenn er erstens ein weit überwiegendes Interesse an der vorzeitigen Vertragsentlassung im Verhältnis zum Interesse des Vermieters an der Vertragsfortsetzung hat und zweitens der vorgeschlagene Ersatzmieter vorbehaltlos zum Eintritt in den laufenden Mietvertrag bereit und dem Vermieter zumutbar ist. Dies kann etwa der Fall sein, wenn der Mieter aus gesundheitlichen Gründen oder aus Altersgründen in ein Pflegeheim umziehen muss.
- Der Mieter bittet um die Erlaubnis zur Untervermietung und gewinnt nach pauschaler Verweigerung des Vermieters ein Sonderkündigungsrecht (§ 540 Abs. 1 BGB).

IV. Betretungsrecht des Vermieters

Ist der Mieter zwar vorzeitig ausgezogen, hat aber die Mietsache noch nicht übergeben, 1455
so darf der Vermieter – abgesehen von seinem begrenzten Besichtigungs- und Betretungsrecht und abgesehen von Notfällen – die Wohnung nicht nach seinem Gutdünken ohne
anerkannten Grund betreten. Dazu ist eine vorherige Anmeldung mit Terminabsprache
erforderlich. Dies gilt auch dann, wenn der Vermieter noch über eigene Schlüssel zu der
vermieteten Wohnung verfügt. Die nicht durch einen gerichtlichen Titel gedeckte eigenmächtige Inbesitznahme einer Wohnung und deren eigenmächtiges Ausräumen vom Vermieter ist eine unerlaubte Selbsthilfe, für deren Folgen der Vermieter verschuldensunabhängig nach § 231 BGB haftet.[51] Er macht sich gleichzeitig wegen Hausfriedensbruchs
strafbar.[52] Hat der Mieter die Wohnung aber bereits an den Vermieter (durch Übergabe
der Schlüssel) zurückgegeben, so handelt der Vermieter beim Betreten der Wohnung
nicht eigenmächtig und nicht gegen den Willen des Mieters.

V. Verwahrung, Verwertung und Aneignung von zurückgelassenem Räumungsgut

Sind die zurückgelassenen Sachen nicht absolut wertlos, so müssen sie zunächst auf- 1456
bewahrt und eingelagert werden.[53] Entgegenstehende Klauseln in Mietverträgen sind

---

[51] BGH NJW 2010, 3434 = NZM 2010, 701.
[52] Hierzu im Einzelnen Horst NZM 1998, 139.
[53] Schmidt-Futterer/Streyl BGB § 546 Rn. 59.

unwirksam. Dies gilt besonders für Rückgabeklauseln, die ein Vernichtungsrecht des Vermieters an zurückgelassenen Sachen ab einem bestimmten Zeitablauf vorsehen. Die Aufbewahrungsfrist ist grundsätzlich zeitlich nicht begrenzt, muss dem Vermieter aber zumutbar sein. Dem Vermieter ist hier deshalb zuzugestehen, nach vorheriger Androhung gegenüber dem Mieter mit bekanntem Aufenthalt die zurückgelassenen Sachen nach Ablauf einer angemessenen Frist (in Anlehnung an §§ 885a Abs. 4 S. 1, 885 Abs. 4 S. 1 ZPO in der Regel nicht unter einem Monat) zu vernichten.[54] Ansonsten kann insbesondere bei unbekanntem Wohn- oder Aufenthaltsort[55] des Mieters eine Hinterlegung oder Versteigerung (§§ 372, 383 BGB) in die Wege geleitet werden.[56]

1457 Offenkundig wertloses Räumungsgut kann der Vermieter auf Kosten des Mieters auch durch Beauftragung des Sperrmülls entfernen. Grundsätzlich hat der Vermieter aber kein Recht zur Selbsthilfe.[57] Um sich vor Schadensersatzansprüchen des Mieters besser zu schützen, sollte ein Zeuge den Umfang, den Zustand und die Wertlosigkeit der Sachen vorher – möglichst schriftlich – bestätigen. Auch Fotos können die Beweislage ergänzen.

§ 30 Wohnungsrenovierung bei Beendigung des Mietverhältnisses

I. Renovierungspflicht

1. Einzelne Klauseln

1458 Bei der Prüfung einer Renovierungsverpflichtung zum Ende des Mietverhältnisses sind folgende Fälle zu unterscheiden:[58]
- Der Mietvertrag beinhaltet eine Endrenovierungsklausel. Endrenovierungsklauseln, nach denen der Mieter „auf jeden Fall" bei Vertragsende renovieren muss, sind unwirksam (sog. unbedingte Endrenovierung).[59]
- Eine Renovierungspflicht bei Ende des Mietverhältnisses kann sich dann ergeben, wenn die Endrenovierungsklausel auf die Fristenintervalle während des laufenden Mietverhältnisses Bezug nimmt und es sich um eine bloße Ergänzung der Pflicht zur Ausführung der laufenden Schönheitsreparaturen[60] bei renoviert überlassener Wohnung handelt (sog. bedingte Endrenovierungspflicht).[61]
- Im Mietvertrag ist vereinbart, die Wohnung tapezierfähig zu hinterlassen.[62] Allerdings ist die in einem formularmäßigen Mietvertrag enthaltene Klausel, nach der der Mieter verpflichtet ist, bei seinem Auszug alle von ihm angebrachten oder vom Vormieter übernommenen Tapeten zu beseitigen, wegen unangemessener Benachteiligung des Mieters unwirksam.[63]

---

[54] Schmidt-Futterer/Streyl BGB § 546 Rn. 59.
[55] BeckOK BGB/Dennhardt BGB § 372 Rn. 16.
[56] Hierzu Schmidt-Futterer/Streyl BGB § 546 Rn. 59.
[57] Im Einzelnen Horst NZM 1998, 139 (141 f.).
[58] Hierzu ausführlich Horst DWW 2019, 49.
[59] BGH NJW 1998, 3114; BGH NJW 2003, 2234; BGH NJW 2003, 3192; BGH NJW 2004, 2087; BGH NJW 2006, 2116; BGH NJW 2006, 2915; BGH NJW 2007, 3776.
[60] BGH NJW 2004, 2087 = NZM 2004, 497; BGH NJW 2006, 3778 = NZM 2006, 924; Langenberg/Zehelein, Schönheitsreparaturen I. Teil C. Rn. 285.
[61] BGH NJW 2015, 1594 = NZM 2015, 374; Langenberg/Zehelein, Schönheitsreparaturen I. Teil C. Rn. 286.
[62] Hierzu Blank NZM 1998, 705; Mersson NZM 1998, 938 (940); Lützenkirchen NZM 1998, 942.
[63] BGH NJW 2006, 2115 = NZM 2006, 621.

- Im Mietvertrag ist (zusätzlich) eine Abgeltungsklausel – auch Quotenhaftungsklausel genannt – vereinbart. Quotenhaftungsklauseln unterlagen lange Zeit keinen Bedenken, wurden im Laufe der Zeit immer weiter eingeschränkt, bis sie schließlich mit der BGH-Rechtsprechungswende 2015 endgültig „abgeschafft" wurden.[64] Diese sind nunmehr in Alt- wie in Neuverträgen unwirksam und auch nicht mehr wirksam vereinbar.[65]
- Der Vermieter beabsichtigt nach Beendigung des Mietvertrages vom Mieter, die Wohnung insgesamt oder Teile davon umzubauen oder zu modernisieren. Dies berührt den Renovierungsanspruch des Vermieters gegen den Mieter im Grundsatz nicht, kann aber zu einem Abgeltungsanspruch gegen den Mieter in Geld führen, wenn die Mietsache tatsächlich umgebaut wird.[66]
- Die Mieträume sind übermäßig abgenutzt. Dann würde eine Renovierungspflicht nicht aus einer entsprechenden vertraglichen Schönheitsreparaturklausel, sondern als Schadensersatzanspruch aus einem vertragswidrigen Gebrauch der Mietsache folgen. Der Anspruch setzt ein dem Mieter zurechenbares Verschulden voraus und geht über den Abnutzungsgrad hinaus, den § 538 BGB als vertragsgemäßen Gebrauch der Mietsache noch toleriert.

2. Ausgestaltung und Umfang der Renovierungspflicht

Während der Gestaltungsspielraum des Mieters bei laufendem Mietverhältnis im Bezug auf die Dekoration seiner Mieträume weit ist, muss er bei Beendigung des Mietverhältnisses die Mieträume in üblichen Farbtönen zurückgeben, die dem Geschmack eines größeren Interessentenkreises entsprechen und somit einer baldigen Weitervermietung nicht entgegenstehen.[67] Zwar ist der Mieter in der geschmacklichen Ausgestaltung der Mieträume weitgehend frei,[68] doch darf er dabei nicht die Grenzen des normalen Geschmacks in einer Weise überschreiten, dass eine Neuvermietung der Räume in dem geschaffenen Zustand praktisch unmöglich ist.[69] Grundsätzlich muss er deshalb die Mietsache mit hellen und dezenten Anstrichen oder Tapeten zurückgeben.[70] Akzeptabel sind die Farben weiß und grau.[71] Nicht akzeptabel sind schrille Farben wie türkis, lila, rot oder schwarz[72] sowie kräftige Farbtöne wie blau, rot, grün und gelb mit braunem Muster[73] oder gelb, rosa und grellgrün.[74] Genügt der Mieter mit seinen Farbgestaltungen diesen Anforderungen nicht, werden dadurch weitere Arbeiten nötig oder kann die Wohnung bei entsprechenden Mietausfällen danach nicht alsbald weiter vermietet werden, so erwächst dem Vermieter daraus gegen den Mieter ein Beseitigungsanspruch auch dann, wenn der Mieter zur Ausführung von Schönheitsreparaturen nicht verpflichtet war, sie aber gleichwohl vorgenommen hat.[75] Freilich muss der Vermieter diese Ansprüche bei

1459

---

[64] BGH NJW 2015, 1871 = NZM 2015, 424.
[65] Langenberg NZM 2015, 681 (686).
[66] BGH NJW 2014, 1521 = NZM 2014, 270.
[67] BGH NJW 2014, 143 = NZM 2014, 72; BGH NJW 2012, 1280 = NZM 2012, 338; BGH NJW 2011, 514 = NZM 2011, 150.
[68] BGH NJW 2008, 2499 = NZM 2008, 605.
[69] BGH NJW 2014, 143 = NZM 2014, 72; BGH NJW 2012, 1280 = NZM 2012, 338; BGH NJW 2011, 514 = NZM 2011, 150.
[70] BGH NJW 2008, 2499 = NZM 2008, 605.
[71] LG Aachen WuM 1998, 596.
[72] LG Berlin GE 1995, 249.
[73] KG NJW 2005, 3150 = NZM 2005, 663; AG Burgwedel WuM 2005, 771.
[74] LG Hamburg NZM 1999, 838; weitere Beispiele aus der Praxis Langenberg/Zehelein, Schönheitsreparaturen I. Teil E. Rn. 436.
[75] BGH NJW 2014, 143 = NZM 2014, 72; BGH NJW 2010, 674 (675) = NZM 2010, 157 (158).

der Wohnungsabnahme anmelden und entsprechende Wohnungszustände im Abnahmeprotokoll festhalten. Bei vorbehaltloser Wohnungsabnahme droht in diesen Fällen Anspruchsverlust.[76]

1460 Was die Ausführungsart angeht, so hat der Mieter mit der üblichen Sorgfalt einwandfrei zu arbeiten. Der Mieter kann hier allenfalls zu einer „sach- und fachgerechten" oder „fachmännischen" Ausführung verpflichtet werden.[77] Irgendwie geartete „Fachhandwerker-Klauseln" sind unwirksam.[78]

1461 Nach der Renovierung dürfen auch keine Strichhaare zurückbleiben.[79] Dies gilt ebenso für „Laufnasen" auf gestrichenen Flächen.[80] Häufig findet sich auch ein nicht deckender Anstrich. Mangelhaft ist es auch, wenn Tapetenbahnen verkehrt herum geklebt werden oder wenn Tapeten nicht „auf Stoß" geklebt werden, sondern überlappend.[81]

1462 Dem Mieter obliegt der Nachweis über die ordnungsgemäß durchgeführten Arbeiten.[82] Zuvor hat der Vermieter substantiiert vorzutragen, was im Einzelnen mangelhaft sein soll.[83]

3. Reinigungspflichten

1463 Bloße Reinigungsmaßnahmen sind grundsätzlich nicht Bestandteil der Instandhaltungs- oder Instandsetzungspflicht des Vermieters.[84] Die Reinigung der Flächen der Mietwohnung einschließlich der Außenflächen der Wohnungsfenster, zu denen auch etwaige nicht zu öffnende Glasbestandteile sowie die Fensterrahmen gehören, obliegt grundsätzlich dem Mieter.

1464 Bei Beendigung des Mietverhältnisses hat der Mieter die Mietsache zumindest „besenrein" zurückzugeben. Danach beschränkt sich die Verpflichtung zur besenreinen Rückgabe auf die Beseitigung grober Verschmutzungen.[85] Ist eine Rückgabe in „sauberem Zustand" vereinbart, genügt der Mieter dieser Pflicht mit einem Reinigungsgang, wie er im Allgemeinen in kürzeren Abständen erfolgt, bei dem glatte Böden feucht gewischt oder Teppichauslegeware gesaugt und Staub jedenfalls von horizontalen Flächen entfernt wird.[86]

II. Quotenhaftungsklausel und Zahlungsanspruch

1465 Endet das Mietverhältnis vor Eintritt der Verpflichtung zur Durchführung von Schönheitsreparaturen, weil etwa die vertraglich vereinbarten Renovierungsfristen noch nicht abgelaufen sind, kann der Mieter in Alt- wie in Neuverträgen nicht mehr wirksam zur Abgeltung von Renovierungskosten herangezogen werden.[87]

---

[76] KG GE 2003, 524.
[77] Langenberg/Zehelein, Schönheitsreparaturen I. Teil A. Rn. 33.
[78] BGH NJW 2010, 2877 = NZM 2010, 615.
[79] AG Köln WuM 1989, 136.
[80] BeckOK BGB/Zehelein BGB § 535 Rn. 454.
[81] BeckOK BGB/Zehelein BGB § 535 Rn. 454.
[82] BeckOK BGB/Zehelein BGB § 535 Rn. 469.
[83] Hierzu LG Hannover NZM 2002, 120; BeckOK BGB/Zehelein BGB § 535 Rn. 469.
[84] BGH NZM 2018, 900 = NJW-RR 2018, 1356.
[85] BGH NJW 2006, 2915 (2918) = NZM 2006, 691 (693).
[86] Langenberg/Zehelein, Schönheitsreparaturen III. Teil C. Rn. 143; OLG Düsseldorf ZMR 2010, 356 (358).
[87] BGH NJW 2015, 1871 = NZM 2015, 424; Langenberg NZM 2015, 681 (686); hierzu → Rn. 1458.

III. Schadensersatz wegen Nichterfüllung

Auch nach Beendigung des Mietvertrags kann der Vermieter vom Mieter die Durchführung der übernommenen und fälligen Schönheitsreparaturen verlangen und die geschuldete Naturalrestitution einklagen. Die Abwälzung der Schönheitsreparaturen bedeutet allerdings nicht, dass der Mieter beim Auszug stets die vollständige Renovierung der Räume schuldet. Der Zweck der Überbürdung der Schönheitsreparaturen ist vielmehr erreicht, wenn der Vermieter bei Beendigung des Mietverhältnisses in der Lage ist, dem Anschlussmieter Räume in einem zum bisherigen Mietzweck geeigneten Zustand anzubieten. Dazu brauchen sie nicht neu hergerichtet zu sein.[88] 1466

Der Vermieter wird schon aus Zeitgründen bei Vertragsende fällige Schönheitsreparaturen in aller Regel nicht einklagen, sondern vom Mieter Schadensersatz verlangen. Schadensersatz statt der Leistung kann der Vermieter unter den Voraussetzungen des § 280 Abs. 1 BGB und den zusätzlichen Voraussetzungen der §§ 281 bis 283 BGB verlangen (§ 280 Abs. 3 BGB). Die Voraussetzungen des § 280 Abs. 1 BGB sind im Falle des Schuldnerverzugs erfüllt. Denn der Schuldner hat ja seine Leistung in zu vertretender Weise bei Fälligkeit nicht erbracht.

Um zu einem Schadensersatzanspruch zu kommen, müssen zusätzlich die Voraussetzungen des § 281 BGB vorliegen. Erforderlich ist, dass der Gläubiger den Schuldner unter exakter Bezeichnung der Arbeiten zur Durchführung der Renovierung auffordert, dem Schuldner dabei eine angemessene Frist zur Bewirkung der Leistung bestimmt hat und dass diese Frist erfolglos abgelaufen ist (§ 281 Abs. 1 BGB).[89] 1467

Mit dem fruchtlosen Ablauf der Frist entsteht der Schadensersatzanspruch. Daneben bleibt der Erfüllungsanspruch bestehen. Er entfällt erst, wenn der Vermieter statt der Erfüllung der Renovierungspflicht Schadensersatz verlangt (§ 281 Abs. 4 BGB). In der Praxis wird bereits mit der Aufforderung zur fristgebundenen Leistung erklärt, dass nach fruchtlosem Fristablauf Schadensersatz geltend gemacht wird. 1468

Die Fristsetzung ist entbehrlich, wenn der Schuldner, also der Mieter, die Leistung ernsthaft und endgültig verweigert oder wenn besondere Umstände vorliegen, die unter Abwägung der beiderseitigen Interessen die sofortige Geltendmachung der Schadensersatzansprüche rechtfertigen (§ 281 Abs. 2 BGB). Im Auszug des Mieters ohne Vornahme der fälligen Schönheitsreparaturen kann (muss aber nicht immer) im Einzelfall eine endgültige Erfüllungsverweigerung gesehen werden.[90] Ob die Annahme einer ernsthaften und endgültigen Erfüllungsverweigerung gerechtfertigt ist, kann letztlich nur anhand der gesamten Umstände des Einzelfalls beantwortet werden.[91] Bei dieser Beurteilung kann auch das Verhalten des Mieters vor Vertragsbeendigung von Bedeutung sein.[92] 1469

Die Annahme einer endgültigen Erfüllungsverweigerung dürfte etwa naheliegen, wenn bereits vor dem Auszug ernsthaft und heftig über konkrete Maßnahmen gestritten worden ist, der Mieter in Kenntnis davon, dass der Nachfolgemieter praktisch schon vor der Tür steht, bei Mietende sämtliche Schlüssel heimlich und ohne jeden Vorbehalt in den Briefkasten des Vermieters wirft und ganz woanders hin oder an einen dem Vermieter 1470

---

[88] BGH NJW 1991, 2416 (2417).
[89] BeckOK BGB/Zehelein BGB § 535 Rn. 460; Langenberg/Zehelein, Schönheitsreparaturen III. Teil G. Rn. 544; hierzu BGH NJW 2018, 1746 (1747).
[90] BGH NJW 1991, 2416 (2417); BGH ZMR 1981, 307; BGH NJW 1971, 1839; KG NZM 2007, 356; MüKoBGB/Ernst BGB § 281 Rn. 56.
[91] MüKoBGB/Ernst BGB § 323 Rn. 101.
[92] BGH NJW 1991, 2416 (2417).

unbekannten Ort verzieht. Der Vermieter muss dem Mieter aber zuvor konkret mitgeteilt haben, welche Schönheitsreparaturen durchzuführen sind.[93]

1471 Hat der Mieter vor seinem Auszug bereits Schönheitsreparaturen vorgenommen und beanstandet der Vermieter diese Arbeiten, so muss er im Rahmen der Leistungsaufforderung nach § 281 BGB die konkreten Mängel darlegen und den beanstandeten Zustand beschreiben, damit der Mieter erkennen kann, in wieweit der Mieter den Vertrag als nicht erfüllt ansieht.[94] Die bloße Angabe, dass die ausgeführten Schönheitsreparaturen nicht fachgerecht seien, ist eine Bewertung ohne Angabe der zugrunde liegenden Tatsachen und daher unzureichend.[95]

1472 Der Vermieter ist ebenso verpflichtet, dem Mieter eine angemessene Frist für die Durchführung der Arbeiten zu setzen. In der Regel ist zur Renovierung der kompletten Wohnung eine Frist von 14 Tagen ausreichend bemessen.[96] Die Fristsetzung wird nicht dadurch überflüssig, dass zwischen dem Zeitpunkt des Rückerhalts der Wohnung und dem vereinbarten Einzugstermin des neuen Mieters nur eine kurze Zeitspanne (hier: drei Wochen) liegt.[97]

1473 Der auf Leistung gerichtete Anspruch wandelt sich nicht selbständig mit ungenutztem Ablauf der Frist zur Bewirkung der Leistung in einen Schadensersatzanspruch um, sondern erst, wenn der Gläubiger statt Leistung Schadensersatz verlangt (§ 281 Abs. 4 BGB). Der Gläubiger kann also trotz Fristablaufs weiterhin auf der Erfüllung der Leistungspflicht bestehen.

1474 Gemäß §§ 280, 281, 249 BGB kann der Vermieter den Kostenaufwand, den er zur Durchführung der unterlassenen Schönheitsreparaturen aufgewendet hat, ersetzt verlangen. Sind die erforderlichen Maßnahmen noch nicht durchgeführt, so kann er Schadensersatz in Höhe der zu erwartenden notwendigen Kosten verlangen, allerdings nur auf Nettobasis ohne Umsatzsteueranteil (§ 249 Abs. 2 S. 2 BGB). Durchzuführen braucht der Vermieter die Schönheitsreparaturen letztlich nicht.[98]

1475 Der Schadensersatzanspruch des Vermieters erstreckt sich auch auf den Mietausfall, der dem Vermieter infolge des nicht vertragsgemäßen Zustands der Mietsache entstanden ist.[99] Der Vermieter muss seinen Schaden substantiieren. Dazu ist es notwendig darzulegen, dass die Räume bei ordnungsgemäßer Renovierung sofort hätten weitervermietet werden können.[100] Mitverschulden des Vermieters als Gläubiger kann den Anspruch in der Höhe kürzen (§ 254 Abs. 2 BGB). Dieses Mitverschulden kann in der verletzten eigenen Obliegenheit des Vermieters zur Weitervermietung bestehen.[101] Von einer entsprechenden Obliegenheit ist jedenfalls nach Durchführung des Ortstermins im selbständigen Beweissicherungsverfahren auszugehen, dass den streitigen – unrenovierten – Zustand der Mieträume festhalten soll.

1476 Der Anspruch auf Schadensersatz wegen nicht durchgeführter Schönheitsreparaturen (§§ 280, 281 BGB) verjährt in der kurzen Sechs-Monatsfrist (§ 548 Abs. 1 S. 1 BGB). Denn ein solcher Anspruch beruht auf einer Verschlechterung der Mietsache im Sinne von § 548 Abs. 1 S. 1 BGB. Der Vermieteranspruch auf Vornahme von Schönheitsreparaturen verjährt daher sechs Monate nach Rückerhalt der Mietsache (§ 548 Abs. 1 S. 2

---

[93] KG NZM 2007, 356.
[94] BeckOK BGB/Zehelein BGB § 535 Rn. 460.
[95] KG NJW-RR 2007, 1601; näher hierzu Lützenkirchen Mietrecht kompakt 3/2005, 48.
[96] KG NZM 2007, 356 (357); Schmidt-Futterer/Langenberg BGB § 538 Rn. 277.
[97] KG NZM 2007, 356 (357).
[98] Kraemer NZM 2003, 417 (423).
[99] BGH NJW 1991, 2416 (2417).
[100] Langenberg/Zehelein, Schönheitsreparaturen IV. Teil B. Rn. 120.
[101] OLG Düsseldorf ZMR 2007, 780; Langenberg/Zehelein, Schönheitsreparaturen I. Teil G. Rn. 651.

BGB). Erhält der Mieter zwischenzeitlich die Schlüssel zurück, um die vertraglich rechtswirksam vereinbarte Renovierung durchzuführen, so wird dadurch der erwähnte Lauf der Verjährungsfrist nicht gehemmt.[102] Die Sechs-Monatsfrist läuft also ab dem Zeitpunkt, ab dem der Vermieter erstmals den Schlüssel erhalten hat, und zwar auch dann, wenn der Mieter nicht alle Schlüssel abgibt.[103]

Die Verjährung der in Rede stehenden Schadensersatzansprüche des Vermieters beginnt gemäß §§ 548 Abs. 1 S. 2, 200 S. 1 BGB auch dann mit dem Zeitpunkt des Rückerhalts der Mietsache, wenn diese Ansprüche erst zu einem späteren Zeitpunkt entstehen.[104] Danach beginnt die Verjährung der darunterfallenden Vermieteransprüche mit dem Zeitpunkt, in dem der Vermieter die Mietsache zurückerhält.[105] Dies setzt grundsätzlich eine Änderung der Besitzverhältnisse zu Gunsten des Vermieters sowie dessen Kenntnis hiervon voraus, weil er erst durch die unmittelbare Sachherrschaft in die Lage versetzt wird, sich ungestört ein umfassendes Bild von etwaigen Veränderungen oder Verschlechterungen der Sache zu machen.[106]

1477

IV. Anspruch auf Schadensersatz wegen schlecht durchgeführter Schönheitsreparaturen

Gesondert sind alle die Fälle zu betrachten, in denen es nicht um die Herstellung eines vertragsgemäßen Wohnungszustandes durch Renovierung geht, sondern tatsächlich um den Ersatz eingetretener Schäden. Diese Fälle haben mit etwa unwirksamen Renovierungsklauseln nichts zu tun. Vielmehr ist der Mieter unter den allgemeinen Voraussetzungen des Schadensersatzrechts bei entsprechenden Nachweismöglichkeiten ohne weiteres selbst ersatzpflichtig, ohne dass er seinerseits an den Vermieter erfolgreich Ansprüche stellen kann. In Betracht kommen vor allen Dingen Fälle, (1) in denen nicht fachgerecht renoviert wurde, (2) in denen die Grenzen des Gestaltungsrechts bei den Dekorationen durch den Mieter überschritten wurden und die Wohnung in einem „poppig bunten Zustand" zurückgegeben werden soll, und insbesondere, (3) in denen es tatsächlich um „getarnte Sachschäden" in der Wohnung geht.

1478

Selbstverständlich muss ein Schaden, der aus einer unsachgemäßen und nicht fachgerechten Renovierung des Mieters folgt, vorgetragen und unter Beweis gestellt werden. Anderenfalls kann der Vermieter seinen Anspruch nicht begründen.[107] Der Vermieter kann seiner Darlegungspflicht aber leicht durch den Hinweis auf die zusätzlich notwendig werdenden Arbeiten zur Beseitigung der unfachmännischen Renovierungsleistungen sowie zur vollständig neuen Renovierung der betroffenen Räume, auf die damit verbundenen Lohn- und Materialkosten einschließlich Umsatzsteuer nachkommen, soweit die Umsatzsteuer anfällt (vgl. § 249 Abs. 2 S. 2 BGB). An einem messbaren Schaden durch schlecht ausgeführte Renovierungsarbeiten fehlt es, wenn der Vermieter ohnehin noch Untergrundschäden hätte beseitigen müssen.[108]

1479

Hat der Wohnungsmieter demgegenüber nicht geschuldete Schönheitsreparaturen mangelhaft ausgeführt (zB „wolkiger" Anstrich der Wände und Decken), kann er nur bei

1480

---

[102] OLG Düsseldorf DWW 2007, 246; zur Verjährung ausführlich → Rn. 1632.
[103] OLG Düsseldorf DWW 2007, 246.
[104] BGH NJW 2006, 1588 = NZM 2006, 503; BGH NJW 2005, 739 = NZM 2005, 176; vgl. BGH NJW 2005, 2004; hierzu Emmerich NZM 2005, 248.
[105] Vgl. zum Ganzen auch Börstinghaus DWW 2005, 92 (94); näher → Rn. 1638.
[106] BGH NJW 2014, 684 = NZM 2014, 128; BGH NJW 2012, 144 = NZM 2012, 21.
[107] Zu einem solchen Fall AG München WuM 2005, 766.
[108] LG Berlin NZM 2002, 909.

V. Darlegungs- und Beweislast

1481 Nach § 280 Abs. 1 S. 2 BGB trägt der Schuldner die Darlegungs- und Beweislast dafür, dass er die Pflichtverletzung nicht zu vertreten hat. Dagegen muss der Gläubiger die anspruchsbegründenden Tatsachen darlegen und beweisen.

1482 Besondere Bedeutung kommt insoweit dem Abnahme- oder Rückgabeprotokoll als Beweismittel zu. Auf die vorangegangenen Darlegungen zur Beendigung des Mietverhältnisses und dem Abnahmeprotokoll sei deshalb verwiesen.[110]

VI. Mietaufhebungsvertrag und Anspruchsausschluss

1483 Vereinbaren die Mietparteien im Mietaufhebungsvertrag die vorzeitige Rückgabe der Wohnung gegen eine Abfindungszahlung des Vermieters, so beinhaltet diese Regelung regelmäßig die Rückgabe ohne weitere Schönheitsreparaturen.[111] In der Abfindungszahlung ist eine abschließende Regelung der Wohnungsrückgabe zu sehen, die ein Zurückgreifen auf eine Rückgaberegelung im ursprünglichen Mietvertrag über die Durchführung von Schönheitsreparaturen bei Auszug nicht mehr erlaubt. Dies gilt selbst dann, wenn nicht ausdrücklich geregelt wurde, dass die Rückgaberegelung abschließenden Charakters sein sollte. Anders ist es nur, wenn ein Mieter auf seine Bitte vorzeitig aus dem Mietvertrag entlassen wird, und der Vermieter keine Ausgleichszahlungen an den Mieter leistet.[112]

VII. Umbau und Abriss

1484 Will der Vermieter nach Beendigung des Mietverhältnisses die vermietete Wohnung umbauen, so ist der Mieter nicht zum Schadensersatz wegen unterlassener Schönheitsreparaturen, sondern zu einer Ausgleichszahlung in Höhe der für Eigenleistungen ersparten Aufwendungen verpflichtet.[113] Dafür ist nicht das Angebot eines Fachhandwerkers maßgebend, sondern ein angemessener Stundensatz nebst Materialkosten.[114] Dieser Ausgleichsanspruch besteht auch, wenn der Vermieter das Gebäude abreißen lassen will.[115]

---

[109] BGH NZM 2009, 313 = NJW-RR 2009, 656.
[110] Hierzu → Rn. 1389 (Abnahmeprotokoll).
[111] Langenberg/Zehelein, Schönheitsreparaturen I. Teil G. Rn. 662; zu Widerrufsfragen → Rn. 1899.
[112] LG Stuttgart WuM 1995, 392.
[113] BGH NJW 2014, 1521 = NZM 2014, 270; BGH NJW 2002, 2383 = NZM 2002, 655.
[114] OLG Oldenburg NZM 2000, 828; LG Berlin GE 1999, 775; BGH DWW 1985, 50.
[115] Schmidt-Futterer/Langenberg BGB § 538 Rn. 349; aA LG Berlin ZMR 1998, 428; AG Augsburg WuM 2001, 335.

§ 31 Mieterinvestitionen

I. Wegnahme von Einrichtungen

1. Einrichtungen

Grundnorm ist § 539 Abs. 2 BGB, der für alle Mietverhältnisse gilt. Danach ist der Mieter berechtigt, Einrichtungen, mit denen er die Mietsache versehen hat, wegzunehmen. Einrichtungen sind bewegliche Sachen, die vom Mieter in eigenem Interesse mit der Mietsache zusätzlich verbunden werden, um deren wirtschaftlichen Zweck zu dienen.[116] Es ist unerheblich, ob die eingefügten Sachen durch die Verbindung wesentliche oder unwesentliche Bestandteile der Mietsache geworden sind, ob sie also in das Eigentum des Vermieters übergegangen sind oder nicht.[117]

1485

Zu Einrichtungen iSv § 539 Abs. 2 BGB zählen Teppichböden,[118] sonstige Fußbodenbeläge,[119] Heizungsanlagen,[120] Heizkörper, sanitäre Anlagen,[121] Beleuchtungsanlagen und Einbaumöbel,[122] Schlösser, Türen, Schilder, Lichtschalter, Steckdosen, Antennen, Raumteiler, Klimaanlagen[123] sowie Zwischenwände in Leichtbauweise und Holzpodeste.[124] Gehölze, Bäume, Sträucher und Pflanzen fallen nur dann darunter, wenn diese beschädigungslos umgepflanzt werden können.[125]

1486

Dagegen nicht den „Einrichtungen" unterfallen: die Errichtung eines Gebäudes,[126] Maßnahmen zur Herbeiführung des vertragsgemäßen Zustandes, bloße Baumaterialien und unter Putz verlegte Leitungen, weil sie vom Verkehr nicht als Nebensache angesehen werden sowie bloßes Inventar und Möbel.[127]

1487

2. Inhalt des Wegnahmerechts

Den Vermieter trifft von Gesetzes wegen weder eine Übernahmeverpflichtung noch eine Herausgabepflicht.[128] Er ist lediglich zur Duldung verpflichtet, kann seinerseits aber gemäß § 546 Abs. 1 BGB bei Mietende vom Mieter die Entfernung der Einrichtungen verlangen. Der Vermieter kann die Gestattung der Wegnahme gemäß § 258 S. 2 BGB verweigern, bis ihm für den mit der Wegnahme verbundenen Schaden Sicherheit geleistet wird. Mit Rückgabe der Mietsache geht das Selbsthilferecht in einen Anspruch auf Gestattung der Wegnahme (§ 258 S. 2 BGB), also einen Duldungsanspruch über.[129]

1488

---

[116] BGH NJW 1987, 2861; Schmidt-Futterer/Langenberg BGB § 539 Rn. 12.
[117] BGH NJW 1991, 3031.
[118] KG ZMR 1972, 80.
[119] BGH NJW-RR 2018, 74 (75); OLG Frankfurt/Main ZMR 1986, 358.
[120] BGH Urt. v. 14.7.1969 – VIII ZR 5/68, BeckRS 1969, 30853195; Bruns NZM 2016, 873 (875).
[121] OLG Frankfurt ZMR 1986, 358.
[122] OLG Düsseldorf MDR 1972, 147; LG Bonn Urt. v. 12.12.2016 – 6 S 60/16, BeckRS 2016, 117083; aA OLG München WuM 1985, 90.
[123] Schmidt-Futterer/Langenberg BGB § 539 Rn. 12.
[124] BGH NJW-RR 2018, 74 (75).
[125] BeckOK MietR/Bruns BGB § 539 Rn. 42.
[126] BGH NJW 1981, 2564.
[127] BGH NJW 1991, 3031 (3032); Schmidt-Futterer/Langenberg BGB § 539 Rn. 12; Bruns NZM 2016, 873 (874).
[128] Bruns NZM 2016, 873 (875); vgl. auch BGH Urt. v. 14.7.1969 – VIII ZR 5/68, BeckRS 1969, 30853195.
[129] BGH NJW 1981, 2564 (2565); BeckOK MietR/Bruns BGB § 539 Rn. 45.

1489 § 552 Abs. 1 BGB räumt dem Wohnraumvermieter die Befugnis zur Abwendung der Wegnahme ein. Dieses Recht wird „durch Zahlung einer angemessenen Entschädigung" ausgeübt. Das bloße Zahlungsangebot reicht nur aus, wenn sich der Mieter darauf einlässt. Die Entschädigung ist angemessen, wenn sie dem gegenwärtigen Verkehrswert der Einrichtung nach Abzug der sonst anfallenden Ausbau- und Wiederherstellungskosten entspricht. Verbietet der Vermieter die Wegnahme, so hat er die angemessene Entschädigung selbst dann zu zahlen, wenn er sein Wegnahmeverbot nicht mit einem Zahlungsangebot verknüpft, sondern seine Zahlungsablehnung zum Ausdruck gebracht hat.[130] Ausnahmsweise entfällt die Abwendungsbefugnis des Vermieters dann, wenn der Mieter ein berechtigtes Interesse an der Wegnahme hat. Dafür reicht ein nachvollziehbarer Grund, was auch ein bloßes Affektionsinteresse sein kann.[131]

3. Abweichende Vereinbarungen

1490 In Wohnraummietverhältnissen ist § 552 Abs. 2 BGB zu beachten. Danach ist eine Vereinbarung, durch die das Wegnahmerecht ausgeschlossen wird, nur wirksam, wenn ein angemessener Ausgleich vorgesehen ist.[132] Eine Vereinbarung, die dem nicht entspricht, ist nichtig (§ 134 BGB).[133]

4. Verjährung des Wegnahmerechts

1491 Ansprüche des Mieters auf Gestattung der Wegnahme einer Einrichtung verjähren in sechs Monaten nach Beendigung des Mietverhältnisses (§ 548 Abs. 2 BGB).[134] Der kurzen Verjährung unterliegen auch Ansprüche, die dasselbe Ziel aus demselben Sachverhalt verfolgen.[135] Die Verjährung der Wegnahmebefugnis führt zu einem dauernden Recht des Vermieters und des von ihm eingesetzten Mietnachfolgers zum Besitz. Der so zum Besitz Berechtigte schuldet dem ausgeschiedenen Mieter unter keinem rechtlichen Gesichtspunkt Nutzungsentschädigung.[136] Ebenso wenig stehen dem ausgeschiedenen Mieter dann bei einer Veräußerung der Mietsache nebst Einrichtungen Schadensersatzansprüche oder Bereicherungsansprüche wegen des Eigentumsverlustes an den Einrichtungen zu.[137]

1492 Der kurzen Verjährung aus § 548 Abs. 1 S. 1 BGB, die bereits mit Rückerhalt der Mietsache beginnt (§ 548 Abs. 1 S. 2 BGB), unterliegt auch ein auf Wiederherstellung des früheren Zustands gerichteter Anspruch des Vermieters oder ein hieraus gegen den Mieter gerichteter Schadensersatzanspruch.[138]

II. Vermieterpfandrecht

1493 Der Vermieter hat weiter die Möglichkeit, den Anspruch des Mieters auf Duldung der Wegnahme von Einrichtungen durch Ausübung seines Vermieterpfandrechts nach § 562 BGB zu unterlaufen.[139] Dies funktioniert nur, wenn sich die Einrichtungen noch im Eigentum des Mieters befinden. Sind die Einrichtungen mit ihrer Verbindung zur Mietsa-

---

[130] BGH Urt. v. 14.7.1969 – VIII ZR 5/68, BeckRS 1969, 30853195.
[131] BeckOK MietR/Bruns BGB § 552 Rn. 8.
[132] Hierzu LG Bonn Urt. v. 12.12.2016 – 6 S 60/16, BeckRS 2016, 117083.
[133] BeckOK MietR/Bruns BGB § 552 Rn. 18; LG Bonn Urt. v. 12.12.2016 – 6 S 60/16, BeckRS 2016, 117083.
[134] BGH NJW 1981, 2564; BGH NJW 1987, 2861.
[135] Bruns NZM 2016, 873 (881).
[136] BGH NJW 1981, 2564.
[137] BGH NJW 1987, 2861.
[138] Hierzu Bruns NZM 2016, 873 (881).
[139] Hierzu BeckOK MietR/Dötsch BGB § 562 Rn. 25a.

che zu einem wesentlichen Bestandteil gem. § 94 BGB geworden und hat daher der Vermieter Eigentum erlangt, so kann das Vermieterpfandrecht dennoch in dem Fall ausgeübt werden, dass der Mieter mit Ausbau der Einrichtung die Verbindung der Mietsache auflöst und insofern Kraft eigenen Aneignungsrechts Eigentümer der zuvor ausgebauten Einrichtung wird.

In diesem Kontext ist mit Blick auf das Vermieterpfandrecht und dessen Schutz gegen den Zugriff Dritter eine Regelung mit Mietvertrag denkbar, wonach Einbauten dem Vermieter anzuzeigen sind.[140]

III. Vornahme von Notreparaturen

§ 536a Abs. 2 BGB regelt den Aufwendungsersatz für den Mieter. Während nach Abs. 2 Nr. 1 der Mieter den Mangel selbst beseitigen und Aufwendungsersatz verlangen kann, wenn der Vermieter mit der Beseitigung des Mangels in Verzug ist, hat der Mieter nach Abs. 2 Nr. 2 dieses Recht nur, wenn die Aufwendungen notwendig, wenn sie also zur umgehenden Beseitigung des Mangels zwecks Erhaltung oder Wiederherstellung des Bestands der Mietsache erforderlich waren.[141] Beseitigt der Mieter eigenmächtig einen Mangel der Mietsache, ohne dass eine der Alternativen von § 536a Abs. 2 BGB vorliegt, so kann er die Aufwendungen weder nach § 539 Abs. 1 BGB noch als Schadensersatz gemäß § 536a Abs. 1 BGB vom Vermieter ersetzt verlangen.[142] § 536a Abs. 2 Nr. 2 BGB ist äußerst restriktiv auszufassen und erfasst beispielsweise die Beseitigung eines Rohrbruchs oder – bei Frostgefahr – den Einkauf von Heizöl.[143]

1494

IV. Bauliche Veränderungen vom Mieter

Bauliche Veränderungen des Mieters,[144] die in die Sachsubstanz der Mietsache eingreifen oder diese verändern, sind keine Einrichtungen, sondern Ein- oder Umbauten. Ob der Mieter derartige Einbauten entfernen darf oder gegen seinen Willen bei Ende des Mietverhältnisses auf Verlangen des Vermieters entfernen muss und ob er darüber hinaus im Zuge eines Rückbaus zur Wiederherstellung des ursprünglichen Zustandes verpflichtet ist, richtet sich in erster Linie nach den zugrundeliegenden vertraglichen Vereinbarungen. Existieren sie nicht, so kommt es darauf an, wie weit die baulichen Veränderungen mit dem Willen oder der nachträglichen Genehmigung des Vermieters vorgenommen wurden. Hat der Vermieter nicht zugestimmt oder wurde vorher festgelegt, dass die Einbauten bei Beendigung des Mietverhältnisses zu entfernen sind und der vertragsgemäße Zustand der Mietsache wiederherzustellen ist, so kann der Vermieter die Herausgabe des Mietobjekts im ursprünglichen Zustand verlangen.

1495

---

[140] Bruns NZM 2017, 468 (469).
[141] Schmidt-Futterer/Eisenschmid BGB § 536a Rn. 104.
[142] BGH NJW 2008, 1216 = NZM 2008, 279.
[143] Schmidt-Futterer/Eisenschmid BGB § 536a Rn. 130; LG Hagen WuM 1984, 215; AG Schönberg GE 1988, 305; AG Weilheim WuM 1987, 221.
[144] Hierzu Streyl NZM 2017, 785.

§ 32 Schadensersatzansprüche des Vermieters anlässlich der Beendigung des Mietverhältnisses

I. Schadensersatz wegen Beschädigung der Mietsache

1496 Anspruchsgrundlage ist eine positive Vertragsverletzung des Mieters aus §§ 280, 281, 282, 241 Abs. 2 BGB. Nicht nur Schäden innerhalb der Wohnung selbst, sondern auch Schäden in Treppenhäusern, Fluren, Wohnungseingangs- und -Haustüren sowie Außenanlagen der Mietsache sind über diese Anspruchsgrundlage zu verfolgen, wenn sie etwa beim Auszug des Mieters entstanden sind.

1497 Für Handlungen Dritter hat der Mieter einzustehen, soweit sie auf seine Veranlassung mit der Wohnung in Berührung gekommen sind und als seine Erfüllungsgehilfen anzusehen sind (§ 278 BGB). Zu diesen Personen zählen insbesondere Familienangehörige,[145] Kunden, Gäste, Handwerker und Lieferanten. Nicht einbezogen sind diejenigen Personen, die nicht auf Veranlassung des Mieters in Beziehung zur Mietsache getreten sind, wie etwa Diebe. Nach § 540 Abs. 2 BGB hat der Mieter auch für ein Verschulden des Untermieters beim Gebrauch der Mietsache einzustehen, ohne dass es auf sein Eigenverschulden ankommt.

1498 Umgekehrt wird der Mieter im Falle seiner Wiedereinweisung zur Vermeidung von Obdachlosigkeit nicht als Erfüllungsgehilfe der Behörde betrachtet, sodass sie für mutwillig verursachte Schäden des Mieters über § 278 BGB nicht haftet.[146]

1499 Als Beispiel von zurechenbaren Schäden infolge vertragswidrigen Gebrauchs werden angesehen: (1) übermäßige Inanspruchnahme oder Vernachlässigung der Wohnung, (2) Beschädigung durch Unachtsamkeit, (3) nicht ordnungsgemäße oder nicht fachgerechte Renovierung, als Anspruch abzugrenzen vom Schadensersatz wegen unterlassener Schönheitsreparaturen,[147] (4) nicht erforderliches oder übermäßiges Anbohren von Fliesen, (5) Schäden durch vom Mieter festverklebte Teppichböden[148] sowie (6) Nikotinablagerungen an Tapeten, Decken und Farbflächen durch extremes Rauchen (**Raucherexzess**),[149] soweit sie durch Renovierungen in normalem Umfang nicht beseitigt werden können.

1500 Bei Beschädigungen älterer Zubehörteile, Einrichtungen und Einbauten ist der Grundsatz der **Vorteilsausgleichung** (Abzug „neu für alt") zu beachten, wenn diese erneuert, nicht lediglich repariert werden.[150] Dies kann dazu führen, dass kein berechenbarer Schaden mehr verbleibt.

1501 Ist streitig, ob vermietete Räume in Folge des Mietgebrauchs beschädigt worden sind, so trägt der Vermieter die Beweislast dafür, dass die Schadensursache dem Obhutsbereich des Mieters entstammt. Eine in seinen eigenen Verantwortungsbereich fallende Schadensursache muss der Vermieter ausräumen.[151] Daraus leitet sich die folgende Beweislastverteilung ab:

1502 Bei einem Schaden außerhalb der Miträume hat der Vermieter die Beweislast dafür, dass er von einem bestimmten Mieter schuldhaft verursacht worden ist. Daher sind

---

[145] BGH NJW 2006, 2399 = NZM 2006, 624 (625).
[146] BGH NZM 2006, 267; BGH NJW 1996, 315; hierzu Huttner, Die Unterbringung Obdachloser durch die Polizei- und Ordnungsbehörden, 2. Aufl., 2017.
[147] Vgl. hierzu → Rn. 1466.
[148] Vgl. die Zusammenstellung bei Gather DWW 1990, 322 (324).
[149] BGH NJW 2015, 1871 (1872) = NZM 2015, 424 (425); NJW 2008, 1439 = NZM 2008, 318; LG Paderborn NZM 2000, 710.
[150] Langenberg/Zehelein, Schönheitsreparaturen II. Teil E. Rn. 122.
[151] BGH NJW 1998, 594 = NZM 1998, 117; BGH NJW 1994, 2019.

Klauseln unwirksam, die in einem Mehrfamilienhaus den Mieter bei Schäden an gemeinschaftlichen Hausteilen, wie Treppenhaus, Speicher, Gemeinschaftsräumen, Kanal und Leitungsrohren zur anteiligen Haftung heranziehen, wenn der Verursacher nicht ermittelt werden kann.[152]

Bei Schäden innerhalb der Räume muss der Vermieter beweisen, dass die Mietsache zu Beginn des Mietverhältnisses in einem vertragsgerechten Zustand war. Das Übernahmeprotokoll bei Einzug des Mieters spielt daher für den Vermieter eine erhebliche Rolle. Tritt ein Schaden in den Mieträumen während der Mietzeit auf, so trifft den Vermieter die Beweislast dafür, dass die Schadensursache allein im Einflussbereich des Mieters liegt.[153] Ist dieser Beweis geführt, dann hat sich der Mieter zu entlasten. Steht fest, dass die Schadensursache im Bereich der vermieteten Räume entstanden ist und hat der Vermieter alle möglichen in seinen Verantwortungsbereich fallenden Ursachen ausgeräumt, ist es Sache des Mieters zu beweisen, dass er einen vertragsgemäßen Gebrauch gemacht und den Schadenseintritt nicht zu vertreten hat.[154] 1503

Speziell bei Feuchtigkeitsschäden in den Räumen hat der Vermieter demnach die Beweislast dafür, dass die Mietsache frei von Baumängeln ist und der Zustand der Fenster, Türen und Heizung keinen Einfluss auf die Mängel ausübt. Hat er den Beweis geführt, dass die Schadensursache im Einflussbereich des Mieters gesetzt ist, so muss sich der Mieter umfassend entlasten. Er hat insbesondere zu beweisen, dass sein Heizungs- und Lüftungsverhalten sowie die Art der Möblierung für die Schäden nicht ursächlich sind.[155] Der Mieter muss substantiiert darlegen, wie sein Heizungs- und Lüftungsverhalten ist. Im Rahmen der Beweislast von Feuchtigkeitsschäden durch Baumängel kommt der Einschaltung von Sachverständigen eine große Bedeutung zu. 1504

Durch Beweislastklauseln lässt sich diese Verteilung der Beweislast nicht ändern. Denn nach § 309 Nr. 12 BGB sind derartige Klauseln unwirksam. 1505

Aus Sicht des Vermieters ist deshalb bei Ende des Mietverhältnisses unbedingt darauf hinzuwirken, dass innerhalb eines Abnahmetermins der Wohnungszustand in einem Abnahmeprotokoll festgehalten wird.[156] 1506

Abzugrenzen sind diese Fälle von Verschlechterungen der Mietsache durch vertragsgemäßen Gebrauch, die nach § 538 BGB vom Mieter nicht zu ersetzen sind. Die Abgrenzung ist einzelfallbezogen vorzunehmen. Unter den vertragsgemäßen Gebrauch der Mietsache fällt zum Beispiel: 1507

- Die normale Abnutzung eines Teppichbodens durch Laufstraßen, die durch die vertragsgemäße Nutzung entstehen oder durch Druckstellen von Möbelstücken.[157]
- Die normale Abnutzung eines Parketts oder eines Kunststoffbodens, die durch den vertragsgemäßen Gebrauch entsteht, insbesondere geringfügige Kratzer im Parkett[158] und Eindrücke durch Pfennigabsätze[159] sowie geringfügige Eindrücke und Flecken eines Kunststoffbodens, nicht aber Nutzungserscheinungen, die das Abschleifen und Versiegeln eines Parketts erfordern sowie erhebliche Löcher oder Kratzer oder schließlich Wasserschäden.

---

[152] OLG Hamburg ZMR 1985, 236; OLG Hamm NJW 1982, 2005.
[153] BGH NZM 2005, 100 = NJW-RR 2005, 381; OLG Düsseldorf ZMR 2003, 734.
[154] MüKoBGB/Bieber BGB § 538 Rn. 7.
[155] Näher Schmidt-Futterer/Eisenschmid BGB § 536 Rn. 503; zur Schimmelgeneigtheit und Wärmebrücken BGH NJW 2019, 507.
[156] Hierzu → Rn. 1389 (Abnahmeprotokoll).
[157] AG Koblenz NJW 2014, 1118 (1119) = NZM 2014, 350 (351); Langenberg NZM 2000, 1125 (1129).
[158] Schmidt-Futterer/Langenberg BGB § 538 Rn. 369.
[159] OLG Karlsruhe NJW-RR 1997, 139; BeckOK BGB/Zehelein BGB § 538 Rn. 6.

- Das Anbringen von Dübellöchern in Fliesenwänden oder -boden von Bad, WC oder Küche, soweit es zur Befestigung üblicher Einrichtungen in diesen Räumlichkeiten dient, insbesondere, wenn ein Bad ohne die üblichen Installationen vermietet wird,[160] nicht aber das übermäßige Anbringen von Dübellöchern in Fliesen.
- Leichte Beschädigungen von Sanitärinstallationen wie Waschbecken und Badewannen, also geringfügige oberflächliche Absplitterungen oder Beschädigungen von Silikonabdichtungen am Badewannenrand nach mehrjähriger Mietdauer.[161]
- Verfärbte Badewannen- oder Waschbeckenfugen sowie leicht verfärbte und verkalkte Duschköpfe und Duschschläuche, in Gegenden mit stark kalkhaltigem Wasser[162]
- Ungewöhnliche Anstriche wie eine kunterbunt renovierte Wohnung;[163] dagegen soll das Tapezieren eines Kinderzimmers mit einer Harry-Potter-Bordüre noch im Rahmen des vertragsgemäßen Gebrauchs liegen, wenn der Mieter eine unrenoviert übergebene Wohnung renovieren musste.[164] Gleiches soll für das Anbringen einer Mustertapete mit Sternchen im Kinderzimmer gelten.[165]
- Nikotinablagerungen an Tapeten, Teppichböden oder sonstigen Einrichtungen der Mietsache sowie starke durch Nikotingebrauch verursachte Ausdünstungen sind solange vertragsgemäß, wie sie durch normale Schönheitsreparaturmaßnahmen entfernt werden können.[166] Nicht mehr zum vertragsgemäßen Gebrauch gehört es allerdings, wenn die Folgen des Rauchens nicht mehr im Rahmen normaler Schönheitsreparaturen beseitigt werden können, so zB dann, wenn spezielle Maßnahmen wie zum Beispiel ein Neuanstrich mit vorherigem Isolieranstrich (Nikotinsperre) erforderlich sind.[167]

1508 Seiner Schadensersatzpflicht kann der Mieter Folgendes entgegenhalten:
- Bei Gegenständen, denen nach der Verkehrsauffassung begrenzte Lebensdauer zugemessen wird, ist der Gesichtspunkt der Vorteilsausgleichung zu berücksichtigen. Vom Schadensersatzanspruch des Vermieters ist daher ein Abzug „neu für alt" zu machen, der sich nach dem Alter des Gegenstandes zum Zeitpunkt des Schadenfalls richtet.[168] Entscheidend ist dann die zugedachte Lebensdauer beschädigter Einrichtungen und Einbauten. So fallen zum Beispiel Beschädigungen von Silikonabdichtungen am Badewannenrand nach mehrjähriger Mietdauer unter die vertragsgemäße Abnutzung der Mietsache.[169]

---

[160] BGH NJW 1993, 1061 (1063); LG Berlin GE 2002, 261; unter üblichen Einrichtungen versteht man zB Handtuch- oder Badetuchhalter sowie Seifenschalen und Spiegel. Die Anzahl der von einem Mieter angebrachten Dübellöcher in Fliesen muss sich im üblichen und erforderlichen Umfang bewegen.
[161] AG Bremen NZM 2008, 247, was darüber hinaus geht muss in der Regel bereits als Beschädigung angesehen werden.
[162] AG Köln WuM 1995, 312.
[163] KG NZM 2005, 663; als vertragswidrig wurde auch ein poppig bunter Anstrich der Räume mit grüner, roter oder blauer Farbe (AG Burgwedel WuM 2005, 771), ein roter Volltonanstrich im Schlafzimmer (LG Frankfurt/Main NJW-RR 2008, 24) bewertet. Ebenso soll es vertragswidrig sein, wenn die Farbe mit Schwämmen in Wischtechnik aufgebracht wurde oder sonstige ungewöhnliche Strukturen wie zB eine Marmorierung aufweist (Achenbach in MAH MietR § 15 Rn. 62a dort Fn. 305).
[164] LG Berlin GE 2005, 867.
[165] LG Frankfurt/Main NJW-RR 2008, 24.
[166] BGH NJW 2015, 1871 (1872) = NZM 2015, 424 (425); NJW 2008, 1439 = NZM 2008, 318; LG Paderborn NZM 2000, 710.
[167] LG Baden-Baden WuM 2001, 603; hierzu BGH NJW 2008, 1439 = NZM 2008, 318.
[168] Näher hierzu Schmidt-Futterer/Langenberg BGB § 538 Rn. 372 f.
[169] AG Bremen NZM 2008, 247.

II. Schadensersatz wegen unterlassenen Rückbaus

Versetzt der Mieter die Mietsache pflichtwidrig nicht in ihren ursprünglichen und vertragsgemäßen Zustand zurück, so kommt ein Schadensersatzanspruch des Vermieters wegen unterlassenen Rückbaues in Betracht. Da es sich um einen Vornahmeanspruch handelt, muss dieser Vornahmeanspruch zunächst in einen Schadensersatzanspruch in Geld umgewandelt werden. Anspruchsgrundlage ist §§ 280, 281 BGB. 1509

Wahlweise kann auch Nutzungsentschädigung nach § 546a Abs. 1 BGB in Betracht kommen. Denn der Verzug mit dem Rückbau kann lediglich eine Teilrückgabe sein, woraus folgt, dass der Mieter die Mietsache im Sinne von § 546a Abs. 1 BGB vorenthält.[170] 1510

III. Schadensersatz bei Wegnahme von Mietereinbauten und Einrichtungen

Wird die Wohnung durch die Wegnahme von Einrichtungen beschädigt, so hat der Vermieter gegen den Mieter einen Schadensersatzanspruch. Dies gilt auch, wenn eine Beschädigung unvermeidlich ist, wie etwa bei der Beschädigung des Unterbodens durch Entfernung eines festverklebten Teppichbodens.[171] 1511

Daraus folgt, dass der Mieter in jedem Fall den früheren Zustand der Wohnung schadensfrei wiederherzustellen hat. Diese Pflicht obliegt ihm als vertragliche Hauptleistungspflicht, wenn die Wiederherstellung des früheren Zustandes erhebliche Kosten nach sich zieht. 1512

Hat der Mieter die Einrichtungen und Einbauten von dem Vormieter übernommen, so haftet er auch für die Schäden, die bei der Entfernung von Einrichtungen und Einbauten des Mietvorgängers entstehen.[172] 1513

IV. Schadensersatz wegen unterlassener Rückgabe der Mietsache

Verhindern Mieter eine ordnungsgemäße und zügige Weitervermietung, indem sie ohne nähere Angabe der neuen Anschrift aus der gemieteten Wohnung ausziehen und ohne das Mietobjekt dem Vermieter ordnungsgemäß zurückzugeben, so haften sie dem Vermieter aus positiver Vertragsverletzung auf Schadensersatz.[173] Denn der Mieter muss insoweit erreichbar sein, was bedeutet, es muss möglich sein, ihm alle für die Vertragsdurchführung oder auch -beendigung relevanten Erklärungen und der hierfür vorgesehenen Form zugehen zu lassen.[174] So kann der Mieter etwa zum Ersatz der Kosten einer eingeholten Auskunft über seine neue Adresse verpflichtet sein. Bis zur Ermittlung der neuen Adresse kann man sich mit öffentlicher Zustellung helfen. 1514

---

[170] KG Berlin ZMR 2007, 194 = GE 2007, 217; siehe → Rn. 1423.
[171] OLG Düsseldorf NJW-RR 1989, 663; Schmidt-Futterer/Langenberg BGB § 538 Rn. 369.
[172] OLG Hamburg NJW-RR 1991, 11; LG Berlin MDR 1987, 234.
[173] Zu Aufklärungspflichten des Mieters BeckOK BGB/Zehelein BGB § 535 Rn. 527.
[174] BeckOK BGB/Zehelein BGB § 535 Rn. 541.

V. Schadensersatz wegen verspäteter Rückgabe der Mietsache

1515 Gibt der Mieter die Mietsache nicht fristgerecht zurück und entsteht dem Vermieter infolge der verspäteten Rückgabe ein weiterer Schaden, so kann er hierfür gem. §§ 546a Abs. 2, 571 BGB weiteren Ersatz verlangen. Diese Möglichkeit besteht neben § 546a Abs. 1 BGB.[175]

1516 Im Falle der Wohnraumvermietung gilt § 571 BGB Abs. 1 S. 1, wonach der Mieter nur im Falle des Vertretenmüssens (§ 286 Abs. 4 BGB) schadensersatzpflichtig ist (§§ 280 Abs. 2, 286 BGB). Zusätzlich wird die Schadenshöhe nach Billigkeit begrenzt (§ 571 Abs. 1 S. 2 BGB). Für diese Einschränkung ist kein Raum, wenn der Mieter selbst gekündigt hat (§ 571 Abs. 1 S. 3 BGB).

Der Mieter hat die verspätete Rückgabe nicht zu vertreten, etwa wenn sich der Umzug in die neue Wohnung aus nachvollziehbaren Gründen verzögert, die auch ohne gerichtliche Räumungsfrist gerechtfertigt wären.[176]

1517 Der Anspruch ist ausgeschlossen, wenn dem Mieter eine Räumungsfrist nach §§ 721, 794a ZPO (nicht aber bei Vollstreckungsschutz nach § 765a ZPO)[177] gewährt wurde (§ 571 Abs. 2 BGB). Innerhalb der Wohnraumvermietung darf zum Nachteil des Mieters keine abweichende Vereinbarung getroffen werden (§ 571 Abs. 3 BGB).

1518 Der Vermieter kann ebenfalls Aufwendungen geltend machen, die ihm dadurch entstanden sind, dass er seinerseits von dem Erwerber der Mietsache auf deren Herausgabe verklagt worden ist, weil er dazu nicht rechtzeitig in der Lage war.[178] Darüber hinaus kann der Vermieter an den nicht rechtzeitig räumenden Mieter im Wege des Schadensersatzes alle diejenigen Kosten durchreichen, die er selbst im Falle der Anschlussvermietung dem neuen Mieter, der nicht in die Wohnung einziehen kann, als Schadensersatz leisten muss.[179]

VI. Schadensersatz bei fristloser Kündigung

1519 Kündigt der Vermieter wegen schwerwiegender Vertragsverletzungen des Mieters außerordentlich fristlos, so haftet der Mieter für die hierdurch entstehenden Schäden,[180] insbesondere für Mietausfälle,[181] wenn die Wohnung nicht sofort weitervermietet werden kann. Kann sie nur zu einer niedrigeren Miete weitervermietet werden, so haftet der Mieter in Höhe der Mietdifferenz.[182] Er kann sich bei eigenem vertragswidrigem Verhalten nicht darauf berufen, durch die Weitervermietung könne er die Wohnung nicht mehr nutzen oder seine Pflicht zur Mietzahlung entfalle nach § 537 Abs. 2 BGB.[183]

1520 Unter dem Gesichtspunkt des **Auflösungsverschuldens** des Mieters ist für den Haftungszeitraum auf Mietausfall darauf abzustellen, zu welchem Zeitpunkt er durch ordentliche Kündigung das Mietverhältnis hätte beenden können.[184] In Anlehnung an die Fälligkeit der Miete wird der Anspruch auf Ersatz von Mietausfall sukzessiv fällig.[185]

---

[175] Hierzu → Rn. 1436.
[176] LG Hamburg WuM 1996, 341.
[177] MüKoBGB/Häublein BGB § 571 Rn. 9
[178] OLG Düsseldorf WuM 1998, 219 = DWW 1998, 181.
[179] Dazu OLG Düsseldorf NZM 1999, 24; OLG Frankfurt/Main NZM 1999, 966.
[180] Hierzu BGH NZM 2005, 340
[181] Schmidt-Futterer/Blank BGB § 542 Rn. 106.
[182] KG NZM 1999, 462 (463); Schmidt-Futterer/Blank BGB § 542 Rn. 107.
[183] OLG Düsseldorf NJW-RR 1991, 1484; BGH NJW 1993, 1645.
[184] BGH NJW 2004, 3117 = NZM 2004, 733; Schmidt-Futterer/Blank BGB § 542 Rn. 108.
[185] BGH ZMR 1979, 351 = WuM 1979, 236; aA LG Krefeld NZM 2018, 750 (751) unter Verweis auf BGH NJW 1982, 870 (872): sofortige Fälligkeit des Restbetrages.

VII. Schadensersatz bei Einweisungen von der Ordnungsbehörde

Beschädigt der wieder eingewiesene ehemalige Mieter nach seiner ordnungsbehördlichen Einweisung die Wohnung, so richtet sich der Entschädigungsanspruch des Vermieters (sog. Folgenbeseitigungsanspruch)[186] gegen die Verwaltungs- oder Ordnungsbehörde.[187] 1521

VIII. Aufrechnung

Grundsätzlich können nach §§ 387 ff. BGB Forderungen, die ihrem Gegenstande nach gleichartig sind, bei Fälligkeit der Leistung durch Erklärung der Aufrechnung gegeneinander aufgerechnet werden. In Mietverträgen wird die gesetzlich gegebene Aufrechnungsmöglichkeit häufig durch Formularklauseln oder auch durch Individualabreden eingeschränkt oder gar ausgeschlossen.[188] 1522

Handelt es sich dagegen um ein AGB-rechtlich zulässiges Aufrechnungsverbot oder um eine individuell ausgehandelte Aufrechnungsbeschränkung, so ist dies auch noch nach Mietvertragsende zu beachten.[189] 1523

§ 33 Zahlungsansprüche des Mieters

I. Zwischenabrechnung der Betriebskosten

Grundsätzlich ist bei einem Mieterwechsel eine Zwischenablesung der Erfassungsgeräte zur Ermittlung verbrauchsabhängiger Betriebskosten – insbesondere zur Ermittlung der Heizkosten (§ 9b HeizKV) – vorzunehmen. Dies bedeutet allerdings nicht, dass zugleich eine Zwischenabrechnung erteilt werden muss. Aus der Pflicht zur Zwischenablesung folgt keine Pflicht zur Zwischenabrechnung.[190] Bei preisfreiem Wohnraum hat der Mieter nur grundsätzlich Anspruch auf Abrechnung der Betriebskosten innerhalb der in § 556 Abs. 3 S. 2 BGB geregelten Abrechnungsfrist. 1524

Was die Kosten der Zwischenablesung und Zwischenabrechnung angeht, so sind zunächst besondere mietvertragliche Regelungen hierzu einschlägig. Existieren vertragliche Vereinbarungen nicht, so geht der BGH aus, dass Zwischenablesekosten und Zwischenabrechnungskosten als Verwaltungskosten nicht umlegbar und deshalb grundsätzlich von Vermieter zu tragen sind.[191] Im Übrigen kann ausziehende Mieter zur Tragung der Zwischenablesungs- und Zwischenabrechnungskosten verpflichtet sein, wenn er die vorzeitige Vertragsbeendigung verschuldet hat. Grundlage ist ein Schadensersatzanspruch aus positiver Vertragsverletzung.[192] 1525

---

[186] BGH NJW 1995, 2918 (2919); Schmidt-Futterer/Blank BGB Vor § 535 Rn. 163.
[187] BGH NJW 1996, 315 u. a. zu aufgebrochenem Wohnungstürschloss, gesprengtem Türrahmen, zerbrochenem Lichtschalter und fleckigen Teppichböden; ferner BGH NJW 1995, 2918.
[188] Hierzu → Rn. 282 und → Rn. 1906.
[189] MüKoBGB/Artz BGB § 556b Rn. 10; BGH NZM 2000, 336 = NJW-RR 2000, 530 (zu einem Aufrechnungsverbot als Individualvereinbarung).
[190] Langenberg/Zehelein BetrKostR Teil G. Rn. 32; AG Oberhausen DWW 1994, 24; AG Neuss DWW 1991, 245.
[191] BGH NJW 2008, 575 = NZM 2008, 123.
[192] So auch Harsch WuM 1991, 521; Ropertz WuM 1992, 291.

1526 Von der Frage der Zwischenabrechnung ist die Frage der regelmäßigen Abrechnung der Betriebskosten zu trennen. Dazu ist der Vermieter in jedem Fall verpflichtet. Wird er abrechnungssäumig, kann der Mieter sogleich die vollständige Rückzahlung der geleisteten Abschlagszahlungen verlangen, wenn das Mietverhältnis beendet ist.[193]

II. Abrechnung und Rückzahlung der Kaution

1527 Mit der Leistung der Kaution erhält der Mieter einen aufschiebend bedingten Anspruch auf Rückgewähr.[194] Im Falle der Mietbürgschaft ist der Mieter für eine Klage auf Herausgabe der Bürgschaftsurkunde nicht klageberechtigt. Der Anspruch auf Rückgabe der Bürgschaftsurkunde steht nach Erlöschen der Bürgschaftsverpflichtung vielmehr gem. § 371 BGB allein dem Bürgen zu. Der Mieter kann nur Klage auf Freigabe der Mietsicherheit in Form der Rückgabe der Bürgschaftsurkunde an den Bürgen erheben.[195]

1528 Anstelle des Vermieters ist dessen Zwangsverwalter zur Rückgabe der Kaution an den Mieter verpflichtet, und zwar selbst dann, wenn der Vermieter die vom Mieter an ihn geleistete Kaution nicht an den Zwangsverwalter abgeführt hat.[196]

1529 Bevor der Mieter Rückzahlung der Kaution verlangen kann, hat der Vermieter ein **Überlegungs- und Prüfungsrecht**.[197]

1530 Denn der Vermieter behält auch nach der tatsächlichen und rechtlichen Beendigung des Mietverhältnisses seinen Anspruch auf Zahlung der Kaution, wenn er noch andere Forderungen gegen den Mieter hat oder solche schlüssig darlegt.[198] Er muss also noch ein Sicherungsinteresse haben. Hat der Vermieter zB während des Mietverhältnisses seine Forderungen – etwa wegen ausstehender Mietzahlungen – mit der Kaution verrechnet, so hat er gegen den Mieter einen Anspruch auf „Wiederauffüllung" der Mietkaution gem. § 240 BGB.[199]

1531 Neben der Frage einer vollständig vorliegenden Kautionsleistung erstreckt sich das Überlegungs- und Prüfungsrecht des Vermieters vor Rückzahlung an den Mieter vor allem darauf, ob er aus dem Mietverhältnis Gegenforderungen hat, die er gegen die Kaution verrechnen kann.

1. Abrechnungsbasis

1532 Zunächst hat sich der Rechtsanwalt darüber zu vergewissern, ob die insgesamte Höhe der Kautionsleistung ggf. aus mehreren Kautionsarten dem Gesetz entspricht. Sie bildet die Basis der Abrechnung.

1533 Für Wohnraum gilt § 551 BGB.[200] Die Kaution darf das Dreifache der auf einen Monat entfallenden Miete nicht überschreiten (§ 551 Abs. 1 BGB). Eine zum Nachteil des Mieters abweichende Vereinbarung ist unwirksam (§ 551 Abs. 4 BGB). Deshalb ist auch eine Anhäufung von mehreren im Betrag jeweils drei Monatsmieten ausmachenden Sicherheitsleistungen nicht zulässig. So kann neben einer einmal erhaltenen Barkaution in

---

[193] BGH NJW 2005, 1499 = NZM 2005, 373; ferner BGH NJW 2011, 143 = NZM 2010, 858.
[194] BGH NJW 2006, 1422 (1423); BGH NZM 1999, 496; hierzu Ludley NZM 2013, 777 (780).
[195] LG Düsseldorf DWW 2000, 26.
[196] BGH NJW 2003, 3342 = NZM 2003, 849; BGH NZM 2005, 596 = NJW-RR 2005, 1029; ferner BGH NJW 2009, 1673 = NZM 2009, 481; BGH NJW 2009, 3505 = NZM 2009, 815.
[197] BGH NJW 2016, 3231 = NZM 2016, 762.
[198] BGH NJW 1981, 976; OLG Düsseldorf NZM 2001, 380; LG Düsseldorf WuM 2001, 487; LG Saarbrücken WuM 1996, 616.
[199] BGH Urt. v. 12.1.1972 – VIII ZR 26/71, BeckRS 1972, 31126541; Schmidt-Futterer/Blank BGB § 551 Rn. 90.
[200] Siehe hierzu → Rn. 327.

Höhe von drei Monatsnettomieten nicht zusätzlich eine Bürgschaft als Mietsicherheit verlangt werden (Kumulationsverbot).

Ist es darüber hinaus zum Abschluss eines Bürgschaftsvertrags gekommen, so ist er gem. §§ 551, Abs. 1, 4, 134 BGB nichtig, soweit er zu einer Inanspruchnahme über den Betrag von drei Monatsmieten hinaus führen kann.[201] Der BGH gibt dem Bürgen gegenüber dem Anspruch des Vermieters aus § 768 Abs. 1 S. 1 BGB eine Einrede, soweit er vom Vermieter über den Betrag von drei Monatsmieten hinaus in Anspruch genommen wird. Gegenüber dem Mieter sei der Vermieter um den überschießenden Betrag ungerechtfertigt bereichert (§ 812 Abs. 1 S. 1 Fall 1 BGB).[202] Das soll nur dann nicht gelten, wenn der Dritte dem Vermieter unaufgefordert eine Bürgschaft unter der Bedingung anbietet, dass ein Wohnraummietvertrag zustande kommt und dadurch der Mieter nicht erkennbar belastet wird. In diesem Fall sei die Bürgschaft wirksam zustande gekommen (Elternbürgschaft).[203]   1534

Wird der Rechtsanwalt mit einem solchen Fall konfrontiert, so sollte er zügig eine Auswahl treffen, welche Sicherheitsleistung für den Vermieter – Mandanten – die sicherste ist und die „unsicheren" Teile der Kaution zurückgeben, soweit sie drei Nettomonatsmieten übersteigen. Zügiges Tätigwerden ist deshalb veranlasst, damit der Mieter die sicherste Kautionsform nicht von sich aus zurückverlangt.   1535

Die von der Bank für die Auflösung des Mietkautionskontos beim Vermieter erhobenen Kosten kann der Vermieter bei der Auskehrung der Kaution an den Mieter geltend machen.[204]   1536

2. Gesicherte Forderungsarten

Die Mietkaution sichert alle – auch noch nicht fällige – Ansprüche des Vermieters, die sich aus dem Mietverhältnis und seiner Abwicklung ergeben.[205] Der Umfang der durch die Mietsicherheit gesicherten Ansprüche richtet sich nach der Sicherungsabrede, die in dem Mietvertrag eindeutig gefasst werden sollte. Üblicherweise werden alle auf die Zahlung von Geld gerichteten Ansprüche des Vermieters aus dem Mietverhältnis und dessen Abwicklung einschließlich des Anspruchs auf Nutzungsentschädigung nach § 546a BGB und des Schadensersatzanspruchs wegen unterlassener Schönheitsreparaturen gem. §§ 280, 281 BGB gesichert.[206] Die Mietkaution sichert auch noch nicht fällige Ansprüche, die sich aus dem Mietverhältnis und seiner Abwicklung ergeben, und erstreckt sich damit auf Nachforderungen aus einer nach Beendigung des Mietverhältnisses noch vorzunehmenden Abrechnung der vom Mieter zu tragenden Betriebskosten. Deshalb darf der Vermieter einen angemessenen Teil der Mietkaution bis zum Ablauf der ihm zustehenden Abrechnungsfrist einbehalten, wenn eine Nachforderung zu erwarten ist.[207]   1537

3. Aufrechnung

Damit der Kautionsbetrag einschließlich Zinsen wirksam mit der Forderung, gegen die aufgerechnet werden soll, verrechnet werden kann, ist es erforderlich, die Verrechnung ausdrücklich und bestimmt zu erklären. Bestehen also mehrere Forderungen gegen den Mieter, sollte eine Reihenfolge für die Aufrechnung dargestellt werden (§ 396 Abs. 1 S. 1   1538

---

[201] BGH NJW 2004, 3045 (3046) = NZM 2004, 613 (615).
[202] BGH NJW 1989, 1853.
[203] BGH NJW 1990, 2380 m. abl. Anm. Tiedke ZMR 1990, 401; ebenso abl. Schmitz MDR 1990, 893; hierzu BGH NJW 2013, 1876 = NZM 2013, 756.
[204] AG Büdingen WuM 1995, 483.
[205] BGH NZM 2006, 343; BGH NJW 1987, 2372; BGH NJW 1972, 721 (722).
[206] MüKoBGB/Bieber BGB § 551 Rn. 8.
[207] BGH NJW 2006, 1422 = NZM 2006, 343.

BGB). Diese Reihenfolge ergibt sich noch nicht aus der Reihenfolge, in der die Forderungen in einem Schreiben angeordnet werden. Vielmehr muss die Reihenfolge ausdrücklich bestimmt werden.

1539 Nach § 215 BGB ist es möglich, mit einer verjährten Forderung aufzurechnen. Diese Frage ist schon auf Grund der in § 548 Abs. 1 S. 1 BGB geregelten kurzen sechsmonatigen Verjährung bedeutsam, die für Vermieteransprüche mit der Rückerhalt der Mietsache auch schon vor Vertragsende zu laufen beginnt.[208]

1540 Die Frage bereitet bei Barkautionen keine Schwierigkeiten. Hier ist § 215 BGB unmittelbar anwendbar.[209] Dagegen ist eine Aufrechnung mit verjährten Forderungen bei einer Bürgschaft nicht möglich. Weder ist eine analoge Anwendung von § 223 Abs. 1 BGB noch eine analoge Anwendung von § 215 BGB zu, um die Aufrechenbarkeit doch noch zu erreichen.[210] Dies gilt nicht nur im Falle einer selbstschuldnerisch erteilten Bürgschaft, sondern auch im Ergebnis bei einer Bürgschaft auf erstes Anfordern, da sich die Bank im Rückforderungsprozess gegen den Vermieter gem. § 768 BGB auf die Verjährungseinrede berufen[211] und damit das durch die Bürgschaft Erlangte nach Bereicherungsgrundsätzen herausverlangen kann. Dazu muss die Bank als Bürge lediglich vor oder bei Zahlung der Verjährung der gesicherten Forderung geltend machen und nur unter Vorbehalt zahlen.[212] Nach Durst[213] soll dies nur dann anders sein, wenn der Sicherungszweck der Bürgschaft in dem Mietvertrag und der Bürgschaftserklärung selbst so ausgestaltet ist, dass die Bürgschaft den Vermieter wie eine Barkaution sichert. Andernfalls bleibt es dabei, dass im Falle einer Kaution in Gestalt einer Bürgschaft der Vermieter nicht mit verjährten Forderungen aufrechnen kann. Darin liegt die besondere Schwäche dieser Kautionsart und im Umkehrschluss der Vorteil einer Barkaution.

Mit einredebehafteten Gegenforderung kann nicht aufgerechnet werden (§ 390 BGB). So kann Der Vermieter zum Beispiel gegen den Kautionsrückzahlungsanspruch des Mieters nicht mit einredebehafteten Heizkostennachforderungen aufrechnen.[214]

1541 Andererseits muss sich der Vermieter keine Aufrechnung des Mieters mit seinem Kautionsrückzahlungsanspruch gegen Mietforderungen entgegenhalten lassen. Auch in der Abwicklungsphase nach Beendigung des Mietverhältnisses kann der Mieter nicht mit seinem Anspruch auf Rückzahlung der Kaution gegen die eingeklagten Mietforderungen aufrechnen. Grund hierfür ist, dass die Kaution erst zur Rückzahlung fällig ist, nachdem sämtliche Ansprüche des Vermieters, auch Rechtsverfolgungskosten, erfüllt sind.[215] Denn die Forderung des aufrechnenden Mieters muss fällig und einredefrei sein (§ 390 BGB). Andernfalls entsteht die Aufrechnungslage deswegen nicht. Darüber hinaus steht dem häufig ein vertragliches Aufrechnungsverbot entgegen, was auch in der Phase nach Beendigung des Mietverhältnisses weiterwirkt.[216]

4. Zurückbehaltungsrecht des Vermieters

1542 Benötigt der Vermieter mit Sicherheit nicht die ganze Kaution, so kann er den benötigten Teil einbehalten und den Rest auszahlen.[217] Das Zurückbehaltungsrecht des Ver-

---

[208] BGH NJW 2005, 739 = NZM 2005, 176; BGH NJW 2006, 1588 = NZM 2006, 503.
[209] BGH NJW 1998, 981.
[210] BGH NJW 1998, 981.
[211] Hierzu BGH NJW 2010, 1284 (1287); MüKoBGB/Habersack BGB § 768 Rn. 5.
[212] Durst NZM 1999, 64 (66).
[213] Durst NZM 1999, 64 (66).
[214] OLG Düsseldorf ZMR 2008, 708; vgl. dazu auch BGH NJW 2006, 2552.
[215] LG Duisburg NZM 1998, 808.
[216] MüKoBGB/Artz BGB § 556b Rn. 10; BGH NZM 2000, 336 = NJW-RR 2000, 530 (zu einem Aufrechnungsverbot als Individualvereinbarung).
[217] AG Langen WuM 1996, 31; AG Köln WuM 1988, 267.

mieters an Teilen der Kaution wird insbesondere in den Fällen bedeutsam, in denen der Vermieter seine dem Grunde nach unstreitigen Forderungen der Höhe nach noch nicht abschließend beziffern kann. Ein regelmäßig wiederkehrendes Beispiel bietet der Anspruch aus einer Betriebskostenabrechnung.[218] Kann der Vermieter bei Auszug des Mieters innerhalb einer Abrechnungsperiode oder deswegen noch nicht abrechnen, weil ihm noch nicht alle zugrunde liegenden Belege vorliegen, so kann die Kaution in Höhe eines Pauschalteilbetrages zurückgehalten werden, der sich nach dem Ergebnis der letzten Betriebskostenabrechnung zuzüglich eines realistischen Teuerungszuschlages ermittelt. Der Vermieter hat insoweit ein Zurückbehaltungsrecht[219] bis zum Ablauf der Abrechnungsfrist.[220]

Bei der Teilrückzahlung ist ausdrücklich darauf hinzuweisen, dass damit kein – schlüssig erklärbares – Anerkenntnis des Wohnungszustandes als vertragsgemäß und kein Verzicht auf Schadensersatz- oder sonstige Ansprüche verbunden sind. Bei kommentarloser Rückzahlung der Kaution wurde ein solches Anerkenntnis mit entsprechendem Verzicht vom OLG München unterstellt.[221] 1543

Wie schon wie bei der Aufrechnung bei der Barkaution erörtert, schließt die Verjährung die Geltendmachung eines Zurückbehaltungsrechts nicht aus, wenn der Anspruch in dem Zeitpunkt noch nicht verjährt war, in dem erstmals die Leistung verweigert werden konnte (§ 215 BGB).

5. Abrechnungsfrist

Der Vermieter ist verpflichtet, eine vom Mieter geleistete Kaution nach Beendigung des Mietverhältnisses zurückzugeben, sobald er sie zur Sicherung seiner Ansprüche nicht mehr benötigt. Der BGH hat einer strengen Abrechnungsfrist eine Absage erteilt: Dem Mieter, der eine Mietsicherheit geleistet hat, steht (frühestens) nach Beendigung des Mietverhältnisses und Ablauf einer angemessenen Prüfungsfrist des Vermieters ein Anspruch auf Freigabe der Sicherheit zu.[222] Diese Verpflichtung beruht, wenn eine entsprechende Vereinbarung im Mietvertrag selbst nicht enthalten ist, auf der ergänzend getroffenen Sicherungsabrede, die der Hingabe der Kaution zugrunde liegt.[223] 1544

Fällig wird der Anspruch des Mieters auf Rückzahlung der Kaution jedoch nicht bereits im Zeitpunkt der Beendigung des Mietverhältnisses, sondern wenn das Sicherungsbedürfnis entfallen ist, mithin zu dem Zeitpunkt, in dem dem Vermieter keine Forderungen mehr aus dem Mietverhältnis zustehen, wegen derer er sich aus der Sicherheit befriedigen kann.[224] 1545

Wie viel Zeit dem Vermieter als „angemessene Prüfungsfrist" zuzubilligen ist, hängt von den Umständen des Einzelfalles ab. Diese können so beschaffen sein, dass mehr als sechs Monate für den Vermieter erforderlich und dem Mieter zumutbar sind.[225] Starre Grenzen lassen sich nicht ziehen. 1546

Dennoch sollte der Vermieter zügig die eigenen Ansprüche klären und mit ihnen gegen den Kautionsrückzahlungsanspruch aufrechnen oder die Kaution verwerten. Dies bietet sich schon deshalb an, weil Ersatzansprüche des Vermieters wegen Veränderungen oder Verschlechterungen der Mietsache nach § 548 Abs. 1 S. 1 BGB binnen sechs Monaten 1547

---

[218] Dazu BGH NJW 2006, 1422 = NZM 2006, 343.
[219] BGH NJW 2006, 1422 = NZM 2006, 343.
[220] OLG Düsseldorf ZMR 2002, 109 (110).
[221] OLG München NJW-RR 1990, 20; zweifelhaft dagegen AG Berlin-Schöneberg GE 1997, 1175.
[222] BGH NJW 2016, 3231 = NZM 2016, 762 mAnm Ludley.
[223] BGH NJW 2016, 3231 = NZM 2016, 762; BGH NJW 1999, 1857 (1858).
[224] BGH NJW 2016, 3231 = NZM 2016, 762.
[225] BGH NJW 1987, 2372 (2373).

nach Rückerhalt der Mietsache verjähren, wofür die Kaution verwertet werden kann. Außerdem kann sich der Vermieter im Falle einer verpfändeten Sparforderung als Mietsicherheit nicht mehr aus dieser befriedigen, soweit verjährte Nachforderungen aus Betriebskostenabrechnungen bestehen, weil diese nach § 216 Abs. 3 iVm Abs. 1 BGB als wiederkehrende Leistungen einzustufen sind.[226]

6. Realisierung des Kautionssaldos

1548 Die Mietsicherheit steht dem Vermieter auch in der Abwicklungsphase nach beendetem Mietverhältnis nach Erteilung einer Kautionsabrechnung zur Verwertung zur Verfügung. Der vereinzelt vertretenen Gegenauffassung[227] ist nicht zu folgen. Sie widerspricht der vom BGH und Literatur anerkannten Befriedigungsfunktion der Kaution.[228] Dennoch bestehen Unterschiede zwischen den Arten der Mietsicherheiten.

a) Barkaution

1549 Hier liegen die Dinge einfach. Nach Ermittlung des Abrechnungssaldos zugunsten des Vermieters kann dieser die bislang von seinem Vermögen getrennt zu haltende Mietkaution in Höhe des ihm zustehenden Saldos seinem Vermögen zuführen. Im Übrigen kann im Falle der Barkaution gegen den Kautionsrückzahlungsanspruch auch mit verjährten Forderungen aufgerechnet werden (§ 215 BGB).

b) Bürgschaft

1550 Hat der Mieter als Kaution eine Bankbürgschaft hinterlegt, muss bereits bei Beendigung des Mietvertrags geprüft werden, ob der Bürge diese Bürgschaft etwa zeitlich befristet hat. Häufig befristen Banken diese Bürgschaften etwa auf einen Zeitpunkt, der sechs Monate nach dem Ende einer Befristung liegt (§ 777 BGB).

1551 Da die Bürgschaft nach Ablauf der Frist erlischt, sofern die Bank nicht in Anspruch genommen wurde, muss sie also vorher realisiert werden. Dabei verweigern Banken häufig die Zahlung bis zur Rückgabe der Bürgschaftsurkunde. Ein Anspruch des Vermieters gegen die Bank besteht nur auf Zug um Zug-Leistung. Daher sollte ausdrücklich formuliert werden, dass die Bürgschaftsurkunde der Bank nur „zu treuen Händen" zurückgegeben wird. Dies kann im Angebot eines Treuhandvertrags gegenüber der Bank verankert werden. Umgekehrt kann ebenso verfahren werden. Dann sollte formuliert werden, dass gegen Zahlung auf das Anderkonto des Rechtsanwalts die Originalbürgschaftsurkunde herauszugeben ist, wobei sich der Rechtsanwalt verpflichtet, den Bürgschaftsbetrag erst dann an den Vermieter/Mandanten weiterzuleiten, sobald der Rückschein über die Bürgschaftsurkunde vorliegt. Ist der Sicherungszweck weggefallen (zB bei Erlöschen der Hauptschuld), kann der Schuldner aus eigenem Recht die Herausgabe der Bürgschaftsurkunde an den Bürgen beanspruchen.[229] Dies würde hier den Mieter betreffen.

---

[226] BGH NJW 2016, 3231 (3232) = NZM 2016, 762 (763); zu diesem Aspekt Ludley NZM 2016, 764.

[227] LG Krefeld WuM 2019, 84; AG Dortmund WuM 2018, 204 = IMR 2018, 2578; näher → Rn. 1407.

[228] BGH NJW 2016, 3231 Tz. 12 („[…] aus der Sicherheit befriedigen kann […]"); BGH NJW 1987, 2372 (2373); BGH NJW 1981, 976 (977); OLG Hamm ZMR 2016, 619; OLG Karlsruhe NZM 2009, 817 = NJW-RR 2009, 514; FA-MietR/Riecke Kap. 6 Rn. 126; Schmidt-Futterer/Blank BGB § 551 Rn. 100; BeckOK MietR/Lutz BGB § 551 Rn. 47; Emmerich/Sonnenschein, Miete, § 551 Rn. 22; Moeser in Lindner-Figura/Oprée/Stellmann, Geschäftsraummiete, Kap. 12 Rn. 90; Derleder NZM 2006, 601 (608).

[229] Hierzu BGH NJW 2015, 2961; MüKoBGB/Habersack BGB § 765 Rn. 60.

Hat der Bürge an den Vermieter gezahlt, entsteht durch die dem Bürgen übermittelte 1552 Forderungsaufstellung gegenüber dem Mieter keine Bindungswirkung.[230] Vielmehr ist der Vermieter berechtigt, die vereinnahmte Summe auf andere Mietforderungen zu verrechnen. Verrechnungsversuche des Mieters vor Fälligkeit des Rückforderungsanspruchs sind bedeutungslos.[231] Ist die Verjährungsfrist des § 548 Abs. 1 BGB eingetreten, ohne dass der Bürge in Anspruch genommen wurde oder geleistet hat, kann sich der Bürge darauf berufen, dass die Hauptforderung einredebehaftet ist.[232] Mangels Aufrechnungslage greift § 215 BGB im Verhältnis zwischen Vermieter und Bürge nicht. Da auch ein Zurückbehaltungsrecht an der Bürgschaftsurkunde nicht besteht, ist die Bürgschaft nach sechs Monaten zurückzugeben.[233] Im Unterschied zur Barkaution sind Bürge und Mieter nicht gehindert, sich auf die Verjährung der gesicherten Ansprüche zu berufen.

c) Sparbuch

Hinsichtlich der Mietkaution sind hier zwei Anlageformen zu unterscheiden. Zunächst 1553 kann ein eigens für das Mietverhältnis dienendes Anderkonto des Vermieters mit dem Vermerk „Kaution" eingerichtet worden sein. In diesem Fall verwahrt der Vermieter den Kautionsbetrag treuhänderisch für den Mieter.[234] Dann erfolgen Auszahlungen auf Weisungen des Vermieters ohne Mitwirkung des Mieters auf das der Bank bekannt gegebene Konto. Zur Auszahlung ist der Bank das Original der Einzahlungsbestätigung, enthalten im Sparbuch, vorzulegen.

Eine andere Anlageform für Kautionen besteht darin, dass der Mieter den Geldbetrag 1554 auf ein auf seinen Namen laufendes Konto einzahlt und das Sparbuch an den Vermieter verpfändet.[235] In diesem Fall wird der Mieter von dem Kreditinstitut über ein Auszahlungsverlangen des Vermieters unterrichtet. Die Auszahlung des Geldbetrags erfolgt dann in der Regel erst einen Monat nach der Mitteilung an den Mieter.

Der Vermieter kann sich allerdings im Falle einer verpfändeten Sparforderung nicht 1555 mehr aus dieser befriedigen, soweit verjährte Nachforderungen aus Betriebskostenabrechnungen bestehen, weil diese nach § 216 Abs. 3 iVm Abs. 1 BGB als wiederkehrende Leistungen einzustufen sind.[236]

7. Streitwert

Bei der Ermittlung des Streitwertes bei Ansprüchen auf Rückforderung der Kaution 1556 sind angelaufene Zins- und Zinseszinsen hinzuzurechnen. Selbstverständlich reduziert sich der Streitwert in Fällen, in denen nur Teile der Kaution streitig sind, entsprechend.

Bei Auskunftsklagen (zB im Rahmen der Stufenklage) über die Anlage der Mietkaution ist maximal von ¾ der insgesamt anzulegenden Sicherheit als Streitwert auszugehen.[237]

8. Kautionsklage nach Vertragsbeendigung

In der Praxis kommt es vor, dass der Mieter das Mietverhältnis kündigt und die letzten 1557 Monatsmieten nicht mehr zahlt mit dem Hinweis, der Vermieter könne seine Mietzah-

---

[230] OLG Düsseldorf ZMR 2000, 602.
[231] OLG Düsseldorf ZMR 2000, 602.
[232] BGH NJW 1998, 981 = NZM 1998, 224.
[233] OLG Hamm NJW-RR 1992, 1036.
[234] Dazu OLG Düsseldorf NJW-RR 1988, 782.
[235] Siehe auch BGH NJW 2008, 1732 (Untergang des Vermieterpfandrechts an als Mietkaution verpfändetem Sparguthaben in der Insolvenz der Bank).
[236] BGH NJW 2016, 3231 (3232) = NZM 2016, 762 (763).
[237] AG Neumünster WuM 1996, 632.

lungsansprüche mit der Kaution verrechnen. Das ist unzulässig. Der Mieter, der eine Mietkaution gestellt hat, kann vor Beendigung es Mietvertrages weder mit der Forderung auf Rückgewähr der Kaution gegen eine Mietforderung aufrechnen noch den Vermieter darauf verweisen, sich wegen eines Mietrückstandes aus der Kaution zu befriedigen.[238] Zu einer solchen **Verrechnung ("Abwohnen")** ist der Mieter also nicht berechtigt.[239] Die Mietzahlungen der vorangegangenen Monate sind vorher fällig geworden und selbständig etwa im Wege eines gerichtlichen Mahnverfahrens oder direkt per Klage (ggf. im Urkundsprozess)[240] durchsetzbar. Die Kaution sollte auch nicht vorher für rückständige Mieten verwendet werden, da es unter prozess- und materiell-rechtlichen Gesichtspunkten einfacher ist, rückständige Mieten gerichtlich zu verfolgen, als etwa noch festzustellende Schadensersatzansprüche wegen unterlassener Renovierung oder Beschädigung der Mietsache.

1558   Allerdings behält der Vermieter auch nach Vertragsende gegen den Mieter einen Anspruch auf „Wiederauffüllung"[241] der Mietkaution gem. § 240 BGB, wenn er (1) während des Mietverhältnisses entstandene Forderungen bereits mit der Kaution verrechnet hat und (2) er auch bei oder nach Vertragsende auf Grund bestehender weiterer Forderungen sein Sicherungsinteresse behalten hat.[242]

1559   Maßgeblicher Zeitpunkt für die Beurteilung, ob noch Forderungen des Vermieters bestehen, für die er die Kaution benötigt, soll das Vertragsende sein.[243] Im Übrigen ist es ausreichend, dass der Vermieter – im Prozess – die Forderungen schlüssig darstellt, ohne dass darüber Beweis zu erheben wäre.[244] Diese Grundsätze gelten auch bei Vereinbarung einer Bürgschaft als Mietsicherheit.

Bevor der Anspruch geltend gemacht wird, sollte die Verjährung geprüft werden. Immerhin unterliegt auch der Kautionszahlungsanspruch der regelmäßigen Verjährung des § 195 BGB. Liegt der Mietbeginn also mehr als drei Jahre zurück, kommt eine erfolgreiche Durchsetzung nur noch bei entsprechenden Hemmungstatbeständen in Betracht.

9. Rechtsverlust

1560   Der Vermieter muss sein Überlegungs- und Prüfungsrecht gewissenhaft ausüben und ebenso bei der Abrechnung der Kaution verfahren. Sonst droht Rechtsverlust. Ergibt sich beispielsweise nach der Auszahlung eines Kautionsrestbetrages, dass der Vermieter bestimmte Forderungen nicht berücksichtigt hat, so kann in der vorbehaltlosen Rückzahlung der restlichen Kaution ein Erlass weiterer Forderungen liegen. Ob dieser Erlass auch schlüssig zustande kommen kann,[245] ist zweifelhaft, denn ein Angebot auf Abschluss eines Erlassvertrages muss unmissverständlich erklärt werden.[246]

---

[238] BGH NJW 1972, 625.
[239] BGH NJW 1972, 625; AG Dortmund NZM 2002, 949 („Abwohnen" der Kaution unzulässig).
[240] BGH NJW 2005, 2701 = NZM 2005, 661; BGH NJW 1999, 1408 = NZM 1999, 401.
[241] Hierzu BGH Urt. v. 12.1.1972 – VIII ZR 26/71, BeckRS 1972, 31126541; Schmidt-Futterer/Blank BGB § 551 Rn. 90.
[242] BGH NJW 1981, 976 (977); OLG Düsseldorf NZM 2001, 380; OLG Celle NJW-RR 1998, 585 (586); LG Berlin GE 2005, 305; LG Saarbrücken WuM 1996, 618.
[243] OLG Düsseldorf NZM 2001, 380; aA Lützenkirchen WuM 2001, 55.
[244] OLG Düsseldorf NZM 2001, 380.
[245] In diesem Sinne OLG Düsseldorf NZM 2001, 893.
[246] BGH NJW 2002, 1044 (1046); BGH NJW 2001, 2325; MüKoBGB/Schlüter BGB § 397 Rn. 3.

III. Aufwendungs- und Verwendungsersatz für Einbauten und Investitionen des Mieters

Wenn der Mieter Aufwendungs- und Verwendungsersatz für Einbauten und Investitionen verlangt, so geht es häufig um
- Maßnahmen zum Schutze der Mietsache
- Maßnahmen zur Mängelbeseitigung
- Instandsetzungs- und Modernisierungsarbeiten
- Maßnahmen, die den Verkehrswert des Grundstücks erhöhen, ohne dass sie unter die bisher genannten Alternativen fallen.

1561

Dabei können sich Aufwendungs- und Verwendungsersatzansprüche aus Vertrag/oder aus Gesetz ergeben.

1562

Hat der Mieter das Mietobjekt repariert, saniert, ausgebaut, umgebaut oder modernisiert, so ist zunächst zu prüfen, ob über die Kostenerstattungspflicht eine vertragliche Regelung getroffen worden ist. Denn vertragliche Vereinbarungen gehen den gesetzlichen Verwendungsersatzansprüchen vor.[247]

1563

Lässt sich eine hinreichend konkrete Vereinbarung nicht feststellen, so muss auf die gesetzlichen Anspruchsgrundlagen zurückgegriffen werden.

1564

1. Mietrechtliche Regelungen

a) Erforderliche Aufwendungen, § 536a Abs. 2 BGB

Nach § 536a Abs. 2 BGB kann der Mieter den Mangel der Mietsache selbst beseitigen und vom Vermieter Ersatz der erforderlichen Aufwendungen verlangen, wenn
- der Vermieter mit der Beseitigung des Mangels in Verzug ist oder
- die umgehende Beseitigung des Mangels zur Erhaltung und Wiederherstellung des Bestands der Mietsache notwendig ist.

1565

Der Unterschied von Abs. 2 Nr. 2 zu Abs. 2 Nr. 1 liegt darin, dass es um bestimmte Notmaßnahmen des Mieters geht, die keinen Aufschub dulden und auch ohne vorherige Mahnung einen Aufwendungsersatzanspruch auslösen. § 536a Abs. 2 Nr. 2 BGB ist äußerst restriktiv auszufassen und erfasst beispielsweise die Beseitigung eines Rohrbruchs oder – bei Frostgefahr – den Einkauf von Heizöl.[248] Beseitigt der Mieter eigenmächtig einen Mangel der Mietsache, ohne dass eine der Alternativen von § 536a Abs. 2 BGB vorliegt, so kann er die Aufwendungen weder nach § 539 Abs. 1 BGB noch als Schadensersatz gemäß § 536a Abs. 1 BGB vom Vermieter ersetzt verlangen.[249]

1566

In der Sache knüpft § 536a Abs. 2 Nr. 2 BGB an den bisherigen Begriff der notwendigen Verwendungen an, ersetzt ihn aber durch den Begriff der erforderlichen Aufwendung. Danach fallen unter den Verwendungsbegriff nur solche Maßnahmen, die darauf abzielen, den Bestand der Sache als solcher zu erhalten, wiederherzustellen oder zu verbessern, ohne sie grundlegend zu verändern.[250] Damit fällt die Bebauung eines Grundstücks grundsätzlich nicht unter den Aufwendungsbegriff, da sie nicht zu dessen Ver-

1567

---

[247] BGH NZM 2000, 566; OLG Frankfurt ZMR 1986, 358.
[248] Schmidt-Futterer/Eisenschmid BGB § 536a Rn. 130; LG Hagen WuM 1984, 215; AG Schönberg GE 1988, 305; AG Weilheim WuM 1987, 221.
[249] BGH NJW 2008, 1216 = NZM 2008, 279.
[250] BGH NJW 1964, 1125; NJW 1983, 1479; NJW 1990, 447.

änderung führt, mag der Vermieter als Grundstückseigentümer auch Eigentümer des vom Mieter errichteten Bauwerks geworden sein.[251]

b) Sonstige Aufwendungen, § 539 Abs. 1 BGB

1568 Die Regelung über den Ersatz der sonstigen Mieteraufwendungen befindet sich in § 539 Abs. 1 BGB. Dabei setzt die Erstattungspflicht nach § 539 Abs. 1 BGB voraus, dass alle Voraussetzungen nach den Vorschriften über die GoA (§§ 677 ff. BGB) vorliegen müssen. Insbesondere muss der Mieter mit Fremdgeschäftsführungswillen gehandelt haben.[252] Daran mangelt es, wenn der Mieter die Aufwendungen im eigenen Interesse oder zum Zweck der Erfüllung eigener Verpflichtungen gemacht hat.[253]

1569 Haben die Mietvertragsparteien vereinbart, dass der Mieter an der Mietsache Veränderungen vornehmen darf, die ausschließlich in seinem eigenen Interesse liegen, kann von einem stillschweigenden Einverständnis der Parteien auszugehen sein, dass der Mieter hierfür keinen Aufwendungsersatz beanspruchen kann.[254]

1570 Da § 539 Abs. 1 BGB eine Rechtsgrundverweisung enthält, steht dem Mieter wegen sonstiger Aufwendungen (nützlicher Verwendungen) ein Aufwendungserstattungsanspruch nur zu, wenn die Maßnahmen

- im Interesse des Vermieters erfolgen (Fremdgeschäftsführungswille) und
- dem wirklichen oder mutmaßlichen Willen des Vermieters entsprechen, oder
- im öffentlichen Interesse erfolgen, oder schließlich
- vom Vermieter genehmigt werden.[255]

1571 Ansonsten ist der Mieter auf Bereicherungsansprüche angewiesen.[256]

c) Verhältnis des § 536a Abs. 2 BGB zu anderen Vorschriften

1572 § 539 Abs. 1 BGB und § 536a Abs. 2 BGB stehen in einem Ausschließlichkeitsverhältnis.[257] § 536a Abs. 2 BGB enthält eine abschließende Sonderregelung. Damit ist ausgeschlossen, dass der Mieter sowohl nach der einen als auch nach der anderen Vorschrift Ersatz seiner Aufwendungen verlangen kann,[258] soweit es Maßnahmen der Mängelbeseitigung geht.

1573 Aufwendungen für andere Maßnahmen außerhalb einer Mängelbeseitigung erhält der Mieter nur, wenn die Voraussetzungen einer Geschäftsführung ohne Auftrag (§§ 677 ff. BGB) vorliegen. Für nützliche bauliche Veränderungen und Umbauten kann ein Aufwendungsersatz die Folge sein (§ 539 Abs. 1 iVm § 683 BGB), wenn die Arbeiten dem wirklichen oder mutmaßlichen Willen des Vermieters entsprechen.[259] Liegen die Voraussetzungen von § 683 BGB nicht vor, kommt ein Herausgabeanspruch nach Bereicherungsrecht in Frage (§ 684 BGB).

---

[251] BGH NJW 1953, 1466; NJW 1954, 265.
[252] BGH NJW 2009, 2590 (2591) = NZM 2009, 541 (542).
[253] BGH NJW 1982, 1752; Kraemer/Ehlert in Bub/Treier MietR-HdB Teil III Rn. 3361.
[254] BGH NZM 2007, 682 = NJW-RR 2007, 1309 (Aufwendungen für die eigene Gartengestaltung).
[255] MüKoBGB/Bieber BGB § 539 Rn. 8.
[256] → Rn. 1587.
[257] BGH NJW 2008, 1216 = NZM 2007, 279.
[258] Schmidt-Futterer/Eisenschmid BGB § 536a Rn. 167.
[259] Schmidt-Futterer/Eisenschmid BGB § 536a Rn. 167; Kossmann/Meyer-Abich Wohnraummiete-HdB § 58 Rn. 33; BGH NZM 2007, 682 = NJW-RR 2007, 1309 (kein Aufwendungsersatz für nicht mehr umpflanzbare Bäume und Sträucher); zum früheren Recht BGH NJW-RR 1993, 521 (Ersatz für aufgewendete Kosten nach GoA für Wiederherstellung eines Teichablaufrohrs).

d) Zeitlicher Anwendungsbereich des § 536a Abs. 2 BGB iVm § 539 Abs. 1 BGB

aa) Allgemeines. Die vorgenannten Bestimmungen beziehen sich ersichtlich nur auf solche Aufwendungen, die der Mieter während der Mietzeit gemacht hat. Damit stellt sich die Frage, welchen rechtlichen Regelungen diejenigen Investitionen des Mieters zu unterstellen sind, die zu den Aufwendungen im Sinne der vorgenannten Bestimmungen zählen würden, wären sie während der Mietzeit erfolgt. 1574

bb) Aufwendungen aus der Zeit vor Beginn der Vertragszeit. Es ist auch in der Wohnraummiete nicht völlig ungewöhnlich, dass dem Mieter das Mietobjekt zu dessen Herrichtung bereits einige Zeit vor Beginn der vertraglich festgelegten Mietzeit überlassen wird, ohne dass der Mieter für diesen, der eigentlichen Mietzeit vorgelagerten Zeitraum einen besonderen Betrag entrichten muss. Für diese Fälle ist umstritten, ob dieser Zeitraum den Regeln des Mietrechts oder denen der Leihe oder gar der Verwahrung zu unterstellen ist. Anlass zu der Frage bietet die Tatsache, dass kein besonderes Entgelt ausgeworfen ist.[260] Diese Streitfrage kann für die hier angesprochene Problematik nicht abschließend beantwortet werden. Ergibt sich nämlich aus den Umständen, dass die vor Beginn der eigentlichen Mietzeit getätigten Mieterinvestitionen letztlich Teil der Gegenleistung für die Gebrauchsgewährung sein sollten, so steht dem Mieter – jedenfalls beim Durchlaufen der vollen Mietzeit – ohnehin kein Erstattungsanspruch zu.[261] In den übrigen Fällen dürfte es – gleich wie man die rechtlichen Beziehungen vor Beginn der eigentlichen Mietzeit einordnen will – interessengerecht und geboten sein, §§ 536a Abs. 2 Nr. 2, 539 Abs. 1 BGB zumindest analog anzuwenden[262] oder dies nach den Grundsätzen von § 812 Abs. 1 S. 2 Alt. 1 BGB zu behandeln. Eine Verwendungskondiktion kommt dann in Betracht, wenn der Mieter Arbeiten am Mietobjekt im eigenen Interesse vornimmt, dagegen um eine Leistungskondiktion wegen Wegfall des Rechtsgrundes, wenn der Mieter die Leistungen im Interesse des Vermieters erbringen und damit dessen Vermögen zweckgerichtet mehren sollte.[263] 1575

cc) Aufwendungen aus der Zeit nach Vertragsbeendigung. Soweit es sich um Mietermaßnahmen aus der Zeit nach rechtlicher Beendigung des Mietvertrags handelt, richten sich die Ansprüche des Mieters nach §§ 994 ff. BGB.[264] Denn mit dem Ende der Mietzeit entfällt das Recht des Mieters zum Besitz der Mietsache. 1576

Die §§ 994 ff. BGB regeln die Ansprüche des nicht mehr zum Besitz berechtigten Mieters abschließend und erschöpfend.[265] Anspruchsgegner ist in diesen Fällen nur der Vermieter, der auch Eigentümer ist.[266] 1577

Die Verweisung des Mieters auf §§ 994 ff. BGB hat zur Folge, dass nur der in Bezug auf sein Besitzrecht gutgläubige Mieter gemäß § 994 BGB unbedingt Ersatz notwendiger Verwendungen verlangen kann, während dem auf Herausgabe verklagten oder im Bezug auf sein Besitzrecht bösgläubigen Mieter wegen seiner nach Beendigung des Mietvertrags getätigten notwendigen Verwendungen nur unter den Voraussetzung der §§ 683, 677 BGB ein Ersatzanspruch zustehen kann. Dass Mietermaßnahmen nach Vertragsende dem Interesse und dem wirklichen oder dem mutmaßlichen Vermieterwillen entsprechen, liegt 1578

---

[260] Vgl. zum Meinungsstreit Eisele WuM 1997, 533 (534).
[261] Emmerich NZM 1998, 49 (50).
[262] Emmerich NZM 1998, 49 (50); Eisele WuM 1997, 533 (534).
[263] MüKoBGB/Schwab BGB § 812 Rn. 430.
[264] Schmidt-Futterer/Eisenschmid BGB § 536a Rn. 171; BeckOK BGB/Fritzsche BGB § 994 Rn. 5 u. 32; hierzu BGH NJW 2015, 229 (231) = NZM 2014, 906 (908); aA Emmerich NZM 1998, 49 (50).
[265] BGH NJW 1964, 1125; BGH NJW 1980, 833; Schmidt-Futterer/Langenberg BGB § 539 Rn. 67.
[266] Schmidt-Futterer/Langenberg BGB § 539 Rn. 67; BeckOK MietR/Bruns BGB § 539 Rn. 32.

aber keineswegs auf der Hand, zumal der Vermieter dann ja nicht mehr zur Gebrauchsgewährung und damit auch nicht zur Mängelbeseitigung verpflichtet ist.

1579 Ersatz sonstiger (nützliche) nach Vertragsende gemachter Verwendungen kann der Mieter nur verlangen, wenn er bei deren Vornahme gutgläubig und nicht auf Herausgabe verklagt ist und wenn und soweit durch sie der Wert der Mietsache im Zeitpunkt der Rückgabe noch erhöht ist (§ 996 BGB).[267]

e) Abweichende Vereinbarungen

1580 Weil § 539 Abs. 1 BGB auch bei der Wohnraummiete vertraglich abgeändert werden kann, ist die Regelung von Verwendungsersatzansprüchen des Mieters durch Formularklauseln schon im Mietvertrag üblich. Dafür gilt: Sonstige Aufwendungen erfolgen in der Regel für die Zwecke des Mieters. Der Vermieter hat ein berechtigtes Interesse daran, dass sie ihm nicht im Wege des Ersatzanspruches aufgedrängt werden. Entsprechende Ausschlussklauseln sind daher nach § 307 BGB wirksam.[268]

1581 Verfallsklauseln, die bei der vorzeitigen Vertragsbeendigung Ersatzansprüche ausschließen sollen, sind aber unwirksam. Stellen sie darauf ab, dass die Auflösung des Vertrags vom Mieter zu vertreten ist, so stehen sie der Vereinbarung einer Vertragsstrafe gleich, die im Wohnraummietrecht unzulässig ist (§ 555 BGB).

1582 Davon zu unterscheiden sind Einzelabsprachen. Führt der Mieter zum Beispiel in den Mieträumen auf eigene Kosten Modernisierungs- oder Sanierungsmaßnahmen durch, kommt es bei Ende des Mietverhältnisses häufig zu Differenzen zwischen den Mietparteien über die Höhe einer angemessenen „Ablöse", die nicht selten in der Drohung des Mieters gipfelt, er werde alles „herausreißen", wenn ihm nicht die geforderte Ablösesumme bezahlt wird. Entscheidend ist dann die Frage, ob es sich bei den Maßnahmen des Mieters um Aufwendungen oder um Einrichtungen handelt.

1583 Bei Modernisierungs- oder Sanierungsmaßnahmen des Mieters, die der Erhaltung, Wiederherstellung oder Verbesserung der Mietsache dienen und somit als Aufwendungen zu qualifizieren sind[269] hat der Mieter bei Beendigung des Mietverhältnisses kein Wegnahmerecht gemäß § 539 Abs. 2 BGB, sondern lediglich einen Aufwendungsersatzanspruch gemäß § 539 Abs. 1 BGB,[270] da dem Vermieter insofern ein dauerndes Besitzrecht an den verbesserten Räumen zusteht. Dieses Besitzrecht wird dadurch verletzt, wenn der Mieter im Streit um die Höhe des Aufwendungsersatzes dazu übergeht, alles „herauszureißen". Der Vermieter kann dann Schadensersatz geltend machen.

1584 Sind die Aufwendungen des Mieters dagegen als „Einrichtungen" (§ 539 Abs. 2 BGB) zu qualifizieren, zum Beispiel weil bestimmte Gegenstände wie etwa Beleuchtungseinrichtungen, Wandschränke, lose verlegte Bodenbeläge u. a. nur für eine vorübergehende Zeit in die Mieträume eingebracht oder eingebaut wurden, steht dem Mieter ein Wegnahmerecht zu.[271]

f) Vermieterwechsel

1585 Die Ansprüche aus §§ 536a Abs. 2, 539 Abs. 1 BGB entstehen mit der Vornahme der Aufwendungen.[272] Sie werden auch nicht erst bei Vertragsende, sondern grundsätzlich

---

[267] BeckOK MietR/Bruns BGB § 539 Rn. 32.
[268] Schmidt-Futterer/Langenberg BGB § 539 Rn. 20; wohl auch BeckOK MietR/Bruns BGB § 539 Rn. 33.
[269] Beispiele: Erneuerung der Sanitär- oder Elektroanlagen, Austausch von Türen, Fenster.
[270] → Rn. 1568.
[271] KG Urt. v. 19.1.2006 – 8 U 22/05, BeckRS 2006, 2231; hierzu → Rn. 1488.
[272] BGH NJW 1952, 697 zum früheren Recht.

mit der Vornahme der Aufwendung fällig.²⁷³ Deshalb ist grundsätzlich derjenige Anspruchsgegner, der im Zeitpunkt der Vornahme der Aufwendung Vermieter ist, nicht dagegen der spätere Grundstückserwerber. Aufwendungsersatzansprüche richten sich demgemäß nur dann gegen den Erwerber, wenn sie erst nach dem Eigentumswechsel entstehen oder, obwohl sie vorher entstanden sind, zB aufgrund von Parteiabsprachen erst nach dem Eigentumswechsel fällig werden.²⁷⁴

Bereicherungsschuldner für die wertsteigernden Investitionen des Mieters ist bei einer rechtsgeschäftlichen Veräußerung des Grundstücks dagegen nicht derjenige, der zur Vornahme der Investitionen Vermieter war, sondern der Erwerber.²⁷⁵ Das gilt auch dann, wenn der Erwerber als neuer Vermieter den Kaufpreis unter Berücksichtigung der Mieterinvestitionen in das Objekt bezahlt hat.²⁷⁶ Diese Grundsätze gelten auch bei einem Erwerb des Mietgrundstücks im Wege der Zwangsversteigerung.²⁷⁷   1586

2. Ersatzansprüche aus ungerechtfertigter Bereicherung

Liegen die vorangegangenen Varianten, insbesondere §§ 536a Abs. 2, 539 Abs. 1, 683 BGB, nicht vor, kann der Mieter vom Vermieter die Herausgabe seiner Bereicherung nach § 684 S. 1 BGB²⁷⁸ oder direkt nach den §§ 812 ff. BGB²⁷⁹ verlangen. Soweit „Einrichtungen" betroffen sind, geht wiederum § 539 Abs. 2 BGB vor.   1587

Allerdings haftet der Vermieter im Rahmen der ungerechtfertigten Bereicherung nur, insoweit er bereichert ist. Die Höhe des Bereicherungsausgleichs ist nicht identisch mit der Höhe der Aufwendungen des Mieters. Abzustellen ist lediglich auf eine Vermögensmehrung, also auf eine Erhöhung des Verkehrswerts des Grundstücks oder der Wohnung durch die Aufwendungen²⁸⁰ oder schließlich auf eine Erhöhung des Ertragswertes. Dazu muss der Mieter beweisbar dartun, dass der Vermieter wegen seiner Investitionen eine höhere Miete im Anschlussvertrag erzielen kann.²⁸¹ Bereicherungsansprüche bestehen aber nicht, wenn der Mieter verpflichtet war, die Maßnahmen bei Vertragsende rückgängig zu machen, mag der Vermieter auch auf eine Durchsetzung dieser Ansprüche zwischenzeitlich verzichtet haben.²⁸²

Neben der Vermögensmehrung kann ein Bereicherungsanspruch auf erparte (eigene) Aufwendungen des Vermieters gegründet werden. Hat der Vermieter dagegen kein Interesse an den Maßnahmen des Mieters und gibt es hierfür nachvollziehbare Gründe, so entfällt ein Bereicherungsanspruch schon deshalb.²⁸³   1588

Hat der Mieter bei der Vornahme der Aufwendungen nicht die Absicht, den Vermieter in Anspruch zu nehmen, so scheidet ein Bereicherungsanspruch gem. §§ 539 Abs. 1, 677, 684, 685 BGB²⁸⁴ ebenfalls aus.   1589

---

²⁷³ BGH NZM 2006, 15 (16) = NJW-RR 2006, 294 (295); BeckOK MietR/Bruns BGB § 539 Rn. 9.
²⁷⁴ BGH NJW 1991, 3031 (3032); BGH NJW 1988, 705 (jeweils zum früheren Recht).
²⁷⁵ BGH NZM 2006, 15 = NJW-RR 2006, 294.
²⁷⁶ BGH NZM 2006, 15 = NJW-RR 2006, 294.
²⁷⁷ BGH Urt. v. 16.9.2009 – XII ZR 73/07, BeckRS 2009, 26988 (Rn. 14).
²⁷⁸ Hierzu BeckOK BGB/Zehelein BGB § 539 Rn. 9;
²⁷⁹ MüKoBGB/Schwab BGB § 812 Rn. 430; BGH NJW 2009, 2590 = NZM 2009, 541.
²⁸⁰ BGH NZM 1999, 19 (20); OLG Düsseldorf NJW-RR 1992, 716.
²⁸¹ BGH GE 2006, 1224; BGH GuT 2006, 266; BGH NZM 2006, 15 (17) = NJW-RR 2006, 294 (295); BGH NJW-RR 2001, 727; BGH NJWE-MietR 1996, 33 (34); ferner BGH NJW 1985, 313 (315).
²⁸² BGH NJW 1959, 2163.
²⁸³ LG Mannheim NJW-RR 1996, 1357 (1358).
²⁸⁴ OLG München NJWE-MietR 1996, 10 (11).

1590 Auch mit dem berechtigten Hinweis auf aufgedrängte Bereicherung kann der Vermieter den Anspruch des Mieters zu Fall bringen. Aufgedrängte Bereicherung liegt vor, wenn die Aufwendungen ohne oder gegen den Willen des Vermieters oder gar rechtswidrig vorgenommen wurden.[285] Bei aufgedrängter Bereicherung hat der Mieter selbst dann keine Ersatzansprüche, wenn er die Mietsache mit einer Einrichtung versehen hat, die in das Eigentum des Vermieters übergegangen ist (§§ 951 Abs. 1 S. 1, 812 BGB).[286]

1591 Die Vorschriften über den Verwendungsersatz (§§ 994 ff. BGB) im Eigentümer-Besitzer-Verhältnis schließen Bereicherungsansprüche des Mieters wegen der Bebauung eines fremden Grundstücks in der berechtigten Erwartung des späteren Eigentumserwerbs auch nach der Beendigung des Mietverhältnisses nicht aus.[287]

IV. Rückerstattung von Mietvorauszahlungen, Baukostenzuschüssen, Mieterdarlehen und überzahlter Miete

1592 Im Falle einer Mietvorauszahlung für die Zeit nach Beendigung des Mietverhältnisses muss der Vermieter diese Vorauszahlung nach Maßgabe von § 547 BGB zurückerstatten. Hat er die Beendigung des Mietverhältnisses nicht zu vertreten, so haftet er gem. § 547 Abs. 1 S. 2 BGB nur nach den Vorschriften über die Herausgabe einer ungerechtfertigten Bereicherung.

1593 Mietvorauszahlung ist jede Mieterleistung, die nach dem Inhalt des Mietvertrages Bezug zur Miete hat und mit ihr innerlich verbunden, also letztlich Gegenleistung für die Gebrauchsüberlassung der Mietsache ist.[288] Von § 547 Abs. 1 BGB werden neben den eigentlichen Mietvorauszahlungen auch Baukostenzuschüsse[289] und Mieterdarlehen[290] erfasst, insbesondere dann, wenn die Rückzahlungsverpflichtung durch Verrechnung mit der Miete erfolgt.[291] Behandeln die Parteien eines Mietvertrags den Aufwendungsersatzanspruch eines Mieters wie eine Mietvorauszahlung, indem sie die Unverzinslichkeit und Unkündbarkeit während der Dauer des Mietverhältnisses mit den monatlichen Mieten vereinbaren, so gilt für die Rückzahlung § 547 Abs. 1 BGB.[292]

1594 Der Vermieter hat die Beendigung des Mietverhältnisses nicht zu vertreten, wenn der Mieter die Ursache hierfür gesetzt hat. Dazu gehören verhaltensbedingte fristlose oder fristgerechte Kündigungen. Kündigt der Vermieter wegen Eigenbedarfs oder wegen Hinderung an einer angemessenen wirtschaftlichen Verwertung oder kündigt er die Einliegerwohnung, so hat der Mieter keine Ursachen für diese Kündigungen gesetzt. Folglich hat der Vermieter die Umstände zu vertreten, aus denen heraus das Mietverhältnis beendet wird.

---

[285] LG München II WuM 1982, 209.
[286] LG München II WuM 1982, 209; zur „aufgedrängten Bereicherung" MüKoBGB/Füller BGB § 951 Rn. 29.
[287] BGH NJW 2001, 3118 (3119); zur Anwendung von §§ 994 ff. BGB innerhalb des Mietverhältnisses auch BGH NZM 2000, 566.
[288] BGH NJW 2008, 2256 = NZM 2008, 519; BGH NJW 2000, 2987 = NZM 2000, 761 (762); BeckOK MietR/Klotz-Hörlin BGB § 547 Rn. 7.
[289] BGH NZM 2012, 301 (302) = NJW-RR 2012, 525.
[290] BeckOK MietR/Klotz-Hörlin BGB § 547 Rn. 8.
[291] Eisenschmid WuM 1987, 243 (246).
[292] Eingehend Scheuer/Emmerich in: Bub/Treier MietR-HdB Teil V Rn. 430.

V. Schadensersatzansprüche des Mieters bei Ende des Mietverhältnisses

1. Schadensersatz bei ungerechtfertigter Kündigung des Vermieters

Der Vermieter kann aus positiver Vertragsverletzung (§§ 280, 281, 282, 241 Abs. 2 BGB) schadensersatzpflichtig sein, wenn er dem Mieter vor Beginn der vertraglichen Mietzeit unbegründet fristlos kündigt und der Mieter dieser Kündigung nachkommt, weil ihm ein gedeihliches Zusammenleben mit dem Vermieter im Haus erkennbar unzumutbar sein würde. Dies gilt auch bei fristgemäßen Kündigungen. Der BGH sieht grundsätzlich in einer wegen fehlender materieller Gründe unwirksamen Kündigung eine Verletzung der Vermieterpflichten und schon in der fahrlässigen Geltendmachung eines tatsächlich nicht bestehenden Kündigungsgrundes einen Haftungstatbestand.[293] Kündigt der Vermieter dem Mieter schuldhaft ohne Grund (zB wegen der Behinderung des Kindes der Mieter), so ist er dem Mieter aus positiver Vertragsverletzung zum Schadensersatz verpflichtet. Der Anspruch umfasst in diesem Falle die sinnlos gewordenen Ausgaben für die neue Wohnung einschließlich aller Umzugskosten sowie den Verdienstausfall des Mieters während eines Urlaubs für den Umzug.[294]

1595

Generell umfasst der Schadensersatz das positive Interesse. Das Risiko, die Rechtslage falsch zu beurteilen, trägt der Vermieter. Für die Schadensersatzpflicht genügt einfache Fahrlässigkeit (§ 276 BGB). Er hat die Verletzung des Vertrags auch dann zu vertreten, wenn er sich über die Rechtslage irrt.[295]

1596

Im Wohnungsmietrecht häufiger ist die ungerechtfertigte Kündigung des Vermieters wegen vorgetäuschten Eigen- oder Betriebsbedarfs.[296] Dabei liegt vorgetäuschter Eigenbedarf vor, wenn er entweder von Anfang an nicht bestand oder nach Zugang der Kündigungserklärung und vor Ablauf der Kündigungsfrist wieder weggefallen ist. Etwaige Veränderungen der tatsächlichen Verhältnisse, insbesondere der **Wegfall des Kündigungsgrundes**, sind **zeitlich** nur bis zum Ablauf der Kündigungsfrist beachtlich.[297] In diesen Fällen kommt sogar eine Strafbarkeit des Vermieters nach § 263 StGB in Betracht.[298] Zivilrechtlich hat der Mieter aus positiver Vertragsverletzung des Vermieters Schadensersatzansprüche. Der zu ersetzende Schaden umfasst Umzugskosten,[299] Kosten der Wohnungssuche, Ummeldungskosten[300] (zB Telefon und Pkw), Renovierung der neuen Wohnung, Mehrbelastung infolge einer höheren Miete für die neue Wohnung (Differenzmiete), doppelt gezahlte Miete für die neue Wohnung, höhere Betriebskosten für die neue Wohnung, Kosten für die Übernahme gebrauchten Mobiliars in der neuen

1597

---

[293] BGH NJW 2010, 1068 = NZM 2010, 273; BGH NJW 2005, 2395 = NZM 2005, 580; BGH NJW 1988, 1268 (1269); BGH NJW 1987, 432 (433); BGH NJW 1984, 1028; ferner BGH NZM 2002, 291 = NJW-RR 2002, 730; Siegmund WuM 2017, 613 (614); vgl. auch Hinz WuM 2010, 207.
[294] AG Waiblingen WuM 1995, 158.
[295] BGH NJW 2014, 2720 (2722) = NZM 2014, 636 (638); NJW 2011, 3229 (3230); NJW 2006, 3271; NJW 2001, 3114 (3115); der BGH wendet diese Grundsätze auch an, wenn der Vermieter dem Mieter ohne Kündigung nur zur Rückgabe auffordert und anschließend auf Räumung und Herausgabe verklagt (BGH NZM 2002, 291 = NJW-RR 2002, 730).
[296] BGH NZM 2016, 718; NJW 2015, 2324 = NZM 2015, 532 (533); WuM 2011, 634; NJW 2009, 2059 = NZM 2009, 429; hierzu Fleindl NZM 2016, 777; zur Darlegungs- und Beweislast BGH NJW 2005, 2395 = NZM 2005, 580.
[297] BGH NJW 2007, 2845 (2846) = NZM 2007, 679 (681); BGH NJW 2006, 220 = NZM 2006, 50.
[298] LG Düsseldorf DWW 1996, 55.
[299] BGH NJW 2017, 2819 (2822) = NZM 2017, 521 (524) für beauftragtes Unternehmen (450 EUR), Zahlungen an freiwillige Helfer (100 EUR), Fahrtkosten (50 EUR), Umzugsservice des Telekommunikationsunternehmens (60 EUR).
[300] BGH NJW 2017, 2819 (2822) = NZM 2017, 521 (524).

Wohnung, Kosten für notwendige Neuanschaffungen, Zinsverlust infolge einer für die neue Wohnung – anders als bei der alten – zu hinterlegenden Kaution, Zinsverluste infolge der Übernahme (Ablöse) von in der neuen Wohnung befindlichen Möbeln, Zinsverluste infolge der Anschaffung neuer Möbel und Verluste, weil in der neuen Wohnung bisher genutzte Möbel nicht mehr aufgestellt werden können und diese Möbel teils mit Verlust verkauft oder sonst untergestellt werden müssen, ferner auch Inseratskosten für den Möbelverkauf.[301] Detektivkosten können hiervon auch umfasst sein.[302]

1598 Die Rechtsprechung beurteilt uneinheitlich, für welchen **Zeitraum die Differenzmiete**[303] für eine vergleichbare neue Wohnung (ohne höheren Wohnwert) anzusetzen ist. Die Bandbreite reicht von einem,[304] drei oder dreieinhalb,[305] vier[306] sowie bis zu fünf Jahren.[307] Dabei wird jeweils auf die hypothetischen Mietenentwicklungen abgestellt. In der Regel wird sich der (streitige) Differenzschaden nur über ein Gutachten eines mit dem örtlichen Markt vertrauten Sachverständigen ermitteln lassen.[308]

1599 Damit kann es allerdings nicht sein Bewenden haben. Vielmehr ist zu untersuchen, wann das unberechtigt wegen Eigenbedarfs gekündigte Mietverhältnis rechtmäßig geendet hätte. Dies kann nach rechtlichen Gesichtspunkten – wie beispielsweise dem Zeitablauf im Sinne von § 542 Abs. 1 BGB – oder nach tatsächlichen Gesichtspunkten entschieden werden.[309] Parallel sollte der Grundsatz des rechtmäßigen Alternativverhaltens im Auge behalten werden. Dieser Einwand ist geführt, wenn der Schädiger geltend macht, er habe sich zwar pflichtwidrig verhalten und durch dieses Verhalten einen anderen geschädigt, denselben Schaden hätte er aber auch in rechtmäßiger Weise herbeiführen können.[310] Ein schadensrechtlicher Sonderfall ist insoweit die **Verletzung der Anbietpflicht**.[311] Diese Verletzung hat nicht zur Folge, dass eine berechtigt ausgesprochene Eigenbedarfskündigung nachträglich rechtsmissbräuchlich und damit unwirksam wird. Sie zieht lediglich einen Anspruch auf Schadensersatz in Geld nach sich.[312] Bei pflichtgemäßem Verhalten hätte der Mieter ohnehin umziehen müssen. Die meisten hier dargestellten Schadenspositionen sind dann sog. Sowieso-Kosten, die also dem Mieter sowie entstanden wären.[313] Ein Mietdifferenzschaden bezieht sich auf die Differenz zwischen der neuen Wohnung und der pflichtwidrig nicht angebotenen Wohnung, für die der Vermieter die ortsübliche Miete zu verlangen berechtigt gewesen wäre.[314]

---

[301] Zum Umfang des ersatzfähigen Schadens LG Saarbrücken WuM 1995, 173; LG Hamburg WuM 1995, 175; LG Darmstadt WuM 1995, 165; LG Frankfurt/Main, Privates Eigentum 1997, 236; AG Siegen WuM 1995, 167; AG Saarlouis WuM 1995, 173 = DWW 1995, 16; eingehend Siegmund WuM 2017, 613 (618).

[302] AG Hamburg WuM 1997, 220; differenzierend dagegen LG Berlin WuM 2000, 313 (Kosten müssen notwendig iSv § 91 Abs. 1 ZPO sein, insbesondere „prozessbezogen").

[303] Hierzu Siegmund WuM 2017, 613 (619).

[304] LG Frankfurt/Main, Privates Eigentum 1997, 236.

[305] LG Hamburg Urt. v. 6.11.2008 – 307 S 72/08, BeckRS 2010, 3213 (Begrenzung auf 42 Monate in Anlehnung an § 9 ZPO); AG Solingen WuM 1997, 681.

[306] LG Darmstadt WuM 1995, 165 (in Anlehnung an die damalige vierjährige Verjährungsfrist aus § 197 BGB a. F.).

[307] LG Wuppertal WuM 1997, 681.

[308] BGH NJW 2017, 2819 (2822) = NZM 2017, 521 (524); Siegmund WuM 2017, 613 (619).

[309] LG Wuppertal WuM 1997, 681, wo auf das Alter und den Gesundheitszustand des Mieters sowie auf die Größe der gemieteten Sache abgestellt wurde und hypothetisch entschieden wurde, wie lange der Mieter bei seinem Gesundheitszustand ein Mietobjekt dieser Ausmaße noch allein hätte bewirtschaften können.

[310] BGH NJW 1996, 311 (312).

[311] Siehe hierzu → Rn. 1127.

[312] BGH NJW 2017, 547 = NZM 2017, 111; hierzu Siegmund WuM 2017, 613 (621).

[313] Siegmund WuM 2017, 613 (621).

[314] Siegmund WuM 2017, 613 (621).

§ 33 Zahlungsansprüche des Mieters

Auch kann der Vermieter im Übrigen generell darlegen, dass der Mieter durch sonstiges eigenes Verhalten den Schaden begrenzt hätte. So kann er anführen, dass der Mieter aus der Ersatzwohnung ausgezogen wäre, weil er zum Zwecke der Familiengründung eine größere Wohnung braucht oder aus beruflichen Gründen in eine andere Stadt zieht. Weiß der Vermieter hierüber nichts, so braucht er nur mit Nichtwissen zu bestreiten, dass der Mieter während des ganzen streitgegenständlichen Zeitraums in der Ersatzwohnung gewohnt hat.[315] Denn es handelt sich hier um Tatsachen, die weder eigene Handlungen des Vermieters, noch Gegenstand seiner eigenen Wahrnehmungen gewesen sind (§ 138 Abs. 4 ZPO).

1600

Der Schadensersatzanspruch des Mieters kann wegen Mitverschuldens ausgeschlossen sein.[316] Der Mieter muss darlegen und beweisen, dass ein Kündigungsgrund wegen Eigenbedarfs nicht bestanden hat oder später weggefallen ist.[317] Auch muss der Mieter seinen Schaden im Einzelnen darlegen und beweisen.[318]

1601

2. Schadensersatz bei Kündigung des Mieters

Kündigt der Mieter etwa wegen Gesundheitsgefährdung gem. § 569 Abs. 1 BGB oder wegen nicht gewährtem Gebrauchs an der Mietsache (§ 543 Abs. 2 Nr. 1 BGB) so umfasst die Schadensersatzpflicht des Vermieters neben vertraglichen Anspruchsgrundlagen auch nach § 823 Abs. 1 BGB die Kosten des vorzeitigen Auszugs sowie Schmerzensgeld nach § 847 Abs. 1 BGB und Erstattung der zur Behandlung aufgetretener Erkrankung aufgewendeten Arztkosten.[319]

1602

Generell stellt sich in allen Fällen, in denen der Mieter wegen einer Vertragsverletzung des Vermieters kündigt und Ersatzräume bezieht, die Frage nach dem Schadensersatz für nutzlos gewordene Aufwendungen,[320] die im Hinblick auf den abgeschlossenen Vertrag gemacht wurden. Der BGH sieht solche nutzlos gewordenen Aufwendungen als erstattungsfähig an mit der Begründung, es bestehe im Allgemeinen eine widerlegbare Rentabilitätsvermutung, die dahingehe, dass der enttäuschte Vertragspartner durch Vorteile aus der vereinbarten Gegenleistung wieder erwirtschaftet hätte. Nutzlos gewordene Aufwendungen stehen nach § 284 BGB alternativ neben den Schadensersatztatbeständen der §§ 280 ff. BGB.

1603

3. Schadensersatz nach § 536a Abs. 1 BGB

§ 536a Abs. 1 BGB gibt dem Mieter in drei Fällen einen Schadensersatzanspruch gegen den Vermieter:

1604

- bei Abschluss des Mietvertrags ist die Mietsache mit einem Mangel behaftet;
- nach Abschluss des Mietvertrags entsteht an der Mietsache ein Mangel in Folge eines Umstandes, den der Vermieter zu vertreten hat;
- der Vermieter kommt mit der Beseitigung eines Mangels an der Mietsache in Verzug.

Im Rahmen der Beendigung von Mietverhältnissen ist die zweite Alternative von Bedeutung. So kann der Mieter etwa wegen Entzugs des vertragsgemäßen Gebrauches gem. § 543 Abs. 2 Nr. 1 BGB kündigen, wenn der Vermieter offene Rechnungen der

1605

---

[315] Grundlegend Eisenhardt MDR 1999, 1081.
[316] LG Stuttgart WuM 1998, 30; LG Bochum NJWE-MietR 1997, 50; LG Mannheim NJWE-MietR 1996, 148; LG Hamburg WuM 1995, 175.
[317] LG Köln WuM 1995, 173; LG Hamburg WuM 1995, 175.
[318] AG Betzdorf WuM 1995, 172; zu Beweislastfragen ferner LG Frankfurt/Main WuM 1995, 165.
[319] AG Mainz DWW 1996, 216 (für holzschutzmittelbedingte Erkrankungen).
[320] Hierzu BGH NJW 2000, 2342 (2343) = NZM 2000, 496 (498) mAnm Horst = DWW 2001, 152.

Elektrizitätswerke oder sonstiger Energieversorger nicht bezahlt und dadurch ein wiederholter Heizungsausfall oder sonstiger Energieausfall in der Mietwohnung eintritt. Darüber hinaus steht ihm der Schadensersatzanspruch gegen den Vermieter aus § 536a Abs. 1 BGB zu. Dieser Anspruch umfasst die Kosten des mit der fristlosen Kündigung beauftragten Rechtsanwalts, die Kosten der Wohnungssuche und des Umzugs sowie die Herrichtung der neuen Wohnung einschließlich Telefonanschluss und Kautionskontogebühren.[321] Allerdings müssen die Rechtsverfolgungskosten zur Durchsetzung des Schadensersatzanspruchs einer Erforderlichkeitskontrolle genügen.[322]

4. Schadensersatz für Einrichtungen und Einbauten des Mieters

1606 Gibt der Mieter nach Beendigung des Mietvertrags die Mietsache mit in seinem Eigentum verbliebenen Einrichtungen zurück, so sind der Vermieter und der neue Mieter dem bisherigen Mieter gegenüber zum Besitz dieser Einrichtungen solange berechtigt, bis der bisherige Mieter einen Anspruch auf Duldung der Wegnahme macht. Der bisherige Mieter kann für die erfolgte Nutzung der Einrichtungen während der Zeit seines Auszugs bis zur Geltendmachung des Wegnahmeanspruchs unter keinem rechtlichen Gesichtspunkt eine Nutzungsentschädigung vom neuen Mieter oder vom Vermieter verlangen.[323]

5. Aufrechnungs- und Zurückbehaltungsrecht

1607 § 556b Abs. 2 BGB gibt dem Mieter das Recht, mit Forderungen aus §§ 536a, 539 BGB oder aus ungerechtfertigter Bereicherung wegen zuviel gezahlter Miete gegen eine Mietforderung aufzurechnen oder wegen einer solchen Forderung ein Zurückbehaltungsrecht auszuüben, wenn er seine Absicht dem Vermieter mindestens einen Monat vor der Fälligkeit der Miete in Textform angezeigt hat. Die Vorschrift erfasst gerade auch Fälle, in denen dieses Aufrechnungs- und Zurückbehaltungsrecht des Mieters zuvor vertraglich ausgeschlossen wurde. Diese Regelung ist zum Nachteil des Mieters nicht abdingbar (§ 556b Abs. 2 S. 2 BGB).

1608 Gegen den Räumungs- und Herausgabeanspruch des Vermieters bezüglich der Mietsache bei Beendigung des Mietverhältnisses kann der Mieter wegen eigener Ansprüche gegen den Vermieter gem. § 570 BGB kein Zurückbehaltungsrecht geltend machen.

§ 34 Anspruchsbeziehungen zwischen Vermieter – Vormieter und Nachmieter

1609 Anlässlich eines Mietwechsels können sich Anspruchsbeziehungen zwischen dem Vermieter, dem Vormieter und dem Nachmieter auf vertraglicher oder gesetzlicher Grundlage ergeben.

1610 Innerhalb der vertraglichen Vereinbarungen unterscheidet man zwei Grundtypen:
- Das Mietverhältnis zwischen den bisherigen Parteien kann vertraglich zwischen dem Vermieter und dem bisherigen Mieter (Aufhebungsvertrag) beendet – und ein neues Mietverhältnis mit dem Inhalt des bisherigen durch einen weiteren Vertrag mit dem neuen Mieter (der neuen Partei) geschlossen werden.

---

[321] LG Saarbrücken WuM 1995, 159.
[322] LG Köln WuM 1995, 155; zur Erstattungsfähigkeit von Anwaltskosten bei Kündigungen des Vermieters BGH NJW 2015, 3793; zu „Großvermietern" BGH NZM 2012, 607; BGH NJW 2011, 296 = NZM 2011, 34; LG Gießen NZM 2010, 361; ferner BGH NJW 2004, 850 = NZM 2004, 187.
[323] BGH NJW 1981, 2564.

- Alternativ besteht die Möglichkeit, dass der Parteiwechsel vertraglich zwischen dem aus dem Mietverhältnis ausscheidenden (bisherigen) Mieter und dem neu eintretenden Teil (neuer Mieter) mit Zustimmung der verbleibenden Partei (Vermieter) vereinbart wird. Die Auswechslung des Mieters kann dabei im Wege eines einheitlichen Vertragszwecks als dreiseitiger Vertrag mit Zustimmung des Vermieters vollzogen werden.[324]

Bei den Vereinbarungen zwischen Vormieter und Nachmieter geht es insbesondere um 1611
- Absprachen über die Veräußerung von Inventar und Einrichtungen,
- Absprachen über die Abgeltung von Verwendungen auf die Mietsache und um die Abtretung sonstiger Ansprüche, insbesondere wegen Aufwendungsersatz oder wegen Herausgabe ungerechtfertigter Bereicherung.[325]

Diese Vertragsbeziehungen betreffen nicht den Mieterwechsel selbst. Dann wären sie 1612 nur mit Zustimmung des Vermieters wirksam. Es handelt sich vielmehr um Vertragsabreden, die Folgefragen eines einmal akzeptierten Mieterwechsels betreffen. Für diese Vereinbarungen gilt insbesondere § 4a WoVermittG. Die Vorschrift gilt für Ablösevereinbarungen und Abstandsvereinbarungen. Unter **Ablösevereinbarungen** sind Abreden über die Veräußerung von Inventarstücken und Einrichtungen oder über die Abgeltung von Verwendungen und Aufwendungen des Vormieters auf die Mietsache zu verstehen.[326] Als **Abstandsvereinbarungen** werden Abreden bezeichnet, die auf die Räumung der Wohnung gerichtet sind und hierfür ein Entgelt versprechen, also darauf, den Mieter aus seiner Wohnung herauszukaufen.[327] Diese Abstandsvereinbarungen sind unwirksam (§ 4a Abs. 1 WoVermittG).[328] § 4a Abs. 1 S. 2 WoVermittG gestattet aber die Vergütung nachweislich entstandener Umzugskosten des bisherigen Mieters.

Ablösevereinbarungen sind nach den Maßgaben von § 4a Abs. 2 WoVermittG grundsätzlich zulässig. Dabei meint der dort verwendete Begriff „Einrichtungen" jene im Sinne von § 539 Abs. 2 BGB.[329] Dies zeigt, dass Einrichtungen nicht verkauft werden können, sondern dass das gem. § 539 Abs. 2 BGB bestehende Wegnahmerecht des Mieters an den Nachmieter abgetreten werden muss. Dagegen können Inventarstücke durch Kaufvertrag veräußert werden.

§ 4a Abs. 2 WoVermittG ist auf Ablösungsvereinbarungen entsprechend anwendbar, 1614 in denen sich der bisherige Mieter im Zusammenhang mit der anderweitigen Vermietung der Wohnung vom Wohnungssuchenden für andere Leistungen als die Überlassung einer Einrichtung oder eines Inventarstückes ein überhöhtes Entgelt zahlen lässt.[330]

Eine zwischen Alt- und Neumieter für das neue Mietverhältnis vereinbarte Übernahme der Schönheitsreparaturen wirkt grundsätzlich nur zwischen Alt- und Neumieter. Vom neuen Mieter kann in diesem Fall dann keine Schönheitsreparaturen verlangt werden, wenn die Wohnung unrenoviert oder renovierungsbedürftig überlassen wurde.[331]

---

[324] Hierzu BGH NZM 2010, 471 = NJW-RR 2010, 1095; BGH NJW 1998, 531 (532) = NZM 1998, 1998, 113 (114); OLG Düsseldorf ZMR 2008, 122; näher Horst/Popiel in Lützenkirchen, Anwaltshandbuch Mietrecht, Teil K Rn. 550 ff.
[325] Eingehend Eisenhardt WuM 1997, 415.
[326] BGH NJW 1997, 1845 (1846).
[327] BGH NJW 1997, 1845 (1846).
[328] Gramlich/Gramlich WoVermittG § 4a Rn. 1.
[329] BGH NJW 1997, 1845 (1846) zu § 547a Abs. 1 BGB a. F.
[330] BGH NJW 1997, 1845 (1846).
[331] BGH NJW 2018, 3302 NZM 2018, 863 m. kritischen Anm. Pielsticker NJW 2018, 3304 und Zehelein NZM 2018, 865; kritisch ebenfalls von Bressendorf ZMR 2019, 3 (5 f.), Breuer AnwZert MietR 9/2019 Anm. 2 (unter C.).

§ 35 Der verschwundene Mieter

1615 Der Mieter hat die nachvertragliche Pflicht, seinem Vermieter die neue Adresse mitzuteilen, solange noch nicht alle Ansprüche ausgeglichen sind. Verletzt der Mieter diese Pflicht, so kann der Vermieter im Falle der nachfolgenden erfolgreichen neuen Adressenermittlung die dafür angefallenen Kosten als Schadensersatz vom Mieter zurückverlangen.[332]

1616 Um die zustellfähige Anschrift des Mieters zu ermitteln, bestehen mehrere Möglichkeiten die parallel verfolgt werden können: Auskunft beim Einwohnermeldeamt, Postanschriftenüberprüfung der Deutschen Post AG, Komfortauskunft der Telekom, örtliche Ermittlungen, private Adressermittlungsdienste (zB supercheck.de, adressermittlung.de, adress-research.de), Recherchen in der Nachbarschaft, Recherchen über Dritte (zB einen Detektiv), sowie eigene Internetrecherchen (zB soziale Netzwerke).[333] Lässt sich die Anschrift nicht ermitteln, so kann mit öffentlicher Zustellung nach § 132 Abs. 2 S. 1 BGB gearbeitet werden.[334]

§ 36 Abwicklung nach dem Tod des Mieters

1617 Nach dem Tod des Mieters treten dessen Erben[335] in das Mietverhältnis ein (§§ 1922, 1967 BGB).[336] Soweit der Mieter mit einem Ehegatten, einem Familienangehörigen, einen heterosexuellen oder homosexuellen Lebenspartner oder mit einem Partner einer auf Dauer angelegten Haushaltsgemeinschaft in der Wohnung gelebt hat, ergibt sich aus den §§ 563, 563a, 563b BGB eine **Sonderrechtnachfolge**. In jedem der genannten Fälle bestehen Sonderkündigungsrechte[337] (§§ 563 Abs. 4, 563a Abs. 2, 564 S. 2 BGB). Die Haftung der eintretenden Personen im Rahmen des Mietverhältnisses ergibt sich dabei aus § 563b BGB.

1618 Wird das Mietverhältnis nach dem Tod des Mieters gemäß § 564 S. 1 BGB mit dem Erben fortgesetzt, sind die nach dem Erbfall fällig werdenden Forderungen jedenfalls dann reine Nachlassverbindlichkeiten, wenn das Mietverhältnis innerhalb der in § 564 S. 2 BGB bestimmten Frist beendet wird.[338] Um den Erben zu ermitteln, können Ermittlungen beim Nachlassgericht, beim Standesamt, bei Nachbarn sowie innerhalb des Freundeskreises des verstorbenen Mieters und über Internetrecherchen angestellt werden.[339]

1619 Lässt sich der Erbe nicht (zeitnah) ermitteln, so drohen dem Vermieter Mietausfälle. Denn er ist nicht berechtigt, ohne weiteres die Mietsache selbst zu räumen und das Inventar zu vernichten. Auch unbekannte Erben erlangen gem. § 857 BGB Wohnungs-

---

[332] AG Berlin-Köpenick MM 6/1996, 35; vgl. auch AG Bad Neuenahr NZM 2008, 205 (Obliegenheitsverletzung bei unterbliebener Mitteilung der neuen Anschrift).
[333] Näher zu diesen Möglichkeiten Lützenkirchen in Lützenkirchen, Anwalts-Handbuch Mietrecht, Teil K Rn. 267 ff.
[334] Hierzu Lützenkirchen in Lützenkirchen, Anwalts-Handbuch Mietrecht, Teil K Rn. 279 mit Antragsmuster (M207) und Gebührenhinweis.
[335] Zum Schadensersatzanspruch des Vermieters gegen die Erben wegen Leichengeruchs des verstorbenen Wohnungsmieters AG Bad Schwartau NZM 2002, 215; zum Schadensersatzanspruch wegen Verwesungsschäden AG Biedenkopf NJWE-MietR 1997, 196.
[336] Schmidt-Futterer/Streyl BGB § 563 Rn. 1.
[337] BGH NJW 2018, 2397 = NZM 2018, 325 (zum Kündigungsrecht nach § 563 Abs. 4 BGB).
[338] BGH NJW 2013, 933 = NZM 2013, 185; hierzu Horst DWW 2013, 362.
[339] Näher dazu Lützenkirchen in Lützenkirchen, Anwalts-Handbuch Mietrecht, Teil C Rn. 286 ff.

besitz. Deshalb würde der Vermieter verbotene Eigenmacht begehen, wenn er selbst handeln würde (§ 858 BGB).

Um seinen Mietausfallschaden möglichst gering zu halten, muss der Vermieter daher das Mietverhältnis so schnell wie möglich beenden. Dieser Mietausfallschaden droht sogar dann, wenn vom Verstorbenen im Hinblick auf Zahlung von Miete und Betriebskosten Lastschrifteinzug oder Dauerauftrag erteilt wurde und dem Vermieter daher der monatlich geschuldete Betrag zunächst noch zufließt. Denn der **Rentenversicherer** kann zu Unrecht erbrachte Geldleistungen zurückverlangen. Ist dies aus der vorhandenen Kontovaluta des Verstorbenen nicht mehr möglich (§ 118 Abs. 3 SGB VI), sind diejenigen Personen zur Erstattung verpflichtet, die die Geldleistung in Empfang genommen oder über den entsprechenden Betrag verfügt haben (§ 118 Abs. 4 SGB VI). Damit gehören auch Vermieter im Hinblick auf noch erhaltene Mieten zum Kreis der Rückzahlungspflichtigen.[340]

Der einfachste Weg zur Beendigung des Mietverhältnisses ist die außerordentliche Kündigung des Vermieters bei Tod des Mieters gem. § 564 S. 2 BGB. Der Vermieter benötigt hierfür kein berechtigtes Interesse als Kündigungsgrund.

Bleibt der Erbe unbekannt, gibt es aber Personen, die sich um den Nachlass kümmern, ohne Erbe zu sein oder ohne in das Mietverhältnis eintreten zu wollen, so bietet es sich an, diese Personen für den unbekannten Erben kündigen zu lassen und für den Erklärenden eine Freistellungsvereinbarung zu treffen.[341] Derartige Kündigungen können über eine nachträgliche Genehmigung durch den Erben gem. § 185 BGB wirksam werden.

Findet sich niemand, der für den Nachlass handeln kann oder ist ein Mietrückstand entstanden, der eine fristlose Kündigung wegen Zahlungsverzugs rechtfertigt, bleibt nur der Weg, eine **Nachlasspflegschaft** nach § 1960 BGB iVm §§ 12, 73 FGG zu beantragen. Damit schafft sich der Vermieter einen Adressaten, dem er eine Kündigung zustellen kann oder jedenfalls eine Person, die für den Nachlass handeln, also auch eine Kündigung aussprechen kann.[342]

Parallel sollte eine entsprechende Erklärung auch gegenüber dem Landesfiskus abgegeben werden. Denn in dem Fall, dass sich keine anderen Erben finden lassen, ist der Landesfiskus nach § 1936 BGB gesetzlicher Erbe, haftet aber im Ergebnis nur für den Nachlass (§ 2011 BGB). Ist in diesem Falle der Nachlass nichts wert, bleibt der Vermieter auf seinen Forderungen sitzen.

Liegen die Voraussetzungen des § 1961 iVm. § 1960 Abs. 1 BGB vor, muss dem Antrag des Gläubigers auf Bestellung eines Nachlasspflegers auch dann stattgegeben werden, wenn im Nachlass keine ausreichenden Mittel zur Bezahlung des Pflegers vorhanden sind und der Gläubiger eine Vorschussleistung ablehnt.[343] Im Zweifel gehen die entstehenden Kosten der Nachlasspflegschaft zu Lasten der Staatskasse.

---

[340] BSG NZM 2005, 113.
[341] Hierzu Lützenkirchen in Lützenkirchen, Anwalts-Handbuch Mietrecht, Teil K Rn. 287.
[342] So Lützenkirchen in Lützenkirchen, Anwalts-Handbuch Mietrecht, Teil K Rn. 289 (auch zu den Voraussetzungen eines solchen Antrages und zum Antragsinhalt).
[343] OLG Dresden FamRZ 2010, 118 = ZErb 2010, 112 = DWW 2011, 19.

6. Teil. Verjährung und Verwirkung

§ 37 Verjährung

I. Begriff der Verjährung

Der Verjährung unterliegen Ansprüche als Recht, von einem anderen ein Tun oder Unterlassen zu verlangen (§ 194 Abs. 1 BGB). Nach dem Verständnis des Bürgerlichen Gesetzbuches bezeichnet die Verjährung einen Zeitablauf, der dem Verpflichteten das Recht gewährt, eine Leistung zu verweigern (§ 214 Abs. 1 BGB; Leistungsverweigerungsrecht). Leistet der Anspruchsschuldner trotzdem, so kann die Leistung nicht zurückgefordert werden (§ 214 Abs. 2 S. 1 BGB).[1]

1625

II. Verjährung als Einrede

Die Verjährung des BGB lässt den Anspruch nicht erlöschen (Ausnahme § 901 BGB), sondern gibt dem Verpflichteten nur eine Einrede, von der er nach Belieben Gebrauch machen kann. Wie jede andere Rechtsausübung auch kann auch die Berufung auf das Leistungsverweigerungsrecht durch § 242 BGB begrenzt sein.[2]

1626

Die Wirkung der Verjährung bei gesicherten Ansprüchen wird in § 216 BGB beschrieben. Grundsätzlich bleibt eine gestellte Sicherheit von der Verjährung des gesicherten Anspruchs unberührt. Dem Vermieter ist es allerdings nach § 216 Abs. 3 BGB verwehrt, sich wegen bereits verjährter Betriebskostennachforderungen aus einer Mietsicherheit in Form einer verpfändeten Sparbuchforderung zu befriedigen, weil Betriebskostennachforderungen aus Jahresabrechnungen des Vermieters wiederkehrende Leistungen iSd § 216 Abs. 3 BGB sind.[3]

1627

Nebenleistungen, die von einem Hauptanspruch abhängen, sind auch in der Verjährung akzessorisch (§ 217 BGB).

1628

III. Verzicht auf Verjährungseinrede

Vereinbarungen über die Erleichterung der Verjährung sind grundsätzlich möglich (§ 202 Abs. 1 BGB). Ausgeschlossen sind nur Vereinbarungen in Bezug auf die Haftung wegen Vorsatzes im Voraus. Daraus folgt im Umkehrschluss, dass nach Entstehen des Anspruchs eine verjährungserleichternde Vereinbarung auch in diesen Fällen getroffen werden kann.

1629

---

[1] Hierzu BGH NJW 2006, 903 = NZM 2006, 222 (keine Anwendbarkeit von § 214 Abs. 2 S. 1 BGB auf Ausschlussfrist des § 556 Abs. 3 S. 2 BGB).
[2] Hierzu MüKoBGB/Grothe BGB Vor § 194 Rn. 14.
[3] BGH NJW 2016, 3231 = NZM 2016, 762; näher → Rn. 1553.

IV. Abdingbarkeit kurzer Verjährungsfristen

1630　Das allgemeine Verjährungsrecht ist in den Grenzen des § 202 Abs. 2 BGB sehr weitgehend dispositiv ausgestaltet. Allerdings kann im Mietrecht die kurze sechsmonatige Verjährungsfrist aus § 548 Abs. 1 S. 1 u. S. 2 BGB nicht verlängert werden. Eine formularvertragliche Erschwerung der Verjährung durch eine Verlängerung der Verjährungsfrist über sechs Monate hinaus, ist unzulässig.[4] Individualvertraglich ist dies dagegen zulässig.[5]

V. Aufrechnung mit verjährten Ansprüchen

1631　Die Verjährung schließt die Aufrechnung und die Geltendmachung eines Zurückbehaltungsrechts nicht aus, wenn der Anspruch in dem Zeitpunkt noch nicht verjährt war, in dem erstmals aufgerechnet oder die Leistung verweigert werden konnte (§ 215 BGB). Dies wird in der Praxis vor allem bei einer Barkaution relevant, soweit es um eine Aufrechnung mit Forderungen des Vermieters gegenüber dem Kautionsrückerstattungsanspruch des Mieters geht.

VI. Sechsmonatige Verjährungsfrist

1. Anspruchsinhalte

1632　§ 548 BGB beinhaltet als mietrechtliche Spezialvorschrift eine sechsmonatige Verjährungsfrist für die Ersatzansprüche des Vermieters wegen Veränderung oder Verschlechterung der Mietsache sowie für die Ansprüche des Mieters auf Ersatz von Aufwendungen oder Gestattung der Wegnahme einer Einrichtung. Angesichts seines Regelungszwecks hat § 548 BGB seit je her einen breiten Anwendungsbereich, der auch konkurrierende Anspruchsgrundlagen[6] erfasst.[7] Genauso wie der Anspruch des Vermieters auf Vornahme von Schönheitsreparaturen[8] verjähren auch Entschädigungsforderungen zum Ausschluss von Wegnahmerechten des Mieters[9] binnen dieser Frist.

1633　Die kurze mietvertragliche Verjährung gilt nach gefestigter Rechtsprechung auch dann, wenn es um von § 548 BGB erfasste Ansprüche des Vermieters gegen einen Dritten geht, der – ohne Vertragspartei zu sein – in den Schutzbereich des Mietvertrages einbezogen ist.[10] Eine von den Parteien gewollte Einbeziehung in den Schutzbereich des Mietvertrages ist in der höchstrichterlichen Rechtsprechung für zum Hausstand gehörende Personen, insbesondere Familienangehörige des Mieters anerkannt.[11]

1634　Die Anwendung des § 548 BGB scheitert auch nicht, wenn der Schaden nicht an einem einheitlichen Gebäude eingetreten ist, das nur zu einem kleinen Teil an den Mieter

---

[4] BGH NJW 2017, 3707 = NZM 2017, 841.
[5] BGH NZM 2017, 841 (845); BGH NJW 2006, 1588 (1589); BeckOK MietR/Klotz-Hörlin BGB § 548 Rn. 65; BeckOK BGB/Wiederhold BGB § 548 Rn. 36.
[6] BGH NJW-RR 1998, 1358; BGH NJW 1968, 694 (695); BGH NJW 1993, 2797; BGH NJW 2001, 535; vgl. auch BGH NJW-RR 2004, 1566, 1568; OLG Düsseldorf VersR 2000, 196 zu unerlaubter Handlung.
[7] Schmidt-Futterer/Streyl BGB § 548 Rn. 2; BeckOK MietR/Klotz-Hörlin BGB § 548 Rn. 2.
[8] BGH NJW 2014, 920 (921) = NZM 2014, 242.
[9] OLG Bremen NZM 2002, 292.
[10] BGH NZM 2006, 624 (wegen Verschlechterung der Mietsache durch unerlaubte Handlung); BGH NJW-RR 1988, 1358; BGH NJW 1976, 1843 (1844); MüKoBGB/Bieber BGB § 548 Rn. 6.
[11] BGH NJW 2006, 2399 = NZM 2006, 624.

§ 37 Verjährung

vermietet war. Denn die Norm gilt auch für den Fall, dass der Mieter eines Hausgrundstücks sowohl die von ihm gemieteten Grundstücks- und Gebäudeteile, als auch solche beschädigt, die nicht Gegenstand des Mietvertrages sind.[12]

Nach dem BGH[13] unterliegt auch der Anspruch auf Schadensersatz aus culpa in contrahendo (§§ 311 Abs. 2, 241 Abs. 2, 280 BGB) wegen Umbau- und Rückbaukosten der kurzen Verjährung, wenn es nicht, wie beabsichtigt, zum Abschluss des Mietvertrages kommt.

1635

Nicht erfasst werden Ansprüche gegen den Mieter wegen seiner Verletzung von Obhutspflichten, für die der Vermieter Dritten Schadensersatz zu leisten hat.[14]

1636

Ansprüche des Vermieters gegen den Mieter auf Erstattung von Schäden, die entstanden sind, weil der Mieter seiner Obhutspflicht in Bezug auf die Mietsache nicht nachgekommen ist, und für die der Vermieter geschädigten Dritten Ersatz geleistet hat, verjähren grundsätzlich nicht nach § 548 Abs. 1 BGB.[15]

1637

Ersatzansprüche des Mieters wegen Schönheitsreparaturen, die er während des Mietverhältnisses in der irrigen Annahme einer entsprechenden Verpflichtung ausgeführt hat, verjähren ebenfalls nach § 548 Abs. 2 BGB.[16] Gleiches gilt für den Rückerstattungsanspruch des Mieters für einen nicht geschuldeten Abgeltungsbetrag wegen nicht durchgeführter Schönheitsreparaturen.[17]

2. Fristbeginn

In Abweichung von § 199 BGB ist bei § 548 BGB ein anderer Verjährungsbeginn bestimmt (§ 200 BGB).[18] Hier ist der Beginn der Verjährung an den Rückerhalt geknüpft, ohne dass weitere Voraussetzungen gestellt werden. Wird die Mietsache vor Beendigung des Mietverhältnisses zurückgegeben, so beginnt deshalb nach Ansicht des BGH[19] die sechsmonatige Verjährungsfrist für den Vermieter wegen seiner Ersatzansprüche in dem Zeitpunkt zu laufen, in dem er die Mietsache zurückerhält. Dies gilt auch dann, wenn Ansprüche erst später entstehen. Das kann bei einer Rückgabe von Wohn- oder Geschäftsraum mehr als sechs Monate vor Vertragsende etwa dazu führen, dass ein noch nicht bestehender Schadensersatzanspruch wegen einer unterlassenen Renovierung verjährt ist.

1638

Ein Rückerhalt der Mietsache iSv § 548 Abs. 1 S. 2 BGB setzt nicht stets deren endgültige Rückgabe nach Beendigung des Mietverhältnisses voraus, sondern kann unter bestimmten Umständen auch bei fortbestehendem Mietverhältnis dann angenommen werden, wenn der Vermieter eine Art von Sachherrschaft erlangt, die ihn in die Lage versetzt, die Mietsache auf etwaige Mängel oder Veränderungen zu untersuchen.[20] Indessen besteht Einigkeit darüber, dass Sinn und Zweck des § 548 Abs. 2 S. 1 BGB grundsätzlich eine Veränderung der Besitzverhältnisse zugunsten des Vermieters erfordern.[21]

1639

---

[12] BGH NJW-RR 1991, 527 (528); BGH NJW 1992, 687; BGH NJW 2000, 3203 (3205); BGH NJW-RR 2004, 1566 (1568).
[13] BGH NJW 2006, 1963 = NZM 2006, 509.
[14] OLG Dresden NZM 2007, 803.
[15] OLG Dresden NZM 2007, 803 für die Verletzung der Obhutspflicht vom Mieter – Offenstehenlassen eines Fensters.
[16] BGH NJW 2011, 1866 = NZM 2011, 452.
[17] BGH NJW 2012, 3031 = NZM 2012, 557.
[18] Langenberg WuM 2002, 71 (72).
[19] BGH NJW 2005, 739 = NZM 2005, 176; BGH NZM 2006, 503; zum Verjährungsbeginn bei vorzeitiger Rückgabe vgl. auch OLG Düsseldorf NZM 2006, 866; Paschke GE 2005, 969 u. Schach GE 2006, 631.
[20] BGH NJW 1968, 2241; BGH NJW 1981, 2406 (2407); BGH NJW 1987, 2072.
[21] BGH NJW 1991, 2416, (2417 f.); BGH NJW 2004, 774 (775); BGH NZM 2019, 408.

Das bedeutet zum einen, dass der Vermieter in die Lage versetzt werden muss, sich durch Ausübung der unmittelbaren Sachherrschaft ungestört ein umfassendes Bild von den Mängeln, Veränderungen und Verschlechterungen der Mietsache zu machen.[22] Zum anderen ist es erforderlich, dass der Mieter den Besitz vollständig und eindeutig aufgibt und der Vermieter hiervon Kenntnis hat.[23] Bereits der Annahmeverzug des Vermieters mit der Rücknahme der Mietsache kann den Beginn der kurzen Verjährungsfrist auslösen.[24]

1640 Bei einer Beendigung des Mietverhältnisses durch Veräußerung des Mietobjekts beginnt die Verjährungsfrist des § 548 Abs. 2 BGB für Ansprüche des Mieters auf Ersatz von Aufwendungen oder auf Gestattung der Wegnahme einer Einrichtung erst mit der Kenntnis des Mieters von der Eintragung des Erwerbers im Grundbuch zu laufen.[25]

VII. Dreijährige Verjährungsfrist

1641 Außerhalb der mietrechtlichen Spezialtatbestände unterliegen auch Ansprüche aus Mietverträgen der regelmäßigen Verjährungsfrist von drei Jahren (§ 195 BGB).

1642 In drei Jahren verjähren insbesondere der vertragliche Anspruch des Vermieters auf Rückgabe der Mietsache einschließlich des Zubehörs,[26] der Anspruch auf Unterlassung vertragswidrigen Gebrauchs, der Anspruch auf Mietzahlung sowie auf Zahlung der laufenden Betriebskosten, der Anspruch auf Zahlung von Betriebskostennachzahlungen oder auf Auszahlung eines Guthabens aus einer Betriebskostenabrechnung, der Anspruch auf Entschädigung wegen verspäteter Rückgabe der Mietsache sowie auf Schadensersatz wegen eines Kündigungsschadens.[27]

1643 Auch Schadensersatzansprüche aller Art verjähren in drei Jahren. Dazu zählen auch Ansprüche aus unerlaubter Handlung, soweit diese nicht binnen der kurzen Frist aus § 548 BGB verjähren.

1644 Titulierte Ansprüche im Hinblick auf künftig fällig werdende Mieten oder Nutzungsentschädigungen verjähren in drei Jahren (§ 197 Abs. 2 BGB).

1645 Die Ansprüche des Mieters verjähren, soweit sie von § 548 Abs. 2 BGB erfasst sind,[28] nach allgemeiner Verjährung in drei Jahren (§ 195 BGB). Diese Verjährungsfrist gilt für den Anspruch auf die Gebrauchsgewährung, auf Schadensersatz wegen Nichterfüllung bei Überlassungspflicht, auf Schadensersatz wegen nicht rechtzeitiger Überlassung der Mietsache sowie auf Rückerstattung vorausbezahlter Miete nach § 547 BGB, weiterhin für den Anspruch auf Auskehrung der Kaution oder sonstiger Mietsicherheiten, den Anspruch auf Rückerstattung zuviel gezahlter Miete oder Betriebskosten, den Anspruch auf Schadens- oder Aufwendungsersatz nach § 536a BGB sowie für den Anspruch auf Ersatz des Kündigungsschadens. Weiter sind zu nennen der Anspruch des Mieters auf Schadensersatz wegen einer unberechtigten fristlosen Kündigung durch den Vermieter sowie der Anspruch aus § 812 BGB wegen Ausbauleistungen bei vorzeitiger Räumung. Schließlich verjähren auch Bereicherungsansprüche wegen mietpreiswidrigen Mieten oder Überzahlungen auf Betriebs- oder Heizkostenabrechnungen in drei Jahren.

---

[22] BGH NJW 2005, 2004 (2005); BGH NJW 2006, 1963.
[23] BGH NJW 2014, 684 = NZM 2014, 128; BGH NJW 2006, 2399 = NZM 2006, 624; ferner OLG Düsseldorf NZM 2006, 866 = NJW-RR 2007, 13 (Schlüsselrückgabe durch Briefkasteneinwurf).
[24] OLG Brandenburg ZMR 2019, 18; KG ZMR 2005, 455.
[25] BGH NJW 2008, 2256 = NZM 2008, 519.
[26] Beachte aber Verjährungsfrist für dingliche Herausgabeansprüche von 30 Jahren (§ 197 Abs. 1 S. 1 BGB).
[27] BGH NJW-RR 1994, 379 (380).
[28] Vgl. hierzu BGH NJW 2011, 1866 = NZM 2011, 452; BGH NJW 2012, 3031 = NZM 2012, 557.

VIII. Zehnjährige Verjährungsfrist

Eine zehnjährige Verjährungsfrist kann sich als Höchstfrist unabhängig von den gesondert zu prüfenden Voraussetzungen für den Beginn der Verjährung ergeben (§ 199 Abs. 4 BGB). Sie gilt für alle Ansprüche ausschließlich Schadensersatzansprüche und läuft ab der Entstehung des Anspruchs. 1646

Die zehnjährige Höchstfrist gilt nach § 199 Abs. 3 BGB ohne Rücksicht auf die Kenntnis des Anspruchsgläubigers auch für Schadensersatzansprüche wegen Sachschäden. 1647

IX. Dreißigjährige Verjährungsfrist

Zu einer dreißigjährigen Verjährungsfrist kann es unter drei Aspekten kommen. Einschlägig sind 1648
- dingliche Ansprüche auf Herausgabe der Mietsache (§ 197 Abs. 1 Nr. 2 BGB),
- titulierte Ansprüche (§ 197 Abs. 1 Nr. 3 BGB, beachte aber § 197 Abs. 2 BGB), und
- Schadensersatzansprüche, die auf der Verletzung des Lebens, des Körpers, der Gesundheit oder der Freiheit beruhen, wenn für sie die dreißigjährige Verjährungsfrist als Höchstfrist unabhängig von der Kenntnis des Anspruchsgläubigers läuft (§ 199 Abs. 2 BGB).

Bei titulierten Ansprüchen ist zwischen bereits fälligen und zukünftig fällig werdenden Ansprüchen zu differenzieren. Nur für fällige Ansprüche gilt die dreißigjährige Frist. Zukünftig fällig werdende Ansprüche verjähren als titulierte Forderung nach der Regelverjährung von drei Jahren (§ 197 Abs. 2 BGB). Die dann eingreifende dreijährige Verjährungsfrist kann durch jede Vollstreckungshandlung gem. § 212 Abs. 1 Nr. 2 BGB unterbrochen werden. 1649

X. Fristberechnung

1. Beginn

Nach § 199 BGB Abs. 1 beginnt die regelmäßige Verjährungsfrist an Schlusse des Jahres zu laufen, in dem der Anspruch entstanden ist und der Gläubiger von den Tatsachen, die den Anspruch begründen, sowie von der Person des Schuldners Kenntnis erlangt oder ohne grobe Fahrlässigkeit erlangen müsste (Sylvester-Regel). 1650

Unabhängig von der positiven Kenntnis oder der grob-fahrlässigen Unkenntnis sieht das Gesetz aus Gründen der Rechtssicherheit und des Rechtsfriedens bestimmte Höchstfristen für den Eintritt der Verjährung vor (§§ 199 Abs. 2 bis 4 BGB). 1651

2. Hemmung

Die Schuldrechtsreform hat die Hemmungstatbestände zu Lasten der Unterbrechungstatbestände im Fristlauf der Verjährung ausgeweitet. Sie unterscheidet die Hemmung der Verjährung durch Rechtsverfolgung (§ 204 BGB), die Hemmung der Verjährung bei Leistungsverweigerungsrecht (§ 205 BGB), bei höherer Gewalt (§ 206 BGB) und aus familiären und ähnlichen Gründen (§ 207 BGB). Eines selbständigen Beweisverfahrens ist Hemmungstatbestand (§ 204 Abs. 1 Nr. 7 BGB) 1652

Besonders einzugehen ist auf die in § 203 BGB geregelte Hemmung der Verjährung bei **Verhandlungen**. Nach der Rechtsprechung genügt für die Annahme von Verhandlungen jeder Meinungsaustausch über den Anspruch, sofern der Schuldner nicht sofort eindeutig 1653 jede Anspruchserfüllung ablehnt.²⁹ Verhandlungen schweben schon dann, wenn der in Anspruch Genommene Erklärungen abgibt, die dem Geschädigten die Annahme gestatten, der Verpflichtete lasse sich auf Erörterungen über die Berechtigung von Schadensersatzansprüchen ein. Nicht erforderlich ist, dass dabei eine Vergleichsbereitschaft oder eine Bereitschaft zum Entgegenkommen signalisiert wird.³⁰ Schlafen die Verhandlungen etwa durch Schweigen auf ein Schreiben des anderen Teils ein, endet die Hemmung in dem Zeitpunkt, in dem der nächste Schritt nach Treu und Glauben spätestens zu erwarten gewesen wäre.³¹

1654 Für den Gläubiger ist es geboten, sofort klare Absprachen über die Hemmung der Verjährung parallel zu beabsichtigten Verhandlungen über den Streitgegenstand zu treffen. Lässt sich der Gegner darauf nicht ein, so ist ein Indiz dafür gewonnen, dass er sich später mit der Einrede der Verjährung verteidigen will. Im Zweifel sind dann zur Vermeidung eigener Regresshaftung des Rechtsanwalts verjährungsunterbrechende und neubeginnende Maßnahmen am Platz.

1655 Durch einen im Rahmen der gerichtlichen Güteverhandlung geschlossenen Widerrufsvergleich der Parteien wird die Verjährung eines von dem Vergleich erfassten Schadensersatzanspruchs gemäß § 203 S. 1 BGB bis zur Erklärung des Widerrufs gehemmt.³²

1656 Nach § 203 S. 2 BGB tritt Verjährung frühestens drei Monate nach Ende der Verhandlungen ein.³³

3. Unterbrechung

1657 Die aus dem bisherigen Recht bekannte Unterbrechung der Verjährung wird durch den in § 212 BGB fixierten Neubeginn der Verjährung ersetzt. Inhaltliche Änderungen sind mit der Änderung der Terminologie nicht verbunden. Nach der Schuldrechtsreform beginnt die Verjährung nur erneut, wenn

- der Schuldner den Anspruch dem Gläubiger gegenüber durch Abschlagszahlung, Zinszahlung, Sicherheitsleistung oder in anderer Weise anerkennt oder
- eine gerichtliche oder behördliche Vollstreckungshandlung vorgenommen oder beantragt wird.

1658 Absätze 2 und 3 der Vorschrift beinhalten Ausnahmen von diesen Grundsätzen.

§ 38 Verwirkung

I. Voraussetzungen der Verwirkung

1659 Die Verwirkung, abgeleitet aus § 242 BGB, umschreibt einen Sonderfall der unzulässigen Rechtsausübung, die von Amts wegen zu berücksichtigen ist.³⁴ Danach ist ein Recht verwirkt, wenn sich ein Schuldner wegen der Untätigkeit seines Gläubigers über einen gewissen Zeitraum hin bei objektiver Beurteilung darauf einrichten darf und eingerichtet hat, dieser werde sein Recht nicht mehr geltend machen und deswegen die verspätete Geltendmachung gegen Treu und Glauben verstößt. Damit wird die Verwirkung gebildet

---

[29] BGH Beschl. v. 31.1.2014 – III ZR 84/13, BeckRS 2014, 03762; BGH NJW 2007, 64 (65); BGH NJW 2001, 885 (886); BGH NJW-RR 2001, 1168; BGH NJW 1998, 730.
[30] BGH NJW 2007, 64 (65).
[31] OLG Brandenburg NJOZ 2018, 965.
[32] BGH NJW 2005, 2004 = NZM 2005, 535.
[33] Zur Hemmung der Verjährung durch ein Stillhalteabkommen BGH NJW 1999, 1022.
[34] BGH NJW 1966, 343 (345); OLG Frankfurt/Main MDR 1977, 586 und MDR 1974, 240.

aus einem Zeitmoment und einem Umstandsmoment.[35] Der bloße Zeitablauf, in dem ein Recht nicht geltend gemacht wurde, reicht also nicht.[36]

II. Einzelfälle

Mietrechtlich ist insbesondere auf folgende Fälle der Verwirkung einzugehen: Rückständigen Mietzahlungen verjähren binnen drei Jahren. Unterliegt ein Anspruch der regelmäßigen Verjährung von drei Jahren (§§ 195, 199 BGB), kann eine Abkürzung dieser Verjährungsfrist durch Verwirkung nur unter ganz besonderen Umständen angenommen werden.[37] Der bloße Zeitablauf ist nicht entscheidend.[38] Es muss vielmehr ein Umstandsmoment dargetan und bewiesen werden – ein jahrelanges Schweigen des Vermieters ist für sich allen nicht genügend.[39] So tritt auch eine Verwirkung von Mietnachforderungsansprüchen für 42 Monate nicht ein, wenn kein Umstandsmoment vorgetragen wird.[40] 1660

Neben der Ausschlussfrist in § 556 Abs. 3 S. 3 BGB verjähren Betriebskostennachforderungen des Vermieters nach drei Jahren (§ 195 BGB). Auch hier bleibt es denkbar, dass vor der Verjährung des Anspruchs eine Verwirkung eintritt. Sie kann aber nur unter ganz besonderen Gründen angenommen werden. Die bloße Untätigkeit reicht nicht.[41] 1661

Auch das Recht zur Mieterhöhung kann verwirken. Hat es der Vermieter über einen Zeitraum von fast vier Jahren versäumt, eine indexbedingte Mieterhöhung gegenüber dem Mieter geltend zu machen, kann dieser unter Umständen einem entsprechenden Zahlungsbegehren den Einwand der Verwirkung entgegenhalten.[42] 1662

Dies gilt aus der Sicht des Mieters als auch aus der Sicht des Vermieters für das Recht zur fristlosen Kündigung ebenfalls.[43]

---

[35] BGH NJW 2007, 2183; BGH NJW 1989, 894; BGH NJW 1993, 2178; BGH NJW 2002, 669 (670); BGH Urt. v. 19.12.2000 – X ZR 150/98, BeckRS 2000, 30151103; BAG NJW 2001, 2907 (2908); MüKoBGB/Grothe BGB Vor § 194 Rn. 13.
[36] LG Berlin GE 2000, 813; BGH NJW 2001, 2535 (2537); BGH NJW 2002, 669 (670).
[37] BGH NJW 2014, 1230 (1231).
[38] BGH NJW 2014, 1230 (1231); BGH NJW 2010, 1195 (1197).
[39] LG Berlin GE 2000, 813; aA LG Weiden WuM 1976, 91 in einem Fall, in dem der Vermieter neun Monate nach Auszug des Mieters rückständige Mietzahlungen geltend machte; vgl. auch Gramlich in: Bub/Treier MietR-HdB Teil VI Rn. 174 ff.
[40] OLG Brandenburg ZMR 2008, 360.
[41] Hierzu KG Berlin NZM 2008, 129.
[42] OLG Düsseldorf NZM 2001, 892.
[43] → Rn. 1232 u. 1373.

7. Teil. Schlichtungsverfahren

Gerade die Beurteilung des Sinnes und Zweckes einer vorgerichtlichen Schlichtung und Streitbeilegung im Mietrecht stößt auf eine bunte Meinungsvielfalt.[1] Die bisher gemachten Erfahrungen sind eher ernüchternd.[2] Hinzu kommt, dass die Vielfalt der Möglichkeiten (zB zuletzt durch Inkrafttreten des Verbraucherstreitbeilegungsgesetzes – VSBG)[3] und die Vielzahl von Personen, die hierfür generell in Betracht kommen, eher hemmend wirken, diese Formen nachzusuchen.[4] **1663**

I. Obligatorische außergerichtliche Streitschlichtung

Die Öffnungsklausel in § 15a EGZPO gestattet den Ländern, obligatorische vorgerichtliche Schlichtungsverfahren (Einigungsversuch oder obligatorisches Güteverfahren) u. a. in vermögensrechtlichen Streitigkeiten bis zu einem Streitwert von 750 Euro als besondere Prozessvoraussetzung einzuführen.[5] **1664**

Nach der zitierten Öffnungsklausel erhalten die Länder eine Ermächtigung, keine Verpflichtung, bestimmten Streitigkeiten einen Einigungsversuch vorzuschalten. Dieses Verfahren ist Sachurteilsvoraussetzung.[6] Das Fehlen dieser Sachurteilsvoraussetzung macht – spätestens nach einem erfolglosen richterlichen Hinweis nach § 139 ZPO – eine Klage unzulässig (§ 15a Abs. 1 S. 1 EGZPO).[7] Sie wird aber in diesem Falle zulässig, wenn eine hinlänglich umfangreiche Klageerweiterung nicht rechtsmissbräuchlich erfolgt.[8] **1665**

Von der Möglichkeit in § 15a EGZPO haben bislang zehn Bundesländern – teilweise wiederum befristet – Gebrauch gemacht.[9] In Baden-Württemberg wurde das dortige Schlichtungsgesetz mit Wirkung vom 1.5.2013 wieder aufgehoben.[10] **1666**

Eine Ausnahme vom obligatorischen Güteverfahren gilt bei Zahlungsklagen, wenn die Streitigkeit durch ein Mahnverfahren eingeleitet worden ist und nun ins streitige Verfahren übergeleitet wird (§ 15a Abs. 2 S. 1 Nr. 5 EGZPO). In diesem Fall greifen die Streitschlichtungsgesetze nicht ein. Das obligatorische außergerichtliche Streitschlichtungsverfahren muss dann nicht durchlaufen werden. Dies setzt voraus, dass der Antrag **1667**

---

[1] Vgl. Boysen NZM 2001, 1009; Wetekamp NZM 2001, 613.
[2] MüKoZPO/Gruber EGZPO § 15a Rn. 3; May/Moeser, NJW 2015, 1637; Greger/Unberath/Steffek/Greger, Recht der alternativen Konfliktlösung, 2. Aufl. 2016, D. V. Rn. 392; Ernst NJW-Editorial, Heft 9/2002, III; ferner Boysen NZM 2001, 1009 (1012).
[3] Greger/Unberath/Steffek/Greger, Recht der alternativen Konfliktlösung, 2. Aufl. 2016, D. V. Rn. 392.
[4] Ähnlich May/Moeser, NJW 2015, 1637; Greger/Unberath/Steffek/Greger, Recht der alternativen Konfliktlösung, 2. Aufl. 2016, A. I. Rn. 6.
[5] MüKoZPO/Gruber EGZPO § 15a Rn. 1; Fleindl/Haumer, Der Prozessvergleich, Kap. 3 Rn. 7.
[6] Die Einführung des obligatorischen Schlichtungsverfahrens ist verfassungsgemäß: BVerfG NJW-RR 2007, 1073.
[7] BGH NJW 2005, 437 = NZM 2005, 154.
[8] LG Konstanz WuM 2007, 326; LG Kassel NJW 2002, 2256; MüKoZPO/Gruber EGZPO § 15a Rn. 27 (dort Fn. 70).
[9] Bayern, Brandenburg, Hessen, Mecklenburg-Vorpommern, Niedersachsen, Nordrhein-Westfalen, Rheinland-Pfalz, Saarland, Sachsen-Anhalt und Schleswig-Holstein (MüKoZPO/Gruber EGZPO § 15a Rn. 1).
[10] Hierzu MüKoZPO/Gruber EGZPO § 15a Rn. 1.

auf Erlass eines Mahnbescheides überhaupt zulässig ist. Damit kann das obligatorische außergerichtliche Streitschlichtungsverfahren nicht durch einen etwa unzulässig gestellten Antrag auf Erlass eines Mahnbescheides umgangen werden.[11]

1668 Damit dürfte bereits für eine Vielzahl mietrechtlicher Zahlungsklagen das zwingende außergerichtliche Streitschlichtungsverfahren nicht einschlägig sein.

1669 Auch Urkundsprozesse sind von der außergerichtlichen obligatorischen Streitschlichtung ausgenommen. Diese Verfahrensart kann für mietrechtliche Zahlungsklagen gewählt werden.[12]

1670 Treffen schlichtungsbedürftige und nicht schlichtungsbedürftige Anträge zusammen, so wird nicht das gesamte Verfahren vom Schlichtungszwang befreit.[13] Jeder Antrag wird insoweit gesondert geprüft (§ 260 ZPO). Gleiches gilt für eine nachträgliche objektive **Klagehäufung**.[14] Kein erneutes Güteverfahren wird in den Fällen erforderlich, in denen die Klage lediglich nach Maßgabe von § 264 Nr. 2 ZPO erweitert oder beschränkt wird.[15]

II. Formen der Streitschlichtung

1671 Fokussiert auf das Mietrecht werden Schlichtungsstellen vor allem von Verbraucherzentralen sowie getragen von Mieter- und Haus- und Grundeigentümervereinen als „sonstige Gütestelle" im Sinne des § 15a Abs. 3 S. 1 EGZPO in Verbindung mit den landeseigenen Schlichtungsgesetzen angeboten. Auch Mediatoren und örtlich vereinzelt öffentliche Rechtsauskunftsstellen bei den Amtsgerichten sowie Anwaltsvereine sind zu nennen.

1672 Mit Inkrafttreten des Verbraucherstreitbeilegungsgesetzes kann sich der Mieter außerdem an eine Allgemeine **Verbraucherschlichtungsstelle** nach § 4 Abs. 2 S. 2 VSBG wenden und der Vermieter die Streitbeilegung bei einer spezialisierten Schlichtungsstelle, zB seines Verbandes, anbieten.[16] Wohnraummietverträge sind außerdem auch unter dem Blickwinkel von § 4 Abs. 2 S. 2 VSBG iVm § 310 Abs. 3 BGB typische Verbraucherverträge, die vom VSBG erfasst sind.[17]

1673 Geht es vorrangig um ausgeprägte Beziehungskonflikte kann die außergerichtliche Mediation ein geeignetes Mittel sein, Konflikte zu lösen und eine dauerhafte Befriedung zu erreichen. Mediation ist hierbei ein vertrauliches und strukturiertes Verfahren, bei dem Parteien mithilfe eines oder mehrerer Mediatoren freiwillig und eigenverantwortlich eine einvernehmliche Beilegung ihres Konflikts anstreben, ohne dass der neutrale und hierfür eigens ausgebildete Mediator Entscheidungsbefugnisse innehat (§§ 1, 5 MediationsG).

1674 Schließlich sieht die ZPO für anhängige Verfahren Möglichkeiten der Streitbeilegung vor. Nach § 278 Abs. 5 ZPO kann der Einsatz eines **Güterichters** als gerichtsinterne Konfliktbeilegungsmöglichkeit vom Gericht nicht nur vorgeschlagen, sondern auch angeordnet werden.[18] Der Güterichter kann alle Methoden der Konfliktbeilegung einschließlich der Mediation einsetzen. Ein Rechtsstreit kann auch ohne Zustimmung der

---

[11] AG Rosenheim NJW 2001, 2030.
[12] BGH NJW 2015, 475 = NZM 2015, 44; NJW 2009, 3099 = NZM 2009, 734; NJW 2007, 1061 = NZM 2007, 161; NJW 2005, 2701 = NZM 2005, 661; hierzu Blank NZM 2000, 1083; Greiner NJW 2000, 1314.
[13] BGH NJW-RR 2009, 1239; NJW-RR 2008, 1662 (1663); MüKoZPO/Gruber EGZPO § 15a Rn. 9.
[14] MüKoZPO/Gruber EGZPO § 15a Rn. 10.
[15] BGH NJW-RR 2008, 1662 (1663); BGH NJW-RR 2005, 501 (503); MüKoZPO/Gruber EGZPO § 15a Rn. 10.
[16] Greger/Unberath/Steffek/Greger 2. Aufl. 2016, D. V. Rn. 392.
[17] Greger/Unberath/Steffek/Greger 2. Aufl. 2016, VSBG § 4 Rn. 3.
[18] Zu ersten praktischen Erfahrungen Fritz/Schröder NJW 2014, 1910.

der Parteien an den Güterichter verwiesen werden, was aber grundsätzlich nur bei entsprechender Bereitschaft erfolgversprechend sein dürfte.[19] Schließlich wurde mit Inkrafttreten des **Mediationsgesetzes** in § 278a ZPO aufgenommen, dass das Gericht den Parteien eine Mediation oder ein anderes Verfahren der außergerichtlichen Konfliktbeilegung vorschlagen kann. (§ 278a Abs. 1 ZPO). Beschreiten die Parteien diesen Weg, ordnet das Gericht das Ruhen des Verfahrens an (§ 278 Abs. 2 ZPO).

III. Bedeutung für das Mietrecht

1. Anwendungsbereich

Mietrechtliche Konflikte entstehen vor allem während des laufenden Mietverhältnisses, anlässlich seiner Beendigung und nach Abwicklung.[20] Während des laufenden Mietverhältnisses sind vor allem Konflikte um rückständige Mieten oder Betriebskosten, Mängel der Mietsache, störendes Verhalten einer Mietpartei oder um Mieterhöhungsverlangen zu unterscheiden. 1675

Schon wegen des Interesses eines Mieters am Erhalt seiner Wohnung als Lebensmittelpunkt und als Kern seiner Privatsphäre, aber auch wegen der Kompliziertheit mietrechtlicher Kündigungsvorschriften mit eingreifendem Mieterschutz führt die Beendigung von Mietverhältnissen häufig zu großem Konfliktpotential. 1676

In der Abwicklungsphase des Mietvertrages kommt es ebenfalls zu einer Vielzahl von Streitigkeiten. Auf Seiten des Vermieters werden Ansprüche wegen unterlassener fälliger Schönheitsreparaturen, Beschädigung der Mietsache und ihrer Rückgabe in einem nicht vertragsgemäßen Zustand geltend gemacht. Der Mieter begehrt Rückzahlung der bei Vertragsbeginn geleisteten Kaution oder zu viel entrichteter Betriebskostenvorauszahlungen. 1677

2. Tauglichkeit als Lösungsmodell

Die bisherigen Erfahrungen haben gezeigt, dass vor allem die gegenüber dem vorgerichtlichen Schlichtungsgedanken bisweilen geäußerte Euphorie ungerechtfertigt war. Sie zeigt, dass Mietschlichtungsstellen bislang nur wenig in Anspruch genommen worden sind. Dafür können folgende Gründe maßgeblich sein: 1678

a) Schwierigkeiten bei der Sach- und Rechtslage

Viele der genannten Konfliktpotentiale sind einer Schlichtung kaum zugänglich. Bei den wirtschaftlichen Positionen von Mieter und Vermieter wird keine Partei so ohne weiteres zahlen oder sich mit einem Forderungsminus zufriedengeben. Auch lässt sich kaum darüber verhandeln, ob eine Kündigung wirksam ist oder nicht. Der Mieter, der sich gegen eine Kündigung wehrt, wird die Wohnung als privaten Lebensmittelpunkt und Kern seiner Privatsphäre mit ihrem sozialen Umfeld ohnehin behalten wollen. Der gesetzlich verankerte Mieterschutz bietet hierfür gute Chancen. Der Vermieter wird seine Kündigungsgründe aus persönlichen und wirtschaftlichen Verhältnissen nicht relativieren können und wollen. Im Übrigen: Ein „bisschen Kündigung" gibt es nicht. Entweder der Mietvertrag ist beendet, oder er ist es nicht. 1679

Auch in der Abwicklungsphase des Mietverhältnisses stehen die Parteien unter dem Druck der zügigen Vertragsabwicklung. Der Vermieter ist gehalten, den Verzugsschaden 1680

---

[19] Fleindl/Haumer, Der Prozessvergleich, Kap. 3 Rn. 14; BeckOK ZPO/Bacher ZPO § 278 Rn. 20.
[20] Hinweisend Boysen NZM 2001, 1009.

so gering wie möglich zu halten, um einerseits seiner Schadensminderungspflicht (§ 254 BGB) zu genügen und um andererseits zügig möglichst nahtlos weitervermieten zu können.

b) Verzögerung

1681 Vergeht längere Zeit nach Rückgabe der Mietsache, dann lassen sich Schadensursache und Verantwortlichkeiten in der Regel nicht mehr feststellen. Dem Bedürfnis nach zügiger Vertragsabwicklung liegt die kurze Verjährungsfrist des § 548 BGB von nur sechs Monaten zugrunde. Sie hat einen weiten Anwendungsbereich. Die Verlängerung der Verjährungsfrist oder ein begrenztes Hinausschieben der Fälligkeit der von der Vorschrift erfassten Ansprüche kann nur als einvernehmlich erzieltes Ergebnis einer Verhandlung zwischen den Parteien zustande kommen.

1682 Will der Vermieter nach Rückgabe der Mietsache die Verjährung seiner Ersatzansprüche vermeiden, so muss er grundsätzlich prozessual handeln. Nur dann wird der Ablauf der Verjährung gehemmt (§ 204 Abs. 1 Nr. 1, Nr. 3, Nr. 7 BGB).

1683 Eine **Hemmung** durch Einschaltung der **Schlichtungsstelle** (§ 204 Abs. 1 Nr. 4 BGB) setzt voraus, dass sie von der Landesjustizverwaltung als Gütestelle anerkannt ist. Dies trifft bei Mietschlichtungsstellen nicht in jedem Fall zu.

1684 Den Mieter trifft aufgrund seiner von § 548 Abs. 2 BGB erfassten Ansprüche mit sechsmonatiger Verjährung seit Beendigung des Mietverhältnisses dieselbe Interessenlage.

c) Verteuerung

1685 Zwar unterliegt es keinem Zweifel, dass die Kosten eines vorgerichtlichen Schlichtungsverfahrens weitaus günstiger als die eines streitig geführten Gerichtsverfahrens durch alle in Betracht kommenden Instanzen sind, doch ergibt sich eine Verteuerung, wenn die vorgerichtliche Streitschlichtung fehlschlägt und ein nachfolgendes Gerichtsverfahren notwendig bleibt.

d) Mangelnde Akzeptanz

1686 Bei der komplizierten Struktur des Mietrechts müssen gerade (Miet-)Schlichtungsstellen mit qualifiziertem Fachpersonal besetzt sein. Es gibt kaum eine andere Rechtsmaterie, die in der Beratung eine so detaillierte Kenntnis der umfangreichen Rechtsprechung voraussetzt, wie beispielsweise das Wohnraummietrecht. Hinzu kommen die bisweilen komplizierten gesetzlichen Vorschriften. Die genaue Kenntnis der Rechtslage ist unerlässlich.

1687 Ferner stellt sich bei der Einschaltung von Mietschlichtungsstellen die Frage nach der Akzeptanz durch die Mietparteien. Anders als im Familienrecht, wo schon im Interesse gemeinsamer Kinder das Bedürfnis besteht, gewisse Bindungen aufrecht zu erhalten, sind Vermieter und Mieter nicht mehr an Bindungen irgendwelcher Art interessiert. Jede Verzögerung wird als unangemessen empfunden.

1688 Ob die Möglichkeiten der Mediation und gerichtlichen Streitbeilegung zu einer verbesserten Akzeptanz führen werden, bleibt weiterhin abzuwarten.

8. Teil. Mietprozess

Häufig ist es in streitig gewordenen Angelegenheiten unausweichlich, die Gerichte anzurufen und entscheiden zu lassen. Sowohl für Mieter- als auch für Vermieteranwälte gilt es aber, zur Verfolgung des schnellsten und sichersten Weges für den vertretenen Mandanten nach schnelleren und kostengünstigeren Alternativen zu suchen. 1689

§ 39 Alternativen

I. Leistungen von der Sozialbehörde statt Zahlungsklage

Ist der Mieter mit seinen Zahlungsverpflichtungen aus dem Mietverhältnis im Rückstand, so können die Erfolgsaussichten einer Beitreibung durch Erkenntnisverfahren und Zwangsvollstreckung durchaus zweifelhaft sein, wenn der Mieter Grundsicherung nach dem SGB II oder Sozialhilfe nach dem SGB XII bezieht. Hier bietet sich eine Lösung eher über die Einschaltung der Sozialbehörden an.[1] 1690

Wurde eine außerordentliche fristlose Kündigung ausgesprochen, muss innerhalb der Schonfrist von zwei Monaten die Miete nachgezahlt werden (§ 569 Abs. 3 Nr. 2 S. 1 BGB). Hierzu genügt eine Verpflichtungserklärung der Behörde.[2] 1691

II. Notarielle Urkunde als Räumungstitel

Eine Zwangsvollstreckung kann auch aus Urkunden stattfinden, die von einem deutschen Notar innerhalb der Grenzen seiner Amtsbefugnisse in der vorgeschriebenen Form aufgenommen worden sind (§ 794 Abs. 1 Nr. 5 ZPO). Die Urkunde muss über einen Anspruch errichtet sein, der einer vergleichsweisen Regelung zugänglich ist. Der Mieter muss sich in der Urkunde wegen des zu bezeichnenden Anspruchs der sofortigen Zwangsvollstreckung unterwerfen.[3] Sie darf nicht auf Abgabe einer Willenserklärung gerichtet sein und nicht den Bestand eines Mietverhältnisses über Wohnraum betreffen. Herausgabe- und Räumungsansprüche in Wohnraummietverhältnissen können hieraus damit nicht vollstreckt werden.[4] Sind sich die Parteien allerdings im Zeitpunkt der Unterwerfung darüber einig, dass das Mietverhältnis bereits beendet ist, ist eine vollstreckbare Urkunde iSv § 794 Abs. 1 Nr. 5 ZPO zulässig.[5] 1692

---

[1] Hierzu → Rn. 278 (Mietzahlung unter Einschaltung der Sozialbehörden).
[2] Flatow/Knickrehm WuM 2018, 465 (485); BayObLG NJW 1995, 338.
[3] Zulässigkeit bejaht in Bezug auf laufende Mieten BGH NJW 2018, 551 = NZM 2018, 32.
[4] BeckOK ZPO/Hoffmann ZPO § 794 Rn. 52.
[5] MüKoZPO/Wolfsteiner ZPO § 794 Rn. 224; BeckOK ZPO/Hoffmann ZPO § 794 Rn. 52.

§ 40 Einstweilige Verfügung

1693 Grundnormen für das einstweilige Verfügungsverfahren sind auch in Mietsachen §§ 935, 940, 940a ZPO. Danach kann die einstweilige Verfügung als Sicherungsverfügung oder als Regelungsverfügung ergehen.

1694 Soweit **familienrechtliche Verfahren** betroffen sind, kann das Gericht nach § 49 FamFG im Wege der einstweiligen Anordnung eine vorläufige Maßnahme treffen, soweit dies im Hinblick auf einen Anordnungsanspruch gerechtfertigt ist und ein dringendes Bedürfnis für ein sofortiges Tätigwerden besteht.[6] In Betracht kommt dies etwa im Falle eines Streites zwischen Eheleuten über die Benutzung der Ehewohnung oder von Haushaltsgegenständen (§§ 1361a, 1361b BGB bei Getrenntleben; §§ 1568a, 1568b BGB im Falle der Scheidung).[7]

I. Zuständigkeit

1695 Sachlich und örtlich zuständig zum Erlass einer Einstweiligen Verfügung ist das Gericht der Hauptsache (§§ 937 Abs. 1, 943, 29a ZPO). In dringenden Fällen ist die Zuständigkeit des Amtsgerichts begründet (§ 942 Abs. 1 ZPO).

II. Verfügungsanspruch

1696 Erste Voraussetzung für den Erlass einer Einstweiligen Verfügung ist ein Verfügungsanspruch. Dabei handelt es sich um einen materiell-rechtlichen Anspruch, der nicht auf Geld gerichtet sein darf, und der dem Antragsteller gegen den Antragsgegner zusteht.

III. Verfügungsgrund

1697 Neben dem Verfügungsanspruch muss als zweite Voraussetzung für den Erlass einer einstweiligen Verfügung auch ein Verfügungsgrund bestehen. Er besteht in der objektiv begründeten Besorgnis, dass durch eine Veränderung des bestehenden Zustandes die Verwirklichung des Rechts des Antragstellers vereitelt oder wesentlich erschwert werden könnte (Sicherungsverfügung) oder eine gerichtliche Regelung notwendig ist, um wesentliche Nachteile abzuwenden oder drohende Gewalt zu verhindern (Regelungsverfügung).

1698 Die einstweilige Verfügung muss also dringlich sein. Daran kann es fehlen, wenn der Antragsteller eine längere Zeit untätig bleibt und den beanstandeten Zustand hinnimmt.[8]

IV. Glaubhaftmachung

1699 Alle Tatsachen, die dem Verfügungsanspruch und dem Verfügungsgrund zugrunde liegen, müssen vom Antragsteller glaubhaft gemacht werden. Dies kann insbesondere durch die Vorlage von Urkunden und eidesstattlichen Versicherungen geschehen (§ 294

---

[6] Giers in Götz/Brudermüller/Giers, Die Wohnung in der familienrechtlichen Praxis, I. Rn. 660.
[7] MüKoFamFG/Soyka FamFG § 49 Rn. 16.
[8] OLG Hamm NJW-RR 1990, 1236; OLG Hamburg MDR 1974, 148; MüKoZPO/Drescher ZPO § 935 Rn. 18 u. § 940 Rn. 10.

ZPO). Wird im Verfügungsverfahren eine mündliche Verhandlung anberaumt, so ist auch die Vernehmung von Zeugen möglich (§ 294 Abs. 2 ZPO).

V. Keine Vorwegnahme der Hauptsache

Die einstweilige Verfügung darf die Hauptsache nicht vorwegnehmen.[9] Das Verfahren innerhalb des einstweiligen Rechtsschutzes ist summarisch und soll nur vorläufige Regelungen treffen. Das einstweilige Rechtsschutzverfahren darf das Hauptverfahren nicht ersetzen, weil es die Richtigkeitsgarantien des Hauptprozesses nicht innehat.[10] In manchen Fällen lässt es sich allerdings nicht vermeiden, dass die einstweilige Verfügung faktisch zu einer endgültigen Regelung führt. Solche Verfügungen setzen ein besonderes Interesse des Antragstellers voraus.[11]

Deshalb muss der Vermieter seine Mietansprüche im Hauptsacheverfahren durchsetzen.[12] Eine einstweilige Verfügung ist nur ganz ausnahmsweise zulässig, wenn der Vermieter die Miete dringend benötigt, um seinen Lebensunterhalt zu bestreiten und um sein **Existenzminimum** zu sichern.[13] Die Möglichkeit einer Inanspruchnahme von Sozialhilfe kann den Verfügungsgrund entfallen lassen.[14] Der Bezug von Arbeitslosengeld oder Arbeitslosenhilfe schadet nicht.[15] Zu einer in der Regel endgültigen Vorwegnahme der Hauptsache führt die Räumungsverfügung nach § 940a Abs. 3 ZPO, bei er es sich im Gegensatz zu § 940a Abs. 2 ZPO um eine echte, gesetzliche zugelassene Leistungs-/Befriedigungsverfügung iSd §§ 935, 940 ZPO handelt.[16]

VI. Räumung der Mietsache

Eine einstweilige Verfügung, die auf Räumung von Wohnraum gerichtet ist, ist unzulässig, es sei denn, es liegt verbotene Eigenmacht oder konkrete Gefahr für Leib oder Leben vor (§§ 940a Abs. 1 ZPO, 858 BGB). Darüber hinaus wurde der Anwendungsbereich von § 940a ZPO mit Wirkung vom 1.5.2013 um die Absätze 2 und 3 erweitert. Danach ist die Räumung von Wohnraum im Wege der einstweiligen Verfügung in bestimmten Fällen gegen Dritte möglich (§ 940a Abs. 2 ZPO) und schließlich auch dann, wenn ein Verstoß des Beklagten gegen eine Sicherungsanordnung[17] iSv § 283a ZPO vorliegt (§ 940a Abs. 3 ZPO).

1. Verbotene Eigenmacht oder Gefahr für Leib oder Leben

§ 940a ZPO gestattet als Ausnahmevariante die Räumung von Wohnraum per einstweiliger Verfügung zur Abwehr einer konkreten Gefahr für Leib und Leben. Neben dem Vermieter selbst kommen als Antragsteller auch Mitmieter und sonstige Hausbewohner in Betracht.[18] § 940a Alt. 2 ZPO soll auch anwendbar sein, wenn ein Mieter von Wohn-

---

[9] MüKoZPO/Drescher ZPO Vor § 916 Rn. 7.
[10] MüKoZPO/Drescher ZPO Vor § 916 Rn. 7.
[11] MüKoZPO/Drescher ZPO Vor § 916 Rn. 7 u. § 938 Rn. 9.
[12] AG Brandburg WuM 2005, 67.
[13] Dahmen Mietrechtkompakt 5/2002, 72 (74) mwN.
[14] Dafür OLG Hamm NJOZ 2001, 954 = MDR 2000, 847; OLG Oldenburg NJW 1991, 2029; dagegen OLG Frankfurt Versäumnisurteil v. 17.8.1987 – 5 UF 162/87, BeckRS 2009, 25445.
[15] Dahmen Mietrechtkompakt 5/2002, 72 (75) mwN.
[16] Musielak/Voit/Huber ZPO § 940a Rn. 8; Schmidt-Futterer/Streyl ZPO § 940a Rn. 29.
[17] Hierzu Schmidt-Futterer/Streyl ZPO § 940a Rn. 29.
[18] MüKoZPO/Drescher ZPO § 940a Rn. 6.

raum den Vermieter bedroht.[19] Bislang nicht geklärt ist, ob konkrete **Leibes- oder Lebensgefahren** immer gegen den Antragsteller bestehen müssen oder ob ein Antrag auf Erlass einer einstweiligen Verfügung auch dann vom Vermieter gestellt werden kann, wenn sich die Leibes- oder Lebensgefahr gegen andere Hausbewohner oder Personen richtet.[20] An die Annahme einer konkreten Gefahr für Leib oder Leben sind hohe Anforderungen zu stellen. Erforderlich sind objektive Anhaltspunkte dafür, dass erhebliche Gewaltanwendungen bevorstehen.[21] Diese Anhaltspunkte müssen für Dritte nachvollziehbar sein. Sie müssen gemäß § 294 ZPO glaubhaft gemacht werden.

1704 Von der Möglichkeit einer einstweiligen Verfügung ist die einstweilige Anordnung nach § 49 FamFG zur Räumung und Zuweisung einer Wohnung in **Ehe- und Familiensachen** zu unterscheiden.[22] § 214 Abs. 1 FamFG enthält eine Sonderregelung für Gewaltschutzsachen. Danach kann das Gericht auf Antrag durch einstweilige Anordnung eine vorläufige Regelung nach § 1 oder § 2 GewSchG treffen. Ein dringendes Bedürfnis für ein sofortiges Tätigwerden liegt in der Regel vor, wenn eine Tat nach § 1 GewSchG begangen wurde oder damit zu rechnen ist (§ 214 Abs. 1 S. 2 FamFG).[23]

1705 Die Rechtsprechung hat im Übrigen insbesondere in folgenden Einzelfällen eine einstweilige Verfügung erlassen: Warmwasserversorgung im Hochsommer,[24] Einholung einer Untermieterlaubnis; Beheizung der Wohnung;[25] Durchsetzung des Vermieterpfandrechts;[26] Entfernung eines Blumenkübeln;[27] Versorgung der Wohnung mit Wasser, Strom und Gas;[28] Wiedereinräumung des Besitzes an den Mieter bei verbotener Eigenmacht,[29] etwa bei Austauschen der Schlösser[30] oder auf Wiedereinräumung des ungestörten Besitzes bei eigenmächtig vorgenommenen störenden baulichen Maßnahmen;[31] drohende Auflösung des Mietkautionskontos vom Vermieter;[32] Zutrittsgewährung für den Vermieter zum Zwecke der Durchführung notwendiger Reparaturen,[33] der Besichtigung zur Weitervermietung[34] und zur Kontrolle durchgeführter Schönheitsreparaturen;[35] Verwendung von Wohnungsfenstern zur Wahlwerbung oder politischen Meinungsäußerung[36] und für die Unterlassung oder Durchsetzung von Modernisierungs- oder Erhaltungsmaßnahmen.[37]

---

[19] Hinz NZM 2005, 841 (854) unter Verweis auf die Gesetzesbegründung.
[20] Bejahend AG Hamburg NZM 2010, 760 (iVm NZM 2011, 376); Hinz NZM 2005, 841 (854); MüKoZPO/Drescher ZPO § 940a Rn. 6; BeckOK ZPO/Mayer ZPO § 940a Rn. 5; Schmidt-Futterer/Streyl ZPO § 940a Rn. 14.
[21] BeckOK ZPO/Mayer ZPO § 940a Rn. 5.
[22] Schmidt-Futterer/Streyl ZPO § 940a Rn. 14.
[23] Giers in Götz/Brudermüller/Giers, Die Wohnung in der familienrechtlichen Praxis, I. Rn. 662; ferner OLG FamRZ 2012, 880.
[24] LG Fulda ZMR 2018, 422; hierzu Horst MietRB 2018, 245.
[25] OLG Köln ZMR 1994, 325.
[26] OLG Stuttgart NJW-RR 1997, 521; OLG Celle NJW-RR 1987, 447.
[27] AG Schöneberg ZMR 2000, 230.
[28] OLG Hamburg WuM 1978, 169; LG Berlin GE 2001, 345; AG Ludwigsburg NZM 1999, 122; AG Leipzig NZM 1998, 716.
[29] OLG Stuttgart NJW-RR 1996, 1516.
[30] AG Ulm WuM 1999, 433.
[31] LG Berlin GE 2014, 1589; AG Wolgast WuM 1994, 265.
[32] AG Bremen WuM 2007, 399.
[33] LG Frankfurt/Main MDR 1968, 328; AG Neuss NJW-RR 1986, 314.
[34] AG Ibbenbüren WuM 1991, 360 (verneint mangels Verfügungsgrund im konkreten Fall).
[35] AG Spandau GE 1994, 711 (verneint im konkreten Fall).
[36] BVerfG NJW 1958, 259.
[37] LG Berlin GE 2015, 512; LG Berlin ZMR 2014, 791; LG Frankenthal WuM 1993, 418; LG Berlin MDR 1984, 669.

2. Räumungsverfügung gegen besitzende Dritte (§ 940a Abs. 2 ZPO)

Es handelt sich um eine Ausnahme vom Grundsatz, nach dem nur dann zwangsgeräumt werden kann, wenn ein Räumungstitel gegen alle Besitzer vorliegt, insbesondere auch im Falle der Vollstreckungsvereitelung durch Untervermietungen kurz vor einer Vollstreckung.[38] Die Vollstreckung eines „lage-/grundstücksbezogenen" Titels oder „gegen Unbekannt" ist nicht zulässig[39] und damit polizeirechtliche Angelegenheit. Als Verfügungsanspruch kommt im Ansatz jeder Anspruch in Betracht, mit dem der Besitzer aus dem Besitz gesetzt und der Vermieter in den Besitz eingewiesen werden kann.[40] Bei § 940a Abs. 2 ZPO handelt es sich um typisierte Bedingungen für den erforderlichen Verfügungsgrund, die eine Abwägung der beiderseitigen Interessen entbehrlich machen.[41]

1706

3. Räumungsverfügung nach Sicherungsanordnung (§ 940a Abs. 3 ZPO)

Bei der Räumungsverfügung nach § 940a Abs. 3 ZPO handelt es sich um eine echte, gesetzliche zugelassene Leistungs-/Befriedigungsverfügung iSd §§ 935, 940 ZPO.[42] In diesem Fall darf die Räumung von Wohnraum durch einstweilige Verfügung nach einer Anhörung des Mieters angeordnet werden, wenn der Beklagte einer Sicherungsanordnung (§ 283a ZPO) im Hauptsacheverfahren nicht Folge leistet. Verfügungsanspruch ist der Räumungsanspruch infolge einer Zahlungsverzugskündigung (§ 543 Abs. 2 S. 1 Nr. 3 BGB),[43] zu dem ein Hauptsacheverfahren rechtshängig sein muss. Der Räumungsanspruch ist glaubhaft zu machen.[44] Verfügungsgrund ist die nichtbefolgte Sicherungsanordnung gem. § 283a ZPO.[45]

1707

§ 41 Mahnverfahren

Für das Mahnverfahren zur Verfolgung eines Zahlungsanspruchs gelten in Mietsachen keine Besonderheiten. Einschlägig sind §§ 688 ff. ZPO.

1708

Zur Individualisierung eines Schadensersatzanspruchs des Wohnraumvermieters wegen Beschädigung sowie unzureichender Reinigung der Mietsache nach Beendigung der Mietzeit kann die irrtümliche Bezeichnung im Mahnbescheidsantrag „Mietnebenkosten – auch Renovierungskosten" genügen, wenn der Antragsteller zugleich auf ein vorprozessuales – auch falsch datiertes – Anspruchsschreiben Bezug nimmt, welches dem Antragsgegner vermittelt, dass und wofür der Antragsteller Schadensersatz verlangt.[46]

1709

Zuständig ist das Amtsgericht, bei dem der Antragsteller seinen allgemeinen Gerichtsstand hat (§ 689 Abs. 2 ZPO). Das zentrale Mahngericht ist zuständig, wenn die Landes-

1710

---

[38] BGH NZM 2013, 395; BGH NJW 2008, 3287 = NZM 2008, 805; BGH NJW 2004, 3041 = NZM 2004, 701; hierzu Horst DWW 2013, 122.
[39] BGH NJW 2018, 399 = NZM 2018, 164.
[40] Schmidt-Futterer/Streyl ZPO § 940a Rn. 17; MüKoZPO/Drescher ZPO § 940a Rn. 10; Börstinghaus NJW 2014, 2225 (2226).
[41] LG Mönchengladbach NJW 2014, 950 = NZM 2014, 132; BeckOK ZPO/Mayer ZPO § 940a Rn. 6; Schmidt-Futterer/Streyl ZPO § 940a Rn. 20; aA Fischer NZM 2013, 249 (252); Zehelein WuM 2012, 418 (423).
[42] Musielak/Voit/Huber ZPO § 940a Rn. 8; Schmidt-Futterer/Streyl ZPO § 940a Rn. 29.
[43] Schmidt-Futterer/Streyl ZPO § 940a Rn. 31.
[44] MüKoZPO/Drescher ZPO § 940a Rn. 25.
[45] Näher Horst DWW 2013, 122 (124 f.).
[46] BGH NJW-RR 2010, 1455; BGH NJW 2008, 1220 = NZM 2008, 202.

regierung eine übergreifende Zuständigkeit bei einem anderen Mahngericht angeordnet hat (§ 689 Abs. 3 ZPO).[47]

1711 Die Zweckmäßigkeit eines Mahnverfahrens ist Frage des Einzelfalls. Das Mahnverfahren sollte vor allem dann betrieben werden, wenn die Forderung unstreitig und mit einem Widerspruch des Schuldners nicht zu rechnen ist. Es ist hingegen unzweckmäßig, wenn absehbar ist, dass sich die Geldforderung später erhöht oder von vornherein streitig ist.

§ 42 Sachurteilsvoraussetzungen

I. Partei und Parteienwechsel

1712 Solange es nicht vor oder während des Rechtsstreits zu einem Parteienwechsel kommt, ergeben sich im Allgemeinen keine Besonderheiten. Kurz einzugehen ist besonders auf die Stellung von **Eheleuten als Mieter** und Beklagte eines Räumungsrechtsstreits.

1713 Wurde der Mietvertrag mit beiden Ehepartnern abgeschlossen, ist ein Ausscheiden des aus der Wohnung ausgezogenen Ehepartners aus dem Mietvertrag nur einvernehmlich mit Zustimmung des anderen und des Vermieters möglich. Ein Anspruch gegenüber dem Vermieter auf Abgabe der Zustimmung besteht nicht.

1714 Umgekehrt kann der Vermieter in diesem Fall das Mietverhältnis aber auch nicht durch Abschluss eines Aufhebungsvertrags allein mit dem aus der Wohnung ausgezogenen Ehepartner beenden. Hierfür ist die Zustimmung des in der Wohnung verbleibenden Ehepartners erforderlich.

1715 Wurde aber der Mietvertrag nur mit einem Ehegatten als Mieter abgeschlossen und schließt der Vermieter mit diesem Ehegatten anlässlich dessen Auszugs aus der Wohnung eine wirksame Mietaufhebungsvereinbarung, so führt dies zur Beendigung des Mietverhältnisses. Der Vermieter kann Räumungsklage gegen den in der Wohnung verbleibenden Ehegatten auch unter Einschluss eines gemeinsamen Kindes erheben. Eine Ausnahme besteht nur, soweit ein Verfahren zur Wohnungszuweisung nach dem FamFG anhängig ist.

1716 Beim **Vermieterwechsel** gilt: Für seine entstandenen und fällig gewordenen Ansprüche behält der veräußernde Vermieter seine Gläubigerstellung und damit auch seine Klagebefugnis.[48] Er kann also auch nach dem Eigentumsübergang diese Ansprüche weiterhin gegen den Mieter einklagen. Dagegen wechselt mit dem Eigentumsübergang die Schuldnerstellung auf den Erwerber. So sind zum Beispiel entstandene Mangellagen und daraus folgende Sachmängelgewährleistungsrechte des Mieters ab dem Eigentumsübergang nur noch gegenüber dem Erwerber als Beklagten zu verfolgen. Er ist also ab dieser Zäsur der richtige Beklagte.[49]

1717 Vollzieht sich der Erwerb erst nach Rechtshängigkeit, so gelten §§ 265, 325 Abs. 1 ZPO.[50] § 265 ZPO ist bei der Veräußerung des Mietgrundstücks bei einer Streitbefangenheit von Mietvertragsansprüchen anwendbar, falls das Mietgrundstück nach Rechtshängigkeit veräußert wird und der Erwerber nach § 566 BGB in die Rechte und Pflichten des

---

[47] Das Portal der deutschen Mahngerichte ist ansteuerbar unter www.online-mahnantrag.de.
[48] Zum Fälligkeitsprinzip BGH NJW 2014, 3775 = NZM 2014, 904; BGH NZM 2005, 17 = NJW-RR 2005, 96; Schmidt-Futterer/Streyl BGB § 566 Rn. 86.
[49] Siehe im Übrigen zu den Parteien des Mietvertrages → Rn. 189 ff.
[50] Monschau in Lützenkirchen, AHB-Mietrecht, Teil M Rn. 140; BGH NJW 2010, 1068 (1069) = NZM 2010, 273 (274).

Mietverhältnisses eintritt.⁵¹ § 266 ZPO stellt dagegen allein auf dingliche Rechte am Grundstück ab und ist deshalb auf Klagen aus obligatorischen Rechten wie Miet- oder Pachtverträgen nicht anwendbar.⁵²

Klagt der Mieter auf **Mängelbeseitigung** und wird die Mietsache während des Rechtstreits veräußert, so ist der Veräußerer ab dem Eigentumsübergang nicht mehr der richtige Beklagte. Denn der Erwerber ist unabhängig davon Schuldner des Mangelbeseitigungsanspruchs aus § 535 Abs. 1 S. 2 BGB, ob der Mangel vor oder nach Eigentumsübergang entstanden ist. Denn bei der Verpflichtung des Vermieters, die Mietsache während der Mietzeit in einen zum vertragsgemäßen Gebrauch geeigneten Zustand zu erhalten, handelt es sich um eine Dauerverpflichtung,⁵³ die auch hinsichtlich solcher Mängel, die bereits vor Eigentumsübergang aufgetreten sind, in die Zukunft gerichtet und Gegenleistung für die laufend geschuldete Miete ist. Deshalb wird der Erwerber anstelle des bisherigen Vermieters verpflichtet.⁵⁴ 1718

Eine vom Mieter gegenüber dem Vermieter herbeigeführte Verzugslage wirkt auch in der Person des Erwerbers fort.⁵⁵ 1719

II. Sachliche Zuständigkeit

1. Ausschließliche Zuständigkeit in Wohnraummietsachen

In Wohnraummietrechtsstreitigkeiten ist das Amtsgericht streitwertunabhängig ausschließlich sachlich zuständig (§§ 1 ZPO, 23 Nr. 2a GVG).⁵⁶ Wie auch im materiellen Recht (Mischmietverhältnisse) ist auch prozessual für die rechtliche Einordnung ist entscheidend, welche Nutzungsart nach den getroffenen Vereinbarungen überwiegt,⁵⁷ wobei auf die Umstände des Einzelfalls abzustellen und Indizien heranzuziehen sind.⁵⁸ Führt dies zu keinem klaren Ergebnis, ist im Zweifel von einem Wohnraummietverhältnis auszugehen. 1720

Unerheblich ist, welche Ansprüche mit welchen Rechtsschutzzielen geltend gemacht werden. Die sachliche Zuständigkeit gilt grundsätzlich alle Streitigkeiten, also sowohl für Leistungsklagen (zB Räumungsklagen, Zahlungsklagen, Klagen auf Zustimmung zu einer Mieterhöhung), Feststellungsklagen (zB Feststellung des Bestehens eines Mietverhältnisses, Feststellung der Höhe einer Indexmiete) oder Gestaltungsklagen (zB Klagen zur Fortsetzung des Mietverhältnisses nach § 574a BGB). Auch Klagen auf Unterlassung der Zwangsvollstreckung gehören hierher, soweit der angegriffene Teil einem Mietverhältnis entstammt.⁵⁹ 1721

2. Klagehäufung

Bei mehreren eingeklagten Ansprüchen aus einem Wohnraummietverhältnis findet das gesamte Verfahren vor dem Amtsgericht statt (§ 23 Nr. 2a GVG). Werden dagegen Ansprüche geltend gemacht, die sowohl ein Wohnraummietverhältnis betreffen als auch 1722

---

⁵¹ BGH NJW 2010, 1068 (1069) = NZM 2010, 273 (274); MüKoZPO/Becker-Eberhard ZPO § 265 Rn. 42.
⁵² MüKoZPO/Becker-Eberhard ZPO § 266 Rn. 11.
⁵³ BGH NZM 2006, 696 (697); Schmidt-Futterer/Streyl BGB § 566 Rn. 128.
⁵⁴ BGH NZM 2006, 696 (697).
⁵⁵ BGH NJW 2014, 3775 (3776) = NZM 2014, 904 (905); BGH NJW 2005, 1187 (1188) = NZM 2005, 253 (254).
⁵⁶ MüKoZPO/Zimmermann GVG § 23 Rn. 7; vgl. auch BGH NJW 1984, 1615 (1616).
⁵⁷ MüKoZPO/Zimmermann GVG § 23 Rn. 8.
⁵⁸ BGH NJW 2014, 2864 = NZM 2014, 626.
⁵⁹ Kossmann/Meyer-Abich Wohnraummiete-HdB § 185 Rn. 3.

andere Ansprüche zB aus einem gewerblichen Mietverhältnis, so ist das Amtsgericht nur dann insgesamt zuständig, wenn hinsichtlich der anderen Ansprüche ebenfalls das Amtsgericht zuständig ist.[60]

Gehört dagegen ein Teil der Ansprüche vor das Landgericht und treffen die Parteien weder eine Gerichtsstandvereinbarung für das Amtsgericht, noch lässt sich der Beklagte rügelos ein, so muss der Kläger die Teilverweisung an das Landgericht beantragen. Das Gericht hat dann die Klage insoweit nach § 145 ZPO abzutrennen und nach § 281 ZPO an das Landgericht zu verweisen. Unterbleibt der Verweisungsantrag, so muss das Amtsgericht die Klage als unzulässig abweisen.[61]

III. Örtliche Zuständigkeit

1723 Örtlich zuständig bleibt das Gericht der belegenen Sache (§ 29a Abs. 1 ZPO). Die Vorschrift gilt für alle Mietverhältnisse ohne Rücksicht darauf, ob es sich um ein Wohnraummietverhältnis oder um ein Mietverhältnis über Geschäftsräume handelt.

1724 Bei Wohnraum, der nicht dem Mieterschutz unterliegt (§ 549 Abs. 2 Nr. 1–3 BGB), gilt die allgemeine örtliche Zuständigkeit (§§ 29a Abs. 2, 12 ZPO). Damit ist in diesen Fällen der Wohnsitz des Beklagten maßgeblich (§ 12 ZPO).[62]

IV. Obligatorische Streitschlichtung

1725 Besondere Prozessvoraussetzung kann in einigen Bundesländern für vermögensrechtliche Streitigkeiten bis zu einer Streitwertgrenze von bis zu 750 Euro eine außergerichtliche obligatorische Streitschlichtung sein. Andernfalls ist die erhobene Klage spätestens nach einem entsprechenden richterlichen Hinweis als unzulässig abzuweisen.[63]

1726 Läuft während eines schwebenden Verfahrens ein landeseigenes Schlichtungsgesetz – weil befristet erlassen – aus, wird die ursprünglich mangels erforderlichen Schlichtungsverfahrens unzulässige Klage nachträglich zulässig.[64]

§ 43 Instanzenzug

I. Erste Instanz

1. Gerichtliche Güteverhandlung

1727 Von der vorgerichtlichen Streitschlichtung ist die neu eingeführte gerichtliche Güteverhandlung zu unterscheiden, die vor einer streitigen mündlichen Verhandlung stattzufinden hat (§ 278 Abs. 2 – 5 ZPO). Sie entfällt, wenn bereits vorgerichtlich ein Einigungsversuch im Rahmen der obligatorischen Streitschlichtung stattgefunden hat.

---

[60] Monschau in Lützenkirchen, AHB-Mietrecht, Teil M Rn. 111.
[61] Monschau in Lützenkirchen, AHB-Mietrecht, Teil M Rn. 114.
[62] BeckOK ZPO/Toussaint ZPO § 29a Rn. 10.
[63] → Rn. 1664 (Obligatorische außergerichtliche Streitschlichtung).
[64] BGH NJW 2007, 519 = NZM 2007, 139.

2. Sachvortrag

Aus der Tatsache, dass die Berufung keine volle Tatsacheninstanz mehr darstellt, sondern die in erster Instanz getroffenen Tatsachenfeststellungen nur noch auf Fehler überprüft (§ 513 Abs. 1 ZPO), folgt, dass erstinstanzlich der volle Streitstoff ebenfalls mit vollständigen Beweisangeboten vorgetragen werden muss, wenn Präklusionen vermieden werden sollen. Zwar ist die erste Instanz wie bisher als Tatsacheninstanz zu begreifen, doch wird der Schwerpunkt des Rechtsstreites durch die Ausgestaltung der Berufung in die erste Instanz verlagert. Es bedarf vollständiger tatsächlicher Aufklärung und rechtlicher Transparenz. Dabei besteht die Gelegenheit zur „Nachbesserung" vor Erlass des erstinstanzlichen Urteils (§ 139 Abs. 1 – 3 ZPO). 1728

3. Beweisantritt

Einschlägig für das Verfahren zur Beweiserhebung und zu den zulässigen Beweismitteln – Sachverständigenbeweis, Augenscheinsbeweis, Parteienbeweis, Urkundenbeweis, Zeugenbeweis – sind §§ 355 bis 370 ZPO. 1729

Der Beweisantritt „Augenschein" setzt die Bezeichnung des Gegenstandes voraus, der von dem Gericht wahrgenommen werden soll. Er darf nur nach allgemeinen Regeln abgelehnt werden. Fotos können die Einnahme des Augenscheins ersetzen.[65] 1730

Der Beweisantritt „Sachverständiger" setzt nur die Bezeichnung der zu begutachtenden Punkte voraus (§ 403 ZPO). 1731

Der Beweisantritt „Zeugenvernehmung" muss so konkret sein, dass ein eindeutig identifizierbares Beweisthema dem Sachvortrag entnommen werden kann, der durch den Beweisantritt gestützt werden soll. Dabei genügt eine Partei ihrer Darlegungslast, wenn sie Tatsachen vorträgt, die in Verbindung mit einem Rechtssatz geeignet und erforderlich sind, das geltend gemachte Recht als in der Person der Partei entstanden erscheinen zu lassen. Die Angabe näherer Einzelheiten ist nicht erforderlich, soweit diese für die Rechtsfolgen nicht von Bedeutung sind.[66] Das Gericht darf dann keine höheren Anforderungen an die Substantiierung stellen, also nicht auch noch den Vortrag weiterer Einzeltatsachen verlangen.[67] Ist eine Partei darlegungspflichtig, so darf sie tatsächliche Aufklärung hinsichtlich solcher Fakten verlangen, über die sie kein zuverlässiges Wissen besitzt.[68] Die Angabe näherer Einzelheiten, die den Zeitpunkt und den Vorgang bestimmter Ereignisse betreffen, ist nicht erforderlich, wenn diese Einzelheiten für die Rechtsfolge bedeutungslos sind.[69] 1732

4. Erweiterte Hinweis- und Dokumentationspflicht

Das Gericht ist verpflichtet, sämtliche erteilten Hinweise aktenkundig zu machen (§ 139 Abs. 1 u. 4 ZPO). Die erweiterte richterliche Hinweis- und Dokumentationspflicht trägt dem Umstand Rechnung, dass die Berufung als Tatsacheninstanz weggefallen ist.[70] 1733

---

[65] BGH NJW-RR 1987, 1237 (1238); MüKoZPO/Zimmermann ZPO § 371 Rn. 3.
[66] BGH NJW 2017, 2819 (2822) = NZM 2017, 521 (524); BGH NJW 2012, 382 = NZM 2012, 109; BGH NJW-RR 2007, 1409 (1410); BGH NJW 2005, 2710 (2711); BGH NJOZ 2003, 1887 (1889); BGH NJW-RR 1995, 724.
[67] BGH NJW-RR 1998, 1409.
[68] BGH NJW-RR 1988, 1529.
[69] BGH NJW-RR 1995, 724.
[70] Vgl. hierzu auch BGH NJW 2007, 1887.

II. Rechtsmittel

1734 Die Berufung wurde von einer zweiten Tatsacheninstanz zu einer Instanz der Fehlerkontrolle und Fehlerbeseitigung umfunktioniert.[71] Innerhalb dieses nun eingeschränkten Prüfungsprogramms kommt es nur noch zur Nachprüfung auf Rechtsverletzungen auf der Tatsachengrundlage erster Instanz. Möglich bleiben eine Korrektur und eine beschränkte Änderung oder Erweiterung der Tatsachengrundlage erster Instanz (§§ 513 Abs. 2, 529 ZPO). Diese Möglichkeiten stehen unter dem Vorbehalt, dass die Überprüfungen für die Entscheidung in der Sache unmittelbar erheblich sind. Daraus folgt, dass die Berufungsinstanz an dem Tatsachenvortrag in erster Instanz fast unwiderlegbar gebunden ist. Dadurch entsteht eine Beweiskraft auch für unrichtiges Vorbringen, die auch nicht durch einen Hinweis auf gegensätzliches schriftliches Vorbringen in erster Instanz gelockert werden kann (§ 314 ZPO). Hierin liegt eine „Anwaltsfalle" mit der Gefahr einer Regresshaftung bei unvollständigem oder widersprüchlichem oder sonst unrichtigem Sachvortrag.

1735 Die Revision ist vorrangig ein Instrument der Rechtsfortbildung und Wahrung der Rechtseinheit.

1. Berufung

1736 Was die Zuständigkeit in Berufungssachen angeht, so ordnet § 72 GVG an, dass die Zivilkammern für die Berufung gegen erstinstanzliche Urteile zuständig sind. Dies ist in Fällen, in denen Mietsachen erstinstanzlich vor dem Amtsgericht verhandelt werden, die Berufungskammer des Landgerichts.

1737 Zunächst ist die Berufung gegen die im ersten Rechtszug ergangenen Endurteile statthaft, wenn der Wert des Beschwerdegegenstandes (sog. Beschwer) 600 Euro übersteigt. Mit der Zulassungsberufung werden auch Urteile rechtsmittelfähig, die diesen Wert nicht erreichen (§ 511 Abs. 2 Nr. 2 ZPO). Dabei ist die Berufung unabhängig von der erreichten Berufungssumme zuzulassen, wenn die Rechtssache grundsätzliche Bedeutung hat oder die Fortbildung des Rechts oder die Sicherung einer einheitlichen Rechtsprechung eine Entscheidung des Berufungsgerichts erfordert (§ 511 Abs. 4 ZPO).

1738 Die Berufung ist binnen einer Notfrist von einem Monat einzulegen (§ 517 ZPO). Die Frist beginnt mit Zustellung des vollständigen Urteils, spätestens fünf Monate nach Verkündung.

1739 Der notwendige Inhalt der Berufungsbegründung ergibt sich aus § 520 Abs. 3 S. 2 Nr. 1 bis 4 ZPO). Es ist zulässig, die mit der Berufung erstrebte Abänderung des erstinstanzlichen Urteils ausschließlich mit neuen Angriffs- und Verteidigungsmitteln zu begründen, soweit diese in der Berufungsinstanz zu berücksichtigen sind. Einer Auseinandersetzung mit den Gründen des angefochtenen Urteils muss in diesem Falle nicht erfolgen.[72]

1740 Die Berufungsbegründungsfrist beträgt zwei Monate und beginnt mit der Zustellung des in vollständiger Form angefassten Urteils, spätestens aber mit Ablauf von fünf Monaten nach der Verkündung (§ 520 Abs. 2 S. 1 ZPO). Fristverlängerungen sind unter den Maßgaben von § 520 Abs. 2 S. 2 – 3 ZPO möglich.

Berufungsfrist und Berufungsbegründungsfrist beginnen also parallel, wobei die Berufungsbegründungsfrist einen Monat länger dauert als bisher.

---

[71] Hierzu auch Ball DWW 2002, 158; Rimmelspacher NJW 2002, 1897.
[72] BGH NJW-RR 2007, 934.

§ 43 Instanzenzug

Was das Parteivorbringen in der Berufungsinstanz angeht, so ist das Berufungsgericht grundsätzlich an das Vorbringen in erster Instanz gebunden. Das Berufungsgericht ist grundsätzlich an eine fehlerfreie Tatsachenfeststellung des Eingangsgerichts gebunden.[73] Dies gilt zunächst, wenn das Vorbringen im Tatbestand des erstinstanzlichen Urteils richtig widergegeben ist. Ist es unrichtig widergegeben, so ist das Berufungsgericht ebenfalls gebunden, es sei denn, es ist ein rechtzeitiger Berichtigungsantrag zur **Tatbestandsberichtigung** nach § 320a ZPO erfolgt. 1741

Dafür gilt eine Frist von zwei Wochen, die mit der Zustellung des vollständigen abgefassten erstinstanzlichen Urteils beginnt (§ 320 Abs. 1, Abs. 2 S. 1 ZPO). Ist das erstinstanzliche Vorbringen im Urteilstatbestand gar nicht wiedergegeben, wurde es also übergangen, so liegt eine Rechtsverletzung vor, die gerügt werden kann. Wurde das Parteivorbringen in erster Instanz zu Recht zurückgewiesen, so bleibt es beim Ausschluss (§ 531 Abs. 1 ZPO). 1742

Neues Parteivorbringen in der Berufungsinstanz ist vom Berufungsgericht zu berücksichtigen, soweit es nicht nach § 530 ZPO präkludiert ist und gem. § 531 Abs. 2 ZPO zuzulassen ist. 1743

Die Berufungsinstanz beginnt mit einem Vorprüfungsverfahren (§ 522 Abs. 2 ZPO). Danach weist das Berufungsgericht das Rechtsmittel nach einem einschlägigen Hinweis durch einstimmigen Beschluss zurück, wenn nach richterlicher Überzeugung die Sache keine Erfolgsaussicht hat, die Rechtssache keine grundsätzliche Bedeutung hat und die Fortbildung des Rechts oder die Sicherung einer einheitlichen Rechtsprechung keine Entscheidung zweiter Instanz erfordern. 1744

Nach § 522 Abs. 3 ZPO ist ein Zurückweisungsbeschluss in gleicher Weise anfechtbar wie ein die Berufung zurückweisendes Urteil, in dem die Revision nicht zugelassen worden ist.[74] Statthaft ist die Nichtzulassungsbeschwerde. Weist das Berufungsgericht die Berufung nach § 522 Abs. 2 ZPO zurück, obwohl es sie wegen Nichterreichens der Berufungssumme (§ 511 Abs. 2 Nr. 1 ZPO) für unzulässig erachtet hat, unterliegt die Entscheidung nach § 522 Abs. 1 S. 4 der Rechtsbeschwerde.[75]

2. Revision

Revisionsgericht ist der Bundesgerichtshof (§ 133 GVG). Er entscheidet auch über eine Nichtzulassungsbeschwerde, die in Fällen statthaft ist, in denen das Berufungsgericht die Revision nicht zugelassen hat. Weiter entscheidet der Bundesgerichtshof über Rechtsbeschwerden, wenn die Berufungsinstanz anders als durch Urteil abschlägig entschieden hat (§ 133 GVG). 1745

Rechtsbeschwerden sind gegen Beschlüsse zulässig, wenn dies im Gesetz ausdrücklich vorgesehen ist. Sie können weiter gegen Beschlüsse des Beschwerdegerichts, des Berufungsgerichts oder des OLGs erhoben werden, wenn dies im Beschluss ausdrücklich zugelassen wurde (§ 574 Abs. 1 ZPO). Sie sind binnen einer Notfrist von einem Monat seit Zustellung des angefochtenen Beschlusses einzulegen (§ 574 Abs. 4 S. 1 ZPO iVm § 575 Abs. 1 ZPO). Sie ist ebenfalls innerhalb eines Monats seit Zustellung des angefochtenen Beschlusses zu begründen (§ 575 Abs. 2 S. 1 ZPO iVm § 575 Abs. 2 S. 2 ZPO). 1746

Gem. § 543 Abs. 1 ZPO ist die Zulassungsrevision statthaft, wenn das Berufungsgericht sie in dem Urteil zugelassen hat oder das Revisionsgericht die Revision auf eine Nichtzulassungsbeschwerde hin (§ 544 ZPO) zulässt. § 543 Abs. 3 ZPO nennt die Zulassungstatbestände (grundsätzliche Bedeutung der Rechtssache oder Erfordernis einer 1747

---

[73] MüKoZPO/Rimmelspacher ZPO § 529 Rn. 1.
[74] Musielak/Voit/Ball ZPO § 522 Rn. 29.
[75] BGH NJW 2017, 736; Musielak/Voit/Ball ZPO § 522 Rn. 29a.

1748 Die Revision ist gegen die in der Berufungsinstanz erlassenen Endurteile nach ihrer Zulassung durch das Berufungsgericht im Urteil oder nach ihrer Zulassung durch das Revisionsgericht auf eine Nichtzulassungsbeschwerde hin binnen einer Notfrist von einem Monat seit Zustellung des vollständigen Urteils, spätestens fünf Monate nach Verkündung, einzulegen (§ 548 ZPO). Gemäß § 551 Abs. 2 S. 2 ZPO ist sie innerhalb von zwei Monaten seit Zustellung des vollständigen Urteils, spätestens fünf Monate nach dessen Verkündung zu begründen (§ 551 Abs. 2 S. 2 und 3 ZPO). Die Frist beginnt auch mit der Zustellung des positiven Beschlusses über die Annahme der Nichtzulassungsbeschwerde (§ 544 Abs. 6 S. 3 ZPO).

1749 Die Nichtzulassungsbeschwerde ist bis 31. Dezember 2019 nur zulässig, wenn der Wert der mit der Revision geltend gemachten Beschwer 20 000 Euro übersteigt (§ 26 Nr. 8 EGZPO). Es ist zu erwarten, dass diese Befristung abermals verlängert wird.

1750 Sie kann innerhalb der Notfrist von einem Monat seit Zustellung des vollständigen Urteils, spätestens sechs Monate nach dessen Verkündung eingelegt (§ 544 Abs. 1 S. 2 ZPO) und binnen zwei Monate seit den genannten Stichtagen begründet werden (§ 544 Abs. 2 ZPO).

3. Sofortige Beschwerde

1751 Gegen erstinstanzliche Beschlüsse des Amtsgerichts oder des Landgerichts findet die sofortige Beschwerde statt, wenn dies im Gesetz ausdrücklich vorgesehen ist. Sie kann auch bei Zurückweisungen von Verfahrensgesuchen erhoben werden, die eine mündliche Verhandlung nicht erfordern (§ 567 Abs. 1 ZPO). Die sofortige Beschwerde ist binnen einer Notfrist von zwei Wochen seit Zustellung der Entscheidung, spätestens fünf Monate nach deren Verkündung bei dem Gericht, dessen Entscheidung angegriffen wird, oder beim Beschwerdegericht einzulegen (§ 569 Abs. 1 ZPO).

III. Abhilfeverfahren (Gehörsrüge)

1752 § 321a ZPO gibt nun die Möglichkeit, in Fällen unzulässiger Berufung (§ 511 Abs. 2 ZPO) und bei Verletzung des rechtlichen Gehörs in entscheidungserheblicher Weise den Prozess vor dem Gericht des ersten Rechtszugs fortzuführen (Gehörsrüge). Die Anhörungsrüge ist nunmehr auf alle unanfechtbaren Entscheidungen ausgedehnt, unabhängig davon, ob dies ein Haupt- oder Nebenverfahren betrifft.[76] Das Verfahren wird durch eine Rügeschrift der betroffenen Partei fortgesetzt (§ 321a Abs. 2 ZPO), für die eine Notfrist von zwei Wochen seit Zustellung des vollständig abgefassten Urteils in der ersten Instanz gilt (§ 321a Abs. 2 S. 1 ZPO).[77]

§ 44 Klage- und Verfahrensarten

I. Räumungsklage

1753 Für Räumungsklagen gelten keine Besonderheiten. Sie sind nach § 272 Abs. 4 ZPO aber vorrangig und beschleunigt zu behandeln. Der Klageantrag muss insbesondere das

---

[76] MüKoZPO/Musielak ZPO § 321a Rn. 2.
[77] Zu den anfallenden Gebühren und Kosten Schneider NJW 2002, 1094.

§ 44 Klage- und Verfahrensarten

zu räumende Objekt einschließlich zugehöriger Flächen und Nebenräume genau bezeichnen. Die Klage ist gegen sämtliche (Mit-)Besitzer zu richten,[78] damit gegen alle auch vollstreckt werden kann (§ 750 Abs. 1 S. 1 ZPO). Hierzu kann es erforderlich sein, die Räumungsklage auch auf Personen zu erstrecken, die nicht Partei des Mietvertrages sind. Dies kann zB im Falle von länger verweilenden Besuchern, Untermietern, Ehegatten, gleichgeschlechtlichen Partnerschaften, Kindern, und Lebensgefährten notwendig werden. Dem Anwalt ist deshalb zu raten, im Rahmen der Kündigung nach weiteren in der Wohnung lebenden Personen zu fragen.[79] Wird dies nicht oder unzutreffend beantwortet, liegt ein Verstoß gegen Treu und Glauben vor, der später im Rahmen von § 940a Abs. 2 ZPO angeführt werden kann. Außerdem ist vorsorglich eine Einwohnermeldeamtsanfrage einzuholen.[80]

Der Räumungsanspruch muss bestehen, das Mietverhältnis muss also beendet sein. Ausnahmsweise kann aber auch auf künftige Räumung geklagt werden, wobei dies bei Wohnraummietverhältnisses nur nach § 259 ZPO zulässig ist.[81] Dies gilt etwa, wenn der Mieter die zugrunde liegende Kündigung nicht für berechtigt hält und deshalb erklärt, er werde nicht ausziehen.[82] 1754

II. Zahlungsklage

Auch bei Zahlungsklagen bestehen keine Besonderheiten. Werden etwa rückständige Mieten eingeklagt, so hat der klagende Vermieter jeden Monat mit einem angeblichen Mietrückstand und dem in diesem Monat nach seiner Ansicht aufgelaufenen Rückstand insgesamt anzugeben. Berücksichtigt der Vermieter in dem einer Klage zugrunde gelegten Mietkonto zugunsten des Mieters Zahlungen und Gutschriften, ohne diese konkret einer bestimmten Forderung oder einem bestimmten Forderungsteil (Nettomiete oder Nebenkostenvorauszahlung) zuzuordnen, stellt dies die Bestimmtheit des Klageantrags nicht ohne Weiteres infrage. Vielmehr kommt im Rahmen der gebotenen Auslegung des Klagebegehrens auch ohne ausdrückliche Verrechnungs- oder Aufrechnungserklärung ein Rückgriff auf die gesetzliche Anrechnungsreihenfolge von § 366 Abs. 2 BGB in Betracht. Bei unzureichenden Zahlungen auf Nettomieten aus verschiedenen Zeiträumen ist § 366 Abs. 2 BGB direkt und nicht nur analog heranzuziehen. Handelt es sich nicht um Zahlungen des Mieters, sondern um Gutschriften des Vermieters, kommt eine entsprechende Anwendung von § 366 Abs. 2 BGB in Betracht.[83] 1755

Räumungs- und Zahlungsklage können verbunden werden.[84] Auf die Möglichkeit und Auswirkungen von § 940a Abs. 3 ZPO (Räumungsverfügung nach Sicherungsanordnung) sei hier noch einmal hingewiesen.[85] 1756

---

[78] HK-ZV/Bendtsen, Zwangsvollstreckung im Mietverhältnis, Rn. 21.
[79] Hierzu Zürn in MAH MietR § 28 Rn. 229; HK-ZV/Bendtsen, Zwangsvollstreckung im Mietverhältnis, Rn. 21.
[80] HK-ZV/Bendtsen, Zwangsvollstreckung im Mietverhältnis, Rn. 21.
[81] MüKoZPO/Becker-Eberhard ZPO § 259 Rn. 8; Kossmann/Meyer-Abich WohnraummieteHdB § 187 Rn. 1.
[82] LG Berlin GE 1998, 1089.
[83] Grundlegend BGH NJW 2018, 3448 = NZM 2018, 444 und BGH NJW 2018, 3457 = NZM 2018, 454; hierzu Siegmund WuM 2018, 601.
[84] BGH NZM 2008, 280, dort auch zur Zulässigkeit eines Teilurteils bei Klageverbindung.
[85] Siehe → Rn. 1707 (Räumungsverfügung nach Sicherungsanordnung).

III. Klage auf zukünftige Leistung

1757 Eine Klage auf zukünftige Leistung ist geboten und möglich, wenn die Besorgnis der nicht rechtzeitigen Erfüllung besteht (§ 259 ZPO).[86] Es genügt das ernsthafte Bestreiten des Anspruchs oder der Leistungspflicht.[87] Dies kann der Fall sein, wenn der Mieter nicht oder nur teilweise zahlt oder einen Rückstand an Miete und Mietnebenkosten in einer die Bruttomiete mehrfach übersteigenden Höhe hat auflaufen lassen.[88]

1758 § 259 ZPO kann in diesem Sinne auch dann gelten, wenn der Mieter die Miete ständig unpünktlich zahlt.

1759 Wurde Wohnraum gekündigt, weil der zahlungsunfähige Mieter über mehrere Monate hinweg keine Miete zahlte und erhebt der Vermieter Räumungsklage, kann er zugleich die künftig fällig werdende Nutzungsentschädigung bis zur Herausgabe der Wohnung einklagen.[89] Dabei kann im Hinblick auf den Räumungsanspruch grundsätzlich kein Teilurteil ergehen.[90] Bei der Entscheidung über den Zahlungsanspruch ist das Berufungsgericht an sein Teilurteil über den Räumungsanspruch und die hierzu getroffenen Feststellungen nicht gebunden.[91]

IV. Mängelbeseitigungsklage

1760 Der Mieter kann auf Beseitigung der Mängel klagen, die den vertragsgemäßen Gebrauch beeinträchtigen. Die Mängel sind exakt zu bezeichnen. Die Klage richtet sich nur auf Beseitigung der bezeichneten Mängel. Die Art und Weise der Mängelbeseitigung ist Sache des Vermieters.[92] Nur dann, wenn lediglich eine bestimmte Mängelbeseitigungsmaßnahme in Betracht kommt, kann der Mieter auf Durchführung dieser bestimmten Maßnahme klagen.[93]

1761 Beseitigt der Vermieter nach den Vorgaben des Urteils die Mängel nicht, so kann der Mieter bei vertretbaren Handlungen nach § 887 ZPO vollstrecken. § 887 ZPO ist bei baulichen Herstellungs-, Beseitigungs- und Reparaturarbeiten oder Beseitigung von Störungen und Störquellen anwendbar, soweit es nicht auf eine unersetzbare Fähigkeit des Schuldners ankommt.[94] Der Mieter ist auf Antrag vom Prozessgericht des ersten Rechtszuges zu ermächtigen, auf Kosten des Vermieters die Handlung vornehmen zu lassen. Erst jetzt muss der Mieter die seiner Ansicht nach erforderlichen Einzelmaßnahmen genau bezeichnen, die zur Mängelbeseitigung notwendig sind. Ist die Verurteilung im Urteil konkret genug, so kann ein entsprechender Ermächtigungsbeschluss ergehen, in dem zugleich die durch Kostenvoranschlag belegten voraussichtlichen Kosten dem Vermieter als Vorschuss auferlegt werden.[95]

---

[86] Näher hierzu Winkler ZMR 2008, 94.
[87] BGH NJW-RR 2005, 1518; BGH NJW 2003, 1395; BGH NJW 2001, 2178 (2180); MüKoZPO/Becker-Eberhard ZPO § 259 Rn. 13.
[88] BGH NJW 2011, 2886 = NZM 2011, 882; AG Kerpen WuM 1991, 439.
[89] BGH NJW 2003, 1395 = NZM 2003, 231.
[90] BGH NZM 2008, 280; BGH Urt. v. 22.6.2005 – VIII ZR 378/04, BeckRS 2005, 10214; ferner BGH NJW 2009, 1824; Musielak/Voit/Musielak ZPO § 301 Rn. 4a.
[91] BGH Urt. v. 22.6.2005 – VIII ZR 378/04, BeckRS 2005, 10214; hierzu auch BGH NZM 2019, 401 (402).
[92] LG Berlin GE 1994, 1447; hierzu auch BGH NJW 1978, 1584 (1585); BeckOK MietR/Haumer BGB Klageverfahren Rn. 207
[93] LG Kassel WuM 1989, 519.
[94] MüKoZPO/Gruber ZPO § 887 Rn. 13.
[95] Hierzu BGH NZM 2005, 678 = NJW-RR 2006, 202; MüKoZPO/Gruber ZPO § 887 Rn. 36.

V. Unterlassungsklage

Vermieter und Mieter können ihre jeweiligen Vertragspartner auf Unterlassung von Vertragsverstößen verklagen.[96] Anwendungsfälle sind etwa die unberechtigte Untervermietung, die unerlaubte Tierhaltung, insbesondere gefährlicher Tiere, oder generell die Überschreitung des vertragsgemäßen Gebrauchsrechts vom Mieter.

1762

Dabei kann der Unterlassungsklage eine Auskunftsklage[97] vorgeschaltet werden, wenn die dort erstrittenen Angaben zur Führung des Unterlassungsrechtsstreits notwendig sind. So kann zB der Klage auf Unterlassung einer Untervermietung eine Auskunftsklage gegen den Mieter vorgeschaltet werden, mit der der Vermieter vom Mieter Auskunft über Namen und Vornamen des Untermieters verlangt.[98]

1763

VI. Duldungsklage

Maßnahmen zur Erhaltung der Mieträume oder Maßnahmen zur Modernisierung kann der Vermieter gegen den Mieter mit einer Duldungsklage durchsetzen. Im Falle der Erhaltungsmaßnahme kommt eine einstweilige Verfügung nur in Betracht, wenn ein Notstand bereits eingetreten ist oder der Eintritt des Notstandes unmittelbar bevorsteht.[99] Modernisierungsmaßnahmen können durch einstweilige Verfügung grundsätzlich nicht durchgesetzt werden.[100] Nur wenn einem Notstand abgeholfen oder einem vorgebeugt werden soll, kann der Duldungsanspruch ausnahmsweise im Wege der einstweiligen Verfügung durchgesetzt werden.[101]

1764

Der Mieter kann dagegen Modernisierungsarbeiten des Vermieters auch durch einstweilige Verfügung unterbinden, insbesondere im Innenbereich. Für Modernisierungen außerhalb der Wohnung (Außenmodernisierungen) ist dies allerdings umstritten.[102]

1765

Neben den genannten Fällen können auch Ansprüche auf Anbringung von Schildern[103] oder auch die Duldung der Montage einer Parabolantenne[104] durch Duldungsklage geltend gemacht werden.

1766

---

[96] BeckOK MietR/Haumer BGB Klageverfahren Rn. 208.
[97] Zum Auskunftsanspruch des Vermieters BGH NJW 2007, 288 (289) = NZM 2007, 127 (128); OLG Dresden NZM 2004, 461 (Geschäftsraummiete).
[98] Zu den mietrechtlichen Grundsätzen der Stufenklage BGH NJW 2017, 156 = NZM 2016, 540.
[99] OLG Rostock LKV 1997, 231 (232); AG Wuppertal MDR 1973, 409; Hinz NZM 2005, 841 (849).
[100] LG Berlin MM 1996, 452; Schmidt-Futterer/Eisenschmid BGB § 555d Rn. 83; Hinz NZM 2005, 841 (849); Horst NZM 1999, 193 (195); BeckOK MietR/Haumer BGB Klageverfahren Rn. 218.
[101] Zu einem Ausnahmefall wegen besonderer Eilbedürftigkeit LG Köln WuM 1984, 199; ferner Schmidt-Futterer/Eisenschmid BGB § 555d Rn. 84; Horst NZM 1999, 193 (195).
[102] Dafür LG Berlin NZM 2013, 465 = NJW-RR 2013, 846; dagegen LG Berlin GE 1999, 317; Lehmann-Richter NZM 2011, 572 (574) sowie ders. NZM 2013, 451.
[103] AG Berlin-Tiergarten GE 1991, 577.
[104] Hierzu BVerfG NZM 2007, 125; BVerfG NZM 2005, 252; BGH NZM 2013, 647 = NJW-RR 2013, 1168; BGH Beschl. v. 21.9.2010 – VIII ZR 275/09, BeckRS 2010, 27624; BGH NJW 2010, 436 = NZM 2010, 119; ferner BeckOK MietR/Hitpaß BGB § 535 Rn. 1100 ff.

VII. Feststellungsklage

1767 Mietvertragliche Pflichten können auch mit der nachrangigen Feststellungsklage (§ 256 ZPO) zu klären sein. Sie scheidet aus, wenn eine Leistungsklage möglich ist.[105] Deshalb ist eine Feststellungsklage zu der Feststellung des Schuldnerverzugs nicht zulässig. Denn er ist ein Unterfall der Verletzung der Leistungspflicht.[106] Ein Feststellungsinteresse wird aber angenommen, wenn die Schädigung eines Rohrleitungssystems abgeschlossen ist und nur noch nicht geklärt werden kann, auf welche Weise und mit welchen Kosten sie behoben werden kann.[107]

1768 Gegenstand der Feststellungsklage muss ein Rechtsverhältnis sein. Es kann sich auch um die Feststellung einzelner, aus einem Rechtsverhältnis sich ergebender Rechte und Pflichten handeln, nicht aber um bloße Elemente oder Vorfragen eines Rechtsverhältnisses, reine Tatsachen oder etwa um die Wirksamkeit von Willenserklärungen oder der Rechtswidrigkeit eines Verhaltens.[108] Der Mieter kann auf Feststellung einer Minderung klagen,[109] was sich als sicherster Weg empfiehlt, um eine Kündigung wegen Zahlungsrückständen zu vermeiden.[110]

VIII. Negative Feststellungsklage

1769 Ebenso wie die positive Feststellungsklage bietet sich die negative Feststellungsklage an, um Klarheit über den Inhalt eines Mietvertrages oder über Rechts und Pflichten herbeizuführen, wenn sich der Vermieter bestimmter Rechte berühmt, ohne diese jedoch geltend zu machen.[111] Die negative Feststellungsklage ist ebenso nur in den Grenzen von § 256 ZPO zulässig.

IX. Zwischenfeststellungsklage

1770 Nach § 256 Abs. 2 ZPO kann jede Partei eine Zwischenfeststellungsklage erheben, wenn ein Rechtsverhältnis für die Entscheidung über die Klage präjudiziell ist. Sie kommt insbesondere für den Vermieter bei Betriebskostenstreitigkeiten in Betracht[112] oder auch hinsichtlich des Zeitpunkts einer Mietvertragsbeendigung, wenn etwa mehrere (außerordentliche fristlose) Kündigungen erklärt wurden.

X. Mieterhöhung

1771 Die Klage auf Zustimmung zu einer Mieterhöhung gem. § 558b BGB ist eine Leistungsklage. Das rechtskräftige Urteil ersetzt die nach materiellem Recht erforderliche Zustimmung des Mieters (§ 894 ZPO).

---

[105] BeckOK ZPO/Bacher ZPO § 256 Rn. 26; BeckOK MietR/Haumer BGB Klageverfahren Rn. 230.
[106] BGH NJW 2000, 2280.
[107] BGH NZM 2008, 222 = NJW-RR 2008, 1520.
[108] BGH NJW 2000, 2280.
[109] BeckOK MietR/Haumer BGB Klageverfahren Rn. 222.
[110] Hierzu BGH NJW 2012, 2882 = NZM 2012, 637; BGH NJW 2007, 428 = NZM 2007, 35.
[111] BeckOK MietR/Haumer BGB Klageverfahren Rn. 223.
[112] Hierzu ausführlich Schmid GE 2000, 851.

Zu beachten ist die Klagefrist nach § 558b Abs. 2 S. 2 BGB. Es handelt sich um eine Ausschlussfrist (§ 558b Abs. 2 BGB) mit der Folge, dass nach Fristablauf die Klage unzulässig wird.[113] Liegt der Zustimmungsklage ein Erhöhungsverlangen zugrunde, das den in § 558a BGB enthaltenen formellen Anforderungen und Begründungserfordernissen nicht entspricht, kann es der Vermieter im Rechtsstreit nachholen oder die Mängel des Erhöhungsverlangens beheben (§ 558b Abs. 3 S. 1 BGB). Auch der Hinweis auf einen qualifizierten Mietspiegel (§ 558a Abs. 3 BGB) gehört hierzu.[114] Fehlt dieser Hinweis, ist ein Mieterhöhungsverlangen formell unwirksam.[115]   1772

In diesen Fällen ist die Klage zwar zulässig, allerdings steht dem Mieter dann eine (nochmalige) gesonderte Zustimmungsfrist zu (§ 558b Abs. 3 S. 2 BGB).   1773

XI. Fortsetzung des Mietverhältnisses

Der Mieter kann nach §§ 574a ff. BGB die Fortsetzung des Mietverhältnisses verlangen, wenn der Vermieter auf Räumung und Herausgabe klagt. Der Fortsetzungsanspruch kann einredeweise geltend gemacht werden.   1774

Das Gericht kann allerdings auch ohne Antrag nach § 308a ZPO die Fortsetzung des Mietverhältnisses aussprechen.[116] Nach Abs. 2 der Vorschrift ist der Fortsetzungsausspruch selbständig anfechtbar, also ohne Einlegung eines Rechtsmittels gegen die übrige Entscheidung. Statthaft ist das Rechtsmittel, das gegen das Urteil gegeben ist.[117]   1775

XII. Räumungsfrist

Bereits im Rechtsstreit kann der Mieter bei Räumungs- und Herausgabeklagen nach § 721 Abs. 1 ZPO die Gewährung einer Räumungsfrist beantragen. Obwohl es sich um eine vollstreckungsrechtliche Maßnahme handelt, muss das Gericht dann zusammen mit dem Urteil über den Räumungsfristantrag entscheiden.[118] Geschieht dies nicht, kann die Ergänzung des Urteils nach § 321 ZPO beantragt werden. Dies geht nur im Falle der Räumung von Wohnraum (§ 721 Abs. 1 ZPO). Ausgeschlossen ist Wohnraum iSv § 549 Abs. 2 Nr. 3 BGB (§ 721 Abs. 7 S. 1 ZPO). Auch bei Zeitmietverträgen gibt es keine Räumungsfristen (§§ 575 BGB, 721 Abs. 7 ZPO).[119]   1776

XIII. Urkundenprozess

Der Urkundenprozess ist eine besondere Verfahrensart, die dem Kläger zu einem möglichst schnellen Zahlungstitel verhelfen soll.[120] Dies zeigt sich zunächst in der beschränkten Zulässigkeit von Beweismitteln. Gemäß § 592 ZPO sind nur Urkunden als Beweismittel zulässig. Wird ihre Echtheit bestritten, kann Beweis zu dieser Frage ebenfalls nur durch Urkunden und durch Parteivernehmung geführt werden (§ 595 Abs. 2 ZPO).[121]   1777

---

[113] Schmidt-Futterer/Borstinghaus BGB § 558b Rn. 91.
[114] Schmidt-Futterer/Börstinghaus BGB § 558b Rn. 160.
[115] LG München I ZMR 2014, 364 (366); LG München I WuM 2002, 496.
[116] Hierzu BVerfG NZM 2015, 161 = NJW-RR 2015, 526.
[117] MüKoZPO/Musielak ZPO § 308a Rn. 9.
[118] Auch im Revisionsurteil BGH Beschl. v. 27.4.2010 – VIII ZR 283/09, BeckRS 2010, 11348.
[119] Im Falle einer außerordentlichen Kündigung siehe aber § 721 Abs. 7 S. 2 ZPO.
[120] Flatow DWW 2008, 88; Both NZM 2017, 425.
[121] BGH NJW 2008, 523 = NZM 2008, 49 zur Unzulässigkeit eines Sachverständigengutachtens aus einem selbständigen Beweisverfahren als Beweismittel um Urkundenprozess.

Ebensowenig ist die Widerklage im Urkundenprozess statthaft (§ 595 Abs. 1 ZPO), da sie zu einer Verzögerung des Verfahrens führen könnte.[122] Das Urkundenverfahren steht auch für Mietrechtsstreitigkeiten in Wohnraummietverhältnissen[123] zur Verfügung, wenn Zahlungsansprüche aus dem Mietvertrag geltend gemacht werden sollen. Dies gilt auch für Klagen auf künftige Mietzahlungen,[124] zumindest wenn Anhaltspunkte auf eine eingetretene Zahlungsunfähigkeit des Mieters vorliegen.

1778 Kann sich aber der beklagte Mieter auf Gegenrechte stützen, deren Grundtatsachen ebenfalls durch die gemäß § 592 ZPO zugelassenen Beweismittel belegt werden können, so wird die Klage des Vermieters unstatthaft und ist gemäß § 597 Abs. 2 ZPO abzuweisen. Denn in diesem Fall hat der Vermieter mit den im Urkundenprozess zulässigen Beweismitteln den Beweis nicht mehr geführt.[125]

Dies gilt schließlich auch für unstreitige, im Verlaufe des Verfahrens unstreitig gewordene oder sonst zugestandene Tatsachen, aus denen sich die Gegenrechte des Mieters ableiten. Denn das Gericht hat unstreitige Tatsachen auch ohne Vorlage von Urkunden zu berücksichtigen.[126]

1779 Im Hinblick auf den möglichen Angriff vom beklagten Mieter gegen die Statthaftigkeit des Urkundenprozesses geht der klagende Vermieter ebenfalls kein Risiko ein. Selbst wenn der Mieter seine Gegenrechte urkundlich stützen oder auf offenkundige, unstreitige oder zugestandene Tatsachen verweisen kann, kann der Vermieter als Kläger ohne Einwilligung des beklagten Mieters vom Urkundenprozess absehen und den Rechtsstreit im ordentlichen Verfahren fortsetzen (§ 596 ZPO). Insgesamt kann der klagende Vermieter zügig zu einem Vorbehaltsurteil gelangen, das gemäß § 599 Abs. 3 ZPO iVm § 708 Nr. 4 ZPO ohne Sicherheitsleistung vorläufig vollstreckbar ist.

1780 Mit seinen materiellrechtlichen Einwendungen und Gegenrechten, die er nicht in den zulässigen Formen des Urkundenprozesses beweisen kann, ist der beklagte Mieter auf das Nachverfahren (§ 600 ZPO) verwiesen, das die vorläufige Vollstreckbarkeit des Vorbehaltsurteils nicht hindert.

1781 Der Urkundenprozess ist auch zulässig, wenn der Mieter sich auf die Einrede des nichterfüllten Vertrages nach § 320 BGB beruft.[127]

XIV. Selbständiges Beweisverfahren

1782 Das selbständige Beweisverfahren gem. §§ 485 ff. ZPO ist auch in Mietsachen zulässig. Das Verfahren kann insbesondere zur Feststellung von Mietmängeln sowie zur Feststellung des Zustandes der Mietsache bei Rückgabe betrieben werden. Sein Zweck ist es also, dem drohenden Verlust eines Beweismittels vorzubeugen, drohende Schäden abzuwenden oder gering zu halten und/oder einen späteren Rechtsstreit zu vermeiden. Zwischen den Beteiligten des selbstständigen Beweisverfahrens wirkt die vorgezogene Beweisaufnahme wie eine unmittelbar im anschließenden Hauptsacheverfahren selbst durchgeführte Beweiserhebung; die Beweiserhebung des selbständigen Beweisverfahrens wird deshalb im Hauptsacheprozess verwertet, als sei sie vor dem Prozessgericht

---

[122] Vgl. zur Gesetzesbegründung dieses Verbots im Urkundsprozess BGH NJW 2002, 751 (752).
[123] BGH NJW 2005, 2701 = NZM 2005, 661; BGH NZM 2007, 161 = NJW 2007, 1061; BGH ZMR 2011, 204; BGH NJW 2012, 2662 = NZM 2012, 559; BGH NJW 2015, 475 = NZM 2015, 44.
[124] BGH NJW 2003, 1395 = NZM 2003, 231; Bussmann MDR 2004, 674 (675); Leupertz Mietrecht Kompakt Heft 6/2003, 93.
[125] Zu einem solchen Fall OLG Düsseldorf NZM 2004, 946 (947).
[126] BGH NJW 2008, 523; MüKoZPO/Braun ZPO § 592 Rn. 13; Bussmann MDR 2004, 674.
[127] BGH NJW 2009, 3099 = NZM 2009, 734.

selbst erfolgt.¹²⁸ Es führt nicht mehr zu einer Unterbrechung, sondern zu einer Hemmung der Verjährung (§ 204 Abs. 1 Nr. 7 BGB).¹²⁹

Der Antrag auf Durchführung eines selbständigen Beweisverfahrens ist bei dem Amtsgericht zu stellen, in dessen Bezirk die Mietsache gelegen ist. Insoweit gelten zum Hauptsacheverfahren keine Besonderheiten. Neben der Bezeichnung des Gegners sind die Tatsachen zu formulieren, über die die Beweisaufnahme erfolgen soll und die Beweismittel unter Benennung der zu vernehmenden Zeugen und Sachverständigen darzustellen. Im Rahmen dessen kann die Einnahme eines Augenscheins oder durch die Vernehmung von Zeugen oder schließlich die Begutachtung durch einen Sachverständigen beantragt werden. Der Sachverständige kann vorgeschlagen werden. Dies ist aber nicht zwingend. **1783**

Der Antragsteller muss die Sachverständigenkosten, die anfallenden Gerichtskosten und, soweit beauftragt, die Kosten seines Rechtsanwalts zunächst allein aufbringen. Er kann die Verfahrenskosten gegenüber dem Antragsgegner geltend machen, wenn seine Behauptungen im Beweisverfahren bestätigt werden. Andernfalls trägt er die Kosten endgültig. **1784**

---

¹²⁸ BGH NJW 2018, 1171 = NZM 2018, 167.
¹²⁹ Vgl. BGH NJW 2012, 2263 zur Hemmung von vor 2002 eingeleiteten Beweisverfahren.

9. Teil. Zwangsvollstreckung und Insolvenz

§ 45 Vollstreckungsgrundlagen

Grundlegende Vollstreckungsgrundlagen sind:
- Vollstreckungstitel
- Vollstreckungsklausel
- Zustellung

Als Vollstreckungstitel kommen vor allem eine gerichtliche Entscheidung oder ein gerichtlicher Vergleich (§ 794 ZPO) in Betracht. Daneben kann auch aus notariellen Urkunden vollstreckt werden, sofern sich der Schuldner der sofortigen Zwangsvollstreckung unterworfen hat. Dies ist sowohl für Zahlungsansprüche,[1] nicht aber für Räumungsansprüche bei Wohnraummietverhältnissen möglich (§ 794 Abs. 1 Nr. 5 ZPO).[2] Darüber hinaus können die Parteien auch einen Anwaltsvergleich als Vollstreckungsgrundlage schaffen. Nach § 796a ZPO kann ein von anwaltlich vertretenen Parteien geschlossener Vergleich vom Gericht für vollstreckbar erklärt werden. Hier ist allerdings zu beachten, dass ein Vergleich über die Räumung von Wohnraum nicht zulässig ist (§ 796a Abs. 2 ZPO). Schließlich kann ein Zuschlagsbeschluss nach § 93 ZVG Vollstreckungsgrundlage sein.[3]

1785

§ 46 Räumungsvollstreckung

I. Ablauf einer Räumungsvollstreckung

Grundlage der Räumungsvollstreckung § 885 ZPO iVm §§ 128 – 130 GVGA. Ergänzend wurde § 885a ZPO durch das Mietrechtsänderungsgesetz mit Wirkung vom 1.5.2013 eingefügt, mit der die bisherige Praxis zur „Berliner Räumung" auf eine gesetzliche Grundlage gestellt wurde.[4] § 130 GVGA regelt nun für den Gerichtsvollzieher die Besonderheiten der Wohnungsräumung. Bezogen auf den Räumungstermin sind zwei Aspekte hervorzuheben – den Entzug des Wohnungsbesitzes beim Vollstreckungsschuldner und die Einweisung des Vollstreckungsgläubigers in den Wohnungsbesitz (hierzu § 128 Abs. 1 S. 1 GVGA). Sind Besitzentzug und Besitzeinweisung beendet, ist auch die Zwangsvollstreckung abgeschlossen. Der Räumungstitel ist verbraucht.[5] Der Transport des Räumungsgutes fällt im Rahmen von § 885 ZPO zwar in die zusammenhängende Aufgabe des Gerichtsvollziehers, hat aber mit dem eigentlichen Räumungsverfahren nichts mehr zu tun.

1786

---

[1] BGH NJW 2018, 551 = NZM 2018, 32.
[2] BeckOK ZPO/Hoffmann ZPO § 794 Rn. 52.
[3] Hierzu BGH Beschl. v. 14.2.2008 – V ZB 108/07, BeckRS 2008, 04679.
[4] MüKoZPO/Gruber ZPO § 885a Rn. 5; Schmidt-Futterer/Lehmann-Richter ZPO § 885a Rn. 3.
[5] BGH NZM 2005, 193; Scheff MietRB 2005, 149; Schuschke NZM 2005, 681 (683).

1. Besitzentzug und Besitzeinweisung

1787 Der Gerichtsvollzieher als zuständiges Vollstreckungsorgan entzieht dem Räumungsschuldner – meist dem ehemaligen Mieter der Wohnung und seinen dort mit ihm lebenden Haushaltsangehörigen – den Besitz[6] (notfalls mit Gewalt, § 758 Abs. 3 ZPO). Das kann etwa durch Wegnahme aller Schlüssel zur Wohnung oder durch den Einbau eines neuen Schlosses erfolgen, oder auch dadurch, dass ein vom Gläubiger organisierter Sicherheitsdienst dem Schuldner jeglichen Zugang zur Mietsache verwehrt.[7] Der Besitzentzug ist beendet, wenn der Schuldner keine tatsächliche Möglichkeit mehr hat, über die Räumlichkeiten zu verfügen. Die tatsächliche Sachherrschaft als Kernelement des Besitzes (§ 854 BGB) muss ihm genommen sein. Ob sich dann noch Gegenstände des Schuldners in der Wohnung befinden oder nicht, ist für die Frage des Besitzentzugs ohne Bedeutung. Denn das bloße Zurücklassen von Sachen, über die keine Sachherrschaft ausgeübt werden kann, begründet keinen Besitz über die Räumlichkeiten.[8]

1788 Zweites Kernelement der Räumungsvollstreckung ist die Einweisung des Räumungsgläubigers – also des Vermieters – in den Besitz der Mietsache. Dies geschieht durch Übertragung der Sachherrschaft über die Räumlichkeiten. Sie beinhaltet, dass er wieder nach seinem Belieben Zugang zu den Räumen hat oder andere vom Zugang nach seinem Belieben ausschließen kann. Hauptbeispiel hierfür ist die Übergabe aller Schlüssel zur Mietsache sowie zu den mitvermieteten Räumen an den Gläubiger. Ist die Besitzeinweisung beendet, so ist ebenfalls die Räumungsvollstreckung abgeschlossen.

2. Entfernung des Räumungsgutes

1789 § 885 Abs. 2 ZPO weist dem Gerichtsvollzieher die weitere Aufgabe zu, bewegliche Sachen, die sich in den herauszugebenden Räumlichkeiten befinden und die nicht ihrerseits Gegenstand der Zwangsvollstreckung sind, aus der Wohnung wegzuschaffen und dem Schuldner oder seinen Angehörigen zu übergeben (vgl. § 128 Abs. 4 GVGA). Ist der Schuldner bei der Räumung nicht anwesend oder verweigert er die Übernahme des Räumungsgutes, so muss der Gerichtsvollzieher die Sachen in die Pfandkammer schaffen oder sonst verwahren (vgl. § 128 Abs. 5 S. 1 GVGA). Gewöhnlichen Abfall und Unrat kann der Gerichtsvollzieher dagegen vernichten (vgl. § 128 Abs. 5 S. 4).[9] Auf dem Markt wertloses und damit regelmäßig im Rahmen eines Veräußerungsversuchs unverwertbares Räumungsgut wie zB stark abgenutzte, aber noch benutzbare Möbel oder getragene Kleidung sowie persönliche Erinnerungsgegenstände sind kein Abfall. Der Gerichtsvollzieher muss derartige Gegenstände während der Verwahrungsfrist für den Schuldner bereithalten und diesem auf sein Verlangen hin kostenlos herausgeben (§ 128 Abs. 5 S. 2 GVGA). Fordert der Schuldner die Sachen nicht binnen einer Frist von einem Monat nach der Räumung ab, veräußert der Gerichtsvollzieher die Sachen und hinterlegt den Erlös (§ 885 Abs. 4 S. 1 ZPO). Gleiches gilt, wenn der Schuldner die Sachen zwar abfordert, aber nicht binnen einer Frist von zwei Monaten nach der Räumung die Kosten zu zahlen.

1790 Der Gerichtsvollzieher ist nicht verpflichtet, das Räumungsgut in die neue Wohnung des Schuldners schaffen zu lassen, sofern der Schuldner die Transportkosten nicht im Voraus begleicht und auch der Gläubiger nicht zur Kostenübernahme bereit ist.[10] Es ist

---

[6] BGH NJW-RR 2011, 1095 (zur Besitzeinweisung des Zwangsverwalters).
[7] So KG NZM 2005, 422.
[8] Ausdrücklich Schuschke NZM 2005, 681 (682).
[9] Schuschke NZM 2005, 681 (682) mit weiteren Nachweisen zur Rechtsprechung.
[10] LG Aschaffenburg DGVZ 1997, 155; MüKoZPO/Gruber ZPO § 885 Rn. 40; Schmidt-Futterer/Lehmann-Richter ZPO § 885 Rn. 36.

3. Beschränkter Vollstreckungsauftrag (§ 885a ZPO)

Die mit dem Mietrechtsänderungsgesetz 2013 eingeführte Vorschrift von § 885a ZPO ermöglicht es dem Gläubiger, jedwede[12] Räumungsvollstreckung auf den bloßen Besitzentzug des Schuldners und die Besitzeinweisung des Gläubigers zu beschränken.[13] § 885a ZPO verdrängt als spezialgesetzliche Regelung das bisherige Modell der „Berliner Räumung".[14] Richtet sich die titulierte Pflicht des Schuldners auf Räumung und Herausgabe, „verbraucht" der Gläubiger den Titel nicht, wenn er den Vollstreckungsauftrag (zunächst) auf den Besitzwechsel (§ 885 Abs. 1 ZPO) beschränkt und später auf das Wegschaffen des Räumungsguts (§ 885 Abs. 2 ZPO) erweitert.[15]

1791

Den Gerichtsvollzieher trifft eine Dokumentationspflicht im Rahmen des Vollstreckungsprotokolls (§§ 885a Abs. 2, 762 ZPO), darin die frei ersichtlichen beweglichen Sachen festzuhalten, wobei er Bildaufnahmen in elektronischer Form herstellen kann. § 885a Abs. 3 und Abs. 4 ZPO regeln die **Verwahrung** und schließlich die **Entledigung** des Räumungsguts. Der Gläubiger kann bewegliche Sachen, die nicht Gegenstand der Zwangsvollstreckung sind, jederzeit wegschaffen und hat sie zu verwahren. Fordert der Schuldner diese Sachen beim Gläubiger nicht binnen einer Frist von einem Monat nach der Einweisung des Gläubigers in den Besitz ab, kann der Gläubiger die Sachen verwerten (§ 885a Abs. 4 S. 1 ZPO). Die Norm begründet ein gesetzliches Schuldverhältnis zwischen Gläubiger und Schuldner mit einem modifizierten Haftungsmaßstab iSv § 276 Abs. 1 S. 1 BGB.[16]

1792

Eine Befreiung oder Entledigung vom Räumungsgut kann der Gläubiger erreichen, indem er die Sachen hinterlegt (§§ 885a Abs. 4, 372 bis 380, 382, 383 u. 385 BGB). Sachen, die nicht verwertet werden können, können vernichtet werden. Unpfändbare Sachen und solche Sachen, bei denen ein Verwertungserlös nicht zu erwarten ist, sind dagegen auf Verlangen des Schuldners jederzeit ohne Weiteres herauszugeben (§ 885a ZPO).

1793

II. Vollstreckungsschuldner

Der Vollstreckungsschuldner muss im Räumungstitel bezeichnet sein (§ 750 Abs. 1 S. 1 ZPO). Dies ist bereits bei einer Kündigung und Räumungsklage zu bedenken.[17] Sind auch dritte Personen Wohnungsbesitzer, so ist ein gesonderter Titel erforderlich.[18] Handelt es sich um Besitzdiener, ist ein gesonderter Titel nicht notwendig. Leiten dritte

1794

---

[11] BGH NJW-RR 2005, 212; BGH Beschl. v. 25.6.2004 – IXa ZA 9/04, BeckRS 2004, 06982; Schmidt-Futterer/Lehmann-Richter ZPO § 885 Rn. 6.
[12] BGH NZM 2017, 473 = NJW-RR 2017, 1158 (zu § 93 Abs. 1 ZVG); BeckOK MietR/Fleindl BGB Zwangsvollstreckung Rn. 44.
[13] Schmidt-Futterer/Lehmann-Richter ZPO § 885a Rn. 1.
[14] Schmidt-Futterer/Lehmann-Richter ZPO § 885a Rn. 4; aA OLG Schleswig NZM 2015, 624 (625) = NJW-RR 2015, 1298 (1299); BeckOK ZPO/Stürner ZPO § 885a Rn. 4; Horst MDR 2013, 249 (252); vgl. hierzu auch BT-Drs. 17/10485, 31; hierzu auch BeckOK MietR/Fleindl BGB Zwangsvollstreckung Rn. 43.
[15] Ähnlich Schmidt-Futterer/Lehmann-Richter ZPO § 885a Rn. 9 (auf den materiellen Anspruch abstellend).
[16] Schmidt-Futterer/Lehmann-Richter ZPO § 885a Rn. 26.
[17] Hierzu → Rn. 1263 sowie 1753.
[18] BGH NJW 2008, 3287 = NZM 2008, 805; BGH NJW 2008, 1959 = NZM 2008, 400; siehe aber → Rn. 1706.

Personen ein eigenes Besitzrecht vom Räumungsschuldner ab, so ist ein gesonderter Vollstreckungstitel erforderlich.

1795 Besucher und Gäste haben kein eigenes Besitzrecht. Sie sind Besitzdiener. Ein Titel gegen sie ist nicht erforderlich. Schwierigkeiten können sich aber ergeben, wenn ein zeitlich langandauernder Besuch von der ständigen Aufnahme in die Wohnung abzugrenzen ist.

1796 Gegen den Untermieter ist ein gesonderter Räumungstitel erforderlich.[19] Ehegatten, die selbst Vertragspartner sind, müssen im Vollstreckungstitel aufgeführt sein.[20] Das gilt auch für einen Ehegatten, der nicht Vertragspartner ist, zumal, wenn der vertragsschließende Ehegatte zuvor ausgezogen und der andere Ehegatte in der Wohnung verblieben ist.[21] Trennen sich die Ehegatten nach Rechtshängigkeit der Räumungsklage, so kommt gegebenenfalls eine Umschreibung des Titels in Betracht.[22]

1797 Bei **Altmietverhältnissen** in den neuen Bundesländern aus der Zeit vor dem 3.10.1990 ist zu beachten, dass Kraft Gesetzes (§ 100 Abs. 3 ZGB iVm Art. 232 § 2 EGBGB) beide Ehegatten Mieter werden, auch wenn nur ein Ehegatte den Mietvertrag abgeschlossen hatte. Auch in diesen Fällen ist ein Vollstreckungstitel gegen beide Ehegatten erforderlich. Im Zweifel sollte die Klage deshalb immer gegen beide Ehegatten gerichtet werden.

1798 Für Partnerschaften nach dem Lebenspartnerschaftsgesetz gilt das für Eheleute Gesagte entsprechend. Hat der Mieter in die Mietwohnung einen nichtehelichen Lebensgefährten aufgenommen, ist für die Räumungsvollstreckung ein Vollstreckungstitel also auch gegen den nichtehelichen Lebensgefährten erforderlich, wenn dieser Mitbesitz an der Wohnung begründet hat. Ein Mitbesitz an der Wohnung muss sich aus den Umständen klar und eindeutig ergeben.[23] Deshalb sollte im Zweifel auch hier die Klage gegen beide Lebensgefährten oder gegen alle Angehörige der Haushaltsgemeinschaft geführt und vom Mitbesitz aller Bewohner ausgegangen werden.[24]

1799 Minderjährige Kinder, die mit ihren Eltern zusammenleben, haben grundsätzlich keinen Mitbesitz an der gemeinsam genutzten Wohnung. Sie sind Besitzdiener. Die Besitzverhältnisse an der Wohnung ändern sich im Regelfall nicht, wenn die Kinder nach Erreichen der Volljährigkeit mit ihren Eltern weiter zusammenleben. Haben Kinder keinen Mitbesitz an der Wohnung erlangt, reicht für eine Räumungsvollstreckung ein Vollstreckungstitel gegen die Eltern aus. Ein Titel gegen die Kinder ist daher nicht erforderlich.[25]

1800 Für die Räumung der Bewohner eines Alten- und Pflegeheims ist ein Titel gegen die Bewohner erforderlich. Soweit diese im Hause bleiben sollen, genügt ein Titel gegen Mieter.[26]

---

[19] BGH NJW 2008, 3287 = NZM 2008, 805; BGH NJW 2004, 3041 = NZM 2004, 701; BGH NZM 2003, 802 = NJW-RR 2003, 1450; Fallak ZMR 2004, 324; Monschau MietRB 2004, 8; Pauly ZMR 2005, 337.
[20] BGH NJW 2004, 3041 = NZM 2004, 701; dazu Straßberger MietRB 2005, 2; Schuschke NZM 2005, 10.
[21] BGH Beschl. v. 5.11.2004 – IXa ZB 51/04, BeckRS 2004, 11850.
[22] LG Mannheim NJW 1962, 815.
[23] BGH NJW 2008, 1959 = NZM 2008, 400; dazu Schuschke NJW 2008, 1960.
[24] HK-ZV/Bendtsen, Zwangsvollstreckung im Mietverhältnis, Rn. 21.
[25] BGH NJW 2008, 1959 = NZM 2008, 400.
[26] BGH NJOZ 2003, 858.

III. Vollstreckungsorgan

Funktionell zuständig für die Räumungsvollstreckung ist der Gerichtsvollzieher.[27] Um den Schuldner den Schutz nach § 765a Abs. 2 ZPO zu ermöglichen, muss der Gerichtsvollzieher die anstehende Räumung mindestens zwei Wochen vorher ankündigen. Er kann die Vollstreckung für die Dauer von bis zu einer Woche nach § 765a Abs. 2 S. 1 ZPO aufschieben, wenn sich unvorhergesehene Schwierigkeiten ergeben (vgl. auch § 130 iVm § 65 GVGA).[28]

1801

IV. Verwirkung

Grundsätzlich verjährt der titulierte Anspruch auf Räumung in 30 Jahren (§ 197 Abs. 1 Ziff. 3 bis 6 BGB). Dabei beginnt die Verjährung mit der Rechtskraft der Entscheidung oder der Errichtung des vollstreckbaren Titels oder schließlich der Feststellung in Insolvenzfällen. Deshalb kann aus einem Räumungstitel 30 Jahre lang vollstreckt werden.

1802

Unabhängig von der Verjährung des titulierten Räumungsanspruchs kann die Vollstreckung aber wegen Verwirkung unzulässig und über § 767 ZPO vom Schuldner eingewendet werden. Verwirkung ist anzunehmen, wenn der Mieter aufgrund der Gesamtumstände darauf vertrauen durfte, der Vermieter werde die Vollstreckung aus dem vorliegenden Titel nicht mehr betreiben.[29] Das setzt voraus, dass der Vermieter über lange Zeit hinweg von dem Räumungstitel keinen Gebrauch macht und für den (ehemaligen) Mieter einen Vertrauenstatbestand schafft. Dies ist Frage des Einzelfalls und nur unter größter Zurückhaltung anzunehmen.[30]

1803

V. Räumungskosten

Der Räumungsschuldner trägt die notwendigen Kosten der Zwangsräumung (§ 788 ZPO). Ist ein Mitmieter bereits ausgezogen, so trägt er als Gesamtschuldner die Kosten ebenfalls.[31] Hierzu zählen die Anwaltsgebühren und die Gebühren des Gerichtsvollziehers, weiter auch die Kosten für die Entfernung der in dem Mietobjekt befindlichen Sachen, deren Transport und Verwahrung.[32] Sofern ein beschränkter Vollstreckungsauftrag (§ 885a ZPO) erteilt wurde, gelten die Kosten für das Wegschaffen und die Verwahrung sowie etwaige Kosten der Entledigung (Vernichtung, Hinterlegung, Verkauf) von Räumungsgut als Kosten der Zwangsvollstreckung (§ 885a Abs. 7 ZPO).[33] Diese können nach § 788 Abs. 1 S. 1 ZPO beigetrieben werden.

1804

---

[27] HK-ZV/Sievers, ZPO § 753 Rn. 5.
[28] MüKoZPO/Heßler ZPO § 765a Rn. 104; Schmidt-Futterer/Lehmann-Richter ZPO § 765a Rn. 36.
[29] LG Hamburg Beschl. v. 14.1.2013 – 307 T 2/13, BeckRS 2013, 09846 (Umstandsmoment in causu verneint).
[30] Ähnlich Schmidt-Futterer/Lehmann-Richter, Einleitung Räumungsvollstreckung Rn. 21; OLG Hamm NJW 1982, 341 (343) – nach mehreren Jahren; LG Berlin BeckRS 2013, 09939 – noch keine Verwirkung nach drei Jahren; LG Hamburg BeckRS 2013, 09846 – noch keine Verwirkung nach zwei Jahren, eher nach fünf; AG München ZMR 2017, 902 – Verwirkung nach 13½ Jahren bejaht; hierzu MüKoBGB/Schubert BGB § 242 Rn. 418.
[31] LG Mannheim DWW 2002, 166.
[32] BeckOK MietR/Fleindl BGB Zwangsvollstreckung Rn. 38; HK-ZV/Kessel, ZPO § 788a Rn. 69.
[33] Schmidt-Futterer/Lehmann-Richter ZPO § 885a Rn. 61; HK-ZV/Bendtsen, ZPO § 885a Rn. 22; BeckOK MietR/Fleindl BGB Zwangsvollstreckung Rn. 60.

1805 Der Gerichtsvollzieher ist verpflichtet, den Vollstreckungsauftrag so kostengünstig wie möglich durchzuführen. Dazu gehört auch, dass er prüft, ob die von Dritten angesetzten Kosten angemessen sind.[34]

1806 Der Räumungsschuldner hat die Bereitstellungskosten für ein Transportunternehmen grundsätzlich auch dann zu tragen, wenn das Transportfahrzeug wegen der freiwilligen Besitzaufgabe des Schuldners nicht benötigt wird. Dies kann anders sein, wenn der Schuldner freiwillig räumt und dies dem Gerichtsvollzieher etwa fünf bis sechs Tage vor dem Räumungstermin mitteilt oder wenn der Gläubiger einen umfassenden Räumungsauftrag erteilt, obwohl er mit hinreichender Sicherheit weiß, dass der Schuldner keine persönlichen Gegenstände in der Wohnung hat.[35]

1807 Der Räumungsgläubiger muss die Kosten der Zwangsräumung vorschießen (vgl. auch § 128 Abs. 5 S. 6 GVGA, § 4 GvKostG). Der Gerichtsvollzieher ist insoweit berechtigt und gehalten, einen Vorschuss zu verlangen. Das Risiko, die vorverauslagten Vollstreckungskosten vom Schuldner zurückzuerhalten, trägt der Vollstreckungsgläubiger.

VI. Rechtsbehelfe gegen ablehnende Entscheidungen des Gerichtsvollziehers

1. Erinnerung

1808 Kommt der Gerichtsvollzieher gestellten Anträgen auf Räumung[36] nicht nach, überschreitet er seine Kompetenzen bei der Prüfung des Vermieterpfandrechtes oder sollen angeforderte Kostenvorschüsse reduziert werden, so ist die Erinnerung nach § 766 Abs. 1 ZPO zulässig. Sie kann etwa mit der verletzten Pflicht des Gerichtsvollziehers zur Wahl der kostengünstigsten Variante in Folge des zu hoch angeforderten Kotenvorschusses begründet werden. Für die Überprüfung des vom Gerichtsvollzieher ausgeübten Ermessens muss dargelegt werden, dass eine billigere Räumungsalternative zur Verfügung steht, die gesetzlich genauso zulässig ist und bei der vom Gerichtsvollzieher gesehene Bedenken nicht bestehen, seien sie tatsächlicher oder seien sie rechtlicher Art.

2. Klage gegen den Justizfiskus

1809 Verletzt der Gerichtsvollzieher innerhalb der Räumungsvollstreckung seine Rechtspflichten,[37] so ist weiter eine Klage gegen das Land als Anstellungskörperschaft[38] (Justizfiskus) wegen Amtspflichtverletzung in Erwägung zu ziehen.[39] Bezogen auf die Tätigkeit des Gerichtsvollziehers als staatliches Vollstreckungsorgan ist insbesondere auf die Höhe des angesetzten Vorschusses, die Zuverlässigkeit der von ihm beauftragten Spedition sowie auf die zeitliche Lage des anberaumten Räumungstermins zu achten. Darüber hinaus kann eine ungenügende Dokumentation des Räumungsguts (§ 885a Abs. 2 ZPO) eine Amtspflichtverletzung sein, wenn infolgedessen ein Schadensersatzprozess zwischen

---

[34] OLG Hamburg NZM 2000, 575.
[35] LG Mannheim NZM 1999, 956.
[36] Hierzu BGH NJW 2018, 399 = NZM 2018, 164.
[37] Zu Amtspflichtverletzungen und zur Haftung des Gerichtsvollziehers Glenk NJW 2014, 2315.
[38] Schmidt-Futterer/Lehmann-Richter ZPO § 885a Rn. 57.
[39] Zur Auswahl des richtigen Beklagten (nach Bundesländern) Mietrecht Kompakt, Heft 4/2004, 70; zur gerichtlichen Zuständigkeit Lützenkirchen Mietrecht Kompakt, Heft 2/2004, 33 mit Klagemuster; vgl. im Übrigen die Checkliste zu Fehlerquellen im Räumungsverfahren und zur Überwachung von Amtspflichtverletzungen Börstinghaus Mietrecht Kompakt, Heft 11/2003, 161.

Gläubiger und Schuldner fehlerhaft entschieden wird.[40] Gleiches gilt, wenn gegen die den Gerichtsvollzieher bindenden Vorschriften der GVO und GVGA verstoßen wird.[41]

VII. Beitreibung von Kostenvorschüssen

Sehr häufig bleiben nicht nur die Prozess-, sondern auch die vorgestreckten Räumungskosten endgültig beim Räumungsgläubiger hängen und erhöhen dessen Vermögensschaden. 1810

Grundlage der Beitreibungsfähigkeit der Kosten der Zwangsvollstreckung als notwendige Räumungskosten ist § 788 Abs. 1 ZPO. Diese müssen nicht zusätzlich tituliert werden;[42] sie werden entweder mitvollstreckt oder aufgrund einer Kostenfestsetzung (§ 788 Abs. 2 ZPO) separat vom Gläubiger beigetrieben.[43] Der Gläubiger kann deshalb den Gerichtsvollzieher damit beauftragen, die von ihm geleisteten Vorschüsse bereits im Rahmen der Räumung durch Pfändung zu sichern. 1811

Diejenigen Kosten, die beim Gläubiger durch das Wegschaffen und Verwahren sowie durch Maßnahmen anfallen, die der Entledigung (Vernichtung, Hinterlegung, Verkauf) des Räumungsgutes (§ 885a Abs. 3 und 4 ZPO) dienen, gelten nach § 885a Abs. 7 ZPO als Kosten der Zwangsvollstreckung.[44] Soweit der Gläubiger das Mobiliar unter Berufung auf sein Vermieterpfandrecht verwertet („Berliner Räumung"), ist offen, ob die Fiktion aus § 885a Abs. 7 ZPO greift.[45] 1812

VIII. Räumungsfrist

Der materiell-rechtliche Kündigungsschutz[46] des Wohnraummieters wird mit § 721 ZPO prozessual ergänzt.[47] § 721 ZPO gilt für die Räumungsvollstreckung bei Wohnraum aus Urteilen. Gleichgestellt ist die Vollstreckung aus einem Zuschlagsbeschluss. Auf Zeitmietverträge und auf Fälle von § 549 Abs. 2 Nr. 3 BGB ist § 721 ZPO nicht anwendbar (§ 721 Abs. 7 ZPO). Systematisch ist zu unterscheiden, ob der Räumungsanspruch fällig ist oder auf künftige Räumung erkannt wurde (§ 721 Abs. 1 u. 2 ZPO). 1813

§ 721 Abs. 1 ZPO betrifft Verfahren über einen fälligen Räumungsanspruch.[48] Auf Antrag oder von Amts wegen kann dabei eine Räumungsfrist gewährt werden – auch im Berufungs- oder Revisionsverfahren,[49] nicht jedoch nach Rechtskraft des Räumungsurteils.[50] Der Antrag muss spätestens bis zum Schluss der mündlichen Verhandlung gestellt worden sein (§ 721 Abs. 1 S. 2 ZPO). 1814

Ist auf künftige Räumung (§ 259 ZPO) erkannt, kann der Mieter von Wohnraum nach Abschluss des Rechtsstreites erstmalig nach § 721 Abs. 2 ZPO eine Räumungsfrist be- 1815

---

[40] Schmidt-Futterer/Lehmann-Richter ZPO § 885a Rn. 58.
[41] Glenk NJW 2014, 2315 (2318).
[42] OLG München Beschl. v. 13.8.2013 – 34 Wx 322/13, BeckRS 2013, 15888 (Kosten der Zwangsvollstreckung aus Räumungstitel als Grundlage der Eintragung einer Zwangshypothek).
[43] BeckOK ZPO/Preuß ZPO § 788 Rn. 33.
[44] Schmidt-Futterer/Lehmann-Richter ZPO § 885a Rn. 61.
[45] Hierzu BGH NJW 2015, 2126 (2127) = NZM 2015, 304 (305) – ohne ausführliche Begründung. Ferner Schmidt-Futterer/Lehmann-Richter ZPO § 885a Rn. 64.
[46] Hierzu Sternel NZM 2018, 473.
[47] BeckOK MietR/Fleindl BGB Zwangsvollstreckung Rn. 106; siehe auch Klinger DWW 2018, 326.
[48] Schmidt-Futterer/Lehmann-Richter ZPO § 721 Rn. 42.
[49] BGH Beschl. v. 27.4.2010 – VIII ZR 283/09, BeckRS 2010, 11348; BGH Beschl. v. 24.4.2014 – V ZR 74/14, BeckRS 2014, 09027
[50] Schmidt-Futterer/Lehmann-Richter ZPO § 721 Rn. 42.

antragen. Der Antrag muss spätestens zwei Wochen vor dem Tag gestellt werden, an dem nach dem Urteil zu räumen ist (§ 721 Abs. 2 ZPO). Auch eine Modifizierung (Verlängerung oder Verkürzung) ist möglich (§ 721 Abs. 3 ZPO).[51]

1816 Über den Räumungsantrag entscheidet das Gericht, das über den Räumungsanspruch erkennt oder erkannt hatte, nach pflichtgemäßem Ermessen. Dies bezieht sich auch auf die Dauer der anzuordnenden Räumungsfrist. Insgesamt darf dabei einschließlich eventueller Verlängerungen eine Frist von einem Jahr nicht überschritten werden (§ 721 Abs. 5 ZPO).

1817 Der Schuldner kann auf eine Räumungsfrist verzichten.

1818 Davon zu unterscheiden ist das Räumungsschutzverfahren nach § 794a ZPO. Das Verfahren kommt als einziges Verfahren im Falle eines geschlossenen Räumungsvergleiches in Betracht. Der Antrag ist spätestens zwei Wochen vor dem Räumungstermin oder vor Ablauf der gewährten Räumungsfrist zu stellen. Zuständig ist das Amtsgericht als Prozessgericht. Es gelten die gleichen Grundsätze wie bei § 721 ZPO.

1819 Gegen Entscheidungen im Verfahren nach §§ 721, 794a ZPO ist die sofortige Beschwerde möglich (§§ 721 Abs. 6, 794a ZPO). Eine weitere Beschwerde ist ausgeschlossen.

IX. Vollstreckungsschutz

1820 § 765a ZPO ist Grundlage des allgemeinen Vollstreckungsschutzes und Ausdruck des verfassungsrechtlichen Verhältnismäßigkeitsgrundsatzes.[52] Danach kann eine Maßnahme der Zwangsvollstreckung auf Antrag des Schuldners ganz oder teilweise aufgehoben, untersagt oder einstweilen eingestellt werden, wenn die Maßnahme unter voller Würdigung des Schutzbedürfnisses des Gläubigers wegen ganz besonderer Umstände eine Härte bedeutet, die mit den guten Sitten nicht vereinbar ist. Zuständig hierfür ist das Vollstreckungsgericht, nicht das Prozessgericht. Praxisrelevant sind vor allem Vollstreckungsverfahren bei erkrankten (suizidgefährdeten)[53] Schuldnern, die in Wissenschaft und Praxis Anlass für Kritik geben und bei denen auf eine Reaktion des Gesetzgebers gedrungen wird.[54]

---

[51] Schmidt-Futterer/Lehmann-Richter ZPO § 721 Rn. 59.

[52] Schuschke NZM 2015, 233 (236).

[53] Zur (einstweiligen) Einstellung der Räumungsvollstreckung wegen Erkrankung/Suizidgefahr des Räumungsschuldners oder/und seiner nahen Angehörigen BVerfG NJW 2007, 2910 = NZM 2007, 739; NZM 2012, 245 = NJW-RR 2012, 393; NJW 2013, 290 = NZM 2013, 93; NZM 2014, 346 = NJW-RR 2014, 583; NZM 2014, 347 = NJW-RR 2014, 584; NZM 2014, 701 = NJW-RR 2014, 1290; NJW 2016, 3090 = NZM 2016, 807; WuM 2019, 335; BGH WuM 2005, 735 = ZMR 2006, 33; NJW 2005, 1859 = NZM 2005, 517; NJW 2006, 508 = NZM 2006, 158; NJW 2006, 505 = NZM 2006, 156; NJW 2007, 3719 = NZM 2007, 658; NJW 2008, 1000 = NZM 2008, 163; NJW 2008, 586 = NZM 2008, 142; BGH NJW 2008, 1742 = NZM 2008, 401; NZM 2008, 163; NJW 2009, 80 = NZM 2009, 43; NJW 2009, 78 = NZM 2009, 41; NJW 2009, 444 = NZM 2009, 173; NJW 2009, 1283 = NZM 2009, 171; WuM 2009, 314; NJW 2009, 3440 = NZM 2009, 816; NZM 2009, 878 = NJW-RR 2010, 232; WuM 2010, 250; NZM 2010, 836 = NJW-RR 2010, 1649; WuM 2011, 122; NZM 2011, 167 = NJW-RR 2011, 419; NZM 2011, 166 = NJW-RR 2011, 423; NZM 2011, 164 = NJW-RR 2011, 300; NZM 2011, 791 = NJW-RR 2011, 1000; WuM 2011, 533; NJW 2011, 2807 = NZM 2011, 789; NZM 2011, 788 = NJW-RR 2011, 1452; WuM 2011, 530; NZM 2011, 786 = NJW-RR 2011, 1459; NZM 2013, 162 = NZM 2013, 162; NZM 2013, 162 = NJW 2014, 2288; NJW 2014, 2288 = NJW-RR 2015, 393; NZM 2016, 567 = NJW-RR 2016, 583; NZM 2016, 243 = NJW-RR 2016, 336; NZM 2016, 654 = NJW-RR 2016, 1104; NZM 2017, 51 = DWW 2017, 98; NZM 2017, 454 = NJW-RR 2017, 695; NZM 2017, 820 = NJW-RR 2017, 1420; NZM 2018, 511 = NJW-RR 2018, 135; vgl. ergänzend Zschieschack WuM 2018, 26; Schuschke NZM 2015, 233; Lämmer/Muckle NZM 2008, 69.

[54] Hierzu Zschieschack WuM 2018, 267 (271); Klinger DWW 2018, 326 (336).

Der Antrag ist spätestens zwei Wochen vor dem festgesetzten Räumungstermin zu 1821
stellen, es sei denn, die Gründe für den Antrag auf Vollstreckungsschutz sind erst später
entstanden (§ 765a Abs. 3 ZPO). Vollstreckungsschutzanträge können auch mehrmals
gestellt werden. Identische Begründungen sind dagegen nicht möglich.

Über den Vollstreckungsschutzantrag entscheidet der Rechtspfleger[55] durch Beschluss. 1822
Das Gericht kann bis zur endgültigen Entscheidung die Zwangsvollstreckung einstweilen
einstellen. Eine mündliche Verhandlung ist nicht vorgeschrieben. Die Parteien sind allerdings rechtlich zu hören.[56]

Gem. § 765a Abs. 2 S. 1 ZPO kann der Gerichtsvollzieher die Vollstreckung bis zu 1823
einer Woche aufschieben, wenn ihm glaubhaft gemacht wird, dass die Voraussetzungen
des § 765a ZPO vorliegen und die rechtzeitige Anrufung des Vollstreckungsgerichts nicht
möglich war.

Gegen die Entscheidung des Vollstreckungsgerichts ist die sofortige Beschwerde nach 1824
§ 793 ZPO gegeben. Gegen die dann ergehende Entscheidung ist Rechtsbeschwerde nach
§§ 574 ff. ZPO zulässig. Gegen vorläufige Maßnahmen des Rechtspflegers ist die Erinnerung nach § 11 Abs. 2 S. 1 RPflG gegeben.

X. Vollstreckungsgegenklage und negative Feststellungsklage

Eine Vollstreckungsgegenklage, gerichtet auf die Feststellung der Unzulässigkeit einer 1825
Zwangsvollstreckung, sowie eine negative Feststellungsklage auf Nichtbestehen von titulierten Ansprüchen sind nebeneinander möglich, soweit die Präklusionswirkung in § 767
Abs. 2 ZPO nicht entgegensteht.[57] Danach können beide Klagen nur auf solche Gründe
gestützt werden, die nach Schluss der letzten mündlichen Verhandlung entstanden sind.
Der Mieter als Räumungsschuldner trägt hierfür die Darlegungs- und Beweislast.[58] Dabei
kommt es grundsätzlich darauf an, wann die Einwendung in dem zu dem Titel führenden
Verfahren hätte geltend gemacht werden müssen. Maßgebend ist der Entstehungszeitpunkt der Einwendung, der sich nach materiellem Recht bestimmt.[59] § 767 Abs. 2 ZPO
geht damit von der Entscheidungsfreiheit nach materiellem Recht aus, Einwendungen
und Gegenrechte geltend zu machen, und setzt dem prozessuale Grenzen.[60]

§ 47 Zwangsvollstreckung wegen Handlungen und Unterlassungen

I. Handlung

Ist die verurteilte Partei aus einem Titel zu einer Handlung verpflichtet, so kommt es 1826
für die Zwangsvollstreckung darauf an, ob es sich um eine vertretbare oder um eine
unvertretbare Handlung handelt. Bei Titeln, die zur Abgabe einer Willenserklärung verurteilen (vgl. § 558b Abs. 2 S. 1 BGB), stellt sich die Frage der Vollstreckung dagegen

---

[55] Schuschke NZM 2015, 233 (236).
[56] BeckOK ZPO/Ulrici ZPO § 765a Rn. 10.
[57] BGH NJW 1997, 2320 (2321); BGH Beschl. v. 20.5.1998 – XII ZR 293/96; OLG Rostock WuM 2003, 638; MüKoZPO/Schmidt/Brinkmann ZPO § 767 Rn. 18.
[58] OLG Braunschweig Urt. v. 27.11.2003 – 8 U 106/02, BeckRS 2004, 506.
[59] BGH NJW 2003, 3134 (3135); BGH NJW 1987, 3266.
[60] OLG Koblenz Urt. v. 28.6.2001 – 2 U 1546/00, BeckRS 2001, 30190018; OLG Braunschweig Urt. v. 27.11.2003 – 8 U 106/02, BeckRS 2004, 506; MüKoZPO/Schmidt/Brinkmann ZPO § 767 Rn. 82; Schröcker NJW 2004, 2203 (2204); im Einzelnen Horst GuT 2006, 63.

nicht. Denn § 894 ZPO fingiert die Willenserklärung als abgegeben, sobald das Urteil rechtskräftig geworden ist.

1827 Ein Titel, der auf eine vertretbare Handlung gerichtet ist, wird dadurch vollstreckt, dass der Gläubiger vor dem Prozessgericht des ersten Rechtszuges einen Ermächtigungsantrag stellt, auf Kosten des Schuldners die Handlung vornehmen zu lassen (§ 887 Abs. 1 ZPO).[61] In dem Ermächtigungsbeschluss des Prozessgerichtes ist die Handlung genau zu bezeichnen. Der Schuldner kann verpflichtet werden, notwendige Vorbereitungsmaßnahmen zu dulden.[62] Der Beschluss ordnet des Weiteren an, dass der Schuldner die Kosten der Ersatzvornahme zu tragen hat. Schließlich enthält er eine Entscheidung über die Kosten der Zwangsvollstreckung.

Daneben kann beantragt werden, den Schuldner zur Vorauszahlung der Kosten zu verurteilen, die durch die Vornahme derartiger Handlungen entstehen werden (§ 887 Abs. 2 ZPO).[63]

1828 Gegen die Ablehnung des Ermächtigungsantrags ist die sofortige Beschwerde nach § 793 ZPO möglich. Ebenso kann der Schuldner gegen den ergangenen Beschluss sofortige Beschwerde einlegen.

1829 Unvertretbare Handlungen werden dadurch vollstreckt, dass der Schuldner auf Antrag des Gläubigers zur Vornahme der Handlung durch Zwangsgeld oder durch Zwangshaft angehalten wird (§ 888 Abs. 1 S. 1 ZPO), wenn das Zwangsgeld nicht beigetrieben werden kann. Eine unvertretbare Handlung wird etwa in der Verpflichtung des Mieters zur Herausgabe von Schlüsseln der Mietsache gesehen, wenn dadurch dem Vermieter der Zutritt zu den Mieträumen verschafft werden soll.

1830 Gegen die ablehnende Entscheidung kann der Gläubiger und gegen die stattgebende Entscheidung des Prozessgerichts kann der Schuldner sofortige Beschwerde einlegen (§ 793 ZPO). Gegen Maßnahmen des Gerichtsvollziehers bei der Vollstreckung des Zwangsgeldes oder der Zwangshaft kann Vollstreckungserinnerung nach § 766 ZPO eingelegt werden.

1831 Die Verurteilung eines Vermieters zur Erteilung einer Betriebskostenabrechnung ist als eine Verurteilung zu einer nicht vertretbaren Handlung gem. § 888 ZPO durch Zwangsgeld zu vollstrecken.[64] Ein Titel hat eine unvertretbare Handlung zum Gegenstand, wenn der zu vollstreckende Anspruch zu einer Handlung verpflichtet, die nicht durch einen Dritten vorgenommen werden kann.[65] Sie ist ausschließlich vom Willen des Schuldners abhängig. Dies trifft nicht für die Abgabe einer Willenserklärung zu. Sie gilt mit der Rechtskraft des Urteils als abgegeben (§ 894 ZPO).

1832 Es ist auch dann von einer unvertretbaren Handlung auszugehen, wenn Teile der Handlung von einem Dritten vorgenommen werden könnten.[66] Die Erstellung einer Abrechnung aufgrund vorhandener Unterlagen ist eine vertretbare Handlung. Demgegenüber beurteilt der BGH[67] die Erteilung einer **Betriebskostenabrechnung,** da sie eine Rechnungslegung ist, die verbindliche Erklärungen es Schuldners aufgrund seiner besonderen Kenntnisse voraussetzt, als nicht vertretbare Handlung.

Sollte der Vollstreckungsschuldner über „Bitcoin" als Immaterialgut verfügen, kann die Vollstreckung in Form der Erwirkung einer unvertretbaren Handlung nach § 888 ZPO zwangsweise durchgesetzt werden.[68]

---

[61] BGH NZM 2005, 678 = NJW-RR 2006, 202.
[62] OLG Hamm NJW 1985, 274 für das Betreten eines Grundstücks als Vorbereitungsmaßnahme.
[63] BGH NZM 2005, 678 = NJW-RR 2006, 202.
[64] BGH NJW 2006, 2706 = NZM 2006, 639; Timme NJW 2006, 2668; Straßberger MietRB 2006, 261.
[65] MüKoZPO/Gruber ZPO § 888 Rn. 2.
[66] BGH NJW 2006, 2706 (2707) = NZM 2006, 639.
[67] BGH NJW 2006, 2706 (2707) = NZM 2006, 639.
[68] Kütük/Sorge MMR 2014, 643 (645).

II. Unterlassung und Duldung

Auch hier wird durch die Festsetzung von Ordnungsgeld vom Prozessgericht des ersten Rechtszugs oder Ordnungshaft vollstreckt. Die Zwangsvollstreckung eines Unterlassens erfolgt etwa nach dem Gewaltschutzgesetz. Dabei muss sich die vollstreckbare Ausfertigung des Vollstreckungstitels auf ein bestimmtes Unterlassen richten. So ist die Zwangsvollstreckung zur Erzwingung des Unterlassens von Telefonanrufen nach dem Gewaltschutzgesetz nur zulässig, wenn der Vollstreckungstitel diese verbietet. Ein allgemeines Belästigungsverbot reicht nicht aus.[69]   1833

Sowohl dem Gläubiger als auch dem Schuldner stehen gegen die Entscheidungen des Prozessgerichts des ersten Rechtszugs, die im Vollstreckungsverfahren gem. § 890 ZPO ergangen sind, die sofortige Beschwerde nach § 793 ZPO zu.   1834

§ 48 Vollstreckungsabwehr und einstweilige Einstellung bei vorläufig vollstreckbaren Urteilen

In den Fällen des § 719 Abs. 1 iVm § 707 ZPO kann das Gericht die einstweilige Einstellung der Zwangsvollstreckung aus einem für vorläufig vollstreckbar erklärten Urteil anordnen, wenn die Vollstreckung dem Schuldner einen nicht zu ersetzenden Nachteil bringen würde und nicht ein überwiegendes Interesse des Gläubigers entgegensteht.[70] Das kommt vor allem für Zahlungstitel einschließlich des Vorbehaltsurteils im Urkundenprozess in Betracht (§ 708 Nr. 4, 5, 10 und 11 ZPO), gilt aber vor allem bei der Wohnraummiete in Fragen der Überlassung, Benutzung, Räumung und Fortsetzung des Mietverhältnisses nach der Sozialklausel in §§ 574 ff. BGB sowie für das Vermieterpfandrecht (§ 708 Nr. 7 ZPO) Auch Urteile über Besitzschutzansprüche werden für vorläufig vollstreckbar erklärt (§ 708 Nr. 9 ZPO).   1835

§ 719 Abs. 2 ZPO ordnet die Möglichkeit einer einstweiligen Einstellung der Zwangsvollstreckung aus einem für vorläufig vollstreckbar erklärten Urteil im Fall der Revision an und ist gemäß § 544 Abs. 5 S. 2 ZPO auch in dem Fall der Nichtzulassungsbeschwerde entsprechend anwendbar. Deshalb kann auch das Revisionsgericht die Zwangsvollstreckung einstweilen einstellen. Eine solche Einstellung kommt nach der Rechtsprechung des Bundesgerichtshofs aber nicht in Betracht, wenn der Schuldner es im Berufungsverfahren versäumt hat, einen Vollstreckungsschutzantrag (§ 712 ZPO) zu stellen oder bei einem Übergehen eines derartigen Antrags durch das Berufungsgericht Urteilsergänzung gemäß §§ 716, 321 ZPO zu beantragen.[71] Dasselbe gilt, wenn das Berufungsgericht es versäumt hat, über eine Abwendungsbefugnis gemäß § 711 ZPO zu entscheiden, und der Schuldner daraufhin keinen Antrag auf Urteilsergänzung stellt.[72] Schließlich ist der Antrag zurückzuweisen, wenn das Rechtsmittel keine Aussicht auf Erfolg hat.[73]   1836

---

[69] OLG Karlsruhe NJW 2008, 450.
[70] Zum Anwaltszwang auch für diesen Antrag BGH WuM 2004, 416 = GE 2004, 1092.
[71] BGH NJW-RR 2019, 589; BGH WuM 2018, 726; BGH WuM 2018, 221; BGH NJW 2012, 1292 = NZM 2012, 382; BGH WuM 2008, 613; BGH GE 2004, 1523; BGH WuM 2004, 678; BGH WuM 2004, 553; BGH NZM 2000, 382 = NJW-RR 2000, 746; BGH NZM 1998, 863 = NJW-RR 1998, 1603; MüKoZPO/Götz ZPO § 719 Rn. 13.
[72] BGH WuM 2008, 613; BGH NZM 2008, 611 = NJW-RR 2008, 1038; BGH NJW-RR 2006, 1088; BGH Beschl. v. 2.10.2002 – XII ZR 173/02, BeckRS 2002, 8426; BGH NJW 1984, 1240.
[73] BGH NZM 2008, 611, BGH WuM 2005, 735 (736); BGH NZM 2002, 624 = NJW-RR 2002, 1090.

1837 Die Abwendungsbefugnis des Vollsteckungsschuldners nach §§ 711, 712, 709 ZPO gilt daneben.

§ 49 Insolvenzverfahren

1838 Ein Insolvenzverfahren hat zahlreiche Auswirkungen auf Mietverhältnisse,[74] je nachdem, welche Phase des Verfahrens (Antrag; Eröffnung oder Aufhebung des Verfahrens) und welche Art von Mietvertrag betroffen ist. Hierfür sieht die maßgebende Insolvenzordnung in den §§ 103 ff. InsO sowie §§ 108 ff. InsO verschiedene und bruchstückhafte Regelungen vor.[75] Diese sollen hier in den Blick genommen werden, soweit Wohnraummietverhältnisse in der Insolvenz des Mieters oder Vermieters betroffen sind.

I. Eröffnung und allgemeine Rechtswirkungen

1839 Droht dem Schuldner die Zahlungsunfähigkeit (§ 18 InsO) oder die Überschuldung (§ 19 InsO) oder ist er bereits zahlungsunfähig (§ 17 InsO), so kann das Insolvenzverfahren auf Antrag des Schuldners oder eines seiner Gläubiger eröffnet werden (§ 13 InsO).[76]

1840 Das Insolvenzverfahren erfasst das gesamte Vermögen des Schuldners (§ 35 InsO) und dient der gemeinschaftlichen Befriedigung aller Insolvenzgläubiger (§ 38 InsO).[77] Die rechtlichen Folgen ergeben sich aus § 80 Abs. 1 InsO:
- Der Schuldner verliert das Verfügungs- und Verwaltungsrecht über sein zur Insolvenzmasse gehörendes Vermögen.
- Einzelzwangsvollstreckungen sind sowohl in das zur Insolvenzmasse gehörendes als auch in das insolvenzfreie Vermögen des Schuldners untersagt (§ 80 Abs. 2 InsO).
- Nach Eröffnung des Verfahrens können nur noch Massegläubiger, dingliche Gläubiger und Absonderungsberechtigte gem. § 10 Abs. 1 Nr. 1–3 ZVG die Immobiliarvollstreckung betreiben.[78]

II. Mieterinsolvenz

1. Grundlegende Auswirkungen

1841 Gemäß § 108 Abs. 1 InsO bestehen Miet- und Pachtverhältnisse des Schuldners über unbewegliche Gegenstände oder Räume mit Wirkung für die Insolvenzmasse fort. Das Mietverhältnis läuft also trotz Eröffnung des Insolvenzverfahrens über das Vermögen einer der Mietvertragsparteien zunächst weiter. War der Mietvertrag jedoch vor dem Insolvenzantrag wirksam gekündigt, hat es damit sein Bewenden.[79] Aus der Kündigung folgende Ansprüche sind reine Abwicklungsansprüche.[80]

---

[74] Hierzu Horst DWW 2018, 124 u. 244; Antholz, MDR 2017, 919; Jacoby ZMR 2016, 173; Pape NZM 2015, 313; Hinz NZM 2014, 137; Horst ZMR 2007, 167; Grothe NJW 2001, 3665; Reismann WuM 2001, 267; Schläger ZMR 1999, 522; Börstinghaus DWW 1999, 205; Minuth/Wolf NZM 1999, 289.
[75] Cymutta, Der Mietvertrag im Insolvenzverfahren, S. 5/6.
[76] Horst DWW 2018, 124.
[77] Hinz NZM 2014, 137 (138/139).
[78] Horst DWW 2018, 124.
[79] Zu den Kündigungsmöglichkeiten des Vermieters in der Mieterinsolvenz → Rn. 1199.
[80] Cymutta, Der Mietvertrag im Insolvenzverfahren, S. 7 (S. 43 zu Schönheitsreparaturen).

Waren die Mieträume bei Eröffnung des Insolvenzverfahrens über das Vermögen des **1842** Mieters noch nicht überlassen, so kann sowohl der Insolvenzverwalter als auch der Vermieter vom Mietvertrag zurücktreten (§ 109 Abs. 2 S. 1 InsO). Nimmt der Insolvenzverwalter sein Rücktrittsrecht wahr, so kann der Vermieter wegen der vorzeitigen Vertragsbeendigung als Insolvenzgläubiger Schadensersatz verlangen (§ 109 Abs. 2 S. 2 InsO).

Bei Wohnraummietverhältnissen hat der Insolvenzverwalter aus Mieterschutzgründen **1843** kein **Kündigungsrecht**, er kann lediglich gegenüber dem Vermieter erklären, dass Ansprüche aus dem Vertrag nicht mehr gegen die Insolvenzmasse geltend gemacht werden können, wenn die Kündigungsfrist des § 109 Abs. 1 S. 1 InsO abgelaufen ist (sog. **Enthaftungs- oder Freigabeerklärung**).[81] Die Insolvenzmasse haftet nach Ablauf der Dreimonatsfrist nicht mehr für fällige Mietansprüche.[82] Diese Erklärung muss nicht schriftlich (§ 568 Abs. 1 BGB) erfolgen,[83] was ein Insolvenzverwalter gleichwohl tun wird. Weder der Wortlaut der Vorschrift noch der hinter § 568 BGB Abs. 1 BGB stehende Übereilungsschutz des Wohnungsverlusts sprechen für die Schriftform der Enthaftungserklärung. Sie bewirkt die Überleitung des Mietverhältnisses von der Masse auf den Schuldner (Mieter); er erhält die alleinige Verwaltungs- und Verfügungsbefugnis.[84]

Die Mietrückstände aus der Zeit vor Verfahrenseröffnung kann der Vermieter grund- **1844** sätzlich nur als Insolvenzgläubiger geltend machen (§ 108 Abs. 3 InsO).[85] Der Vermieter kann aber gegenüber einem erst nach Insolvenzeröffnung fällig werdenden Betriebskostenrückzahlungsanspruch aufrechnen. Denn die maßgebliche Rechtshandlung für die Möglichkeit der Aufrechnung ist der Abschluss des Mietvertrags, auch wenn über die Betriebskosten erst nach Eröffnung des Insolvenzverfahrens abgerechnet wird.[86]

Lassen sich Mietforderungen nicht als Masseverbindlichkeiten einordnen und läuft der **1845** Vermieter in der Insolvenz des Mieters damit Gefahr, auf eine Insolvenzquote (gegen 0) verwiesen zu werden, dann lassen sich entstandene Miet- und Nebenforderungen aus dem Mietverhältnis noch realisieren durch

- die Geltendmachung seines bereits bestehenden Vermieterpfandrechts als Absonderungsrecht[87] für Mieten aus den letzten zwölf Monaten vor Eröffnung des Verfahrens,[88]
- durch Aufrechnungsmöglichkeiten gegen den Kautionsrückzahlungsanspruch, da der Sicherungszweck der Kaution auch in der Mieterinsolvenz weiter zu beachten ist,[89]
- durch die Verwertung weiterer Bürgschaften.

---

[81] Cymutta, Der Mietvertrag im Insolvenzverfahren, S. 31; hierzu BGH NJW 2014, 2585 = NZM 2014, 551; ferner BGH NJW 2014, 1954 = NZM 2014, 429; BGH NJW 2012, 2270 = NZM 2012, 529; Jacoby ZMR 2016, 173.

[82] Horst DWW 2018, 124.

[83] Haberzettl NZI 2017, 474 (479); Hinz NZM 2014, 137 (142); aA Cymutta, Der Mietvertrag im Insolvenzverfahren, S. 31.

[84] BGH NJW 2015, 3087 = NZM 2015, 618; BGH NJW 2014, 1954 = NZM 2014, 429; Cymutta, Der Mietvertrag im Insolvenzverfahren, S. 31; Haberzettl NZI 2017, 474 (479).

[85] Grundlegend Horst ZMR 2007, 167; Horst in Horst/Fritsch, Forderungsmanagement Miete und Wohnungseigentum, 2005, Rn. 438 ff.

[86] BGH NZM 2005, 342 = NJW-RR 2005, 487; dazu Eckert NZM 2005, 330; vgl. § 95 Abs. 1 S. 1 InsO.

[87] BGH NJW 2018, 1083 = NZM 2018, 203; BGH NJW 2015, 162; BGH NJW 2014, 3775; BGH NJW 2007, 1588 = NZM 2007, 212: Absicherung auch der im Eröffnungsverfahren auflaufenden Mietrückstände; OLG Koblenz MietRB 2007, 141: Beschränkung des Vermieterpfandrechts auf Sachen im Eigentum des Mieters; §§ 50 Abs. 1, 166 ff. InsO.

[88] Horst DWW 2018, 124 (126 u. 132); Bruns NZM 2019, 46 (57).

[89] Horst DWW 2018, 124 (131).

1846 Ab Stellung des Antrags auf Eröffnung des Insolvenzverfahrens über das Vermögen des Mieters ist eine Vermieterkündigung wegen eines Verzugs mit der Entrichtung der Miete/Pacht, der in der Zeit vor dem Eröffnungsantrag eingetreten ist, oder wegen einer Verschlechterung der Vermögensverhältnisse des Mieters/Pächters nicht zulässig (**Kündigungssperre**, § 112 InsO).[90]

2. Anfechtung von Mieterleistungen

1847 Das inzwischen beim Insolvenzverwalter angesiedelte Anfechtungsrecht[91] hat mehr und mehr Bedeutung erlangt. Die Gefahr für den Vermieter liegt darin, erhaltene Mieterleistungen, insbesondere Mietzahlungen, infolge einer erklärten Anfechtung zur Insolvenzmasse zurückgewähren zu müssen (§ 143 Abs. 1 iVm §§ 129, 130 – 137 InsO). Gläubigerschädigende Rechtshandlungen sollen so rückgängig gemacht und vermögensrechtlich neutralisiert werden.[92] Die komplexen Fragen können hier nur angerissen und auf einige Problemfelder beschränkt werden.

1848 Die grundlegenden Voraussetzungen und Aspekte eines Anfechtungsrechts sind: anfechtbare Rechtshandlung iSv §§ 129, 140; Zeitpunkt der Rechtshandlung; Gläubigerbenachteiligung und Ursächlichkeit zwischen Rechtshandlung sowie Verkürzung des Schuldnervermögens. Der mit der Durchsetzung einer Forderung beauftragte Rechtsanwalt kann verpflichtet sein, den Mandanten auf die insolvenzrechtliche Anfechtbarkeit **freiwilliger Zahlungen** des Schuldners und das hiermit verbundene Ausfallrisiko hinzuweisen.[93] Andernfalls besteht ein Haftungsrisiko für den Anwalt.

1849 Besonderes Augenmerk ist grundsätzlich auf § 142 InsO zu legen, bei dessen Anwendbarkeit empfangene Mietzahlungen rückwirkend bis zu drei Monaten vor dem Antrag auf Eröffnung des Insolvenzverfahrens vom Vermieter nicht herauszugeben sind, weil im Falle einer sog. **Bardeckung** dahinstehen kann, ob der Vermieter als Gläubiger die Zahlungsunfähigkeit erkannt hat.[94] Dies ist bei Bargeschäften iSv § 142 InsO mit „kongruenter Deckung" (§ 130 InsO) der Fall.[95] Bei der Anfechtung von kongruenten Mietzahlungen kann davon ausgegangen werden, dass diese unter den Voraussetzungen von § 142 InsO ungeachtet der eventuellen Kenntnis einer Zahlungsunfähigkeit des Mieters nicht anfechtbar sind.[96] Dies gilt nur nicht, wenn die Voraussetzungen des § 133 Abs. 1 – 3 InsO vorliegen und dem Vermieter erkennbar war, dass der Mieter unlauter handelte.

III. Vermieterinsolvenz

1850 Im Falle einer Vermieterinsolvenz sind die §§ 108, 110, 111 und 119 InsO besonders zu beachten. Der insolvente Vermieter ist nicht mehr befugt, Mietverträge abzuschließen, zu ändern oder zu kündigen, die Miete einzuziehen, das Grundstück zu veräußern oder das Grundstück zu belasten. Im Falle der Vermieterinsolvenz muss der Insolvenzverwalter den Mietvertrag gegenüber dem Mieter erfüllen, der Anspruch auf Gebrauchsüberlassung

---

[90] Zur Kündigungssperre des § 112 InsO → Rn. 1199.
[91] Hierzu Bork/Gehrlein, Aktuelle Probleme der Insolvenzanfechtung, 14. Aufl., 2017; Pape NZM 2015, 313; Horst DWW 2018, 124 (127 f.); Antholz MDR 2017, 919.
[92] BGH NJW 2015, 3503 (3506); Bork/Gehrlein, Aktuelle Probleme der Insolvenzanfechtung, 14. Aufl., 2017, Rn. 1.
[93] BGH NZI 2017, 866 = NJW-RR 2017, 1459.
[94] Pape NZM 2015, 313 (318); Horst DWW 2018, 124 (128); ders. DWW 2018, 244 (246).
[95] Hierzu BGH Beschl. v. 11.1.2007 – IX ZR 23/06, BeckRS 2007, 01248; OLG Stuttgart BeckRS 2006, 01551; BGH NJW 2006, 1800; Bork/Gehrlein, Aktuelle Probleme der Insolvenzanfechtung, 14. Aufl., 2017, Rn. 512; ferner Pape NZM 2013, 313 (318) unter Verweis auf BGH NJW 2014, 2579.
[96] Pape NZM 2015, 313 (318); Horst DWW 2018, 244 (246).

und Gebrauchserhaltung⁹⁷ der Mietsache sind Masseverbindlichkeiten; die Miete ist zur Masse zu zahlen (§ 108 InsO).⁹⁸ Anders ist dies nur, wenn das Mietverhältnis in Vollzug gesetzt war, der Mieter aber den Besitz an der Wohnung bei Insolvenzeröffnung wieder aufgegeben hatte.⁹⁹ Ansonsten steht weder dem Insolvenzverwalter noch dem Mieter ein **Sonderkündigungsrecht** zu.¹⁰⁰ Allenfalls die Unsicherheitseinrede (§ 321 BGB) kann relevant werden.¹⁰¹

Vorausverfügungen über die Miete (Mietvorauszahlungen) sind dem Insolvenzverwalter gegenüber nur im beschränkten Umfang wirksam (§ 110 Abs. 1 InsO). Dies gilt nur insoweit, wie sich die Vorauszahlung auf die Miete für den zur Zeit der Insolvenzeröffnung laufenden Kalendermonat bezieht. Ist die Eröffnung nach dem 15. Tag des Monats erfolgt, so ist die Vorauszahlung auch für den folgenden Kalendermonat wirksam. Der Anspruch auf Rückzahlung der übrigen Mietvorauszahlung ist einfache Insolvenzforderung.¹⁰² Im Falle der Beendigung des Mietverhältnisses schuldet der Mieter ebenso die Rückgabe der Mietsache an die Masse. 1851

Ist die Mietsache mangelhaft, so hat der Mieter grundsätzlich den Erfüllungsanspruch auf Herstellung des vertragsgemäßen Zustandes. Daneben stehen ihm Gewährleistungsansprüche nach §§ 536 ff. BGB zu.¹⁰³ Der Anspruch auf Herstellung des vertragsgemäßen Zustands ist ein echter Erfüllungsanspruch.¹⁰⁴ Demgegenüber sind die wegen desselben Mangels gegebenen Gewährleistungsansprüche des Mieters Insolvenzforderungen (§ 108 Abs. 3 InsO), soweit sie sich auf die Zeit vor der Eröffnung des Insolvenzverfahrens beziehen.¹⁰⁵ 1852

Der Insolvenzverwalter muss darüber hinaus gegenüber dem Mieter vertragliche Nebenpflichten (Strom, Wasser, Gas)¹⁰⁶ und auch die Versicherungspflichten erfüllen. Gegen die Liefersperre von Energie im Falle unterlassener Zahlungen des Vermieters an den Energieversorger kann sich der Mieter mit einer einstweiligen Verfügung wehren. 1853

Soweit der Mieter nach Beendigung des Mietverhältnisses einen Anspruch auf Rückzahlung der **Kaution** hat, gilt Folgendes: 1854

- War die Kaution auf einem Treuhandkonto angelegt, so steht dem Mieter nach § 47 InsO ein Aussonderungsrecht zu. Der Insolvenzverwalter kann mit Verbindlichkeiten aus dem Mietverhältnis aufrechnen.¹⁰⁷
- War die Kaution nicht vom Vermögen des Vermieters getrennt angelegt, so steht dem Mieter bezüglich des Rückzahlungsanspruchs lediglich eine Insolvenzforderung zu.¹⁰⁸ Diese kann er nicht gegenüber Ansprüchen auf bereits zuvor rückständige Miete oder Schadensersatz zur Aufrechnung stellen. Insoweit ist die Aufrechnung gemäß § 95 Abs. 1 S. 3 oder auch § 96 Abs. 1 Nr. 1 InsO ausgeschlossen.¹⁰⁹ Der Anspruch des Mieters auf Auskehrung der Kaution ist nämlich später fällig geworden als die Ver-

---

⁹⁷ BGH NZM 2003, 472 (Anspruch des Mieters auf vertragsgemäßen Zustand als Masseschuld); Cymutta, Der Mietvertrag im Insolvenzverfahren, S. 66.
⁹⁸ Cymutta, Der Mietvertrag im Insolvenzverfahren, S. 60.
⁹⁹ BGH NJW 2015, 627 = NZM 2015, 202; BGH NJW 2007, 3715 = NZM 2007, 883.
¹⁰⁰ BGH NZM 2002, 524 = NJW-RR 2002, 946; Cymutta, Der Mietvertrag im Insolvenzverfahren, S. 68/69; Horst DWW 2018, 244 (251); Börstinghaus NZM 2000, 326 (328).
¹⁰¹ BGH NZM 2002, 524.
¹⁰² Cymutta, Der Mietvertrag im Insolvenzverfahren, S. 64; Schmidt-Futterer/Blank Vor § 535 BGB Rn. 321.
¹⁰³ BGH NZM 2003, 472; BGH NJW 1997, 2674 (2675).
¹⁰⁴ BGH NZM 2003, 472.
¹⁰⁵ Horst DWW 2018, 244 (250).
¹⁰⁶ Cymutta, Der Mietvertrag im Insolvenzverfahren, S. 66; Horst DWW 2018, 244 (250).
¹⁰⁷ BGH NJW 2008, 1152 = NZM 2008, 203; Derleder NJW 2008, 1153.
¹⁰⁸ BGH NJW 2008, 1152 = NZM 2008, 203.
¹⁰⁹ Cymutta, Der Mietvertrag im Insolvenzverfahren, S. 77.

mieteransprüche in dieser Konstellation. Dem Mieter steht dann auch kein Zurückbehaltungsrecht zu (§ 273 BGB).[110]

1855 Ansonsten richten sich die Aufrechnungsmöglichkeiten des Mieters gegen Mietforderungen und Betriebskostenforderungen nach § 95 Abs. 1 InsO.[111] Daneben tritt § 110 Abs. 3 InsO, der ein besonderes zusätzliches Aufrechnungsrecht gewährt (§ 110 Abs. 3 S. 2 InsO). Die Voraussetzungen der Aufrechnung innerhalb der Insolvenz richten sich – abgesehen von §§ 95 ff. InsO – nach § 387 BGB. Für die insolvenzrechtliche Anfechtbarkeit einer Aufrechnungslage ist maßgeblich, wann das Gegenseitigkeitsverhältnis der aufzurechnenden Forderungen begründet wurde. Für Mietforderungen und Betriebskostenvorauszahlungen ist der Zeitpunkt des Abschlusses des Mietvertrags maßgebend.[112]

1856 Verschweigt der insolvente Vermieter eine vereinnahmte Mietkaution, so kann dies zur Versagung der Restschuldbefreiung führen (§ 290 Abs. 1 Nr. 6 InsO).[113]

1857 Weder dem Insolvenzverwalter noch dem Mieter steht ein Sonderkündigungsrecht zu.[114] Allenfalls die Unsicherheitseinrede (§ 321 BGB) kann relevant werden.[115] Allerdings dürfte der bloße Vermögensverfall des Vermieters für sich allein noch kein wichtiger Kündigungsgrund im Sinne von § 543 Abs. 1 S. 2 BGB sein, vielmehr müssen hierfür noch weitere Umstände hinzutreten, insbesondere solche im Sinne des § 543 Abs. 2 S. 1 Nr. 1 BGB (Entzug oder Nichtgewährung des vertragsgemäßen Gebrauchs).[116]

1858 Verwertet der Insolvenzverwalter das Grundstück (§ 80 InsO) durch Verkauf oder durch Zwangsversteigerung, tritt der Erwerber in das Mietverhältnis ein (§ 566 BGB) und es gilt für Mietverhältnisse § 111 InsO. Er kann das Mietverhältnis nach § 111 InsO unter Einhaltung der gesetzlichen Frist kündigen. Dies gilt nur, wenn der Schuldner (Vermieter) Alleineigentümer war.[117] Die Kündigung kann nur für den ersten Termin erfolgen, für den sie zulässig ist. Wegen § 111 InsO sind jedoch die in § 57a bis § 57b ZVG geregelten Sonderkündigungsrechte unabhängig vom Erwerbstatbestand anwendbar. Dem Erwerber ist also die Kündigung des Vertragsverhältnisses unter Einhaltung der gesetzlichen Frist für den ersten möglichen Termin gestattet. Bei Wohnraummietverhältnissen gehen dem Sonderkündigungsrecht die Mieterschutzbestimmungen in §§ 574, 574a, 574b, 573, 573a, 573b BGB vor. Notwendig ist deshalb bei Wohnraummietverhältnissen ein berechtigtes Interesse als Kündigungsgrund (§ 573 BGB).[118] Der Erwerber oder Ersteher wird nur hinsichtlich der Kündigungsfrist privilegiert, was in der Wohnraummiete ohnehin nur eine eingeschränkte Rolle spielt. Als seltene Anwendungsfälle kommen Zeitmietverträge (§ 575 BGB) oder Mietverträge mit zeitweise ausgeschlossenem Kündigungsrecht in Betracht. Vereinbarungen, die von § 111 InsO abweichen, sind unwirksam (§ 119 InsO).

---

[110] BGH NJW 2013, 1243(1244) = NZM 2013, 145; Cymutta, Der Mietvertrag im Insolvenzverfahren, S. 77.
[111] Horst DWW 2018, 244 (249) zu den Aufrechnungsmöglichkeiten des Mieters.
[112] BGH NZM 2007, 162 (163); BGH NZM 2005, 342 = NJW-RR 2005, 487.
[113] BGH WuM 2007, 469; ferner BGH NZI 2005, 461.
[114] BGH NZM 2002, 524 = NJW-RR 2002, 946; Cymutta, Der Mietvertrag im Insolvenzverfahren, S. 68/69; Horst DWW 2018, 244 (251); Börstinghaus NZM 2000, 326 (328).
[115] BGH NZM 2002, 524.
[116] Horst DWW 2018, 244 (251).
[117] Cymutta, Der Mietvertrag im Insolvenzverfahren, S. 73.
[118] Cymutta, Der Mietvertrag im Insolvenzverfahren, S. 73; Börstinghaus DWW 1999, 205.

10. Teil. Mietrechtliche Sonderformen

§ 50 Dauernutzungsverhältnisse in Wohnbaugenossenschaften

Im Mittelpunkt sollen hier allein mietrechtliche Besonderheiten in den Beziehungen zwischen dem Wohnungsunternehmen als Genossenschaft und dem Wohnungsnutzer als Mitglied dieser Genossenschaft stehen. Denn Nutzungs- und Dauernutzungsverträge zwischen Wohnungsbaugenossenschaften und deren Genossenschaftsmitgliedern sind in der Regel ebenfalls Mietverträge.[1] Eher die Ausnahme dürfte es sein, wenn sich der Nutzungsanspruch ausschließlich aus der Satzung als verbandsrechtlichem Verhältnis ergibt.[2] Die schon fast profane Feststellung, dass für diese genossenschaftlichen Nutzungsverhältnisse ebenfalls das Mietrecht gilt, ist um einige Besonderheiten zu ergänzen, die sich aus den Wesensmerkmalen der Genossenschaft auch innerhalb individueller Vertragsbeziehungen zu ihren Mitgliedern ergibt. Mietrecht und genossenschaftsrechtliche Besonderheiten treten also nebeneinander. Diese Besonderheiten ergeben sich aus drei Grundsätzen: 1859

- Grundsatz der Gleichbehandlung der Mitglieder von der Genossenschaft,
- Grundsatz der genossenschaftlichen Treuepflicht der Mitglieder gegenüber der Genossenschaft wie auch der Genossenschaft gegenüber den Mitgliedern,
- Grundsatz der genossenschaftlichen Duldungspflicht der Mitglieder.[3]

Was die Höhe der Miete (Nutzungsgebühr) angeht, so ist der Gleichbehandlungsgrundsatz zu beachten,[4] der aber auch Ausnahmen zulässt.[5] Dabei kann die Verletzung des Gleichbehandlungsgrundsatzes auch den Anspruch begründen, die benachteiligten Genossen so zu stellen, wie die bevorzugten Mitglieder gestellt worden sind,[6] oder einen einem einzelnen Genossen gewährten Vorteil unter der Genossenschaft und damit unter den benachteiligten Genossenschaftsmitgliedern insgesamt aufzuteilen.[7] 1860

Ein bestimmtes Preisverhalten ist den Genossenschaften im Rahmen der gesetzlichen Möglichkeiten nicht vorgeschrieben. Deshalb besteht die Wahlmöglichkeit zwischen einer auf Unternehmensbasis ermittelten kostendeckenden Wohnwertmiete oder der Vergleichsmiete im Sinne von §§ 558 ff. BGB.[8] Die Preisbildung kann also sowohl auf den Vorschriften des öffentlichen Mietpreisrechts wie auch auf den Vorschriften des Mietpreisrechts für preisfreien Wohnraum basieren. Dabei ist insbesondere das dem Gleichbehandlungsgrundsatz innewohnende Willkürverbot, Gleiches gleich und Ungleiches un-

---

[1] BGH NZM 2004, 25 = NJW-RR 2004, 12; BayObLG NZM 1998, 369; OLG Karlsruhe NJW-RR 1986, 89; Drasdo NZM 2012, 585 (587); Roth NZM 2004, 129 (130).
[2] Hierzu Beuthien GenG § 1 Rn. 67 u. 68; Drasdo NJW-Spezial 2013, 97.
[3] Vgl. zum Gleichbehandlungsgrundsatz Beuthien, GenG, § 18 Rn. 60; Drasdo NZM 2012, 585 (588); Großfeld/Aldejohann BB 1987, 2577; zur Treuepflicht BGH NJW 1990, 2877 (2879); BGH NJW 1958, 1633 (1635); Beuthien GenG § 18 Rn. 43; zur Duldungspflicht Beuthien GenG § 18 Rn. 53.
[4] BGH NZM 2010, 121 = NJW-RR 2010, 226; BGH NJW 1960, 2142.
[5] BGH NZM 2010, 121 (122) = BGH NJW-RR 2010, 226 (227).
[6] Beuthien GenG § 18 Rn. 65.
[7] BGH NJW 1960, 2142.
[8] So Beuthien, Marburger Schriften zum Genossenschaftswesen Nr. 72; zu den Entgeltmodellen auch Flaute in MAH-MietR § 33 Rn. 193 f.; Drasdo NZM 2012, 585 (589).

gleich zu behandeln, zu beachten. Immer aber ist Voraussetzung, dass sich die Nutzungsgebühren für die Überlassung von Wohnraum sowie die Entgelte für andere Leistungen der Genossenschaft am Wert der Leistung orientieren[9] und nicht gegen wesentliche gesetzliche Schutzvorschriften des Mietpreisrechts verstoßen.

In dem so gesteckten Rahmen sind auch Differenzierungen möglich. Dies bedeutet für die Frage, ob bei der Neuvermietung preisfreier Wohnungen die ortsübliche Vergleichsmiete vereinbart werden kann, während die anderen Mitglieder im Hause aufgrund der dafür noch geltenden Rechtsvorschriften nur eine wesentlich niedrigere Nutzungsgebühr zahlen, dass die Genossenschaft hier eine unterschiedliche Rechtslage zu berücksichtigen hat. Der Gleichbehandlungsgrundsatz würde dann verletzt, wenn die Genossenschaft in anderen Fällen einer Neuvermietung ohne besonderen sachlichen Grund unterhalb der Vergleichsmiete bliebe oder rechtliche Möglichkeiten zur Heranführung der übrigen Nutzungsgebühren an die Vergleichsmiete nicht wahrnehmen würde.[10]

1861 Dies gilt auch für die durch § 558 Abs. 4 Nr. 1 BGB eröffnete Möglichkeit, nach Wegfall der öffentlichen Mietpreisbindung Nutzungsgebühren um den Betrag der Fehlbelegungsabgabe zu erhöhen.

1862 Setzt die Genossenschaft im Hinblick auf das ungünstige Marktumfeld zur Vermeidung von Leerstand die Nutzungsentgelte, zu denen sie ihren Mitgliedern den Neuabschluss von Wohnraummietverhältnissen anbietet, herab, so folgt aus dem genossenschaftlichen Gleichbehandlungsgrundsatz nicht, dass auch die Mieten bereits bestehender Mietverhältnisse zu reduzieren wären.[11]

1863 Die satzungsrechtliche Pflicht des Mitglieds einer Wohnungsbaugenossenschaft, zusätzliche **Anteile** bei Abschluss eines Dauernutzungsvertrags zu zeichnen, ist im Umfang nicht auf den Betrag einer zulässigen **Mietkaution** begrenzt.[12] Der entscheidende rechtliche Unterschied liegt im Dualismus von Mitgliedschaft und Nutzungsverhältnis. Genossenschaftsanteile sind Vermögen der Genossenschaft (Eigenkapital), was auch nicht getrennt anzulegen ist, wie es sonst für eine Kaution sonst gilt (§ 551 Abs. 3 S. 3 BGB).[13] Die Kaution ist demgegenüber vom Vermieter als Treuhänder getrennt von seinem Vermögen zu verwalten und dient einem anderen Zweck.

1864 Was die Nachbelastung der einzelnen Mitglieder mit Betriebskosten angeht, so gelten die allgemeinen Grundsätze.[14]

1865 Es widerspricht auch nicht der genossenschaftlichen Treuepflicht, darauf zu bestehen, dass Gemeinschaftseinrichtungen etwa in Form einer Gemeinschaftswaschmaschine im Mehrfamilienhaus weiter betrieben werden, auch wenn alle anderen Genossen die Gemeinschaftswaschmaschine nicht mehr nutzen, ihre Bereitstellung erhebliche Kosten veranlasst und der Genosse in seiner Wohnung eine Waschmaschine installiert hat. Grundlage des Verlangens bleibt der Dauernutzungsvertrag, in dem die Möglichkeit des Betriebs einer Gemeinschaftswaschmaschine seit 25 Jahren vereinbart ist.[15]

Dagegen schließt es das genossenschaftliche Treueverhältnis nicht aus, dass das Mitglied bei Mängeln der Mietsache die Miete mindert.[16] Dies gilt auch im Falle von Ein-

---

[9] BGH DB 1979, 645.
[10] In diesem Sinne auch Drasdo NZM 2012, 585 (588).
[11] LG Berlin NZM 2002, 289.
[12] LG Regensburg NZM 2010, 360; AG Kiel NZM 2012, 610; Drasdo NZM 2012, 585 (589); Geldmacher DWW 2011, 170 (172); Feßler/Roth WuM 2010, 67 (69); Roth NZM 2008, 356 (358); aA AG Saarbrücken WuM 2007, 506; AG Saarbrücken WuM 2007, 693.
[13] Drasdo NZM 2012, 585 (589); Roth NZM 2008, 356 (357).
[14] Vgl. hierzu → Rn. 558.
[15] AG Hamburg-Altona NZM 2008, 127.
[16] Hierzu Krautschneider WuM 2006, 184.

schränkungen des vertragsgemäßen Wohnungsgebrauchs bei modernisierenden Baumaßnahmen.[17]

Auch im **Kündigungsrecht** bestehen Besonderheiten. Sind auf das Nutzungsverhältnis mietrechtliche Grundsätze anzuwenden, kann sich die Genossenschaft hierauf mit folgenden Besonderheiten berufen.[18] Die Genossenschaft hat allerdings ein berechtigtes Interesse an der Kündigung, wenn die Mitgliedschaft des Wohnungsnutzers endet.[19] Dies entspricht dem genossenschaftlichen Grundsatz der Identität von Mitglied und Kunde.[20] Auch die zweckgerichtete Förderung eines konkreten Wohnbedarfs anderer Mitglieder (Mitgliederbedarf) kommt in Betracht. Diese Form des „**Drittnutzungsbedarfs**" ist berechtigter Kündigungsgrund iSv § 573 Abs. 1 BGB.[21] Freilich erfordert dies eine umfassende Abwägung der Einzelfallumstände und die Darlegung der Bedarfe anderer Mitglieder.[22]

Auch eine Kündigung wegen Unterbelegung der Wohnung ist anerkannt, wenn die Wohnung für besonders kinderreiche Familien vorgesehen ist.[23]

Die Verletzung der genossenschaftlichen Treuepflicht kann zur Schadensersatzpflicht des Mitgliedes, in schwerwiegenden Fällen unter den satzungsgemäßen Voraussetzungen auch zum Ausschluss des Mitgliedes aus der Genossenschaft führen.[24]

Die Grundsätze einer **familienrechtlichen Wohnungszuweisung** bei Trennung und Scheidung von Ehegatten (§§ 1568a ff. BGB) gelten auch für genossenschaftliche Nutzungsverhältnisse mietrechtlicher Prägung.[25] Wird die Wohnung demjenigen Ehegatten zugewiesen, der nicht Genossenschaftsmitglied ist, ist dies wirksam und bindend, kann jedoch über § 1568a Abs. 3 S. 2 iVm § 563 Abs. 4 BGB zu einem Sonderkündigungsrecht der Genossenschaft führen.[26] Dies wird dann anzunehmen sein, wenn der Ehegatte nicht bereit ist, die Mitgliedschaft zu übernehmen.

In der **Insolvenz** des Genossenschaftsmieters soll ihm seine Wohnung erhalten bleiben; der Insolvenzverwalter kann gemieteten Wohnraum nicht nach § 109 Abs. 1 S. 2 InsO kündigen, um das Genossenschaftsguthaben zur Masse zu ziehen.[27] Nach § 66a GenG darf der Insolvenzverwalter das Kündigungsrecht des Genossenschaftsmitglieds an dessen Stelle ausüben.[28] Allerdings ist das Kündigungsrecht eines Mitglieds in einer Wohnungsgenossenschaft eingeschränkt (§ 67c GenG). Eine Kündigung der Genossenschaftsmitgliedschaft vom Insolvenzverwalter ist danach ausgeschlossen, wenn diese Voraussetzung für die Nutzung der betreffenden Wohnung (als Hauptwohnung oder Lebensmittelpunkt)[29] ist und der Geschäftsanteil höchstens das Vierfache des monatlichen Nutzungsentgelts

---

[17] AG Köln WuM 1995, 312.
[18] Drasdo NZM 2012, 585 (595); ders. NJW-Spezial 2013, 97.
[19] BGH NZM 2004, 25 = NJW-RR 2004, 12; dazu Roth NZM 2004, 129, Lützenkirchen MietRB 2004 3 (4).
[20] Dazu Beuthien GenG § 1 Rn. 42 iVm Rn. 38.
[21] Hierzu BGH NJW 2012, 2342 = NZM 2012, 501 (Drittnutzungsbedarf einer juristischen Person des öffentlichen Rechts); BGH NZM 2004, 25 = NJW-RR 2004, 12; OLG München NZM 2016, 312 (Drittnutzungsbedarf an einer nicht genutzten Wohnung); Drasdo NZM 2012, 585 (596); Beuthien, GenG, § 1 Rn. 69; ferner BGH NJW 2017, 2018 = NZM 2017, 405.
[22] Drasdo NZM 2012, 585 (596).
[23] OLG Stuttgart NJW-RR 1991, 1226; Drasdo NZM 2012, 585 (596); offen gelassen von OLG Karlsruhe NJW 1984, 2584.
[24] Beuthien GenG § 18 Rn. 49.
[25] Beuthien GenG § 1 Rn. 71; Drasdo NZM 2012, 585 (594).
[26] Drasdo NZM 2012, 585 (594); Beuthien GenG § 1 Rn. 71.
[27] BGH NZM 2015, 46 = NJW-RR 2015, 105; BGH NJW 2009, 1820 = NZM 2009, 479; Drasdo NZM 2012, 585 (591); Hinz NZM 2014, 137 (143).
[28] Beuthien GenG § 66a Rn. 2.
[29] Beuthien GenG § 67c Rn. 3 (Schutzwürdigkeit bei räumlichem Lebensmittelpunkt).

ohne Betriebskostenvorauszahlung oder -pauschale oder höchstens 2000 Euro beträgt (§ 67c Abs. 1 GenG).[30] Übersteigt das **Geschäftsguthaben** diese Grenzen und nimmt den Charakter einer Geldanlage zum Zeitpunkt der Kündigungserklärung an, haben Gläubiger und Insolvenzverwalter über § 66 oder 66a GenG jeweils iVm § 67b Abs. 1 GenG die Möglichkeit, auf den übersteigenden Teil des Guthabens zuzugreifen.[31] § 67c GenG wird für analog anwendbar gehalten, wenn der Insolvenzverwalter das Geschäftsguthaben nach § 80 InsO auf einen anderen überträgt (§ 76 GenG) und infolgedessen das übertragende Mitglied aus der Genossenschaft ausscheiden würde.[32]

§ 51 Betreutes Wohnen und Heimvertrag

1869 Mit dem am 1.10.2009 in Kraft getretenen Wohn- und Betreuungsvertragsgesetz (WBVG) wurde der vertragsrechtliche Teil des Heimgesetzes (HeimG) aufgehoben und ins WBVG überführt. Die Ländergesetze geben infolge der Föderalismusreform nunmehr den ordnungsrechtlichen Rahmen.[33] Das WBVG gilt für alle Einrichtungsformen, wenn die Überlassung von Wohnraum mit der Erbringung von Pflege- und Betreuungsleistungen verbunden ist (§ 1 Abs. 1 WBVG),[34] wobei dies der Bewältigung eines durch Alter, Pflegebedürftigkeit oder Behinderung bedingten Hilfebedarfs dienen soll. Nicht anwendbar ist das WBVG, wenn der Vertrag neben der Wohnraumüberlassung ausschließlich die Erbringung von allgemeinen Unterstützungsleistungen wie die Vermittlung von Pflege- oder Betreuungsleistungen, Leistungen der hauswirtschaftlichen Versorgung (zB Einkaufshilfen, Fahrdienste) oder Notrufdienste zum Gegenstand hat (§ 1 Abs. 1 S. 3 WBVG).[35] Diese Leistungen müssen im Zusammenhang mit der Wohnraumüberlassung eher untergeordnete Bedeutung aufweisen.[36] Ein wichtiges Indiz ist u. a. die Führung eines selbständigen Haushalts von der betroffenen Person.[37] Das betreute Wohnen fällt dann unter die Vorschriften des Mietrechts.[38]

1870 Verpflichtet sich der Unternehmer vertraglich zur Erbringung von Pflege- oder Betreuungsleistungen, die der Bewältigung eines durch Alter, Pflegebedürftigkeit oder Behinderung bedingten Hilfebedarfs dienen, ist das WBVG anwendbar (§ 1 Abs. 1 S. 1 WBVG). Die zu erbringenden oder vorzuhaltenden Pflege- und Betreuungsleistungen umfassen grundsätzlich alle im SGB XI und SGB XII anerkannten Leistungen im ambulanten oder stationären Bereich.[39] Nicht ausgeschlossen werden können die Regelungen des WBVG, wenn die Leistungen mit einem Unternehmer mehrere Verträge umfasst (§ 1 Abs. 2 WBVG). Gleiches gilt, wenn es sich um mehrere Verträge mit mehreren Unternehmen handelt (§ 1 Abs. 2 S. 2 WBVG) und diese wirtschaftlich oder rechtlich miteinander verbunden sind, was von Gesetzes wegen vermutet wird.

---

[30] Hinz NZM 2014, 137 (143).
[31] Beuthien GenG § 67c Rn. 3; Hinz NZM 2014, 137 (144).
[32] Beuthien GenG § 67c Rn. 4.
[33] Tamm VuR 2016, 370; Drasdo NZM 2013, 289; Weber NZM 2010, 337.
[34] Kempchen in Dickmann B § 1 WBVG Rn. 2; Tamm VuR 2016, 370.
[35] Kempchen in Dickmann B § 1 WBVG Rn. 7.
[36] Hierzu OLG Celle Hinweisbeschluss v. 14.1.2015 – 13 U 170/14, BeckRS 2015, 2453; zur Abgrenzung Drasdo NZM 2013, 289 (295); Weber NZM 2010, 337 (338).
[37] BVerwG NZM 2006, 668 (669); Drasdo NZM 2013, 289 (295).
[38] Kahlen ZMR 2007, 671; Schumacher NZM 2003, 257; Thier NZM 2003, 264; Heinemann MittBayNot 2002, 69; Gaiser NJW 1999, 2311; Hannig NZM 2000, 1114; Schlüter NZM 2000, 530; Schulz ZdW Bay 1998, 110.
[39] Kempchen in Dickmann B § 1 WBVG Rn. 6.

§ 11 WBVG regelt die **Kündigungsrechte** des Verbrauchers ausführlich. Wurden 1871
mehrere Verträge abgeschlossen (§ 1 Abs. 1 S. 1 Nr. 1 u. Nr. 2 WBVG), kann der Verbraucher die Verträge nicht isoliert, sondern nur einheitlich kündigen (§ 11 Abs. 1 S. 3 WBVG).[40] § 1 Abs. 2 WBVG ermöglicht eine (außerordentliche) Kündigung während der Probezeit (§ 1 Abs. 2 WBVG), § 1 Abs. 1 S. 2 WBVG nach einer Entgelterhöhung (§ 9 WBVG).[41]

Steht der Bewohner unter rechtlicher **Betreuung** bedarf auch die Kündigung des 1872
Betreuers der Genehmigung des Betreuungsgerichts (§ 1907 BGB).[42]

§ 52

bleibt einstweilen frei

§ 53 Vermietung von Wohnungseigentum

Bei der Vermietung von Wohnungseigentum greifen das Wohnungseigentumsrecht 1873
und das Mietrecht ineinander. Beides ist unterdessen nur bedingt aufeinander abgestimmt.[43] Zunächst unterliegt es keinem Zweifel, dass der Wohnungseigentümer seine Wohnung sowohl zum Wohnen als auch zur gewerblichen Nutzung vermieten darf, soweit sich die (teil-)gewerbliche Nutzung[44] im Rahmen des zulässigen Wohngebrauchs hält (§ 903 BGB iVm § 13 Abs. 1 WEG). Die Befugnis, Wohnungseigentum zu vermieten, kann nach umstrittener Ansicht in der Gemeinschaftsordnung ausgeschlossen werden.[45] Ferner ist eine Beschränkung des Vermietungsrechts durch Vereinbarung in der Gemeinschaftsordnung möglich. Beschlüsse der Wohnungseigentümer können dagegen nicht Grundlage einer Modifizierung oder Einschränkung eines Vermietungsrechts sein.[46]

Ebenfalls geklärt ist, dass der einzelne Wohnungseigentümer der Gemeinschaft gegen- 1874
über nur im Rahmen der ihm zustehenden Gebrauchsrechte vermieten darf (§ 14 Nr. 3 WEG). Der vermietende Wohnungseigentümer sowie sein Mieter müssen sich also an die getroffenen Gebrauchsregelungen halten und unterliegen auch den Beschränkungen des § 14 Nr. 1 WEG, der auch für das gemeinschaftliche Eigentum gilt. Dabei darf auch das Gemeinschaftseigentum vermietet werden, soweit der Wohnungseigentümer dieses selbst nutzen darf.[47] Das Gebrauchsrecht des Mieters erstreckt sich auch auf solche Anlagen

---

[40] Dickmann in ders., Heimrecht, B § 11 WBVG Rn. 12.
[41] Dickmann in ders., Heimrecht, B § 11 WBVG Rn. 15.
[42] LG Münster NJW-RR 2001, 1301; Weber/Leeb BtPrax 2014, 248; Dickmann in Dickmann B § 11 WBVG Rn. 32; MüKoBGB/Schwab BGB § 1907 Rn. 9; BeckOK BGB/Müller-Engels BGB § 1907 Rn. 4; vgl. auch BGH NJW 2012, 1956 (§ 1907 BGB im Falle der Löschung eines Wohnrechts vom Betreuer).
[43] Hierzu umfassend Häublein NZM 2014, 97 (Harmonisierungsfragen von Wohnungseigentums- und Mietrecht); Drasdo in Bub/Treier MietR-HdB Kap. VII Rn. 6.
[44] Näher Fritz/Schacht NZM 2008, 155; BGH NJW 2010, 3093; NJW 2010, 3508; FD-MietR 2019, 417126.
[45] KG NZM 2017, 47 (48) = NJW-RR 2016, 206 (207); Bärmann/Suilmann WEG § 13 Rn. 44; BeckOK WEG/Müller WEG § 13 Rn. 77; Suilmann in Bärmann/Seuß WE-Praxis 2. Teil § 8 Rn. 5; Drasdo in Bub/Treier MietR-HdB Kap. VII Rn. 30; Ehmann ZWE 2016, 342 (348); aA Fritz/Schacht NZM 2008, 155; Lüke ZWE 2004, 291 (292).
[46] OLG Celle NZM 2005, 184; OLG Düsseldorf ZMR 1998, 247; BeckOK WEG/Müller WEG § 13 Rn. 79; BGH FD-MietR 2019, 417126.
[47] BVerfG NJW 1996, 2858; Drasdo in Bub/Treier MietR-HdB Kap. VII Rn. 39.

und Einrichtungen, die für die Nutzung des Sondereigentums nicht zwingend notwendig sind.[48] Es gehört zum Risikobereich des Vermieters, dass die Vermietung von Teileigentum und von Gemeinschaftseigentum mit der Gemeinschaftsordnung vereinbar ist.[49]

1875 Daraus ergeben sich folgende Besonderheiten: Der Mietvertrag ist mit der Gemeinschaftsordnung oder der Hausordnung sowie den Eigentümerbeschlüssen innerhalb der Wohnungseigentumsanlage in Einklang zu bringen. Darüberhinausgehende Gebrauchs- und Nutzungsrechte darf der vermietende Wohnungseigentümer nicht einräumen.[50] Gleichzeitig ist der Mieter durch eine Klausel zu verpflichten, diese Vereinbarungen, Ordnungen und Beschlüsse zu beachten. Eine solche Klausel ist insbesondere nach den Vorschriften des AGB-Rechts nur wirksam, wenn die in Bezug genommenen Regelungen dem Mieter konkret bekanntgegeben werden. Die Verpflichtung zur Beachtung künftiger Beschlüsse, insbesondere im Rahmen einer dynamischer **Verweisungsklausel**,[51] ist im Hinblick auf das AGB-Recht problematisch, wenn solche Beschlüsse zu einer unzumutbaren Belastung auch des Mieters führen.[52]

1876 Gebraucht der Mieter das angemietete Wohnungseigentum oder die sonstigen Außenanlagen und Einrichtungen der Mietsache nicht im Einklang mit der in der Wohnungseigentümergemeinschaft bestehenden Rechtslage, so kann die Eigentümergemeinschaft den vermietenden Wohnungseigentümer auf Unterlassung in Anspruch nehmen.[53]

1877 Bei den Betriebskosten kann das Wohngeld (Hausgeld) auf den Mieter umgelegt werden mit Ausnahme des Verwalterhonorars und der Instandhaltungsrücklage,[54] sowie künftigen Sonderumlagen zur Instandhaltung[55] oder Instandsetzung des Gemeinschaftseigentums.[56] Diese Positionen zählen zur Grundmiete und sind vom Vermieter als Wohnungseigentümer zu tragen.

1878 Bei erheblichen Wohngeldrückständen eines Wohnungseigentümers soll die Eigentümergemeinschaft berechtigt sein, sowohl gegenüber dem säumigen Wohnungseigentümer als auch gegenüber dessen Mieter die Versorgung der vermieteten Räume zumindest dann zu sperren, wenn das Mietverhältnis beendet ist, der – ehemalige – Mieter aber nicht auszieht.[57] Nach zwei Entscheidungen des BGH[58] erscheint es denkbar, dass die Woh-

---

[48] BayObLG WuM 1997, 690.
[49] BGH NJW 1996, 714; LG Essen NZM 1998, 377 (378).
[50] Vgl. hierzu Müller ZMR 2001, 506.
[51] Formulierungsvorschlag bei Rüscher in BeckFormRWEG J. V. 3.
[52] Suilmann in Bärmann/Seuß WE-Praxis 2. Teil § 8 Rn. 25; Blank WuM 2013, 94 (98); BeckOK WEG/Müller WEG § 13 Rn. 112.
[53] BGH NJW 1996, 714; Suilmann in Bärmann/Seuß WE-Praxis 2. Teil § 8 Rn. 26; Drasdo in Bub/Treier MietR-HdB Kap. VII Rn. 80; LG Düsseldorf NZM 2002, 131 (131); LG Wuppertal ZMR 2002, 231 für einen vermieteten, aber unzulässigen „Laden" im Sondereigentum; OLG Düsseldorf WuM 2001, 146 zu eigenmächtiger, aber vom Eigentümer gestatteter baulicher Veränderung (Einbau von Dachfenstern); ferner BGH NJW 2006, 992 = NZM 2006, 273.
[54] Hierzu BGH NJW 2016, 2254 (2256) = NZM 2016, 470 (471) betreffend Einwendungsausschluss für nicht umlagefähige Betriebskosten („Verwaltung", „Instandhaltung", „Rücklage").
[55] Zur unwirksamen Vereinbarung einer „Verwaltungskostenpauschale" BGH NZM 2019, 253.
[56] Hierzu Suilmann in Bärmann/Seuß WE-Praxis 2. Teil § 10 Rn. 4; Beyer WuM 2013, 77; zu betriebskostenrechtlichen Konfliktfeldern Häublein NZM 2014, 97 (118 f.).
[57] OLG Dresden ZMR 2008, 140; LG Münster WuM 2007, 274; AG Hannover ZMR 2006, 650; AG Charlottenburg GE 2007, 157; anders bei vermieteten Eigentumswohnungen: KG NZM 2006, 297 = NJW-RR 2006, 658; OLG Köln NZM 2000, 1026 = NJW-RR 2001, 301; bejahend hingegen noch KG NZM 2002, 221 = ZWE 2002, 182; offen gelassen LG Berlin MM 2005, 370; AG Halle MietRB 2008, 6.
[58] BGH NJW 2005, 2622 = NZM 2005, 626 (Versorgungssperre gegen Wohnungseigentümer); BGH NJW 2007, 432 = NZM 2007, 130 (Störungsabwehr gegenüber Wohnungseigentümer durch Inanspruchnahme von dessen Mieter); hierzu Briesemeister ZMR 2007, 661; ferner BGH NZM 2017, 445 (446).

nungseigentümergemeinschaft auch von dem Mieter eines Wohnungseigentümers aus § 1004 BGB die Duldung von technischen Maßnahmen in der vermieteten Wohnung zur Durchführung einer **Versorgungssperre** verlangen kann, wenn der vermietende Wohnungseigentümer mit Wohngeldzahlungen in Verzug ist. Das setzt ein Betretungsrecht voraus.[59] Der Mieter könnte die Versorgungssperre durch Zahlung der Rückstände an die Gemeinschaft abwenden. Der für das Wohnungsmietrecht zuständige VIII. Zivilsenat hat diesen Fall noch nicht judiziert, doch ist es aus dogmatischen Gründen wie aus Mieterschutzerwägungen naheliegend, dass er zum entgegengesetzten Ergebnis gelangt.

Kann der Vermieter nach dem Mietvertrag die Betriebskosten auf den Mieter abwälzen, so kann er eine Abrechnung erstellen, aus der die Betriebskosten des Sondereigentums, die des Gemeinschaftseigentums und die Betriebskostenvorauszahlungen ersichtlich sind. Es reicht nicht aus, wenn der Vermieter die ihm erteilte Einzelabrechnung des WEG-Verwalters an den Mieter durchreicht.[60]

1879

Was den Umlageschlüssel angeht, so sehen zunächst §§ 10 Abs. 1, 16, 23 Abs. 1, 28 Abs. 1 u. 5 WEG vor, dass die Verteilung der laufenden Kosten unter den Wohnungseigentümern regelmäßig nach Miteigentumsanteilen vorgenommen wird. Dies ist für die im einzelnen Mietverhältnis zu fertigende **Betriebskostenabrechnung** solange unproblematisch, wie es sich um Kosten handelt, die rein wohnungsbezogen anfielen, wie zB die Kosten für eine Etagenheizung nur im vermieteten Sondereigentum oder für die Grundsteuer. Die Frage nach dem Umlageschlüssel stellt sich allerdings, wenn Gesamtkosten zwischen mehreren Nutzern verteilt werden müssen. Vorrang hat in diesem Fall der mietvertraglich vereinbarte Umlageschlüssel,[61] es sei denn, es handelt sich um Betriebskosten die von einem Dritten speziell für das einzelne Wohnungseigentum erhoben werden (zB Grundsteuer).[62] Die Feststellung des Umlageschlüssels für Betriebskosten zwischen den Miteigentümern einer Eigentümergemeinschaft hat danach grundsätzlich keinen Einfluss auf die Umlageschlüssel zwischen einem vermietenden Eigentümer und seinem Mieter.[63] Maßgebend ist allein der abgeschlossene Mietvertrag. Bei fehlender Vereinbarung gelten die gesetzlichen Bestimmungen.

1880

Dementsprechend haben auch Beschlüsse der Wohnungseigentümerversammlung bezüglich der Verteilung von Betriebskosten keine Auswirkungen auf das Verhältnis zwischen dem vermietenden Wohnungseigentümer zu seinem Mieter. Entscheidend ist allein der Mietvertrag. Dies führt für den Vermieter zum Problem, wenn die Wohnungseigentümergemeinschaft vom Mietvertrag abweichende Verteilungsschlüssel beschließt.

1881

Die Heizkostenabrechnung innerhalb des vermieteten Wohnungseigentums muss angeben, welche Kosten nach den Regelungen der Wohnungseigentümergemeinschaft auf den einzelnen Eigentümer/Vermieter entfallen. Die Angabe der Gesamtheizkosten und deren Umlage nach Quadratmetern reicht nicht.[64]

Ein besonderes Problem stellt sich, wenn der vermietende Eigentümer selbst von der Eigentümergemeinschaft oder vom Verwalter keine Abrechnung erhält und deshalb gegenüber dem Mieter die Betriebskosten ebenso nicht abrechnen kann. Der vermietende Wohnungseigentümer darf die Betriebskosten dann auch ohne Vorliegen eines Beschlusses der Wohnungseigentümergemeinschaft über die Jahresabrechnung des Verwalters

---

[59] Hierzu BGH NJW 2006, 3352 = NZM 2006, 863; das Betretungsrecht ablehnend etwa KG NZM 2006, 297 = NJW-RR 2006, 658; Müller in Bärmann/Seuß WE-Praxis 11. Teil Rn. 16; umfassend BeckOK WEG/Müller WEG § 14 Rn. 181.
[60] Becker WuM 2013, 73 (75).
[61] BGH NJW 1982, 573; LG Berlin, GE 2000, 1685; LG Düsseldorf DWW 1990, 207; AG Dortmund WuM 1981, 229.
[62] BGH NZM 2013, 457 = NJW-RR 2013, 785.
[63] Hierzu Beyer WuM 2013, 77 (80).
[64] LG Berlin MM 1994, 102.

gegenüber dem Mieter abrechnen und demzufolge aus der Betriebskostenabrechnung einen Nachzahlungsanspruch gegen den Mieter geltend machen. Die Frage des laufenden Entstehens und des Anfallens der Betriebskosten für die vermietete Eigentumswohnung ist damit allein nach den Grundsätzen des Wohnraummietrechts und dem Inhalt des konkreten Mietverhältnisses zu beurteilen.[65]

§ 54 Jugend- und Studentenwohnheim

1882 Ein Jugendwohnheim ist ein Heim, dass der Unterbringung von Personen zwischen dem 14. und dem 18. Lebensjahr dient.[66] Als Studentenwohnheim gilt ein Wohngebäude, das nach seiner baulichen Anlage und Ausstattung ausschließlich oder überwiegend zur entgeltlichen oder unentgeltlichen Unterbringung einer Vielzahl von Studenten der Universitäten, technischen Hochschulen und höheren Fachschulen für die Dauer ihrer Ausbildung bestimmt ist[67] und dem eine Art „Rotationsprinzip" zugrunde liegt.[68] Dies setzt tatsächlich ein Belegungskonzept voraus, das möglichst vielen Studierenden das Wohnen in einem Studentenwohnheim gewährleistet und dabei alle Bewerber gleich behandelt, also auf eine effektive „Rotation" nach abstrakt-generellen Kriterien gerichtet ist.

1883 Auf beide Kategorien sind gem. § 549 Abs. 3 BGB die §§ 556d bis 561, 573, 573a, 573d Abs. 1 und §§ 575, 575a Abs. 1, 577, 577a BGB nicht anwendbar. Dagegen gelten die Vorschriften über die Sozialklausel § 574 bis 574b BGB. Deshalb ist darüber auch in der Kündigung nach § 568 Abs. 2 BGB zu belehren.

1884 Ein **Kündigungsrechtsausschluss** von zwei Jahren im Formularmietvertrag über Wohnräume in einem Studentenwohnheim ist wegen unangemessener Benachteiligung des studentischen Mieters unwirksam (§ 307 Abs. 1 BGB), weil der Wohnheimbetreiber das berechtigte Interesse des Studierenden an Flexibilität oder Mobilität nicht ausreichend berücksichtigt.[69] Schließlich brauchen Mietsicherheiten bei Studenten- und Jugendwohnheimen vom Vermieter nicht verzinslich angelegt zu werden.[70]

§ 55 Möblierte Vermietung

1885 Gemeint ist Wohnraum, der Teil der vom Vermieter selbst bewohnten Wohnung ist und den der Vermieter überwiegend mit Einrichtungsgegenständen auszustatten hat, sofern der Wohnraum dem Mieter nicht zum dauernden Gebrauch mit seiner Familie oder Personen überlassen ist, mit denen er einen auf Dauer angelegten gemeinsamen Haushalt führt (§ 549 Abs. 2 Nr. 2 BGB). Hier gelten nicht die Vorschriften über die Miethöhe bei Mietbeginn in Gebieten mit angespannten Wohnungsmärkten (§§ 556d bis 556g BGB), über die Mieterhöhung (§ 557 bis 561 BGB) und über den Mieterschutz bei Beendigung des Mietverhältnisses sowie bei der Begründung von Wohnungseigentum (§ 568 Abs. 2, §§ 573, 573a, 573d Abs. 1, §§ 574 bis 575, 575a Abs. 1, und §§ 577, 577a BGB). Ferner gilt gem. § 573c Abs. 3 BGB für möblierten Wohnraum eine besondere

---

[65] BGH NJW 2017, 2608 = NZM 2017, 216; BGH ZMR 2017, 630.
[66] Schmidt-Futterer/Blank BGB § 549 Rn. 37.
[67] Schmidt-Futterer/Blank BGB § 549 Rn. 34.
[68] BGH NJW 2012, 2881 = NZM 2012, 606.
[69] BGH NJW 2009, 3506 = NZM 2009, 779; siehe auch → Rn. 241.
[70] § 551 Abs. 3 S. 5 BGB.

Kündigungsfrist. Danach kann bis zum 15. eines Monats zum Ablauf dieses Monats gekündigt werden.

§ 56 Vorübergehender Gebrauch

Bei Wohnraum, der zum vorübergehenden Gebrauch vermietet ist (§ 549 Abs. 2 Nr. 1 BGB), gelten bis auf die Modalitäten der Kündigungsfrist die für die möblierte Vermietung dargestellten Grundsätze entsprechend. Was die Kündigungsfrist angeht, so gibt § 573c Abs. 2 BGB die Möglichkeit, eine kürzere Kündigungsfrist zu vereinbaren, die hinter den gesetzlichen Kündigungsfristen zurückbleibt. 1886

Ob die Vertragsparteien von einer Vermietung zu nur vorübergehendem Gebrauch ausgehen, ist Frage des Einzelfalls. Typisch ist die Annahme, das Mietverhältnis werde nur von kurzer Dauer und der Funktion eines Durchgangsstadiums abgeschlossen.[71] Typische Beispiele bieten ein Hotelzimmer, eine Ferienwohnung, an Arbeiter vermietete Zimmer für Montageaufenthalte oder eine Wohnungsvermietung für Messeaufenthalte, eine Kur oder eine Sportveranstaltung.[72] 1887

§ 57 Werkwohnungen

Das Gesetz unterscheidet in §§ 576 bis 576b BGB zwischen Werkmietwohnungen und Werkdienstwohnungen. Werkmietwohnungen sind solche, die mit Rücksicht auf das Bestehen eines Arbeitsverhältnisses vermietet werden. Es bestehen nebeneinander ein Arbeits- und ein Mietverhältnis als zwei voneinander unabhängige Rechtsverhältnisse.[73] Für das Mietverhältnis gelten die allgemeinen Vorschriften des Mietrechts mit der besonderen Vorschrift in § 576a BGB für diesen Wohnungstyp. 1888

Werkdienstwohnungen sind dagegen solche, die dem zu einer Dienstleistung Verpflichteten im Rahmen eines Dienstverhältnisses überlassen wurden (§ 576b Abs. 1 BGB). Hier besteht kein eigenständiges Mietverhältnis. Das Dienstverhältnis ist die alleinige Rechtsgrundlage auch für die Nutzung des Wohnraums. Im Fehlen eines Mietvertrags liegt der Unterschied zu den funktionsgebundenen Werkmietwohnungen.[74] Dennoch gelten für die Beendigung des Rechtsverhältnisses an der Werkdienstwohnung die Vorschriften über Mietverhältnisse entsprechend, wenn der Arbeitnehmer den Wohnraum überwiegend mit Einrichtungsgegenständen ausgestattet hat oder in dem Wohnraum mit seiner Familie der Personen lebt, mit denen er einen auf Dauer angelegten gemeinsamen Haushalt führt (§ 576b Abs. 1 BGB).[75] 1889

---

[71] OLG Bremen WuM 1981, 8.
[72] Schmidt-Futterer/Blank BGB § 549 Rn. 5.
[73] BAG NZA 2000, 277 = WuM 2000, 362.
[74] BAG NZA 2000, 277 = WuM 2000, 362
[75] Zu Kündigungsfragen bei Werkmiet- und Werkdienstwohnungen → Rn. 1172.

11. Teil. Querschnittsmaterien im Mietrecht

§ 58 Verbraucherschutz

Verbraucherschutzfragen im Mietrecht sind nicht neu,[1] haben allerdings durch die jüngste Verbraucherrechterichtlinie an Bedeutung gewonnen.[2] Hintergrund ist deren Umsetzung und Erstreckung aufs Mietrecht (§ 312 Abs. 4 BGB). 1890

I. Grundlagen

Mietverträge über Wohnraum sind vom Anwendungsbereich der Verbraucherverträge erfasst (§§ 312 Abs. 1, Abs. 4 S. 1, Abs. 3 Nrn. 1 – 7 BGB),[3] wodurch sich verbraucherschützende Widerrufsrechte ergeben können, wenn bestimmte Vertragsabschlussvoraussetzungen (besondere Vertriebsformen) hinzukommen (§§ 312b, 312c, 312g BGB). 1891

Anknüpfungspunkt sind Verbraucherverträge (§§ 312 Abs. 1, 310 Abs. 3 BGB), die zwischen einem Unternehmer und einem Verbraucher geschlossen werden. Der Wohnraummieter ist in aller Regel Verbraucher iSv § 13 BGB. Beim Vermieter ist zu unterscheiden: Während institutionelle Vermieter wie Vermietungsgesellschaften oder Genossenschaften Unternehmer iSv § 14 Abs. 1 BGB sind, kommt es beim Privatvermieter auf den Umfang der Vermietung an.[4] Die Verwaltung eigenen Vermögens wurde unabhängig von der Höhe der verwalteten Werte grundsätzlich nicht als gewerbliche Tätigkeit angesehen.[5] Nur dann, wenn sich aus dem Umfang der mit der Vermögensverwaltung verbundenen Geschäfte andere Anhaltspunkte ergeben, kann dies beim Privatvermieter für eine Unternehmereigenschaft sprechen.[6] Erfordern diese einen planmäßigen Geschäftsbetrieb wie etwa die Unterhaltung eines Büros oder einer Organisation, so kann eine gewerbliche Betätigung vorliegen. 1892

In der Instanzrechtsprechung wird zum Teil ab einer bestimmten Anzahl von Objekten auf eine Unternehmereigenschaft des Vermieters geschlossen.[7] Im Zweifel sollte sich der Privatvermieter zumindest ab diesen Größenordnungen auf eine Unternehmereigenschaft und mögliche Widerrufskonstellationen einstellen. 1893

---

[1] Hierzu Voraufl. 1. Teil § 2 Rn. 50 sowie 2. Teil → § 3 Rn. 181.
[2] Artz NJW 2015, 1573 (1575), wo bei diesem Thema eine gewisse Panik ausgemacht wurde; BGH NJW 2017, 2823 = NZM 2017, 517; BGH NJW 2019, 303 = NZM 2018, 1011.
[3] Zum Verbraucherschutz im Mietrecht Horst DWW 2015, 2; Mediger NZM 2015, 185; Lindner ZMR 2015, 261; Streyl NZM 2015, 433; Hau NZM 2015 435; Pisal/Schreiner ZfIR 2015, 505; Artz PiG 99 (2015), 41; Hinz WuM 2016, 76; Lindner ZMR 2016, 356; Rolfs/Möller NJW 2017, 3275; Fervers NZM 2018, 640.
[4] Hierzu Fervers NZM 2018, 640 (641).
[5] BGH NJW 2002, 368 (zu § 1 VerbrKrG).
[6] BGH NJW 2002, 368 (369) zu § 1 VerbrKrG; vgl. auch BGH NJW 2017, 2823 (2824) = NZM 2017, 517 (518).
[7] OLG Düsseldorf NJOZ 2004, 35 (zwei Mietshäuser); OLG Düsseldorf NZM 2004, 866 (869): zwei Einfamilienreihenhäuser und eine Einliegerwohnung; LG Köln NJOZ 2011, 688 (acht Wohnungen); LG Waldshut-Tiengen ZMR 2009, 372 (acht Wohnungen); LG Köln NZM 2002, 62 (sechs Wohnungen).

1894 Die **Wohnungseigentümergemeinschaft** ist dann einem Verbraucher iSv § 13 BGB gleichzustellen, wenn ihr wenigstens ein Verbraucher angehört und sie ein Rechtsgeschäft zu einem Zweck abschließt, der weder einer gewerblichen noch einer selbständigen beruflichen Tätigkeit dient.[8] Dies kann beispielsweise bei der Vermietung von einer oder an eine Gemeinschaft von Wohnungseigentümern sowie insbesondere beim Abschluss von Verwalterverträgen[9] mit der Wohnungseigentümergemeinschaft relevant werden.

1895 Ein Verbraucherwiderrufsrecht nach § 312g Abs. 1 BGB kommt für den Mieter nur bei außerhalb von Geschäftsräumen geschlossenen Verträgen iSd § 312b BGB und bei Fernabsatzverträgen iSd § 312c BGB zum Tragen. Hierüber ist der Mieter zu informieren (§ 312d Abs. 1 iVm Art. 246a § 1 Abs. 2, Abs. 3 EGBGB).

II. Informationspflichten

1896 Eine entscheidende Informationspflicht für den Vermieter betrifft die Information über ein dem Mieter zustehendes Widerrufsrecht nach § 312g Abs. 1 BGB im Falle von außerhalb von Geschäftsräumen geschlossenen Verträgen iSd § 312b BGB und bei Fernabsatzverträgen iSd § 312c BGB (§ 312d Abs. 1 iVm Art. 246a § 1 Abs. 2, Abs. 3 EGBGB), sofern nicht das Widerrufsrecht ohnehin ausgeschlossen ist (§ 312 Abs. 4 S. 2 BGB).

1897 Der Vermieter kann diese Informationspflichten dadurch erfüllen, dass er das gem. Anlage 1 zu Art. 246a § 1 Abs. 2 S. 2 EGBGB vorgesehene Muster für die Widerrufsbelehrung zutreffend ausgefüllt in Textform zusammen mit dem Muster-Widerrufsformular (Anlage 2 Art. 246a § 1 Abs. 2 S. 1 Nr. 1 EGBGB) übermittelt. Die Widerrufsfrist beginnt nicht, bevor der Unternehmer den Verbraucher nicht entsprechend dieser Vorgaben unterrichtet hat (§ 356 Abs. 3 S. 1 BGB). Das Widerrufsrecht erlischt dann spätestens zwölf Monate und 14 Tage nach Vertragsschluss (§ 356 Abs. 3 S. 2 iVm § 355 Abs. 2 S. 2 BGB). Mit ordnungsgemäßer Widerrufsbelehrung beträgt die Widerrufsfrist für den Verbraucher 14 Tage (§ 355 Abs. 2 BGB). Sie beginnt mit Vertragsschluss, nicht jedoch bevor eine ordnungsgemäße Belehrung vorliegt (§ 356 Abs. 3 S. 1 BGB).

III. Abschluss des Mietverhältnisses

1898 Mietverträge über Wohnraum sind vom Anwendungsbereich der Verbraucherverträge erfasst (§§ 312 Abs. 1, Abs. 4 S. 1, Abs. 3 Nrn. 1 – 7 BGB), wodurch verbraucherschützende Widerrufsrechte zum Tragen kommen können, wenn ein außerhalb von Geschäftsräumen geschlossener Vertrag iSd § 312b BGB oder ein Fernabsatzvertrag iSd § 312c BGB vorliegt. Beim Abschluss des Mietvertrages steht dem Wohnungsmieter als Verbraucher ein Widerrufrecht dann nicht zu, wenn er die Wohnung vor Vertragsschluss besichtigt hat (§ 312 Abs. 4 S. 2 BGB). Das dürfte der Regelfall sein. Die Besichtigung ist ein Realakt, der eine physische Inaugenscheinnahme voraussetzt.[10]

---

[8] BGH NJW 2015, 3228 = NZM 2015, 665.
[9] Hierzu Jacoby ZWE 2016, 68.
[10] MüKoBGB/Wendehorst BGB § 312 Rn. 83; BeckOK BGB/Martens BGB § 312 Rn. 53; Lindner ZMR 2016, 356; Hau NZM 2015, 435 (439); Rolfs/Möller NJW 2017, 3275 (3276); differenzierend Weiler ZMR 2018, 889 (890).

IV. Vertragsänderungen im laufenden Mietverhältnis

Ein Widerrufsrecht kommt auch bei entgeltlichen Vereinbarungen im laufenden Mietverhältnis[11] in Betracht, wenn diese als Außergeschäftsraum- oder Fernabsatzvertrag einzustufen sind (§§ 312b, 312c, 312g Abs. 1, 355 BGB). Das betrifft beispielsweise Mieterhöhungsvereinbarungen (§ 557 Abs. 1 BGB), Modernisierungsvereinbarungen[12] (§ 555f BGB), Vereinbarungen über erhöhte Betriebskostenvorauszahlungen, Mietaufhebungsverträge und etwaige entgeltrelevante Vereinbarungen in einem Rückgabeprotokoll anlässlich einer Vertragsbeendigung.

Mieterhöhungen iSd § 557 Abs. 1 BGB im laufenden Mietverhältnis und andere entgeltliche Vertragsabreden, die über Fernkommunikationsmittel, insbesondere brieflich (§ 312c Abs. 2 BGB), zustande kommen, fallen grundsätzlich in den Anwendungsbereich von § 312c Abs. 1 BGB.[13] Ein für den Fernabsatz organisiertes Vertriebs- oder Dienstleistungssystem iSv § 312c Abs. 1 BGB ist nicht schon dann zu verneinen, wenn der Unternehmer zum Abschluss des Vertrags keinen vorgefertigten Standard- oder Serienbrief verwendet, sondern ein individuelles Anschreiben. Für Mieterhöhungen auf die ortsübliche Vergleichsmiete iSd § 558 BGB gilt dies jedoch nicht, weil der Mieter hierbei von Gesetzes wegen ohnehin ausreichend Gelegenheit hat, das mit Begründung zu versehende Mieterhöhungsverlangen des Vermieters zu prüfen (§§ 558a Abs. 1, Abs. 2, 558b Abs. 2 S. 1 BGB).[14]

V. Rechtsfolgen eines Widerrufs

1. Grundlegende Widerrufsfolgen

Besteht ein Widerrufsrecht für den Mieter, beträgt die Widerrufsfrist für ihn 14 Tage; sie beginnt mit Vertragsschluss (§ 355 Abs. 2 BGB). Ist eine Widerrufsbelehrung unterblieben oder fehlerhaft, beträgt die Höchstwiderrufsfrist zwölf Monate und 14 Tage (§ 356 Abs. 3 S. 2 BGB).

Vom Widerruf betroffen ist der ursprüngliche Mietvertrag (wenn nicht das Widerrufsrecht infolge der Besichtigung ohnehin ausgeschlossen ist) oder die jeweils betroffene entgeltliche Vereinbarung im laufenden Mietverhältnis. Im Falle eines Widerrufs sind empfangene Leistungen spätestens nach 14 Tagen zurückzugewähren (§ 357 Abs. 1 BGB).[15] Ein Wertersatzanspruch des Vermieters besteht nur, wenn er den Mieter ordnungsgemäß über das Widerrufsrecht informiert hat (§ 357 Abs. 8 S. 2 BGB). Anderweitige Leistungsansprüche gegen den Verbraucher infolge des Widerrufs bestehen nach § 361 Abs. 1 BGB nicht.[16]

---

[11] BGH NJW 2017, 2823 = NZM 2017, 517 (Mieterhöhung aufgrund Modernisierungsvereinbarung); BGH NJW 2019, 303 (306) = NZM 2018, 1011 (1014).
[12] BGH NJW 2017, 2823 = NZM 2017, 517; hierzu Lindner PiG 105 (2017), 129 (136 f.); ders. ZMR 2018, 190.
[13] Hierzu BGH NJW 2019, 303 (304) = NZM 2018, 1011 (1012); Lindner DWW 2019, 44 (45).
[14] BGH NJW 2019, 303 (307) = NZM 2018, 1011 (1015).
[15] Ausführlich zu den Rechtsfolgen eines Widerrufs Lindner ZMR 2016, 356.
[16] Zu den Ausnahmen Lindner ZMR 2016, 356 (361/362).

2. Fortsetzung des Mietgebrauchs nach erklärtem Widerruf

1903 Eine besondere Konstellation kann sich ergeben, wenn der Mieter bei einer ausnahmsweise doch nötigen, aber unterbliebenen oder fehlerhaften Widerrufsbelehrung[17] binnen der Höchstwiderrufsfrist von zwölf Monaten und 14 Tagen (§ 356 Abs. 3 S. 2 BGB) den Mietvertrag wirksam widerruft, dann aber den Gebrauch der Mietsache fortsetzt (§ 545 S. 1 BGB), ohne dass eine Vertragspartei einen Fortsetzungswiderspruch erklärt.[18] Verstreicht im Anschluss an den erklärten Widerruf bei fortgesetztem Gebrauch die Höchstwiderrufsfrist, stellen sich zumindest folgende Probleme:

1904 Fraglich ist, ob sich in dieser Konstellation das Mietverhältnis auf unbestimmte Zeit nach § 545 S. 1 BGB verlängert. Dies ist zu bejahen.[19] Der Verbraucherwiderruf bewirkt einen Ablauf der Mietzeit iSv § 545 S. 1 BGB, weil „Ablauf der Mietzeit" alle Ablaufarten erfasst.[20] Der fortgesetzte Gebrauch führt zu einer Vertragsverlängerung auf unbestimmte Zeit, wobei das bisherige Mietverhältnis mit dessen Konditionen unverändert fortgesetzt wird.[21] Rückgewähransprüche infolge des Widerrufs bestehen dann nicht, weil insoweit § 545 S. 1 BGB Platz greift. Diesem Ergebnis steht insbesondere § 361 BGB nicht entgegen.[22] Die Auffassung, die in einem erklärten Verbraucherwiderruf gleichzeitig einen Widerspruch gegen eine Vertragsverlängerung sieht,[23] übersieht, dass in einem Widerspruch iSd § 545 BGB der eindeutige und endgültige Wille zur Vertragsbeendigung zum Ausdruck kommen muss.[24] Auch einer außerordentlichen fristlosen Kündigung wird nicht zwingend ein konkludenter Widerspruch iSd § 545 BGB beigemessen.[25]

1905 Im Falle einer verzögerten Rückgabe der Mietsache nach einem wirksam erklärten Verbraucherwiderruf sowie einem wirksam erklärten Fortsetzungswiderspruch iSd § 545 BGB schuldet der Mieter **Nutzungsentschädigung** nach § 546a Abs. 1 BGB, wenn er dadurch die Mietsache dem Vermieter vorenthält.[26] § 546a Abs. 1 BGB und § 546 BGB knüpfen an eine „Beendigung des Mietverhältnisses" an, das Mietverhältnis muss (wirksam) bestanden haben.[27] Dies ist bei einem erklärten Verbraucherwiderruf, der das ursprüngliche Mietverhältnis nicht „vernichtet", sondern lediglich vertragliche Ansprüche erlöschen lässt, der Fall.

VI. Vertragsgestaltung

1906 Infolge eines Widerrufs (§ 312g Abs. 1 BGB) stehen dem Mieter die dargestellten Rückgewähransprüche nach den §§ 355 ff. BGB zu. Fraglich ist, ob **Aufrechnungsklauseln** in Wohnraummietverträgen[28] so offen formuliert sein müssen, dass es dem Mieter der Formulierung nach unbenommen bleibt, mit widerrufsbedingten Rückgewähransprü-

---

[17] Beachte hierzu § 312 Abs. Abs. 4 S. 2 BGB.
[18] Hierzu Lindner ZMR 2016, 356 (359).
[19] Lindner ZMR 2016, 356 (359); Rolfs/Möller NJW 2017, 3275 (3277).
[20] MüKoBGB/Bieber BGB § 545 Rn. 5; BeckOK MietR/Klotz-Hörlin BGB § 545 Rn. 5; Lindner ZMR 2016, 356 (359).
[21] BGH NZM 2016, 467 (469) = NJW-RR 2016, 784 (787); Schmidt-Futterer/Blank BGB § 545 Rn. 27.
[22] Lindner ZMR 2016, 356 (360).
[23] Schmidt-Futterer/Blank Vor § 535 BGB Rn. 87a.
[24] BGH NZM 2018, 333 = NJW-RR 2018, 714; BGH NZM 2006, 699 = NJW-RR 2006, 1385; BGH NJW-RR 1988, 76.
[25] BGH NJW-RR 1988, 76.
[26] Lindner ZMR 2016, 356 (361); aA Schmidt-Futterer/Streyl BGB § 546a Rn. 5.
[27] Schmidt-Futterer/Streyl BGB § 546 Rn. 6 u. § 546a Rn. 4.
[28] → Rn: 282.

chen aufzurechnen.²⁹ Hält man die Erwägungen des BGH auch für Aufrechnungsklausel außerhalb bankrechtlicher Fallgestaltungen für übertragbar, sollten Aufrechnungsklauseln eine Bereichsaufnahme für widerrufsbedingte Rückgewähransprüche enthalten.³⁰

§ 59 Datenschutz

Datenschutzfragen als Querschnittsmaterie sind auch in Mietverhältnissen relevant. Mit Wirksamwerden der Datenschutz-Grundverordnung (DS-GVO) seit 25. Mai 2018 (Art. 99 Abs. 2 DS-GVO) hatte dieses Thema zeitweise skurrile Ausmaße angenommen, die in der Aussage gipfelten, Vermieter müssten dazu übergehen, vorhandene Klingelschilder³¹ zu entfernen, um Datenschutzverstößen zu entgehen. Neue Anforderungen im Immobiliensektor sind darüber hinaus durch die EU-Richtlinie über den Schutz vertraulichen Know-hows und vertraulicher Geschäftsinformationen (Geschäftsgeheimnisse) zu erwarten.³² 1907

I. Grundlegende Pflichten

Die Vermietung und Verwaltung von Immobilien führt in aller Regel zu einer Anwendbarkeit der Datenschutz-Grundverordnung (Art. 2 Abs. 1 DS-GVO). Die Ausnahme in Art. 2 Abs. 2 lit. c DS-GVO einer Verarbeitung personenbezogener Daten von natürlichen Personen zur Ausübung ausschließlich persönlicher oder familiärer Tätigkeiten greift selbst bei Privatvermietern kaum ein. Die Verordnung ist anwendbar, wenn die Datenverarbeitung den privaten Bereich auch nur teilweise überschreitet.³³ Die Datenverarbeitung muss ohne (jeden) Bezug zu einer beruflichen oder wirtschaftlichen Tätigkeit vorgenommen werden (vgl. EG 18 DS-GVO).³⁴ Der Abschluss von Bewirtschaftungsverträgen, der Eingang von Mietzahlungen oder eine etwaige Lohnbuchhaltung sind Beispiele und Indizien, die den rein privaten Bereich überschreiten. Darüber hinaus ist der Verarbeitungsbegriff in Art. 4 Nr. 2 DS-GVO sehr weit gefasst³⁵ und erfasst praktisch alle Verwaltungs- oder Vermietungstätigkeiten, soweit diese personenbezogenen Daten iSv Art. 4 Nr. 1 DS-GVO betreffen. Dies gilt für alle Phasen der Vermietung, also die Anbahnung, die Durchführung und die Beendigung von Mietverhältnissen. 1908

Den Vermieter als Verantwortlichen iSd Art. 4 Nr. 7 DS-GVO treffen die Informationspflichten aus Art. 13, 14 DS-GVO und die allgemeinen Pflichten der Art. 24 ff. DS-GVO, für dessen Erfüllung er darlegungs- und beweisbelastet ist. 1909

In jeder Phase der Datenverarbeitung ist zwingend dem Grundsatz der **Datenminimierung** (Art. 5 Abs. 1 lit. c DS-GVO) Rechnung zu tragen, der sich am Zweck der Datenverarbeitung (Zweckbindung iSv Art. 5 Abs. 1 lit. b DS-GVO) ausrichten muss³⁶ (vgl. auch Art. 13 Abs. 3 DS-GVO). Die Daten müssen für den verfolgten Zweck einerseits erheblich sein und andererseits auf das für den verfolgten Zweck notwendige Maß beschränkt sein.³⁷ Dies kann für den Vermieter beschränkend in der Datenerhebung wirken, 1910

---

²⁹ BGH NJW 2018, 2042 (zu einer bankrechtlichen Klausel); hierzu Lindner DWW 2019, 44.
³⁰ Lindner DWW 2019, 44 (47).
³¹ Engelhardt/Riess ZD-Aktuell 2018, 06349; Eisenschmid NZM 2019, 313 (314).
³² Hierzu Bickert ZfIR 2018, 677.
³³ BeckOK DatenschutzR/Bäcker DS-GVO Art. 2 Rn. 14.
³⁴ Paal/Pauly/Ernst DS-GVO Art. 2 Rn. 16.
³⁵ Paal/Pauly/Ernst DS-GVO Art. 4 Rn. 20.
³⁶ BeckOK DatenschutzR/Schantz DS-GVO Art. 5 Rn. 24.
³⁷ BeckOK DatenschutzR/Schantz DS-GVO Art. 5 Rn. 25; Eisenschmid NZM 2019, 313 (316).

aber auch Veranlassung bieten, bestimmte Daten zu löschen, die nicht (mehr) erforderlich sind.

II. Vorvertragliche Phase (Vertragsanbahnung)

1911 In der Phase der Vertragsanbahnung besteht noch keine abschließende Linie, in welchem Umfang ein Vermieter Daten über Mietinteressenten einholen darf. Gewissermaßen als Faustformel gilt hierbei: je weiter die Vertragsverhandlungen fortgeschritten ist, desto mehr Daten darf ein Vermieter erheben.[38] Rechtsgrundlage hierfür bildet Art. 6 Abs. 1 S. 1 lit. b DS-GVO. Danach ist die Verarbeitung personenbezogener Daten rechtmäßig, wenn die Verarbeitung für die Erfüllung eines Vertrags, dessen Vertragspartei die betroffene Person ist, oder zur Durchführung vorvertraglicher Maßnahmen erforderlich ist, die auf Anfrage der betroffenen Person erfolgt.[39]

1912 In der Phase der Vertragsanbahnung sollte von einer reinen einwilligungsbasierten Datenverarbeitung (Art. 6 Abs. 1 lit. a DS-GVO) Abstand genommen werden. Zum einen ist die Rolle der Einwilligung iSv Art. 7 DS-GVO im Rahmen der Erlaubnistatbestände umstritten,[40] zum anderen ist sie in vielen Fällen fremdbestimmte Vorgabe[41] oder reine Fiktion,[42] insbesondere mit Blick auf das Kopplungsverbot von Art. 7 Abs. 4 DS-GVO. Überdies ist diese nicht erforderlich, wenn ein anderer Erlaubnistatbestand eingreift, was im Mietverhältnis häufig der Fall ist (Art. 6 Abs. 1 S. 1lit. b, c oder f DS-GVO).

1913 Die in der sog. Datenschutzkonferenz (DSK) zusammengeschlossenen unabhängigen Datenschutzbehörden des Bundes und der Länder haben eine Orientierungshilfe „Einholung von Selbstauskünften bei Mietinteressentinnen" vom 30.1.2018 bereitgestellt.[43] Diese sieht ein dreistufiges – nicht verbindliches – Konzept über den danach zulässigen Umfang der Erhebung von Daten über Mietinteressenten vor. Darauf aufbauend hat die Landesbeauftragte für Datenschutz und Informationsfreiheit im Mai 2018 für die Vermietung ein Musterformular „Selbstauskunft zur Vorlage bei der Vermieterin oder dem Vermieter" herausgegeben.[44] Bonitätsauskünfte über Auskunfteien zu einem Mietinteressenten dürfen vom Vermieter erst dann eingeholt werden, wenn der Abschluss des Mietvertrages nur noch vom positiven Ergebnis dieser Bonitätsauskunft abhängt.[45] Von vorschnell gestellten Anfragen oder Anfragen auf Vorrat ist zu warnen.[46] Gleichfalls nicht empfehlenswert ist das Anfertigen von Kopien von Personalausweisen (§ 20 Abs. 2 PAuswG).

1914 Sofern der Vermieter die Vormiete nach § 556g Abs. 1a Nr. 1 BGB angeben muss, ist dies von Art. 6 Abs. 1 S. 1 lit. b oder c DS-GVO gedeckt, soweit hierbei überhaupt eine

---

[38] Kühling/Buchner/Buchner/Petri DS-GVO Art. 6 Rn. 57; LfD Sachsen-Anhalt ZD-Aktuell 2016, 05132.
[39] Lindner AnwZert MietR 5/2018 Anm. 1.
[40] Tinnefeld/Conrad ZD 2018, 391(392); Kühling/Buchner/Buchner/Kühling Art. 7 Rn. 18; anders Klement in Simitis/Hornung/Spiecker, Datenschutzrecht, Art. 7 Rn. 34-
[41] Albrecht in Simitis/Hornung/Spiecker, Datenschutzrecht, Einführung zu Art. 6 Rn. 4.
[42] Hierzu bereits Lindner, Die datenschutzrechtliche Einwilligung nach §§ 4 Abs. 1, 4a BDSG – ein zukunftsfähiges Institut?, 2013.
[43] Ansteuerbar unter www.datenschutzkonferenz-online.de; Menüpunkt „Orientierungshilfen"; hierzu Eisenschmid NZM 2019, 313 (320).
[44] Ansteuerbar unter www.ldi.nrw.de; Menüpunkt „Datenschutz"/„Datenschutzrecht", Untermenü „Wirtschaft".
[45] Kühling/Buchner/Buchner/Petri DS-GVO Art. 6 Rn. 57; Lindner AnwZert MietR 5/2018 Anm. 1.; aA Will WuM 2017, 502 (509).
[46] Wolff in: Schantz/Wolff, Das neue Datenschutzrecht, D. Rn. 566; Paal/Pauly/Frenzel, DS-GVO, Art. 6 Rn. 15; Lindner AnwZert MietR 5/2018 Anm. 1.

§ 59 Datenschutz

Information vorliegt, die sich auf eine identifizierte oder identifizierbare natürliche Person bezieht oder beziehen lässt (Art. 4 Nr. 1 DS-GVO).

Nicht mehr benötigte Daten aus Selbstauskünften von Mietinteressenten, mit denen kein Vertrag zustande gekommen ist, sind zügig zu löschen. Die Ausschlussfrist von § 15 Abs. 4 AGG kann der Vermieter jedoch abwarten.

III. Laufendes Mietverhältnis (Vertragsdurchführung)

Für die während eines laufenden Mietverhältnisses erforderlichen Datenverarbeitungsvorgänge (zB Handwerkertermine, Verbrauchserfassung; Abrechnungserstellung; Belegeinsicht) wird in der Regel Art. 6 Abs. 1 S. 1 lit. b oder lit. f DS-GVO die Rechtsgrundlage bilden. Nur soweit bei Art. 6 Abs. 1 S. 1 lit. f DS-GVGO der Mieter gem. Art. 21 Abs. 1 S. 1 DS-GVO der Verarbeitung widerspricht, muss eine Interessenabwägung erfolgen. Liegen zwingende schutzwürdige Gründe vor, die die Interessen des Betroffenen überwiegen, können Daten gleichwohl verarbeitet werden (zB Havariefälle).

Soweit Vermieter gesetzlichen (§ 19 Bundesmeldegesetz – BMG zB Zensusgesetzen; nächstes erwartet für 2021)[47] oder satzungsrechtlichen Pflichten (zB Gästetaxe- oder Beherbergungssatzungen) nachkommen müssen, ist Art. 6 Abs. 1 S. 1 lit. c DS-GVO einschlägig.

Ein Mieter kann im Rahmen der bei einer Betriebskostenabrechnung geschuldeten Belegvorlage vom Vermieter auch die Einsichtnahme in die von diesem erhobenen Einzelverbrauchsdaten anderer Nutzer eines gemeinsam versorgten Mietobjekts beanspruchen, um sich etwa Klarheit zu verschaffen, ob bei einer verbrauchsabhängigen Abrechnung der Gesamtverbrauchswert mit der Summe der Verbrauchsdaten der anderen Wohnungen übereinstimmt, ob deren Werte zutreffend sind oder ob sonst Bedenken gegen die Richtigkeit der Kostenverteilung bestehen. Der Darlegung eines besonderen Interesses an dieser Belegeinsicht bedarf es nicht.[48] Soweit hierbei personenbezogene Daten offengelegt oder bereitgestellt werden, ist Art. 6 Abs. 1 S. 1 lit. c oder lit. f DS-GVO einschlägig. Der Vermieter erfüllt gegenüber dem Einsichtnehmenden eine rechtliche (mietvertragliche) Verpflichtung. Außerdem ist hierbei anzunehmen, dass die Interessen anderer Mieter bei dieser Form der Datenverarbeitung nicht abwiegen. Nicht erforderliche Daten wie etwa andere Mieternamen sind zu anonymisieren.

Soweit der Vermieter Messdienstleister für die Erstellung der Betriebskostenabrechnung hinzuzieht, sind diese in der Regel als Auftragsverarbeiter iSd § Art. 4 Nr. 8 DS-GVO einzustufen, mit denen ein Auftragsverarbeitungsvertrag nach Art. 28 Abs. 3 DS-GVO abzuschließen ist. Gleiches gilt für Immobilienverwalter oder IT-Dienstleister, die im Auftrag des Vermieters tätig sind und nicht lediglich reine Hilfsfunktion haben.[49] Kriterien sind die Weisungsgebundenheit und die (Mit-)Entscheidungsbefugnis über die Mittel und Zwecke der Datenverarbeitung. Andernfalls kann eine gemeinsame Verantwortung vorliegen.

Besondere Datenschutzfragen können zudem „Intelligente Messsysteme" nach dem Messstellenbetriebsgesetz (MsbG) aufwerfen. Darin kommt den §§ 55 ff. MsbG Vorrang als Verarbeitungsgrundlage zu (Art. 6 Abs. 1 S. 1 lit. c und e iVm Abs. 2 und 3 DS-GVO).[50]

---

[47] Einzelheiten unter www.zensus2021.de
[48] BGH NJW 2018, 1599 = NZM 2018, 458.
[49] Zur Abgrenzung BeckOK DatenschutzR/Spoerr DS-GVO Art. 28 Rn. 22; hierzu auch Eisenschmid NZM 2019, 313 (321).
[50] Hierzu Will WuM 2017, 502 (511).

IV. Beendigung und Abwicklung von Mietverhältnissen

1919 Sobald Mietverhältnisse beendet sind, werden aufgrund des Zweckbindungs- und Datenminimierungsgrundsatzes vor allem Löschungspflichten relevant (Art. 17 Abs. 1 DS-GVO).[51] Dies gilt vor allem, wenn bestimmte personenbezogenen Daten nicht (mehr) benötigt werden, um den ursprünglichen Zweck zu verfolgen (Zweckfortfall) oder diese nicht mehr erforderlich sind, um eine rechtliche Verpflichtung zu erfüllen (vgl. Art. 17 Abs. 3 lit. b und e DS-GVO).

1920 Werden personenbezogene Daten nicht mehr benötigt, weil die zugrunde liegenden mietrechtlichen Ansprüche erfüllt sind, sind diese zu löschen, soweit nicht bestimmte Daten für steuerliche Zwecke benötigt und gesetzliche Aufbewahrungsfristen bestehen (§ 257 HGB – sechs Jahre für Korrespondenzen; § 147 AO – zehn Jahre für Bücher und Aufzeichnungen, Inventare, Jahresabschlüsse, Lageberichte, Eröffnungsbilanzen und Buchungsbelege; im Übrigen sechs Jahre). Anders ist dies, wenn Daten noch benötigt werden, um Rechte durchzusetzen. Dann markiert der rechtskräftige Abschluss des Verfahrens in der Regel den Zeitpunkt, ab dem die Löschungspflichten eingreifen.

§ 60 Ausgewählte Fragen zu Digitalisierung, Mieterportalen und teilautomatisierten Verträgen – „Smart Contracts"

Neue Technologien haben nicht nur in der Immobilienwirtschaft[52] seit einer Reihe von Jahren Einzug gehalten. Recht und Praxis befinden sich einer Phase von vermutlich mehreren technischen Umbrüchen.

I. Begriffe und Einsatzbereiche

1921 Vertragsabschlüsse können softwarebasiert oder über teilautomatisierte Verträge (sog. Smart Contracts) bewerkstelligt werden. Daneben sind automatisierte oder autonom agierende Systeme[53] sowie die Einbeziehung „Künstlicher Intelligenz"[54] denkbar. Teilweise wird die Rechtsdurchsetzung bereits von sog. Legal-Tech-Dienstleistern übernommen – nicht nur im Mietrecht.[55]

1922 Der schillernde Begriff „Smart Contracts" ist dabei zumindest missverständlich gewählt.[56] Smart Contracts wurden ursprünglich vor allem mit der Block-Chain-Technologie in Verbindung gebracht.[57] Darunter ist kein „Vertrag" im herkömmlichen juristischen Sinne zu verstehen. Es handelt sich um ein Computerprogramm[58] oder einen Algorithmus,[59] der eine eigene Durchsetzbarkeit sicherzustellen soll.[60] Charakteristisch für teil-

---

[51] Will WuM 2017, 502 (511); Eisenschmid NZM 2019, 313 (324).
[52] Vgl. hierzu nur Cimiano/Herlitz NZM 2016, 409; Winkler ZfgG 2017, 194; Eisenschmid WuM 2017, 440; Weiler ZMR 2018, 889.
[53] Hierzu Sprecht/Herold MMR 2018, 40.
[54] Vgl. nur Grapentin NJW 2019, 181.
[55] Hierzu LG Berlin Urt. v. 28.8.2018 – 63 S 1/18, BeckRS 2018, 19885; BGH – VIII ZR 285/18 (Abtretung von Ansprüchen aus einem Mietverhältnis an den Inkassodienstleister „Mietright").
[56] Otto Ri 2017, 86 (87) spricht von „Mogelpackung".
[57] Finck in Fries/Paal, Smart Contracts, S. 1 (2); Fries NJW 2019, 901 (902).
[58] Kraft Digitale Welt 2/2018, 65; Otto Ri 2017, 24 (33) und Ri 2017, 86 (87).
[59] Spalink Ri 2018, 95.
[60] Meitinger Informatik-Spektrum, 2017, 371 (372).

automatisierte Verträge ist, dass diese vernetzte und selbst ausführende algorithmische Wenn-Dann-Bedingungen enthalten.[61] Sie sind dazu angedacht, „vertraglich definierte Regelungen zu automatisieren",[62] auf Abweichungen mit zuvor definierten Maßnahmen zu reagieren[63] und so „zu sich selbst vollziehenden Verträgen"[64] zu führen, in deren korrekte Ausführung vertraut werden können soll.

Eine verbreitete juristische Definition eines „Smart Contracts" existiert bislang noch nicht. Am ehesten wird versucht, dem Begriffswirrwarr rund um „Smart Contracts" dadurch Herr zu werden, allenfalls von „(teil-)automatisierten Verträgen" oder „Smart Legal Contracts" zu sprechen.[65]

Die praktischen Einsatzfelder sehen bislang beispielsweise wie folgt aus:[66] Bezahlvorgänge oder virtuelle Währungen ohne Online-Girokonto bei einer Bank; Management von Intellectual Property Rights (IPR): Patent-, Gebrauchsmuster-, Marken- oder Designanmeldungen; Patentanmeldung und Patentregister; Grundbücher und Verträge zur Übereignung von Immobilien;[67] Treuhandverträge; Crowdfunding („Schwarmfinanzierung"); Überwachung sog. Service-Level-Agreements (SLAs) sowie Auktionen für digitale Güter.

II. Ausgewählte Fallgestaltungen im Mietrecht

Infolge der fortschreitenden Entwicklung haben in allen Phasen eines Mietverhältnisses neue Technologien und Digitalisierungsformen Einzug gehalten.[68] Es existieren beispielsweise digitale Plattformen und **Mieterportale**[69] und erste Überlegungen zu **automatisierten Wohnraummietverträgen**.[70] Darüber hinaus können sog. Matching-Plattformen,[71] Makler-Chatbots[72] und Datenbank-Management-Systeme (DBMS)[73] zum Einsatz kommen. Technisch sollen diese Arten hier nicht beleuchtet werden, zumindest aber einige rechtlichen Fragen aufgegriffen werden. Denn die zentrale Herausforderung liegt darin, jedwede automatisierte Form von Vertragsabschluss und -vollzug mit dem geltenden (Miet-)Recht in Einklang zu bringen.[74]

Die gegenwärtigen und künftigen Möglichkeiten werfen eine Reihe von rechtssystematischen Grundsatzfragen auf, bei denen auch der soziale Aspekt des Wohnraummietrechts eine besondere Rolle spielen wird. Je mehr Rechtsdurchsetzung von Algorithmen übernommen wird, desto mehr ist die Gefahr in den Blick zu nehmen, dass es hierbei nicht zu einer erheblichen Verschiebung der strukturellen Gewichte innerhalb des Vertrags kommt. Dies gilt namentlich für die jeweiligen Anspruchsvoraussetzungen und Beweislastregeln.[75]

---

[61] Simmchen MMR 2017, 162 (164); Raskin GEO. L. TECH. REV. 2017, 305 (309); Heckelmann NJW 2018, 504.
[62] Meitinger Informatik-Spektrum, 2017, 371; Graff/Zscherp/Stoiber, Plattformsicherheit, S. 3; vgl. auch Fries NJW 2019, 901 (902).
[63] Graff/Zscherp/Stoiber, Plattformsicherheit, S. 3.
[64] Meitinger Informatik-Spektrum, 2017, 371; ähnlich Spalink Ri 2018, 95 (99).
[65] Otto Ri 2017, 86 (88).
[66] Hierzu Meitinger Informatik-Spektrum 2017, 371 (372 f.); Graff/Zscherp/Stoiber, Plattformsicherheit, S. 5/6.
[67] Schwintowski NJOZ 2018, 1601 (1609).
[68] Vgl. hierzu nur Cimiano/Herlitz NZM 2016, 409; Winkler ZfgG 2017, 194; Eisenschmid WuM 2017, 440; Weiler ZMR 2018, 889.
[69] Cimiano/Herlitz NZM 2016, 409 (410); Weiler ZMR 2018, 889 (891).
[70] Otto Ri 2017, 46.
[71] Weiler ZMR 2018, 889 (890).
[72] Otto Ri 2017, 46 (55).
[73] Otto Ri 2017, 46 (55).
[74] Fries NJW 2019, 901 (902);
[75] Hierzu Guggenberger NJW 2018, 1057 (1059/1060); Fries AnwBl 2018, 86 (88).

1927 Dies wird die Frage betreffen, ob nicht Vorkehrungen erforderlich sind, damit Mieter beispielsweise nicht einer ausschließlich auf einer automatisierten Verarbeitung beruhenden Entscheidung unterworfen werden, die ihnen gegenüber rechtliche Wirkung entfaltet oder sie in ähnlicher Weise erheblich beeinträchtigt.[76] Dieses aus dem Datenschutzrecht in Art. 22 Abs. 1 DS-GVO stammende Gebot kann hierfür dem Rechtsgedanken nach fruchtbar gemacht werden. Dies gilt umso mehr, als einer Verschiebung von Anspruchslasten ein enormes faktisches Gewicht zukommen kann, bei denen es die belastete (strukturell schwächere) Vertragspartei bei dem Ergebnis belassen wird, das der Algorithmus vorgibt oder vorgesehen hat.[77]

1. Vertragsanbahnung und -abschluss

1928 Hält der Vermieter ein System bereit, das erkennt, wann eine Wohnung frei wird, kann hierüber eine automatisierte Anzeige geschaltet und/oder über andere Portale veranlasst werden. Dies kann bis dahin gehen, dass automatisch Nachrichten an Nutzer versendet werden, die sich dafür haben registrieren lassen. Über das Portal oder Datenbank-Management-System lässt sich dies mit Fotos und Daten aus Mietspiegeln „füttern", um ein erstes Vermietungsangebot zu präsentieren.[78] Möglicherweise wird dann hierüber die gesamte Wohnungsbesichtigung laufen oder einer Besichtigung in natura vorgeschaltet sein. Dies kann bis dahin gehen, dass Interessenten im Anschluss einen im System hinterlegten Vertrag als Entwurf abrufen können, um sich damit vertraut zu machen.

1929 Diesem Szenario liegt die Erwägung zugrunde, dass sich die Vertragsparteien auf diese Art von **automatisiertem Vertrag** und ein Datenbank-Management-System wirksam verständigen konnten.[79]

1930 Soweit bei der Vermietung und Anbahnung von Mietverhältnissen auf diese Technologien zurückgegriffen wird, handelt es sich um ein für den Fernabsatz organisiertes Vertriebs- oder Dienstleistungssystem iSd § 312c Abs. 1 BGB.[80] Dies hat u. a. Folgen für die Frage, ob dem Verbraucher ein Widerrufsrecht beim Abschluss des Vertrages zusteht oder nicht. Brisant wird dies besonders bei der Frage, ob die Besichtigung iSv § 312 Abs. 4 S. 2 BGB ein Realakt ist, der eine physische Inaugenscheinnahme voraussetzt.[81] Im Übrigen ist in diesen Fällen von einem Vertragsschluss durch elektronische Willenserklärungen[82] auszugehen.[83]

1931 Der Mietvertrag unterliegt an sich keinem Formzwang; § 550 S. 1 BGB gewährt lediglich ein Kündigungsrecht für Mietverträge über eine längere Zeit als ein Jahr, sofern die Schriftform iSv § 126 BGB nicht gewahrt wurde. Die Schriftform wird im Wohnraummietrecht vor allem bei Zeitmietverträgen (§ 575 BGB), zeitlich befristeten Kündigungsausschlüssen sowie Abreden zu einer Staffel- oder Indexmiete (§§ 557a Abs. 1, 557b Abs. 1 BGB) oder einem Sozialwiderspruch (§ 574b Abs. 1 S. 1 BGB) relevant.

1932 Soll die gesetzlich vorgeschriebene schriftliche Form durch die elektronische Form ersetzt werden, so muss der Aussteller der Erklärung dieser seinen Namen hinzufügen und das elektronische Dokument mit einer qualifizierten elektronischen Signatur ver-

---

[76] Zutreffend Weiler ZMR 2018, 889 (890).
[77] Fries NJW 2019, 901 (902).
[78] Otto Ri 2017, 46 (55).
[79] Hierzu Otto Ri 2017, 46 (53 f.).
[80] Weiler ZMR 2018, 889 (890).
[81] Dies bejahend MüKoBGB/Wendehorst BGB § 312 Rn. 83; BeckOK BGB/Martens BGB § 312 Rn. 53; Lindner ZMR 2016, 356; Hau NZM 2015, 435 (439); Rolfs/Möller NJW 2017, 3275 (3276); differenzierend Weiler ZMR 2018, 889 (890); hierzu → Rn. 1898.
[82] Hierzu MüKoBGB/Einsele BGB § 130 Rn. 18.
[83] Weiler ZMR 2018, 889.

sehen (§ 126a Abs. 1 BGB). Dies setzt eine qualifizierte elektronische Signatur voraus, die in der Praxis bislang keine nennenswerte Bedeutung erlangt hat.[84] Überall, wo die Schriftform iSv § 126 BGB mietrechtlich gefordert wird, lässt sich dies bislang nicht wirksam über ein Mieterportal erreichen.[85]

2. Laufendes Mietverhältnis (Vertragsdurchführung)

Im laufenden Mietverhältnis sind Einsatzbereiche denkbar, die sich teilweise mit denen beim Vertragsabschluss überschneiden oder die gleichen Fragestellungen hervorrufen können. 1933

a) Nutzungszwang

Fraglich ist, ob sich zu einem **Mieterportal** oder einem automatisierten System ein Benutzungszwang für den Mieter formularvertraglich vereinbaren lässt, damit dies als eine Art Postfach oder Kommunikationsweg dienen kann. Hiergegen wird vorgebracht, dem stehe für Erklärungen und Mitteilungen des Mieters § 309 Nr. 13 lit. b und c BGB entgegen.[86] Dem ist aber entgegenzuhalten, dass es dem Sinn und Zweck von § 309 Nr. 13 BGB, keine Barrieren für die Rechtsdurchsetzung zu schaffen,[87] nicht entgegensteht, wenn diese Portale dem Mieter freiwillig und neben den herkömmlichen Kommunikationsmöglichkeiten angeboten werden. 1934

Für Erklärungen und Mitteilungen des Vermieters ist wiederum mit Blick auf § 309 Nr. 13 BGB mehreres zu beachten. Dieser Weg kann überhaupt nur gegenüber und mit Mietern gewählt werden, die technisch hierzu in der Lage sind und sich freiwillig hierfür entschieden haben.[88] Gleichwohl darf sich eine Klausel zu einer Nutzungspflicht nicht auf Erklärungen erstrecken, bei denen gesetzliche Zugangs- oder Formerfordernisse (zB §§ 568, 126 BGB) existieren.[89] Auch für Mieter, die möglicherweise den Mietvertrag digital abgeschlossen haben, sollte die Klausel deutlich hervorgehoben werden (§ 305c Abs. 1 BGB). Vor der erstmaligen Benutzung sollte sich der Vermieter auf herkömmlichem Weg dazu überzeugen, dass der Mieter technisch in der Lage ist, das Portal zu nutzen. Dies sollte – nicht aus nur Datenschutzgründen – mit einer Aktivierungsfunktion unterlegt werden, die vom Mieter als Nutzer initiiert wird.[90] Schließlich können diese Funktionen dadurch unterstützt werden, dass der Mieter beim Eingang einer Mitteilung im System eine herkömmliche E-Mail erhält,[91] die ihn hierüber informiert, ohne ihrerseits den eigentliche Mitteilungsinhalt wiederzugeben. 1935

Unter diesen eingeschränkten Voraussetzungen dürfte auch ein Zugang von Erklärung und Mitteilungen beim Mieter zu bejahen sein. Der Vermieter sollte aber Vorsorge treffen, dass die Erklärungen und Mitteilungen im Portal unverändert bleiben[92] und nicht einseitig von ihm gelöscht werden können.[93] 1936

---

[84] BeckOK BGB/Wendtland BGB § 126a Rn. 1; siehe → Rn. 115.
[85] Otto Ri 2017, 46 (61); Weiler ZMR 2018, 889; differenzierend Cimiano/Herlitz NZM 2016, 409 (410).
[86] Weiler ZMR 2018, 889 (891).
[87] BeckOK BGB/Becker BGB § 309 Nr. 13 Rn. 1.
[88] Weiler ZMR 2018, 889 (892); Cimiano/Herlitz NZM 2016, 409 (410).
[89] Weiler ZMR 2018, 889 (892).
[90] Weiler ZMR 2018, 889 (892).
[91] Cimiano/Herlitz NZM 2016, 409 (411).
[92] In diesem Sinne auch Cimiano/Herlitz NZM 2016, 409 (411) – auch zur Frage der „Textform".
[93] Vertiefend Weiler ZMR 2018, 889 (892 f.).

b) Gebrauchsgewährung/Gebrauchsüberlassung

1937 Digital oder über eine teilautomatisierte Vertragslösung kann aber ein bloßer Realakt (zB die Wohnungsübergabe oder Rückgabe iSe Gebrauchsüberlassung) bewerkstelligt werden, indem die Türöffnung freigeschaltet wird (beispielsweise über einen Transponder).[94] Jedwede Form einer digitalen Lösung einer Gebrauchsüberlassung muss sicherstellen, dass der Vermieter nach einem gewährten Zugang sich keine technische Option offenhält, diesen Zugang einseitig zu ändern. Das bisher unter „Zweitschlüssel beim Vermieter" bekannte Problem muss digital ebenfalls mit dem Ergebnis enden, dass der Mieter ausschließlich den Besitz an der Mietsache behält.[95]

1938 Unzulässig ist es allerdings, die Rechtsdurchsetzung über eine Smart-Contract-Lösung dergestalt zu lösen, dass beispielsweise die Tür zur Wohnung (zB bei einem Zugang per Chipkarte) überprüft, ob der Mieter die Mietzahlung fristgemäß geleistet hat und widrigenfalls den Zugang versperrt oder verweigert.[96]

c) Mietzahlung/Mietsicherheit

1939 Digital oder über eine Smart-Contract-Lösung können ferner Bankdaten und die Einziehung der Miete (Lastschriftverfahren)[97] hinterlegt und aktiviert werden. Der Mieter ist hierbei in den meisten Fällen durch die Möglichkeit der Rückgabe einer Lastschrift geschützt.[98] Gleiches ist prinzipiell auch die (ratenweise) Zahlung einer Mietsicherheit denkbar, soweit eine Barkaution vereinbart ist.

d) Miethöhe, §§ 557 ff. BGB

1940 Über einen teilautomatisierten Vertrag ist es außerhalb von Staffel- und Indexmieterhöhungen (wegen der hierfür erforderlichen Schriftform, §§ 557a Abs. 1, 557b Abs. 1 iVm § 126 BGB) denkbar, eine Mieterhöhung nach den §§ 558, 558a Abs. 1 BGB in Textform automatisch auslösen zu lassen und auf den Weg zu bringen. Gleiches gilt für eine (Teil-) Zustimmung des Mieters.[99]

e) Betriebskostenabrechnung

1941 Für Betriebskostenabrechnungen ist gesetzlich keine zwingende Form vorgegeben. Dennoch sollte diese zumindest in Textform erstellt sein, damit diese nachvollzogen werden kann. Eine Anpassung der Vorauszahlung ist in Textform möglich, und zwar für beide Vertragsparteien (§ 560 Abs. 4 BGB). Im Ergebnis lassen sich beide Aspekte über eine Mieterportal oder eine automatisierte Form lösen.

1942 Denkbar wäre auch Verbrauchszähler auf Funkbasis mit dem System zu koppeln, um nicht nur die Werte der Stichtagsablesungen, sondern auch die Abrechnungserstellung hierüber zu vereinfachen.

f) Mietminderung (§ 536 BGB) und Anzeigen im Mietverhältnis

1943 Dieser Komplex ist vermutlich am wenigsten geeignet, von einem teilautomatisierten System gesteuert zu werden. Bekanntermaßen sind sowohl die Minderungsumstände als

---

[94] Otto Ri 2017, 46 (64).
[95] Otto Ri 2017, 46 (65).
[96] Hierzu Schrey/Thalhofer NJW 2017, 1431; wie hier Otto Ri 2017, 46 (65); siehe auch → Rn. 1945.
[97] Bub in Bub/Treier MietR-HdB Kap. II Rn. 1104.
[98] Otto Ri 2017, 46 (66).
[99] Otto Ri 2017, 46 (67).

die Höhe einer Mietminderung stark einzelfallbezogen.[100] Im ersten Schritt könnte aber ein teilautomatisierter Vertrag Unterstützungsfunktion bei der Mangelanzeige haben. Denkbar erscheint auch, für verschiedene Mängel dem Mieter eine Art Vorausauswahl von möglichen Minderungsquoten anzubieten, wobei es hier nicht zu der beschriebenen Verschiebung der strukturellen Gewichte innerhalb des Vertrags kommen darf, was Darlegungs- und Beweislast anbelangt. Die Gefahr, dass ein Mieter es bei der „vom System" angebotenen Minderung belassen könnte, ist nicht von der Hand zu weisen.

Ansonsten können verschiedene Anzeigen im Mietverhältnis[101] als auch die Gestattung des Vermieters nach § 553 Abs. 1 S. 1 BGB über das System oder Portal erledigt werden.[102]

g) Vertragsbeendigung

Nicht zulässig ist es, in digitaler Form Kündigungsvoraussetzungen einzuschränken, abzukürzen oder zu umgehen (§ 569 Abs. 5 BGB). Die Kündigung von Wohnraum bedarf der Schriftform (§§ 568 Abs. 1, 126 BGB). Gleiches gilt für Kündigungswiderspruch des Mieters nach § 574b Abs. 1 S. 1 BGB.

---

[100] Otto Ri 2017, 46 (69); hierzu → Rn. 922.
[101] Cimiano/Herlitz NZM 2016, 409 (410).
[102] Otto Ri 2017, 46 (70).

Sachverzeichnis

Die Zahlen bezeichnen die Randnummern.

30 Jahre, Mietverträge mit Laufzeiten von mehr als 256

Abgrenzung der Miete zu anderen Vertragstypen und -formen der Nutzungsüberlassung 80 ff.
- familienrechtliche Verhältnisse 87
- Gestattung 84 f.
- Leihe 81
- Nießbrauch 94 f.
- Pacht 82
- Schenkung von Gebrauchsrechten 86
- Verwahrung 83
- Wohnrecht 88 ff.

Abnahmeprotokoll 1389 ff.
Abschlussfreiheit 1 f.
Absichtserklärung
- Unterscheidung zum Mietvorvertrag 48

Abtretung 286
Abwicklung des Mietverhältnisses 1423 ff.
AGB-Recht, Inhaltskontrolle nach dem 134 ff.
- Abgrenzung zu Individualabreden 144 ff.
- Allgemeine Geschäftsbedingungen 138 ff.
- Auslegung der Klauseln 150 ff.
- Einbezug in den Mietvertrag 149
- Form Allgemeiner Geschäftsbedingungen 143
- Geltungsumfang des AGB-Rechts im Mietrecht 135 ff.
- Inhaltskontrolle 154 ff.
- Rechtsfolgen der Unwirksamkeit 158 ff.
- Umgehungsverbot 162
- Umsetzung der Prüfung 163 f.
- Verbraucherverträge 137
- verfahrensrechtliche Durchführungen 163 f.
- Wohnraummietverhältnisse 136

AGG s. *Allgemeines Gleichbehandlungsgesetz (AGG)*
Allgemeines Gleichbehandlungsgesetz (AGG) 9 f.
Anbahnung
- Mietverhältnis 1 ff.

Anfechtung
- ex nunc 895
- Vorvertrag 41

Anmietrecht 56
Anspruchsbeziehungen zwischen Vermieter, Vormieter und Nachmieter 1609 ff.
Antennen, Anbringung von 851 ff.
Arbeitgeber
- Erkundungsmöglichkeiten 29

Aufklärungspflichten, Verletzung von 68 ff.
auflösende Bedingung
- Mietverträge 255, 1418

Aufnahme Dritter s. *Dritte, Einbezug und Aufnahme*
Aufrechnung 1522 f.
Aufrechnungsrechte 282 ff., 1607 f.
Aufwendungsersatz 944 ff.
Aufwendungs- und Verwendungsersatz für Einbauten und Investitionen des Mieters 1561 ff.
- abweichende Vereinbarungen 1580 ff.
- Aufwendungen aus der Zeit nach Vertragsbeendigung 1576 ff.
- Aufwendungen aus der Zeit vor Beginn der Vertragszeit 1575
- erforderliche Aufwendungen, § 536a Abs. 2 BGB 1565 ff.
- mietrechtliche Regelungen 1565 ff.
- sonstige Aufwendungen, § 539 Abs. 1 BGB 1568 ff.
- ungerechtfertigte Bereicherung, Ersatzansprüche aus 1587 ff.
- Verhältnis des § 536a Abs. 2 BGB zu anderen Vorschriften 1572 f.
- Vermieterwechsel 1585 f.
- zeitlicher Anwendungsbereich des 536a Abs. 2 BGB iVm § 539 Abs. 1 BGB 1574 ff.

Auskunfteien 28
Außenanlagen, Nutzung s. *Nutzung der Außenanlagen*
Außenreinigung 844 ff.

Balkone, Nutzung s. *Nutzung von Balkonen und Terrassen*
Bauarbeiten 802 f.
Baukostenzuschüsse, Rückerstattung 1592 ff.
bauliche Veränderungen, Verbesserungen und Modernisierungen 334 ff.
- Mieterseite 334 ff.
- Vereinbarungen 334 ff.
- Vermieterseite 340

bauliche Veränderungen vom Mieter 1495
Bearbeitungsgebühren 365
Bedrohung 861 f.
beeinträchtigter Mieter, Ansprüche gegen den Vermieter 874
Beendigung des Mietverhältnisses 1070 ff.
Beendigung des Vertrags 356
Beendigung durch öffentliche Maßnahmen 1421 f.

Beendigung durch Zeitablauf 1415 ff.
- dispositives Recht 1420
Begründungsoption 53
behördliche Nutzungshindernisse 414 f.
Beleidigungen 859 f.
Besichtigungsrecht des Vermieters 352 f.
Besichtigungstermin 973 ff.
Besitz, Recht zum
- Vorvertrag 42 f.
Besuch, Empfang von 804 ff.
Betretungsrecht des Vermieters 1455
betreutes Wohnen 1869 ff.
Betriebskosten 506 ff.
- Änderungen des Umlage-/Verteilungsschlüssels 524 ff.
- Änderungen von Pauschalvereinbarungen in Einzelabrechnungen 528 ff.
- Betriebskostenabrechnung, Anforderungen an die 533 ff.
- Einsichtsrecht 573 ff.
- Erhöhung der Vorauszahlungen 558
- Ermäßigung der Vorauszahlungen 561
- formelle Mängel 588 ff.
- Leerstand, Betriebskosten bei 531 f.
- Mietstruktur, Änderungen 507 f.
- Nachbesserungsmöglichkeiten unvollständiger oder fehlerhafter Abrechnungen 554 ff.
- neu entstandene Betriebskosten 513 ff.
- Reaktionsmöglichkeiten des Mieters 572 ff.
- Rückerstattungen 559 f.
- Rückforderung von Vorauszahlungen 572
- rückwirkende Umlage 515 ff.
- sachliche Einwendungen 573 ff.
- schlüssiges Verhalten 522 f.
- Schriftform 506
- Textform 506
- Umlage 509 ff.
- unterlassene Abrechnung 562 ff.
- verspätete Abrechnung 562 ff.
- Wärmecontracting 513 ff.
- Wirtschaftlichkeitsgebot, Verstoß gegen das 580 ff.
- zukünftige Umlage 518 ff.
- Zurückbehaltungsrecht 583 ff.
- Zwischenabrechnung 1524 ff.
Betriebskosten, Abwälzung 301 ff.
- Aufzug, Kosten 303
- Betriebskostenarten 301 ff.
- Betriebskostenvorauszahlungen 309 ff.
- Dachrinnenreinigung, Kosten der 305
- Einzelabrechnungen 314
- Elektroanlagen, Prüfkosten für 304
- Gartenpflege, Kosten der 302
- Pauschale 315
- Verteilungsschlüssel 306 ff.
Betriebskosten, Erhöhung 497 ff.
- Betriebskostenpauschale 499 f.
- Bruttomietverträge 501

- Teilinklusivmietverträge 501
- Vorauszahlung mit Einzelabrechnung 497 f.
Betriebskostenabrechnung, Anforderungen an die 533 ff.
- Abrechnungssaldo 552 f.
- Abrechnungszeitraum 538 f.
- Form 537
- Gesamtkosten 540 f.
- Verteilerschlüssel 542 ff.
- Vorauszahlungen des Mieters 550 f.
Betriebskostenpauschale
- Erhöhung 499 f.
Beweislast
- Verletzung der Aufklärungspflicht 79
Blindenhund 769
Bruttomietverträge 501

culpa in contrahendo s. Schadensersatz aus der Verletzung vorvertraglicher Aufklärungs-, Fürsorge-, und Obhutspflichten (culpa in contrahendo)

Dachboden 827
Datenschutz 1907 ff.
- Abwicklung von Mietverhältnissen 1919 f.
- Beendigung von Mietverhältnissen 1919 f.
- grundlegende Pflichten 1908 ff.
- laufendes Mietverhältnis 1915 ff.
- Vertragsanbahnung 1911 ff.
- Vertragsdurchführung 1915 ff.
- vorvertragliche Phase 1911 ff.
Dauernutzungsverhältnisse in Wohnbaugenossenschaften s. Wohnbaugenossenschaften, Dauernutzungsverhältnisse in
Digitalisierung 1921 ff.
- Anzeigen im Mietverhältnis 1943 f.
- Begriffe 1921 f.
- Betriebskostenabrechnung 1941 f.
- Einsatzbereiche 1921 f.
- Fallgestaltungen im Mietrecht, ausgewählte 1925 ff.
- Gebrauchsgewährung 1937 f.
- Gebrauchsüberlassung 1937 f.
- laufendes Mietverhältnis 1933 ff.
- Miethöhe, §§ 557 ff. BGB 1940
- Mietminderung 1943 f.
- Mietsicherheit 1939
- Mietzahlung 1939
- Nutzungszwang 1934 ff.
- Vertragsabschluss 1928 ff.
- Vertragsanbahnung 1928 ff.
- Vertragsbeendigung 1945
Dritte, abredewidrige Vermietung an 60 ff.
Dritte, Einbezug und Aufnahme 30 ff.
- Ehepaare 31
- Haushaltsgemeinschaften 34
- Kinder 31
- Lebensgemeinschaften, eheähnliche oder nichteheliche 33

– Lebenspartner, eingetragene 32
– Wohngemeinschaften 35 ff.

eheähnliche Lebensgemeinschaften *s. Lebensgemeinschaften, eheähnliche oder nichteheliche*
Ehepaare
– Einbezug und Aufnahme Dritter 31
Eigenbedarf 1120 ff.
Eigentumswohnung
– Mietminderung 1018 f.
Einbezug Dritter *s. Dritte, Einbezug und Aufnahme*
eingetragene Lebenspartner *s. Lebenspartner, eingetragene*
Einrichtungen, Wegnahme von 1485 ff.
– abweichende Vereinbarungen 1490
– Einrichtungen 1485 ff.
– Inhalt des Wegnahmerechts 1488 f.
– Verjährung des Wegnahmerechts 1491 f.
– Vermieterpfandrecht 1493
einstweilige Verfügung 1693 ff.
– Gefahr für Leib oder Leben 1703 ff.
– Glaubhaftmachung 1699
– Räumung der Mietsache 1702 ff.
– Räumungsverfügung gegen besitzende Dritte (§ 940a Abs. 2 ZPO) 1706
– Räumungsverfügung nach Sicherungsanordnung (§ 940a Abs. 3 ZPO) 1707
– verbotene Eigenmacht 1703 ff.
– Verfügungsanspruch 1696
– Verfügungsgrund 1697 f.
– Vorwegnahme der Hauptsache, keine 1700 f.
– Zuständigkeit 1695
elektronische Form
– Form des Mietvertrags 115 ff.
Endabnahme 1382 ff.
energetische Sanierung und Modernisierung 732 ff.
– Anspruch des Mieters auf Modernisierung 733
– Duldungspflicht des Mieters 737
– Durchführung energetischer Modernisierungen von Vermieter 736 ff.
– gesetzlich vorgeschriebene energetische Sanierungen, Anspruch des Mieters auf 735
– Mieterhöhung 738
– Mieterhöhung wegen nicht zu vertretender Kosten bei gesetzlich vorgeschriebener Heizkesselerneuerung 739
– Wirtschaftlichkeit, Einschränkung des Handlungsermessens über das Gebot der 734
Energieausweis
– Haftung des Vermieters aus falschen Angaben im 73
– Vorlage 38
Energiepass
– Auswirkungen auf die Soll-Beschaffenheit der Mietsache 412 f.
Ersatzmieter 1452 ff.

Ersatzmieterklauseln 1086 f.
– echte 1086
– unechte 1087
exotische Kleintiere 765

Fälligkeit der Mietzahlung 277
Familienangehörige, Aufnahme 807 ff.
familienrechtliche Verhältnisse
– Abgrenzung zur Miete 87
Form des Mietvertrags 111 ff.
– elektronische Form 115 ff.
– mündliche Mietverträge 122
– notarielle Beurkundung 111
– schlüssiges Handeln 123 f.
– Schriftform 112 ff.
– Textform 115 ff.
fortgesetzter Gebrauch der Mietsache 1429 ff.
– Benutzungsrechte des Mieters 1429 ff.
– Fortsetzung des Mietverhältnisses 1433
– Nutzungsentgelt 1434 f.
– Räumungsfrist 1432
Fortsetzungsverlangen *s. Widerspruch (Sozialklausel)*

Garage, Wohnung und 180
Gartenpflege 837 ff.
Gebrauch der Mietsache 740 ff.
– Ansprüche des beeinträchtigten Mieters gegen den Vermieter 874
– Bedrohung 861 f.
– Beleidigungen 859 f.
– Einzelfälle 745 ff.
– Gefährdung 861 f.
– Meinungsäußerungen 859 f.
– Nutzung der Außenanlagen 835 ff.
– Nutzung der Nebenräume 824 ff.
– Nutzung der Wohnung 745 ff.
– Nutzung des Treppenhauses und des Hausflurs 828 ff.
– Nutzung von Balkonen und Terrassen 831 ff.
– Persönlichkeitsrecht, Verletzung 859 f.
– Sanktionsmöglichkeiten des Vermieters bei vertragswidrigem Gebrauch 863 ff.
– tätlicher Angriff unter Mitbewohnern 861 f.
– Umfang der Gebrauchsrechte 740 ff.
– Videoüberwachung 860
Gebrauchsrechte 344 ff.
Gefährdung 861 f.
Genossenschaft
– Mietminderung 1017 *s. a. Wohnbaugenossenschaften, Dauernutzungsverhältnisse in*
Gentleman's Agreement
– Unterscheidung zum Mietvorvertrag 48
Gerüche 757 ff.
Gesellschaftsverhältnisse
– Mieterwechsel 234
gesetzliche Verbote 131 f.
Gestattung
– Mieterwechsel 234

Gesundheitsgefährdung 1349 ff.
– Abhilfefrist 1359
– Abmahnung 1359
– Darlegung der Entbehrlichkeit 1360 ff.
– Kündigungsgrund 1358
Gewährleistung bei Sach- und Rechtsmängeln, Vereinbarungen 354 f.
Gewährleistungsrecht 899 ff.
– Fehlen einer zugesicherten Eigenschaft 914 ff.
– Rechtsmangel 903 ff.
– Sachmangel 903 ff.
– unerheblicher Mangel 913
gewerbliche Nutzung der Wohnung 776
gewerbliche Weitervermietung 181 ff.
Grünflächen, Nutzung der 842 f.
Grundstücksveräußerung 619 ff.

Hausflur, Nutzung s. *Nutzung des Treppenhauses und des Hausflurs*
Hausrecht des Mieters 352 f.
Heimvertrag 1869 ff.
Herausgabe der Mietsache s. *Räumung und Herausgabe der Mietsache*
„Herausmodernisieren", § 559d BGB (seit 1.1.2019) 492 ff.
– Bußgeldtatbestand, § 6 WiStG 496
Hofbenutzung 835 f.
hoheitliche Eingriffe 6 ff.
Hundehaltung 767

Indexmiete 291 ff.
Insolvenzverfahren 1838 ff.
– Eröffnung 1839 f.
– Mieterinsolvenz 1841 ff.
– Rechtswirkungen, allgemeine 1839 f.
– Vermieterinsolvenz 1850 ff.
Instandhaltung und Instandsetzung 675 ff.
– allgemeine Instandsetzungs- und Instandhaltungspflicht 675 ff.
Instandsetzung s. *Instandhaltung und Instandsetzung*

Jugend- und Studentenwohnheim 1882 ff.

Katzenhaltung 766 f.
Kaution 318 ff., 1527 ff.
– Abrechnung 1527 ff.
– Abrechnungsbasis 1532 ff.
– Abrechnungsfrist 1544 ff.
– Aufrechnung 1538
– Barkaution 1549
– Barrierefreiheit 331 f.
– behindertengerechter Umbau der Wohnung 331 f.
– Bürgschaft 1550 ff.
– Einbauten, Ausbau 333
– Einrichtungen, Ausbau 333
– gesicherte Forderungsarten 1537
– Kautionsarten 321 ff.
– Kautionshöhe 328 ff.
– Kautionsklage nach Vertragsbeendigung 1557 ff.
– Mietermodernisierungen 330
– Realisierung des Kautionssaldos 1548 ff.
– Rechtsverlust 1560
– Rückzahlung 1527 ff.
– Sicherheitsleistungen, sonstige 329 ff.
– Sicherungsumfang 327 ff.
– Sparbuch 1553 ff.
– Streitwert 1556
– Zurückbehaltungsrecht des Vermieters 1542 f.
Keller 824 ff.
Kettenmietverträge 248 ff.
Kinder
– Einbezug und Aufnahme Dritter 31
Kinderspiel
– Außenanlagen 849 f.
kleinere Instandhaltungen und Instandsetzungen, Überwälzung 316 f.
– Kleinreparaturen 316
– Thermen, Wartung von 317
Kleinreparaturen 316, 685 ff.
– Begriff 686 ff.
– gegenständliche Beschränkung 689 f.
– vertragliche Überwälzung 685 ff., 691 f.
Kleintiere 765
– exotische 765
Kosten des Vertrags 365
Kündigung 1088 ff.
– Abmahnung 1230
– Abnahmeprotokoll 1389 ff.
– Akzeptanz der Kündigung 1377 ff.
– Aufrechnung 1289
– außerordentliche befristete Kündigung 1319 ff.
– außerordentliche fristlose Kündigung 1202 ff., 1336
– außerordentliche Kündigung mit gesetzlicher Frist 1188 ff.
– befristete Mietverhältnisse 1201
– Begründung der Kündigung 1229
– berechtigtes Interesse, sonstige Fälle 1157 ff.
– berechtigtes Interesse als Kündigungsvoraussetzung 1104 f.
– Bestreiten der Kündigungsgründe 1295
– Bestreiten des Kündigungszugangs 1294
– 30 Jahre, Mietverträge von mehr als 1190, 1327
– Eigenbedarf 1120 ff.
– einzelne möblierte Räume in der Wohnung des Vermieters 1178 ff.
– Endabnahme 1382 ff.
– Erbbaurecht, Erlöschen 1194 f.
– erleichterte Kündigung in Gebäuden mit nicht mehr als zwei Wohnungen 1165 ff.
– formelle Kündigungsmängel, Geltendmachung 1296 ff.
– Gesundheitsgefährdung 1349 ff.
– Insolvenzverfahren 1197 ff.

Sachverzeichnis

- Jugendwohnheim, Wohnraum in einem 1181
- Kaution, Verwendung durch Aufrechnung oder Verwertung 1407 ff.
- Kaution, Zahlung oder Wiederauffüllung 1405 f.
- Kündigungserklärung 1182, 1251 ff., 1368 ff.
- Kündigungsfristen 1233 ff.
- Kündigungsgründe des Mieters 1317 ff.
- Kündigungsgründe des Vermieters 1089 ff., 1207 ff.
- Leistungsstörungen nach Übergabe der Mietsache 896, 964 ff.
- Mieterhöhung bei Wohnraum 1329 ff.
- Modernisierung 1319 f.
- Nacherbfolge, Eintritt der 1196
- Nichtakzeptanz der Kündigung 1404
- Nichtgewährung des Gebrauchs 1341 ff.
- Nießbrauch, Erlöschen 1192 ff.
- ordentliche befristete Kündigung 1089 ff., 1317 f.
- Pflichtverletzung des Vermieters 1337 ff.
- Reaktionsmöglichkeiten des Mieters 1292 ff.
- Reaktionsmöglichkeiten des Vermieters 1377 ff.
- Rücknahme der Kündigung 1287 f.
- schriftliche Hinweise an den Mieter 1380 f.
- Sicherung offener Forderungen 1405 ff.
- stillschweigende Verlängerung des Mietverhältnisses 1290 f.
- Studentenwohnheim, Wohnraum in einem 1181
- Teilkündigungen 1183 ff.
- Tod des Mieters 1191, 1334 f.
- Übergangsrecht 1376
- Überlassung des Gebrauchs an Dritte 1321 ff.
- unterbleibender Auszug des Mieters 1292 f.
- Verbesserung 1319 f.
- Vereinbarungen anlässlich der Beendigung, weitere 1398 ff.
- Vergleichsverfahren 1197 ff.
- verhaltensbedingte Kündigung 1106 ff.
- Vermieterinsolvenz 1333
- Vermieterpfandrecht 1409 ff.
- Vertragsformen, erfasste 1098 ff.
- Verwertung, Kündigung wegen Hinderung an einer angemessenen wirtschaftlichen Verwertung 1139 ff.
- Vertragsverstoß, schuldhafter, Kündigung wegen 1217 ff.
- vertragswidriger Gebrauch 1208 ff.
- Verwirkung 1232, 1373 ff.
- Vorabnahme 1378 f.
- vorübergehend vermieteter Wohnraum 1176 f.
- Wegfall der Kündigungsfolgen 1287 f.
- Wegfall des Kündigungsschutzes 1175 ff.
- Werkwohnungen, Kündigung von 1172 ff.
- wichtiger Grund 1225 ff.
- wichtiger Grund, Kündigung aus sonstigem 1363 ff.
- Widerruf der Kündigung 1287 f.
- Widerspruch (Sozialklausel) 1300 ff.
- Zahlung 1289
- Zahlungsverzug 1212 ff.
- Zwangsversteigerung 1197 ff.

Kündigungserklärung 1182, 1251 ff., 1368 ff.
- dispositives Recht 1286
- Erklärender 1253 f.
- Erklärungsempfänger 1263 f.
- Erklärungsinhalt 1255 ff.
- Rechtsstreit, Kündigung im 1280 ff.
- Schriftform 1251 f.
- Textform 1251 f.
- Zugang 1266 ff.

Kündigungsfristen 1233 ff.
- außerordentliche befristete Kündigung 1241
- fristlose Kündigung 1242 f.
- Geh- und Ziehzeit 1242 f.
- Kündigungssperrfrist bei Veräußerungen (§ 577a BGB) 1244 ff.
- ordentliche fristgemäße Kündigung 1234 ff.
- Räumungsfrist 1242 f.
- Übergangsrecht 1247 ff.

Lärm, abwehrbarer 790 ff.
Laufzeit des Vertrags 236 ff.
- auflösende Bedingung 255
- 30 Jahre, Mietverträge mit Laufzeiten von mehr als 256
- Kettenmietverträge 248 ff.
- Lebenszeit, Mietverträge auf 257
- Optionsklauseln 253 f.
- sonstige Vereinbarungen 248 ff.
- Umwandlung der Vertragslaufzeiten 258 ff.
- unbefristete Mietverträge 236
- Verlängerungsklauseln 252
- Zeitmietverträge 237 ff.

Lebensgemeinschaften, eheähnliche oder nichteheliche
- Einbezug und Aufnahme Dritter 33
- Mieterwechsel 230

Lebenspartner, eingetragene
- Einbezug und Aufnahme Dritter 32
- Mieterwechsel 226 f.

Lebenszeit, Mietverträge auf 257
Leihe
- Abgrenzung zur Miete 81

Leistungsstörungen beim Mieter 416 ff., 1047 ff.
- Beweislast 1063 ff.
- falsches Wohnverhalten 1054 ff.
- Kaution 423 ff.
- Mängelanzeigepflicht, Verletzung der 1057 ff.
- Miete 418 ff.
- Sicherheiten, sonstige 426
- Tiere des Mieters, Schäden durch 1062
- Überleitungsrecht 1068 f.
- Untervermietung, unberechtigte 1066 f.
- Verkehrssicherungspflicht, Verletzung der 1060 f.

- verweigerte Übernahme 416 f.
- Zahlungsunfähigkeit 418 ff.
- Zahlungsunwilligkeit 418 ff.

Leistungsstörungen beim Vermieter 400 ff., 1030 ff.
- behördliche Nutzungshindernisse 414 f.
- Energiepass, Auswirkungen auf die Soll-Beschaffenheit der Mietsache 412 f.
- Energieversorgung, Unterbrechung der 1044 ff.
- Gebrauchsbeschränkungen 1030
- Gebrauchsentziehung 1031
- Instandhaltungspflicht, Schadensersatz aus der Verletzung der 1040 ff.
- mangelnde Fertigstellung 403 ff.
- mangelnde Räumung des Vormieters 407 ff.
- nicht ordnungsgemäßer Zustand 410 f.
- Verkehrssicherungspflichten, Schadensersatz wegen Verletzung von 1032 ff.
- Verweigerung der Übergabe 401 f.

Leistungsstörungen nach Übergabe der Mietsache 875 ff.
- Anfechtung ex nunc 895
- Anspruchsschema 875 ff.
- Aufwendungsersatz 944 ff.
- Beseitigungsanspruch 942 f.
- Erfüllungsanspruch 929 f.
- Gewährleistungsrecht 899 ff.
- Kündigung 896, 964 ff.
- Mietminderung 917 ff.
- positive Vertragsverletzung 891 ff.
- Schadensersatz wegen Nichterfüllung 955 ff.
- Selbstbeseitigungsrecht 944 ff.
- Unmöglichkeit, nachträgliche 875 ff.
- Verschulden bei Vertragsschluss 897
- Verzug 885 ff.
- Vorschussanspruch 951 ff.
- Wegfall der Geschäftsgrundlage 898
- Zurückbehaltungsrecht 931, 1016

Leistungsstörungen vor Übergabe der Mietsache nach Vertragsabschluss 366 ff.
- Anspruchsschema 366 ff.
- Culpa in Contrahendo 393 ff.
- Mangel der Mietsache 366 f.
- positive Vertragsverletzung 388 ff.
- Unmöglichkeit 368 ff.
- Unmöglichkeit, objektive 372 ff.
- Unvermögen 382 f.
- Verzug 384 ff.
- Wegfall der Geschäftsgrundlage 397 ff.

„Letter Of Intent"
- Unterscheidung zum Mietvorvertrag 48

Mahnverfahren 1708 ff.
Makler
- Vorvertrag 44

Meinungsäußerungen 859 f.
Mietanpassungsklauseln 291 ff.
Mietaufhebungsvertrag 1070 ff.
- vorzeitige Beendigung des Mietvertrags 1070 ff.
- vorzeitiges Entlassen aus dem Mietvertrag 1077 ff.

Mieterdarlehen, Rückerstattung 1592 ff.
Mieterhöhungen 298 ff., 427 ff., 440 ff.
- unbefristete Mietverträge 298 ff.
- Schriftform 440 f.
- Textform 440 f.
- preisfreier Wohnraum 442 ff.
- Reaktionen des Mieters im Zusammenhang mit 502 ff.
- Staffelmiete 446
- Vergleichsmietensystem, Mieterhöhung nach dem 447 ff.
- Zeitmietverträge 299 f.

Mieterhöhungen, Reaktionen des Mieters im Zusammenhang mit 502 ff.
- Mietminderungen 502
- Rückforderungsansprüche wegen überhöht gezahlter Miete 503 f.
- Sonderkündigung 505

Mieterinsolvenz 1841 ff.
- Anfechtung von Mieterleistungen 1847 ff.
- Auswirkungen, grundlegende 1841 ff.

Mieterinvestitionen 1485 ff.
- bauliche Veränderungen vom Mieter 1495
- Einrichtungen, Wegnahme von 1485 ff.
- Notreparaturen, Vornahme von 1494
- Vermieterpfandrecht 1493

Mietermodernisierungen 728
Mieterportale 1921 ff.
- Anzeigen im Mietverhältnis 1943 f.
- Begriffe 1921 f.
- Betriebskostenabrechnung 1941 f.
- Einsatzbereiche 1921 f.
- Fallgestaltungen im Mietrecht, ausgewählte 1925 ff.
- laufendes Mietverhältnis 1933 ff.
- Nutzungszwang 1934 ff.
- Vertragsabschluss 1928 ff.
- Vertragsanbahnung 1928 ff.

Mieterschutz durch das BGB 5
Mieterwechsel 223 ff.
- Ehescheidung 223 ff.
- Gesellschaftsverhältnisse 234
- Lebenspartnerschaften, eingetragene 226 f.
- nichteheliche Lebensgemeinschaften 230
- Tod 231 ff.
- Wohngemeinschaften 228 f.

Mietgegenstand 169 ff.
Mietkaution 591 ff.
- Anlageform 604
- Aufrechnung 611 ff.
- Aufstockungsanspruch des Vermieters 617
- Befriedigungsrecht des Vermieters 611 ff.
- Kapitalertragsteuer 609
- Kautionsleistung 600 ff.
- Rechtsfolgen unterlassener oder nur teilweiser Zahlung 598 f.
- Rechtsstellung des Mieters 600 ff.

– Veruntreuung der Kaution 618
– Wiederauffüllungsanspruch des Vermieters 615 f.
– Zahlungsanspruch 591 ff.
– Zinsen 605

Mietminderung 490, 917 ff.
– Abgrenzungsfragen 917
– Ausgangsmiete 926
– Ausschluss der Minderung 928
– bekannte Mängel 985 ff.
– Berechnung der Minderung 922 ff.
– Besichtigungstermin 973 ff.
– Beweislast 1020 ff.
– Darlegungslast 1020 ff.
– Duldungspflicht, gesetzliche 989 ff.
– Eigentumswohnung 1018 f.
– Eintritt der Minderung 918 f.
– Genossenschaft 1017
– Höhe der Minderung 922 ff.
– Mangel der Mietsache 978 ff.
– Minderung nach beendetem Mietverhältnis 927
– nicht zurechnungsfähige Mängel 1006
– Reaktionsmöglichkeiten des Vermieters 972 ff.
– Rechtsfolgen unberechtigter Minderung 1011 ff.
– unbekannte Dritte 1006
– unterlassene Mängelanzeige 995 f.
– Veränderung der Wohnung auf Wunsch des Mieters 997
– Verjährung 2010
– Verschulden des Mieters oder ihm zurechenbarer Dritter 999 ff.
– Verschulden des Vermieters 920 f.
– Verschulden nicht zurechenbarer Dritter 1003 ff.
– vertragliche Beschränkung der Minderung und von Sachmängelgewährleistungsrechten 992 ff.
– Verursachung des Mangels 998 ff.
– Verwirkung 1007 ff.
– Zurückbehaltungsrecht 1016

Mietoption 53 ff.
– Anmietrecht 56
– Begründungsoption 53
– Verlängerungsoption 54 f.

Mietpreisbegrenzung s. *Wiedervermietungsmiete, Begrenzung*

Mietpreisbildung 427 ff.
– freifinanzierter Wohnungsbau 427 f.
– Mietstrukturen 429 ff.
– Zuschläge 435 ff.

Mietpreisbremse s. *Wiedervermietungsmiete, Begrenzung*

Mietpreisrecht 427 ff.

Mietprozess 1689 ff.
– Abhilfeverfahren 1752
– Alternativen 1690 ff.
– Berufung 1736 ff.
– Beweisantritt 1729 ff.

– Dokumentationspflicht, erweiterte 1733
– Duldungsklage 1764 ff.
– einstweilige Verfügung 1693 ff.
– erste Instanz 1727 ff.
– Feststellungsklage 1767 f.
– Feststellungsklage, negative 1769
– Fortsetzung des Mietverhältnisses 1774 f.
– Gehörsrüge 1752
– gerichtliche Güteverhandlung 1727
– Hinweispflicht, erweiterte 1733
– Instanzenzug 1727 ff.
– Klage auf zukünftige Leistung 1757 ff.
– Klagearten 1753 ff.
– Klagehäufung 1722
– Mängelbeseitigungsklage 1760 f.
– Mahnverfahren 1708 ff.
– Mieterhöhung 1771 ff.
– notarielle Urkunde als Räumungstitel 1692
– obligatorische Streitschlichtung 1725 f.
– örtliche Zuständigkeit 1723 f.
– Partei 1712 ff.
– Parteiwechsel 1712 ff.
– Räumungsfrist 1776
– Räumungsklage 1753 f.
– Rechtsmittel 1734 ff.
– Revision 1745 ff.
– sachliche Zuständigkeit 1720 ff.
– Sachurteilsvoraussetzungen 1712 ff.
– Sachvortrag 1728
– selbständiges Beweisverfahren 1782 ff.
– sofortige Beschwerde 1751
– Sozialbehörde, Leistungen von der, statt Zahlungsklage 1690 ff.
– Unterlassungsklage 1762 f.
– Urkundenprozess 1777 ff.
– Verfahrensarten 1753 ff.
– Wohnraummietsachen, ausschließliche Zuständigkeit 1720 f.
– Zahlungsklage 1755 f.
– Zwischenfeststellungsklage 1770

Mietstrukturen 429 ff.

Mietvorauszahlungen, Rückerstattung 1592 ff.

Mietzahlung, Fälligkeit s. *Fälligkeit der Mietzahlung*

Mietzahlung unter Einschaltung der Sozialbehörden s. *Sozialbehörden, Mietzahlung unter Einschaltung der*

Mietzweck 177 ff.
– Garage, Wohnung und 180
– gewerbliche Weitervermietung 181 ff.
– Mischmietverhältnisse 186 ff.
– Wohnraum 177 ff.

Mischmietverhältnisse 186 ff.

möblierte Vermietung 1885

Möblierungszuschlag 437

Modernisierung, Mieterhöhung nach 473 ff.
– Bußgeldtatbestand in den Fällen des „Herausmodernisierens", § 6 WiStG 496

– Durchsetzung des Anspruchs 487
– Einwendungen gegen eine Klage, gerichtet auf Zahlung der erhöhten Miete 489
– Härtegründe 491
– „Herausmodernisieren", § 559d BGB (seit 1.1.2019) 492 ff.
– Mietminderung 490
– Reaktionsmöglichkeiten des Mieters 488 ff.
– Sonderkündigungsrecht nach Abschluss der Modernisierung 488
– vereinfachtes Verfahren, § 559c BGB (seit 1.1.2019) 482 ff.
– Voraussetzungen 474 ff.
Modernisierungen s. bauliche Veränderungen, Verbesserungen und Modernisierungen
mündliche Mietverträge
– Form des Mietvertrags 122

Nachmieter 1452 ff. s. a. Anspruchsbeziehungen zwischen Vermieter, Vormieter und Nachmieter
nachträgliche Unmöglichkeit s. Unmöglichkeit, nachträgliche
Nebenräume, Nutzung s. Nutzung der Nebenräume
nichteheliche Lebensgemeinschaften s. Lebensgemeinschaften, eheähnliche oder nichteheliche
Nießbrauch
– Abgrenzung zur Miete 94 f.
notarielle Beurkundung
– Form des Mietvertrags 111
notarielle Urkunde als Räumungstitel 1692
Notreparaturen, Vornahme von 1494
Nutzung der Außenanlagen 835 ff.
– Antennen, Anbringung von 851 ff.
– Außenreinigung 844 ff.
– Gartenpflege 837 ff.
– Grünflächen, Nutzung der 842 f.
– Hofbenutzung 835 f.
– Kinderspiel 849 f.
– Parabolantennen, Anbringung von 851 ff.
Nutzung der Nebenräume 824 ff.
– Dachboden 827
– Keller 824 ff.
– Speicher 827
Nutzung der Wohnung 745 ff.
– Bauarbeiten 802 f.
– Besuch, Empfang von 804 ff.
– Familienangehörige, Aufnahme 807 ff.
– Gerüche 757 ff.
– gewerbliche Nutzung der Wohnung 776
– Lärm, abwehrbarer 790 ff.
– Plakate, Aufhängen 764
– Reinigungspflichten 753 ff.
– Tierhaltung 765 ff.
– Untervermietung 811 ff.
– Wohngebrauch, üblicher 783 ff.

Nutzung des Treppenhauses und des Hausflurs 828 ff.
Nutzung von Balkonen und Terrassen 831 ff.
Nutzungsentgelt 1434 ff.
– Mietausfall bei verzögerter Räumung 1434 f.
– Nutzungsentschädigung bei Vorenthaltung der Mietsache (§ 546a BGB) 1436 ff.

obligatorische außergerichtliche Streitschlichtung 1664 ff., 1725 f.
öffentliche Maßnahmen, Beendigung durch s. Beendigung durch öffentliche Maßnahmen
örtliche Zuständigkeit s. Zuständigkeit, örtliche
Optionsklauseln 253 f.

Pacht
– Abgrenzung zur Miete 82
Parabolantennen, Anbringung von 851 ff.
Parteien des Mietvertrags 189 ff.
– BGB-Gesellschaften 196, 200
– Einzelpersonen 199
– Erwerber 193 f.
– gewerblicher Zwischenvermieter 198
– Grundstückseigentümer 191
– Grundstücksnutzer, besitzberechtigter 192
– Mieter 199 ff.
– Mieterwechsel 223 ff.
– Personenmehrheiten 195, 199
– Unternehmen 197
– Vermieter 191 ff.
– Vermieterwechsel und Rechtsfolgen 201 ff.
Persönlichkeitsrecht, Verletzung 859 f.
Pflichten des Mieters 344 ff.
Plakate, Aufhängen 764
positive Vertragsverletzung 891 ff.
Prozessuales
– Schadensersatz aus der Verletzung vorvertraglicher Aufklärungs-, Fürsorge-, und Obhutspflichten (culpa in contrahendo) 78 f. s. a. Mietprozess

Räumung und Herausgabe der Mietsache 1423 ff.
– Herausgabe 1425 ff.
– Wegnahmepflicht bei Räumung 1423 f.
Räumungsfrist 1432
Räumungsgut, Verwahrung, Verwertung und Aneignung von zurückgelassenem 1456 f.
Räumungsvollstreckung 1786 ff.
– Ablauf einer Räumungsvollstreckung 1786 ff.
– Beitreibung von Kostenvorschüssen 1810 ff.
– beschränkter Vollstreckungsauftrag (§ 885a ZPO) 1791 ff.
– Besitzeinweisung 1787 f.
– Besitzentzug 1787 f.
– Erinnerung 1808
– Feststellungsklage, negative 1825

Sachverzeichnis

– Klage gegen den Justizfiskus 1809
– Räumungsfrist 1813 ff.
– Räumungsgut, Entfernung 1789 f.
– Räumungskosten 1804 ff.
– Rechtsbehelfe gegen ablehnende Entscheidungen des Gerichtsvollziehers 1808 ff.
– Verwirkung 1802 f.
– Vollstreckungsgegenklage 1825
– Vollstreckungsorgan 1801
– Vollstreckungsschuldner 1794 ff.
– Vollstreckungsschutz 1820 ff.

Rechtsmängel 903 ff.
s. a. Gewährleistung bei Sach- und Rechtsmängeln, Vereinbarungen

Regelungsmöglichkeiten 168 ff.

Reinigungspflichten 753 ff., 1463 f.

Renovierungspflicht 1458 ff. *s. a. Schönheitsreparaturen*

Rohrverstopfungen, anteilige Haftung bei 696

Rückerstattung von Mietvorauszahlungen, Baukostenzuschüssen, Mieterdarlehen und überzahlter Miete 1592 ff.

Rücktrittsrecht, gesetzliches
– Vorvertrag 41

Rücktrittsvorschriften 125 ff.

Sachmängel 903 ff.
s. a. Gewährleistung bei Sach- und Rechtsmängeln, Vereinbarungen

Sanktionsmöglichkeiten des Vermieters bei vertragswidrigem Gebrauch 863 ff.
– Abmahnung, Erfordernis bei Unterlassung und Kündigung 864 ff.
– Unterlassungsklage auch bei Verpflichtung zu aktivem Handeln 870 f.
– Verhältnis der Ansprüche auf Unterlassung, Kündigung und Schadensersatz 872 f.

Schadensersatz aus der Verletzung vorvertraglicher Aufklärungs-, Fürsorge-, und Obhutspflichten (culpa in contrahendo) 65 ff.
– Abbruch von Vertragsverhandlungen 66 f.
– Energieausweis, Haftung des Vermieters aus falschen Angaben im 73
– Prozessuales 78 f.
– Umfang des Schadensersatzes 75 ff.
– Verletzung der Verkehrssicherungspflicht 74
– Verletzung von Aufklärungspflichten 68 ff.

Schadensersatz wegen Nichterfüllung 955 ff.
– Schönheitsreparaturen 1466 ff.

Schadensersatzansprüche des Mieters bei Ende des Mietverhältnisses 1595 ff.
– Aufrechnungsrecht 1607 f.
– Schadensersatz bei Kündigung des Mieters 1602 f.
– Schadensersatz bei ungerechtfertigter Kündigung des Vermieters 1595 ff.
– Schadensersatz für Einrichtungen und Einbauten des Mieters 1606

– Schadensersatz nach § 536a Abs. 1 BGB 1604 f.
– Zurückbehaltungsrecht 1607 f.

Schadensersatzansprüche des Vermieters anlässlich der Beendigung des Mietverhältnisses 1496 ff.
– Aufrechnung 1522 f.
– Schadensersatz bei Einweisungen von der Ordnungsbehörde 1521
– Schadensersatz bei fristloser Kündigung 1519 f.
– Schadensersatz bei Wegnahme von Mietereinbauten und Einrichtungen 1511 ff.
– Schadensersatz wegen Beschädigung der Mietsache 1496 ff.
– Schadensersatz wegen unterlassenen Rückbaus 1509 f.
– Schadensersatz wegen unterlassener Rückgabe der Mietsache 1514
– Schadensersatz wegen verspäteter Rückgabe der Mietsache 1515 ff.

Schenkung von Gebrauchsrechten
– Abgrenzung zur Miete 86

Schlichtungsverfahren 1663 ff.
– Anwendungsbereich 1675 ff.
– Bedeutung für das Mietrecht 1675 ff.
– Formen der Streitschlichtung 1671 ff.
– mangelnde Akzeptanz 1686 ff.
– obligatorische außergerichtliche Streitschlichtung 1664 ff.
– Schwierigkeiten bei der Sach- und Rechtslage 1679 f.
– Tauglichkeit als Lösungsmodell 1678 ff.
– Verteuerung 1685
– Verzögerung 1681 ff.

schlüssiges Handeln
– Form des Mietvertrags 123 f.

Schönheitsreparaturen 341 ff., 625 ff., 1458 ff.
– Abriss 1484
– Altverträge 652 ff.
– Anspruchsausschluss 1483
– Arbeitslosengeld II 668 ff.
– Ausgestaltung der Renovierungspflicht 1459 ff.
– Begriff 627 ff.
– Beweislast 1481 f.
– Darlegungslast 1481 f.
– Durchsetzung des Anspruchs auf Vornahme 660 ff.
– Fachhandwerkerklausel 646 f.
– Fälligkeit 655 ff.
– Folgen unwirksamer Klauseln 671 ff.
– Freizeichnungsklauseln 651
– Gestaltungsspielraum bei der Ausführung 631
– Klauseln, einzelne 1458
– Mietaufhebungsvertrag 1483
– Quotenhaftungsklauseln 644 f., 1465
– Renovierung bei Auszug 643 ff.
– Renovierung während des Mietverhältnisses 640 ff.

- Renovierung zu Beginn des Mietverhältnisses 638 f.
- Renovierungspflicht 643
- Schadensersatz wegen Nichterfüllung 1466 ff.
- Schadensersatz wegen schlecht durchgeführter Schönheitsreparaturen, Anspruch auf 1478 ff.
- Schadensersatzanspruch im laufenden Mietverhältnis, kein 664
- Sozialhilfe 668 ff.
- Tapezierfähigkeit 648 ff.
- Umbau 1484
- Umbauarbeiten und Schönheitsreparaturpflicht 665 ff.
- Umfang 658 f., 1459
- vertragliche Überwälzung 341 ff., 632 ff.
- Vornahmeanspruch 660 ff.
- Vorschussanspruch 663
- Zahlungsanspruch 1465

Schriftform
- Form des Mietvertrags 112 ff.
- Kündigungserklärung 1251 f.

Schufa-Eigenauskünfte 28
Schuldnerverzeichnis 29
Selbstauskunft 15 ff.
Selbstbeseitigungsrecht 944 ff.
„Smart Contracts" 1921 ff.
- Anzeigen im Mietverhältnis 1943 f.
- Begriffe 1921 ff.
- Betriebskostenabrechnung 1941 f.
- Einsatzbereiche 1921 ff.
- Fallgestaltungen im Mietrecht, ausgewählte 1925 ff.
- Gebrauchsgewährung 1937 f.
- Gebrauchsüberlassung 1937 f.
- laufendes Mietverhältnis 1933 ff.
- Miethöhe, §§ 557 ff. BGB 1940
- Mietminderung 1943 f.
- Mietsicherheit 1939
- Mietzahlung 1939
- Nutzungszwang 1934 ff.
- Vertragsabschluss 1928 ff.
- Vertragsanbahnung 1928 ff.
- Vertragsbeendigung 1945

Sonderformen, mietrechtliche 1859 ff.
Sonderkündigungsrecht 471, 488, 505, 721
Sozialbehörde, Leistungen von der, statt Zahlungsklage 1690 f.
Sozialbehörden, Mietzahlung unter Einschaltung der 278 ff.
Speicher 827
Staffelmietvereinbarung 287 f.
Studentenwohnheim s. *Jugend- und Studentenwohnheim*

tätlicher Angriff unter Mitbewohnern 861 f.
teilautomatisierte Verträge 1921 ff. s. a. „Smart Contracts"
Teilinklusivmietverträge 501

Terrassen, Nutzung s. *Nutzung von Balkonen und Terrassen*
Textform
- Form des Mietvertrags 115 ff.
- Kündigungserklärung 1251 f.

Thermen, Wartung von 317 693 ff.
Tierhaltung 765 ff.
- Blindenhund 769
- exotische Kleintiere 765
- Hundehaltung 767
- Katzenhaltung 766 f.
- Kleintiere 765
- Mietvertragsformular 771

Tod des Mieters 231 ff., 1617 ff.
- Abwicklung 1617 ff.

Tod des Vermieters 217 ff.
Treppenhaus, Nutzung s. *Nutzung des Treppenhauses und des Hausflurs*

Übergabe der Mietsache 235
Übergabeprotokoll 363 f.
überzahlte Miete, Rückerstattung 1592 ff.
Umsatzsteuer 439
unbefristete Mietverträge 236
Unmöglichkeit, nachträgliche 875 ff.
Untervermietung 811 ff.
Untervermietungszuschlag 438

Veräußerung 201 ff.
Verbesserungen s. *bauliche Veränderungen, Verbesserungen und Modernisierungen*
Verbesserungsmaßnahmen und Sanierungen 697 ff.
- abweichende Vereinbarungen
- Aufwendungsersatz 715 ff.
- Begriff der Modernisierung und Sanierung 697 f.
- Duldungspflicht des Mieters 699 ff.
- einstweilige Verfügung 723 f.
- energetische Sanierung und Modernisierung 732 ff.
- Klage auf Duldung der Modernisierung 725 f.
- Mietermodernisierungen 728
- Mietminderung 712 ff.
- Mietminderung bei Duldungspflicht 727
- Reaktionsmöglichkeiten des Mieters 711 ff.
- Reaktionsmöglichkeiten des Vermieters 723 ff.
- Schadensersatz 719 f.
- Sonderkündigungsrecht 721
- Vereitelung der Modernisierungsmaßnahme bei fehlender Duldungspflicht 711
- Wiederherstellung, Anspruch auf 719 f.

Verbraucherschutz 1890 ff.
- Abschluss des Mietverhältnisses 1898
- Fortsetzung des Mietgebrauchs nach erklärtem Widerruf 1903 ff.
- Grundlagen 1891 ff.
- Informationspflichten 1896 f.
- Vertragsänderungen im laufenden Mietverhältnis 1899 f.

- Vertragsgestaltung 1906
- Widerruf, Rechtsfolgen 1901 ff.
- Widerrufsfolgen, grundlegende 1901 f.

verfassungsrechtliche Kontrolle 165 ff.

Vergleichsmietensystem, Mieterhöhung nach dem 447 ff.
- Ablehnung 465 ff.
- Durchsetzung des Anspruchs 457 ff.
- fehlende Reaktion 472
- Reaktionsmöglichkeiten des Mieters 463 ff.
- Sonderkündigungsrecht 471
- Voraussetzungen 447 ff.
- Zustimmung 464

Verjährung 1625 ff.
- Abdingbarkeit kurzer Verjährungsfristen 1630
- Aufrechnung mit verjährten Ansprüchen 1631
- Begriff 1625
- Beginn 1650 f.
- dreijährige Verjährungsfrist 1641 ff.
- dreißigjährige Verjährungsfrist 1648 f.
- Einrede, Verjährung als 1626 ff.
- Fristberechnung 1650 ff.
- Hemmung 1652 ff.
- sechsmonatige Verjährungsfrist 1632 ff.
- Unterbrechung 1657 f.
- Verzicht auf Verjährungseinrede 1629
- zehnjährige Verjährungsfrist 1646 f.

Verjährungsfrist, dreijährige 1641 ff.
Verjährungsfrist, dreißigjährige 1648 f.
Verjährungsfrist, sechsmonatige 1632 ff.
- Anspruchsinhalte 1632 ff.
- Fristbeginn 1638 ff.

Verjährungsfrist, zehnjährige 1646 f.
Verkehrssicherungspflicht, Verletzung der 74
Verlängerungsklauseln 252
Verlängerungsoption 54 f.
Vermieterinsolvenz 1850 ff.
Vermieterpfandrecht 1409 ff., 1493
Vermieterwechsel und Rechtsfolgen 201 ff.
- Gesellschaften, Umwandlung und personelle Veränderung 222
- Tod 217 ff.
- Veräußerung 201 ff.

Verschulden bei Vertragsschluss 897 s. a. Schadensersatz aus der Verletzung vorvertraglicher Aufklärungs-, Fürsorge-, und Obhutspflichten (culpa in contrahendo)

verschwundener Mieter 1615 f.
Vertragsabschluss 80 ff.
- Abgrenzung zu anderen Vertragstypen und -formen der Nutzungsüberlassung 80 ff.

Vertragsfreiheit, Grenzen inhaltlicher 130 ff.
- gesetzliche Verbote 131 f.
- Inhaltskontrolle nach dem AGB-Recht 134 ff.
- verfassungsrechtliche Kontrolle 165 ff.
- zwingende wohnraummietrechtliche Vorschriften 133

Vertragspartner
- Auswahl 9 ff.

Vertragsstrafe 362
Vertragsverhandlungen, Abbruch von 66 f.
Verwahrung
- Abgrenzung zur Miete 83

Verwirkung 1659 ff.
- Einzelfälle 1660 ff.
- Voraussetzungen 1659

Verzug 885 ff.
Videoüberwachung 860
Vollzug des Mietverhältnisses 427 ff.
Vorabnahme 1378 f.
Vorkaufsrechte des Mieters 357 ff.
- gesetzliche Vorkaufsrechte 358 ff.
- rechtsgeschäftliche Vorkaufsrechte 357

Vormiete 49 ff.
Vormieter s. Anspruchsbeziehungen zwischen Vermieter, Vormieter und Nachmieter

Vorschussanspruch 951 ff.
vorübergehender Gebrauch 1886 f.
Vorvertrag 39 ff.
- Absichtserklärung 48
- Anfechtung 41
- Besitz, Recht zum 42 f.
- Gentleman's Agreement 48
- gerichtliche Durchsetzung von Ansprüchen 45 ff.
- Klage auf den Abschluss des Hauptvertrages 46
- „Letter Of Intent" 48
- Makler 44
- Rechtsbindungswille 39
- Rücktrittsrecht, gesetzliches 41
- Schadensersatz 46
- Schriftform 40
- Schutzpflichten unter den Vertragsparteien 40
- vorläufiger Rechtsschutz 47

vorvertragliche Aufklärungs-, Fürsorge- und Obhutspflichten, Verletzung s. Schadensersatz aus der Verletzung vorvertraglicher Aufklärungs-, Fürsorge-, und Obhutspflichten (culpa in contrahendo)

vorzeitiger Auszug des Mieters 1447 ff.
- Betretungsrecht des Vermieters 1455
- Ersatzmieter 1452 ff.
- Mietzahlungspflicht bei vorzeitiger Rückgabe 1449 ff.
- Nachmieter 1452 ff.
- Räumungsgut, Verwahrung, Verwertung und Aneignung von zurückgelassenem 1456 f.
- vorzeitiges Rückgaberecht 1447 ff.

vorzeitiger unentgeltlicher Einzug des Mieters 57 ff.

Wärmecontracting 513 f.
Wegfall der Geschäftsgrundlage 898
Werkswohnungen 1888 f.
Widerrufsrecht 29, 129
Widerspruch (Sozialklausel) 1300 ff.
- Abwägung 1304 ff.

– Härtefälle 1304 ff.
– Form von Widerspruch und Fortsetzungsverlangen 1312 f.
– Frist von Widerspruch und Fortsetzungsverlangen 1312 f.
– Inhalt von Widerspruch und Fortsetzungsverlangen 1312 f.
– Wirkung von Widerspruch und Fortsetzungsverlangen 1314 ff.

Wiedervermietungsmiete, Begrenzung 263 ff.
– ausgenommener Wohnungsbestand (§ 556f BGB) 272
– Auskunftspflicht (§ 556g BGB) 273 ff.
– Modernisierungen, Berücksichtigung (§ 556e BGB) 268 ff.
– Rechtsfolgen (§ 556g BGB) 273 ff.
– Vormiete, Berücksichtigung (§ 556e BGB) 268 ff.

Wohnbaugenossenschaften, Dauernutzungsverhältnisse in 1859 ff.

Wohngebrauch, üblicher 783 ff.

Wohngemeinschaften
– Einbezug und Aufnahme Dritter 35 ff.
– Mieterwechsel 228 f.

Wohnnutzungsgebot 3 f.

Wohnraum
– Mietzweck 177 ff.

Wohnrecht
– Abgrenzung zur Miete 88 ff.
– dingliche Wohnrechte 91 ff.
– schuldrechtliche Wohnrechte 90

Wohnungseigentum, Vermietung von 1873 ff.

Wohnungsrenovierung bei Beendigung des Mietverhältnisses 1458 ff. *s. a. Schönheitsreparaturen*

Zahlungsansprüche des Mieters bei Beendigung 1524 ff.
– Betriebskosten, Zwischenabrechnung der 1524 ff.
– Kaution, Abrechnung und Rückzahlung 1527 ff.

Zeitablauf, Beendigung durch *s. Beendigung durch Zeitablauf*

Zeitmietverträge 237 ff., 1415 ff.
– einfache Zeitmietverträge 238 ff.
– qualifizierte Zeitmietverträge 244 ff.

Zurückbehaltungsrechte 282 ff., 583 ff., 1607 f.
– Fälligkeit, Einwand mangelnder 586 f.
– Miete 585
– Vorauszahlungen 583 f.

Zuschläge 435 ff.
– Mietspiegel, Zuschläge zum 435 f.
– Möblierungszuschlag 437
– Untervermietungszuschlag 438

Zuständigkeit, örtliche
– vorvertraglicher Bereich 78

Zustandekommen von Mietverträgen 96 ff.
– Form des Mietvertrags 111 ff.

Zwangsvollstreckung 1785 ff.
– Duldung, Zwangsvollstreckung wegen 1833 f.
– Handlung, Zwangsvollstreckung wegen 1826 ff.
– Räumungsvollstreckung 1786 ff.
– Unterlassung, Zwangsvollstreckung wegen 1833 f.
– Vollstreckungsgrundlagen 1785
– vorläufig vollstreckbare Urteile, Vollstreckungsabwehr und einstweilige Einstellung 1835 ff.

Zweckentfremdungsverbot 3 f.